作者简介

刘家林 男，教授，硕士生导师。1953年9月出生，湖北武昌（现为江夏）人。1975年毕业于武汉大学中文系，旋留校任教。1975至1997年，在武汉大学中文系古代汉语教研室、新闻系史论教研室工作22年之久。1997年7月正式调入广州暨南大学任教。2000年3月至2011年3月，先后任暨南大学新闻系副主任、新闻与传播学院党委书记兼新闻学系主任、副院长、中国史学会常务理事等职。主要研究方向为中国古代汉语、中国新闻传播史、中外广告史等。曾发表学术论文30多篇。所著《中国新闻通史》内容丰富、全面，史料翔实，旁征博引，反映出作者严谨的学风、深厚的学养及扎实的功底。所著《新编中外广告通史》，纵览古今中外广告业发展的历史，视野开阔，形成比较鲜明的治学风格。积十年之力完成的《新中国新闻传播60年长编》（上、下卷）篇幅宏大，考证精详，对新中国60年来新闻传播业做了完整、全面的记载，乃中国现当代新闻传播史的力作。从事新闻史教学工作长达28年之久，所带硕士研究生（包括在职研究生）达70多人，“博士后”1人。曾长期承担新闻学院本科生中国新闻史、中外广告史、中国古代文学及古代汉语教学工作。主要开设的研究生课程有“中国新闻传播史专题研究”、“中外名记者专题研究”、“中国新闻思想史专题研究”等。曾应邀前往马来西亚、澳大利亚、香港等国家和地区做学术交流及访问活动。此外，与人合著《中国新闻事业史新编》（全国统编教材）、《中国新闻史教学大纲》（全国统编教材），与人合译林语堂著《中国新闻舆论史》（英文版翻译本）等。

中国专门史文库

中国新闻史

刘家林 著

武汉大学出版社
WUHAN UNIVERSITY PRESS

图书在版编目(CIP)数据

中国新闻史/刘家林著．—武汉：武汉大学出版社，2012.1(2022.8 重印)
中国专门史文库
ISBN 978-7-307-09223-5

Ⅰ.中…　Ⅱ.刘…　Ⅲ.新闻事业史—中国　Ⅳ.G219.29

中国版本图书馆 CIP 数据核字(2011)第 196576 号

责任编辑：陶佳珞　　责任校对：黄添生　　版式设计：马　佳

出版发行：**武汉大学出版社**　(430072　武昌　珞珈山)
(电子邮箱：cbs22@ whu.edu.cn　网址：www.wdp.whu.edu.cn)
印刷：武汉邮科印务有限公司
开本：720×1000　1/16　　印张：46　　字数：659 千字　　插页：3
版次：2012 年 1 月第 1 版　　2022 年 8 月第 3 次印刷
ISBN 978-7-307-09223-5/G・2289　　定价：98.00 元

总　序

冯天瑜

人类历史是一个有机整体的发展历程，社会、经济、政治、文化等要素彼此交融、相互渗透在这个整体之中，起伏跌宕、波澜壮阔地向前推进。因此，历史研究不能满足于现象的“个体描述”，而应当关注“总体历史”，关注社会综合结构（社会形态）的演化，从而发现历史大势及其规律，诚如太史公所称，他治史绝非满足于枝节性的记载，其宏远目标是“究天人之际，通古今之变”。

然而，“总体”由“专门”综合而成，“一般”植根于“个别”之中，对于“总体历史”的认识、对于社会结构的真切把握，必须建立在历史现象分门别类的深入辨析的基础之上。太史公通过“本纪”探究自五帝、夏、商、周、秦，直至汉武帝的纵向专史进程；通过“世家”开辟横向的列国专史；又以八“书”，并述礼、乐、律、历、天官、封禅、河渠、平准，开文化、科技、财经等专门史之先河；“大宛列传”、“货殖列传”实为民族史、中外交通史、商业史之雏形……正是有了诸多专门史具体而微的考实，太史公方能造就整体史学大业，“成一家之言”。《汉书》以下的正史又将《史记》的“书”扩设为“志”(律历志、礼乐志、刑法志、食货志、天文志、地理志、艺文志，等等)，形成较为翔实、细密的专史篇章。

中国史学有着深厚的专门史传统，不仅表现在《史记》、《汉书》等正史为其保留较充分的展开空间，而且自成格局的专志也纷至沓来，如后魏郦道元《水经注》是专论山川地理的志书发轫，两宋以下，各种专史（如金石志、画谱、学案、盐政、畴人传，等等）相继从通史中独立出来，斐然成章，构筑一个大的学术门类。中国的专史之早成、之丰硕，置之古代世界史坛，亦足称先进。

时至近现代，随着学术分科向广度与深度拓展，专门史更成为历史研究蓬勃兴盛的领域。上世纪前半叶，商务印书馆出版王云五主编的《中国文化史丛书》，在“大文化”名目下，囊括了各类专门史论著，从《文学史》、《美术史》到《财政史》、《赋税史》、《中外交通史》，以至《赌博史》、《娼妓史》，尽纳其中，反映了古今中西文化激荡之际的民国学界专史研究的实绩。上世纪 80 年代，上海人民出版社推出新的《中国文化史丛书》，收入“文化热”时期的数十种论著（包括《小学史》、《甲骨史》、《杂技史》、《园林史》、《染织史》等以往少见的分科史著)，是我国专门史成果的又一次结集。

近年来，专门史研究有新的发展，在高等教育的一级学科历史学之下，设置专门史二级学科，多所大学及科研院所设立经济史、文化史、社会史等专门史研究机构，探究领域有所拓殖，新史料的开掘、新方法的运用皆有创获，人才成长、论著涌现，蔚然大观。武汉大学出版社推出的《中国专门史文库》便在此种新气象之下应运而生。

本文库以几种早年蜚声学坛的专史作为引领篇什，更多地选入近十年来的专史佳品，其中又分两类，一为曾经出版，现经作者认真修订补充，二为新作。本文库拟分数辑，分批推出，期以共襄专门史研习之大业。

2011 年 10 月 19 日　书于武昌珞珈山

目　　录

第一编　中国古代的新闻传播活动
（公元 713—1815 年）

第二编 中国近代的新闻事业

(公元1815—1915年)

第三编　中国现代新闻事业

（公元1915—1949年）

第一编

中国古代的新闻传播活动

（公元713—1815年）

概　　论

中国新闻传播事业，源远流长，堪称世界之最。

中国古代新闻传播活动究竟起源于何时？对这一问题，说法颇多，兹摘其要述之：

【源于“商周之际”】　秦理斋在《中国报纸进化小史》一文中云：“我国新闻事业，发轫最早。在昔商周之际，政府已设置专官，春秋二季，出巡列邦，采风问俗，归而上诸太史。刘歆与扬雄书曰：‘三代周秦，轩车使者、遒人使者，以岁八月巡路，求代语童谣歌戏。’而周官太史所掌，亦曰‘陈诗以观民风’。大抵今日所传诗歌、《国语》、《国策》，要亦当时新闻之流亚。王安石目《春秋》为断烂朝报，良有以也。”①

【源于“尧舜时代”】　曾虚白主编的《中国新闻史》一书云：“中国口传新闻起源至少可溯至尧舜时代，汉书云：‘古之治天下，朝有进善之旌、诽谤之木，所以通治道而来谏者也。’（《汉书·文帝纪》篇）又注：‘应劭曰：“旌，幡也，尧设之五达之道。令民进善也。”如淳曰：“欲有进者，立于旌下言之。”（《管子·桓公问》篇）而舜亦有‘诽谤之木’（《淮南子·主术篇》）。所谓进善之旌，系在道路当中立一旗幡，凡有要进言之人，便立在幡下进言。而诽谤之木，系于道路之中，立一木牌，上面书明各种告示或是关于政治得失的评语。此类要进之言及批评政治得失之语，就是口传的新闻与言论，实与后世的报纸的内容相类似。而当时之歌谣、古谚、诗经之类，都是最佳的口传新闻，而近年发现之殷墟甲骨文字，似可说是最古之新闻图版；最近出土之楚简，亦有甚多之新闻资料。"②

至于中国古代文字报的起源，主要有如下几种说法：

【源于"春秋"】 有人根据宋代王安石曾诋《春秋》为"断烂朝报"的话③，便断定先秦时代的《春秋》与后世报纸性质相近，为文字报的滥觞。其实，"《春秋》记已往之事，仅为一种良史，似不能即谓之报"④。

【源于汉代】 我国著名的新闻史学家戈公振根据南宋徐天麟所撰《西汉会要》卷六十六《百官表》记载："大鸿胪属官有郡邸长丞"一句，及《汉书》颜师古注："主诸郡之邸在京师者也。按郡国皆有邸，所以通奏报、待朝宿也"，特别是颜注中"通奏报，待朝宿"一句，最早断定汉代已有"邸报"⑤。戈氏这一关于"邸报"起源于汉代的判断，对国内外学者影响极大。有的学者对戈氏论点又作了进一步的引申和发挥，例如，早年燕京大学新闻系美籍教授白瑞登（Roswell Sessoms Britton，亦名"白瑞华"）也认为："京报（即戈公振所说的"邸报"——引者注）创始于汉朝，约在纪元前140年左右，那时候是写在竹简或木片上的，内载朝廷上的记录，分送到各官员处去。""京报是清朝（公元1644—1911年）所用的名称，此前同一性质的刊物是称为邸报。自从它在纪元前2世纪中创行后，延长二千年之久。它是政府的公报，恰和西方最早的报纸、也是政府的公报即罗马出版的《每日纪事报》可以媲美。《每日纪事报》流行历15个世纪，创刊则在纪元前60年。所以京报无论在出现之早与维持之久的那一点上，都要比《每日纪事报》来得强。""邸报是在汉武帝时产生的。武帝即位于纪元前140年。"⑥

其实，仅仅根据"通奏报"一句就断定汉代有邸报，是靠不住的。在这里不妨对《西汉会要》中“大鸿胪属官有郡长丞”及颜师古注“主诸郡之邸在京师者也。按郡国皆有邸，所以通奏报、待朝宿也”两段，联系起来，作一阐释。所谓“大鸿胪”是汉代设置的一种重要职官。据《汉书·百官公卿表》、《册府元龟》及清代黄本骥《历代职官表》、永榕《历代职官表》等书记载：汉代“大鸿胪”源出于秦代的“典客”。秦代“典客”的职责是“典（主持、掌管——引者注）属国”、“掌诸侯及归义蛮夷”（见《册府元龟》）。“属国”、“归义蛮夷”都指少数民族地区。到了汉代，“典客”改名为“大鸿胪”，据《汉书·百官公卿表》记载：“典客，掌诸归义蛮夷。景帝中六年（即公元前144年），更名大行令。武帝太初元年（即公元前104年），更名大鸿胪，属官有行人、译官、令丞。武帝太始元年（即公元前96年），更名行人为大行令。”又，永榕在《历代职官表》中《理藩院》表后所加《历代建置》考证云：“秦典客、汉大鸿胪、大行令，职司宾礼，本出于周大、小行人之职，故诸侯王列侯及藩国之归义者，皆其所属。”综上所述，汉代“大鸿胪”的职权范围有两大方面：一是掌管“诸侯王列侯”事务，其中包括《汉书》颜师古注中“主诸郡之邸在京师者”。这里，“主”有“掌管”、“管理”、“统辖”的意思(《玉篇·丶部》：“主，典也”，《广韵·麌韵》：“主，掌也”)。二是掌管“藩国之归义者”（相当于今少数民族地区）事务。如果仅从“掌诸归义蛮夷”这一方面看，汉时的“大鸿胪”又相当于清代设置的专门管理少数民族事务的行政机构“理藩院”。清代理藩院是“特设在六部以外的部级机构。掌蒙藏等族疆域、爵秩、黜陟、征发之政令”。⑦

所谓“邸”、“郡国”，也是汉代的重要制度。汉代是郡县制与分封制并存的。汉高祖刘邦建立汉王朝后，先是分封异姓王。后异姓王势力坐大，对中央集权形成威胁，刘邦便采用种种手段削灭异姓王，又分封同姓王。这种被封王所管辖的地区，历史上称为“郡国”，与当时的“郡县”相对而言。当时的每个“郡国”都自行在首都长安设“邸”，邸是“郡国在京师自行设置的办事机构，并非王朝设置的正式行政单位。”⑧“邸”有两大职责：“通奏报”、

“待朝宿”。“待朝宿”好理解，指为“郡国”来人（包括郡国官员到京晋见皇帝或办理公事），提供食宿、招待，若今之各省驻京办事处。关键是“通奏报”。所谓“通奏报”，是指公文书的传递，具体而言，是指“邸”负责把“郡国”地方长官的奏章通过“大鸿胪”呈递给中央（朝廷），起下情上达的中转站作用。这“不同于朝廷把同一‘官文书’向各级官吏广泛传播的原始形态报纸。”⑨而把“通奏报”理解为“邸中传抄一切诏令章奏以报于诸侯”，“传达君臣间消息之谓”，并由此引申出“通奏报”“即邸报之所由起也”的结论，⑩是不正确的。

【源于唐代】 对中国古代新闻事业深有研究的黄卓明氏认为：“中国的原始形态报纸应始见于唐代”，具体时间在“唐开元年间（公元713—741年）”。“这种原始形态报纸不同于向一定行政单位下达的‘官文书’，而是把同一的‘官文书’向在京城的各级官吏广为传播的”，“它被概称为‘报状’或简称为‘报’”。⑪

著名新闻史学家方汉奇也认为：“中国最早的报纸是邸报。邸报大约起始于唐朝，是封建王朝的政府机关报。因为由‘邸吏’负责传发，所以称为‘邸报’。在有些古代文献中，邸报也被称为‘邸钞’、‘阁钞’、‘朝报’、‘杂报’、‘条报’、‘除目’、‘状’、‘状报’、‘报状’或‘京报’。唐代的邸报由各地派驻首都的邸务留后使负责传发。唐代宗大历十二年（公元777年），邸务留后使改称进奏官，在上都知进奏院的统一管辖下，进行邸报的发布工作。”⑫

以上诸说，“中国原始形态的报纸起源于唐代”最为可信。

第一章
唐代的官报

第一节 "开元杂报"

中国古代的原始报纸，最迟不晚于唐玄宗开元年间（公元713—741年）。在唐代人的著作中，最早对这种原始形态报纸叙述得最详细最具体的，是唐末著名学者、散文家孙樵（字可之）所著《孙可之文集》（又名《经纬集》）。在该书第十卷"杂著"类中，收录了他的一篇题为《读开元杂报》的文章，全文如下：

樵曩于襄汉间，得数十幅书，系日条事，不立首末。其略曰：某日皇帝亲耕藉田，行九推礼；某日百僚行大射礼于安福楼南；某日安北奏诸番君长请扈从封禅；某日皇帝自东封还，赏赐有差；某日宣政门宰相与百僚廷争十刻罢。如此，凡数十百条。樵当时未知何等书，徒以为朝廷近所行事。有自长安来者，出其书示之。则曰：'吾居长安中，新天子嗣国及穷虏自溃，则见行南郊礼，安有藉田事乎？况九推非天子礼耶？又尝

> 入太学，见丛甓负土而起若皇堂者，就视得石刻，乃射堂旧地，则射礼废已久矣，国家安能行大射礼耶？自关以东，水不败田，则旱败苗，百姓入常赋不足，至有卖子为豪家役者。吾尝背华走洛，遇西戍还兵千人，悬给一食，力屈不支，国家则能东封，从官禁兵安所仰给耶？北虏惊啮边氓，势不可控，宰相驰出责战，尚未报功。况西关复惊于西戎，安有扈从事耶？武皇帝御史以窃议宰相事，望岭南走者四人，至今卿士龂舌相戒，况宰相陈奏于仗罢乎？安有廷诤事耶？'语未及终，有知书者自外来，曰：'此皆开元政事，盖当时条报于外者。'樵后得《开元录》验之，条条可复，然尚以为前朝廷所行不当尽为坠典。及来长安，日见条报朝廷事者，徒曰今日除某官，明日授某官；今日幸于某，明日畋于某，诚不类数十幅书。樵恨生不为太平男子，及睹开元中书，如奋臂出其间。因取其书帛而漫志其末。凡补缺文者十三、改讹文者十一。是岁大中五年（公元 851 年——引者注）也⑬。

这篇杂感是迄今为止发现的最早的一篇记载有关唐代报纸的史料，作于唐宣宗大中五年（公元 851 年）。此时孙樵到长安仍"日见条报朝廷事者"的"邸报"，可见从开元至大中 130 余年间，"邸报"一直延续下来。唐玄宗开元年间是唐王朝的全盛时期，而孙樵写这篇文章时，离"安史之乱"（公元 755 年）平定后将近百年，却正是唐王朝中央集权更加削弱，藩镇各据一方、更加专横跋扈的时候。孙樵因此发出"恨生不为太平男子"，不得一睹太平盛世的感叹。文中说：孙樵曾在襄汉一带地方得到一种"系日条事，不立首末"的"数十幅书"（"书"，指手抄的簿牒文件之类）。其中记事，"凡数十百条"，内容以报道朝廷政事为主，如"某日皇帝亲耕藉田，行九推礼。某日百僚行大射礼于安福楼南。某日安北奏诸番君长请扈从封禅。某日皇帝自东封还，赏赐有差。某日宣政门宰相与百僚廷争十刻罢"等等。孙樵当时还以为这些记载是朝廷近事，便向人打听具体情况。有从长安来的人告诉他：现在国家板荡，朝廷残破，"藉田"、"射礼"、"东封"之类礼仪早已废止。

又据“知书者”说：这些手抄簿牒文件之类上面所记载的都是唐玄宗开元年间（公元713—741年）的政事。孙樵后来又得到根据“时政记”、“起居注”之类编写的《开元录》，逐条核对，果然“条条可复”。于是，孙樵便把这些簿牒文件称之为“开元杂报”。以后，孙樵到了长安，便每天都能见到这种“系日”分条记载、报道朝廷政事的官文书了。

我们今天已无法看到“开元杂报”原件，但根据《孙可之文集》的这段记载，专家们考证断定：孙樵称之为“开元杂报”的“数十幅书”，就是中国古代最早的原始形态的报纸，“这种原始形态报纸是每天发布的。孙樵所说的‘系日’（按：古汉语的‘系’字具有连续之意）和‘日见’，即为明证。这种原始形态报纸不同于向一定行政单位下达的‘官文书’，而是把同一的‘官文书’向在京城的各级官吏广为传播”。广大人民群众是无法看到的。“‘开元杂报’这个词，显然是孙樵赋予‘数十幅书’的特定命名，并非指开元年代的原始形态报纸被概称为‘杂报’”；“所谓‘开元杂报’并非刻印的。不仅唐代如此，而且自唐以后长期停留于手写传抄状态，这又是中国古代报纸的一个特点”。⑭

关于“开元杂报”的版面形式和印刷情况，最早说“开元杂报”是“雕版”的，见于陆琛著《河汾燕闲录》。近人孙毓修《中国雕板源流考》一书说得更详细：“近有江陵杨氏藏开元杂报七页（孙可之集有《读开元杂报》文，当即此也），云是唐人雕本，页十三行，每行十五字，字大如钱，有边线界栏，而无中缝，犹唐人写本款式，作蝴蝶装。墨影漫漶，不甚可辨。”⑮但根据印刷史专家考证，唐代不可能出现印刷报纸。因此，上述记载是不可靠的。可靠的说法应为“手写传抄”。

第二节　“报状”与“状报”

除孙樵的《经纬集》外，在唐代有关文献和唐代人的某些著作中，也可以找到不少有关唐代官报的简单记载，名称有“报状”、“报”、“除目”等。如李德裕（公元787—850年）《会昌一品集》卷十七所载《论幽州事宜状》一文云："右：臣伏见报状，见幽州雄武军使张仲武已将兵马赴幽州。雄武军使今日奏事官吴仲舒到臣宅，臣扶疾与之相见……"李德裕是中唐著名大臣，李吉甫之子，世家出身。历任浙西观察使、西川节度使等职。武宗时居相位，力主削弱藩镇。他反对李宗闵、牛僧孺集团，是牛、李党争中李派首领。后遭牛派打击，贬崖州（今广东琼山）司户而死。《会昌一品集》（又名《李卫公会昌一品集》）主要收集的是他在武宗会昌年间（公元841—846年）当宰相时的作品。

又据杜牧（公元803—约852年）《樊川文集》卷十二所载《与人论谏书》一文云："前数月见报，上披阅阁下谏疏，锡以币帛，僻左且远，莫知其故。近于游客处一睹阁下谏草"。

另外，唐代钟辂《前定录》、唐代裴庭裕《东观奏记》中，也都提到"报状"一词。

《旧唐书·唐本纪》也有一条关于"除目报状"的资料：后唐唐明宗长兴三年（公元932年），史馆奏："宣宗以下四庙未有实录，请下两浙荆湖购募野史及除目报状"。此所谓"除目报状"即是有关官吏任命的文报。

以上诸例中所提到的"报状"、"报"、"除目"，与孙樵所说的"开元杂报"、"条报"等，都是指同一事物，都是唐代朝廷传播政令及政事动态的最早的原始形态的报纸。

"报"的本义是"按律定罪"、"判决"。《说文》云："报，当罪人也。"王筠《句读》："颜注《急就篇》：'报者，处当罪人也'"，即"断狱为报"。另外，"报"在古代还有"答复"、"报告"的意思。清吴善述《说文广义校订》："凡下复上、上答下，及彼此答书皆曰报。"又"告知"、"公告"也曰"报"。现代报纸的"报"字意思即渊源于此。

"状"在古代汉语中，有时作动词用，有"陈述"的意思；有时作名词用，指"向上级陈述意见或记载事件的文书"。

"报状"、"报"即朝廷发布、传报政事的"官文书"。它具有唐王朝中央政府公报的性质。"它本来只传播到在京城的各级官吏，随着藩镇制度的发展，通过藩镇自置的'进奏院'，又转抄传播到外地的各级官吏，被概称为‘进奏院状报’”⑯。也就是说："报状"（或称为"报"）是由朝廷直接发布的，它既抄传到京城的各级官吏，也抄传到各藩镇在京师自己设置的进奏院。再由进奏院抄传给各自的藩镇。这种通过进奏院抄传的"报状"，当时被概称为"进奏院状报"。这样就"形成为第一级的'报状'和第二级的'进奏院状报'"⑰。

据研究古代新闻史的专家考证："在已发现的唐人著作中有关'进奏院状报'的记载，以崔致远的《桂苑笔耕集》为数最多。"⑱

第三节　"邸"与"邸报"

"邸"，《说文》释为"属国舍。"徐锴系传："诸侯来朝，所居为邸"。"邸"这种建置，很早就出现了。早在战国时期，"诸国客馆"曰"邸"。例如，《史记·范雎列传》记载："（范雎）敝衣闲步之邸。"张守节"正义"引刘云："（邸），诸国客馆。"到了汉代，诸郡（包括"郡国"、"郡县"）王侯为朝见而设置在京城的住所也叫"邸"。《汉书·文帝纪》："代王谢曰：至邸而议之。"颜师古注："郡国朝宿之舍，在京师者率名邸。邸，至也；言所归至也。"

汉代的邸有两大职能，据《西汉会要》所说，是"通奏报、待朝宿"。到了唐代，"邸"的职能又扩大、增加了，除"通奏报"（呈进奏章）、"待朝宿"外，还负责打听朝廷动静，向各自的藩镇报告，并抄传朝廷"报状"于各自藩镇。

唐代的"邸"叫"进奏院"。"进奏院"的设置是与唐代的藩镇制度分不开的。唐帝国幅员辽阔，必须要有强大的武力，才能保卫其边防，巩固其地位。于是，唐王朝始则设置六都护，继则设置十节度，以控制外族，巩固边防，这就是所谓"藩镇"。但是这些防边的藩镇军事首领，都握有兵权，一旦势力坐大，便起而独立，与朝廷分庭抗礼。甚至乘着统治中枢腐化之时，举兵叛乱，都想趁此到中枢主政。如天宝十四年（公元755年）胡种蕃将安禄山、史思明以节度使及将军身份起而造反，都以肃清中枢的腐败势力

（如杨国忠等）为名，进军长安，史称“安史之乱”。公元763年，“安史之乱”平定以后，各路骄兵悍将以勘乱有功，纷纷向朝廷要求地盘职位。这些人大都做了节度使。原来节度使之职，都设在边防要地，至是则内地也遍设节度使，整个唐帝国几为藩镇所分割，诚如赵翼《廿二史札记》卷20《唐节度使之祸》条所云：“及安、史既平，武夫战将以功起行阵为侯王者，皆除节度使，大者连州十数，小者犹兼三四，所属文武官悉自置署，未尝请命于朝，力大势盛，遂成尾大不掉之势。或父死，子握其兵而不肯代；或取舍由于士卒，往往自择将吏，号为留后，以邀命于朝。天子力不能制，则含羞忍耻，因而抚之。姑息愈甚，方镇愈骄……迨至末年，天下尽分裂于方镇，而朱全忠遂以梁兵移唐祚矣。推原祸始，皆由节度使掌兵民之权故也。”

唐代各地藩镇权力极大，所谓“既有其土地，又有其人民，又有其甲兵，又有其财赋”（赵翼《廿二史札记·唐节度使之祸》），俨然小朝廷。但是，这些藩镇表面上还是听命于朝廷的。这就产生了各地藩镇与朝廷间的联络机构，即所谓“进奏院”。各地藩镇都在京城长安设置“进奏院”，据清人徐松《西京城坊考》记载：仅在长安崇仁坊一个地区，就“有东都、河南、商、汝、汴、淄、青、淮南、兖州、太原、幽州、冀州、丰州、沧州、天德、荆南、宣歙、江西、福建、广、桂、安南、邕州、黔南等进奏院。”

唐代“进奏院”之制，“本出于汉之郡国置邸京师”（见永榕等编《历代职官表》按语），起初名叫“上都邸务留后院”，简称“上都留后”。到唐代宗大历十二年（公元777年），改名为“上都知进奏院”，简称“进奏院”（见《文献通考》卷六十职官十四“进奏院”条）。“进奏院”的体制一直沿袭到宋末。唐代“进奏院”的主持官员都是节度使派往的大将或亲信，起初叫“上都邸务留后使”，后改称“上都知进奏院官”，简称“进奏官”、“进奏吏”，一般通称“邸吏”、“邸官”。随着节度使权力的急剧膨胀，邸吏的权势也越来越大。他们可以直接“入见天子”。朝廷办事及与诸镇的联络也不得不“假借邸吏”。与此同时，各地藩镇为了及时了解朝廷政事动态，便特意指令其驻在首都的进奏官向他们通报中央军政大事。这样，就“产生了抄传朝廷发布的‘报状’的‘进奏院状报’”。⑲这种原始形态的报纸，在唐代是由各个“邸”自行编发的，只在一定范围（封建统治集团的各级官吏）内发行，类似今天的政府公报、内部通报或简讯。又由于它是手抄驿传的，由京城长安发往各地藩镇，所以又具有“新闻信”的性质。这种原始形态的报纸当时通称为“进奏院状报”、“进奏院状”、“邸吏状”或“报状”。由于它是由“邸”及“邸吏”抄传，唐以后人称之曰“邸报”，甚至把“邸报”一词作为唐代及古代报纸的概称，普遍使用。

据专家考证，“邸报”一词在唐代及五代尚未出现。从现有资料看，我国古代文献中，“邸报”一词最早见于北宋人的诗文集中。南宋尤袤撰《全唐诗话》卷二也有一段著名记载云：“（韩翃）不得意，多家居。一日，夜将半，客叩门急，贺曰：‘员外除驾部郎中，知制诰，’翃愕然曰：‘误矣！’客曰：‘邸报：制诰阙人，中书两进君名，不从，又请之，曰：与韩翃’。时有同姓名者为江淮刺史，又具二人同进。御批曰：‘春城无处不飞花，寒食东风御柳斜；日暮汉宫传蜡烛，青烟散入五侯家’。又批曰：‘与此韩’。”这段话说的是唐德宗李适建中（公元780—783年）初年的事：韩翃的朋友看见邸报，说政府中秘书（制诰）缺人，宰相两次推荐韩翃，邸报上已发表了他“除（被任命为）驾部郎中”官职、“知制诰”（负责主持起草皇帝的诏令）的消息。而韩翃本人尚不知道，故朋友连夜向他报告。韩翃，字君平，南阳（今属河南）人，天宝十三年（公元754年）进士。安史之乱后曾作过节度使的幕僚，随后赋闲“家居”多年。建中初年为德宗李适赏识，官至中书舍人。他也是中唐时期著名诗人，文学史上所谓“大历（公元766—779年）十才子”之一，著名《寒食》诗“春城无处不飞花”是其代表作。从以上这段记载可以看出当时“邸报”在士大夫中已相当流行了。

另外，清人徐松《宋会要辑稿》刑法二下所引南宋光宗绍熙四年（公元1193年）十月四日臣僚言，还曾给“邸报”下过以下的定义:"国朝置进奏院于京师，而诸路州郡亦各有进奏吏，凡朝廷已行之命令，已定之差除，皆以达于四方，谓之邸报。"

第四节　现存最古老的报纸——"敦煌进奏院状"

从文献记载来看，中国最古老的原始报纸是"开元杂报"，但我们现在已经无法看到实物了。现能看到实物的最古老的报纸当数"敦煌进奏院状"。它不仅是现存的中国最古老的报纸，也是现存的世界上最古老的报纸，它发行于唐僖宗光启三年（公元887年），距今1100多年了。

这份"进奏院状"是英国籍匈牙利人斯坦因（公元1862—1943年）在20世纪初年（公元1907—1914年），从我国敦煌石窟窃去的大量敦煌卷子（约7000件）中的一件[20]。当时经卷被发现后，原件被运往英国，藏于伦敦不列颠图书馆。1983年，经我国新闻史学专家方汉奇详加考订，确认为系中国古代的报纸，并命名为"敦煌进奏院状，"简称"敦煌邸报"[21]。

这份"敦煌进奏院状"原件是一张长97厘米、宽28.5厘米的横长条卷子。纸质坚韧，纹理绵密，近似后代的宣纸。无报名，卷首第一行有"进奏院　　状上"字样。报文系用毛笔抄写，竖行，从右至左。原件后一部分已散佚，仅存前面一部分，共计60行，2000余字；无标点，字体端庄秀美。纸的背面是当年一位曲文爱好者抄录下来的民间文学作品《大汉三年季布骂阵词》曲文。由此看来，"进奏院状"能侥幸保存下来，还多亏了这位词曲爱好者呢。

这份"进奏院状"是公元887年，由当时归义军节度使派驻朝廷的进奏官张夷则从唐僖宗的"行在"（本作"行在所"，意即皇帝所在的地方，这里指临时首都）凤翔（今陕西凤翔），发往沙州（今甘肃敦煌）的一份"状报"。其内容是报告归义军节度使派官员往"行在"凤翔向朝廷请求"旌节"（唐时皇帝赐给节度使以确定其地位，显示其身份的仪仗）的情况。

关于这份"状报"，还有比较复杂的背景：归义军节度使原为张义潮（？—872年），也叫张议潮，是唐沙州敦煌（今甘肃敦煌西）人。安史之乱后，唐王朝国力削弱，吐蕃趁机占领了河西、陇右各州。唐宣宗大中年间（公元847—859年），吐蕃贵族内部发生混战，张义潮便趁吐蕃内乱之际，领导沙州汉、蕃人民起义，驱逐了吐蕃守将，并相继收复了相当于今天的甘肃西部和新疆东部的十一州土地。大中五年（公元851年）正月，张义潮向唐王朝表示归附之意。同年11月（一说8月），便派其兄张义泽到长安，将十一州版图奉献给唐宣宗李忱，完成了归附大礼，被朝廷任命为归义军节度使。这段史实，在新、旧《唐书》中均有记载。《旧唐书》卷18《宣宗本纪》载："大中五年……八月，沙州刺史张义潮遣兄义泽，以瓜、沙、伊、肃等十一州户口来献，自河、陇陷蕃百余年，至是悉复陇右故地。以义潮为瓜、沙、伊等州节度使。"《新唐书·吐蕃传》（下）也载："沙州首领张义潮奉瓜、沙、伊、肃、甘等十一州地图以献。"所谓"献户口"、"献地图"都和古代"献版图"是一回事。在我国古代，所谓"版图"即象征国家主权和人民。"版"即户口册，"图"即地图，奉献版图即表示降服或归附。这在当时是有进步意义的。张义潮初被授节度使，咸通八年（公元867年）到长安做官，任右神武统军，5年后死于长安。

自从张义潮公元867年到长安后，其节度使职便由其族子张淮深代任。按唐朝惯例，节度使应由朝廷授予旌节，表示正式委任和承认。可是，过了20年，张淮深还没有得到皇帝"赐旌节"的待遇。因此，张淮深于僖宗光启三年（公元887年）便派60余人的专使团赴朝廷所在地兴元，要求"请准旧例建节"。

当时，唐僖宗正在兴元（今陕西南郑县）。兴元曾几度作为僖宗临时"行在"：僖宗广明元年（公元880年）12月，黄巢起义军攻入长安，僖宗逃到兴元。不久，僖宗命官军反攻，黄巢不支退出长安。僖宗中和二年（公元882年），黄巢复攻入长安，最后又被官军打败，直至中和四年（公元884年）在太山（今山东泰山）下被迫自杀。黄巢起义失败后，僖宗于光启元年（公元885年）回到长安，这时统治阶级内部发生剧烈冲突，僖宗只好又逃往兴元（公元886年）。归义军"求旌节"的使团于光启三年二月十七日到达兴元，三月初十日僖宗动身返回长安，由于时间仓促，“求旌节”之事来不及办理，就暂时搁下了。从兴元回长安必须经过凤翔，到凤翔后，僖宗又被节度使李昌符扣留了将近一年时间，直到文德元年（公元888年）二月才返抵长安。这份“进奏院状”就是由归义军节度使派驻唐朝廷的进奏官“夷则”（很可能就是死去的节度使张义潮之兄张义泽。“夷则”、“义泽”可能系同音替代）从凤翔发回沙州（现敦煌）的。“状”中对归义军节度使派出的使团在兴元、凤翔两地的活动情况作了详细报道，实际上还带有“新闻信”的性质。

注　释

①该文载申报50周年纪念特刊《最近之五十年》第三编《五十年来之新闻业》，申报馆1922年版。

②曾虚白主编：《中国新闻史》第61页，台北政治大学新闻研究所发行，1981年第5版。

③见周麟之：《海陵集·春秋经解跋》：“初，王荆公欲释《春秋》以行天下，而莘老之书已出，一见而有惎（jì）心，自知不复能出其右，遂诋圣经而废之，曰：此断烂朝报也。”参见《宋史·王安石传》、《续资治通鉴》卷18。

④戈公振：《中国报学史》第20页，中国新闻出版社1985年版。

⑤同上书，第22页。

⑥转引自胡道静：《报坛逸话·报纸的起源》，载胡道静《新闻史上的新时代》一书（世界书局1946年版）。按：白瑞登曾用英文写了一部研究中国新闻史的专著，名为 *The Chinese Periodical Press*（1800—1912）。该书中文译名为《中国报纸》，1933年由上海 Keny & Wash 出版公司出版。他写这本书，参考了中、英文论著一百数十种，下了很大工夫，是研究中国近代早期报业和外人在华报业的重要著作。

⑦瞿蜕园：《历代职官简释》“理藩院”条目，载中华书局上海编辑所出版的黄本骥《历代职官表》“附录”。

⑧黄卓明：《中国古代报纸探源》第15页，人民日报出版社1983年版。

⑨同上书，第14页。

⑩见戈公振：《中国报学史》第二章《官报独占时期》。

⑪黄卓明：《中国古代报纸应始于唐朝廷发布的“报状”》，载黄卓明《中国古代报纸探源》，人民日报出版社 1983 年版。

⑫方汉奇：《中国近代报刊史》第 1 页，山西人民出版社 1983 年版。

⑬《孙可之文集》据北京图书馆藏宋蜀刻本影印版，上海古籍出版社 1979 年版。

⑭黄卓明：《中国古代报纸探源》第 20~22 页、第 26 页，人民日报出版社 1983 年版。

⑮孙毓修：《中国雕板源流考》，商务印书馆 1928 年版。

⑯黄卓明：《中国古代报纸探源》第 27 页，人民日报出版社 1983 年版。

⑰同上书，第 38 页。

⑱同上书，第 31 页。

⑲同上书，第 31 页。

⑳参见斯坦因：《斯坦因西域考古记》（向达译），中华书局 1936 年初版，1946 年再版。

㉑详见方汉奇：《从不列颠图书馆藏唐归义军“进奏院状”看中国古代的报纸》，载中国人民大学新闻系编《新闻学论集》第五集，中国人民大学出版社 1983 年版。

第二章

宋代的官报和小报

第一节　宋代的官报

唐自安史之乱后，政治重心全在藩镇，中央政府已失去对军阀们的控制能力。唐末，藩镇更加横暴无忌，终于形成从唐末到宋初中间五代十国（公元907—960年）50余年的军阀割据的局面。后周世宗六年（公元959年），周世宗柴荣死，年少的恭帝柴宗训即位。次年春，北汉与契丹联合入寇，担任“归德军节度检校太尉”的赵匡胤（涿郡人）奉命出师御敌，刚到开封城东北之陈桥驿，其部下军士便以恭帝年少故，乃于深夜以黄袍加赵匡胤之身，逼令他做天子，并迫回京，先即帝位（详见《宋史·本纪·太祖纪一》）。这就是历史上有名的“陈桥驿兵变”。赵匡胤做了皇帝后，从太祖乾德元年（公元963年）到太宗太平兴国四年（979年）的十五六年中，陆续削平众多的割据之国。这样，从唐末五代以来的割据势力便消除了。

宋王朝建立后，为了巩固中央集权和实行高度的政治统一，又采取了抑制地方割据势力的重大措施，即解除节度使的实权。唐代的节度使制度在宋初依然继承了一段时间。但不久，朝廷“革五季之患，召诸镇节度使会于京师，赐第以留之”（《宋史·职官七》），并“削其兵柄，收其赋入”（顾炎武《日知录·藩镇》），其俸禄则由朝廷供给。另派朝官出任地方军政长官，称“权知军（军事）州（民事）事”。这样，节度使的兵、民、财三大权胥归中央。中央绝对专制集权得以确立。到太宗至道三年（公元997年），又取消了名义上由节度使管辖的“支郡”，把全国分为十五“路”，每路设“经略安抚使”。“路”以下设府、州、军、监，中央最基层的单位是县。宋代官报及小报就是在这种背景下演进的。

唐代官报到宋代有了很大发展，其编辑、发布制度日益完善。宋代初年的20年间，官报的管理发行基本上沿用唐制，由诸州郡在京师设置进奏院、委派进奏官驻京。当时，进奏官由各州郡将吏担任，他们不愿久留京师，于是委托亲信代理，有的干脆雇人代庖。雇用的人又往往敷衍塞责，延迟了传递政令与新闻的时间，甚至泄露机密。①

鉴于以上弊端，公元981年（太平兴国六年。一说八年，即983年），宋太宗下诏进行全面整顿，将各州郡在京师设置的进奏院改为直属朝廷的行政机构“都进奏院”。进奏官也由朝廷直接任命。据史料记载，一共任命了150名进奏官，集中办公，抄录承发文报。又派大员总管各个进奏院。“都进奏院”后隶属“门下省”，由“门下省”长官之一的“给事中”直接管辖。“门下省”是宋代中书、门下、尚书三省，即三个最高行政领导机关之一。凡是朝廷准备向全国发布的消息和文件，都由“门下省”编定；“给事中”负责审核，称为“判报”，然后交“都进奏院”发出。据《文献通考》卷六十、职官十四“进奏院”条记载：“宋缘旧制，皆本州镇补人为进奏官……逐州就京师各置进奏院。太平兴国六年（公元981年），诸州罢知后之名，简知后官，得李楚等百五十人，并充进奏官。命供奉官张文璨提辖诸道进奏院，监官以京朝官及三班使臣充，掌受诏敕及诸司符牒，辨其州、府、军、监以领下之，并受天下章奏案牍状牒，以奏御及分授诸司。中兴以来，隶门下后省、给事中点检。讫乾道九年（公元 1173 年），依旧隶后省，合传报事，令后省录以报行。”《宋史·职官志》也记载：“进奏院，隶给事中，掌受诏敕及三省、枢密院宣札，六曹、寺、监、百司符牒，颁于诸路。凡章奏至，则具事目上门下省，若案牍及申禀文书，则分纳诸官司；凡奏牍违戾法式者，贴说以进。熙宁四年（公元 1071 年），诏应朝廷擢用才能，赏动罚罪事可惩劝者，中书检正、枢密院检详官月以事状录付院，誊报天下。”

按照宋代各个时期不同的规定，“都进奏院”或每日，或 5 日、10 日，或一月发报一次。内容主要是皇帝的诏书和其日常起居言行，政府的法令公报，各级臣工的章奏疏表，省寺监司等机构的工作报告和边防驻军的战报等。或用手抄，或镂版（雕版）印发。手抄为主，镂版为辅。一般情况下用手抄，而朝廷重要诏令及重要文件，为避免传抄舛误，以及避免稽延时间，往往“镂版”发行（参见《续资治通鉴》卷 36；《宋会要》“职官二”之 47）。

这种由中央政府统一编辑和直接发行的官报制度是宋代官报的最大特点。这种官报与唐代由藩镇所设进奏院邸吏各自抄传的“进奏院状报”，及宋初 20 年出自各州郡邸吏抄传的“进奏院状报”是大不相同的。它的性质显然属于由朝廷直接主持的中央政府公报，并成为向全国各地广泛传播的报纸。

宋代官报的称谓很多，“朝报”是宋代报纸较正式的称呼，此外或叫“邸报”、“邸状”、“报”、“报状”，或叫“进奏院状报”、“进奏官报”，或叫“除目”（载有官吏任命情况的官报）等等。在宋人文集及《宋史》中，有关官报情况的记载很多，说明在宋代官报是非常兴盛的，如：

王安石有《读镇南邸报诗》；《苏东坡集》中亦有“坐观邸报谈迂叟，闲说滁山忆醉翁”之句；《东坡续集》卷六载东坡与汪道济书：“某见报移汶，而敕未下”；杨万里致周必大函：“近读邸报，得感事诗。”

苏轼《东坡志林》卷四：“前日见邸报，范景仁乞上殿，不知其为何也。”

宋代汪应辰《文定集》卷十五《与朱元晦书》：“见报有旨引

见而未报登对之日。窃计诚心正论，从容献纳，所以开寤上意者多矣。”又《与李运使书》：“垦田之议，顷于邸报中见之，颇讶其首尾不贯穿，今得见全文，甚幸！”由此可知，邸报记载很简略。

赵升《朝野类要》卷四“朝报”条：“（朝报）日出事宜也，每日门下后省编定，请给事判报，方行下都进奏院报行天下”，“日出事宜”，说明朝报每日发行，时效性较强。

《宋史·吕溱传》：“侬智高寇岭南，诏奏邸毋得辄报。溱言：一方有警，使诸道闻之，与得为备。今欲人不知，此意何也？”又《宋史·曹辅传》：“自政和后，帝多微行，乘小轿子，数内臣导从。置行幸局，局中以帝出日，谓之有排当。次日未还，则传旨称疮痍，不坐朝。始，民间犹未知，及蔡京谢表有‘轻车小辇，七赐临幸’，自是邸报闻四方。”“邸报闻四方”，说明邸报流传普及，面广。

从以上诸例可以看出，宋代邸报不仅政府官员阅读，而且普及于民间，流布开来。当时政府官员、士大夫阶层读报已成习惯，几乎成为生活的一部分。北宋诗人陈师道《后山谈丛》中有这么一条记载：“乖崖在陈，一日方进食，进奏院报至，且食且读，既而抵案恸哭，久之哭亦止。复弹指骂詈久之，乃丁晋公逐莱公也”（见《后山谈丛》卷三）。这条记载生动传神地把张泳边吃饭边看报、看报后又哭又骂的神态描摹出来了。有人甚至收藏邸报，成为藏报专家，如宋神宗时，宋敏求（公元1019—1079年）家“自祖宗朝至熙宁中报状皆全”，被称为藏报“世家”。因宋敏求阅读过历代“邸报，熟知历朝掌故，曾官至史馆修撰、龙图阁直学士。”②

宋朝政府对邸报控制很严，对邸报登载的内容，有很多规定和限制。宋哲宗元祐五年（公元1090年）七月二十五日，礼部曾上言：“凡议政得失，边事军机文字，不得写录传布；本朝会要实录，不得雕刻。违者徙二年，告者赏纸钱十万。”又哲宗元符元年（公元1098年）五月十五日，尚书省上言：“进奏官许传报常程申奏及经尚书省已出文字，其实封文字，或事干机密者，不得传报，如违，并以违制论。”（《宋会要辑稿》刑法第二，上）

宋朝政府对邸报传发也制定了严格的审查和发布制度。早在宋真宗咸平二年（公元999年）就规定了由枢密院审查样报的“定本”制度，即：先由进奏院把编好的官报样本送中央最高军事机关枢密院审查，然后再将“定本”发给进奏院传布四方。到南宋时，又改为由中央最高国务机关之一“门下后省”编定、由“门下后省”长官之一的“给事中”“判报”后，再将“定本”发给“都进奏院，报行天下”（见赵升《朝野类要》）。

由于“定本”制度要求对邸报内容审慎核定，这样就难免稽延时日，妨碍邸报及时“通上下之情”的功能，到南宋时，曾有人建议“罢去”。据宋代李心传《建炎以来系年要录》记载：“有正言凌哲言，……偏下州邑，往往有经历时月，不闻朝廷诏令。切恐民听妄生迷惑，有害治体。望将进奏院定本亟应罢去，以复祖宗之旧，以通上下之情。从之。”

第二节 宋代的“小报”

我国古代报纸产生于唐代，到宋代进入鼎盛时期。宋代不仅有大量发行的官报，而且出现了“小报”。“小报”始于北宋，而盛行于南宋，是非法出版的非官方报纸，主要在北宋首都汴梁（今河南开封）和南宋首都临安（今浙江杭州）发行。“小报”没有报头，刊期不定。“小报”一名到南宋才出现，是当时人们对这类报纸的概称，有时也称之为“新闻”。

关于“小报”的起源、内容、编辑、发行、主持者，以及政府对小报的禁止等情况，我们可根据清人徐松编辑的《宋会要辑稿》所收北宋奏章、诏令和北宋、南宋人文集中的有关记载来分析和考察：

（一）《宋会要辑稿》所刊北宋仁宗天圣九年（公元1031年）的一条谕旨云：“闻诸路进奏官报状之外别录单状，三司开封府在京诸司亦有探报，妄传除改至惑中外。自今听人告捉勘罪决停，告者量与酬赏。”这里所说进奏官在官报之外，另外抄录的“单状”就是所谓“小报”。

（二）北宋英宗治平三年（公元1066年）闰十一月，监察御史张戬上奏："'窃闻近日有奸妄小人，肆毁时政，摇动众情，传惑天下，至有矫撰敕文，印卖都市。乞下开封府严行根捉造意雕卖之人行遣（处罚）。从之。"（《宋会要辑稿》第165册第6522页）

（三）北宋徽宗大观四年（公元1110年）六月诏令："近撰造事端，妄作朝报，累有约束，当定罪赏。仰开封府检举，严切差人缉捉，并进奏官密切觉察。"（出处同上）

（四）苏辙（公元1039—1112年）《栾城集》记载，仁宗康定元年（公元1040年）五月有令："访闻，在京无图之辈，及书肆之家，多将诸色人所进边机文字，镂刻鬻卖，流布于外，委开封府密切根捉，许人告陈，勘鞠闻奏。"

此外，南宋人汪藻所撰编年体史书《靖康要录》卷11也有一条记载："（靖康）二年（公元1127年）二月十三日……是日……百官皆赴秘书省……集议推戴张邦昌事"，"初，百官集秘书省，莫知议何事。凌晨，有卖朝报者，并所在各有大榜揭于通衢，云'金人许推择赵氏贤者'。其实乃奸伪之徒，假此以给百官，使毕集也。缘是，百官各趋赴，既集，即秘书省门外环以兵，乃令速荐举张邦昌。"南宋人周密《武林旧事》卷6介绍临安各商店名称时，其中有"供朝报"一项。这"朝报""一定是民营报纸，不会是官报，因为官报不出卖，正如今天的政府公报，只分给各机关参考一样"③。

从以上几条记载中，我们可以断定：1. "小报"滥觞于北宋（公元960—1126年）中期。当时并无"小报"之名，往往冒名"朝报"发卖；2. "小报"有手抄的（"别录单状"），也有印刷出版的（所谓"印卖都市"）；3. "小报"影响也很大，传播面也较广（所谓"摇动众情，传惑天下"）；4. "小报"一产生，就受到朝廷的严厉禁止，但到后来却愈禁愈盛，直至北宋末年仍盛行不衰。

到南宋时，"小报"这一名称才正式出现，对它也有了更详细、具体的记载。在南宋人的文集中，对"小报"的记述以周麟之《海陵集》中《论禁小报》文和赵升《朝野类要》"朝报"条最著名。

周麟之在南宋高宗时期先后作过中书舍人、吏部尚书等官，《海陵集》所收《论禁小报》文是他在绍兴二十六年（公元1156年）上给皇帝的一篇奏稿，对高宗时期小报出版情况描写甚为详细，该文云：

> 方陛下颁诏旨，布命令，雷厉风飞之时，不无小人诪张之说，眩惑群听。如前日所谓召用旧臣者，浮言胥动，莫知从来。臣尝究其然矣，此皆私得之小报。小报者，出于进奏院，盖邸吏辈为之也。比年事有疑似，中外未知，邸吏必竟以小纸书之，飞报远近，谓之小报。如曰："今日某人被召，某人被召罢去，某人迁除"。往往以虚为实，以无为有。但朝士闻之，则曰："已有小报矣！"州郡间得之，则曰："小报已到矣！"他日验之，其说或然或不然。使其然耶，则事涉不密；其不然耶，则何以取信？此于害治，虽若甚微，其实不可不察。臣愚欲望陛下深诏有司，严立罪赏，痛行禁止。使朝廷命令，播之天下，天下可得而闻，不可得而测；可得而信，不可得而诈，则国体尊而民听一。④

从这段话中，我们可以看出"小报"名称的由来及其特征："小纸书之，飞报远近"。

赵升的《朝野类要》作于南宋理宗端平年间（公元1234—1236年），其中卷四"朝报"条目在解释"朝报"时，连类谈及"小报"的情况。原文云：

> 朝报　　日出事宜也，每日门下后省编定，请给事判报，方行下都进奏院，报行天下。其有所谓内探、省探、衙探之类，皆衷私小报，率有漏泄之禁，故隐而号之曰新闻。

从这段话中，我们看到南宋小报在朝廷的严禁下，屡禁不止，有时假冒"朝报"名义发行，有时隐称"新闻"公开叫卖。"小报"主持者还买通政府的各级勤杂人员、当差充当"探报"人，在朝廷大内（皇宫）的叫“内探”、在中央机构三省的叫“省探”、在一般衙门的叫“衙探”。此外，从现有资料看，这是将报纸和“新闻”联系起来的最早记载。

宋代以后，小报并未绝迹，明、清两朝时有出现，当时称为“小本”、“小钞”或“报条”。这些小报都同样受到当局的严厉查封。据王先谦《东华录》记载：清世宗雍正四年（公元1726年），有名叫何遇恩、邵南山的两个职业小报报人，就被以“捏造小钞，刊刻散布，以无为有”的罪名处斩。

终有宋一代，信息传播是很发达的，除以上所述官报、“小报”系统外，宋代的邮驿制度亦是很完善的。北宋沈括在《梦溪笔谈》中记载：

> “驿传旧有三等，曰步递、马递、急脚递。急脚递最遽，日行四百里，惟军兴则用之。熙宁中，又有金字牌急脚递，如古之羽檄也，以木牌朱漆黄金字，光明炫目，过如飞电，望之者无不避路，日行五百余里。有军前机速处分，则自御前发下，三省、枢密院莫得与也。”⑤

注　　释

①据王辟之《渑水燕谈录》卷五《官制》记载：“国初，州郡自置邸吏，散在都下。外州将吏，不乐久居京师。又符移行下，率多稽迟，或漏泄机事。太平兴国初，起居郎何保枢奏置钤辖诸道都进奏院，以革其弊，人给铜朱记（印）一纽。”

②见瞿宗颖：《中国社会史料丛钞》甲集下册，第857页。

③朱传誉：《中国新闻事业研究论集》第74页，台北“商务印书馆”，1988年版。

④《论禁小报》载周麟之《海陵集》卷三“奏议”类；《海陵集》又载于台北“商务印书馆”影印《文渊阁四库全书》总第1142册、集部第81册，1983—1986年版。

⑤沈括撰、胡道静校注：《新校证梦溪笔谈》，第125页，中华书局1958年版。

第三章

明、清两朝的官报和报房《京报》

第一节　元朝有官报吗

在宋代普遍流行的"邸报"，发展到元代又有什么变化呢？由于历史文献中关于元代报纸的记载甚少，在学术界形成了截然不同的两种意见：一种意见认为元代有报纸，以戈公振为代表，戈氏在《中国报学史》第二章《官报独占时期》专列"元初之'邸报'"一节，引周密《癸辛杂识续集》中一条记载为元代有官报的孤证，并进一步引申："读此，可知（元代）'邸报'，所载不必尽为官事，社会消息，亦录入焉"。以后有不少学者继承了这一说法，并认为："据常识判断，宋代邸报既已普遍流行，至元代不可能遽然停止"；① "元、明、清三代的官报发布制度和宋代大致相同。元代设通政院……专门负责官文报的收递工作"。②另一种意见认为元代没有"邸报"。以黄卓明为代表，黄氏在《中国古代报纸探源》一书中认为："具有中央政府公报性质的原始形态报纸，在元代一度中断"。③以后也有学者继承了这一观点，也认为"兴盛于宋代的官方汉文报纸到了元代就自然中断了”④。

以上两种截然不同意见，是由于对周密《癸辛杂识续集》中有关“邸报”的一条记载有不同认识而形成的。《癸辛杂识续集》（下）“黄王不辨”条记载：

“浙之东，言语黄王不辨，自昔而然。王克仁居越，荣邸近属也，所居曾独毁于火，于是乡人呼为‘王火烧’。同时有黄瑰者，亦越人，普为评事，忽遭台评，云：‘其积恶以遭天谴，至于独燃其家’。乡人有‘黄火烧’之号。盖误以‘王’为‘黄’耳。邸报既行，而评事之邻有李应麟者，为维扬幕，一见大惊，知有被火之事，亟告假而归。制史李应山怜之，馈以官楮二万。及归，则家无恙，乃知为误耳。”

这段记载是说幕僚李应麟通过邸报刊载的消息中，知道邻家失火了。他以为自家也遭殃及，非常着急，赶回家一看，才知是方言“王”、“黄”读音相同而造成的一场误会。

《癸辛杂识续集》一书作者周密（公元1232—1298年），是宋末元初人，号草窗、泗水潜夫等，原籍济南，后为浙江吴兴人。宋末曾任义乌令等职，又是著名词家，宋亡后不仕。《癸辛杂识》是一部札记体轶闻集，书中所记有宋朝之事，也有元朝之事。由于未系年月，容易混淆。持元代有报纸观点的人认为这段记载是写元代之事，并以此为元代有报纸的孤证。且进一步认为元代邸报比宋代邸报在内容上又有了新的发展，即：开始刊载诸如“失火”之类的“社会新闻”了。持元代无邸报观点的人则认为此段记载是写宋代之事。因元代种族界限严格、待遇极为不平。据赵翼《廿二史札记》卷30《元制百官皆蒙古人为之长》条考证，有元“一代之制，未有汉人南人为正官者”，县令以上官员一般不用汉人。前文中李应麟是汉人名字，且官至“制使”这样的朝廷命官。这在元代是不可能的事。因此，有人认为“戈公振在《中国报学史》中，把这段文字作为‘元初之邸报’的孤证，未必是妥当的”。⑤也有人认为，即便这条记载是说元初的事情，但“从这条记载的内容来看，显然已不具有政府公报的性质，虽写作‘邸报’，倒很像南宋的‘小报’”，“很可能是在元王朝初建时，失业的南宋进奏官，特别是职业化的‘小报’经营者，为了谋生，条报一些具有新闻性的事情。所记载的内容出于江浙，也可作为佐证。但为时短暂，因而后来就没有发现有关记载了”。⑥

另外，元朝虽设有通政院以取代进奏院，但“通政院”只“管理全国驿站之事”（见瞿蜕园：《历代官制概述》），只负担单纯的“官文书”的递送任务，并无专门负责“广为抄录”和“广为传播”“官文书”的职责。再者，元朝中央和地方官吏的正职概由蒙古贵族担任，朝廷也规定一切诏令章奏都使用蒙文；元朝历代皇帝也崇尚武力，“多不习汉文”（参见赵翼《廿二史札记·元诸帝多不习汉文》），更不会将诏命奏章译成汉文后发往各地方了。这样，有元一代的97年（公元1271—1368年）中，“没有汉文的具有中央政府公报性质的报纸，则应是可以肯定的”。⑦

结论：从唐代开始的邸报制度至元代中断。

第二节　明、清两朝的官报

明王朝建立后，恢复了宋代诏令章奏传报及官报制度，使具有中央政府公报性质的原始形态报纸，在元代一度中断后又得以继承下来。

明、清两朝时，官报除通常概称为“邸报”外，还有“邸钞”、“阁钞”、“京报”等别称。其传报系统和宋朝大致相同，但已将“都进奏院”取消，朝廷改设“通政司”及“提塘”制度，以代替“都进奏院”的职责。

明代“通政司”，“掌受内外章疏、敷奏、封驳之事”（《明史·百官志》），“所以出纳王命，为朝廷之喉舌；宣达下情，广朝廷之聪明，于政体关系甚重也”（陆容：《菽园杂记》）。此外，也负责向全国各级行政机构发布“使知朝政”的官报。由于“通政司”掌管一切内外章奏及发布官报，是中央政权中的重要衙门，所以通常由当朝宰辅和大宦官委派心腹人物掌管。

明代的官报仍以手抄为主，到崇祯十一年（公元1368年），才普遍采用活字版印刷。据顾炎武《与公肃甥书》中云：“忆昔时邸报，至崇祯十一年方有活板；自此以前，并是写本。”⑧

用活版印刷报纸，这是明代官报的一大特色，亦是我国古代报纸形式上的一次重大改革。我国全部印刷术发明的历史，概括说起来，只有两个基本内容：一是木刻雕版，二是活字版（活字版中又分“泥活字”与“木活字”）。关于雕版印刷，学者们认为它创始于公元7世纪初，即唐太宗贞观年间（公元627—649年）。现存最早的雕版印刷品是1966年在韩国发现的唐代武后时期（载初元年，即公元690年）刻印的《无垢净光大陀罗尼经》。到五代时期（公元907—960年），由宰相冯道主持，又在国子监大量雕印儒家经典。一直到清代，雕版印刷仍然流行不衰。从唐初到清末的1300多年间，中国一直以雕版印刷为主，几乎90%的书籍都是雕版印刷的。我国古代原始报纸从宋朝起，也开始有了“镂版”印刷的小报。到了北宋庆历中（公元1041—1048年），“布衣”毕昇在雕版印刷的基础上，首先发明了胶泥活字印刷术，当时的著名科学家沈括在《梦溪笔谈》中有详细记载。到了元代，著名农学家王祯又于13世纪末、14世纪初发明了木活字印刷术，并将其排版、检字、造轮及刷墨等过程详细记载下来，撰成《造活字印书法》，附于所著《农书》卷后出版。我国明代的邸报，从崇祯十一年（公元1638年）起，也开始用木活字印刷，使报纸大量复制、大量发行成为可能。

与唐、宋一样，明代邸报所刊载的主要内容，仍是诏令章奏及朝廷动态一类的官文书。但到了明朝末年，邸报上开始出现少量的社会新闻，这在邸报内容上是个大的突破，其中最著名的是1626年6月间（明熹宗天启六年五月）一期邸报上关于北京一带灾异情况的长篇报道。明代黄煜撰《碧血录·天变杂记》（据“知不足斋丛书”本）及明代燕客撰《诏狱惨言·天变邸抄》（据“借月山房汇钞”本）都曾将这篇两千多字的长篇报道全文抄录下来：

> 天启丙寅五月初六日（公元1626年5月30日——引者注）巳时，天色皎洁，忽有声如吼，从东北方渐至京城西南角，灰气涌起，屋宇动荡，须臾大震一声，天崩地塌，昏黑如

夜，万室平沉。东自顺城门大街，北至刑部街，长三四里，周围十三里，尽为齑粉，屋以数万计，人以万计。王恭厂一带糜烂尤甚，僵尸层叠，秽气熏天。瓦砾盈空而下，无从辨别；街道门户伤心惨目，笔所难述。震声南自河西务，东自通州，北自密云昌平，告变相同。城中即不被害者，屋宇无不震裂。狂奔肆行之状，举国如狂。象房倾圮，象俱逸出。遥望云气有如乱丝者，有五色者，有如灵芝黑色者，冲天而起，经时方散。合科道意火药局失火，缉拿奸细，而报伤甚多，此真天变，大可畏也……

这篇报道详细记叙了地震发生那一天的情况，也追叙和补叙了事件发生前后的一些细节。整篇报道写得绘声绘色，尽管明显带有迷信色彩和夸张失实之处，但仍不失为一篇现场感很强的好新闻报道。

清朝基本沿袭明朝的发报制度，先由内阁发布消息，再由各省总督、巡抚派驻京城的"提塘官"转抄、传送于各省。

所谓"提塘"、"提塘官"，据永榕等著《历代职官表》卷十二《按语》载："国朝定制：各省设在京提塘官，隶于兵部，以本省武进士及补候选守备为之，由督抚遴选送部充补，三年而代。凡疏章邮递至者，提塘官恭送通政司，通政使、副使参议校阅，封送内阁。五日后，以随疏赍到之牒，应致各部院者，授提塘官分投；若有赐于其省之大吏，亦提塘官受而赍致之。谕旨及奏疏下阅者，许提塘官誊录事日，传示四方，谓之邸钞。盖即如唐、宋之进奏院，而法制详慎，其奉职倍为谨凛矣。"又据《大清会典》载："凡题奏奉旨之事，下科后，令该省提塘赴科钞录，封发各将军督抚提镇。"可见，清代"提塘"、"提塘官"与唐、宋两朝的"进奏院"的职能相仿，起的是"上传"、"下达"的中间媒介作用。因此，清代邸报除一般概称为"邸钞"、"阁钞"外，由于"邸钞"由"提塘"递送传播，有时也别称为"塘报"。"塘报"在明代就产生了，是各地边防前线通过"提塘"传送给中央的军事情报，与清代把"邸钞"别称为"塘报"是性质不同的两码事。

为了进一步严密官报传报制度，到了雍正、乾隆年间，改由皇帝的办事机关——军机处把应发抄的谕旨章奏发交内阁。到了内阁后，一方面传知各衙门抄录执行或交由六科传抄；同时，由各省在京所设的提塘官把允许向下传阅的谕旨章奏抄录后，通过驿站传报四方。另外，清朝内阁和各省督抚衙门还自行发布一些公报性质的文书，由内阁抄发的称“宫门钞”，内容有上谕、奏折等；由各省督抚衙门抄发的称“辕门钞”，内容以报道省衙之命令及重要人事动态为主。“宫门钞”必送地方传阅，而“辕门钞”也送至京师呈阅。两者的读者均以士大夫阶级为主。

清代官报依然停留于“手写传抄”的原始状态，发行量小，很难满足士大夫的要求。有鉴于此，咸丰年间，江西巡抚张芾曾多次奏请朝廷“刊刻邸钞，发交各省”，以广传播（见《钦定大清会典事例》卷十五）。但这个建议，不仅未被朝廷采纳，反而受到咸丰皇帝的一顿申斥，据《东华录》记载：咸丰三年（公元 1853 年）十二月谕：“丙申，张芾奏请刊刻邸钞、发交各省等语，识见错谬，不知政体，可笑之至。国家设官分职，各有专司，逐日所降明发谕旨及应行钞发内外臣工折件，例由内阁传知各衙门通钞，即由各该管卫门行知各直省，或由驿站，或交提塘分递。该衙门自能斟酌缓急轻重，遵例妥办，岂有各省大吏无从闻知之理。所有刊刻邸钞，乃民间私设报房，转相递送，与内阁衙门无涉。内阁为经纶重地，办事之侍读中书，从无封交兵部发递事件，若令其擅发钞报，与各督抚纷纷交涉，不但无此体制，且恐别滋弊端……”由此可以看出，皇帝认为“刊刻邸钞”“乃私设报房之事”，而由朝廷印刷“邸钞”自古“无此体制”。这样，就使“邸钞”仍停留在“手抄”状态，不但无丝毫进展，与明代活版印刷邸报相比，反见退步。⑨

我国封建官报到 20 世纪初的清代末叶，又发生了很大变化，即出现了铅活字印刷的新式官报。早在戊戌变法时期，御史胡孚宸于光绪二十一年十二月二十二日（公元 1896 年 2 月 5 日）奏请筹设官书局，拟聘请通晓中西学问之人，专司选译书籍和各国新报，以传播、介绍新学。翌年正月二十一日（公元 1897 年 3 月 4 日），从总理衙门奏，正式设立“官书局”，选印中西各类图书，并选译外报印行，命孙家鼐主持其事。“官书局”所出之报曰《官书局报》，选译外报则称为《官书局译报》。从光绪二十四年五月一日（公元 1898 年 6 月 19 日）起，将《官书局报》与《官书局译报》每 5 日汇订一册，名《官书局汇报》，封送军机处呈皇上阅读。这类官报与报房《京报》形式相仿，为长方小册子。长约 6 寸，宽 3 寸；黄色纸为封面，左上方刊报名。内容除上谕、奏折之外，还刊有新学、西学译文。到光绪二十四年八月六日（公元 1898 年 9 月 21 日）戊戌政变发生后，《官书局报》也随着维新运动的失败而停刊。

1898 年 2 月 11 日（光绪二十四年元月二十一日）黄遵宪、梁启超、汪康年等维新派人士主办的上海《时务报》（旬刊），在保守派的压力下出满 69 期后停刊。五月二十九日（7 月 17 日），御史宋伯鲁奏请将上海《时务报》改为官办。六月八日（7 月 26 日），孙家鼐又奏请改《时务报》为官报，光绪皇帝如其请，拟派康有为负责“督办官报”。八月六日，戊戌政变发生。八月十一日，慈禧太后下谕：“时务官报无裨于治，徒惑人心，着即裁撤。”这样，《时务报》改为官报的计划便胎死腹中。

清末正式出版新式官报，当推《北洋官报》为最早。1901 年 11 月 7 日（光绪二十七年九月二十七日）李鸿章卒，袁世凯于次年五月四日（公元 1902 年 6 月 9 日）代替他署理直隶总督兼北洋大臣。同年冬，袁世凯在天津设立官报局，刊行《北洋官报》。《北洋官报》于 1902 年 12 月 25 日（光绪二十八年十一月二十六日）创刊，直至 1911 年 10 月尚在出版。该报初为双日刊，1906 年 1 月起改为日刊。每期一册，每册由 8 页至 10 余页不等，以铅字印刷。其内容：封面右上角为“北洋官报”大字报名，旁载该期目录及报局启事之类。里页主要栏目及内容有：谕旨，本省学务、本省兵事、本省时务及农、工、商业之近况，教务、洋务之交涉，外省新闻、各国新闻等。

《北洋官报》创刊后，发行很广，影响很大。各省纷起响应，官报又逐渐推广开来。1903 年后逐渐创办的官报有《南洋官报》、

《山西官报》、《湖北官报》、《安徽官报》、《豫省中外官报》、《江西日日官报》、《汉口日报》（创刊后不久改为《湖北日报》）、《山东官报》、《陕西官报》等等。

"清末官报，以地方官报开办于先，中央官报继起于后。"⑩光绪二十九年（公元1903年）、三十年（公元1904年），四川学政吴郁生和御史黄昌年相继奏请印刷"阁钞"（邸钞）。至光绪三十二年（公元1906年），御史赵炳麟再次奏请创办官报，并在奏折中说明创办官报与"预备立宪"的关系："朝廷立法行政，公诸国人，拟请参用东西各国官报体制，设立官报，以仰副七月十三日懿旨，使绅民明悉国政，为预备立宪基础之意。窃惟预备立宪之基础之必先造成国民之资格，必自国民皆能明国家之政治。东西各国，开化较迟，而进化独速，其宪法成立，乃上下一体，气脉相通，莫不借官报以为行政之机关。是以风动令行，纤悉毕达。或谓英国人民政治智识最高，故其宪法程度最高，盖收效于官报非浅也"。于是在光绪三十三年（公元1907年）清廷直接设立《政治官报》。《政治官报》创刊于1907年11月5日（光绪三十三年九月三十日）。到宣统三年（公元1911年）内阁成立，8月24日（七月初一日）起改《政治官报》为《内阁官报》。

第三节　明、清两朝的报房《京报》

我国古代报纸，发展到明代中叶以后，便出现了《京报》。它是当时政府允许公开出版的民间报纸，由政府默许民间自设的报房编辑发行。《京报》可以公开出售、公开叫卖和接受订户的长年订阅，读者主要是官僚、士绅和商人。《京报》起初是手抄的，后逐渐改为活字版印刷。其内容是根据"邸报"内容加以翻印的，选印从内阁抄录的谕旨、奏疏和官吏任免的消息及朝廷动态。可以说，"《京报》本身是'邸报'的翻版，只不过后者为朝廷所主持，前者为民间所经营"⑪。

中国古代报纸是没有统一、固定的报头的，所谓"进奏院状"、"邸报"、"朝报"、"小报"等都是概称，从《京报》起，开始有了比较固定的报头，成为一种类型报纸的专名。《京报》因在北京出版，故名“京报”。北京在元代称燕京，明初仍称燕京；永乐后，因有“南京”，燕京遂改称“北京”，《京报》名称即由此而来。《京报》有时也被混称为“邸钞”、“邸报”、“朝报”等。实际上，《京报》与邸报是完全不同的两种性质的报纸。《京报》已脱离了朝廷邸报传报范围和传报组织系统，其性质类似南宋的“小报”。《京报》从明代中叶兴起，一直到1912年民国成立才陆续停刊，前后存在了400多年时间，在我国古代报纸发展史上有很大影响。

我国民办的《京报》报房大约起始于16世纪初的明代中叶，当时在京师北京出现了最早的一批报房，随后南方一些省会及都市如南京、江陵、苏州、杭州等地也相继出现了报房。报房的最初产生是与“提塘”、“提塘官”制度分不开的。明代的“提塘”、“提塘官”，相当于唐、宋时代的进奏院及进奏院官。宋代初期的“小报”大多出于进奏院的邸吏之手，后来渐渐分离出来，演变成一种营利的组织。明代《京报》的产生也是这种情形，“或由提塘提供消息，或由卸任的提塘创办”⑫，后来逐渐形成专门出版《京报》的报房。同时，“随着报房的出现，社会上也开始有了以编报、抄报、印报、送报为职业的人。明思宗的时候，北京有一个名叫何光烨的人，即以‘送邸报为业’（见祁彪佳《祁忠敏公日记·棲北冗言上》崇祯五年“三月初一日”条——引者注），这是中国历史上最早的有姓名可考的职业报人。⑬”报房以抄录、刊刻、印卖报纸为主，此外，有些报房也兼营邮政、印刷等业务。

明亡以后，报房继续存在下来，《京报》继续出版。现在已知清代最早最有名的民间报房是乾隆年间北京的“公慎堂”。国内收藏家收藏的最早一份邸报——乾隆三十五年（公元1770年）闰五月初五日的邸报、日本国会图书馆收藏的乾隆三十六年至四十一年（公元1771—1776年）及嘉庆六年（公元1801年）的邸报，都是“公慎堂”出版的。到了清末，仅北京一地，知道名号的报房就有“聚兴”、“聚升”、“合成”、“杜记”、“集文”、“同顺”、“天华”、“公兴”、“聚恒”、“洪兴”、“永兴”、“同文”、“信义”、“连升”

等10多家，其中以“聚兴”报房历史最悠久，前后达半个多世纪。报房都雇有抄刻工人，置有手工印刷设备。报纸发行量最多时达1万份左右。⑭北京的报房大部分都设在正阳门外大街西侧的一些小胡同里，其中以设在铁老鹳庙胡同（今铁鸟胡同）附近的为最多。铁老鹳庙胡同一带因此而成为清末民间报房及报纸出版发行的中心。外地也大量翻印《京报》出售，如苏州当时就是一个翻印中心，这可以说是《京报》地方版了。在清末，北京有一些报房还把《京报》中已刊、未刊的章奏文件等，另编印成《谕折汇存》、《阁钞汇编》、《时事采新汇编》等刊物，定期出版，形成《京报》的增刊，随《京报》一道向读者发行。

《京报》虽然出现在明代，但至今尚未见到明代《京报》的实物。现台北出版的《万历邸钞》是根据邸报材料编录而成，实非邸报原本。⑮而清末《京报》实物，至今留存很多。从有关记载及清代《京报》实物来看，清代《京报》的发展是有一个过程的，即先有手抄的《京报》，后来才有刊印的《京报》；先有“白本报房”，后有“黄本报房”。据长白山人《北京报纸》云：

（清代）官门钞专载官吏升迁调转、大员请假销假，以及各项谕旨、京内外大员之奏折，此项公文由内阁发表。当年东华门外，设有白本报房一所，该所雇用数10名文贫，由内阁领到官门钞，众文贫分写数百本，派人送投各衙门、各大员邸第，报费每月1两2钱，但因代价昂贵，中下级官吏及商民等，无力订阅，于是黄皮报房应时而出。黄皮报者，系以白本报作底稿，用活字版排印，其内专刊奏折，另印一纸，专刊官门钞上谕。每日于上午10时前后送达阅户，每月报价约银两钱，其有专阅官门钞者，其价仅两吊。经营黄皮报者，均为山东人，所谓京报房是也。该报房共有6家，均设于宣武门、琉璃厂、铁老鹳庙巷内，字号曰聚兴、聚恒、聚升、信义、合成、集文。每号雇用报夫数十名，尽为山东壮汉，一律蓝布长褂，肩担蓝布长袋……⑯

从实物看，乾隆、嘉庆等朝民间报房所出京报，一般无报头，无封面，每日一期，每期一册。外形呈长方形小册子，长约 24 厘米，宽约 18 厘米，每册 4 至 10 页不等。每册首页和末页空白处都印有报房名号，这大概就是人们所说的“白本京报”了。

同治以后，民间报房所出《京报》在形式上又有了明显变化：一般都加上了封面，封面用黄色连史纸，右上方通常印有竖排“京报”两个鲜红大字，非常醒目；封面右下方再印上“××报房”。报名及报房名都是用木刻的印戳，蘸上红颜料盖印上去的。这大概就是“黄皮报房”、“黄皮京报”的由来了。少数不用黄纸作封面的，则在白色封面上，先印横排报名“京报”二字，下印报房名，中间印一图案：一官人手拿“一品当朝”，或“指日高升”、“天官赐福”、“加官晋禄”之类吉祥话的条幅，“站”在封面正中。除封面和报头外，其他方面的变化很小。每期一册，每册仍为 4 至 10 页不等。每页对折后用纸捻串订成册。每册仍呈长方形小册子，一般长、宽约为 22×9 厘米。

清代《京报》自乾隆以后，各报房所出《京报》一般都是印刷的，其中一部分用活字印刷，一部分用泥版印刷。活字印刷中，既有用木活字的，也有用胶泥活字的。泥版印刷则是直接将文字刻在石膏一类的泥板上，用火烧硬后付印，俗称“豆腐干儿板”，一般条件较差的报房才使用这种方法。“版排好或刻好后，一般都用锅煤烟子加胶水调成的墨水，刷印在一种质量很差的薄川连纸上，纸色墨色都十分暗淡，因为加了大量胶水，气味也不好闻。光绪朝以前，各报房京报的印刷状况大抵如此。光绪末年以后，才开始陆续采用铅印。”⑰

清代《京报》一般为日刊，有时也出两日刊、多日刊。出版时间多在黄昏或晚上，相当于今日的晚报。文字全部为竖排，如书版一样，每行一行到底。每行一般 22 字，每页 14 至 18 行不等。每期总字数 2000~5000 字不等。内容主要由宫门钞（主要是前一天或当天上午的朝廷重大政事活动）、上谕（皇帝的某些谕旨）和章奏（京中各衙门和各省督抚、将军的题奏）三大部分组成。无标点、无标题。其内容曾为中国近代报刊所广泛转载，如《申报》

创刊（公元1872年）后，每天都用很大篇幅选载《京报》。

《京报》出版后，既在北京城内发行，又向各省发行。北京城内发行的报纸由报房雇用送报人直接送给订户，或者零售。送报人当时称“送报的”。一般在上午10时左右，“送报的”就能把报纸送到各“官宅”和“铺户”。有人曾对清末《京报》的发行情况作过详细生动的记载：

> 北京城内所有送报的人都是山东人，都是背着一个用蓝色布做成，五尺多长，五寸多宽，两头有兜的报囊，囊上钉有白布写黑字的“京报”二字。……（送报人）各人有各人的道路，同一报馆之送报人，不许越界送报。例如卖聚兴报房的人，在此胡同送报，则其他卖此报之人，便不许再送。然若卖洪兴报房之送报人尚可。但也常打架，重者聚殴。他们都是穿一长稍过膝的蓝布大褂，外系一条布褡包（腰带），因为从前若穿小衣服裤褂或散着腰（不系搭包）进人家，是不太规矩的事情。他们送报必须进门，所以都穿长褂，系搭包。……他们送报的道路非常重要。自己老了，可以传给儿子，若外人想接送，则须出钱买这条道，亦曰“倒道”。……除送报有余利外，一年三节，都讨节钱，你要给他一个大个钱，那是不成的，给两个便足，若给五个，那他高兴极了。……这种送报人都有公会，人心极齐，本会中人，如越界送报等事，是不易见到的。⑱

《京报》的京外发行和外省发行，则由专门传送京报的送报人长途跋涉送至各地，或由信局邮递。据有人回忆，《京报》送报人的“京外送报，与京内完全不同，近州县如通州、良乡等县，则可以两天送一次。再远如天津等处，则5天一次。如保定府等处，则大约须10天一次，最远的每月一次。更辽远的省份，就更不同了。送报人若专靠送报是不能生活的，因为一个府城……看报的不过几十份，稍僻远之府城，尚无此数。若县城则每县不过几份，怎能养得活一个送报人呢？那么他怎么办呢？全靠副业。副业的种类相当多，一是代人寄信，二是代人寄包裹，三是代人购买物件，四是也往往代人捎送银两”。[19]而由信局递送的《京报》在清末则有所谓“良乡报”的说法。当时的信局特设在京郊良乡（今属北京市房山县），《京报》出京后，由良乡信局按站雇人递送，故称“良乡报”。“良乡报”甚至比官报来得快得多。由于封建政府传递官报的塘务机构“历久弊生”，塘兵“饷额无多，不能自赡”，乃一人“兼充数名”，这样就使得官报传送速度极慢，经常愆期。而“良乡报”到达各地的时间往往比官报早，各省“官宪”甚至“出资”购阅，使“良乡报”畅销一时。有记载云：

> 夫京报（此“京报”特指朝廷官报——引者注）本有专司，各省大宪衙门，文自督、抚至于道，武则将军、都统至于镇，皆由驻京提塘刊发，排日专递，自京至省设有塘兵沿途接替，其立法不为不善。惟是历久弊生，各省所设塘兵饷额无多，不能自赡，或一人而兼充数名，或同在一途而此省兼带彼省，虽京省皆有提塘司之，然不能沿路稽查也。因而塘递之报过于程限，如苏浙皆四五十日者，往往迟至三四个月。大宪诘责提塘，而提塘实无良法。道、咸之间，有所谓“良乡报”者，盖有信局特设于顺天之良乡，例发之京报（按：此“京报”特指民间报房《京报》——引者注）出京后，由良乡按站雇人接递，省中官宪自出资购之，而塘饷或裁、或减，各省不同，要之恶其迟延以示惩罚耳。然良乡报价贵不易得阅，至有月需三五千钱者，于是省中之提塘又买良乡报而翻印售卖矣……[20]

注　释

①曾虚白主编：《中国新闻史》第85页，台北政治大学新闻研究所发行，1981年版。

②方汉奇：《中国古代报纸》，载《中国大百科全书·新闻出版》卷第493页，中国大百科全书出版社1990年版。

③黄卓明：《中国古代报纸探源》第76~77页，人民日报出版社1983年版。

④王凤超编著：《中国的报刊》第14页，人民出版社1988年版。

⑤方汉奇：《中国古代的报纸》第20页注㉙，中国人民大学出版社1979年版。

⑥黄卓明：《中国古代报纸探源》第73~74页。人民日报出版社1983年版。

⑦黄卓明：《中国古代报纸探源》第75页。

⑧《顾炎武诗文集》第55页，中华书局1983年版。

⑨以上参阅黄卓明：《中国古代报纸探源》，第122~123页，人民日报出版社1983年版。

⑩赖光临：《中国新闻传播史》第18页，台北三民书局1978年版。

⑪黄卓明：《中国古代报纸探源》第91页。

⑫朱传誉：《“明清京报”研究绪论》，载朱传誉《中国新闻事业研究论集》第76页，台北“商务印书馆”1988年版。

⑬方汉奇：《中国古代的报纸》第34页，中国人民大学出版社1979年版。

⑭参见胡道静：《报坛逸话》第2页引白瑞登语，载胡道静《新闻史上的新时代》，世界书局1946年版。

⑮《万历邸钞》（起万历元年正月，迄四十五年六月止），台北出版，正中书局印行，1982年版。

⑯管翼贤：《新闻学集成》第六册，第279页，1943年版。

⑰方汉奇：《清代北京的民间报房与京报》，载中国社会科学院新闻研究所《新闻研究资料》第52辑，第205页。

⑱齐如山：《清末京报琐谈》，原载1952年8月出版的台北《报学》杂志一卷三期。转引自方汉奇《清代北京的民间报房与京报》一文。

⑲齐如山：《清末京报琐谈》，转引自李瞻主编：《中国新闻史》，台北学生书局1979年版。

⑳见1882年3月4日《申报》“论说”《论京报贵速不贵迟》。

第二编

中国近代的新闻事业

（公元 1815—1915 年）

概　　论

清代京报以前的报纸，实际上只能说是一种新闻信性质或政府公告、公报性质的原始形态报纸。中国之有现代报纸，则从 19 世纪初始。

中国近代报业，从 1815 年（嘉庆二十年）《察世俗每月统记传》创刊起，至 1915 年《青年杂志》（后改名《新青年》）创刊止，有整整 100 年的历史。

中国近代报业，肇始于外国人在华创办的报刊。这些外报外刊所用文字、语种，有中文的，也有英文、日文、俄文、德文、法文的等等。外报外刊最初创办的是月刊，次为周刊，以后产生了日报；创办人员和主持者中，最早是外国传教士，以后又有外国商人、商行和政客。

外报外刊的发展，以鸦片战争后中、英签订《南京条约》的 1842 年为界限，可分为前后两个阶段。从 1815 年到 1842 年鸦片战争结束为第一个阶段。鸦片战争前，中国实行“闭关锁国”政策，从清康熙四十六年（公元 1707 年），到道光二十二年（公元 1842 年）鸦片战争结束止，一概严禁外国人在中国本土传教。因此之故，传教士为了借报刊来向中国人民宣传基督教教义，便只能在海外南洋一带或华南沿海香港、澳门、广州等地创办报刊。其中著名的报刊如《察世俗每月统记传》于嘉庆二十年（公元 1815 年）创办于南洋马来半岛的马六甲、《特选撮要》于道光三年（公元 1823 年）创刊于巴达维亚（今印度尼西亚的雅加达）、《东西洋考每月统记传》于 1833 年创办于广州、《依湿杂说》于 1837 年创办于澳门等等。从 1842 年到 19 世纪末为第二阶段。1842 年 8 月 9 日，英军沿长江侵抵南京。攻至 17 日，英国提出苛刻条件逼中国政府承认。到 29 日，中、英代表在英军舰“刚瓦立”号内签订《南京条约》（即《江宁条约》）。至道光二十六年（公元 1843 年）六月二十六日在香港正式换约。《南京条约》是我国近代史上与外国人订立的第一个不平等条约。条约共十三款，主要内容有：开放广州、福州、厦门、宁波、上海等五处为通商口岸（五口通商）；赔款 2 100 万两银子；割让香港等。其中也明文规定：“耶苏圣教及天主教”的“传授习学”活动，“中国官员毫不得苛待禁阻”。随着这个割地赔款、丧权辱国条约的签订，外国人蜂拥而入，外国人在中国的办报活动也进入了一个新的阶段。他们在领事裁判权的庇护下，把办报活动逐渐由中国境外侵入中国境内，由华南沿海逐渐扩展到华东、华中、华北等地。有人统计：“在 19 世纪 40 到 90 年代的将近半个世纪的时间内，他们先后创办了近 170 种中、外文报刊，约占同时期报刊总数的 95%，其中大部分是以教会或传教士个人的名义创办的。”（方汉奇：《中国近代报刊史》上册，第 18 页）

鸦片战争后，外国人办报活动的中心也发生了很大的变化。鸦片战争前，外国传教士的办报活动以东南亚一带为主。鸦片战争后，香港割让给英国，成为外国人的聚居地，同时也成为中国早期报业的中心。到了 19 世纪 60 年代，上海又取代了香港的地位，成为外国人聚居的大商埠。外国的传教士、外交官、商人等都麇集于此，上海又继香港之后成为中国报业的中心和大本营。如久负盛名的《万国公报》、《申报》、《新闻报》等大报刊都在上海创办。

19 世纪中叶（公元 1857—1874 年），中国人开始了自己的办报历程。最早参与办报活动的中国人是当时与外国传教士、外国商人有密切联系的中国买办知识分子和改良派前驱者如黄胜、伍廷芳、陈蔼亭及王韬等人。他们在香港先后创办了《中外新报》、《华字日报》及《循环日报》等，揭开了中国新闻史上新的一页。

戊戌变法时期（公元 1894—1898 年）和辛亥革命时期（公元 1900—1911 年），资产阶级改良派和革命派因政治宣传的需要，又创办了大量的报刊，形成了两次大的办报活动高潮，在中国新闻史上有重大影响。

第一章

早期外国人在中国的办报活动

第一节　外国传教士及教会在华办报活动

一、马礼逊等与《察世俗每月统记传》

《察世俗每月统记传》（简称《察世俗》）是中国近代第一种中文杂志，于1815年8月5日创刊于南洋马六甲城，至1822年2月间停刊，共出7卷（每年合为一卷）70多期，541页。①该刊是一份宣传基督教教义的月刊，创办人是英国传教士马礼逊。

【马礼逊、米怜与《察世俗》】　马礼逊（Robert Morrison，公元1782—1834年）于1782年1月5日出生于英国诺森伯兰的莫佩思镇。19岁时发愿做一名传教士，因而入神学院读书，21岁时肄业。1804年5月，22岁的马礼逊致函伦敦布道会，申请加入该组织，并表示“愿至异邦宣扬圣教”，得到该会允准。该会特派马礼逊到中国传教。1805年8月起，马礼逊到伦敦学习医学、天文学及中国语言文字，为来华传教作准备。在此期间，他曾从一位旅英华侨、广东人杨善达学习中文。马礼逊原准备搭乘英国从事鸦片贸易的东印度公司船只来华，由于当时清廷严禁西方传教士传教，东印度公司担心因马礼逊乘坐他们的船只而开罪于清朝政府，影响他们的鸦片贸易特许权，故不允许马礼逊乘坐他们的船只。马礼逊不得不改变计划：拟先搭船渡过大西洋，绕道美国纽约，再从美国坐帆船横渡太平洋到中国。

1807 年 1 月 8 日，马礼逊被立为牧师；1 月 31 日，他从伦敦启程赴美。3 个月后到达纽约。他取得美国教会和政府的支持，美国政府有关当局还为他专门写了介绍信，嘱其驻广州美领事给予照顾。该年 5 月，马礼逊再度启程，乘船横渡太平洋，于 8 月底到达澳门，9 月 7 日到达广州，成为近代第一个来华的基督教新教传教士。由于当时清廷厉禁传教活动，马礼逊只得隐瞒身份，在美国驻广州领事及东印度公司一高级译员的庇护下，非法居留于广州。在此期间，他“赁屋寓居，习华文、学华言、衣华服、食华食”，②以适应将来在中国的长期生活。

1808 年，马礼逊移居澳门。同年，他在澳门与英属东印度公司一高级职员的女儿结婚，并被聘为该公司的高级译员及秘书。其待遇优渥，“岁得修金二千两”银。③从此，他以东印度公司高级职员的公开身份，活动于广州、澳门之间，再也不必躲躲藏藏了。此后，马礼逊一面担任东印度公司的职务，一面开始研究中国语言文字，从事基督教《圣经》的翻译工作。同时，他还编写了很多通俗的传道小册子，雇人刻板印行，分送给人，秘密传教。由于清廷禁令森严，他的传教工作无大的进展。1813 年（嘉庆十八年），应马礼逊的请求，伦敦布道会特派米怜（William Milne，公元 1785—1822 年）来华协助马礼逊的传教工作。米怜于这年的 7 月 4 日到达澳门。由于澳门天主教不允许基督教新教在当地传教，支持天主教的葡萄牙总督下令限令米怜在 18 天内出境，他不得已于是年 9 月潜往广州，一住 4 个月。1814 年，嘉庆皇帝重申禁令：“禁止西人传教，查出论死，入教者发极边”。米怜在广州又不能安身。在这种情况下，马礼逊与米怜相商，拟到海外觅一适当地方，作为传教基地。这样，大约在 1814 年，米怜便亲自到爪哇、马六甲、槟榔屿等地考察。回到广州后，把有关情况向马礼逊作了汇报。马礼逊与米怜经过商酌后，决定选定当时英国在马来亚最早的殖民地——马六甲为传教基地。

马六甲（Malacca）又译作麻六甲、麻剌甲、吗啦呷，是一座历史悠久的古城——马来王国的发祥地，坐落在连接印度洋和太平洋的马六甲海峡的东岸。早在明代永乐皇帝时期，马六甲就与中国有友好来往，其国王被明成祖封为"满剌加"国王，并向明朝纳贡。1409 年郑和七下西洋时，其间就有 5 次驻节于此。16 世纪初，马六甲沦为葡萄牙的殖民地。至 17 世纪中期，又为荷兰所占领。18 世纪末，又成了英国的殖民地。由于马六甲离中国不远，居住的华侨很多，往来船只不少，交通甚为方便，再加上当地殖民政府不但不阻止传教，而且还大力提倡和协助。所以，马礼逊和米怜才把马六甲作为对华人及对中国大陆传教的海外基地。马礼逊决定委托米怜常驻马六甲，计划筹建"福音堂"，作为宗教活动场所；开办一所学校，教育华人子弟；开办一处印刷所，预备刊印书报。

1815 年 4 月 17 日，米怜夫妻带着一名中文教师和梁发等几个雕版印书的刻工，带着中文书籍和印刷用纸，从广州启程。船行 35 天，越过茫茫的南中国海，于当年 5 月 21 日（清嘉庆二十年四月十三日）抵达马六甲。米怜到马六甲后，便开始在当地华侨社会中进行传教。他先试办面向华侨的免费学塾——"立义馆"，后逐渐扩展为"英华书院"④。又翻译、印刷出版《圣经》书籍及传教小册子，并于 1815 年 8 月 5 日（嘉庆二十年七月初一日）创刊《察世俗每月统记传》中文月刊。

《察世俗每月统记传》的英文名称是 Chinese Monthly Magazine，简称"察世俗"，是我国第一种近代报刊。该刊是用木板雕印的，采用书册形式和竹纸印刷，每月出版一册。每册 7 页，计 14 面；每面竖排 8 行，每行 20 字，文句右旁圈断，每期 2 000 多字。主编米怜在《察世俗每月统记传序》中写道："既然万处万人皆由神而原被造化，自然学者不可止察一所地方之各物，单问一种人之风俗。乃需勤问及万世、万处、万种人，方可比较、辨明是非真假矣……所以学者要勤功（考）察世俗人道，致可能分是非善恶也。”“勤考察世俗人道”一句就是刊名“察世俗”得名的由来。该刊起初每期印 500 份，3 年后增至 1 000 份，后又增至2 000份。其中一部分免费在南洋华侨中散发，一部分由专人带往广州，和其他宗教书籍一道，在考棚中分送给参加县试、府试和乡试的士大夫知识分子阅读。从内容上看，《察世俗》是一份宗教刊物，其宗旨是以“阐发基督教义为根本要务”（《中国丛报》第 2 卷第 235 页）。因此，该刊大部分篇幅用来发表介绍基督教教义和《圣经》的文章，如《圣经之大意》、《古今圣史记》、《耶苏主义之大要》、《全知与遍在》、《异教徒反对基督教之回答》等。其次刊载宣扬封建伦理道德，如忠孝节义仁爱等内容的文章，即所谓“人道”者，如：《论仁》、《父子亲》、《夫妇顺》等等。再次为介绍世界各国情况及新闻和介绍有关天文地理知识的文章，如《全地各国纪略》、《法兰西国作变平复略传》、《英国土产所缺》等及《论行星》、《论日居中》、《论日食》、《论月食》、《论地为行星》等等。但这些文章都带有浓厚的宗教色彩。

米怜在《察世俗每月统记传序》里，曾谈到他的办刊宗旨。在内容上，他认为《察世俗》应以介绍“神理人道国俗天文地理”为主，其中，“最大是神道，其次人道，又次国俗，是三样多讲，其余随时顺讲。”在具体编辑方针上，他主张：刊物要编得生动活泼，“但人最悦彩色云，书中所讲道理，要如彩云一般”；文章要短，要通俗易懂，理由是多数人又穷又忙，没有时间慢慢阅读，“因此，《察世俗》书之每篇必不可长，也必不可难明白”；重视教化作用，使得“浅识者可以明白，愚者可以成得智，恶者可以改就善，善者可以进诸德”。基于以上认识，《察世俗》所刊文章一般在200~1 000 字之间，并且尽量采用通俗的白话文体。同时，所刊说教性很强的传教文字，也尽量采用讲故事、打比方的方式来写，使读者不觉得枯燥乏味。体裁一般采用对话体或章回体，如主编米怜自己用对话体写成的《张远两友相论》的布道论文在该刊连载后，影响很大。此后半个世纪中，大约有 10 多种传道小册子都采用这种两人对话的格式来写。《察世俗》还刊登一些寓言、比喻及诗之类的文艺性材料。此外，值得注意的是，该刊一卷第 2 期

(1815年9月)上，曾刊有一则标题为《月食》的预告性消息，全文云：

> 照查天文，推算今年11月16日晚上，该有月食，始蚀于酉时约6刻，复原于亥时约初刻之间。若此晚天色清明，呷地诸人皆可见之。

这是近代中文报刊刊载的第一条消息。

1821年，米怜积劳成疾，患了肺病，常咯鲜血。一度曾到槟榔屿养病，后返马六甲，于1822年6月2日(清道光二年四月十三日)病逝，年仅37岁(公元1785年出生)。而《察世俗》大约在1822年2月间，因主编米怜病重就停刊了。《察世俗》的创办人及主编者之一马礼逊后于道光十四年(1834年)八月初一日逝世。他死于广州，遗体由其子约翰·马礼逊运回澳门，下葬于白鸽巢公园旁边的新教徒坟场(又称“澳门基督教坟场”)，与其前妻及大儿子长眠在一起。其“生年五十有二岁”。⑤

马礼逊汉语造诣颇深。他一生中，除创办《察世俗》外，曾译《圣经》中《使徒行传》(1810年问世)，1812年完成《汉语语法》(1815年出版)，到1814年，他参照《康熙字典》编出《华英字典》(*A Dictionary of the Chinese and English Language*)六卷三大本(1815—1823年陆续出版)。他还写过一些关于介绍中国语文的小册子，如《广东省土话字汇》之类，客观上为传播中华文化作了一些工作。1819年11月，他将《圣经》新、旧约全部译竣，1823年在马六甲出版，共21卷。除译书、办刊、传教外，马礼逊在澳门担任东印度公司中文翻译时，曾直接参与英国对中国的罪恶的鸦片贸易。1816年7月，英国第二次派使臣阿美士德来中国，就是马礼逊充当译员一同到北京的。由于当时京、津一带缺乏“通晓夷语之人”，马礼逊成了中英两国的共同译员。可见当时他是个活跃人物。他还和米怜在马六甲办过“英华书院”。总之，马礼逊是个集传教士、商人、外交官、教育家于一身的复杂人物。他有两个儿子，大的叫马儒翰(人称“秧马礼逊”)，小的叫马理生，都是 19 世纪上半叶英国驻中国的外交官员，在鸦片战争中都是阴险狠毒的侵略者。⑥

【梁发与《察世俗》】　参加《察世俗》编辑、出版工作的，除马礼逊、米怜及麦都思（1817 年 6 月 12 日到马六甲协助米怜）外，还有一个中国人梁发。梁发（公元 1788—1855 年），又名梁亚发、梁阿发，乾隆五十三年（公元 1788 年）出生于广东省肇庆府高明县（今佛山市高明区）荷城三洲墟西梁村一个贫苦农民家庭。至 11 岁才入村塾读书，诵习儒家经典。到 14 岁时便辍学了。1804 年，刚 15 岁的梁发便离开家乡到省城广州谋生。起初学制作毛笔的笔工，后改学雕版印刷的刻工。1810 年前后，马礼逊因请人雕刻译成汉文的《使徒行传》而认识了梁发。1811 年到 1812 年两年中，马礼逊把《路加福音》和《新约》大半付印，而这些书籍的雕刻多出自梁发之手。当时，清朝政府严禁传教，对洋人设传教机关或印刷传教书籍的，为首者斩，信教者充军。可见梁发是冒着很大危险从事这一工作的。1813 年，米怜夫妇来华。1815 年，马礼逊派米怜带着梁发往马六甲设立"福音堂"、印刷《圣经》书籍。1815 年 8 月 5 日《察世俗》创刊后，梁发不仅担任该刊的刻印和发行工作，还曾以"学善者"、"学善居士"的笔名写稿，是我国近代"正式服务报界之第一人"。⑦

1816 年 11 月 3 日，由米怜主持，梁发受洗入基督教。1822 年米怜病逝，《察世俗》停刊。梁发在其后不久也从马六甲回到故乡，专门从事传教活动。1823 年（道光三年），梁发被伦敦布道会吸收为雇员。自此以后至死，他的薪水由伦敦布道会支发。1827 年晋升为传教士，是近代中国人中的第一个新教传教士。在此前后，梁发曾因传教而多次遭清廷拘捕。他还编写了大量传教小册子，如《救世撮要略解》、《熟学圣理略论》、《真道问答浅解》、《圣书日课》、《初学使用劝世良言小书》（简称《劝世良言》）等，其中以《劝世良言》一书最为著名。该书初版于 1832 年，约 9 万字，分为 9 册，由 60 多篇内容互不连贯的短文构成，主要是针对中国现实情况解说《圣经》章节的片断。该书曾对太平天国领袖人物洪秀全产生过很大影响。

1839年，马礼逊的大儿子马儒翰作了英国驻广州领事。当时鸦片战争即将爆发，梁发面见马儒翰说："如果英国政府派遣军队到中国来杀害中国人，那么，中国人此后再也不会接纳《圣经》和听中国传教士讲道了"，希望马儒翰阻止英军的入侵。但这是徒劳的。

鸦片战争时期，梁发仍在广州一带传教。他的儿子梁进德，在林则徐抵粤后，即被聘为英文译员。从1839年2月到1840年11月间，林则徐为了"探访夷情，知其虚实"，搜集情报，特在广州设立翻译馆，专门翻译外文书报。梁进德也参加了翻译工作，并特别将澳门出版的《英文周报》译成中文。1840年11月，林则徐被革职后，琦善继任为钦差，梁进德也辞职了。1843年8月29日，29岁的马儒翰死去，梁发从此失去了一个重要靠山。梁进德也到了广州最大一家洋行中担任译员，一直周旋于外国人之间。1844年"望厦条约"签订时，梁进德也参与其事。以后，梁进德又到为洋人把持的中国海关供职，成为帝国主义的买办和走卒。

咸丰五年乙卯二月二十六日（公元1855年4月12日），梁发在广州病逝，终年66岁，遗骸葬于广州河南凤凰冈。弥留之际，梁发告诫他的儿子在他死后，"不再为中国人办事，而希望他改在外人处觅一书记、翻译员或行员的位置。"⑧梁发所说的"中国人"，实际上是指多次残酷迫害他的清廷官府。他与家乡乡亲们相处还是颇为融洽的。

二、外国传教士创办的首批近代中文报刊

鸦片战争以前，继《察世俗每月统记传》之后，外国传教士创办的中文报刊有《特选撮要每月统记传》、《天下新闻》、《东西洋考每月统记传》、《依湿杂说》、《各国消息》等。

【《特选撮要每月统记传》】 《特选撮要每月统记传》于1823年7月在巴达维亚（今印度尼西亚的雅加达）创刊，是中文月刊，主编者是曾为《察世俗每月统记传》写过文章的英国传教士麦都思（公元1796—1856年）。从道光三年起，至道光六年止（公元1823—1826年），共出4卷。所载内容为宗教、时事、历史、

地理及杂俎等。该刊声称是继承米怜《察世俗每月统记传》的事业，序文中说："书名虽改，而理仍旧矣。"从编辑方针，到印刷版式，一如《察世俗》。这是继《察世俗》后的第二份近代中文报刊。

【《天下新闻》】　《天下新闻》于1828年在马六甲创刊，系中文月刊。从道光八年起，至道光九年止（公元1828—1829年），只出版了短短一年时间。主编者是当时在马六甲担任"英华书院"第三任院长的英国伦敦布道会传教士吉德。这个刊物也是和《察世俗》一脉相承的，仍是一份传教刊物，但已开始较多地登载时事新闻，包括中国新闻、欧洲新闻等。另外，还刊载科学、历史等内容。并且最先采用活版中文铅字排印，用单张白报纸印刷，这在当时实属创举。

【《东西洋考每月统记传》】　《东西洋考每月统记传》于1833年7月25日（道光十三年六月九日）在广州创刊。该刊系中文月刊，创办人和主编者是普鲁士传教士郭士立（Gützlaff，Karl Friedrich August）（Gutzlaff，Charles，又译作郭实腊、郭施拉、郭甲利等，公元1803—1851年），这是在中国本土出版的第一份近代化中文月刊。

郭士立创办此刊的目的是向中国人介绍西方的科学与思想，增进中国人对西方的了解，他在创刊缘起一文中声称："本月刊之问世，旨在使华人了解我们的艺术、科学和思想。本刊无意涉及政治，更不以恶言相加。我们将以良善之途径，使华人了解西人并不野蛮，提供事实，使华人知道寻求新知。更有进者，编者将致力促进友谊，期能百成。"该刊最初创办于广州，1834年5月出版至第10期后暂时休刊；1835年2月复刊，至同年7月出版第6期后再度休刊。1837年2月，由于中、英关系紧张，该刊不见容于广州，只好迁往新加坡复刊，改由"在华实用知识传播会"（1831年11月29日在广州成立）主办，由郭士立、马儒翰（马礼逊之子）、麦都思等主编。稿件由郭士立、马儒翰自广州寄新加坡，再由麦都思编好付印发行。目前所能见到的最后一期出版于1838年4月（道光十八年三月）。

从形式上看，《东西洋考每月统记传》与《察世俗》差不多，仍是楷书木板雕印，连史纸印刷，线装。封面除刊名外，往往缀有格言，多录自“四书”。每期约20页左右，有时还附图版，介绍天文地理。从内容上看，《东西洋考每月统计传》又比《察世俗》有了长足的进步。该刊主要栏目有论说（或书札）、历史、地理、天文、商情及新闻等。它虽然具有浓厚的宗教色彩，但尤其重视刊登有关科学文化知识和伦理道德的文章。同时，每期均刊载新闻。新闻以国际新闻居多，也有广东地方新闻。新闻材料来源大部分译自外文报刊，也有部分是转载《京报》的。它是最早转录《京报》的近代报刊。同时，也是最早刊载商业信息的近代报刊，每期均有行情物价表。此外，所载《新闻纸略论》是中文书刊第一篇介绍西方报纸情况和新闻自由观念的专文。

关于《东西洋考每月统记传》研究的第一手资料：《东西洋考每月统记传》原件已由黄时鉴根据哈佛大学哈佛——燕京图书馆藏本，全部整理，影印出版（中华书局1997年出版）。

【《依湿杂说》】 《依湿杂说》于1837—1838年间在澳门发行，用中、英两种文字出版，是一份中、英文合璧的刊物。据魏源《海国图志》49卷《夷情备采（一）》中记载：“道光十七、十八年（公元1837年、1838年——引者注），澳门有《依湿杂说》，[9]乃西洋人士罗所印，由英吉利字译出中国字，以中国木板会合英吉利活字板同印在一篇”，“此书初出时，中国人争购之，因其中多有讥刺官府之陋规，遂为官府禁止。”[10]《依湿杂说》当是澳门出版的第一份英文刊物，也是澳门出版的第一份中文刊物。[11]

【《各国消息》】 《各国消息》于1838年10月在广州创刊，系月刊，石印，每册8页。由麦都思、奚理尔（公元？—1856年，麦都思的女婿）、理雅各（公元1814—1897年）等编辑。内容有各国新闻、广州地方新闻，以及广州洋商与各国交易市况等。仅出数期而罢。

就目前掌握的材料看，鸦片战争前，传教士创办的中文近代报刊主要有这6份。

鸦片战争后，帝国主义用他们的坚船利炮撞开了中国的大门。

"传教活动的种种限禁也逐步解除。1842年签订的《南京条约》规定了'耶苏圣教及天主教'的'传授习学'活动，'中国官毫不得苛待禁阻'；1844年签订的《黄埔条约》，承认外国侵略者有'传教权'，允许他们在海口设立教堂；1858年签订的《天津条约》，进一步规定'耶苏教天主教得入内地自由传教'。"⑫这样，外国传教士的办报活动也随之进入了一个新的阶段。特别是从19世纪50年代到该世纪末，外国传教士的办报活动有了很大的发展。这一时期外国教会及传教士在中国创办的重要中文报刊有：

《遐迩贯珍》（公元1853—1856年），月刊，香港。麦都思、奚理尔、理雅各先后主编。

《六合丛谈》（公元1857—1858年），月刊，上海。伟烈亚力主编。

《中外新报》（公元1858—1861年），半月刊，后改月刊，宁波。玛高温（一作麦嘉湖）、应思理主持。

《中外杂志》（公元1862年），月刊，上海。英国传教士麦嘉湖任主笔。该刊仅出6期（戈公振《中国报学史》第72页作"1868年停刊"，误）。⑬

《中外新闻七日录》（公元1865—1868年），周刊，广州。湛约翰、丹拿、丕思先后任主笔。

《中国教会新报》（公元1868—1907年），周刊，后改为月刊，上海。后易名为《万国公报》。林乐知主编。

《中西闻见录》（公元1872—1892年），月刊，北京，后迁到上海。艾约瑟、傅兰雅主编。

《小孩月报》（公元1874—1914年），月刊。在福州创刊，嗣后迁到上海。

《益闻录》（公元1879—1937年），半月刊，后改为周刊、周二刊，上海。李杕主编。

以上这些报刊中，《遐迩贯珍》、《六合丛谈》、《中外新闻七日录》、《中国教会新报》、《中西闻见录》、《小孩月报》及《益闻录》都是中国近代著名的报刊。

【《遐迩贯珍》】　《遐迩贯珍》是鸦片战争后香港出版的第一

份中文报刊，也是我国境内最早用铅字排印的中文杂志。创刊于1853年8月1日（创刊号在竖排刊名“遐迩贯珍”两旁署“一千八百五十三年八月朔旦　第壹号”、“香港中环英华书院印送、每号收回纸墨钱十五文”），也是一份中、英文对照，以中文为主的月刊，每期12~24页不等，铅字精印。该刊主持人及主编者凡三易：1853年创刊时的主持人是麦都思。翌年由奚理尔主编。1856年改由理雅各主编，至该年5月停刊。前后出版了2年零10个月时间，共出33期。《遐迩贯珍》终刊号，即1856年5月初一日“第五号”首载《遐迩贯珍告止序》云：“遐迩贯珍一书，自刊行以来，将及三载，每月刊刷三千本，远行各省。故上自督抚，以及文武员弁，下递（逮）工商士庶，靡不乐于披览”；“本港‘贯珍’拟于是号告止”。《遐迩贯珍》由从马六甲迁到香港的“英华书院”出版发行，伦敦会印刷局负责排印。

从内容上看，该刊虽为教会刊物，但其编排却首为政治，次为文化科学知识，最后才是宗教。这种编排明显反映了传教士所办的中文期刊在鸦片战争后对华宣传重心的转移，即由“教”而“政”。创刊号封面正中竖排刊名“遐迩贯珍”四个大字，其右旁署明“一千八百五十三年八月朔旦　第一号”，其左旁为“香港中环英华书院印送　每号收回纸墨钱十五文”字样。创刊号首载《题词》，说明该刊命名的原因：“创论通遐迩，宏词贯古今；幽深开鸟道，声价重鸡林；妙解醒尘目，良工费苦心；吾儒稽域外，赖尔作南针”，不乏溢美之辞。接载《序言》详述该刊发刊宗旨。从第4页至第7页，刊载有一篇《西兴括论》的文章，详细评述了洪秀全于道光二十九年（1849年）在广西金田村起义，直到1853年攻陷南京、成立太平天国的整个过程。所谓“西兴”，即指太平天国在广西兴起；“括论”，即“概括论述”的意思。第7页至第9页，载《香港纪略》一篇，详细记载香港当时的状况。由于该刊曾大量报道太平天国运动和小刀会活动及早期香港情况，是研究中国近代史及香港地区历史的重要资料，“是一份极有价值的报刊”。⑭此外，该刊最早招登商业广告，开中文报刊刊登广告的先河。1855年增出附刊《布告编》，随报附送，每期4页，专载商情及船期。如：《遐迩贯珍》1854 年 12 月“朔旦”“第十二号”首载《遐迩贯珍小记》云：“有友劝余将招帖印在‘贯珍’中者，惟嫌体格不合，不便从命。但各商人，如有欲出招帖者，可于下月携至英华书院印字馆黄亚胜处，彼可代印。使自为一册，而附于‘贯珍’之后，如此则招帖可借‘贯珍’而传矣。西方之国，狃卖招帖，商客及贸丝等，皆借此而白其货物于众，是以尽沾其益。苟中华能效此法，其获益必矣。凡印招帖者，初次每五十字要银半员，再印者则半其初价。若五十字以上，每字加一先士。”这是中国最早的报刊广告刊例。故从 1855 年“正月朔旦　第壹号”起，《遐迩贯珍》开始在刊物后面刊载《布告编》，专门刊登各类“告帖”（广告）。

【《六合丛谈》】　《六合丛谈》是上海地区出版最早的中文刊物，月刊，于 1857 年 1 月 26 日（咸丰七年正月初一日）创刊于上海，由英国传教士伟烈亚力（Alexander，Wylie，亦译作“卫礼”，公元 1815—1887 年）主编，墨海书馆印行，在上海出版。该刊是一个综合性杂志，内容以宗教、科学、新闻、文学为主。铅印，月出一册，每册 16 页，16 开本。第一号载伟烈亚力所撰《六合丛谈小引》云：“今予著《六合丛谈》一书，亦欲通中外之情，载远近之事，尽古今之变。见闻所逮，命笔志之，月各一编，罔拘成例，务使穹苍之大，若在指掌，瀛海之遥，如同衽席。”该刊大部分文章出自伟烈亚力之手，慕维廉、韦廉臣、艾约瑟等人每期也为撰稿。王韬也曾参与该刊工作，这是他最早的报刊活动。

该刊出版共 15 期，其中一卷 13 期、二卷两期。1858 年 6 月 11 日（“咸丰戊午五月朔日”）出版第二卷第二号后停刊。现有学者将《六合丛谈》全 15 期整理编辑，影印出版（详见沈国威编著《六合丛谈》影印本，上海辞书出版社，2006 年 12 月出版）。有人认为：该刊“次年迁至日本，印刷较精美。但关于宗教著作，均被删去。文字之旁，且加入日本文法之符号。旋即停刊”（见戈公振《中国报学史》第三章“外报创始时期”第一节“外报之种类”）。其实，《六合丛谈》并未在 1858 年迁到日本。日本所出《六合丛谈》是他们翻印过去的翻刻本（或被称为官版删定本），曾对明治维新时期的日本知识分子群体产生过重大影响。

【《中外新闻七日录》】 《中外新闻七日录》是"我国近代最早单张发行的中文周报"。⑮由英国传教士湛约翰（John Chalmers，又译作"约翰·查默司"、"查美司"，公元1825—1899年）于1865年2月2日（同治四年正月初七日）创刊于广州。该报是8开版小报，而不是杂志⑯。木刻印刷，每7日发行一号（即一张），逢星期四出刊。每号售价两文钱，在广州传教士办的"博济医局"和"惠爱医馆"礼拜堂出售。编辑部也设在"惠爱医馆"。该报从1865年2月2日创刊，一直出至1868年1月23日（同治六年十二月二十九日）的第155号止，前后办了近3年时间。从该报"每期所看之人以万计"（见第105号）的记载看，可以断定该报的影响是很大的。

该报内容为新闻、科学、宗教、杂俎等，主编者曾三易其人。首任主编及创办人为湛约翰。从创刊号起，一直到105号（同治五年十二月二十六日）止，均由其主编，前后达两年时间。同治六年正月，湛约翰回国，便将该报交由英国传教士丹拿主持，从106号到109号由他主编。丹拿仅编了4号，便往香港主持香港"英华书院"教席。于是报事又委托美国传教士丕思主持。从110号起，至155号终刊，便一直由丕思主编。从内容上看，该报以刊载中外新闻、介绍西方科学知识为主，间亦刊载评论，而涉及宗教问题者极少，宗教色彩也很淡。

【《中国教会新报》】 《中国教会新报》是近代中国影响最大的教会刊物，下节将作专门介绍，此不赘述。

【《中西闻见录》】 《中西闻见录》是北京地区及华北地区最早的中文报刊，于1872年8月（同治十一年七月）创刊，在北京出版。由京都施医院出版发行，美国传教士丁韪良（Willian Alexander Parsons Martin，字冠西，公元1827—1916年）和英国传教士艾约瑟（Joseph Edkins，公元1823—1905年）主持。月刊。至1875年8月出第36期后停刊。1876年（光绪二年）2月，迁到上海发行，易名《格致汇编》，仍为月刊；从第5年，（1890年）起，改为季刊。由英国传教士傅兰雅（John Fryer）编辑，格致书室发行。至1892年冬尚在出版，停刊时间不详。

该刊声称："系仿照西国新闻纸而作"。内容有各国新闻、天文、地理及格致之学，曾刊有介绍电报、蒸汽机用途、瓦斯（煤气）工业、钢铁工业、照相术及预防水灾方法等方面的文章，偶尔也载科学家传记。在介绍机械时，常附以插图，使人明了。该刊曾一再重印。

【《小孩月报》】　《小孩月报》创刊于1874年（同治十三年）2月，创刊地点在福州。这是"中国最早的画报"⑰，创办者是两个外国人：普洛姆太太和胡巴尔太太。到光绪元年（公元1875年）三月，才由美国北长老会牧师范约翰（John Marshall Willoughby Farnham，公元1830—1917年）接办，移到上海出版。范约翰为什么要接办《小孩月报》呢？这是有其历史背景的：范约翰是1860年来华的，在上海传教。当时纽约长老会在上海办了一个学校，叫"清心书院"，院长即范约翰。从1861—1865年这一段时期，美国爆发"南北战争"，该教会的国内经费来源基本断绝，所属机构都想办法自立。范约翰也把"清心书院"改成半工半读制，办了一个印刷厂，叫"清心书馆"，后来兼印画报。到了1878年，各教会人士联合组成了"中国圣教公会"，由范约翰任秘书。范又将《小孩月报》以"中国圣教公会"名义出版发行，由他亲自主持，实际负责编务的是中国籍传教士。这份刊物是月刊，也是一份以少年儿童为主要读者对象的图文并茂的画刊。该刊用连史纸印刷，文字浅显易读，有诗歌、故事、名人传记、博物、科学等内容，插图均精工雕刻，印刷清晰。该刊前后出版近40年，时间很长。出到1914年1月，又改名为《开风报》继续出版，仅出5期，便停刊了。

【《益闻录》】　《益闻录》是天主教的机关报，前后连续出版达58年之久，是教会报刊中存在时间最长的刊物。该刊于1879年3月16日（光绪五年二月二十四日）创刊于上海。由天主教会发行，编辑部设在上海徐家汇。由南汇李杕主编。关于该刊刊期，该刊创刊号封面曾刊启事一则云："本报现定每月两次，约数月后，每七日一次。每号零售计钱十文，常阅者九折。"

该刊内容，一如该刊第一号所载发刊词《益闻录弁言》所云：“故是录始以谕旨，示尊王也；终以地舆天文算数诸说，崇实学也。其间附以道学论、时事论，暨一切新闻传纪文启诗词等作，分为数种，类皆有益闻也，不尚浮夸。至鲛市蜃楼，事嫌芜杂；莺歌燕曲，语涉轻挑，概不登诸梨枣，示以宜别薰莸……”到1898年8月，该刊与《格致新闻》合并，易名《格致益闻汇报》，为半月刊，内容仍为时事与科学各半。1908年简称《汇报》，而分别出版《时事汇编》（半周刊）与《科学汇编》（两周刊）。民国元年，又易名为《圣教杂志》，为月刊。直至1937年，仍在出版。该刊连续出版达半个多世纪。

三、林乐知与《万国公报》

在早期传教士办的报刊中，《万国公报》最典型，最具代表性，发行最广，影响也最大。

【从《教会新报》到《万国公报》】　《万国公报》的前身是《中国教会新报》（简称《教会新报》）。《教会新报》于1868年9月（清同治七年七月）在上海创刊，发行人及主持者为美国传教士林乐知（Young John Allen）。一星期出一期，每期除封面外，正文有4张（8面）的篇幅。一年中，除去主编林乐知每年暑期“歇夏”，及过年、节假必停刊外，计出50期，合为一卷；每卷篇幅约250张（500面）左右。且每卷中，1~50期的页码、序号前后连续。

《教会新报》从1868年创刊后，到1874年时，已发行6年，计出6卷，共300期。从301期起，刊名改为《万国公报》，继续出版，仍是周刊。《万国公报》又连续出了9年，到1883年（清光绪九年），因经济拮据，只得停刊，共出9卷450期。若加上《教会新报》的300期，周刊办了15年，总共出了750期。

《万国公报》停刊5年后，到1889年2月（光绪十五年正月）复刊，开始由“广学会”发行。刊期由周刊改为月刊，一直出到1907年12月的第227期最后停刊。月刊办了近19年。《万国公报》从1868年创刊起，至1907年底停刊为止，前后历时39年，除去中间休刊5年，实际发行34年。从周刊到月刊，总共发行977期。⑱

下面，再谈谈《教会新报》、《万国公报》的具体情况，包括篇幅、编排形式及印刷、发行等。

林乐知在《教会新报》创刊号上，曾发表了一篇启事。对《教会新报》的版面、篇幅、刊期，讲得很清楚，云：

“其新闻纸（指《教会新报》——引者注）所刻，照官板书式大小，每次（期）计四张，印八面，约大小字六七千字，做成一书；在内刻一圣经中画图，俾愚者易于见识。此新闻每礼拜发一次。起头之日，惟望在中国七月为始期。”“其司新闻事者系林先生，愿作如十八省，并内地州县，有信息，有论及教会中事者，有论及各种之事者，皆须备信送交上海花旗国林先生处收下，汇集分印。倘新板有余地，亦可录出外国教会中事，仍可讲论各种学问；即生意买卖诸色正经事情，皆可上得。每年约50本，价只取一元。”⑲

初期《教会新报》的内容，可分为三部分：“一分教会中事，一分新闻、教外之事，一分告白。”⑳在具体编排上，版面一如书籍，直行竖排，有边线界栏，每期8页（8面）、10页（10面）不等。首载《圣经解说》一篇，或解释、宣讲圣经，或译述圣经故事，有时还附图画。接载教友间互相问难、探讨圣经经义的文章，还包括教友间书信往来、教会信息等。再载“格致入门”，包括天文地理、化学、物理、博物（生物、植物等）、医学等方面的常识。最后殿以少量“新闻”，包括中国各地（主要以上海为主）的消息及翻译外报所载的外国消息、轶闻等，及“告白”之类。总之，初期的《教会新报》内容主要为传播基督教教义、联络教友、沟通教会间信息，其宗旨是“传播福音”、“联络信徒”。从出版、发行看，早期《教会新报》由设在八仙桥旁的林华书院出版发行，每期只卖“百余本”，基本上只限于上海的中、外国教徒阅读。

《教会新报》出到1874年的第300期后，从301期起改名为《万国公报》。刊物名称的改变，标志着主编者编辑方针、刊物性质及内容的改变，即由“教”而“政”，由侧重传教的刊物转变成侧重登载时事政治的刊物。关于“万国公报”的命名，该刊曾刊有一则启事予以解释：“所谓‘万国’者，取中西互市，各国商人云集中原之义；所谓‘公’者，中西交涉事件，平情论断，不怀私见之义。其所报各事，或西国军情国政，或公使领事降调升迁，或轮船往来偶遭危险，或以西法增益华人识见，或以中法比拟西国情形，或因华人狃于成见、不惮苦口而释其疑。且于神理之学不敢抛荒……”[21]从《万国公报》起改由美华书馆发行。

《教会新报》改名《万国公报》后，除性质改变外，更加充实了内容，扩大了篇幅。起初，《教会新报》每期仅 4 页（8 面），只能容纳六七千字。改名《万国公报》后，每期篇幅正文 14 页，连同封面、目录及扉页计之，有 18 页之多，“计大小字共三万多字”。[22]在具体编排上，它首载“大清国”《京报全录》，达 7 张，几乎占一半篇幅，是当时重要的中央政治新闻；接排“辕门钞”，占 1~2 页篇幅，属地方新闻性质；接排“各国新闻”，包括“大英国事”、“大美国事”、“大奥国事”、“大法国事”、“大日本国事”、“大日斯巴尼亚国（西班牙——引者注）事”等等，共 2~3 张，属国际新闻类；接排“格物探源”，共 1~2 页，属自然科学知识范围。最后才刊载传教文字，仅占约 1 页的篇幅；末附“告白”。有时在末尾也登点诗歌、竹枝词及教人行善积德的“喻（寓）言”之类。从整体内容上看，从《万国公报》起，宗教色彩逐渐淡化，时事政治色彩变得强烈了。

前期《万国公报》仍是周刊，每期正文 14 张，依旧是每 50 期为一卷（一年），页码、序号仍是 50 期为一起讫，每卷达 700 页之多。

《教会新报》改为《万国公报》后，发行量大大增加，据记载：《万国公报》“一次约千卷”，“一年五十次，都计约五万卷，观者千万人”（见《万国公报》合订本第 1 册第 614 页），“而且本报业已传遍中华十八省各府地方，再各西国大口岸皆有买者，东洋各埠行销不少”（见《万国公报》合订本第 2 册第 1316 页载《万国公报告白》）。

由于经济原因，《万国公报》从1879年所出第552期起，篇幅改为每期9页，一年50期，总页数为450页。与原来相比，篇幅几乎减少一半。《万国公报》就这样苦撑着编到1883年（光绪九年），终因经济拮据，再加上主编林乐知忙于中西书院事务而停刊。

1889年2月，《万国公报》在停刊5年之后再度复刊，并隶属于“广学会”（由传教士韦廉臣于1887年创办于上海）发行。重新出版的《万国公报》改订新章，增加篇幅，面目一新。刊期也由周刊改为月刊。每月出一期，每期售价洋钱1角2分，每年订价洋银1元2角5分。每期页码也不像以前那样按一年排列，而是每期自成体系，自为起讫。在篇幅上，每期正文30页，若将封面、目录、图版、广告等算在内，达34页。在编排上，栏目约分“论说”（包括评论时事、政治及社会风俗的论说文，以及介绍天文、地理、声、光、化、电等自然科学的论说文章）、“各国近事”、“杂事”、“告白”等。

复刊后的《万国公报》由于有“广学会”坚实的经济基础作后盾，再加上在内容上精益求精，形式上不断改进，发行量逐年递增，到1906年，“每年售出数盈四五万”，“几于四海风行”，创下了早期教会报刊发行的最高纪录。特别是在戊戌变法时期，《万国公报》影响很大，年发行量达6万部。从1906年2月出版的第205期起，“改用坚厚白纸、两面刷印，并仿西式装订，板口略加收小，而页数则倍之”，每期改为90页。[23]编排也更为醒目，分栏目为画图、社说、杂著、外论、译谈、智丛、时局、杂俎、附录等。

1907年12月，《万国公报》出版最后一期，即月刊第227期后，由于主编林乐知病逝，终于最后停刊，结束了它前后近40年的历史。

【《万国公报》内容及其影响】　《万国公报》在前后创办的近40年中，经历了近代史上一系列重大的历史事件，刊登过大量的文章，在当时产生过重大影响。尤其是其《论说》栏发表的大量“论说”、“时评”等，论述的范围非常广泛，涉及时政、吏治、民情、风俗、文化、教育、科学、实业、交通、邮电及中外关系等，俨然为近代中国一大型综合性政论杂志。在戊戌变法及辛亥革命时期，《万国公报》“一时学界奉为文明之灯”（见陶英惠《蔡元培年谱》上册，第94页）。至今仍有很大的学术史料价值。

《万国公报》的内容及其影响，可以从下面几方面看出来：

1. 不遗余力推广、普及“西学”、“新学”。这又包括自然科学和社会科学两方面的内容。在自然科学方面，从《万国公报》前身《教会新报》起，就经常刊登这方面的一些常识，并列有《格致近闻》、《格物入门》、《格物探源》等专栏，专载科普知识及世界各国科技消息之类，包括声、光、化、电，天文、地理、博物、医学等。当时主编者的主要目的是以此为“糖衣”和诱饵，吸引中国的士人阅读该刊，以便广泛地传播教义和“福音”。而中国人并没有按传教士的意愿行事，他们“欣然接受了传教士所带来的西方文化，却未接受传教士所传的福音”㉔。这样，在客观上就起到了普及科学知识的作用。《教会新报》改为《万国公报》后，更加充实了这方面的内容。在社会科学方面，《万国公报》尤其注重世界上新学说的介绍，大量译载介绍泰西各国政治、经济、文化的文章。特别是1889年《万国公报》成为“广学会”的机关报而复刊后，刊载以上方面内容的译著就更多了。《万国公报》尤其注重翻译，注重译著的刊载。这与“广学会”的主旨是一致的。李提摩太、蔡尔康在《广学会第十四届年报纪略》一文中曾标榜云：“广学会命意有二：甲、遍地毬（球）至善之书册，俱当译作华文；乙、遍地毬学校擅长之处，俱当是则是效，而复译其读本，以课中华佳子弟，庶几天下后世，教化有大同之美。于以修文偃武，五洲四海，共庆升平矣……”㉕在这种思想的指导下，《万国公报》的主编者们“遍采泰西有裨于国计民生之学，著为论说，勒为成书。”㉖如林乐知、李提摩太、丁韪良、艾约瑟、花之安等人的许多重要文章，都是先在《万国公报》上连载发表后，再结集成书出版的。这些文章在当时产生了很大影响。戊戌变法前后，当时中国状况是“若生息于漆室之中，不知室外更何所有”（梁启超《清代学术概论》）。维新派人士了解西学，主要是通过广学会翻译的有关书籍、报刊。其中有一个重要途径就是《万国公报》，这是他们了解西方的一扇窗口。这里特别要提到的是：《万国公报》在我国早期马克思主义及社会主义学说的传播中，起过一定作用。1888年，美国作家贝拉米（Edward Bellamy）写的一本空想社会主义小说《二〇〇〇年，回顾》（*Looking Backward of The Past 2000 Years*）在纽约、伦敦同时发行，很快成为流行欧美的畅销书。1891年12月至1892年4月间，《万国公报》便连载《二〇〇〇年，回顾》的摘要译文，题目为《回头看》。这是我国报刊上最早出现的介绍社会主义学说的文字。1896年，梁启超、谭嗣同先后阅读此书。谭撰《仁学》，推许“是书大同理想大都与我国《礼运篇》相同”。梁启超《西学书目表》特著录是书，改题为《百年一梦》。当时康有为正撰写《大同书》，采用贝拉米的论点甚多。

1899年2月，《万国公报》又在当时出版的121卷（13页）上首载《大同学》第一章（见《万国公报》合订本第29册，第18284页）。文章署名为“英士李提摩太译、华士蔡尔康属文”，实际上，这是节译自英国社会学家、哲学家基德（Ben Jamin kidd's亦作“企德”，公元1858—1916年）的“Social Evolution”（应译为“社会进化”）一书。文中云：“其以百工领袖著名者，英人马克思也。马克思之言曰：纠股办事之人（垄断集团——引者注），其权笼罩五洲，突过于君相之范围一国。吾侪若不早为之所，任其蔓延日广，诚然遍地球之财币，必将尽入其手……”这段话中，“其以百工领袖著名者，英人马克思也”是迄今所知、在中国最早的马克思译名；“马克思之言曰……”是用中文介绍马克思学说的最早记载。看来，“马克思”这一译名最早系出自蔡尔康的手笔。

到1899年4月出版的《万国公报》第123期，又连载《大同学》的第三章《相争相竞之理》，题目下才署名为“英国学士企德著，英李提摩太节译，中国蔡尔康撰文”，并把第121期上误译的“英人马克思”改译为“德国之马客偲”。

2. 及时反映中外时局变化，注重介绍世界大势。《万国公报》对“中西交涉事件”、“公使领事降调升迁”、“西国军情国政”等都有详细记载。除每期都辟有《各国新闻》专栏，报道“大英帝国事”、“大美帝国事”、“大法国事”等国际新闻外，还发表“论说”、“时评”，对世界大势进行分析、评述。这对开阔人们的眼界，帮助人们用世界眼光看问题，引起人们对中外时局的关注，是大有裨益的。其中，最典型的莫过于林乐知、蔡尔康两人对中日甲午战争的报道和评析。1894 年 7 月底、8 月初，中日战争爆发。《万国公报》马上进行追踪报道。1894 年 9 月出版的《万国公报》月刊第 68 卷就开始刊载林乐知《中、日、朝兵祸推本穷源说》的长篇时评（见《万国公报》合订本第 23 册第14 637页），对中、日、朝战争的渊源进行剖析。接载《日本宣战书》。在 1894 年 11 月出版的第 70 卷上，又载林乐知《中东之战关系地球全局说》（见《万国公报》合订本第 23 册第14 777页），认为中日战争是继 1870 年普法战争之后，又一关系世界大局的大战。在 1894 年 12 月出版的第 71 卷上，又载《中日两国进止互歧论》，进一步剖析两国军事态势。从 1895 年 2 月出版的第 73 卷起，《万国公报》连一向注重的欧美各国新闻也不登载了，以便腾出篇幅，专登中日战事新闻及评论。到 1896 年 4 月，林乐知、蔡尔康便将一年多来在《万国公报》上先后发表的文章，包括有关中日战争的奏折、诏令、往来函牍、条约等文件，及中外报章上有关中日战争的战讯和林、蔡等人写的评述、论说，汇集成书，名《中东战纪本末》八卷及《续集》四卷出版。一时期朝野官绅、士人学子，对《万国公报》青眼相加，格外注重。该报也因此而纸贵洛阳，被视为新知识的重大来源。

3. 倡导新政，鼓吹变法。《万国公报》对中国政治改革的议论，首见于林乐知在光绪元年（公元 1875 年）所写的《中西关系论略》。这篇文章主要讨论中国应如何派遣使臣联络和驾驭各国。到 19 世纪 90 年代，中国资产阶级的维新变法运动蓬勃开展起来时，《万国公报》也竭力主张变法图新，认为“冠既敝，不足以加于首；屦既敝，不足适于足；法既敝，不足以保邦土而威四远”。[27]与此同时，还不遗余力地介绍、鼓吹西方各国的“新政”，作为中国变法的圭臬，为中国的改革借箸而筹。从 1896 年到 1898 年间，曾先后发表了李提摩太的《新政策》并“序”（见《万国公报》第 87 期，载合订本第 25 册，第15 931页)、《醒华博议》(第 118~120 期)，林乐知的《文学兴国策》(第 88 期)、《英兴记序》(1898 年 6 月号，载合订本第 28 册第17 749页)，李佳白的《改政急便条议》(第 90 期)、《新命论》(第 95 期) 等重要论文。特别值得提及的是在 1894 年 10 月出版的《万国公报》第 69 期、11 月出版的第 70 期上，共分两次全部载完孙中山长达 7 000 字的《上李傅相书》(见合订本第 23 册)。这是孙中山先生第一次就国事发表政见，表达了他自己的改革主张。这篇文章写成于 1893 年冬。当时年仅 29 岁的孙中山从广州回到家乡翠亨村，在宁静的环境中，他将多年的改革计划撰述成文，然后再回广州，请陈少白审阅修订 (见陈少白《兴中会革命史要》)，这就是著名的《上李傅相书》。孙中山当时对李鸿章是充满幻想的，他想借李鸿章一言九鼎的重要地位，实行改革，但未获李的接见。只好投书《万国公报》，却受到林乐知的青睐，用很大篇幅 (共占 13 面) 发表在《万国公报》上。在这篇文章中，孙中山借鉴"泰西之美政"，最早提出了自己的"安内攘外之大经，富国强兵之远略"。他说："窃尝深惟欧洲富国之本，不尽在船坚炮利、垒固兵强，而在于人能尽其才，地能尽其利，物能尽其用，货能畅其流。此四事者，富强之大经，治国之大本也。"(见《上李傅相书》)

到 1898 年初，变法维新运动正处于高潮的时候，主编林乐知因事回国，编务交给李提摩太代理。《万国公报》便从 1898 年 3 月出版的第 110 期 (见合订本第 28 册) 起，开始连载李提摩太的《帝王初学》。该文采用上课的形式，向年轻的光绪皇帝灌输世界知识，"冀以上达刍荛之献"。

这里需要指出的是，在整个变法运动期间，《万国公报》对中国的变法维新人士是支持的，赞同的。如 1895 年变法运动初起时，在当年 12 月出版的第 82 卷 (期) 上 (见合订本第 25 册) 就曾花了大量篇幅登载《强学会序》、《强学会记》、《上海强学会序》、《上海强学会章程》等重要文章，对推动改革是起了一定作用的。"但是，在依靠谁来变，怎么变，以及变的终极目的等这些问题上"，传教士与维新派是有本质不同的。维新派的变法是"希望中国摆脱帝国主义的羁绊，走资本主义的道路，成为独立富强的现代国家"，而传教士鼓吹变法是"为了加强对中国的控制和掠夺，加深中国的殖民地化"[28]。但话说回来，平心而论，不管《万国公报》的主编者们在戊戌变法运动中的主观愿望如何，在客观上是起到了推进政治改革的进步作用的，在当时产生过积极影响。甲午前后及戊戌变法时期，《万国公报》尤为朝廷文武官员、各省封疆大吏所重视。光绪帝亦常索阅该报，并谕令汇集过去各期呈览。维新人士也把它作为重要知识来源。戊戌政变前夕，香港《中国邮报》（China Mail）记者访问康有为，询其是如何周知世界大势、列国政情的，康氏答称是由于阅读英美教士李提摩太、林乐知二人之各种译著，而从中获得的。其中当然包括《万国公报》。梁启超在《西学书目表》下卷"报章"类中，胪列了六种刊物，其中对《万国公报》备极推崇。1898 年 2 月（光绪二十四年正月），清廷在科举考试中特增设"经济特科"。该科有一重要内容是考"时务策论"。当时《万国公报》主编者还特向应考举人推荐原在《万国公报》上发表过、后汇集成集的《泰西新史揽要》（24 卷）、《中东战纪本末》（8 卷）、《文学兴国策》（两卷，"文学"实指"教育"）、《中东战纪本末续编》（4 卷）等书，以供举人们作时务策论文章或答对"彤庭之明问"时作论据"援据"（引用）。[29]另外，甲午前后，《万国公报》在东南亚一带也极有影响。日本天皇及其内阁官员，均系《万国公报》忠实读者，曾由上海日本领事馆长期订购转寄。朝鲜政府亦长期订阅，其皇帝还曾将其心爱之物、一堵"锦绣屏风"馈赠林乐知，以表敬慕之忱。[30]

【主编林乐知其人】 《万国公报》在前后发行的 30 多年中，其主编林乐知始终是一个举足轻重的核心人物。可以说，没有林乐知便没有《万国公报》。

在近代来华传教士中，林乐知是一个具有很大影响、很有代表性的人物。他从 23 岁（1859 年）来华，到 1907 年病逝，在中国生活了整整 48 年的漫长岁月。可以说，他大半辈子是在中国度过的，对中国是有一定感情的。晚年时，他回忆说：

"余以美洲下士，寓居中华者，凡四十余年。其间撰著《万国公报》历三十余年。设立中西书院、中西女塾，董理广学会译书，亦历十余年，实无一日不以兴华为念。且久居是乡，习知其事，视寓邦与宗邦无异，盖即人亦共称为寓华之老友，而深望逆旅主人之振兴者，几几乎存亡与共，忧乐与同矣。”㉛

林乐知（Young John Allen，公元1836—1907年），美国基督教（新教）传教士。1860年到中国时取名“林约翰”。1864年参加“广方言馆”工作时，改名林乐知，别字林荣章。其他名号见于《教会新报》及《万国公报》者，尚有“林华书院主人”、“林华主人”、“万国公报主人”及“爽目子”等。㉜林乐知于1836年（清道光十六年）1月3日出生于美国东南部佐治亚州的柏克县。从呱呱坠地起，迎接他的便是悲惨命运：生前二月，父先故世，为“遗腹子”；生后十二日，母亦病亡。孑然一身，自小由姨父、姨母哈钦斯（Hat Chins）夫妇收养，“视若已子”，抚育成人。1853年，年满17岁的林乐知对基督教教义产生极浓厚虔诚的兴趣，随即受洗入教，并决定终身致力宗教事业。1854年，他入本州牛津镇之恩慕瑞学院（Emory College，Oxford，Georgia.）肄业。1858年7月，林乐知结婚，夫妇双双加入美国“南方监理圣公教会”（The Methodist Episcopal Church，South.），准备赴海外传教。1859年的全年，林乐知都在美国南方募捐，为来华传教作经济上的准备，并于这年年底离美。1859年12月18日，林氏夫妇携同才7个月的女儿，搭乘帆船从纽约启程，于次年7月12日到达上海。㉝据林乐知后来回忆说，“其时汽船（以蒸汽作动力——引者注）尚未发达，所乘者为夹板船（大帆船——引者注），载重一千七百墩（吨），由美国出大西洋，绕道好望角，过印度洋而至香港，（在香港逗留二十一日），继达上海。则距起程之期，历二百有十日，中有一百三十六日漂浮大海之中。淼茫无垠，不见有地焉”。㉞整个历程，历尽艰险，辛苦备尝。林氏来华之际，正是中国多事之秋：在北方，正值第二次鸦片战争（1856—1860年）爆发后的第四年，英法联军攻入北京、火烧圆明园；南方则太平军已经过十年的斗争，当时正在江浙一带活动，于1860年5月攻破常州，又连下苏州；并进攻松江等州县。当时国人纷纷逃避战乱，外侨也甚为恐慌。在离美前，教会曾指派林乐知负责杭州传教事务。但林乐知到上海时，太平军正占领杭州，兵慌马乱之中，无法传教。在此期间，林乐知曾由上海到南京，打探太平天国虚实，“与干王（洪仁玕，洪秀全族弟，在群王中号称通洋务——引者注）共饭，畅谈两小时之久”。[35]

1861年初，林乐知的家乡也发生重大变故。当时美国南方十一个州脱离联邦政府，宣布独立，林氏家乡佐治亚州亦在其内。4月12日，美国内战爆发，林氏家乡也沦为战场。这样，林乐知同其留沪同人，遂与美国“南方监理圣公教会”失去联系，不通音问达4年之久（直至1865年4月间，美国内战结束才接上头）。这样，在经济来源断绝的情况下，传教陷入停顿，就连生活都发生极大困难。林氏只好与教会同人商定，把教会产业一部分或出租给商人当铺面，或变卖，以维持生计。其本人则晚间宣讲教义，日间从事贩米、贩煤的生意。有时或赴内地为英商采购棉花，借博佣金；或担任领事馆翻译，略领津贴，以维持生计。到1864年春（同治三年三月），林乐知由江苏巡抚及冯桂芬荐举，被上海广方言馆（1863年3月创办）聘为“西学教习”、“英文教习”，“传授世家子弟中西各学”，“时肄业者四十人”。[36]这是林氏与中国官府及中国教育事业发生关系之始。6个月聘期满后，“英文教习”一职便由广东省的黄胜（字平甫）取代。1867年（同治六年）春，黄胜“以孝养告退”，林乐知再次受聘为“英文教习”。1870年（同治九年），广方言馆并入江南制造局。林乐知转而参加江南制造局翻译馆的译书工作，前后10年之间，完成译著不下20余种，直至1881年为止。在此期间，除担任教职与译书工作外，1868年9月，林乐知还创办了《中国教会新报》（周刊，1874年改名《万国公报》，月刊）。关于创办此刊的动机，林乐知于30年后回忆说：

余年弱冠即来华海，欲求一民间之报馆而杳不可得，间尝接晤华人，亦鲜有能谈天下事者，回思欧美诸国创立日报、间日报、三日报、礼拜报、半月报、一月报、季报、年报诸馆，各就体例以传见闻，开拓心胸，启发智慧，至深且远。他事莫可比拟，中华为堂堂大国，乃竟相形见绌，不觉代为浩叹，因延华友数辈，同撰《万国公报》，专译西方各国新闻，阅七日而出一纸，颇见称于大雅。继思人知其事，尤不可不知其意，乃改礼拜报为月报，冠以论说，附以新闻，忽忽三十年未当少自暇逸。㊲

在创刊《万国公报》之前，林氏曾在上海英文《华北先驱报》（*North China Herald*，一般译作《北华捷报》）编辑《三周定期刊》（*Triweekly*），对社论、时评的写作具有一定经验，为创办《万国公报》打下了基础。1868—1871 年间，林乐知还曾担任上海《字林西报》中文版《上海新报》的编辑工作。1881 年，林乐知又在上海美租界昆山路创立华英学塾（1885 年改称“中西书院”）。因此，在创办《万国公报》后很长一段时期内，林乐知身兼数职，齐头并进，工作十分繁重。据傅兰雅在林氏逝世后为林氏所作诔辞云：“林氏当时工作，极度紧张，昼夜不息，无间风雨。每日上午在广方言馆授课，午后赴制造局译书，夜间编辑《万国公报》，礼拜日则尽日说教及处理教会事务。同事十年，从未见其有片刻闲暇。虽曾劝其稍稍节劳，以维健康”，而他却以“体内无一根懒骨头”作答。㊳1876 年初，清廷为奖励林氏教学、办报及译书劳绩，经“大吏疏陈，奉旨给予五品顶戴”（蔡尔康《中东战纪本末序》）。从此，林氏身列缙绅，可与士大夫往来，“此实基督教教士前此未有之殊荣”（出处同上）。

从《教会新报》到《万国公报》的 30 多年中，该刊基本上一直由林乐知主编。其间由于林乐知多次回美，或省亲，或被召回美参加教会会议㊴，主编一职暂由他人担任，如陆佩、慕维廉、李提摩太等曾短期主编过《万国公报》。

1907 年 7 月 10 日（光绪三十二年五月三十日），林乐知因病殁于上海虹口吴淞路 10 号寓所，终年 71 岁，距其最后一次由美返沪，尚不及一年。林乐知精通中国语言文字，擅长沪、宁方言，熟悉中国政情，“衡论中国政治利弊如数掌上螺纹”（郑观应《致英国博士李提摩太书》，载《郑观应集》第 317 页）。他一生在中国传教、兴学、译书、办报，对传播西学、沟通中西文化的交流、促进近代中国的政治改革是有一定贡献的。

【《万国公报》的几位中国主编】 《万国公报》之所以能在近代中国产生巨大影响，除林乐知的主持之功外，还得力于几位著名的中国主编，没有他们的努力和襄助，《万国公报》不可能办得成功。可以说，《万国公报》是中国近代早期开明知识分子与传教士密切合作的产物。尽管林乐知精通中文，但要把外文原著翻译得贴切、"雅驯"，易为中国人所接受，那就还得仰仗那些土生土长、博通经史的中国主编了。

先后襄助林乐知主持编辑工作的中国人有沈毓桂、蔡尔康、任廷旭、范祎等。其中又以沈毓桂与蔡尔康最为著名。

沈毓桂，字寿康，号赘翁，室名觉斋。苏州府震泽县人。生于嘉庆戊辰（公元1807年）年初。据林乐知回忆云："先生（沈毓桂）与余友最久。耆年硕学，为世所钦，鄙人尤钦佩之。先生生于一千八百七年（1807年），实为玛礼逊初入中国传道之年。先生于一千八百五十九年初信道受洗，又为余初起程到中国的第一年。先生家世业儒，游庠筮仕，早著名誉，足迹遍中国，交游多名士，而于西人中，尤多契合，泰西富商教士，咸耳其名。曾襄余创著《万国公报》，创设中西书院、中西义塾，先生之功为多。"㊵由此看来，沈是林最早的"老搭档"了。再据沈毓桂自己回忆云："余交林君，为之襄理报牍，在林君创行新报之五年"。㊶亦即1872年起，沈即协助林乐知编辑《万国公报》，一直到1894年2月，才以87岁的高龄告老退休，前后主持《万国公报》（包括其前身《教会新报》）笔政达22年之久，是我国近代报业史上最早一批报人之一。

鉴于沈毓桂的贡献，1904年，当时的工部左侍郎盛宣怀还曾向朝廷上奏折，请求予以"褒扬"，奏折称："苏州震泽县附贡生沈毓桂，生于嘉庆戊辰年，现年九十七岁。""光绪五年（公元1879年）与美国儒士林乐知在上海创建中西大书院，前后掌教十有八年。复与诸西儒共译格致探源及天文算学30余种。又创设《万国公报》，译登中外近事、学校、商务诸大端……"光绪三十年（公元1904年）九月，沈毓桂被朝廷批准“二品封典”。[42]

沈毓桂退休后，《万国公报》中文主笔改由蔡尔康担任。蔡尔康（公元1852—192？年），字紫绂、芝绂、子茀，笔名铸铁庵主、缕馨仙史等，上海人，生员出身，博通经史，长于诗、文。原籍嘉定南翔镇，太平天国时，因避战乱，举家迁到南汇。同治壬戌（1862）年，其父才“买舟从间道返沪”。早年，蔡尔康曾就读于著名的南菁书院，“及入秋闱”，八试不售”，[43]便绝意科举，投身报界，曾先后担任《申报》、《字林沪报》主笔多年。1892年起，受聘于广学会，担任“书记”（秘书），协助“督办”李提摩太翻译《泰西新史揽要》（24卷）。1893年，林乐知暂回美国养病，《万国公报》编务暂由李提摩太代理，蔡尔康则于译书之暇，“复撰著论说录入《万国公报》”（蔡尔康《送林荣章先生暂归美国序》）。[44]1894年，林乐知重返中国，由于李提摩太和沈毓桂的推荐，蔡尔康开始正式担任《万国公报》主笔，以接替前主笔沈毓桂的工作。从1894年到1904年间，蔡尔康协助林乐知翻译了大量的外文著作。两人也合撰了大量“论说”，均发表在《万国公报》上，且每篇文章都是同署两人名字，或署“美林乐知述意　华蔡尔康纪言”、“美国林乐知著　中国蔡尔康译”，或署“美国林荣章译意　中国蔡缕仙造语”、“美洲林乐知荣章命意、亚洲蔡尔康芝绂遣辞”等等。林、蔡之间的合作是很成功的，相得益彰，时人称为“林君之口，蔡君之手”，后又有人称蔡尔康为“留声机”。林乐知也曾对蔡尔康说：“余之舌，子之笔，将如形之与影，水之与气，融美华于一冶，非貌合而神离也。”[45]在《中东战纪本末》（8卷）、《续编》（4篇）及《文学兴国策》（2卷）于1896年出版后，林乐知更对蔡尔康推崇备至，说：“此书之成，始终借蔡君子茀之笔。子茀，中国秀才也，每下一语，适如余意之所欲出。”（林乐知《中东战纪本末译序》）

继蔡尔康之后，襄助林乐知编译工作的人还有“吴江任廷旭”和“元和范祎。”两人生平事迹淹没无闻，仅能从其有关文章得其一鳞半爪。如任廷旭在《读〈中东战纪本末〉三编谨跋其后》一文中云：“仆（任廷旭——引者注）也幼习儒书，长耽西学，曾从先生指授英文拼法三月。自随使美邦，派驻其华盛顿都城，得亲觇美洲新国之政俗。……回华以后，杜门养疴，著述自娱，谬承先生暨广学会督办李君提摩太先生延襄译书事宜，得随蔡君芝绂征君之后，结文字缘”（见《万国公报》月刊第136期，1900年5月出版，载合订本第31册）。由此看来，任氏早年曾从林乐知学习英文，还一度担任清廷驻美使馆的外交官员。范祎也在《万国公报第二百册之祝辞》一文中云：“范祎承乏华文记者，于今三载，愧学识之弇陋与文采之弗彰，不足以有所裨助。私念幼而读书，嗜诗古文辞之学。年十七八，得宋元人之所作而研究之，为性理之学。二十以后得汉唐人及近世诸先辈说经之所作而研究之，又为考据训诂之学。三十以后激刺于国势之日陵，悔儒术之迂疏寡效，乃更取算数物理之书而读焉，及与闻大道之要，覃精于天人一贯之奥……”（见《万国公报》月刊第200期，载合订本第38册，第23 611页）

总之，《万国公报》之所以能在近代中国产生巨大影响，其中国主编们是出了大力的，他们为中西文化的交流，起到了桥梁作用，功不可掩。

在本节结束之际，试对外国传教士的办报活动，作一总的评价：传教士的在华办报活动，是帝国主义在19世纪下半叶及20世纪初，对半殖民地半封建中国实行“攻心”政策的一部分，诚如王韬为日本人盐谷世宏《隔靴论》所写评语云：“又其论传教于中土也，则曰攻地不若攻人，攻人不若攻心。……今之西人，则又善于攻心者也。盖其为计也，以为用兵争地，其民未附，则虽得之，旋失之，财耗人亡，得不偿失，不如播传其教，而隐移夫人心，使疾其君如仇雠，而视我如父母；忌其吏如蛇蝎，而敬我如神明，然后乘其衅而入焉，则不伤一卒，不费一金，而为我腹心之民，此百世之利也。所谓攻心者如此”。[46]早期传教士办报传播西学是手段，其目的是传教；后期教会报刊内容多由“教”而“政”，传教士借报刊直接参与、影响中国政治，目的是为了以外国资本主义那一套为蓝本，加速中国的殖民地化。最终目的都是为了“攻心”。但是，在客观上，传教士所办报刊又起到了开化中国人的头脑的作用，对中国近代文明的进程也起到了一定的推动作用。

第二节　早期外国商人、商行及政客的在华办报活动

随着外国传教士及教会报刊在中国的发展，鸦片战争后，外国商人、商行及政客所办报纸也逐渐发展起来，并取代了传教士及教会报刊，成为外国人在华报刊的主要力量。这些报纸大部分在列强侵华基地和一些重要的商业城市，如上海、广州、汉口、天津、北京、福州、哈尔滨、沈阳、旅顺、青岛等地。尤其是上海，由于它是中国最大的商业城市和各国对华贸易的枢纽，便成为外商报纸的发祥地和大本营，以后发展成为我国近、现代报业的中心。

一、《上海新报》

上海地区出现的第一张近代中文报纸是《上海新报》，它创刊于1861年11月下旬（咸丰十一年十月），由英商字林洋行主办，是字林洋行所出英文《北华捷报》（周报，1850年8月3日创刊）出版的中文报纸。《上海新报》初创时为周刊。1862年5月7日起，改为周三刊，即每星期发行3次，逢星期二、四、六出版。1872年7月2日起改为日报，直至1872年12月31日自动停刊。前后发行11年。这张报纸的篇幅是8开型单张，只及现在一般报纸的四分之一，版面计高约18英寸，宽11英寸，呈狭长式。该报用白报纸两面印刷，首开我国报纸两面印刷的先河。后来，《申报》创刊，仍恢复以前报刊印刷方式，用薄薄的竹纸单面印刷。一时继起的报纸，也都仿《申报》印刷方式，用土产竹纸单面印刷。直到后来，上海《苏报》（1896年6月26日创刊）与《时务日报》（1898年5月5日创刊）出版时，才再次开始采用白报纸双面印刷的方式印报，以迄于今。

《上海新报》是一份商办报纸，但主编者都是英美传教士：第一任主编是华美德（美），第二任是傅兰雅（英），第三任是林乐知（美）。另有助理编辑、中国人董明甫。该报创刊宗旨，以报道

经济、商业信息为主，其发刊启云："大凡商贾贸易，贵乎信息流通。本行印此新报，所有一切国政军情，市俗利弊，生意价值，船货往来，无所不载。类如上海地方，五方杂处，为商贾者，或以言语莫辨，或以音信无闻，以致买卖常有阻滞。观此新报，即可知某行现有某货，定于某日出售，届期亲赴看货面议，可免经手辗转宕延，以及架买空盘之误。"同时，该报也刊登广告、报道一般新闻，其发刊启又云："开店铺者，每以货物不销，费用多金刷印招贴，一经风雨吹残，或被闲人扯坏，即属无用。且如觅物寻人，延师访友，亦常见有招贴者。似不如叙明大略，印入此报，所费固属无多，传闻更觉周密。又有客商往来通商各口，每以舟楫不便为憾；此报载列各船开行各口日期，于附搭寄信等事甚便，阅此无不备悉。此外如近日贼（指太平天国起义军——引者注）踪，以及中国军务，不分远近巨细，探有的信，本馆即付刊闻报。此纸实与士庶工商，均有裨益。"㊼

【战讯的报道与版式的革新】 《上海新报》创刊的时候，正是太平天国起义军夺取杭州，继又粉碎清军的江南大营，乘胜进军苏南，占领苏州、直逼上海的时候。太平军一面同清军作战，一面又同美国侵略分子华尔的洋枪队及英、法侵略军作战。《上海新报》借助外国人及传教士的关系，探得太平军和清军及外国侵略军作战的消息，刊登在报纸上，这是当时最重要的战讯。当时的上海市民和麇集于租界的避难人家，都对《上海新报》的战事报道非常关注，使该报畅销一时。

1868年2月1日（同治七年正月初八），《上海新报》革新版式，充实内容，而改称新式第一号。每次出版一张，高18英寸，宽24英寸，对折为二，仍两面印刷，计为四版；每版各宽12英寸，高仍是18英寸，整个版面同现在报纸差不多。每版的内容大致为：第一版，告白；第二版，中外新闻，主要选录香港、广州等地报刊；第三版，告白、船期表、银洋物价表；第四版，接排银洋物价表，机器图说等。由于篇幅增多，所刊新闻比以前更加充实。此外，"机器图说"系用镌刻工细的图版印刷。图版系由外国商行提供。所载机器图样有火轮车、种麦器、风琴、铁柜（保险柜）

等，图旁附以文字说明。这本来属于商行推销产品的广告性质，但由于它能“增人见识”，“开人心思”，也深受读者欢迎。

到 1870 年 3 月 24 日起，每条新闻上均加简明标题，如《刘提督战亡》、《种树得雨》等。标题用头号活字排印，下面正文用四号活字。这种编排方法比以前有了很大进步，使读者一看标题便知内容大要。以前的新闻经过归类后，只在一堆新闻上笼统冠以粗象总题，如《中外新闻》，《选录某某报》字样。革新后，则“选录某某报”便放在了每条新闻的末尾，以示消息来源。

【《上海新报》与《申报》的激烈竞争】 在《上海新报》独霸上海中文报坛的第 11 个年头——1872 年 4 月 30 日（同治十一年三月二十三日），《申报》创刊。从此，《上海新报》有了强劲的竞争对手。为了同《上海新报》竞争，《申报》采取了两项重要措施：一是压低报价。当时《上海新报》的售价是每年银元 4 元，每月银元半元，零售每张铜钱 30 文。而《申报》压低报价，每张本埠卖铜钱 8 文，一个“大子儿”（20 文）可买两张报纸有余；趸售（批发）价更低，每张只卖 6 文；外埠近者也只卖 10 文，远者 12 文。也就是说，《上海新报》每张售价要比《申报》贵 3 到 4 倍。这样就抢走了《上海新报》的一些老订户。二是刊登文艺性材料。早期的《上海新报》内容朴素、枯燥，不用说副刊，就是带点文艺性的文字也较难看到。《申报》鉴于《上海新报》的短处，它一创刊，就在发刊“条例”中登出征文启事性质的文字，说：“如有骚人韵士，有愿以短什长篇惠教者，如天下各名区竹枝词及长歌纪事之类，概不取值”。也就是说：欢迎“骚人韵士”、文人墨客以文艺作品投稿，且来稿不作广告论，将予以免费刊登。这对那些有强烈发表欲的封建文人来说，是有很大诱惑力的。征文条例刊出后，反响强烈，“斗方名士”纷纷以词章相投，顿时《申报》上“诗词彼此唱和，喋喋不休，或描写艳情，或流连景物，互吟风雅，高据词坛。无量数斗方名士，咸以姓名得缀报尾为荣，累牍连篇”（见雷瑨：《申报馆之过去状况》，载《最近之五十年·五十年来之新闻业》，1922 年版）。甚至来稿应接不暇，不敷登载，只好另出一本《瀛寰琐记》月刊，把来稿中落版的诗文收进去。由此可以看出当时《申报》的热闹场面。在《申报》的挑战下，《上海新报》也不得不奋起竞争。1872年7月2日起，改为日刊，每天出版（星期日仍休刊）。与此同时，一方面改革版面，增加内容，也免费刊登文人写的竹枝词、诗话等作品，还美化版面，从1872年8月17日起，改革报头，将以前横书的“上海新报”楷书大字，缩小成美术字，横缀在绘有上海黄浦江风景图的背景上，显得分外醒目。另一方面，《上海新报》也减低报价：每年银元2元半，半年1元2角5分，零售也是每张铜钱8文，与《申报》售价一样。[48]但《申报》是用土产毛太纸印刷，成本低；而《上海新报》用上等精白报纸印刷，成本高。所以，《上海新报》的压低报价，也是处于不得已，是咬紧牙关，不惜血本地做蚀本生意。后来，《申报》主人美查浼人说情，谓：“同系英商，何苦相煎?!”这时，字林洋行也因为经营英文《字林西报》，事务已够繁忙，无意再跟《申报》竞争，遂将办了11年的《上海新报》于1872年12月31日自动停刊。[49]从此，《申报》跃上上海报坛的宝座。

《上海新报》与《申报》的竞争是我国近代新闻史上最早的一次竞争。竞争的结果，是促进了早期报业的繁荣。

二、美查与《申报》

《申报》是旧中国历史最长、影响最大的一份报纸。它从1872年4月30日（清同治十一年三月二十三日）创刊，直到1949年5月27日停刊，前后办了77年，共出报25 600号。

《申报》创办人是英国商人安纳斯脱·美查（Ernest Major）。安纳斯脱·美查是清同治初年来到上海的，与他的哥哥腓力德立克·美查（Frederick Major）在中国经商，主要经营外国洋布的进口和中国茶、丝的出口等贸易。有一年，美查（小美查）因贩茶折了本，拟改行经营其他赚钱的生意。他的买办、江西人陈莘庚鉴于当时《上海新报》销路好、利润高，就力劝美查也办报。美查接受陈莘庚的建议，就邀请自己的朋友伍华德（C. Woodward）、普莱亚（W. B. Pryer，一作蒲莱尔、朴赉懿）、麦基洛（J. Mackillop，一作瓦其洛）等，共计四人合资创办报纸。每人投资

400两银子作为股本，共计1 600两，并于1871年5月19日（同治十年四月初一日）订立合同，正式决定以此股本在上海创办一张中文日报（以后，《申报》归美查一人所有）。

经过一年筹备，《申报》遂于1872年4月30日创刊，馆址设在英美租界汉口路迤东、“红礼拜堂对面”一座二层楼的小楼房中。《申报》原定名为《申江新报》，以表示是在上海出版的新式报纸，简称《申报》。《申报》的“申”有两层含义：一是上海简称为“申”，二是1872年为“壬申”年，“地”和“时”的巧合，构成了《申报》的报名。

【主编与刊期】　《申报》初创时，延聘浙江人赵逸如为“买办”（经理），蒋芷湘为“主笔”（主编），每两天出报一“号”，每号一张，是隔日刊。自第5号（1872年5月7日，同治十一年四月初一日）起，改为每天出版一号，成了日刊，但逢星期天休刊一天。同时添聘何桂笙、钱昕伯襄理笔政。自1879年4月27日（光绪五年闰三月初七日，星期日）起，连星期日也照常出报。一年中，除年头腊尾暂停数日外，未尝有间。

早期主笔，最早是蒋芷湘。1884年以后，他考上进士，金榜题名，便脱离《申报》。继任者是钱昕伯。钱氏退休后，由黄式权（协埙）任主笔（见黄协埙《本报最初时代之经过》，载《最近之五十年》，申报馆，1922年版）。到1905年春，黄氏因病退职，主笔改由金剑华担任，并添聘由日本归国的张默（蕴和）专撰社论。

【版式、纸张与印刷】　《申报》创刊时，每天出一大张，用竹连纸单面印刷，销数仅600份。全张报纸分成8“章”。“章”即现在的“版”。每版高、阔约20公分，两版中间，还空出一点折缝的位置。文字都是用四号铅字排印，标题也是这样排。广告则改用五号字。除了论说及重要文字的标题是另列一行外，寻常新闻，题目和正文之间只隔开一个字的位置，排在一起。报头“申报”两字横排于报纸顶端，报头下的内容，像书版一样排印。整个版面很呆板，也不分栏，竖行直排到底。“这样一张报纸，看起来很像木板书的残叶，古色古香，令人‘发思古之幽情’。但在当时条件不完备，已经算是很不容易的了。”（见1947年9月20日《申报》

第 17 版载《本报简史》一文)

早期《申报》因用土产竹连纸单面印刷，纸薄而软，受湿易破，阅报时必须正襟危坐、小心翼翼，一不当心，便会撕破。1874 年 9 月 11 日起，改用赛连纸印刷。到 1884 年，又因中法之战爆发，《申报》因报道战况详细，销数大增，这样又摒弃了手工制的赛连纸而改用机制有光纸印刷（一说：1897 年 12 月 20 日改用有光纸印刷)。有光纸比竹连纸坚韧一些，光滑而不易受湿，但仍是单面印刷。到了 20 世纪初，特别是 1905 年以后，《申报》版面、篇幅及印刷方面，均有很大改进。1905 年，篇幅扩充为正、副两张，并采用分栏编辑法，即改通栏直长行为每版分六栏、短行排列，新闻也分类编辑。这样做，由于行短，方便读者阅读。1907 年起，报上文字均用改良圈点法断句，以利阅读；同年，篇幅增为 3 大张。1909 年 1 月 25 日起，《申报》由单面印刷改为两面印刷，且以白报纸代替有光纸，版式才基本上成了现代报纸的形式。

至于印报机，《申报》最初采用的是英国造的“布兰纳式”(Bremner) 人力手摇平台印刷机。该机一小时可印报 500 张，“一(人) 在 (机) 前专司刷墨，其活字版安于机前之平铁面上。一人在机后，立于机旁，手转轮轴，其纸皆盘于轮，以皮带约束之，随转随放，自左而传于右，抵活字版上，即自行印出。”[50]越数年，改用英国产、以电力马达为动力的单滚筒机，每小时出报1 000张，仍是单面印刷。到民国元年，因销数大增，再加上每份篇幅增至 3 张，又改用美国产双滚筒机印报，每小时出报 2 000 张。

【版面编排及内容】 早期《申报》版面编排，可概括为“三大块”，其编排顺序是：首载“本馆告白”、“论说”（社论)；次载新闻，包括本埠新闻、外埠新闻选录，香港中、外文新报的译录，并用很大篇幅转载《京报》及“宫门钞”；最末为广告及各种货物的价格表、轮船到港日期表等。以上内容中，“论说”及新闻类全部采用 4 号字排印，标题亦然；广告类则用 5 号字排印。创刊号内容如下：“第一章（版）”载《本馆告白》、《本馆条例》，《本馆告白》中最早说明刊登新闻的三大原则：一曰“新人听闻”，二曰“真实无妄”，三曰“明白易晓”；“第二章（版）”接排

《本馆条例》及新闻《驰马角胜》；“第三章（版）”载《完人夫妇得善报》、《选香港新报》；“第四章（版）”接排《选香港新报》、《京报》；“第五章（版）”接排《京报》及“广告”；“第七章”、“第八章”仍排“广告”及“各货行情表”等。

【早期《申报》的论说和新闻】　在上面这些内容中，《申报》最重视“论说”（相当于现在的社论或评论），每天一篇，有时甚至一天登好几篇，且都登在头版，打破了上海最早的中文报纸——《上海新报》不发表“论说”的传统，首开我国报纸政论的先河。《申报》创刊仅一个月，就发表“论说”70多篇，以后一直这样作。从这大量的“论说”中，可以窥见早期《申报》评论的两个显著特点：一是这些评论的题材，从大的方面看，与当时的时事政治、世道人心多少总有点相关，但与当天报载的新闻并无联系。因为《申报》是商办报纸，不敢直接评论时政，以免得罪官署。《申报》编者曾在一篇“论说”中说：“吾愿世之为新闻纸者，慎勿品评时事、臧否人物，以撄当世之怒，以取禁止之羞，岂不彼此有益，各行其事哉！”（见1875年8月4日《申报》“论说”）这就是《申报》不“品评时事”的原因和苦衷。因此，这些“论说”是地道的“论说”文章，而不是新闻性很强的“时事评论”。不仅“论说”不敢触及“时事”、“政治”，就连新闻记事也时常受到人们的“为难”。《申报》1877年3月28日头版头条所载评论《选新闻纸成书说》一文记载：“自《申报》创设一二年中，犹往往有登诸报中之事，无论官场民间，为本人所见，将与《申报》为难者。自行之三四年，阅报者亦以为常，而馆中主笔诸人又复小心谨慎于敷陈时事之中，仍守触犯忌讳之戒……”二是这些评论很明显地反映了外国商人、工商业资本家希图在中国推销商品、掠夺原料、加速中国殖民化的愿望和要求，但在客观上多少起了开化人们的思想、开阔人们的视野的作用。有人说：《申报》在中国最早“鼓吹现代化”（见胡道静《申报六十六年史》），这是有事实根据的。仅以1874年7月至10月间为例，《申报》就连篇累牍地发表了不少鼓吹开煤矿、修铁路、架电线、造机器、造火轮车火轮船等方面的“论说”，比较重要的如：《论开煤矿》、《欧洲人议开火车路》（见《申报》1874年7月10日），《论电线》（见《申报》1874年7月14日），《火轮车为福国之举》（附列世界各国铁路之“道里长短”，见《申报》1874年7月15日），《论机器》（见《申报》1874年7月20日），《论制造》（见《申报》1874年7月28日），《火轮车路辩》（见《申报》1874年8月26日），《劝办铁甲战船说》（见《申报》1874年10月12日）等，这些评论都刊载在头版头条的位置。特别对铁路、火车，更是不遗余力加以鼓吹。《申报》创办的时候，正当上海洋商筹建淞沪铁路之际。在此期间，《申报》发表了大量“论说”，如《议建铁路引》、《论铁路事》、《论铁路有益于中国说》、《论铁路火车事》、《又论铁路火车》、《再论铁路火车》、《铁路不可不亟开说》等。无奈当时人们思想愚昧，风气蔽塞，认为修铁路破坏了风水。1876年（光绪二年），淞沪铁路有一段建成后，马上遭到中国官民的反对，终于在第二年不惜重金、由中国官府出资285 000两银子，将该路收买回来，将铁轨拆卸，连同机车运到台湾。因当时福建巡抚、台湾学政丁日昌想在台湾修铁路，后不果。这样，机车便弃置海滩，任其锈蚀。直到20年后，淞沪铁路才又由中国政府重建。

《申报》刊载的新闻，主要可分为两大类：一类是社会新闻，一类是政治新闻。社会新闻多为各地的火警命案、盗窃奸杀、奇闻怪事、里巷琐谈等，为喜新猎奇的城市小市民和有闲阶级提供茶余饭后的闲谈资料。这些新闻的内容，单从题目就能看出，如“乔装巧骗”、“狐仙”、“地震”、“怪胎”、“艳史奇传”、“尤物移人”、“会审各案”等。从写法上看，有的信笔点染，添油加醋，如同传奇、《聊斋》；有的绘声绘色，是典型的黄色新闻。政治新闻的内容，主要是转载谕旨、《京报》、宫门钞等，报道朝廷动态、官场的消息，一般市民并不看重。至于国外新闻，都是从香港中、外文报刊上转载或翻译过来的。

早期《申报》在新闻报道方面，在我国新闻史上曾作过许多开创性的工作：

同治十二年（公元1873年）十月间，浙江余杭县发生了一起哄动朝野的“杨乃武冤狱”。该案前后经历了三年多时间。《申报》

对这一案件的曲折经过，有闻必录，详加报道。从同治十二年十一月十八日（公元1874年1月6日）首次报道起，到光绪三年二月二十四日（1877年4月7日）止，《申报》对该案的报道陆陆续续登载了三年多的时间，在当时江南一带影响极大。这是我国报纸上最早采用连续性报道方法、报道重大社会新闻的尝试。

1874年5月间，日本以台湾“生番”（日本人对当地人民的蔑称）曾杀死琉球两艘因“遇险飘至台湾”的民船船员为借口，兴兵侵略台湾，进攻“番社”。《申报》主人特派“华友”（记者）前往战地探访，并搜罗有关台湾的史事、风土人情等背景材料，和新闻相配合，一同在报上刊登出来。这是我国报纸最早的战地采访活动。7月22日，《申报》刊登该馆特派记者从台湾发回的第一篇战地通讯——《台湾军务实录》。这是我国报纸上最早刊载的战地通讯。

1881年12月24日（光绪七年十一月四日），上海—天津间的有线电报线路架设完成，交付使用，《申报》立即利用这种新的通讯工具传递新闻。1882年1月16日（光绪七年十一月二十七日），《申报》首先刊出该报驻北京记者从天津（当时北京、天津间尚不通电报）拍回的新闻电报，原文如下：“恭录谕旨○十一月二十三日奉上谕杜瑞联奏请将欠现铜本之按察使衔云南侯补道张承颐承领江苏协滇铜本辄敢欠解二千八百余两迭催不缴着先摘顶戴并着江苏巡抚勒限严催追缴如在迟延即行从严参办钦此。”这是中国报纸上由新闻记者拍发的第一条新闻专电。以后，凡接到京、津电讯，《申报》在登载时，均冠以“电音译录”，或“本报自己接到电音”字样。这大概是中国报纸电讯最早的“电头”了。

【副业的经营】 《申报》还善于经营管理，广开财源，不断把企业办“活”，家业“盘”大。美查办《申报》纯以营利为目的，他在《论本馆作报本意》一文中，公开声明：“夫新报之开馆卖报也，大抵以行业营生为计……若本报之开馆，余愿直言不讳焉，原因谋业所开者耳。”（见1875年10月8日《申报》）也就是说，办报就是为了赚钱。为了扩大家业，增加财富，美查以《申报》为基础，围绕《申报》办起了一系列文化出版副业。充分挖掘潜力，最大限度地利用报馆的一切人力、物力、财力和其他条件，办一些文化出版事业。美查时期，《申报》馆经营的副业计分四种：

一是编印综合性的月刊。这类工作在《申报》创刊后仅半年就开始了。1872年11月11日（同治十一年十月十一日）创刊《瀛寰琐记》，月出一册，内容有论说、小说、诗词、笔记之类，出至1875年1月（同治十三年十二月）止。1875年2月（光绪元年正月）又出版《四溟琐记》，月刊，出至1876年1月（光绪元年十二月）止。1876年2月（光绪二年正月），又出版《寰宇琐记》，月刊，出至1877年1月（光绪二年十二月）止。这三种月刊，虽然名字不同，但实质一样，且互相衔接。这都是我国近代早期比较著名的文学期刊。

二是办白话新闻报。《申报》创办四年之后，美查感到《申报》文字高深，非妇孺、工人所能读懂。为满足妇孺、工人、小贩及下层劳动人民的需要，《申报》又创刊了通俗易懂的白话文小报《民报》。《民报》创刊于1876年3月30日（光绪二年三月初五日），其发刊告白云："此报专为民间所设，故字句俱如寻常说话；每句及人名、地名尽行标明，庶几稍识字者，便于解释。"《民报》每逢星期二、四、六发行，每份一张；每张铜钱5文，每月报价65文。这是我国最早的通俗白话报。

三是编印画报。光绪三年（公元1877年）五月，《申报》馆又创刊了《寰瀛画报》，专门刊载世界各国的时事风俗、山川图说。图画为英国画师绘，文字说明由蔡尔康作，为不定期刊，共出5卷而止。1884年5月8日（光绪十年四月十四日），又创刊了《点石斋画报》（因由美查创办的"占石斋石印书局"印刷，故名），旬刊，内容"选择新闻中可喜可惊之事，绘制成图，并附事略"。这两种画报都是印成单册，单独发售。其中，《寰瀛画报》当为中国画报之祖。

四是翻印旧书和刊印新著。《申报》创刊后不久，就开始用铅活字排印袖珍本丛书，这是我国近代印刷史上的创举。中国旧有用泥活字、木活字、铜活字排印之书中，尤以清代武英殿聚珍版丛书

140 余种最为著名。而《申报》馆用铅活字排印古书，进行严格的校订，印刷清晰，足以和武英殿本相媲美，人称为“《申报》铅字聚珍版”。《申报》从创刊不久开始，到 1895 年（光绪二十一年）止，刊印各种图书凡 160 余种，蔚为大观。1895 年以后，这一工作遂由申昌书局继续进行。

由于《申报》经营得法，理财有方，获利甚丰。美查便以报馆历年所获之利，先后开设点石斋石印书局、图书集成铅印书局、申昌书局、燧昌自来火厂、江苏药水厂、肥皂厂等文化、日用工业企业。特别值得提及的是，图书集成印书局曾在 1885 年至 1888 年（光绪十一年至十四年）间，只用 4 年时间，便把1 628册《古今图书集成》（原名《古今图书汇编》，是我国大型类书之一，编于康熙年间，因而被外国人称为“康熙百科全书”）全部用铅活字排版印成，这种版本被人称为“美查版”。[51]

【美查归国】 1889 年，美查功成名就，成了拥资百万的大富翁，遂动还乡之念，于是将所经营的企、事业，改组成“美查有限公司”，包括江苏药水厂及肥皂厂、燧昌自来火厂、《申报》馆、申昌书局、申报馆房屋及地基等，资产总计银 30 万两，分作 6 000 股。美查收回原有资本，折合成股票 2 000 股，航海返国。“美查公司”事务改由董事 4 人，经理 1 人主持，他们是：董事挨波诺脱（E. O. Abuthnot，或译作“阿柏拿”，履泰洋行经理）、麦边（Geo Mc Bain，麦边洋行经理）、麦根治（Robert Ma Ckenzie，隆茂洋行经理）、梁金池（中国人），经理芬林。

美查回国后，于 1908 年逝世，《申报》特于 1908 年 3 月 29 日（光绪三十四年二月二十七日）第一版头条刊载《报馆开幕伟人美查事略》新闻一则云：“夫人之足以永垂不朽、名著史册者，岂仅立德立言之士云尔哉，亦在识时务、开风气、兴实业、造时世之英雄耳，洵是则美查之事有足述矣。美查，英人也，于同治初年来申经营洋布业，能通中国言语文字；于同治十一年三月二十三日创办《申报》馆，点石斋图书集成印书局、江苏药水厂次第建设。其时，上海虽已通商，而报馆、印刷诸业尚未发达，故美查专以开通风气、整（振）兴实业为己任，不仅区区为一己之利益已也。嗣以年老归国，所办各事委人经理，顾其功伟矣。昨本馆接美查逝世电耗，为之怃然者久之。美查享年七十有几，功成名立，耄耋而终，其志固可无憾。惟当报馆日形发达，工艺日益进步之秋，不能不大其开幕之伟功而惋惜其人也。本馆爰为之述其事，以志哀悼。”

【美查有限公司与《申报》】 美查有限公司成立后，《申报》馆原买办赵逸如退职后病故，改由青浦县人席子眉（裕祺）继任买办之职。[52]黄式权（协埙）任主笔。[53]编辑部中有金剑华、赵孟遴、雷瑨等。翻译为葡萄牙人毕礼纳（H. A. Pereira）。馆中办事权限：席子眉负责营业部分，黄式权主持编辑事务，全馆总权则操于“洋大班”挨波诺脱之手。挨波诺脱不懂汉语，遇馆中有事相商，均需毕礼纳居中翻译。

在美查有限公司主持《申报》的这一段时期（1889—1907年），中国政局及世界形势又发生了一系列重大变化。民族危机日益深重，阶级矛盾、统治阶级内部的矛盾进一步激化。特别重要的大事件有1894—1895年的中日甲午战争，1898年资产阶级改良派发动的戊戌变法，1900年的庚子事变、八国联军进攻北京，1903年的“苏报案”，1904年日军突袭旅顺、日俄战争爆发等。在大是大非面前，《申报》立场日趋保守顽固。由于《申报》的读者多为官绅，为迎合他们的口味，《申报》“撰述记载，务以迎合旨意为第一要义，而渐渐偏重于文字的修饰。总主笔黄协埙氏尤兢兢于字句之间，撰述稍涉激烈的，和记载略触忌讳的，在总阅稿时，概经删去”（见胡道静《申报六十六年史》）。特别是在戊戌政变发生后，《申报》极力逢迎顽固派的旨意，骂提倡变法维新的康有为、梁启超等为“逆党”，发表的比较典型的社评有：《综论清议报诬上之罪》（见1899年12月28日）、《原康逆诬南皮张公之故》（见1900年1月8日）、《论新机实被康逆所阻》（见1900年2月19日）、《警悟康党文》（见1900年3月12日），等等。1900年，义和团运动在北方兴起，很快波及江南一带，当时上海也有不少人练习拳术，十里洋场中的侵略者为之胆寒。《申报》这时又站在“洋鬼子”的立场，发表了题为《以拳匪作乱有关上海市景说》的社论（见《申报》1900年6月12日），污蔑义和团运动说："拳匪之横行无忌，扰及商人，自北而南，市情以次衰败……商务一蹶不振"，并为清廷出谋献策："尚其未雨绸缪，亟亟焉改抚为剿。"1903年"苏报案"发生后，《申报》也与《新闻报》、《中外日报》等报的立场一样，幸灾乐祸，"论革命党用讽激之法"，相当反动，受到人们的唾弃，连张之洞派往上海处理与苏报案有关事宜的反动知府金鼎也说："《申报》虽议论切实，然素以守旧，为人所恶，故其言亦不足重。"（见《金鼎致梁鼎芬书》，载《近代史资料》1956年第3期）

【报坛逢劲敌】　在这一段时期，上海的报坛也发生了很大变化，一些重要报纸先后创刊，《申报》面临着挑战，如：1893年2月17日英商丹福士创办了《新闻报》（后来成为上海第二家老牌中文大报）。该报起初每日发行不足300份。1899年11月4日，美商福开森用廉价买下该报。他针对《申报》刊载综合性的时事政治新闻居多、且以官绅为对象的特点，又根据上海城市工业发达、商业繁荣的实际情况，提出了"在商言商"、"不偏不党"、"经济独立"的著名办报口号，制定了一套办报方针，这就是：以经济新闻、商业新闻为重点，以工商业者为主要读者对象，努力适应工商界的需要。不几年，《新闻报》发行量大增，骎骎乎有向《申报》问鼎之势。除《新闻报》外，上海报坛新添的报纸还有《中外日报》（1898年8月17日创刊）、《时报》（1904年6月12日创刊）等。它们都成了因循守旧、暮气已深的《申报》的竞争者。因此，《申报》的销路越来越窄，广告收入也一落千丈，显得老气横秋。

【锐意革新】　在这种情势下，《申报》亟谋改革。1905年元月下旬（亦即光绪三十年、甲辰年的年底），《申报》全馆人员开会讨论两天两夜，制定了一整套改革方案。这时总主笔改由金剑华担任，并特聘刚从日本回国的张默（蕴和）专司社论的撰写。1905年2月7日，亦即旧历正月初四日，《申报》于年假后出报，以崭新的姿态出现在读者面前：篇幅扩充为正、副两张，分上下两栏排版，标题用较大一号字，以醒眉目。在当天的论说栏里，宣布了它的改革方案和整顿措施，共计12条：

1. 更新宗旨　世界进化，理想日新，无取袭故蹈常，不敢饰邪荧众。

2. 扩充篇幅　记载要闻，以多为贵，正副两张，宽大一律，容有未尽，尚谋扩充。

3. 改良形式　上下横截，分列短行，文理易明，且省目力。别刊大字，择要标题，借振精神，并醒眉目。

4. 专发电报　神州广漠，邮递书迟，事际重要，国人属目，不惜巨费，专电飞传，力争先著，录供快睹。

5. 详纪战务　俄日战争，迄未敉平，旁午军书，瞬息万变，矧关唇齿，尤宜究心，载录綦详，未敢疏略。

6. 广译东西洋各报　环球既通，外情宜审，优胜劣败，累黍不差，知己知彼，用自考镜。

7. 选录紧要奏议公牍　布政施令，风动海陬，张弛之间，系民休戚，甄录其要，借觇得失。

8. 敦请特别访员　欧西访员，誉隆望重，名公巨卿，雅愿承乏，凡诸秘要，故能详知。举例仿行，特延鸿硕，遍置当路，侦探秘情。

9. 广延各省访事　省会要区，名郡大邑，上自官弁，下逮士农，人事纷纭，多有可采，是非所在，秉笔直书，备录无遗，以听舆论。

10. 搜录商界要闻　中外交通，利握商界，土产外货，销市情形，比较盈虚，研究利病，致国于富，不惮详求。

11. 广采本地要事　华洋杂居，行李辐凑，地处冲要，事变多端，巨细精粗，难可殚述，苟系切要，靡不博搜。

12. 选登时事来稿　集思广益，用匡不逮，海内时彦，倘有指陈，短制鸿篇，不拘体格，于时有济，俱当选登。

以上12条，从版面形式，到报纸内容，以及扩大新闻网、增辟新闻来源等方面都涉及了。从这时起，《申报》的政治态度也有了一些改变。1905年2月8日（光绪三十一年正月初五日），改革后的《申报》的第一篇论说《述东瀛度岁之感以励中国前途》，开宗明义就引“饮冰室主人”梁启超的话，与以前骂康、梁为逆党的态度，截然不同。到1906年秋冬之际，当时，具有强烈反清倾向的王钟麟（毓仁）、刘申叔（师培）二人也曾担任《申报》编辑工作，因此之故，《申报》上还一度出现过相当激烈的“排满”言论。除政治态度的转变外，在新闻方面，“尤竭力整顿，不惜巨金，函请北京及各省机关中人担任重要访稿，专电络绎，消息极灵。更向外、商等部觅取秘要文件，次第披露……本埠各机关、各公署均有特约访员探刺机要，又多译（任译员者为陆君达权、严君饴庭、颜君仲珊）东西各报关于中国之记载评论，为反观对镜之资。从前报务至傍晚时已告竣事者，此时则时逾夜半，编辑房犹人影憧憧，下笔如春蚕之食叶。盖敷衍与认真一转移间，情势固大不相同也”（见雷瑨《申报馆之过去状况》，载《最近之五十年·五十年来之新闻业》）。由于《申报》锐意革新，销量骤增至1万份以上。

【席子佩接办《申报》】 1907年春，美查有限公司为了扩建江苏药水厂，拟将《申报》让售于人。《申报》华人经理席子佩便以75 000元的代价，把《申报》馆的全部产业买了下来，直到1909年5月31日（宣统元年四月十三日）才正式签订合同。至此，《申报》结束其37年来由外商主办的历史，开始由中国人经营并掌握主权。但席子佩仍聘翻译毕礼纳为《申报》总经理，名义上仍挂洋商的招牌，直到1912年由史量才接办为止。

席子佩主办时期，《申报》从形式到内容都有一些重大改进，值得提及的有以下几点：1907年起，报上文字均用改良圈点法断句，以利阅读。同年篇幅增为3大张，1908年又增为4大张。1909年1月25日，《申报》又由单面印刷改为两面印刷，且以白报纸代替有光纸，版式才成了现代报纸的形式。1911年8月24日（宣统三年七月初一日），《申报》副刊《自由谈》创刊。以后，它成了我国现代报纸中影响极大、时间最久的副刊，第一任主编是由席子佩延聘的他的青浦同乡王钝根。1911年10月10日（辛亥年八月十九日），武昌起义爆发。从10月12日（辛亥年八月二十一日）起，《申报》就在当天第1张第2版开始披露革命军起事消息。10 月 15 日（辛亥年八月二十四日）起，《申报》又开始在第 1 张第 4 版“要闻”栏连载长篇通讯《革命军起事记》，对武昌起义进行详细、深入的系列报道。同时，通过各种渠道和手段，采访起义的消息，搜集有关起义的资料和背景材料。总之，《申报》为了及时报道武昌起义消息，投入了大量人力、物力和资财，形成了一个报道高潮，其规模之大，篇幅之多，持续的时间之长，在《申报》史上是前所未有的。

截至 1912 年，《申报》资产由最初创办时的1 600两银子，增值到 12 万两银子。发行量也由创刊时的 600 份，增加到 3 万份。(1919 年)。

三、福开森与《新闻报》

《新闻报》是旧中国地位、影响仅次于《申报》的第二家大报。它从 1893 年 2 月 17 日（光绪十九年正月初一日）创刊，到 1949 年 5 月 27 日被接管，[54]前后办了 56 年。

【《新闻报》早期人事情况】 《新闻报》创刊于 1893 年 2 月 17 日，当天创刊号报眉处署“今日另出附张”、“不取分文”，头版整版刊登《本馆告白》及发刊词《新语》。馆址设在“上海英租界望平街南首”汉口路 274 号。起初，发行量仅 300 份。该报由中外商人合组公司创办，公推华盛纺织厂及浦东砖瓦厂老板、英国人丹福士（A. W. Danforth）为总董，斐礼思（F. F. Ferris）为总理。合股华商有张叔和（即上海著名“张园”的主人）等。合股公司旋即解体，遂由丹福士独资经营，仍聘斐礼思为总经理。初创时，延郁岱生、蔡尔康为主笔，并由蔡尔康专撰论说。半年后，蔡氏辞职，乃改聘袁祖志任主笔。到 1894 年（光绪二十年），郁氏亦辞去。袁祖志任主笔时，孙玉声为本埠编辑主任，沈仞千为总校，编辑先后有严萱甫、石吟、李谷生等。后袁氏以年老辞职，主笔改由孙玉声继任。

1899 年（光绪二十五年），丹福士所办的浦东砖瓦厂大亏损，宣告破产，他只好将《新闻报》抵押给一家美国公司，以清偿欠债。6 个月后，1899 年 11 月 4 日（光绪二十五年十月初二日），

《新闻报》为美国人福开森（John Calvin Ferguson）出资购得，[55]成为他的私人企业。当时福开森任南洋公学"监院"，不能亲自主持《新闻报》事，乃聘汪汉溪为该报"总理"，放手让其全权处理报馆一切事务。未几年，销数即达12 000份，超过《申报》销量。1906年6月1日（光绪三十二年闰四月初十日），《新闻报》由福开森的私人企业改组为有限公司，照香港法律注册，以福开森为公司总董，开乐凯（John Dent Clark）为副总董，其余董事为朱葆三、何丹书、苏宝森等。到1909年，报馆由原"望平街南首"，迁入公共租界汉口路19号新落成的五层大楼。时发行量已达15 000份，居上海报纸销量之冠。1916年5月1日（民国五年丙辰三月二十九日），原英国公司解散，复组织美国公司，在特拉华州（State of Delaware）注册，仍以福开森为总董，汪汉溪为总经理。直到1928年，福开森已无意继续经营《新闻报》，乃由董显光居间介绍，将《新闻报》大部分股权让于华商，他们是金城银行经理吴蕴斋（在章）、四行储蓄会协理钱新之（永铭）及申报馆主人史量才等。从1929年1月1日起，福开森的股权才全部出让于华商。《新闻报》于是年改组为华商股份有限公司，资本为国币120万元，吴蕴斋继福开森后为"总董"（后改为"董事长"），钱新之也加入董事部。总经理为汪汉溪长子汪伯奇、协理为汪汉溪次子汪仲韦，总主笔仍为李浩然。从此，《新闻报》完全归国人所有。

在编辑部人事方面，福开森接办《新闻报》后，最初的总编辑为金煦生（笔名"柳籍"）。1905年，金煦生出仕鄂省，主笔政者为姚伯欣。1910年姚伯欣病故，张铁民为总编辑。1911年冬，金煦生又从湖北回到上海，复任总编辑之职。1913年冬，金煦生再度辞职，由张继斋任编辑主任。至1915年秋，张继斋因病辞职，由李浩然（伯虞）任总编辑。[56]李氏系陕西咸阳人，在《新闻报》供职逾30载，1947年7月25日，因车祸致伤而死，时年61岁。[57]

【福开森与汪汉溪】　《新闻报》前期的发展是与福开森和汪汉溪两个主脑人物分不开的。福氏担任《新闻报》总董凡30年（1899—1929年），汪氏具体主持《新闻报》工作凡25年

(1899—1924年)。其间，1910年汪氏因事告假一年，由庄仲彝任总理，旋汪氏销假，复任总理。

福开森，又名福茂生，号观斋，是中国近代有名的"客卿"政客，于1866年3月1日生于加拿大安大略省城。其父为一教会牧师，不久移居美国。1886年，福开森在美波士顿大学毕业，获博士学位。1887年（光绪十三年），美国教会在南京创办一所"汇文书院"（即后来的金陵大学），邀请福氏来华任汇文书院第一任院长。福氏任此职计由1888年到1897年，前后共9年时间。1896年4月间，"招商"、电报两局督办盛宣怀上奏获准在上海徐家汇镇设立南洋公学（后改名为南洋大学，再改名为上海交通大学），翌年（1897年）特聘福开森担任南洋公学"监督"（校长）之职。于是福氏辞去南京汇文书院院长而就上海南洋公学之职，前后计5年时间（1897—1902年）。在此期间，盛宣怀对福氏多所倚重。除办理公学事务外，盛宣怀兴办各种新政也往往咨询福氏，福氏遂成为盛的洋顾问。福氏离开南洋公学后，曾于1903—1906年（光绪二十九年至三十二年）间担任盛宣怀所主持的督办铁路公所洋文案。其后，盛任清廷邮传部大臣，福氏也转到北京邮传部任顾问，直至1911年为止。1914年，为子女教育问题计，福氏携妻子儿女举家返美，在麻省波士顿郊外购一住宅安顿家眷，自己则来往于中美之间。1919年，福氏又偕妻子回居北京，在东城喜雀胡同3号购一大住宅，并担任北洋政府国务院顾问，后改任总统府顾问，直到1928年为止。国民党的"国民政府"成立后，又被行政院聘为顾问。从1888年至1929年的40年间，福开森除从事教育事业及政治活动外，再就是担任《新闻报》总董达30年之久了。

1937年"七七"卢沟桥事变发生后，福氏夫妇仍蛰居北平。1938年10月，其妻病逝于北平。1943年12月，福氏被日伪方面视为"敌侨"，乘美国接俘船只返美。回美第二年，即1945年病逝，时年79岁。综计福氏一生，居华长达55年之久。其间长期从事政治活动、教育事业及新闻事业。他熟悉中国情况，能说流利汉语，对中国文化素有研究，并著有有关考证、鉴定中国字画文物书籍多种，为著名"汉学家"。[58]

汪汉溪，名龙标，字汉溪，后以字行。安徽婺源人。生于同治十三年（公元 1874 年）。早年肄业于上海梅溪书院，1892 年考中秀才，曾代理金山县卫城司巡检。后在上海南洋公学任总务职，综理学校庶务，勤勉谨慎，深得福开森的器重。1899 年 11 月 4 日福开森购进《新闻报》后，乃延汪氏为"总理"（总经理），全权委托办理报馆诸事务。此后，汪氏 20 多年如一日，兢兢业业，尽瘁于新闻事业。1922 年，《新闻报》创刊 30 周年纪念时，汪氏曾撰《新闻事业困难之原因》一文，首述其主持该报之经过云：

"本报创办于癸巳岁（1893 年），迄今壬戌（1922 年），盖三十年矣。回忆余与同人接办《新闻报》时，在前清光绪二十五年己亥十月初二日，即西历一千八百九十九年十一月四日。余平素既无报馆经验，又乏新闻智识，本不敢膺此重任。惟鉴于国势之衰弱，政治之腐败，外患之逼迫，民俗之浇漓，窃谓欲唤醒同胞，改良政治社会，非借报纸大声疾呼不可，遂毅然担任。抱定经济自立宗旨，无党无偏，力崇正谊，不为威胁，不为利诱。故主任社务二十四年，不渝此志，得以信用昭著，风行海内外，为阅者所欢迎。报纸每日销数，由四五千逐渐增至八九万以上；每年广告刊费收入，自数千元历年递增，至今几及百万元；除开支暨股东官红利外，同人亦得花红之分润，业务有蒸蒸日上之望。按办报之第一难关，即经济自立。今本报广告刊费及报资收入，经济已足自立，基业巩固，此为最可欣慰者也。"（载《新闻报馆三十年纪念册》1893—1923 年，新闻报馆 1923 年 4 月第三版）。

汪氏除担任《新闻报》总理外，从 1901 年（辛丑）起，还先后担任苏州商务工程局兼马路警察正巡官，上海巡警总局裁判、巡警总司科长，上海浦东巡警官，江苏宜兴知县，无锡县知县等职。直至 1917 年因病辞职，回沪养疴。由是专意办报，不复出仕。

汪氏"体貌魁伟，体质强健逾恒"，一生心力，耗于从政及公益事业者不少，而耗于报业者尤多。终因积劳成疾，于 1924 年 11 月 5 日（甲子十月初九日）病逝，得年五十有一。汪氏逝世后，由其长子汪伯奇继任总经理。[59]

【办报方针及经营管理】 福开森接办《新闻报》后，特聘汪汉溪为经理，以“经济独立”、“ 无偏无党”为宗旨。在内容上，该报以上海这个全国最大的商业城市为依托，“在商言商”，形成准确、迅速报道经济新闻及商业行情的主要特点，在工商界及市民中有广大的读者。早年上海许多商店都摆着一份《新闻报》，所以该报又有“柜台报”的称谓。

《新闻报》早在创刊之初，就比较注重营业及经营管理。它创刊之时，《申报》已独步上海报坛21年，声誉卓著，首屈一指。面对这样的竞争对手，《新闻报》主要采取了三项策略：一是尽量降低报价。《新闻报》创刊时，其版面与《申报》相似，以四号字竖行排印，亦不分栏；每张售价仅为铜钱7文，较《申报》、《沪报》等报纸便宜。这是《新闻报》经营策略的第一步。二是想方设法扩大发行量。《新闻报》初创时，当时上海与外埠的火车尚未开通。上海报纸发行于外埠的，都从水路用小轮船、小“脚划船”及信局递送，速度极慢。各报馆又往往在午间才将报纸发出，因此，外埠读者是难以看到当天报纸的。只有《新闻报》馆主斐礼思独出心裁：雇用一挑报人，于每晚12时后，赶忙将已印好的明日报纸，捆作两大包，挑送到南翔镇河滨，由早已预雇好的一艘“脚划船”把报纸载上船，连夜起行，次日午后，即可到达苏州，再由苏州“都亭桥”分馆当日批售，立时便被抢购一空。这样，苏州读者就能在当天看到《新闻报》。无锡、常州、镇江等处的报纸，又由苏州寄出。因此，《新闻报》在各处发行也比其他报为早。后来，苏州、无锡一带便成为《新闻报》的发行基地之一。直到1906年，沪宁、沪锡段通车后，才将此举废止。然此时，《新闻报》的地位已巩固了。三是千方百计拉广告。由于《申报》发行量大、影响大、牌子老，商家一般只习惯于在《申报》上刊登广告。《新闻报》初创时招登广告曾遇到很大困难。当时，各戏院在报上刊登的戏目是广告大宗，一般都在《申报》刊登。《新闻报》为了同《申报》竞争，便遣人每日到各戏园抄录戏目，免费刊登，岂料戏园老板以为不可，便将戏目匿不示人，不让《新闻报》刊登。馆主斐礼思大愤，令排字工人随意乱排戏名，按日刊登，以扰乱看戏人的视听。这样一来，各戏园老板大惧，只得将戏目抄送《新闻报》，出资让其刊登。

汪汉溪主持《新闻报》后，更加注重经营管理，其主要经验及特色如下：

1. 扩大新闻来源，增大信息量。汪汉溪曾花钱在各行各业聘请一大批业余访员，为报纸提供最新市场消息，使报纸内容的充实有了可靠保证。

2. 注重发行和广告。汪汉溪接办之初，《新闻报》在江、浙及长江一带的承销人不甚得力，使报纸销路打不开。汪汉溪便聘程寅生为“出派员”，亲往各地调查，并次第设立分馆、分销处，以后逐渐推广，先就江、浙及长江一带，进而即于边远省份，设立分馆、分销处。到 20 世纪 40 年代中期，分馆、分销处已达 500 余处，形成了庞大的销售发行网。发行量由接办之初的五六千份，增加到 1928 年突破 15 万份大关，甚至一度突破 20 万份大关，远远超过《申报》发行量，成为当时我国发行量最大的报纸。发行量的激增又促进了报纸广告的发达。广告是报纸的经济命脉，在现代报业经营中占有重要地位。美国《纽约时报》前老板曾说：什么是新闻？“新闻是间隔广告的材料”。汪汉溪是深谙此道的。由于《新闻报》发行量的增加，又促进了广告的增加；广告多了，反过来又推动了发行量的进一步上升，二者互为因果。由于大量刊载广告，《新闻报》赚了大钱。该报创刊时资产仅银 1 600 余两，经过 36 年的经营，到 1929 年福开森出手时，资产总额竟达银 70 万两。

3. 注重完善、更新设备。我国报界使用的印报机，素来采用单张平面机，速度慢，影响出报时间。《新闻报》从 1914 年 7 月 15 日起，采用巴德式二层轮转印报机印刷，每小时可出报7 000份，这是上海地区报纸最早采用轮转机印报。到 1928 年至 1930 年间，该报又先后购置美国司各脱厂产的最新复式印报机两座，使印报时间大大缩短，增强了时效性。

在通信设备方面：1922 年冬，该报添设无线电台，内设当时最新式收报机 4 部，其中两部短波机，专收国外新闻；两部长波机，专收国内新闻。1929 年秋，又开始饲养由欧美引进的良种信鸽好几十只，用来传递新闻。

4. 深具竞争意识。《新闻报》在汪汉溪主持时期，始终以《申报》为竞争对手。除编辑方针坚持不变外，《申报》在内容及版面上一有改进，《新闻报》便紧紧追随，迎头赶上，如：《申报》创刊副刊《自由谈》，《新闻报》也特辟《庄谐丛录》一栏(《庄谐丛录》由张丹翁主编。至1914年8月16日起，改名《快活林》，由严独鹤主编。1931年“九一八”事变后，《快活林》改名《新园林》，仍由严氏主编。严氏前后任《新闻报》副刊编辑达30余年之久)。《申报》创刊《星期增刊》后，《新闻报》也辟《新新闻》(1919年11月2日创刊，每逢星期日发行，1920年冬停刊)。《申报》创刊《常识》专栏后，《新闻报》也辟《新知识》栏（1922年1月14日创刊，每日出版，不久停刊)。除紧紧咬住《申报》不放外，《新闻报》也有先于《申报》的创举。1922年4月15日，《新闻报》创刊《经济新闻》专版；1923年3月15日，又创刊《教育新闻》专版。这两专版都是由《新闻报》首创，而后为《申报》所仿效的。新闻史学专家断言：“经济新闻及教育新闻之辟为专版，皆始于《新闻报》。”（胡道静《新闻史的先遣工作》，载胡道静《新闻史上的新时代》第17页）正是由于“申”、“新”两报的不断竞争，给我国现代报业带来了生机和活力。

除上海地区的《上海新报》、《申报》、《新闻报》外，外国商人、商行及政客还在我国其他城市也办过一些中文报纸，其中比较著名的有《时报》、《顺天时报》、《盛京时报》等。

《时报》于1886年11月6日（光绪十二年十月十一日）创刊于天津，是天津最早的中文报纸，也是中国北方第一张中文日报。由天津海关税务司德国人德璀琳及以贩卖鸦片起家的英商怡和洋行总经理笳臣集资创办。后聘英国著名传教士李提摩太为主笔。该报为日报，每日出版2张8版（星期日无报）；用白报纸双面印刷，报头有日出图像，周围有“在明明德”四个小字。在内容上，《时报》除注重商业新闻外，每日刊载时论一篇，间或选登他报社论，鼓吹中国应实行新政。1890年7月，李提摩太担任《时报》主笔后，还于1890年8月23日至1891年6月27日间另出《直报》(周刊)，专门转载《时报》重要论说及新闻。该报的发刊启事云：

“每六日将《时报》所载之谕旨钞报暨论说新闻，撮其切要者汇订一编，名曰《直报》。”可见，《直报》系一汇编性质的刊物，其目的是为了扩大《时报》影响及以利保存。1895年（光绪二十一年)，广学会出版的李提摩太《时事新论》一书，即集该报政论、时论而成。1891年6月27日，《直报》停刊，《时报》也停刊了。《时报》后身为1895年1月26日（光绪二十一年正月初一日）创刊的《直报》(日报)。该报由德国人汉纳根创办，实际主持编辑的是杨荫庭。报纸的编排、印刷及纸张一如《时报》，但每天只出一大张4版。《直报》创刊之始，即连续发表严复的《论世变之亟》(1895年2月4日至5日)、《原强》(1895年3月4日至9日)、《辟韩》(1895年3月13日至14日)、《原强续篇》(1895年3月29日)、《救亡决论》(1895年5月1日至8日）5篇重要论说。1899年间，曾大量转载张之洞的《劝学篇》。1904年2月被袁世凯查禁。同年6月改为《北洋商报》出版，由杭辛斋任主笔，至8月自行停刊。旋于9月改为《中外实报》出版，直至1917年被查封而停刊。

《顺天时报》于1901年（光绪二十七年）10月创刊于北京，是日本人在中国出版的重要中文报纸，也是外国人在北京出版的第一张日报。该报初名《燕京时报》，创办人中岛真雄，主编龟井陆良，社址在北京正阳门内化石桥。1905年3月，由日本驻华公使馆接办，成为日本外务省在中国的“半官方”言论机关。该报在中国很多重要城市都派有记者和通讯员，收集中国政局内幕和有关军事、政治、经济等方面情报。干涉中国内政，支持亲日派军阀，成为日本帝国主义侵华的重要工具。该报日出对开2张，最高日销量达12 000多份。直出到1930年3月26日的第9284号后停刊。

《盛京时报》于1906年10月18日（光绪三十二年九月初一日）创刊，在奉天（沈阳）出版，“是日俄战争以后，伴随日本得势于中国北方而出现的一种观察我国情势的大报”（见《〈盛京时报〉影印说明》），也是日本人在东北创办的代表性报纸。由《顺天时报》公司所创办，受日本满洲铁路公司津贴。中岛真雄兼任该报总办，主笔菊池真二。日出一大张。1925年改组后，由佐原大武接办，社址在奉天（沈阳）城大东门内龙王庙后。该报内容及倾向一如《顺天时报》，对当时我国内政、外交、经济、军事、文化、教育、社会风情等，特别是对当时中国发生的一系列重大事件，均有详略不等的报道。直至 1944 年 9 月 14 日终刊，前后历时长达 38 年之久。

第三节 外国人在华创办的外文报刊

从鸦片战争前后到 19 世纪末，来华的外国人在创办中文报刊的同时，还创办了大量的外文报刊。外国人在我国创办外文报刊，最初目的在于研究中国语言文字与风土人情，为来华传教者及经商者之向导。其后，外文报刊繁荣滋长，势力渐大，“均转其目光于外交方面”，[60]多成为帝国主义的喉舌，甚至时对中国内政横加干涉，每遇中外交涉，“其所言论，往往抑中而扬外，甚至黑白混淆，是非倒置。”（王韬《上方照轩军门书》）以文字、语种计，外文报刊中，有葡萄牙文、英文、日文、俄文、法文、德文等，而其中大部分为英文。以刊期计，有月刊、周刊、三日刊、日刊，大部分是日刊，总数在 120 种以上。以创刊时间论，数葡萄牙文为最早；以势力论，英国人势力最大，日本次之，美、法、德、俄又次之。以创刊及出版地点论，鸦片战争前，外文报纸最早起源于华南沿海一带，如澳门、广州等地。鸦片战争后，香港割让于英国，随即成为英文报纸的发祥地。其后，随着帝国主义侵略的深入，上海便成为外文（主要是英文）报纸的中心，其次为天津、北京、青岛等地。

以读者论，外文报刊的发行，原系供其本国侨民阅读，然留心外事的我国知识分子、政府高级官员及“买办”商人也多订阅，把外报作为了解西方世界的“窗口”。兹将著名外文报刊（主要是英文报刊），胪列如下。

鸦片战争前出版的外文报刊主要有：

《蜜蜂华报》（A. Abelha Da China），系葡萄牙文周报，于 1822 年 9 月 12 日在澳门创刊。这是在中国境内出版的第一份西文报纸。1824 年元旦改为《澳门人报》（*Gazeta de Macao*），至 1826 年停刊。

《广东纪录报》（*Canton Register*，亦译作《广东纪事报》），英文，于 1827 年（道光七年）11 月 8 日创刊于广州，这是在中国境内出版的第一家英文报刊。该报自 1827 年至 1839 年在广州出版，以后 4 年（1839—1843 年）迁澳门发行。香港割让于英国后，该报于 1843 年迁香港发行，并易名《香港纪录报》（*Hongkong Register*），直出到 1853 年（咸丰三年）停刊。该报的创办人是来自美国费城的伍德（W. W. Wood），初为双周刊，1834 年改为周刊。创刊时，伍氏自任采访、编辑和排字工作，用借来的一具手摇印刷机印刷。第二期起，马礼逊担任撰述员。不久，因财力不足，伍德无法维持，便把该报转给鸦片贩子、怡和洋行经理、英国苏格兰人马地臣（James Matheson，公元 1796—1878 年。又译作"孖地臣"、"马德生"、"马特生"、"央孖地臣"等）。马地臣特聘施赖德（John Slade）为编辑。

《中国丛报》（*The Chinese Repository*，又译作《中国文库报》，旧译作《澳门月报》），是向西方读者介绍中国情况的第一份英文刊物，于 1832 年（道光十二年）5 月在广州创刊，由美国公理会传教士裨治文（E. C. Bridgman，公元 1801—1861 年）创办。裨治文于 1830 年在美国商人奥立芬（广州同孚洋行老板）的帮助下来到广州，是第一个来华的美国新教传教士。当时在广州的传教士只有英国人马礼逊一人，裨治文遂从其学习汉语文。1832 年 5 月，在马礼逊的倡议和奥立芬的资助下，裨治文创办了《中国丛报》，自任总主笔，直至 1847 年。其间，1835 年，美国医生柏克来华后，也曾参与编辑工作。1847 年 5 月后，由美国传教士卫三畏（S. W. William，公元 1812—1884 年）等负责编辑，直到 1851 年 12 月停刊，共出 20 卷 232 期。前后出版近 20 年时间。该刊长期在广州出版，中途于 1839 年因中、英鸦片战争爆发，一度迁澳门出版；1844 年 10 月又迁往香港出版，1845 年 7 月再迁回广州。《中国丛报》主持者创办该刊的目的是为了多方面搜集有关中国的情报。因此，该刊以发表调查、研究文章为主，也刊载新闻。在发表的大量文章中，对中国的自然条件、物产、商业、社会关系、宗教等方面的情况，都有详细的调查与研究。另外，对中国的时事政治及对英交涉，报道颇详。其中刊载的丰富的材料、特别是1832—1843年间刊登的有关材料，对研究鸦片战争史有重要参考价值，为后来中外历史学界所重视。鉴于《中国丛报》对清史研究具有特别重要的意义，为编清史的需要，清史编纂委员会已将英文《中国丛报》整理编辑出版（影印21巨册）（广西师范大学出版社，2008年出版）。

鸦片战争后，以香港、上海等地为中心，外文报刊（特别是英文报刊）又有了很大发展。香港最早的英文报刊是《香港公报》（*HongKong Gazette*）。该刊于1841年5月1日创刊，由小马礼逊主办，版面专门刊登来华贸易的英国商人发出的通告。1842年3月与新创刊的英文《中国之友报》（*The Friend of China*）半周刊合并，出到1906年停刊。

香港地区影响广泛、历史悠久的英文报纸主要有《德臣报》、《孖剌报》、《士蔑西报》、《南华早报》4家。

《德臣报》（*The China Mail*，亦译作《中国邮报》），于1845年2月20日创刊，由英国人、苏格兰出版商肖德锐创办并兼主笔，英商德臣（A. Dixon）任管理人兼助理编辑。从1858年起，德臣为发行人，香港遂以其姓氏称呼为该报中文名字。该报原为周刊，1862年2月1日起，又买下英文《香港晚邮报》及《船期纪录报》后，改为日刊（晚刊）。该报主要刊登港英政府公告、法令等文件及船期、商业行情及广告等。总的倾向是反映英国政府的观点，是一张半官方性质的报纸。辛亥革命时期，对清政府抨击尤烈。至1974年8月17日才最后停刊，前后办了129年半。1864年曾发行中文版《华字日报》，起初由陈霭亭主持，后出至1941年底停刊，为早期香港著名中文报纸。

《孖剌报》（*Daily Press*），于1857年10月1日创刊，由英国人赖德（George M. Ryder）创办。创刊后的第二年，即1858年，由英商孖剌（Yorick Jame Murrow，一译作“莫罗”）任主笔，香港人遂以其姓氏称呼该报。该报是香港出版的第一张英文日报

(早刊)。与《德臣报》一样，都是在中国出版时间最长的外文报纸之一。该报一直出到1941年12月日军进攻香港时，因报社中弹被毁而停刊。这个报纸是一份商业报纸，重视行情物价及商业信息的报道，间也刊登言论及中外新闻，以名商巨贾为读者对象。

《士蔑西报》(*HongKong Telegraph*，一译作《香港电讯报》)，于1881年6月15日创刊，由美国牙医约瑟夫·诺贝尔创办。史密斯（Robert Frazer Smith，香港人译作“士蔑士”）为主笔，香港人因以为报名。从1916年起，该报被英国人组织的“南华早报有限公司”买去，成为《南华早报》的晚刊。出至1950年才停刊。

《南华早报》(*South China Morning Post*，一译作《南清早报》)，于1903年11月7日创刊，由克林汉组织的南华早报有限公司（1903年3月18日成立）创办。以后发展成为香港销量最大、影响最大的英文报纸。该报以普通市民为读者对象，每天一张，售价1角，价格低廉，也是香港第一张大众化英文日报。该报为港英政府的宣传服务，除日军占领香港时期（1941年12月—1945年8月）停刊外，一直办到现在，仍在出版，是香港一家历史悠久的英文大报。

上海出版的外文报刊，不仅数量多，而且文种也不少。其中，1870年12月5日创刊的《上海新闻》，是在中国出版的最早的法文报刊。该刊系周刊，出版3年，发刊182期便停刊了。1890年6月5日创刊的《上海新报》(周刊，至1891年停刊)，是在中国出版最早的日文报刊。1886年创刊的《德文新报》（周刊，至1917年停刊)，是在中国出版最早的德文报刊。

上海的英文报刊中，以《字林西报》(*North China Daily News*)历史最悠久，影响最广泛。该报的前身是《北华捷报》(*North China Herald*)。《北华捷报》于1850年（道光三十年）8月3日创刊，由英国人亨利·奚安门（Henry Shearman，？—1856年）创办，周刊，是英国人在上海通商后创刊的第一种英文周报。后因船舶、航运消息及商业消息日益增多，《北华捷报》股份公司乃于1857年又创办了《每日航运与商业新闻》报（*Daily Shipping and Commercial*)，每天出版，主要刊登广告和船期消息。这张报纸经过8年的发展，至1864年7月1日（清同治三年五月二十八日），正式改名为《字林西报》，变成了大型综合性英文日报。其母报《北华捷报》转而成为《字林西报》的每周增刊。这个报从创刊起，就和英国驻上海的外交机关和上海租界当局有密切关系，是上海租界当局——英租界工部局及公共租界工部局的机关报和喉舌。工部局的官方文件都首先在该报发表，对我国政治影响极大。该报发行至1951年3月31日停刊，先后出版近101年之久，最高发行量达7 817份，是在旧中国出版时间最长、发行最广、最有影响的一家外文报纸。

在我国北方，天津是外文报刊的重要据点。1886年11月6日，北方第一张中文日报《时报》在天津创刊，由天津海关税务司英籍德国人德璀琳（Gustav von Detring）和怡和洋行总经理笳臣集资创办。日出两张8版。同时出版英文的《中国时报》（*Chinese Times*）。英文《中国时报》与中文《时报》同属一家报馆。《中国时报》主笔为英国人亚历山大·密基，他曾任《泰晤士报》撰述和通讯员。1891年3月底，《中国时报》终以销行不广而停刊。

继《中国时报》之后，另一英文报纸《京津泰晤士报》（*Peking And Tientsin Times*），于1894年3月在天津创刊，由英国人贝令汉（William Bellingham）创办和主编。贝令汉是天津印刷公司的主持人，《中国时报》停刊后，该公司便买下这家报纸的财产及设备，创办了《京津泰晤士报》。该报原为周刊，1902年10月1日改为日报。该报和天津英租界当局有密切关系，是天津租界工部局的机关报，也是英帝国主义在我国北方的主要喉舌，势力很大。直至1938年9月，被侵津日军强迫停刊。抗战胜利后一度复刊。

注　　释

①关于《察世俗每月统记传》的刊期、总页码及停刊年代，戈公振《中国报学史》（中国新闻出版社1985年版）第56页作："自嘉庆二十年起，至道光元年止（公元1815—1821年），凡七卷，五百七十四页。"又，该书附录《华文报纸第一种》作："凡七卷，五百二十四页。"又有人认为：哈佛大学

燕京图书馆藏有"道光壬午年二月"（公元1822年2—3月）出版的《察世俗》，由此断定该刊出至1822年2月间停刊，并认为该刊共出541页（见台湾《图书馆馆刊》第1卷第4期，第36~37页载《谈谈蔡武〈察世俗每月统记传〉》。转引自卓南生《新教在马六甲的传教和〈察世俗每月统记传〉的诞生》，载《新闻研究资料》第56辑）。

②见《教士马礼逊传》，载《万国公报》合订本第9册，第5455、5481页。

③出处同上。

④英华书院于嘉庆二十三年八月十日（公元1818年举行奠基礼。其后，1842年依《江宁条约》，香港割让给英国，该院乃迁香港，直至1871年停办。

⑤参阅澳门基督教坟场马礼逊牧师墓志铭；林乐知：《教士马礼逊列传》，载《万国公报》合订本第9册第5455、5481页。

⑥参见郑天挺：《马礼逊父子》，载《历史教学》1954年第2期；又见列岛编：《鸦片战争史论文专集》，三联书店1958年版。

⑦戈公振：《中国报学史》第56页，中国新闻社1985年版。

⑧参阅麦沾恩：《中华最早的布道者梁发》，载《近代史资料》1979年第2期。关于梁发生卒年，笔者曾亲赴广东高明三洲西梁村查访，据《梁氏族谱》记载：梁发又名"公发"（梁发乳名），字济南，号澄江。"敬贤公（梁发父）长子"。生于乾隆五十三年戊申七月二十七日（1788年8月28日），卒于咸丰五年乙卯二月二十六日（1855年4月12日），虚龄68岁。

⑨"湿"字，《海国图志》道光年版作"濕"，光绪年版作"溼"，均"湿"之繁体。

⑩魏源《海国图志》："道光甲辰仲夏古微堂聚珍版"。

⑪方汉奇：《中国近代报刊史》（山西人民出版社1983年版）第13页作："《依泾杂说》（1828—　），中文，澳门。"后出众多新闻史专著及教科书中，都以方说为根据，将《依湿杂说》作《依泾杂说》，并加以生发，如丁淦林主编：《中国新闻事业史》（武汉大学出版社1990年版）第32页；余家宏、宁树藩、叶春华主编：《新闻学基础》（安徽人民出版社1985年版）第247页；谷长岭、俞家庆编：《中国新闻事业史》（中央广播电视大学出版社1987年版）第19页，等等。

⑫方汉奇：《中国近代报刊史》上册第18页，山西人民出版社1983年版。

⑬1862年出版的《中外杂志》是我国近代出现的第一种以"杂志"命名

的期刊。有人认为中文“杂志”一词源于日文，或意译英语 Magazine。其实，日本最早以“杂志”命名的刊物是《西洋杂志》，由柳河春三在 1867 年创办，比《中外杂志》晚 5 年。“杂志”当为汉语固有词，在古代曾用于书名的有宋·周辉的《清波杂志》、清·王念孙的《读书杂志》等。期刊以“杂志”为名，当源于此。

⑭鲁言：《从〈遐迩贯珍〉看 1853 年的香港》，载香港《广角镜月刊》1989 年 5 月号。21 世纪初，中日学者将大英图书馆、伦敦大学亚非研究所所藏《遐迩贯珍》全套杂志整理复制，影印出版。详见内田庆市、松浦章、沈国威编著《遐迩贯珍》（附解题、索引）（上海辞书出版社 2005 年 12 月第 1 版）。

⑮刘家林：《我国近代最早的中文周报——〈中外新闻七日录〉评介》，载《新闻研究资料》总第 50 辑。

⑯史和、姚福申、叶翠娣编：《中国近代报刊名录》（福建人民出版社 1991 年版）第 80 页载《中外新闻七日录》为“16 开本，每期一册”及“1870 年刊至 152 期停刊”，均不确。

⑰见朱传誉：《报人·报史·报学》第 106 页，台北“商务印书馆”1980 年版。

⑱台北华文书局于 1968 年曾将分藏于美国几所图书馆的《教会新报》和《万国公报》全部缩照原版影印出版。《教会新报》精装合订为 6 大册，《万国公报》精装合订为 40 大册，尽管稍有缺页、缺期，但基本完备，可窥全豹了。

⑲见《教会新报》合订本第 1 册第 1 期第 8~9 页。

⑳见《教会新报》合订本第 1 册第 467 页载《新报亦可做圣书在堂宣讲》一文。

㉑见《万国公报》合订本第 4 册第 2662 页《代售〈万国公报〉启》。

㉒见《万国公报》合订本第 2 册第 1316 页载《万国公报告白》（光绪元年 6 月）。

㉓见《万国公报》第 204 期末载：《本馆特别广告　报式改良》，载《万国公报》合订本第 38 册第 23934 页。

㉔赖光临：《中国新闻传播史》第二章第二节第 33 页。

㉕《万国公报》第 157 卷，壬寅正月（1902 年 2 月）出版，载《万国公报》合订本第 33 册第 20767~20768 页。

㉖见《万国公报》1894 年正月号载《广学会第六年纪略》，载《万国公报》合订本第 22 册第 14119 页。

㉗林乐知：《文学兴国策序》，载《万国公报》合订本第 35 册第 22229 页。

㉘方汉奇：《中国近代报刊史》上册第25页，山西人民出版社1983年版。

㉙详见《万国公报》1898年2月号封面背后所刊启事。

㉚见任廷旭：《读中东战纪本末三编谨跋其后》一文，载《万国公报》第136期，1900年5月出版（合订本第31册）。

㉛见“林乐知撰、任廷旭述”《论中华时局》一文，载1902年2月号《万国公报》合订本第33册。

㉜参见梁元生：《林乐知在华事业与〈万国公报〉》，香港中文大学出版社1978年版。

㉝参见姚崧龄：《教会报人林乐知》，载台北《传记文学》第16卷第2期，1970年2月出版。

㉞林乐知：《回国纪略》，载《万国公报》第214期，1906年11月出版，合订本第40册第24811页。

㉟见姚崧龄：《教会报人林乐知》。

㊱林乐知：《总理衙门奏请奖励上海同文馆西学生员一事》，载《教会新报》合订本第1册第43页。

㊲林乐知：《重回华海仍主公报因献刍言》，载1899年3月出版的《万国公报》第122期(《万国公报》合订本第29册，第18387页)。

㊳转引自姚崧龄：《教会报人林乐知》。

㊴林乐知云：“余环游地球者三次，往来于太平洋者十一次矣。”见《万国公报》第214期，载合订本第40册第24811页。

㊵林乐知：《沈觉斋先生自历明证序》，载《万国公报》1879年9月号，见合订本第30册第18747页。

㊶沈毓桂：《辞万国公报主笔启》，载1894年2月出版的《万国公报》月刊第61期，见合订本第22册第14179页。

㊷见《万国公报》月刊第215期所载《褒扬耆儒奏折书后》，见合订本第40册第24981页。

㊸见蔡尔康：《先妣沈太安人行述》，载《万国公报》第92卷，1896年9月出版，见合订本第26册第16338页。

㊹李提摩太：《新学汇编序》，载《万国公报》第114期，1898年7月出版。

㊺见蔡尔康：《送林荣章先生暂归美国序》，载合订本第28册第17473页。

㊻王韬：《书日人〈隔靴论〉后》，载王韬《弢园文录外编》第281页。

㊼胡道静：《上海最早的报纸》，载胡道静《新闻史上的新时代》第10~11页，世界书局1946年版。

㊽壬寅年五月二十三日（1872年6月28日）《申报》第一“页”载《本

馆自叙》云："阅昨日《上海新报》，知其改式减价，与本馆同。"按：当时《申报》趸卖每张6文，零卖每张8文；外埠近者每张10文，远者12文。

㊾参阅胡道静：《上海最早的报纸》、《上海新报的十二年》，载胡道静：《新闻史上的新时代》，世界书局1946年版。沈云龙主编：《近代中国史料丛刊三编》（台北：文海出版社1966年10月—1995年7月出版）第五十九辑第581~590册共10册，基本上将《上海新报》旧版第45号（1862年6月）至新版第836号（1872年12月）全部报纸收齐，弥足珍贵。

㊿见《中西见闻录》1872年11月第17号《印书新机》条。转引自林友兰：《中国报学导论》第14页，台湾学生书局1974年版。

51参阅张静庐：《美查盗窃图书集成案》，载1957年2月5日《文汇报》。

52席子眉生于1840年（清道光三十年），1897年12月13日（光绪二十三年十一月二十日）因中风病故。《申报》初出刊时，席氏年仅30岁出头，就进入《申报》馆当出纳，1889年升为"买办"，直至1897年病故，在《申报》馆供职达26年之久。

53黄协埙，字式权，别号"畹香留梦室主"、"我是个多愁多病身"。籍隶上海而常居南汇。他曾中秀才，以教读为生，后主申报笔政多年，是同、光时期沪上著名文人，也属"洋场才子"一流人物。

54参见庄昌丰：《新闻报被接管一幕》，载香港《新闻天地》周刊第72期，1949年7月2日出版。

55参见《新闻报三十年之事实》，原载《新闻报馆三十年纪念册》1922年版。转引自张静庐辑注：《中国现代出版史料》丁编第26页。

56参见胡道静：《新闻报四十年史（1893—1933年）》，载《报学杂志》半月刊，第1卷第2期，1948年9月16日出版。

57《申报》1947年7月26日（4版）载消息：《新闻报秘书李浩然　遭机车撞伤逝世》。

58凌鸿勋：《福开森事略》，载台北《传记文学》第13卷第3期第19页。又，《福开森博士传略》，载1953年7月6日《大公报》第4张第13版《艺术周刊》第40期"福开森博士藏品赠华纪念特辑"。

59以上参见《申报》1924年12月6日（14版）所载消息《汪汉溪柩明日举殡》；沈云龙《汪汉溪与上海新闻报》，载台北《传记文学》第26卷第5期第43页；汪伯奇辑《汪汉溪先生哀輓录》，载沈云龙主编：《近代中国史料丛刊续编》第十七辑第165册，台北：文海出版社1966年10月—1995年7月出版。

60戈公振：《中国报学史》第68页，中国新闻出版社1985年版。

第二章
近代中国人早期办报活动

第一节　国人办报活动的滥觞

一、林则徐最早组织的译报活动

林则徐在鸦片战争时期组织的翻译外文书报活动，是我国人自办报刊活动的前奏和先声。

林则徐（公元1785—1850年），中国近代进步思想家和著名爱国主义者。福建侯官（今福州市）人，字“元抚”，又字“少穆”、“石麟”，晚号“竢村老人”。他出生于一个贫寒封建知识分子家庭。少年科场顺利，由秀才、举人而成进士（嘉庆年间）；从监察御史、道员、按察使和布政使，逐步升至巡抚、总督的高位，成为清廷的封疆大员。

1838年11月（道光十八年十月十一日），时年54岁的林则徐离湖广总督任，启程进京。12月31日（道光十八年十一月十五日）奉诏驰往广东查办海口事件，受命查禁鸦片。1839年元月8

日（十一月二十三日）离京赴粤；3 月 10 日（道光十九年正月二十五日），林则徐抵广州，就钦差大臣任。①鉴于当时中国“沿海文武员弁不谙夷情，震于英吉利之名，而实不知其来历”，②及“中国政府全不知外国之政事，又不询问考求，故至今中国仍不知西洋”③的状况，林则徐一到广州，就立即进行调查研究，亲自详考禁令，检查海防，并立即着手在其官署中组织了一个专门从事翻译外文书籍报刊的班子，想方设法罗致翻译人才，从事编译工作，以便“时常探访夷情，知其虚实”，“定控制之方”（《林则徐集·奏稿》中册，第 765 页）。

林则徐组织翻译外文报刊的工作，主要集中于 1839 年 3 月中旬到 1840 年 11 月下旬这一段时间。他组织的从外文报刊上译出的资料，相当丰富，数量也很大。开始是“零星译出”，后来为便于查阅和保存，又按时间先后装订成册。仅 1839 年三四月间，林则徐就令人将译稿“抄齐统订数本”。还送了好几本给当时的广东巡抚怡良阅读，甚至进呈道光皇帝御览。当时装订成册的译稿统称曰《澳门新闻纸》，或称《澳门月报》，属参考消息性质，现在尚保存的 6 册，就是其中的一部分。④据考证，《澳门新闻纸》、《澳门月报》的取材，一般是那时在广州、澳门等地发行的外文报刊（以英文报刊为主），主要有以下几种：

1. 英文《广东纪录报》（*Canton Register*，亦译作《澳门杂录》、《澳门纪事报》）。该报于 1827 年 11 月 8 日创刊于广州，1827—1839 年间在广州出版。后迁至澳门、香港出版。起初为双周刊，后改为周刊、半月刊。1853 年停刊。

2. 英文《广州周报》（*Canton Press*，亦译作《广东新闻》、《澳门新闻纸》、《澳门新闻录》）。该报于 1835 年 11 月 12 日创刊于广州，周刊。1839 年 7 月迁澳门，至 1844 年停刊。

3. 英文《中国丛报》（*Chinese Repository*，亦译作《澳门月报》、《中国文库报》，日本人译为《支那丛报》）。该报于 1832 年 5 月创刊于广州，月刊。至 1851 年 12 月停刊。

译稿的内容主要包括西方国家的历史、地理、法制、时事及鸦片的生产、运输、来源等，以供反侵略的外交斗争中制定政策、策略时参考。另外，译稿内容还包括外国的科学技术（侧重军事方面），其目的主要是为了探求西方科学技术，为了改变我国当时军事上的落后状况，同时，也为在引进西方的炮船等军事设备时作参考。

当时参加具体翻译工作的主要有4个人：

袁德辉，小名小德，是个华侨，祖籍四川。曾在马来亚槟榔屿和马六甲受过教育，就学于当地天主教教会学校，学拉丁文，并加入天主教；约在1825年又入马礼逊创办的英华书院学习。他不但英文造诣很深，中文也好，会说一口“官话”，写得一手好字。后由马六甲迁到广州定居。1839年春，受聘为林则徐的译员。

梁进德，系中国近代最早的报人和中国近代新教第一个传教士梁发的儿子。他是林则徐译员中最佳者。当梁进德10岁时，梁发就把他托付给当时刚到广州的美国著名传教士裨治文培养。让他在裨治文处学英语和希伯来语，以便学成后协助修订中译《圣经》，前后时间长达8年之久。1834年，梁进德又随其父到新加坡深造。1839年5月间，被林则徐以优厚待遇罗致进幕府任译员，许多重要的英文原稿的中文译文都出自梁进德之手。

另外两个人：一个是“亚孟”（英文音译，孟姓），年龄较大，其父是中国人，其母孟加拉人。亚孟早年曾在印度塞兰普尔一所教会学校受过英文教育。曾在北京四译馆供职，后随林则徐南下广州。另一个是“亚林”（英文音译，林姓），早年留学美国康涅狄格州的一所教会学校。1839年也被林则徐聘进翻译馆。

到1840年2月间，林则徐由钦差大臣降为两广总督，但翻译外文报刊的工作仍未停顿。1841年2月间，道光皇帝任命奕山为靖逆将军，前往广东对英作战。奕山4月中旬到广州后，即向林则徐征求意见。林根据自己的经验，特向奕山提出了6条作战方案，其中云：

> 其澳门地方华夷杂处，各国夷人所聚，闻见最多，尤须密派精干稳实之人，暗中坐探，则夷情虚实，自可先得。又有夷人刊印之新闻纸，每七日一礼拜后，即行刷出，系将广东事传

至该国，并将该国事传至广东，彼此互相知照，即内地之塘报也。彼本不与华人阅看，而华人不识夷字，亦即不看。近年雇有翻译之人，因而辗转购得新闻纸，密为译出。其中所得夷情，实为不少，制驭准备之方，多由此出。虽近时间有伪讹，然虚实可以印证，不妨兼听并观也。

林则徐勇于探求，敢于放下“天朝大员”的架子，力排那些固步自封、夜郎自大的顽固派的讪笑、攻击和反对，通过翻译外报，更多地了解了西方各方面的情况，大大开阔了视野和知识面，对后代产生了深远影响，具有重大意义。戊戌变法的领导者康有为在保国会的一次演讲辞中推崇说：“暨道光二十年，林文忠始译洋报，为讲求外洋情形之始。”著名史学家范文澜说：“林则徐是清朝开眼看世界的第一人。”近代著名的地主阶级改革派人物魏源、冯桂芬、薛福成、王韬，资产阶级改良派康有为、梁启超等人，都是沿着林则徐开拓的这条了解西方、勇于探索新知的道路前进的，从而一步步地打破了闭关锁国的禁锢局面。

二、太平天国的办报构想

太平天国革命（公元 1851—1864 年）是我国历史上最伟大的一次农民革命。它建立了革命政权，制定了鲜明的反封建纲领，第一次提出了政治、经济、民族、男女平等的主张，从而揭开了旧民主主义革命的序幕。它虽然没有创办新闻事业，但却有过一些新闻主张和新闻思想。这些新闻主张和新闻思想主要见于洪仁玕的《资政新篇》。

洪仁玕（公元 1822—1864 年），广东花县人，是洪秀全的族弟。在太平天国革命酝酿时期，曾与洪秀全同创“拜上帝会”。金田起义时，他未能参加。因清廷缉捕洪氏家族，他于 1852 年逃至香港，前后达 7 年之久。在此期间，他一边教外国传教士汉文，一边留心考察西方资本主义国家的政治、经济和科学技术，接受了资产阶级思想。1859 年（己未九年），洪仁玕辗转来到天京（现南京），被封为干王，并被任命为开朝精忠军师，总理朝纲，同时兼任“文衡总裁”，掌管全国文化、教育事业。这时，他根据在香港时的闻见和感受，结合到天京后所亲见的实况，写下“治国必先立政，而为政必有取资”的《资政新篇》，作为建立“新天、新地、新世界”的方案，上奏天王洪秀全。

洪仁玕的《资政新篇》共分“用人察失类”、“风风类”、“法法类”和“刑刑类”四大类。特别是在“法法类”中，他一方面探究了英、法、美、德、俄等西方国家及日本、暹罗、波斯、埃及、土耳其、马来亚等东方国家的风土人情、各国大势，作为借鉴，另一方面，提出了30多条建议。在这些建议中，除了提出修铁路、办工厂、开矿山、建医院等措施外，还提出了好几项新闻主张和新闻思想：

（一）“设新闻馆”。在《资政新篇》“法法类”中，洪仁玕反复强调：“设新闻馆以收民心公议，及各省郡县货价低昂，事势常变。上览之，得以资治术；士览之，得以识变通；商农览之，得以通有无。昭法律、别善恶、励廉耻、表忠孝，皆借此以行其教也。教行则法著，法著则知恩，于以民相劝戒，才德日生，风俗日厚矣”。又说：“兴邮亭，以通朝廷文书；书信馆以通各色家信，新闻馆以报时事常变、物价低昂，只须实写，勿着一字浮文。倘有沉没书札银信及伪造新闻者，轻则罚、重则罪。邮亭由国而立，余准富民纳饷，禀明而设，或本处刊卖，则每日一篇，远者一礼拜一篇，越省则一月一卷，注明某处某人某月日刊行，该钱若干，以便远近采买。朝廷考察，若未探实者，注明‘有某人来说’、‘未知是否’、‘俟后报明’字样，则不得责之也。”（洪秀全审阅此条后，在旁边加批：“此策是也。”）

洪仁玕认为设置新闻机构，可以报道全国各地的时事政治，物价高低，沟通各地政治、经济情况，了解其变化和发展，从而使“上览之，得以资治术；士览之，得以识变通；商农览之，得以通有无。”洪仁玕又揭示了新闻纸的社会舆论作用和教育作用，认为报纸可以“昭法律、别善恶、励廉耻、表忠孝”。同时，还提到新闻的最重要的原则，即新闻的真实性，强调“只须实写，勿着一字浮文”。禁止提供虚假的信息。对伪造新闻者，绳之以法，“轻则罚，重则罪”。但对某些新闻，倘限于条件而“探未实者”，只要注明“有某人说”、“未知是否”、“俟后报明”等字样，则不必过于追究，旨在说明这些消息是仅供参考的。

（二）“兴新闻官”。《资政新篇》又说：“兴各省新闻官，其官有职无权，性品诚实不阿者。官职不受众官节制，亦不节制众官，即赏罚亦不准众官褒贬。专收十八省及万方新闻篇有招牌图记者，以资圣鉴，则奸者股慄存诚，忠者清心可表，于是一念之善，一念之恶，难逃人心公议矣。人岂有不善，世岂有不平哉。”（洪秀全在审阅此条时，在旁加批曰：“此策现不可行，恐招妖魔乘机反间，俟杀绝残妖后行未迟也。”）

这里，洪仁玕特别强调新闻官的道德品质是“诚实不阿”；新闻官的特殊职权是专门收集全国各地及世界各国的报纸，“以资圣鉴”；新闻官具有相对独立性，“不受众官节制，亦不节制众官”，众官也无权对新闻官“褒贬赏罚”。这样就保证了言路的畅通。这种新闻机构，不仅具有一般意义上的宣传、舆论机关的职能，而且包含西方资本主义制度中、独立于行政体制之外的监察机构的某些属性。

（三）“准卖新闻篇”。《资政新篇》还说：“要自大至小，由上而下，权归于一，内外适均而敷于众也。又由众下而达于上位，则上下情通，中无雍塞弄弊者，莫善于准卖新闻篇或暗柜也。”（洪秀全在此条旁加批曰：“钦定，此策杀绝妖魔行未迟也”。）

“新闻篇”即报纸，“暗柜”是指收集检举信之类的意见箱。洪仁玕针对太平天国后期严重的分裂局面和“人心改变，政事不一，各有一心”的政治离心状态，提出要加强中央政府的领导权。要达到“权归于一”，就必须使中央政府制定的方针、政策和法令得以贯彻，而“准卖新闻篇”就可防止上情不能下达、中间“雍塞弄弊”情况的发生。下情也可通过“新闻篇”而“达于上位”。这样，就能“上下情通”。“倘至兵强国富，俗厚风淳之日，又有朝发夕至之火船火车，又有新闻篇以泄奸谋，纵有一切诡弊，难逃太阳之照矣。”⑤

可惜，这些美好的构想都未能实现。

1864年6月1日，洪秀全故去。7月19日，天京（南京）被攻陷。11月23日，洪仁玕在南昌被清廷处以凌迟极刑，英勇就义。他在《资政新篇》中所提出的一系列革命主张，也随着太平天国的悲壮失败而付诸东流。

第二节　国人自办的最早一批近代化报纸

由于外报的刺激和影响，从19世纪50年代起，至80年代，先是在香港，尔后是在广州、上海、汉口等地，出现了中国人自己主持、创办的最早一批近代化报纸，它们是中国资产阶级报刊的萌芽。

一、香港——中国近代报业的发祥地

从19世纪50年代到70年代，香港地区产生了我国人自办的最早一批近代报刊，后来发展成为我国近代报业的最早基地。

香港位于南海之滨、珠江口东侧，主要由香港岛、九龙半岛、新界三大部分组成。总面积1 068平方公里，现人口近600万。

香港岛以前是我国南中国海边陲一个荒凉孤岛，东西长18公里，南北宽3~8公里不等，面积大约73平方公里。香港在道光年（公元1821年）间，只有铺户10来间，居民70余户，以农、渔业为生，人口约2 000多。香港岛原属广东省东莞县，清代改属新安县（后改称宝安县），归九龙司管辖。自18世纪以来，外国船只往来中国广东及沿海的交通，都以香港为必经之地。它是一个避风汲水的良港，气候温和，交通便利。

中、英第一次鸦片战争（公元1840—1842年）中，英国侵略军根据未被中国政府正式承认的《穿鼻条约》，于1841年1月26日（清道光二十一年正月初四日）悍然占领香港岛。到1842年8月29日（道光二十二年七月二十四日），清政府与英国签订了中国近代第一个不平等条约——《中英江宁条约》（即《南京条约》）。该条约共13款，其中一个重要内容是把香港岛割让给英国。在中国历史上，割让土地给外国人，这是第一次。1843年6

月 26 日（道光二十三年五月二十九日），中、英两国政府代表在香港换文，正式把香港割让给英国，使英国侵占香港取得了法律上的根据。

第二次鸦片战争（公元 1856—1860 年）结束后，1860 年 10 月，英国人又根据中、英《北京条约》（共 9 款），占领香港岛对面的九龙尖沙嘴及九龙司地方一区，面积仅 4 平方英里。

1898 年，英国见法国租借了广州湾，又要求中国政府将已割于英之九龙司扩充界址。1898 年 6 月 9 日（光绪二十四年四月二十一日），英国与中国订立《中英展拓香港界址专条》，进一步拓展香港地界。拓展的地界叫九龙“新界”，比原来面积扩大了差不多 100 倍。租借期为 99 年，从 1898 年算起。

在半个多世纪里，英国千方百计利用 3 个不平等条约强占了香港。

香港之所以会成为近代国人自己经营报纸的发祥地，主要有如下几个重要原因：

一是商业繁荣，经济发达。英帝国主义占领香港后，便从各方面推行其殖民政策，掠夺香港财富，设关征税，拼命搜刮，又继续进行鸦片贸易。各国的投机商人，也趋之若鹜，如蚁附膻，使香港经济畸形繁荣，逐渐形成了远东商业中心。同时，香港的繁荣也是香港华人在殖民主义的压迫下，付出无数艰辛劳动的成果。到 1865 年，香港人口已达 125 500 余人。割让以来的 22 年间，人口增长达 60 多倍。经济发达、商业繁荣、航运事业也发达，这就为早期报业的发展、繁荣提供了物质基础。

二是其具有特殊地位。由于香港是英国殖民地，清政府禁锢、压制言论自由、出版自由的法律，不能达于此地；封建专制的残暴统治也鞭长莫及，其魔爪也不能伸入此地。再加上香港在资本主义制度下，相对内地而言，有一定的办报自由及言论出版自由，这就为早期报业的发展提供了一个较为适宜的环境。

三是当时的香港聚集着我国最早一批买办文人及先进知识分子。从 1840 年起，在外国资本主义势力的入侵下，中国首先产生了买办资产阶级。香港是外国资本主义势力入侵的最早基地，买办文人及先进知识分子由于同他们有千丝万缕的联系，也纷纷麇集于香港。这就为早期报业的发展提供了人才上的准备。这些买办知识分子，或接受西方教育，或与外国人相接近，受西方现代文明的熏染和影响较早，其眼光及思想境界都比较开阔。在这些人中，产生了我国近代报业最早的一批开拓者。

由于以上原因，才使香港这一弹丸之地的小岛，后来竟成为我国近代早期中文报业的中心。

香港早期著名报纸有《中外新报》、《华字日报》、《循环日报》。

【黄胜、伍廷芳与《中外新报》】　中国人自办的报纸，最早要推香港的《中外新报》。

《中外新报》的前身是《香港船头货价纸》，于1857年11月3日创刊，由孖剌报馆印刷。⑥该报形式上的最大特征有两点：一是采取现代报纸小型版（高41公分，宽28公分）的形式出版，每份只出一张。首次打破了《察世俗每月统记传》以来我国早期报刊书册式的形式。二是两面印刷。它是我国最早采用两面印刷的中文报纸，3年后的1861年创刊的《上海新报》也采用两面印刷的方式。《香港船头货价纸》系周三刊，隔日出版一张，每逢星期二、四、六发行。内容主要是报道船期、货价、广告等商业信息。从版面上看，共分两版：一版右上是“新文（闻）纸馆”的告白，然后是二三条新闻，余为各种“广告”、“通告”、“香港鸦片行情”之类；二版右上主要是“商船往来”信息，余仍为“广告”、“告示”等。两版合计，共载4号活字4 000多个。其中，大部分是广告，新闻报道仅有三四百字，可说是中国最早的经济信息报纸。该报以香港各商店为读者对象，采用送报上门的方式发行。订价“每月收回银一大圆”。广告费按字数论价，“五十个字以下，收银一圆。倘五十字以上，每字收银一个先士。如欲再落（登）者，每个礼拜照前一半算。”这可算是中文报纸上最早的“广告刊例”了。

大约在1865年初，《香港船头货价纸》改名为《中外新报》。版面为4开一张，共分4版。仍为周三刊，每周二、四、六发行

“新闻纸”一张。另外，每周一、三、五还发行“行情纸”一张。到了1873年，《中外新报》发展成为日刊报纸，仍是4开一张，约容纳4号字15 000字。每天用$\frac{1}{3}$的版面转载《京报》内容和译自外报的新闻，同时还登载“本港新闻”和“羊城新闻”。其余版面均为商业信息和广告。后来，该报出至1919年才最后停刊。

以前一般新闻史家都认为：《中外新报》是英文《孖剌报》的中文版，《孖剌报》创刊于1857年10月1日，它创刊不久就发行中文报纸了。其实，《中外新报》“名为《孖剌报》所有，实为华人单独主持，所有一切营业权利，皆属华人，而《孖剌报》只每年享有若干权力，以为报酬而已”。⑦

主持《中外新报》编务的是黄胜和伍廷芳。据有人考证：黄胜为首任主编，伍廷芳曾襄助其事，并担任翻译。⑧

黄胜（公元1825—1902年），一名达权，号平甫，是我国近代早期报业的先驱，也是洋务运动中的重要人物。他出生于1825年（清道光五年），是广东香山县人，家住澳门附近。1840年（道光二十年）底入澳门马礼逊学堂读书。⑨1842年（道光二十二年），香港正式割让予英国，马礼逊学堂于此时迁移到香港，黄胜也随全校、包括他本人在内的11名同学一起迁到香港。读到1847年，在香港外报及外国商行的资助下，黄胜同容闳、黄宽等三人，于1847年1月4日（道光二十六年十一月十八日）随同回美度假的布朗校长一家，从香港坐船赴美留学。这是我国近代最早一批赴美留学的学生。

经过3个多月的海上颠簸，他们一行于4月12日到达美国纽约。不久，容闳、黄胜、黄宽三人同到马萨诸塞州的芒松学校读书。黄胜在该校学习一年后，因用脑过度而生病，不得不于1848年秋间先自辍学，告别容闳与黄宽，回到香港。由于香港《德臣西报》主笔、英国人肖德锐（Andrew Shortrede）曾是他们赴美留学的资助人之一，所以，黄胜一回到香港便先到《德臣西报》学习印刷技术，并借以熟悉报纸经营业务。以后，黄胜又受聘主持伦敦布道会设在香港英华书院内教会印刷所的工作。由于黄胜热爱出版、印刷事业，当时香港法院欲以每月120元的高薪聘他为译员，他都不为所动，而甘愿担任每月才30元工薪的印刷所工作。在此期间，他与英华书院院长、著名汉学家理雅各关系至密。理雅各所翻译的英文《四书》等中国古代经籍及教会的《圣经》等，都由黄胜主持出版印刷。1861年（咸丰十一年），英译《四书》开始出版问世，理雅各特向黄胜致意：

"译者谨向其好友、教会印刷所主管黄胜君衷诚致谢，惟君之精通英语，始能称校核之职也。"⑩

《中外新报》（《香港船头货价纸》）创刊后，黄胜是最早的主编，负责报纸的编辑和经营管理。关于《中外新报》的主编，过去新闻史学界一向认为是伍廷芳，但伍氏当时年仅十五六岁，正在香港圣保罗书院读书，不可能担任主编工作，而黄胜时年34岁，已具丰富的出版印刷经验，且在报馆工作多年。他担任该报主编比较符合实际情况。

1863年（同治二年），黄胜与从上海流亡到香港、协助理雅各译书的王韬相识，从此结下深厚友谊。第二年三四月间，当时的江苏巡抚李鸿章和江南制造局总办丁日昌同时函召黄胜前往上海襄理洋务。黄胜因事未能成行，但他却请王韬代笔，多次写信给李鸿章、丁日昌两人，为他们的洋务活动出谋划策。上海"广方言馆"成立后，受李鸿章、丁日昌函邀，同治三年（公元1864年）八月起，黄胜到沪担任广方言馆的英文教司，直到同治六年（公元1867年）初才告退回港。1870年春，王韬从欧洲游历两年多后回到香港。黄胜在丁日昌频频函招襄助洋务的情况下，多次荐王以自代。王韬之受知于洋务派，特别是丁日昌，与黄胜的举荐是有很大关系的。

同治十年（公元1871年），英华书院及教会印刷所因故停办，其中的大部分印刷器材则由黄胜、王韬等集资承购。他们在香港设立了一所"中华印务总局"，于同治十二年（公元1873年）开业，用活字版排印中、英文图书，其中包括王韬的《普法战纪》，湛约翰的《英粤字典》，邝其照的《华英字典》等，兼出售各号铅字，并筹划编印日报。1873年5月间，黄胜因办理洋务而再度赴美，因此之故，未及参与翌年中华印务总局改组为《循环日报》的活动。

从1873年至1878年间，黄胜曾三度赴美，担任外交翻译职务，大约在1881年底、1882年初回到香港。从此脱离洋务运动。光绪九年（公元1883年）十二月加入英国籍，后曾担任香港立法局议员多年，在香港社会中有很高地位和声望，直至1902年8月5日（光绪二十八年七月二日）逝世，终年78岁。⑪

伍廷芳（公元1842—1922年），字秩庸，号文爵，别署观渡庐。祖籍广东新会。1842年7月9日出生于新加坡。4岁时，才随父回广东，居广州附近之芳村。14岁时，始随亲戚陈霭亭到香港读书，就读于圣公会所设的圣保罗书院，6年后毕业。后曾担任法院翻译多年。1874年，以10多年任职之积蓄，远赴英伦，肄业于林肯法律学院。越3年，考取大律师证书，即回香港执业。以后，曾任香港高等审判厅翻译、律师、法官，清廷驻美国、西班牙、秘鲁等国公使。辛亥革命后，以孙中山为首的南京临时政府成立时，伍氏任司法总长。袁世凯死后、黎元洪任总统时，伍氏出任外交总长。1917年，孙中山在广州成立护法军政府，伍氏又任外交部长，此后一直追随孙中山。1922年，陈炯明发动观音山事变，伍氏忧愤致病，于6月23日逝世。

早在香港圣保罗书院读书时期，伍廷芳就协助黄胜编辑《中外新报》，担任翻译工作。孙中山先生在《伍廷芳墓表》中曾特载此事云："（伍廷芳）复以暇晷，与友人创办《中外新报》，吾国之有日报自此始。"1864年，陈霭亭创办《华字日报》时，也曾得到伍廷芳的积极协助。可见，伍氏也是中国近代早期报业的开拓者之一。

【陈霭亭与《香港华字日报》】　《香港华字日报》于1872年4月17日创刊，由陈霭亭创办、英文《德臣报》馆出版发行。⑫该报的前身是英文《德臣报》的中文版——《中外新闻七日报》。《中外新闻七日报》创刊于1871年3月11日，至1872年4月6日停刊，旋出《华字日报》。《华字日报》由陈霭亭创办，首任主编也由他担任，伍廷芳曾协助发行工作。以后，黄胜、王韬、潘兰史、赖文山、林子虬等先后担任主笔。

关于该报宗旨，以及陈霭亭创办该报的动机，陈霭亭之侄陈止澜曾撰《〈华字日报〉创办以来》一文云："(《华字日报》) 盖先伯霭亭公所创造者也。霭亭公服务外交，曾迭充驻美使馆参赞及古巴总领事等职；而当创造本报之时，正为德臣译著之事。外观于世界潮流，内察乎国民程度，知非自强不足以自保，非开通民智无以图强；其时港粤报纸，正在萌芽，寥寥无几，霭亭公乃决意创办本报，期以世界知识，灌输于国人，以国内政俗，报告于侨胞，使民智日开，而奋其爱国之念，此其办报之惟一宗旨也。"（载《华字日报七十一周年纪念特刊》，1934 年）戈公振也云："陈氏邃于国学，因鉴香港割让于英以后，华人以得为买办通事为荣，不特西学仅得皮毛，且将祖国文化视若陈腐，思借报纸以开通民智，乃辗转向教会西人，购得旧铅字一副，编辑陈氏自任之，印刷发行由《德臣报》任之。"（见《中国报学史》第 63 页）

陈霭亭（亦作"霭廷"），名言，是中国近代早期"西学巨擘"（王韬语）。广东新会人。早年曾肄业于香港圣保罗书院，离校后在"裁判处"任"通事"（翻译）。1871 年入英文《德臣报》馆任副主笔，并主持《中外新闻七日报》的编辑工作。1872 年 4 月间创刊《华字日报》。1878 年出任清廷驻美使馆参赞，旋任古巴总领事。此后，《华字日报》交由其子陈斗垣继续经营。"十年后，他（陈霭亭——引者注）不习惯官场繁文缛节，辞官归里。先后出任开平矿务公司董事、总办，沪宁铁路总办"。[13]1905 年逝世。

陈斗垣接办《华字日报》几年后，又曾出任路、矿等实业职务，报事遂委托别人经营。直到 1919 年后，陈斗垣才从上海回到香港，复亲自经理报事（陈止澜：《〈华字日报〉创办以来》）。

陈斗垣逝世后，《华字日报》由其堂弟陈止澜继续经营。

《华字日报》的版式和内容与《中外新报》大致相同，也是 4 开 4 版一张，以报道船期、货价、行情等商业信息为主。《华字日报七十一周年纪念特刊》（1934 年）曾收录了一份由陈止澜收藏、1873 年 6 月 4 日（同治十二年五月十日）出版的《华字日报》，一共 4"页"（版），具体内容如下：

第一“页”（版）：全版登载香港当时商品及行情消息。

第二“页”：主要登“告白”，并有香港、黄浦、澳门等处船只载货开往各埠的航运消息。

第三“页”：登新闻，分为“中外新闻”、“羊城新闻”和“京报选录”三大类。

第四“页”：全版为广告，总计19则。

《中外新报》和《华字日报》等香港报纸对我国近代早期报业的影响是很大的。例如《申报》最早就是仿照、借鉴《中外新报》、《华字日报》等香港报纸创办起来的。早在1871年《申报》筹办的时候，美查就延聘钱徵（即钱昕伯，吴兴人，著名报人王韬的大女婿）前往香港考察报业，以资仿效。1872年4月30日（壬申三月二十三日）出版的《申报》创刊号，首载《本馆告白》中就云：“新闻纸之制，创自西人，传于中土。向见香港唐字新闻，体例甚善，今仿其意，设申报于上洋。”这里所说的“香港唐字新闻”，就是指《中外新报》、《华字日报》等中文报纸。申报馆主人对两报主笔更是推崇备至，1872年5月8日（壬申四月初二日）《申报》“第六号”特载《本馆自述》云：“其主笔为黄平甫先生及王君紫铨（王韬）。飞毫濡墨，挥洒淋漓；据案伸笺，风流蕴藉。盖二君留心世事，博通中外之典章；肆力陈编，宏备古今之渊鉴。政刑措置，尽托闲谈；朝野见闻，总归直笔。不第供夫乾膜、志夫虞初而已也。”

《华字日报》以后逐渐发展成为香港著名商业大报之一，直至1941年12月25日日军占领香港时，才被迫停刊。前后达77年之久。

【王韬与《循环日报》】 在香港早期中文报刊中，最为著名的是1874年2月4日（同治十二年十二月十八日）创刊的《循环日报》。

《循环日报》是中国近代最早的政论报纸，由黄胜、王韬等集资创办的“中华印务总局”出版，王韬“总司厥事”（见王韬《弢园老民自传》）。该报初创时，日出4开两张：一张用机制白报纸印刷，以登载新闻和评论为主，间刊短小文艺作品；一张用土纸印刷，专刊船期和商业行情。新闻版又分“京报选录”、“羊城新闻”、“中外新闻”三栏，形式一如《华字日报》。创刊第二年，一度增出月报，选择当月日报上的重要新闻和评论，汇为一册出版，单独发行，“嗣因销数不多，未期年而罢”（戈公振：《中国报学史》第四章第一节）。

关于《循环日报》得名由来，戈公振《中国报学史》认为：“‘循环’云者，意谓革命（指太平天国革命——引者注）虽败，而借是报以传播其种子，可以循环不已也。”（《中国报学史》第四章第一节）这恐怕是对王韬思想境界的一种拔高。以后有许多学者沿用此说，如章丹枫著《近百年来中国报纸之发展及其趋势》（第10页）、曾虚白主编《中国新闻史》等。实际上，王韬本人曾多次在文章中谈到“循环”二字，如在《强弱论》一文中说：“或谓有国家者，弱即强之机，强即弱之渐，此乃循环之道然也。顾有弱可强而有强反弱者，此其理则人未之知也。老、庄之旨，柔可以克刚，退可以为进，惟能善用其弱，而弱即可为强矣。”（见《弢园文录外编》第203页）在《地球图跋》中说：“综观地球诸国而观之，虽有今昔盛衰大小之不同，而循环之理，若合符节。”（见弢园文录外编》第279页）在《跋上海字林西报后》中又说：“西人动以私心揣测，每恃己之长，笑人之短，抑知天道循环，其长之未足终恃乎！”（同上，第290页）从以上诸例可以看出，王韬认为天道循环，国家亦然，“弱即强之机，强即弱之渐”，“惟能善用其弱，而弱即可为强”。他相信只要中国走变法自强的道路，就能达到“循环”之道，实现由弱变强的转变，而西人“恃己之长，笑人之短”，最终也要受“循环”之道的支配——“由强反弱”。王韬的这种思想，充满了朴素的辩证法。

《循环日报》从1874年创刊，到1884年的10年间，都由王韬主编，洪干甫从旁协助。在此期间，该报曾发表大量以评论时政、宣传变法自强、鼓吹发展近代民族工业等为内容的政论文章，在当时影响极大。所刊文章常被内地报刊转载。后期由何冰甫、何雅选任总编辑。1941年日军侵占香港后停刊。抗战胜利后又恢复出版，到1947年最后停刊。该报历史悠久，前后达73年，但其影响最大的是最初王韬主持的那一段时期，即1874年到1884年的10年。

王韬（公元1828—1897年），本名利宾，又名瀚，字懒今；1862年以后改名韬，字仲弢，一字子潜，又字紫诠，自号“天南遁叟”；50岁以后，又曰“弢园老民”。他是我国19世纪70年代著名的报刊政论家，也是我国最早提倡向西方学习，实行变法自强的先进分子之一。他的一生可分为4个时期：

一是青少年时期（1828—1847年），前后近20年，主要是在家乡度过。王韬于“道光八年（公元1828年）十月四日”（见王韬《弢园老民自传》）出生于苏州城东南50多里的甪直镇（甪直在唐代名甫里村，是唐代诗人陆龟蒙的故里）。王韬的父亲是一位乡村塾师，家境清贫。王韬青少年时期受的是传统儒家教育，对群经诸史都很熟悉，从小就打下了比较坚实的旧学根基。1845年，王韬17岁，以第一名考中秀才。道光二十六年（公元1846年）秋七月，“以应闱试至金陵（南京）”（王韬：《漫游随录》），开始过着“醇酒妇人”的生活，所以未考中举人。以后再试不中，遂绝意科举。

二是上海时期（1848—1862年），前后共14年时间。道光二十七年（公元1847年），王韬的父亲改到上海教书。王韬于翌年正月到上海“省亲”，时年21岁。从此，他开始进入一个新的世界。1849年，他受聘到墨海书馆协助传教士编译中外文书籍，与麦都思、艾约瑟等著名外国传教士共事达13年之久。在墨海书馆工作期间，王韬广泛接触和研究西方社会科学、自然科学知识，受益良多。太平天国革命爆发后，他曾多次上书清政府当道，进献“平贼”方略。到1862年初（咸丰十一年冬末），他在回家乡探望母病时，为保全身家财产计，又转而化名“黄畹”向太平天国苏州当局上书，建议太平军力争长江上游，因曾国藩之踞安庆，“乃真心腹大患”，而对上海则应停攻或缓攻，故“不宜轻失外援以启边衅”。这就是近代史上有名的《黄畹上逢天义刘肇钧禀》（或叫《上苏福省民务逢天义刘肇钧书》、《上逢天义刘大人禀》等名目，现编入“中国近代史资料丛刊”《太平天国》第二册）。不久，由于太平军军事失利，营垒被攻破，此信便落到清军手中。这样，王韬便因“通贼”的罪名而遭清廷通缉。由于上海无法存身，在传教士的庇护下，于 1862 年 10 月间仓促逃往香港。

三是香港时期（1862—1884 年），前后共计 23 年。1862 年，34 岁的王韬作为“逋逃客”逃到香港后，又受聘理雅各主持的“英华书院”，帮其将中国的“四书”、“五经”翻译成英文。1867 年冬到 1870 年间的两年多时间里，他又应理雅各之邀，到英国协助理雅各翻译中国经典的工作，得以游历英、法、俄等国。这次游历，使王韬眼界大开，对西方文明有了更深切的亲身体验。1870 年春，王韬回到香港；两年后，写出著名的《普法战纪》一书。同时，为《华字日报》撰稿。1873 年，理雅各回英国主持牛津大学汉学讲座。王韬便和黄胜等将英华书院印刷设备买下，组成“中华印务总局”。1874 年，他便在香港创办了《循环日报》，并任主笔。从 1874 年起，至 1884 年离开香港，王韬在《循环日报》前后任职近 11 年。在此期间，王韬在报上发表了大量鼓吹变法自强的政论文章，如《变法》、《重民》、《洋务》、《变法自强》等，同时，与洋务派官僚丁日昌等交往，向他们宣传向西方学习、变法自强的主张，一时声名大振。这一时期是王韬一生中最有声光的时期。他在报上写的政论文章一般不署名，只有少数文章署名，后有部分政论文章收辑在《弢园文录外编》一书中。该书是我国第一本报刊政论文集。⑭由于王韬在《循环日报》上发表的极有见地的政论文章和《普法战纪》一书在日本影响极大，1879 年春，年过半百的王韬又被日本学界邀请去日本访问，前后计 4 个多月。

四是晚年时期（1884—1897 年），共 13 年时间。这一时期，王韬从香港回到上海，在沪西筑弢园，著书自娱。1897 年（光绪十三年）5 月病逝，时年 69 岁。王韬逝世后的第二年，即发生了近代史上有名的“戊戌变法”运动。他虽然没有直接参与这次运动，但他的思想对康、梁是有很大影响的，可说是改良派的先驱。

王韬及其所办的《循环日报》，对我国近代资产阶级报业的发展作出了卓越的贡献，这主要表现在以下几个方面：

（一）他首开我国政论报纸的先河。我国古代报纸以传抄上谕、奏折为主要内容，而近代早期报纸又以刊载经济信息、商业行情为主。《循环日报》却以政论为核心和灵魂。在他的政论中，突出强调一个“变”字，主张“取士之法宜变”、“练兵之法宜变”、“学校之虚文宜变”、“律例之繁文宜变”。总之，要想转弱为强，别无他法，只有“一变而已矣”！怎么“变”呢？他的主张是向西方学习，开发煤、铁矿藏，办纱厂等，发展有利于国计民生的近代工业；改变“重农抑商”的传统，撤销关卡，鼓励、扶持民族工商业的发展；富国强兵，等等。他的这些思想，对以后资产阶级改良派影响极大。王韬以一介文人，怀着强烈的责任感和使命感，“借日报立言”，鼓吹“强中以攘外，诹远以师长”（《弢园尺牍·上潘伟如中丞》），大声疾呼“变法图强”，为以后“文人办报”、“文人论政”的传统奠定了基础。

（二）开创了新的报章文体。清末，我国文坛被刻板空疏、不切实际的“桐城派”文风所禁锢。王韬认为：“时势不同，文章亦因之而变”，“时文不废，天下不治”。因此，他反对“泥古”不化，反对“刻意模仿”，反对陈腐的八股调和形式主义。他主张文章以“达意”为主，声称：“文章所贵，在乎纪事述情，自抒胸臆，俾人人知其命意之所在，而一如我怀之所欲吐，斯即佳文。至其工拙，抑末也。鄙人作文窃秉斯旨。”而自称对所谓“古文辞之门径，则茫然未有所知，敢谢不敏”（《弢园文录外编·自序》，1883年）。王韬的政论文章，内容充实，言之有物，眼光犀利，境界开阔，语言也通俗易懂，雄辩而富有充沛的感情。他的文章既继承了古代杰出政论家的优点，又有自己独特的风格，初步形成了报章文体；对冲击旧文体的桎梏和促进散文的改革，起了很大作用。

（三）对我国早期新闻学的发展作出了贡献。王韬是我国近代用专文表达报学思想的第一人。除散见于其他文章中的零星“报论”不算，王韬有关报刊思想的专门文章有3篇：一篇是《论日报渐行于中土》（原见于1876年《循环日报》，转见于《弢园文录外编》），一篇是《论各省会城宜设新报馆》（见1878年2月19日《申报》第4“页”转载的《循环日报》“论说”），第3篇是《论中国自设西文日报之利》（见郭步陶《编辑与评论》一书，第131页。商务印书馆1933年版）。这3篇文章写于1874年至1884

年之间，是中国人写的最早一批研究新闻学的文章。

在《论日报渐行于中土》一文中，王韬考察了早期报纸发展的历史情况后，认为“主笔”是一报的灵魂和核心，必须“慎加遴选”，“西国之为日报主笔者，必精其选，非绝伦超群者，不得预其列。”

在《论各省会城宜设新报馆》一文中，王韬要求清廷放宽言禁，允许在各省会创办报纸，并认为报纸“所益者有三”：“一曰知地方机宜”，“二曰知讼狱之曲直”，“三曰辅教化之不及”。以后在其他文章中，王韬又对报纸职能、作用有所论述，概括为：(一)“民隐得以上达”，(二)“君惠得以下逮”，(三)“达内事于外”，(四)“通外情于内”。

在《论中国自设西文日报之利》一文中，王韬最早提出中国人不仅要广泛地创办中文报纸，而且还要自办外文报纸，以发挥其对外宣传的作用，以防止外报在中外交涉上颠倒是非，混淆黑白。

二、国人在内地创办的最早一批近代中文报纸

我国内地，从19世纪70年代起，至80年代末，在南方一些大、中城市先后出现由国人自办的报纸。这些大中城市主要包括汉口、上海、广州等。国人自办的最早的近代化报纸是1872年在广州创刊的《羊城采新实录》，具体情况失载。其次是1873年在汉口创办的《昭文新报》。另外还有1874年在上海创办的《汇报》、1884年在广州创办的《述报》和1886年在广州创办的《广报》等。

【艾小梅与《昭文新报》】　在《羊城采新实录》失载的情况下，国人在内地最早创办的报纸只能首推《昭文新报》了。故戈公振《中国报学史》断言：“我国人自办之日报，开其先路者，实为《昭文新报》。”（见《中国报学史》第99页）

《昭文新报》于1873年8月8日（清同治十二年闰六月十六日）创刊于汉口，主办人艾小梅。该报是仿照香港、上海报纸办起来的。起初每日出版，后改为5日一期。刊载的内容中，以“奇闻轶事居多，间有诗词杂作”。《昭文新报》刚一出版，上海

《申报》便在1873年8月13日出版的第397号第二“页”（版）上刊载一则消息，予以热情推介，全文如下：

汉口创设昭文新报馆

汉镇创设昭文新报馆，盖亦仿香港、上海之式而作者也。今承该馆邮致十六日报，得窥厓略，兼识例言，读之不胜雀跃。查新报之设，创于泰西，所以使下情能达，时事周知也。倘能于各行省及大都会之处，遍设此馆，则南北不至有风尚之殊，山泽不至有情事之隔，将来汇而存之，可以作野史，可以备輶轩矣，岂不美哉。吾尤望汉皋诸君子洒墨挥毫，无第勤于始事也。因记之以志欣幸云。

《昭文新报》创刊后，不到两个月，由于“人情未习，取阅者不能坌集”，销路打不开，只好改日刊为5日刊，且装订成书册型，改用白鹿纸印刷。为此，《申报》又于1873年10月2日第440号第二“页”（版）登载《记汉口新报改章事》消息一则，全文云：

汉皋艾君小梅，开设《昭文新报》馆，其始每日发印，遍售各埠。然汉皋向无此举，今骤仿行，未免人情未习，取阅者不能坌集。后遂改为五日一期，装订成书，改用白鹿纸，墨色亦较腴润。其所采录，则奇闻轶事居多，间有诗词杂作。与本馆新报亦属相辅而行，为博览者所不废。惟事艰于创始，众骇于翻新。倘能不阻于人言，不惑于世道，则鹤楼鹉州（洲）间自可构野史之亭、补輶轩之录矣，何至功败已成哉。予企望之。

此后，《昭文新报》不到一年就停刊了。

【容闳与《汇报》】 《汇报》于1874年6月16日（同治十三年五月初三日）创刊于上海，由容闳筹备创办。1872年，容闳被清廷委派为留美学生事务所副监督。次年短期回国期间，便集股筹办了这张报纸。旋又奉命赴美转往秘鲁调查华工实况。因此，《汇报》正式发行后，容闳就未能参与具体报务了。《汇报》投资者多为容的广东同乡，如招商局总办唐廷枢（字景星，广东香山人，1832—1892 年）就曾予以赞助。由于股东们担心“文字易于贾祸”（见戈公振：《中国报学史》第 100 页），乃特聘英国人葛理担任名义上的总主笔，虚挂名位，借作掩护。黄子韩、贾季良等为编辑。《汇报》聘请外国人担任报纸主笔，是我国近、现代史上最早“挂洋旗”的报纸。所谓“挂洋旗”，即中国人在国内创办报纸，为了防止封建专制政府的迫害、对付官方的干涉，往往聘请外侨担任报纸名义上的发行人或主编，借作护身符。也等于说这个报纸是外国人的产业。这种情况后来成为我国近、现代新闻史上的一个重要现象，其始作俑者，当为《汇报》。

《汇报》一创刊就公开表示：“本局为中华日报，自宜求有益于华之事而言之，故于有裨中国者，无不直陈，而不必为西人讳。”为了维护民族利益，该报曾多次与英商办的《字林西报》、《申报》笔战。其新闻报道中也“时涉及官事，股东不以为然”（戈公振：《中国报学史》第 101 页），到 9 月 1 日（农历七月二十一日），便由葛理出名承顶，改名为《汇报》，改聘管才叔为主笔。但终因营业不佳，只得加入新股，于 1875 年 7 月 16 日（光绪元年六月十四日）再次易名为《益报》，改聘朱莲生为主笔。该报维持到是年 12 月 4 日（十一月初七日），因朱氏辞职，只好停刊。

这三个一脉相承的报纸，在版面上有一个很大的特点，是每日报首必载新闻目录，使读者对当天报纸的内容一目了然。

《汇报》创办人容闳（1828—1912 年），字达萌，号纯甫，1828 年 11 月 17 日（清道光八年十月十一日）出生于广东省香山县南屏乡（即今珠海市香洲区南屏镇）一个贫寒农家。南屏镇与澳门一水之隔，咫尺相望。容闳 7 岁时，他被父亲送到澳门一所传教士办的小学——郭士立的夫人办的学校读书。1839 年夏，小学关门停办，容闳因此失学返乡。1840 年 11 月又进入澳门由美国人办的教会学校马礼逊学堂读书，1842 年随该校迁移到香港，直至 1846 年冬毕业。1847 年初，容闳和黄胜、黄宽三人在马礼逊学堂校长布朗的带领下，至美留学。先入马萨诸塞州芒松学校就读，1850年从该校毕业后，考入耶鲁大学读书。1852年10月30日入美国籍。直至1854年大学毕业，成为中国留美的第一个获文学士学位的大学毕业生。同年冬，容闳在留美8年后回国。此后，他长期协助洋务派办企业、办洋务、办教育，多次往返于中、美两国。晚年参加资产阶级改良派和革命派的政治活动。1912年4月22日在美国康涅狄格州哈特福德城逝世，享年85岁。其遗著有《西学东渐记》等。⑮

【《述报》与《广报》】 19世纪80年代，广州先后出现国人创办的该地最早一批近代报纸——《述报》、《广报》等。

《述报》于1884年3月27日（光绪十年三月初一日）创刊，由多宝大街海墨楼石印书局印刷发行。该报是我国最早的一份石印报纸，每日出版，4开4版一小张，逢10停刊一天。每月汇编成一卷，称《中西近事汇编》。内容除新闻、评论外，还刊载了不少石印的新闻插图，转载和译载了中西不少报纸的稿件，是我国近代极富特色的一份中文报纸。可惜，创办人及编辑人均已失载。

该报创刊号在报头下首载告白一则，介绍该报刊期、发行地点、报价及广告刊例。原文云：

> 本报每日一张，每月逢十，书局照例停工。本馆开设伊始，事皆草创，每月亦逢十停派。俟销路既广，自当增阔纸张，按月印足30日，以免间断。赐顾者请至省城多宝大街海墨楼石印书局、双门底儒林阁彭洪记、河南金花庙源信栈挂号，以便续送，或向送报人挂号亦可。每月收回工费银叁钱陆分，周年阅报者收回工费银五大元，脚力在内。各埠信资，阅者自给。零沽每张一分二厘。代销至百张以外者九折算，五百张以外者八五折算。
>
> 凡印登告白，第一日每字价银四厘，第二日至第七日，按日每字价银叁厘。第八日起，按日每字价银贰厘。不论登报几天，至少以五十字起计，多则以十字递加，图样另议。

创刊号第一篇载《述报缘起》，说明发刊旨趣。[16]

《述报》每日一张，共分4版。[17]第一、二版为中外要闻，第三版摘要选登新近翻译的外国书、报文章，第四版刊登广告、商业行情及轮船出入日期。用赛连纸单面石印。从内容上看，《述报》创刊时，正值法国侵略越南。以后，法军又侵犯我国宁波、台湾。《述报》对法、越战讯，中、法战讯，进行详细报道。同时发表了大量论说，对法国侵略者的野心进行了深刻揭露。此外，也刊登了不少的社会新闻及石印插图。该报的消息来源也很广，除经常选译英、美、日、法等国报纸，转载上海、香港等地报纸消息外，还建立了自己的新闻通讯网，经常刊登各地拍来的专电和各地寄来的通讯稿。

《广报》于1886年6月24日（光绪十二年五月二十三日）创刊。社址在广州华宁里。创办人为曾留学美国的粤人邝其照（蓉阶）。先后担任主编的有吴大猷、林瀚荣、肖竹朋、罗佩琼、劳保胜等。《广报》版面一如当时《申报》。在内容上，"首列论著。新闻则分为两门，曰本省新闻，曰中外新闻。而以宫门钞、辕门钞及货价行情附焉"（谭汝俭：《四十七年来广东报业史概略》）。《广报》发行很广，除广东各地和香港、澳门、上海、梧州外，还销行于新加坡、西贡、旧金山、小吕宋等地，深受海外侨胞欢迎。

《广报》一直不见容于封建顽固势力和当道。据《七十二行商报纪念刊》记载："《广报》初办时，仍仿京钞式，登载官吏升降，自余论说、诗歌及新闻，皆琐屑事，不及于政治。时而思矫正社会之缺乏，如揭登科场捉刀之情弊。时有阴嫉之者，媒蘖于旗人，率众捣毁之。"出版5年后，1891年，该报因发表一条某政府官员被参的消息，触犯了广东都督李小泉，而被下令封闭。都督饬令称："《广报》局妄谈时事，淆乱是非，胆大妄为，实堪痛恨，亟应严行查禁，以免淆惑人心。"不得已，邝其照等人只得将报馆迁到沙面租界，请一英商出面，改名《中西日报》，继续出版。言论较前更为大胆，"渐肆议论，指谪政治，官无如何。"1900年，《中西日报》因刊登义和团打败八国联军的消息，又被租界当局查封。邝其照等人再次将报名改为《越峤纪闻》，继续出版。但不久也停刊。

注　　释

①详见来新夏编著：《林则徐年谱》，上海人民出版社1981年版。

②林则徐：《东西各洋越窜外船严行惩办片》，载《林则徐集·奏稿》（中）第649页。

③见魏源：《海国图志》100卷本，卷81。

④参见杨国桢：《林则徐对西方知识的探求》，载《厦门大学学报》1979年第2期；林永俣：《论林则徐组织的迻译工作》，载《林则徐与鸦片战争研究论文集》，福建人民出版社1985年版。

⑤见《逸经》第17、18、19期连载《洪仁玕遗著〈资政新篇〉》，并参照罗尔纲《太平天国文选》第117所载《资政新篇》、《洪仁玕选集》（扬州师院中文系编，中华书局1978年版）所载《资治新篇》等作了校勘。

⑥［新加坡］卓南生著、张国良译：《中国第一份中文日报考》，载《新闻研究资料》第39辑。又，卓南生：《中国近代报业发展史（1815—1874年）》（增订版）（中国社会科学出版社2002年9月出版）“附录Ⅲ”，已将《香港船头货价纸》“第一百九十七号”（1859年2月3日出版）至“第二百八十五号”（1859年8月27日出版），共79份影印出版。其中虽有缺号，但足资研究时参考。

⑦戈公振：《中国报学史》第63页，中国新闻出版社1985年版。

⑧参见林友兰：《近代中文报业先驱黄胜》，载台北《报学》第4卷第3期；林友兰《伍廷芳与近代中文报业》，载台北《报学》第5卷第3期。转引自赖光临：《中国新闻传播史》第52~53页，台北三民书局1978年初版。

⑨马礼逊学堂是我国近代第一所传播西学的新式学校，是为纪念英国传教士马礼逊（公元1782—1834年）而创办起来的。马礼逊于1807年来到中国。1815年创办《察世俗每月统记传》。又曾将《圣经》译成汉文，编纂过《华英字典》。对以后基督教在中国的传播有重大影响。他去世后，1835年1月，住在广州、澳门的外国人组成“马礼逊教育会”（Morrison Education Society）。该会一边募集捐款，一边呼吁英、美教育界派遣教员来华创办学校。1838年10月17日，毕业于美国耶鲁大学的塞缪尔·布朗偕夫人应邀来华办学。他们于1839年2月23日抵达广州，旋即前往澳门筹办学校。1839年11月4日，马礼逊学堂在澳门正式开学。学校中、英文并重，半天学汉语，半

天学英文。此外还开设算术、代数、几何、生理学、化学，以及地理、历史、音乐等课程。学生多为当地穷苦人家的孩子。

⑩见陈学霖：《黄胜——香港华人提倡洋务事业之先驱》，载《崇基学报》第3卷第2期，1964年5月版。转引自苏精《黄宽与黄胜——容闳的两名同学》，载台北《传记文学》第46卷第2期，第71页。

⑪参阅苏精：《黄宽与黄胜——容闳的两名同学》。

⑫关于《华字日报》的创刊日期，一说为“1864年”，见戈公振：《中国报学史》第63页，中国新闻出版社1985年版；方汉奇：《中国近代报刊史》上册第60页，山西人民出版社1982年版；陈止澜：《〈华字日报〉创办以来》，载《华字日报七十一周年纪念特刊》，1934年。一说为1872年4月17日，见卓南生：《香港〈华字日报〉创刊日期考订》，载钟紫主编：《香港报业春秋》第30页，广东人民出版社1991年版。

⑬见赖光临：《中国新闻传播史》第54页，台北三民书局1978年版。

⑭《弢园文录外编》共12卷，为王韬自编的文集，收入的文章大部分是他旅居香港时所写的宣传变法自强的论文，比较集中和系统地反映了他的政治态度和思想，也是我国近代第一部报刊政论文集。该书1883年在香港排印出版，1897年在上海重排。中华书局在1959年将《弢园文录外编》又重新整理排印（根据1883年本，由汪北平、刘林整理）。据王韬《弢园著述总目》云：“《弢园文录外编》十二卷。余（王韬——引者注）文本分内、外两编。内编多言性理学术，辛酉冬间溺于水中，一字无存。外编乃就客粤时所作汇辑成书，中间多论时事。余以妄谈经济，几为忌者所中，乃犹不自悔，重蹈咎辙，广著罪言，不亦令识者所齿冷哉！光绪壬午（公元1882年）即在香港印务总局排印，时余已回沪上，属洪茂才校对，字多舛误，前后编次都未允当，尚待重订。”结果仍未重订。

⑮1909年，容闳完成了他的英文自传性回忆录*My Life China and America*。该书叙述了他自出生那年（1828年）起，直至1902年止在中国、美国的生活。该自传于1911年11月由美国纽约亨利·霍尔特公司（Henry Holt and Gom Pany）出版；曾由徐凤石、恽铁樵用“新民体”节译为中文，书名为《西学东渐记》，1915年由上海商务印书馆出版。1981年，湖南人民出版社按此译本校点重印，并补译容闳“自序”和杜吉尔牧师演说，一并收入“走向世界丛书”第一辑。现又有石霓译注：《容闳自传——我在中国和美国的生活》（百家出版社，2003年8月出版）行世。容闳曾在其自传扉页上题词：“谨以这些怀旧文字深情地献给我的两个挚爱的儿子——马礼逊·布朗·容和巴特利特·金·容。”容闳以马礼逊和布朗的名字为其长子命名，由此可见容

闳对二人的崇敬和感恩之情。

⑯《述报缘起》又见朱传誉：《记〈述报〉》一文，载朱传誉：《报人·报史·报学》，台北“商务印书馆”1980年版。

⑰我国早期报纸，一般称版为“页”、“章”，如《申报》早年即是如此。《述报缘起》所说“本报格式，平分四页”，也是指一张报纸平分4版。朱传誉《报人·报史·报学》一书所载《记〈述报〉》一文认为：《述报》每日一份，“每日发行达4页，在分量上，比当时上海出版的申报还要多”。这一说法后为许多新闻史著作沿用，实误。

第三章

维新变法运动时期的办报热潮

宋教仁评甲午战争云："夫甲午一役，实吾国盛衰一大关键也。前乎此，吾虽屡与皙种龃龉，然未尝大创，人犹不敢公然侮之，自是役之败，割地一行省，赔款二百兆，而吾国之声威顿减，虎视眈眈之群雄，遂张牙舞爪，纷至沓来，而吾国几于不国。"①由甲午战争而引发的戊戌变法运动是我国近代史上三大高潮（太平天国、戊戌变法、辛亥革命）之一，在我国近代史上有深远影响。因戊戌变法运动极盛于 1898 年（光绪二十四年）春夏之交，该年岁次戊戌，故又称"戊戌维新"。

在维新运动期间，出现了我国人办报的一次高潮，据不完全统计，在 1895—1898 年的 4 年间，全国新出版的中文报刊约 120 种，其中 80%左右为中国人自办。以康有为、梁启超为首的资产阶级改良派为了扩大影响，鼓吹变法图强的主张，推动政治改良运动的开展，先后办了近 30 种报刊，分别在北京、天津、上海、杭州、苏州、无锡、汉口、长沙、重庆、桂林、太原等地，以及香港、澳门出版，在我国新闻史上写下了重要一章。

第一节 康有为与《中外纪闻》、《强学报》

资产阶级改良派的领袖人物康有为、梁启超，在 1895 年 5 月初“公车上书”后不久，就开始了办报活动。他们主办的第一批报刊是《中外纪闻》和《强学报》。

【《中外纪闻》】 《中外纪闻》是戊戌变法时期维新派创办的最早报刊。初名《万国公报》，1895 年 8 月 17 日（光绪二十一年六月二十七日）由康有为在北京创刊，具体地址在南海会馆（旧址在北京宣武门外米市胡同），是刚成立的“强学会”的机关报。该刊为二日刊，木活字排印，每册有编号，无出版年月，形式与《京报》相似。因与上海广学会外国传教士办的《万国公报》同名而遭诘问，乃自 1895 年 12 月 16 日（光绪二十一年十一月）起，改名《中外纪闻》继续出版。《中外纪闻》由康有为的学生梁启超、麦孟华等编辑，英人李提摩太亦曾参与其事。由北京“宣武门外后孙公园”强学会强学书局出版，编辑部也设在这里。该刊系两日刊，每月出 15 期，每期篇幅 9~10 页不等，能容纳 4 500 字左右。其内容“首恭录阁抄，次全录英国路透电报，次选译外国各报如《泰晤士报》、《水陆军报》等类，次择录各省新报如《直报》、《沪报》、《申报》、《新闻报》、《汉报》、《循环报》、《华字报》、《维新报》、《岭南报》、《中西报》等类，次译印西国格致有用诸书，次附论说”（《中外纪闻凡例》）。该刊以编译外文报纸、外文电讯，介绍资本主义国家政治、经济情况和刊载清廷奏章为主要内容，意在广开知识来源，改变朝廷士大夫不谙外情、不通外国政事风俗的闭塞状况。在印刷发行方面，该刊委托印刷《京报》、《宫门钞》的报房用木板雕印；印成后，请出售《京报》、《宫门钞》的报贩子随《京报》、《宫门钞》附送给京城的官绅。第一期免费，以后酌收报费。据梁启超回忆：《中外纪闻》“乃托售《京报》人随《宫门钞》分送诸官宅，酬以薪金，乃肯代送。办理月余，居然每日（期）发出三千张（份）内外。然谣诼已蜂起，送至各家门者，辄怒以目。驯至送报人惧祸及，悬重赏亦不肯代送矣"。②由此可见当年官绅腐朽、闭塞、保守之一斑。

1896年1月间，御史杨崇伊弹劾北京强学会"私立会党，将开处士横议之风"，清廷遂将该会封禁。《中外纪闻》仅发行月余，至1896年1月20日（光绪二十一年十二月初六日），也在顽固派的打击下，遭到封禁。共出18期。1964年，上海图书馆曾将其按原版影印再版。

【《强学报》】 1895年11月，康有为从北京南下到上海。同年12月，在黄遵宪、陈三立等维新党人的协助下创设了强学会上海分会，开始广泛吸收会员，创办报纸。《强学报》是上海强学分会的机关报，于1896年1月12日（光绪二十一年十一月二十八日）由康有为在上海创办。该报是一份铅字排印的五日刊。由康有为指派他的两个弟子徐勤、何树龄主编，上海强学分会书局（上海跑马场西首王家沙一号）发行，分送而不收报费。

该报宗旨为："广人才，保疆土，助变法，增学问，除舞弊，达民隐"（《强学报》第一号）。其内容"专录中国时务，兼译外洋新闻，凡于学术治术有关切要者，巨细毕登"（《上海强学会章程》）。创刊号上发表了康有为亲自撰写的《上海强学会序》及《上海强学会章程》等文件。在《上海强学会序》中，康有为慷慨激昂地分析了当时的形势，指出中国受侮于列强，如"象、驼、牛、马之受槛、絷、封、割"，这是由于本身的"愚弱"。要改变这种"愚弱"的状态，就必须变法"自强"。要变法"自强"，先须学习、研讨"中国自强之学"和"开会"、"合群"，组成团体、政党，即所谓"学则智，群则强"。他还号召国内"通人志士"踊跃加入他们的"学会"，"讲习无间"，以共同挽救国家的危亡。第二号发表《变法当知本源说》，最早在报刊上公开提出"开议院"的政治主张。

到1896年元月间，在"北京强学会仅开四月、上海强学会仅开月余"（梁启超：《戊戌政变记》）的情况下，《强学报》同《中外纪闻》一样，也遭封禁，于1月22日前后终刊，仅出3期。"这样，资产阶级改良派所领导的以变法自强为目的结党办报活动，暂时受到了挫折，海内'渐讳新政'"③。（《康南海自编年谱》）

【康有为及其办报主张】 资产阶级改良派早期报刊活动的开展是与康有为分不开的。康有为（公元1858—1927年），原名祖诒，字广厦，号长素，广东南海人，出身于世代官宦之家。他出生之日，正值英、法联军入侵之年（1858—1860年）。康有为早年即博通经史，11岁读毕"四书"、"五经"，之后又读《纲鉴》、《大清会典》、《东华录》及《明史》、《三国志》等史籍，并经常翻阅"邸报"，熟知朝政时事（据《康南海自编年谱》）。1879年（光绪五年），21岁的康有为到香港游历，接触西方资本主义文化，以为西人"治国有法度，不得以古旧之夷狄视之"。1882年过上海，欲探究西方国家进步原因，大购汉译西学书籍和报纸，潜心研读。在他所接触的报刊中，外国传教士办的《万国公报》和王韬办的《循环日报》，对他影响尤大。1888年，他再次进京参加"顺天府乡试"，仍落第。这年10月，鉴于民族危机深重，第一次上书清帝（即《上清帝第一书》），建议"变成法、通下情、慎左右"三事，以图中国之富强，初步提出了改良政治的主张，终因顽固派大臣的阻格而不达。1890年至1893年，在广州长兴里万木草堂聚徒讲学，培养维新人才，致力变法理论的研究。也就在1893年，36岁的康有为在"六试不售"的情况下，终于在广州考取举人。1895年4月，康有为偕他的学生梁启超一起再次进京，参加会试。当时，中国正值中日甲午战后，清政府在日本的胁迫下，签订了丧权辱国的《马关条约》，条约中，日本要求中国割让台湾、辽南，赔款二万万两。夏历三月二十一日（公历4月15日），签订《马关条约》的消息传到北京，康有为得知条约内容，非常震惊，立即派梁启超到广东籍举人中发动联名上书，请求政府拒绝批准丧权辱国的《马关条约》。湖南省举人也闻讯参加。于二十八日（公历4月22日）两省举人联合到都察院呈递。接着各省举人也纷纷上书，台湾省举人更悲愤地上书反对割让台湾，一时形成了反对签约的浪潮。康有为利用这一形势，联合各省举人，在北京宣武门外达智桥胡同松云庵召开会议，举行了一次大规模的请愿活动。他利用一日一夜时间，起草了一封长达14000多字的上皇帝书，即《上清帝第二书》，在上面署名的有十六省应试举人603人（康有为后来回忆说："联十八省举人三千人上书"；一说：十八省举人一千三百人。均不切)，这就是闻名中外的"公车上书"。上书中提出"拒和"、"迁都"、"变法"的口号，吁请光绪皇帝"下诏鼓天下之气，迁都定天下之本，练兵强天下之势，变法应天下之治"。夏历四月八日（公历5月2日），康有为把上书正式呈递，都察院拒不接收，上书未能达到光绪手里，但消息已传遍京城，影响极大。

在"公车上书"中，康有为提出了一系列"变法"措施，其中包括开办报馆。文中云：

> 《周官》诵方、训方，皆考四方之慝（tè）；④《诗》之《国风》、《小雅》，欲知民俗之情。近开报馆，名曰新闻，政俗备存，文学兼述；小之可观物价，琐之可见土风。清议时存，等于乡校；见闻日辟，可通时务。外国农业、商学、天文、地质、教会、政律、格致、武备各有专门，以为新报，尤足以开拓心思，发越聪明，与铁路开通，实相表里。宜纵民开设，并加奖劝，庶裨政教。

这是康有为第一次发表办报主张。

1895年6月30日，康有为又在《上清帝第四书》中进一步提出了"设报达聪"及翻译外报的建议。文中云：

> ……四曰设报达聪。《周官》训方、诵方，掌诵方慝方志，庶周知天下，意美法良。宜令直省要郡各开报馆，州县乡镇亦令续开，日、月进呈。并备数十副本发各衙门公览，虽乡校或非宵旰寡暇，而民隐咸达，官慝皆知。中国百弊，皆由蔽隔；解蔽之方，莫良于是。至外国新报，能言国政。今日要事，在知敌情。通使各国，著名佳报，咸宜购取其最著而有用者，莫如英之泰晤士、美之滴森，令总署派人每日译其政艺，以备乙览，并多印副本，随邸报同发，俾百僚咸通悉敌情、皇上可周知四海。(见梁启超《戊戌政变记》卷六)

1895年5月起，康有为与梁启超、陈炽等人在北京商议如何将办报主张变成办报行动时，都认为：要开通风气，变法图强，“非合大群不可”（康有为语），而要“合大群”，又“非开会不可”（所谓“开会”，即指组织团体和政党）。而要“开会”，又“非有报馆不可”（梁启超：《致汪穰卿书》）。“办事有先后，当以报先通其耳目，而后可举会。”（陈炽语。转引自《康南海自编年谱》）他们都非常重视报刊在开展维新变法运动中的宣传组织作用、舆论鼓吹作用。这样才创刊了《中外纪闻》和《强学报》。

第二节　梁启超与《时务报》等

1896年1月20日，强学会被清廷查禁，创刊才4个多月的《中外纪闻》和仅出版了3期的《强学报》也随之停刊。资产阶级改良派的政治活动和办报活动暂时处于低潮。到了1896年夏天，改良派又再次聚集力量，重整旗鼓，把变法维新运动又一次推向新的高潮。从1898年6月，到1898年9月“百日维新”失败，这是改良派维新运动蓬勃发展的高潮时期，也是改良派报刊宣传活动最活跃的时期。这一时期改良派的最重要报刊是《时务报》。

【《时务报》】　《时务报》是变法维新运动高潮时期改良派最先创办起来的一份机关报，也是当时影响最大的一份宣传变法维新的报刊。该刊于1896年8月9日（光绪二十二年七月初一日）创刊于上海，馆址设在英租界四马路石路。《时务报》是由黄遵宪、汪康年等倡议，以上海强学会解散后所剩余款及黄遵宪等人的捐款创办起来的：上海强学会原经费由湖广总督张之洞捐助，该会停办时，尚余银700余两；又将原租房屋已预交一年的租银追回一半，得银350元；又将会中所置器物、书籍等项变卖，得银200余元，合共银1200余两。黄遵宪独捐款1000元、邹凌翰独捐款500元，其他人也陆续有所捐助。《时务报》由梁启超任总主笔，汪康年任总经理，麦孟华、徐勤、欧榘甲、章炳麟、王国维等先后任撰述及编辑工作。另聘张坤德、曾广铨等及日本人古城贞吉翻译英、法、俄、日文报纸。

《时务报》是旬刊，每10天出版一册，每册30页左右，篇幅三四万字，外观如线装书形式。辟有“论说”、“谕旨恭录”、“奏折录要”、“京外近事”、“西文报译”（包括英、法、俄、日等文种)、“西电照译”及“附录”等栏目。前后出版两年，到1898年8月8日（光绪二十四年六月二十一日）出版的第69期停刊（陕西省社会科学院图书馆于1986年将其影印再版)。

《时务报》以宣传维新变法、救亡图存为宗旨，以“论说”及翻译外报为主要内容。刊行数月，便风行海内，深受具有维新思想的士大夫和资产阶级、小资产阶级知识分子的欢迎，最高发行量达17 000余份，成为当时影响极大的报刊。该刊主要撰稿人有梁启超、汪康年，另外还有麦孟华、徐勤、欧榘甲等。他们在《时务报》上发表了大量的论说，其中包括梁启超的长篇论说《变法通议》(连载于第1、2、3、5、6、7、8、10、15、16、17、18、19、23、25、27、29、33、36、39、43期，共21期)、《波兰灭亡记》(载第3期)、《论中国积弱由于防弊》（载第9期)、《古议院考》(载第10期)、《说群自述》（载第26期)、《论中国之将强》（载第31期)、《史记货殖列传今义》(载第35期)、《论军政民政相嬗之理》（载第41期)、《日本横滨中国大同学校缘起》（载第47期)、《湖南时务学堂学约十章》(载第49期）等，汪康年的《中国自强策》（上、中、下篇，载第4期)、《论中国参用民权之利益》(载第9期)、《论今日中国当以知惧知耻为本》、《为人为己不分二事说》（同载第11期)、《以爱力转国运说》、《惩讹言说》(同载第12期)、《论中国求富强宜筹易行之法》、《复友人论变法书》(同载第13期)、《商战论》(载第14期)、《论华民宜速筹自相保护之法》(载第47期、第52期)、《论胶州被占事》(载第52期)、《论将来必至之势》（载第65期)、《论西人处置东亚之意》、《论宜令全国讲求武事》(同载第69期）等，麦孟华的《论中国宜尊君权抑民权》、《论中国变法必自官制始》（同载第21期)、《民义自序》、《民义总论》(同载第26期)、《尊侠篇》（载第32期)等，徐勤的《中国余害议》(连载第42、44、46、48期)，欧榘甲的《论大地各国变法皆由民起》(载第50期)，章炳麟的《论学会

有大益于黄人 亟宜保护》等等。这些文章主要宣传变法维新，救亡图存；鼓吹设立议院，伸张民权；主张发展民族资本主义经济，要求清政府扶持民族工商业的发展。特别是梁启超的长达6万余言的长篇论说《变法通议》，在该刊连载21期，影响极大。这篇长文涉及当时政治、经济、文化、军事等方面的问题，第一次全面系统地阐述了维新派变法改革的主张，成为他们的纲领性文件。在《变法通议》中，梁启超列举大量事实，向封建统治者发出警告。他指出：中国已经到了濒临覆灭的边缘，当前的情况是“变亦变，不变亦变”，与其被别人强迫“变”，不如自己主动“变”。主动变法，“变之权操诸已”；被迫变法，“变之权操诸人”。与其被人“变”，不如自己“变”。只有主动地实行变法，才能挽救国家的危亡。怎样变法呢？梁启超认为：“吾今为一言以蔽之曰：变法之本在育人才；人才之兴，在开学校；学校之立，在废科举；而一切要其大成，在变官制。”《时务报》振聋发聩的言论，使朝野为之震动。其所译外报外电，又使人们大开眼界。因而“举国趋之，如饮狂泉”。⑤当时官员，也以购阅《时务报》为时髦。封疆大吏或主动捐款，或代为推销，如湖广总督张之洞、湖南巡抚陈宝箴等都曾饬令订购《时务报》，发至下属官府及书院阅读。尤其是主笔梁启超的论说文，观点新颖，文字通俗，“士大夫爱其语言笔札之妙，争礼下之。自通都大邑，下至僻壤穷陬，无不知有新会梁氏者”。（胡思敬：《戊戌履霜录》卷四《梁启超传》）从此，梁启超与他的老师康有为齐名，人称“康、梁”，而成为维新派的领袖人物。

随着《时务报》变法维新宣传的深入和揭露社会现实问题、批评秕政的逐步加强，它也日渐受到顽固保守势力的反对。后党大臣纷纷上书，指斥维新派“以笔舌倾动人主”、“借报章鼓簧天下”，要求朝廷查禁。“有维新之貌而无维新之心”的洋务派首领张之洞，在这时也认为梁启超、徐勤、欧榘甲等人的一些言论“太悖谬”，并对报中论说，屡加干涉，企图将《时务报》的言论纳入其轨道。以后，张之洞又通过他在《时务报》的代理人、其昔日幕僚汪康年从报馆内部排挤梁启超、干预梁的主编工作，进一步直接控制该报。这样，梁、汪矛盾激化。1897 年 11 月，适黄遵宪署湖南按察使，推梁启超任湖南时务学堂总教习。梁便愤而离沪，去长沙担任教职，名义上仍遥领《时务报》编务。实际上编报权已为汪康年所夺。自 55 期后，《时务报》就再也不登梁启超的文章了。

《时务报》由汪康年主持后，改弦易辙，办报方针很快向右的方面转变，越办越差，连天津《国闻报》后来也批评说："自梁卓如解馆以来，而《时务报》之文劣事懈，书丑纸粗，大不厭海内之望。"（见《〈时务报〉各告白书后》一文，载 1898 年 8 月 26 日、光绪二十四年七月初十日天津《国闻报》）不久，"尽亏巨款，报日零落"（南海先生自编年谱）。到了 1898 年春，鉴于《时务报》的日渐衰落，再加上其出版的间隔期较长，汪康年又拟在《时务报》外，再办一种每日出版的日报，作为《时务报》的姊妹刊。这样，他就邀同曾广铨、汪大钧等合资出版《时务日报》，以记载中外大事、评论时政得失。馆址设在上海英大马路集贤里内。《时务日报》于 1898 年 5 月 5 日（光绪二十四年闰三月十五日）创刊出版。这份日报，在政治倾向上是保守的，张之洞反对维新变法的长文《劝学篇》就曾在该报连载。但该报在内容和形式上却有不少创新和改革，如在内容上充实新闻资料，版面上打破《申报》版式，实行分栏编辑，并用白报纸两面印刷，文字句读加点，形成现代报纸的基本样式，实开当时报纸版面改革的先声。

康有为、梁启超对失去《时务报》这一重要舆论阵地是绝不甘心的。他们想重新夺回该报的领导权。于是，在 1898 年"百日维新"期间，围绕《时务报》又展开了一场激烈的争夺战。1898 年 7 月间（光绪二十四年五月下旬），康有为草拟一份奏折，交给御史宋伯鲁上奏光绪皇帝，请求将《时务报》改为官报，并设立时务官报局，请饬梁启超专门负责。这样，上谕命孙家鼐核议。孙家鼐奉旨命康有为出京南下到上海督办此事。汪康年得知消息后，急将《时务报》改名《昌言报》，于 1898 年 8 月 17 日（光绪二十四年七月初一日）出版第一期。早在该报出版前，汪康年就在天津《国闻报》（1898 年 8 月 11 日、光绪二十四年六月二十四日）

登出启事，声明《时务报》的开办资金系出自民间筹款，借以抵制康有为的接收。启事云：

“康年于丙申秋创办《时务报》，延请新会梁卓如孝廉为主笔，至今二年，现既奉旨改为官报，则《时务报》名目，自非草野所敢擅用刻印。即从七月初一日起，谨遵六月初八日‘据实昌言’之谕，改为《昌言报》。另延请番禺梁节庵先生鼎芬为总董。一切体例，均与从前《时务报》一律。翻译诸人，亦仍其旧。祈代派暨阅报诸君共鉴之。”

在这则启事中，汪康年以老板自居，将创办《时务报》的功劳揽为己有，而把当年的创办人之一、且为《时务报》出过大力的梁启超视为雇佣的伙计。启事刊出后，立即引起时在北京的梁启超的抗议，他于当天（1898 年 8 月 11 日）专此作了一篇长达 2 000多字的《创办时务报源委》（也刊登在《国闻报》上），对汪康年的行径予以驳斥和揭露，并澄清了事实真相。⑥接着，由黄遵宪领衔，又在《国闻报》上刊出启事云：“启者：丙申五月，遵宪、（吴）德潇与邹君殿书、汪君穰卿、梁君卓如同创《时务报》于上海，因强学会余款开办，遵宪并首捐千金为倡，当推汪君驻馆办事，梁君为主笔……”（《上海时务报馆告白》，见光绪二十四年七月一日，即 1898 年 8 月 17 日《国闻报》）进一步说明了《时务报》创办的起始原因。

1898 年 8 月 26 日（光绪二十四年七月初十日），严复在《国闻报》上刊出评论《时务报各告白书后）一文，其中云：“本报于汪、黄二启而外，继登梁氏《源委》二千余言”，认为黄、梁与汪两方都有不足之处，希望他们以忠恕之道重归于好，“不然，吾见其两败俱伤，而维新之事，自此废矣。”

汪康年改《时务报》为《昌言报》的同时，又将《时务日报》改名《中外日报》出版。他在《中外日报》第一号（1898 年 8 月 17 日出版）刊出启事云：“本月十一日（指 1898 年 7 月 29 日——引者注），电奉初八日上谕：‘上海《时务报》馆改为官报，派康有为督办其事。’是‘时务’二字，断非草野所可妄用。本馆现定于七月初一日（1898 年 8 月 17 日）起，改为《中外日报》，以示不敢拟僭。一切如旧。”

1898 年 9 月 21 日（光绪二十四年八月初六日），“戊戌政变”发生。黄、梁与汪之间的这场笔墨官司也不了了之。嗣后，《昌言报》仅出 10 期而止；《中外日报》迭经变动，多次易主，迄至 1910 年停刊。⑦

【梁启超及其办报活动】　梁启超（公元 1873—1929 年），字卓如，一字任甫，号任公，别号饮冰、沧江，又号饮冰室主人，⑧人称“梁任公”。广东新会县熊子乡茶坑村人。出生于 1873 年 2 月 23 日，殁于 1929 年 1 月 19 日，终年 57 岁。他从小熟读经、史，“八岁（1880 年）学为文，九岁能缀千言”（梁启超《三十自述》，1902 年）。12 岁考中秀才。15 岁进广州学海堂就学。17 岁考中举人。次年入京会试，但未考中。南归途中，经过上海，“购得《瀛环志略》读之，始知有五大洲各国”（见《三十自述》），并见到上海制造局译出的若干种西书。梁启超接触西学自此始。回到广州后，由同学陈通甫的介绍，得见康有为，并拜康氏为师。对康有为的维新思想，当时的梁启超异常倾倒，他在《三十自述》中回忆说：

“先生乃以大海潮音，作狮子吼，取其所挟持之数百年无用旧学更端驳诘，悉举而摧陷廓清之。自辰入见，及戌始退。冷水浇背，当头一棒，一旦尽失其故垒，惘惘然不知所从事，且惊且喜，且怨且艾，且疑且惧，与通甫（陈千秋——引者注）联床竟夕不能寐。明日再谒，请为学方针。先生乃教以陆王心学，而并及史学西学之梗概。自是决然舍去旧学，自退出学海堂而间日请业南海之门。生平知有学自兹始。”

1891—1894 年，梁启超就学于广州府内长兴里的万木草堂三年。

1895 年后，梁启超和康有为一道，参加并组织了资产阶级的政治改良运动，在当时起了积极的进步作用，成为维新变法运动中的领袖人物。

戊戌变法失败后，梁启超流亡日本，组织保皇会（1899 年 3 月），鼓吹“保皇”。后又组织宪政会（1906 年冬）、政闻社

（1907 年 10 月）等政治团体，鼓吹“君主立宪”。

辛亥革命后，梁启超在“仓皇去国”14 年之后，于 1912 年 10 月间从日本神户启程回国。民国初期，他倚靠袁世凯，又组织进步党（1913 年 5 月），1914 年曾任熊希龄内阁司法总长职数月。1915 年初，袁世凯阴谋复辟帝制，梁特撰《异哉所谓国体问题者》一文予以痛击，积极参加“倒袁”运动。

1917 年，梁启超一度出任段祺瑞内阁的财政总长。

1920 年 3 月，梁启超从欧洲游历归国后，即脱离政界，也结束其报馆生涯，转而致力于文化教育事业，从事文史方面的学术研究，直至逝世。

在资产阶级改良派的领袖人物中，梁启超是以办报著称于世的。他一生政治活动的最大特点是利用报刊进行宣传活动。他的一支健笔，曾搅动过中国的政潮，人称“舆论界的骄子”。他是我国新闻史上一个里程碑式的人物。

纵观梁启超的一生，他从 23 岁（1895 年）办《万国公报》（后改名《中外纪闻》）起，一直到 48 岁（1920 年）办《解放与改造》杂志止，在长达 25 年的办报生涯中，他先后亲自主编了 10 个报刊。其中民国前 7 个，民国后 3 个。它们是：

①《中外纪闻》，初名《万国公报》，于 1895 年 8 月 17 日（光绪二十一年六月二十七日）创刊。出至 45 期后，改名《中外纪闻》。该刊系两日刊。出版地点：北京。

②《时务报》，1896 年 8 月 9 日（光绪二十二年七月初一日）创刊，旬刊。出版地点：上海。直至 1898 年 8 月 8 日出至第 69 期停刊。

③《清议报》，1898 年 12 月 23 日（光绪二十四年十一月十一日）创刊，旬刊。出版地点：日本横滨。至 1901 年 12 月 21 日（光绪二十七年十一月十一日）因火灾而停刊。计历 3 年，共出 100 期。

④《新民丛报》，1902 年 2 月 8 日（光绪二十八年正月初一日）创刊，半月刊。出版地点：日本横滨。到 1907 年 11 月 20 日（光绪三十三年十月十五日）停刊。计历 5 年零 9 个多月，共出 96 期。

⑤《新小说》，1902 年 11 月 14 日（光绪二十八年十月十五日）创刊，与《新民丛报》同时出版发行。月刊。出版地点：日本横滨。该刊强调小说为政治宣传服务。梁启超有关小说理论的名作《论小说与群治之关系》，最早即载《新小说》创刊号。这是我国近代最早出现的重要的小说理论著述。该刊于次年改在上海出版，由广智书局发行。1906 年 1 月停刊，共出 24 号。《新小说》的创刊，标志着晚清小说发展的新阶段。该刊以发表小说为主，兼及诗歌、戏曲、笔记和文艺理论等。阿英曾评曰："《新小说》可称为'开山祖'，小说地位之提高有赖乎此。"（《小说闲谈·清末小说杂志略》）

⑥《政论》，1907 年 10 月 7 日（光绪三十三年九月初一日）创刊于日本东京，月刊，第 2 期后迁到上海发行。该刊是"政闻社"的机关报。1907 年 10 月 17 日（光绪三十三年九月十一日），政闻社正式成立于日本东京。1908 年 2 月，政闻社迁回上海，8 月即被清廷封禁。《政论》出至第 7 期后亦随之停刊。

⑦《国风报》，1910 年 2 月 20 日（宣统二年元月十一日）创刊于上海，旬刊。到 1911 年 7 月 16 日（宣统三年六月二十一日）止。共计 52 期。该刊是《新民丛报》之后，君主立宪派最主要的舆论阵地。

⑧《庸言》，1912 年 12 月 1 日创刊于天津日租界旭街 17 号，半月刊，每月初一、十六发行。创刊号首载梁启超《庸言》发刊词云："'庸'之义有三：一训'常'，言其无奇也；一训'恒'，言其不易也；一训'用'，言其适应也。"1914 年元月以后由黄远庸（远生）主持编务，改为月刊。1914 年 6 月 5 日出版第 2 卷第 6 号后停刊。共出 30 期。

⑨《大中华》杂志，1915 年 1 月 20 日创刊于上海，由中华书局出版发行，月刊。1915 年 8 月 20 日出版的该杂志第 1 卷第 8 期发表梁启超的名文《异哉所谓国体问题者》，抨击袁世凯帝制阴谋。1916 年 12 月出至第 24 期停刊。

⑩《解放与改造》，1919 年 9 月创刊于北京，半月刊，是研究系的政论刊物。主编张东荪、俞颂华。该刊创刊号问世时，梁启超

正远游欧洲。1920年3月，梁启超从欧洲游历回来后，便对该刊实行改组。从1920年9月15日出版的第3卷第1期起更名为《改造》。直到1922年9月出至第4卷第10期后停刊。

除以上直接主编的报刊外，梁启超参与创办的报纸也不少，如澳门的《知新报》，湖南的《湘报》，上海的《时报》、《时事新报》、《中华新报》等。为这些报纸的创办，他都曾投入大量的心力。以《时报》为例：《时报》创刊于1904年6月12日，由梁启超亲自筹办。它的命名、发刊词与体例，皆由梁氏亲撰。初办时的"论说"也都由梁氏从日本横滨寄回上海发表。据罗孝高回忆："甲辰春，任公自澳洲返，至沪时，尚在名捕中，未便露头角，乃改名姓，匿居虹口日本旅馆虎之家三楼上。时罗孝高、狄楚青方奉南海先生命，在上海筹办《时报》馆，任公实亦暗中主持。乃日夕集商，其命名曰时报及发刊词与体例，皆任公所撰定。旋即赴东，而时报初办时所登论说，亦多系任公从横滨寄稿来者。"⑨

梁启超报刊活动影响最大的时期，是他主持《中外纪闻》、《时务报》和《清议报》、《新民丛报》时期。梁启超的报刊活动是从1895年8月间主编《中外纪闻》开始的。当时他年仅23岁，英年能文，富有朝气，"日日执笔为一数百字之短文"（梁启超：《鄙人对于言论界之过去及将来》）。1896年元月下旬，北京强学会被封禁后，《中外纪闻》也随之被封。梁启超"服器书籍皆没收，流浪于萧寺中者数月，益感慨时局，自审舍言论外末由致力，办报之心益切。"⑩所以，当黄遵宪（公度）以书信邀他南下筹办《时务报》时，他便立即动身。梁氏《三十自述》云："三月（1896年4月——引者注）去京师，至上海，始交公度。七月（1896年8月——引者注）《时务报》开，余专任撰述之役。"从1896年8月《时务报》创刊，到1897年11月他应邀去湖南长沙担任时务学堂总教习止，梁启超前后担任《时务报》主笔有一年零三个月的时间。开办伊始，由于人手少，24岁的梁启超既是总主笔，又是主编和校对，一人同时兼任几个人的工作。两年后，他在与汪康年笔战时回忆："然即如启超者，忝任报中文字，每期报中论说四千余言，归其撰述；东西文各版二万余言，归其润色；一切奏牍告白等项，归其编排；全本报章，归其复校。十日一册，每册三万字，经启超自撰及删改者几万字，其余亦字字经目经心。六月酷暑，洋蜡皆变流质，独居一小楼上，挥汗执笔，日不遑食，夜不遑息。记当时一人所任之事，自去年以来，分七八人始乃任之。”（梁启超：《创办时务报源委》）由此可见当时工作的繁忙与紧张。

1898年戊戌政变后，梁启超逃亡日本，先后在横滨创办并主编《清议报》、《新民丛报》和《新小说》杂志。从1898年冬到1903年初，梁启超在《清议报》和《新民丛报》上发表了大量文章，介绍西方学术文化，批判封建思想，抨击当政的守旧派势力，推动了向西方学习的思想启蒙运动。这一时期，梁氏自认为是他一生中办报最得意的时期。他后来回忆云：“启超既亡居日本……自是启超复专以宣传为业，为《新民丛报》《新小说》等诸杂志，畅其旨义，国人竞喜读之。清廷虽严禁，不能遏，每一册出，内地翻刻本辄十数。二十年来学子之思想，颇蒙其影响。”（梁启超：《清代学术概论》，1920年）1902年5月，黄遵宪致书梁启超，盛赞《新民丛报》“惊心动魄，一字千金；人人笔下所无，却为人人意中所有”。这一时期，在文章体裁上，梁启超将王韬、郑观应等开创的“报章文体”、“时务文体”发挥到了极致，形成了独具一格的“新文体”，有人甚至称之为“新民体”。关于这种“新文体”的特点，梁启超指出：

> 启超夙不喜桐城派古文，幼年为文，学晚汉魏晋，颇尚矜炼，至是（指1902年以后在日本横滨创办《新民丛报》时期——引者注）自解放，务为平易畅达，时杂以俚语、韵语及外国语法，纵笔所至不检束，学者竞效之，号新文体。老辈则痛恨，诋为野狐。然其文条理明晰，笔锋常带情感，对于读者，别有一种魔力焉。（梁启超：《清代学术概论》，1920年。载《饮冰室合集·专集》第9册第61页）

梁氏的这段自述，比较准确地概括了“时务文体”及“报章文体”的一些特点，即：1.“纵笔所至不检束。”“时务文体”突破了八股文及桐城派古文的藩篱，无拘无束，畅所欲言，纵笔发挥，不受所谓“文章义法”之类清规戒律的约束。长篇大论，汪洋恣肆，酣畅淋漓。是一次文体的大解放。2.“务为平易畅达，时杂以俚语、韵语及外国语法。”梁启超的文章，文、白参用，骈、散并施，通俗易懂，明白晓畅。也注意吸收、运用生动传神的方言俗语和外国语法，是一次文体的大创新。3.“条理明晰，笔锋常带情感。”梁启超的文章层次清楚，条理明晰，感情充沛，有很强的煽动性，有长江大河、一泻千里的气势。读他的文章，有时叫人怒发冲冠，有时令人热泪盈眶，引起强烈的共鸣。而顽固派、保守派对这种“新文体”却深恶痛绝。以湖南地区为例，王先谦曾攻诋当时“新文体”云：“自时务馆开，遂至文不成体。如脑筋、起点，压、爱、热、能、阻诸力，及支那、黄种、四万万人等字，纷纶满纸，尘起污人。”（王先谦：《虚受堂书札》第1卷，第38页）叶德辉也认为“新文体”佶屈聱牙，不堪入耳，而加以抨击云：“更可笑者，笔舌掉罄，自称‘支那’；初、哉、首、基，必曰‘起点’。不思‘支那’乃释氏之称唐土，‘起点’乃舌人之解算文。论其语则翻译而成词，按其文则拼音而得字。非文非质，不中不西，东施效颦，得毋为邻女窃笑耶。”（叶德辉：《郎园书札》，第23页）但不管守旧派、顽固派诋毁也罢，攻击也罢，都无损于梁启超“开一代文风”的地位。

1906年至1907年间，梁启超在《新民丛报》接连发表《开明专制论》（1906年1月25日）、《暴力与外国干涉》、《杂答某报》等文，与革命派展开激烈论战，思想日趋保守。

辛亥革命后，梁启超成了一个大政客。袁世凯窃得大总统职位后，梁启超与袁书信往还，为其出谋划策。其中在一封信中说：“善为政者，必暗中为舆论之主，而表面自居舆论之仆，夫是以能有成。”⑪梁氏所谓“表面自居舆论之仆”指表面尊重舆论，“暗中为舆论之主”指暗中操纵“舆论”。1914年，梁曾任袁政府司法总长职数月。1915年初，又被袁聘为政治顾问。尽管梁启超与袁世凯关系密切，但在关键性问题上，梁启超的立场是鲜明的，可谓“大节不亏”，体现了一个杰出报人“富贵不淫、威武不屈、贫贱不移”的高尚节操：1915 年 8 月 14 日，杨度、孙毓筠、严复、刘师培、李燮和、胡瑛等发起“筹安会”于北京，专事鼓吹帝制运动。当时梁启超正住在天津，他不顾“患赤痢颇剧”，力疾撰写了《异哉所谓国体问题者》一文予以反对，声称：“惟在现行国体之下，而思以言论鼓吹他种国体，则无论何时皆反对之。”痛斥“筹安会”“无风鼓浪，兴妖作怪，徒淆民视听而诒国家以无穷之戚也”。

梁启超后来回忆云：

> 筹安会发起后一星期，余乃著一文，题曰《异哉所谓国体问题者》。其时亦不敢望此文之发生效力，不过因举国正气销亡，对于此大事无一人敢发正论，则人心将死尽，故不顾利害死生，为全国人代宣其心中所欲言之隐耳。当吾文草成尚未发印，袁氏已有所闻，托人贿我 20 万元，令勿印行。余婉谢之，且将该文录寄袁氏。未几，袁氏复遣人来以危词胁喝，谓君亡命已 10 余年，此种况味亦既饱尝，何必自苦。余笑曰：余诚老于亡命之经验家也，余宁乐此，不愿苟活于此浊恶空气中也。来者语塞而退。……然侦探固日日包围于吾侧也。⑫

该文发表后，影响极大。

【梁启超的新闻思想】 梁启超在其漫长的办报生涯中，积累了丰富的办报经验，形成他自己的报刊理论和新闻思想。在梁氏的大量著述中，能充分反映其报刊理论及新闻思想的主要文章有：

《论报馆有益于国事》（载《时务报》第 1 期，1896 年 8 月 9 日出版）。

《〈清议报〉叙例》（载《清议报》第 1 号，1898 年 12 月 23 日出版）。

《〈清议报〉第一百册祝辞并论报馆之责任及本馆之经历》（以下简称《〈清议报〉第一百册祝辞》，载《清议报》第 100 期，1901 年 12 月 21 日出版）。

《舆论之母与舆论之仆》（载《新民丛报》第 1 号“饮冰室自

由书”栏内，1902年2月8日出版）。

《敬告我同业诸君》（载《新民丛报》第17号，1902年10月2日出版）。

《〈国风报〉叙例》（载《国风报》第1期，1910年2月20日出版）。

《鄙人对于言论界之过去及将来》（载《庸言》第1卷第1号，1912年12月1日出版，等等）。

另外，梁氏在其《三十自述》（1902年）、《清代学术概论》（1920年）等专著及有关书信中，对其报刊理论及新闻思想也有所论述。

梁启超对我国新闻学的发展有如下重要贡献：

1. 提出“去塞求通”的办报思想，指出，报馆如耳目喉舌。

1896年8月9日，《时务报》在上海创刊。创刊号上首载梁启超《论报馆有益于国事》一文，这是一篇阐述维新派办报思想的重要文章。文章把报纸的作用精练地概括为“去塞求通”，认为“中国受侮数十年”的最大原因是闭塞不通。这种“闭塞不通”又表现在两个方面：一是“上下不通”，即清王朝统治者与人民群众隔膜，“君恩”不能下逮，民隐不能上达；二是“内外不通”，即举国不知外国之事、国际之事，只知夜郎自大，固步自封，抱残守缺。这样，“上下不通，故无宣德达情之效，而舞文之吏，因缘为奸；内外不通，故无知己知彼之能，而守旧之儒，乃鼓其舌”。“去塞求通，厥道非一，而报馆其导端也。……阅报愈多者，其人愈智；报馆愈多者，其国愈强。曰：惟通之故”。因此，要向西方国家学习——“国家之保护报馆，如鸟鬻（育）子；士民之嗜阅报章，如蚁附膻”。

文章又把报纸形象地比喻为人的“耳目喉舌”。人，不能没有“耳目”、“喉舌”，“无耳目，无喉舌，是曰废疾。今夫万国兼立，犹比邻也；齐州以内，犹同室也。比邻之事，而吾不知，甚乃同室所为，不相闻问，则有耳目而无耳目；上有所措置、不能喻之民，下有所苦患、不能告之君，则有喉舌而无喉舌。其有助耳目、喉舌之用，而起天下之废疾者，则报馆之为也”。到1898年《清议报》

创刊时，梁启超仍以“为国民之耳目，作维新之喉舌”自勉（见梁启超《〈清议报〉叙例》）。

2. 认为报馆有两大天职：“监督政府”、“向导国民”。

在1902年10月2日出版的《新民丛报》第17号上，梁启超发表了《敬告我同业诸君》一文。文章认为：“报馆有两大天职：一曰对于政府而为其监督者，二曰对于国民而为其向导者。”“所谓监督政府者何也？世非太平，人性固不能尽善，凡庶务之所以克举，群治之所以日进，大率皆借夫对待者、旁观者之监督，然后人人之义务乃稍完。”“监督之道不一，约而论之，则法律上之监督、宗教上之监督、名誉上之监督是也。”除此之外，就是“舆论监督”了。“舆论无形，而发挥之代表之者，莫若报馆”，“而报馆者即据言论、出版两自由，以袭行监督政府之天职者也”。在报馆与政府的关系上，梁启超认为：“报馆者，非政府之臣属，而与政府立于平等之地位者也。不宁惟是，政府受国民之委托，是国民之雇佣也，而报馆则代表国民发公意以为公言者也。故报馆之视政府，当如兄父之视子弟，其不解事也，则教导之；其有过失也，则扑责之”，“无所假借”。“所谓向导国民者何也？……鉴既往，示将来，导国民以进化之途径者也。”在报馆与民众的关系上，梁启超认为：“其对国民，当如孝子之视两亲，不忘几谏，委曲焉，迁就焉，而务所以喻亲于道。此孝子之事也。”以后，梁启超反复强调“（报纸）对于政府宜取强硬监督之态度”（见《饮冰室全集》第47册第32页。《饮冰室全集》版权页署明“民国五年秋日，中华书局铵版”，线装48小册）。

到后期，梁启超不断深化对“报馆之天职”的认识，更加重视报纸在“引导舆论”及“舆论导向”方面的重要作用。他在《时事新报五千号纪念辞》（载《梁任公近著》第一辑，商务印书馆1923年初版、1926年第3版，第323页）一文中云：

“吾侪又确信：报馆之天职，在指导社会矫正社会，而万不容玩弄社会逢迎社会。故一方面对于深根固蒂之旧思想，常冒不韪以摩其垒；一方面对于稗贩流行之新思想，亦未尝轻予盲从。”

3. 提出办报“四原则”。

在《〈清议报〉第一百册祝辞》（1901 年 12 月 21 日《清议报》第 100 期）中，梁启超认为，一张办得好的报纸，必须具备四条标准：“一曰宗旨定而高，二曰思想新而正，三曰材料富而当，四曰报事确而速。”

在著名的《〈时报〉发刊例》（1904 年 6 月 12 日《时报》创刊号）中，梁启超将以上“四原则”具体化，为《时报》制订了言论上的四字方针，即“公”、“要”、“周”、“适”，以及新闻纪事上的五字方针，即“博”、“速”、“确”、“直”、“正”。《〈时报〉发刊例》云：

第一　本报论说，以“公”为主；不偏徇一党之意见……

第二　本报论说，以“要”为主。凡所讨论，必一国一群之大问题。若辽豕白头之理想，邻猫产子之事实，概不置论，以严别裁。

第三　本报论说，以“周”为主。凡每日所出事实，其关于一国一群之大问题……或著之论说，或缀以批评，务献刍荛，以助达识。

第四　本报论说，以“适”为主。虽有高尚之学理，恢奇之言论，苟其不适于中国今日社会之程度，则其言必无力而反以滋病，故同人相勖，必度可行者乃言之。

第五　本报纪事，以“博”为主。……务期材料丰富，使读者不出户而知天下。

第六　本报纪事，以“速”为主。各处访事员，凡遇要事，必以电达；务供阅者先睹为快。

第七　本报纪事，以“确”为主。凡风闻影响之事，概不登录。若有访函，一时失实者，必更正之。

第八　本报纪事，以“直”为主。凡事关大局者，必忠实报闻，无所隐讳。

第九　本报纪事，以“正”为主。凡攻讦他人阴私，或轻薄排挤，借端报复之言，概严屏绝，以全报馆之德义。

……

4. 提出并强调“舆论之母”、“舆论之仆”与“造舆论”的重要。

在1902年2月8日出版的《新民丛报》第1号上，梁启超发表了《舆论之母与舆论之仆》，这是我国近代史上第一篇专门研究舆论学的专文。文章认为：舆论者，“国民多数之意见”。因此，凡欲成就一番大事业，“凡欲为国民有所尽力者，苟反抗于舆论，必不足以成事”。但是，“舆论之所在，未必为公益之所在。舆论者，寻常人所见及者也。而世界贵有豪杰，贵其能见寻常人所不及见、行寻常人所不敢行也”。这样，“豪杰与舆论常不相容”。那么，怎样才能“从国民多数之意见，利用舆论以展其智力”呢？文章借英国政治家格兰斯顿之口曰：“大政治家不可不洞察时事之真相，唤起应时之舆论而指导之，以实行我政策。”因此，格兰斯顿“每欲建一策行一事，必先造舆论。其事事假借舆论之力”，“但其所假之舆论，即其所创造者而已”。所以，梁启超说格兰斯顿既是“舆论之仆”，也是“舆论之母”。

文章还认为：英雄豪杰之士要想成就一番大事业，他们与舆论的关系必经过三个阶段：“其始也，当为舆论之敌；其继也，当为舆论之母；其终也，当为舆论之仆。”所谓“舆论之敌”，指敢为天下先，敢于冲破世俗偏见、成见，敢于同传统观念斗争；所谓“舆论之母”，指唤起舆论，造成舆论，指导舆论，操纵舆论；所谓“舆论之仆”，指顺应舆论，尊重舆论。后来在《国风报》发刊词《〈国风报〉叙例》（1910年2月20日）中，梁启超又从“立宪政治”的角度，进一步阐述了舆论的重要性。他站在新兴资产阶级的立场上，把舆论具体划分为两种：消极舆论（不健全舆论）和积极舆论（健全舆论）。他认为，封建专制下是消极舆论。消极舆论会把社会引上歧途，“盖以瞽相瞽，无补于颠扑；以狂监狂，只益其号呶。俗论妄论之误人国，中外古今，数见不鲜矣”。他幻想着资产阶级宪政下应该是积极舆论，即“健全的舆论”。积极舆论的产生，应该“尊重人人独立之意见，而导之使堂堂正正以公表于外”。“健全之舆论，无论何种政体，皆所不可缺”。形成“健全之舆论”，又必须具备五大要素及条件，即：一曰“常识”。国民对“自然界社会界之重要现象，其原理原则，皆须略知之。又本国及世界历史上之重大事实，与夫目前陆续发生之大问题，其因果相属之大概，皆须略知之。然后其持论乃有所凭借”。二曰“真诚”。“夫舆论者，非能以一二人而成立者也。必赖多人。而多人又非威劫势胁以结集者也。而各凭其良知之所信者而发表之”。三曰“直道”。国民“必有柔亦不茹，刚亦不吐，不侮鳏寡，不畏强御之精神”，不能“一遇威怵，则噤若寒蝉”，“或依草附木，变其所主张者以迎合之”。四曰“公心”，“以国家利益为鹄，而不以私人利害为鹄”，也不应该怀挟“党派思想”来“怙名快意”。五曰“节制”。他说，舆论初步形成后，“所积分量越大，则其热狂之度越增，百犬吠声，聚蚊成雷，其涌起也若潮，其飚散也若雾，而当其热度最高之际，则其所演之幻想噩梦，往往出于提倡者意计之外，甚或与之相反。此舆论之病徵也”。推原祸始，“则实由提倡者职其咎，盖不导之以真理，而惟务拨之以感情，故作偏至之论。作始虽简，将毕乃钜，其发之而不能收”。因此之故，对舆论要“节制”(《国风报叙例》又见《饮冰室合集·文集》第9册)。

另外，梁启超在谈到报纸与舆论的关系时指出，舆论的产生、形成，途径很多，而报纸则是“造舆论”，[13]即“造成舆论”的最重要、最有力的机关：“夫舆论之所自出，虽不一途，而报馆则其造之之机关之最有力者也。”因此，“欲尽报馆之天职者，当具八德”。这八德即“忠告”、“向导”、“浸润”、“强聒”、“见大”、“主一”、“旁通”、“下逮”（见《国风报叙例》）。这可以说是梁启超最早归纳的新闻工作职业道德八条。

5. 最早提出“党报”概念。

早在《清议报》时期，梁启超就在该报上提出了“党报”、“机关报”等概念。[14]他在《〈清议报〉一百册祝辞》（1901年12

月）中云：“有一人之报，有一党之报，有一国之报，有世界之报。以一人或一公司之利益为目的者，一人之报也；以一党之利益为目的者，一党之报也；以国家之利益为目的者，一国之报也；以全世界人类之利益为目的者，世界之报也。”他认为《时务报》、《知新报》、《清议报》都属“党报”的范围，是政党及政治团体的机关报。

到1907年时，梁启超在与人信中，更经常用“党报”这一新词汇。如在给徐佛苏的信中说：“弟前此所以欲停新民报者，则一因党报将出，弟一人之力，不能兼顾此报……”（丁文江等撰：《梁任公年谱长编》上册，第228页）在给蒋观云的信中也说：“……本年便专精力于党报耳。”（同上，第244页）

第三节 汪康年的办报活动

在戊戌变法运动时期的资产阶级改良派报刊活动家中，最著名者，除康、梁外，再就是汪康年了。他在早期报纸的经营管理及业务改革方面，是有一定贡献的。但从政治倾向来看，他应属于资产阶级改良派中的右翼人物。

汪康年（公元1860—1911年），浙江钱塘（今杭州）人。1860年1月25日出生。初名灏年，字梁卿，后改名康年，字穰卿。中年自号毅伯，晚年又号恢伯。出身于封建官僚家庭。1889年（清光绪十五年）中举，1892年中进士。早年（1890年）入湖广总督张之洞幕府，先后任武昌自强书院编辑、两湖书院史学斋分教。中日甲午战争后，汪康年大受刺激，深感“非变法不足以图存”，创设“中国公会”，准备“联合同志，共同研究”。1895年参加上海强学会。次年8月9日（农历七月初一日），《时务报》创刊，汪任经理。他是由康有为打电报从武昌请到上海的。在他的经营管理和梁启超的主编下，《时务报》成为维新变法运动中影响最为深远的报刊。两年后，于1898年初在上海创设东文学社，并于1898年5月5日又创刊了《时务日报》，来作为《时务报》的姊妹篇。《时务日报》馆址设于上海英大马路（南京东路）集贤里内。由汪康年邀同曾广铨、汪大钧等集资创办。社务由汪康年一人主持。

汪氏创刊《时务日报》后，即锐意革新：充实新闻材料，报纸内容按新闻内容分栏编辑；用白报纸两面印刷，并句读加点；力求版面现代化，以与《申报》竞争，从而成为我国报纸改革的先锋。

1898 年夏，法租界工部局不顾上海市宁波籍市民的强烈反对，欲强行拆毁四明公所围墙，准备越界筑路，并枪杀抗议群众 10 余人，终于酿成血案。当时刚创刊不久的《时务日报》对法租界当局的暴行进行了严厉斥责和揭露，为遭虐杀的上海市民大声疾呼。"采访揭载极详，并随时刊发'传单'（就是现在所称的'号外'），以致上海法总领事大嫉，尝于是年六月初三日（1898 年 7 月 21 日）下令禁止该报在法租界内发售。"（胡道静：《戊戌政变五十年祭与〈中外日报〉》）

1898 年 8 月 17 日（戊戌年七月初一日），抢在康有为即将来沪将《时务报》改为官报前，汪康年便把《时务报》改名为《昌言报》，把《时务日报》改名为《中外日报》，继续出版。

早在《昌言报》出版前，汪康年就在天津《国闻报》刊出启事："康年于丙申秋创办《时务报》，延请新会梁卓如孝廉为主笔，至今二年。现奉旨改为官报，则《时务报》名目，自非草野所敢擅用刻印。即从七月初一日起，谨遵六月初八日'据实昌言'之谕，改为《昌言报》。另延请番禺梁节庵先生鼎芬为总董。一切体例，均与以前《时务报》一律。翻译诸人，亦仍其旧。祈代派及阅报诸君共鉴之。"

在 1898 年 8 月 17 日（光绪二十四年七月初一日）出版的《昌言报》第一册上面，又一次刊载此启事。由此遂引起梁启超、黄遵宪等与汪康年之间的一场轰动一时的笔战。

《昌言报》仍系旬刊，10 天出一册。戊戌政变后，《昌言报》还出版了一段时间。1898 年 11 月 19 日（农历十月初八日）停刊，共出 10 期（1991 年，中华书局在"中国近代期刊汇刊"中，将《昌言报》10 期，全部影印出版）。

《时务日报》改名《中外日报》后，一仍旧贯，也不另作发刊词，仅在封面版上登一条启事：

"本月（六月）十一日，电奉初八日上谕：'上海《时务报》馆改为官报，派康有为督办其事'。是'时务'二字，断非草野所可妄用。本馆现定于七月初一日起，改为《中外日报》，以示不敢拟僭。一切如旧。"

1898年9月21日（戊戌八月初六日）戊戌政变发生。此时，汪康年正在南京，被清廷下令逮捕，仓皇逃回上海，托庇于租界中。为了躲避清廷的追究，他设法聘得英商老公茂洋行的经理杜德勤（Charles John Dudgeon）做《中外日报》的发行人，而且由杜出面，声称该报为杜所有（见1898年10月14日、清光绪二十四年八月二十九日《中外日报》第一版），公开挂起"洋旗"。因此之故，《中外日报》在政变后仍能存在下来，得以继续出版。并对戊戌政变后的情况，作了详尽的报道，如：政变后的第3天，即9月24日（农历八月初九日），就开始随时发"传单"（当时尚无"号外"之名，故曰"传单"），及时报道政变消息。9月25日（农历八月初十日），又连载《康有为到吴淞》、《康党潜逃》消息两条；9月27日（农历八月十二日），又载北京追捕维新派人士消息多条。在言论方面，《中外日报》曾刊登论说多篇，向当局曲意承欢献媚，摇尾乞怜，态度至为反动、卑劣。

《中外日报》办到1906年前后，因费绌不支，遂接受苏、松、太道瑞澂及江督端方3万金巨款的津贴资助，完全丧失报格。1908年，又因经济陷入窘境，再次乞得苏、松、太道、蔡乃煌的资助。不久，汪康年索性把该报让售于蔡。《中外日报》就这样一卖再卖，报格丧尽，销量大跌。1910年，随着蔡乃煌的下台，这张报纸也销声匿迹了。

除在上海从事报刊活动外，汪康年还在北京办过两份报纸。1904年，他赴北京任内阁中书期间，于1907年3月28日（光绪三十三年二月十五日）创刊了《京报》。该报因报道"杨翠喜案"，卷入"丁未政潮"，于当年8月26日被勒令停刊，前后仅出版5个月。1909年（宣统元年）汪康年还参与创办过"远东通讯社"，这是我国最早对外发稿的通讯社（详见汪诒年辑《汪穰卿先生传记》，1938 年 10 月印行）。1910 年 11 月 2 日，汪康年又在北京创刊《刍言报》。该报系 3 日刊，侧重评论方面，新闻倒在其次。汪氏亲自负责编辑、校对及发行工作。直至 1911 年 11 月 14 日，汪氏在天津逝世，《刍言报》也随之停刊。

汪氏生平著作（包括报刊政论）由其弟汪诒年编入《汪穰卿遗著》及《汪穰卿笔记》中。

第四节 澳门《知新报》

1896 年，以康有为、梁启超为首的改良派在上海创办了《时务报》后，次年又在澳门出版了《知新报》。该报是改良派在华南地区的重要机关报刊。

《知新报》创刊于 1897 年 2 月 22 日（光绪二十三年正月廿一日）。初为 5 日刊，后改为旬刊、半月刊。一直到 1901 年 1 月 20 日出版第 133 册后，才自动停刊，是戊戌政变后幸存的屈指可数的几家维新派报刊之一。

《知新报》是由康有为、梁启超两人亲自领导筹办起来的。据《康南海自编年谱》记载："（光绪二十二年）八月游香港。十月抵澳门，与何君穗田创办《知新报》……穗田慷慨好义，力任报事。"梁启超也参加了这个报刊的筹办工作。光绪二十二年十月至十二月间（公元 1896 年 11 月—1897 年元月），梁启超回广东省亲期间，曾专程到澳门和何穗田等具体筹划这份报刊的出版事宜。报名起初拟为《广时务报》，"中含二义：一推广之意，一谓广东之时务报也"。（梁启超《致汪康年函》）后几经斟酌，才定名为《知新报》。除报名外，梁启超还帮助草拟了章程，筹措了经费。1897 年元月，梁启超回上海后，还兼任该报撰述，常为该报撰稿。在戊戌政变发生前一年半的时间里，梁启超先后在《知新报》发表了《知新报叙例》、《说群》、《新学伪经考叙》、《保国会演说》等 18 篇文章。《知新报》的阵容是相当强的，主持者及参加者多为康门弟子，如经理是何穗田（廷光）、康广仁，撰述有梁启超、何树龄、徐勤、韩文举、吴恒炜、刘桢麟、王觉任、陈继俨、康同薇等。

在办报宗旨上，《知新报》的办报方针和上海《时务报》的“去塞求通”办报方针一样，吴恒炜所作发刊词《〈知新报〉缘起》中云：“不慧于目，不聪于耳，不敏于口，曰盲、聋、哑，是谓三病。”医此三病，只有广开报馆、多出报纸。而“报者，天下之枢铃，万民之喉舌也。得之则通，通之则明，明之则勇，勇之则强，强则政举而国立，敬修而民智”。

在宣传内容上，《知新报》和上海《时务报》相配合，它也认为变法必须从废科举、兴学校、育人才等方面着手，它也重视政论、重视报道时事政治；译稿则着重翻译西方有关农矿、工艺和科技方面的材料。另外，还发表了康有为历次呈递光绪皇帝、请求变法的奏折，如《为胶事条陈折》、《为条陈商务折》、《请及时变法折》等。

由于《知新报》在澳门出版，清廷势力鞭长莫及。因此，比起内地报纸，多少有些自由。与上海《时务报》相比较，《知新报》的言论和新闻纪事更大胆一些，它在告白中声称：“《时务报》不载近事，不臧否人物。本馆于京师及各省近事，有耳闻目见不容已于言者甚多，拟抉择多载。”（《广时务报启》）其中有些言论甚至是“《时务报》所不敢言者”（梁启超《致汪康年函》）。

第五节　湖南维新派与《湘学新报》、《湘学报》及《湘报》

戊戌变法时期，在北京、上海的影响下，湖南长沙也成为维新志士又一集结中心。在这里活动的有谭嗣同、唐才常、梁启超、熊希龄、樊锥等著名维新人士。湖南的主要官员如巡抚陈宝箴（其子陈三立佐之）、按察使黄遵宪，前后两任学政江标、徐仁铸等，也都积极赞助新政，厉行新政。他们在长沙开办时务学堂，培养维新骨干；创办报纸，鼓吹变法维新；组织“南学会”，讲求“新学”、“实学”；推行新政，创办轮船公司、电灯公司和新式工厂。

一时间，湖南遂成为全国“最富朝气的一省”（范文澜：《中国近代史》第301页）。这也为维新派报刊的出版创造了有利条件。

【《湘学新报》、《湘学报》及其主编唐才常】 继上海《时务报》、澳门《知新报》之后不久，1897年4月22日（光绪二十三年三月二十一日），《湘学新报》在湖南省会长沙创刊。该刊是旬刊，每10日出版一期，每月出3期。每期约40页，木刻印刷。出到半年后的第20期，改名为《湘学报》，直至1898年9月被封禁，前后发行约45期(《湘学新报》、《湘学报》合订本于1966年10月影印出版，共4册，由台北华文书局印行，华联出版社出版，为台北出版之“清末民初报刊丛编”之一)。江标和徐仁铸、黄遵宪先后担任该刊督办，蔡仲浚任总经理，唐才常任总撰述。

《湘学新报》以倡新学、开民智、育人才、图富强为宗旨，设置了固定的六大栏目：“曰史学（综贯古今中外诸史，以明兴衰治乱之由）。曰掌故之学（切述朝野典故，及夫中西制度之何以通行，各国人心风俗之有无同异，俾学者知所鉴别）。曰舆地之学（分地志、地文、地质三种。兵家言附焉）。曰算学（简明浅近，取便初学）。曰商学（专明各国盈虚衰旺之理，及夫内地宜否讲求制造，及生利分利之别，以拓利源）。曰交涉之学（述陈一切律例、公法、条约、章程，与夫使臣应付之道若何。间附译学以明交涉之要）”（徐仁铸：《〈湘学新报〉例言》）。其中，“掌故”专栏后改名“时务”。在内容上，该报还有很大一个特点是很少刊登译稿，所载文章大多为自撰。另外，鉴于当时“香港、广东、福建、上海、汉口、天津等处次第开设报馆。大致言政者多，言学者少；言改政者多，言广学者少”的状况，故《湘学新报》“专从讲求实学起见，不谈朝政，不议官常”（同上），而专门系统地“讲求中西有用之学”，以从学术入手，推动湖南维新运动的开展。

《湘学新报》暨《湘学报》的实际主持人是唐才常（公元1867—1900年）。唐字黻丞，后改为佛尘，别号洴澼子。1867年5月12日生于湖南浏阳城孝义里，与谭嗣同为总角交，同师事著名学者欧阳中鹄。1886年（20岁）应童子试，以县、府、道三试第一名考中秀才。1887年入长沙岳麓书院肄业，兼在校经书院附读，直至1891年。1891年冬，应四川学政瞿鸿禨之聘，到四川省城成都任教读，兼四川学署阅卷总校。至1893年秋返回浏阳，就欧阳中鹄家塾教读。1894年春（28岁），考入武昌两湖书院，时值中日甲午战争之际，唐才常深感民族危机深重，思想发生很大变化。1896年返回湖南。1897年举光绪丁酉科拔贡，同科有毕永年、杨毓麟、樊锥等。甲午战后，鉴于内忧外患的危急形势，唐才常与谭嗣同一道，积极参加变法运动，组织学会，提倡新学，推行新政。1897年，参与创办《湘学新报》。他不仅是该刊主编，而且也是主要撰稿人，兼任“史学”、“时务”、“交涉”三个重要栏目的编辑及撰稿工作。从1897年4月到1898年3月这一年内，唐才常用“洴澼子”的笔名，在《湘学报》上发表了一系列文章，向读者介绍西方国家，特别是西方资本主义发达国家的历史、政治、经济制度、议会制度等，宣传“天下非一人之天下，亿兆京垓人之天下”的资产阶级“民权”思想，提出要求在中国实行君主立宪的政治主张，指出中国必须自上而下实行改良，发展民族工业，走资本主义的道路，才有可能成为独立富强的国家。

1898年9月，唐才常应谭嗣同电召，欲赴北京，参与新政。甫抵汉口，政变猝起。后遂流亡日本。在日本，他一方面同康、梁保持联系，另一方面又同孙中山等革命党人接触，共同研讨救国大计。1899年初回国，3月抵沪，主编《亚东时报》。《亚东时报》创刊于1898年6月25日（光绪二十四年五月初七日），从第6号起（1899年5月4日出版），由唐才常主编。在此前后，他还为《大陆》、《民权素》、《清议报》写过不少文章。1900年，义和团反帝运动兴起后，唐才常想乘机发动各省起兵“勤王”，成立自立会，组织自立军，酝酿东南独立。拟于8月9日在汉口及安徽、江西等地起义。并在汉口英租界设立“自立军”秘密机关，计划定期大举。1900年8月21日晚，清湖广总督张之洞勾结英国领事，将设在汉口英租界的自立军机关破获，唐被捕。22日，就义于武昌紫阳湖畔，年仅33岁。[15]唐才常是改良派中的左翼人物。他在报刊上发表的论著，后由其弟子邹梃贤编入《觉颠冥斋内言》（四卷）一书中。现有《唐才常集》（中华书局1980年版）行世。

【南学会与《湘报》】 除《湘学报》外，湖南的改良派在这一时期创办的另一份重要报纸是《湘报》。《湘报》于1898年3月7日（光绪二十四年二月十五日）在长沙创刊。该报是一份日报，是湖南地区改良派政治团体“南学会”（1898年2月在长沙成立）的机关报。《湘报》由熊希龄、梁启超、谭嗣同、唐才常等担任董事，戴德诚、梁启超、樊锥、何来保、谭嗣同、唐才常等担任撰述，仍由唐才常担任总撰述。该报日出一大张，可裁成4页，装订成册，铅字印刷，为湖南有铅印报纸之始，每期印5 000至6 000份。

《湘报》创办初期的主要经费来源是陈宝箴每月从省库中拨出的200两银子的公款。由于唐才常主编的初期，《湘报》发表了不少宣传维新变法的言论，对清廷的封建专制统治，进行了猛烈抨击，因此，创刊不久就遭到湖南顽固派的代表人物王先谦、叶德辉等的百般污蔑和恶毒攻击。他们还唆使湘籍京官徐树铭、黄均隆等“据情揭参”。大官僚张之洞则以《湘报》第20号上刊载易鼐《中国宜以弱为强说》一文中，主张“西法与中法相参”、“民权与君权并重”、“中教与西教并行”、“黄人与白人互婚”，以及听民兴利除害等内容，打电报给陈宝箴、黄遵宪，指责说：“此等文字，远近煽播，必致非人邪士，倡为乱阶”，要他们“谕导阻止，设法更正”。在张之洞的压力下，陈宝箴电复张之洞，表示认错。故从66号以后，《湘报》中再不见谭嗣同、唐才常、易鼐的文章了。1898年7月19日，《湘报》出至116号后，宣告暂时停刊。至同年8月2日（农历六月十五日）复刊。在复刊的117号上刊登的《本馆告白》中说：陈宝箴从此停止每月200两银的公款津贴，并声明“兹已改订章程，专归商办”。

戊戌政变失败后，陈宝箴被革职，《湘报》也被“饬令停止”，改由王笏等承顶接办。王笏等接办《湘报》后，仅出4号，至10月15日（农历九月初一日）最后停刊。《湘报》前后存在了7个多月，共出版177号(《湘报》合订本由中华书局于1965年影印出版，分上、下两册)。

《湘报》以“开风气、拓见闻”为宗旨，内容有论说、“上谕电传”、“本省公牍”、“各省新闻”、“各国新闻”、“学会汇纂”、“商务行情”等栏目。该报以政论为主，前期发表了不少鼓吹变法维新的言论，其中有梁启超的《论湖南应办之事》、唐才常的《辨惑》、谭嗣同的《壮飞楼治事篇》、樊锥的《开诚篇》、易鼐的《中国宜以弱为强说》和杨昌济的《论湖南遵旨设立商务局宜先振兴农工之学》等文。这些文章，阐述了改良派关于设议会、开绅权、保护和发展地方民族工商业、推行变法新政，以及和帝国主义进行“商战”等一系列变法主张。另外，作为“南学会”的机关报，《湘报》还转载了该会历次集会上的演说，及时报道改良派在湖南兴办的各种新政措施，如创立的学堂、学会、保卫局，以及商务、矿务、交通等事业。报道省内外有关变法的新闻，登载各地改良派团体的文告、章程、启事，以及中外报刊关于变法维新运动的评论等等。在提倡“新学”、推行“新政”方面产生了很大影响。

【谭嗣同的办报活动及办报思想】　主持《湘报》编务的是唐才常，但对该报影响更大的人是谭嗣同。谭嗣同（公元1865—1898年），字复生，号壮飞。湖南浏阳人，是湖北巡抚谭继洵之子。早年与唐才常同师事于浏阳学者欧阳中鹄，称“浏阳三杰”，“少倜傥有大志，淹通群籍，能文章，好任侠，善剑术”（梁启超：《戊戌政变记》第5篇《谭嗣同传》）。中日甲午战争后，愤中国积弱不振，在浏阳首创算学馆，开湖南维新风气之先，并遍游北京、天津、上海、南京等地，汲取新知。1896年初，谭嗣同的父亲为他入赀捐得江苏候补知府。7月，谭到南京供职；直至1897年10月应黄遵宪等人之招，弃官从南京回到湖南参加变法维新运动。前后过了一年多的“作吏”生活。在此期间，他发愤著《仁学》，将中国传统的儒、释、道、墨各家学说和西方资本主义国家的自然科学、社会经济学说糅合成一体，形成自己独特的哲学体系。并阐发了他的激进民主主义思想，猛烈抨击了封建专制制度。1898年2月，谭嗣同回到湖南后，积极协助湖南巡抚陈宝箴、按察使黄遵宪、学政江标设立时务学堂，筹办各项新政。又倡“南学会”，创办《湘报》宣传变法。在《湘报》前期，谭嗣同先后为该报撰写了《〈湘报〉后叙》、《试行印花税条说》、《论湘粤铁路之益》、《记官绅集议保卫局事》、《论电灯之益》、《群萌学会叙》、《壮飞楼治事篇》等20多篇政论文章，成为该报前期撰稿最多、影响最大的作者。

在报刊理论方面，谭嗣同有他独到的见解。他的报刊思想，集中体现在《报章文体说》（载《时务报》第29、30册。1897年6月10日、20日出版。该文又名《报章总宇宙之文说》，见蔡尚思、方行编《谭嗣同全集》）和《〈湘报〉后叙》（上、下篇）（载《湘报》第11号，1898年3月18日出版）两篇文章中：

1. 盛赞"报章总宇宙之文"，为"报章文体"奠下理论基石。1895年开始的资产阶级改良派发动的变法维新运动，是以办报发端的。他们在报刊上"慷慨论天下事"，鼓吹变法维新，遭到顽固派、守旧派的非难和攻击。1896年10月间，谭嗣同在南京潜心著作《仁学》的同时，又写下了《报章文体说》一文，对顽固派、守旧派予以反驳。谭嗣同在1897年元月18日给汪康年的信中，曾谈及他撰写这篇文章的动机："居今之世，吾辈力量所能为者，要无能过撰文登报之善矣。而遇乡党拘墟之士，辄谓报章体裁，古无所有，时时以文例绳之。嗣同辨不胜辨，因为一《报章总宇宙之文说》以示人，在湘中诸捷给口辩之士，而竟无以难也。今检以寄呈，可登诸贵报否？"⑯这篇文章不久便登载在上海《时务报》第29、30册上。这一时期，谭嗣同与梁启超过从甚密，据梁启超《三十自述》云："时谭复生宦隐金陵，间月至上海相过从，连舆接席。复生著《仁学》，每成一篇，辄相商榷。相与治佛学，复生所以砥砺之者良厚。"

谭嗣同在《报章文体说》中，指斥顽固派、保守派"恩见肤受，罔识体要。以谓报章繁芜阘茸，见乖往例。此何异下里之唱，闻鼖镛而惶惑；眢井之蛙，语溟瀚而却走者矣"。而对报章文体则推崇备至，歌颂礼赞。他在这篇文章中，将古代典籍文章总分为"史家"、"选家"两大类。又将"天下文章体例"区分为3类："名类、形类、法类"，10体："纪、志、论说、子注、图、表、谱、叙例、章程、计"。他认为："凡此三类十体，虽会九州之典册鸿篇，魁耆钜子，外教杂流，竖儒鄙士，展轴晦日月，束笔齐山岳，诵声夺雷霆，视草逾恒沙，源流若江河，正变在指掌，时时讽读，家家撰著，蕲于开物成务，利用前民，要无能出此三类十体之外。乃若一编之中，可以具此三类十例，而犁然各当、无患陵躐者，抑又穷天地而无有也。有之，厥惟报章，则其体裁之博硕，纲领之汇萃，断可识已。胪列古今中外之言与事，则纪体也；缕悉其名与器，则志体也；发挥引申其是非得失，则论说体也；事有未核，意有未曙，夹注于下，则子注体也；绘形势，明交限，若战守之界限，货物之标识，则图体也；纵之横之，方之斜之，事物之比较在焉，价值之低昂在焉，则表体也；究极一切品类，一切体性，则谱体也；宜撰述之致用，则叙例体也；径载章程，则章程体也；勾稽繁琐，则计体也。编幅纾余，又以及于诗赋、词曲、骈联、俪句、歌谣、戏剧、舆诵、农谚、里谈、儿语、告白、招贴之属，盖无不有焉。上下四方曰宇，往古来今曰宙，罔不兼容并包，同条共贯，高挹遐揽，广收毕蓄，识小识大，用宏取多。信乎经国之大业，不朽之盛事，人文之渊薮，词林之苑圃，典章之穹海，著作之广庭，名实之舟楫，象数之修途。总群书，奏《七略》，谢其淹洽；甄七流，综百家，惭其懿铄。自生民以来，书契所纪，文献所征，参之于史既如彼，伍之于选又如此。其文则选，其事则史；亦史亦选，史全选全。文、武之道，未坠于地；知知觉觉，亦何常师？斯事体大，未有如报章之备哉灿烂者也。"

2. 报纸为"助人日新之具"。1898年初，《湘报》出版后，谭嗣同在《〈湘报〉后叙》（上篇）中说：

> 《礼》著成汤之铭："苟日新、日日新，又曰新。"《易·系》孔子之赞："日新之谓盛德。"言新必极之于日新，始足以为盛美而无憾，执此以言治言学，固无往不贵日新矣。
>
> 顾吾求其助人日新之具，又不可得也。世必曰："文武之政，布在方策。"识大识小，未坠于地。求其助人日新之具，则书是也。夫书，已往之陈迹，古人之糟粕也。千世之变异，非古人所得逆而知也；当时之情事，亦非今人所得虚以揣也。昨日之新，至今日而已旧；今日之新，至明日而又已旧。虽温

故知新，存乎其人，而新究在人不在书也。书而新，势必日日使新人、阐新理、纪新事，而作为新书而后可也。然日日使新人、阐新理、纪新事而作为新书，其构意也有日，谋篇也有日，成卷也有日，刊行也有日，比书之寓吾目，则去其初著书之时，不知凡若干日。昨日之新，至今日而已旧；今日之新，至明日而又已旧。所谓新理、新事必更有新于此者，而书亦非新书矣。往者江君建霞，督学吾湘，有鉴于此，日日使新人、阐新理、纪新事，而作为新书。不俟其书之成也，而十日一出之，名之曰《湘学新报》，其助人日新之意至切也。然而则既已十日矣，昨日之新，至今日而已旧；今日之新，至明日而又已旧。然而则既已十日矣，谓之新可也，谓之日新不可也。于是同志诸友，复创为《湘报》，日一出之，其于日新之义庶有合也。

3. 报纸即"民史"、"民口"。谭嗣同在《〈湘报〉后叙》（下篇）中又说：

且夫报纸，又是非与众共之之道也。新会梁氏，有君史民史之说，报纸即民史也。彼夫二十四家之撰述，宁不烂焉，极其指归，要不过一姓之谱牒焉耳。于民之生业靡得而详也；于民之教法靡得而纪也；于民通商、惠工、务材、训农之章程靡得而毕录也，而徒专笔削于一己之私，滥褒诛于兴亡之后。直笔既压累而无以伸，旧闻遂放失而莫之恤。谥之曰官书，官书良可悼也！不有报纸以彰民史，其将长此汶汶闇闇以穷天，而终古为喑哑之民乎？西人论人与禽兽灵愚之比例，人之所以能喻志兴事以显其灵，而万过于禽兽者，以其能言耳。而喑之，而哑之，其去禽兽几何矣。呜呼！"防民之口，甚于防川"，此周之所以亡也；"不毁乡校"，此郑之所以安也；导之使言，"谁毁谁誉"，此三代之所以直道而行也。吾见《湘报》之出，敢以为湘民庆，曰：诸君复何忧乎？国有口矣。

1898年6月11日，光绪皇帝颁布“定国是诏”。谭得侍读学士徐致靖保荐，于8月21日到京，被擢为四品卿衔军机章京，与杨锐、林旭、刘光第参议新政。1898年9月28日被戮，年仅34岁。现有《谭嗣同全集》（上、下册，蔡尚思、方行编，中华书局1981年版）行世。

第六节　严复和《国闻报》

戊戌变法时期，天津是维新派在北方开展报刊活动的又一个重要据点。严复等创办的天津《国闻报》，与上海《时务报》桴鼓相应，分执南北舆论界牛耳。它不仅是天津地区中国人创办的最早报纸，同时也是维新派在华北地区出版的惟一报纸和维新派创办的第一张日报。

【富有特色的《国闻报》】　《国闻报》是在上海《时务报》创刊后的第2年，即1897年10月26日（光绪二十三年十月初一日）创刊的。社址设在天津租界紫竹林海大道，由严复与王修植（菀生）、夏曾佑（穗卿）、杭辛斋（慎修）等创办，推福建人李志成充当馆主。严复是该报最主要的创办人和主编者，像《〈国闻报〉缘起》及《天津国闻报馆启》（即《〈国闻汇编〉叙》）等发刊词一类重要文章及一些重要论说，都出自其手。

《国闻报》馆共“出报两种：日报每日印一张，计八开，用四号铅字排印，名曰《国闻报》。旬报十日印一册，约计三万言，用三号铅字排印，名曰《国闻汇编》”（《国闻报馆章程，载1897年10月26日《国闻报》创刊号）。从实际的版面和内容看，《国闻报》每日出两张，毛边纸铅印，每张纸面8开，单面印，对折成4“页”（版），两张共8“页”（版）。4号铅字排印，每日约容纳8 000~10 000字。其版面内容按顺序是：“首登本日电传上谕，次登路透电报，次登本馆主笔人论说，次登天津本地新闻，次登京城新闻，次登保定、山东、山西、河南、陕西、甘肃、营口、牛庄、旅顺、奉天、吉林、黑龙江、青海、前藏、后藏各处新闻，次登外洋新闻。至（于）东南各省新闻，东南各报馆言之甚详，本馆一

概不述。”(《国闻报馆章程》)

《国闻报》创刊几个月后，王修植、夏曾佑在给汪康年的信中说：“《国闻日报》现在每天销一千五百张：本津五百张，北京二百张，俄商一百五十张，外埠七百余张。”“《国闻汇编》……每期仅售五六百份……现已停止不印，专办日报。”信中又说：“《国闻日报》将来销路不患不广，而独虑馆中母财不足，开销太大，深恐难以持久。”“国闻馆所求于左右者，不在帮助资本，而在设法推广销路。”信中还说：“《国闻》访事亦无好手，均系敷衍脚色。京中时有重大新闻，或系得自西人，或系得之交好，亦无一定也。”“《国闻报》南皮（张之洞）既以为然，能否怂恿之，略仿《时务》、《知新》之例，通饬各属士商看报否?”（引文俱见《汪康年师友书札》第一册第81~83页）从信中可以看出《国闻报》创办初期是有一些困难的，包括：①资本不足，②销路不广，③采访乏人。

《国闻报》从1897年10月26日创刊后，就面临顽固派及保守势力的威胁。到1898年3月27日（光绪二十四年三月初六日），该报便伪称盘给日本人西村博办理，实际上编辑人员基本上没有变动。1898年5月3日（光绪二十四年闰三月十三日），直隶总督王文韶奉谕饬查《国闻报》，并警告严复及为《国闻报》撰稿的北洋水师学堂学生“不得再有只字附登报馆，以自取戾”。1898年9月21日“戊戌政变”发生。9月26日，《国闻报》再次刊出告白，宣布自明日起，该报盘给日本人西村博。实际上仍是“挂洋旗”。9月28日，该报还刊登一篇题目作《视死如归》的文章，报道谭嗣同等六君子被害消息，对维新志士深致哀悼和敬意。直至光绪二十五年（1899年）正月，《国闻报》才真正正式卖给日本人。维新派办《国闻报》前后有一年多的时间。《国闻报》售与日本人后，一直办到1901年（光绪二十七年）改名为《天津日日新闻》，以汉奸方若为主编，成了日本侵略者的文化侵略工具。

【最早发表《天演论》的《国闻汇编》】 《国闻报》出版一个月后，《国闻汇编》（旬刊）也于1897年11月24日（光绪二十三年冬十一月初一日）出版第一册。早在《国闻报》创刊时，严复就曾对当时出版的一些报刊作了分析："大抵日报则详于本国之事，而于外国之事，则为旁及；旬报则详于外国之事，而于本国之事，则为附见。"日报与旬报的读者对象也不同："大抵阅日报者，则商贾百执事之人为多，而上焉者或嫌其陈述之琐屑；阅旬报者，则士大夫读书之人为多，而下焉者或病其文字之艰深。"因此，《国闻汇编》的内容则以刊载论说、译文及重要消息为主，尤"详于外国之事"，凡日报"足备留存考订者，皆登之十日合印之《汇编》"（《国闻报缘起》）。严复翻译的《天演论》（原名 *Evolution and Ethics*，即《进化与伦理》，由达尔文的学生、英国著名生物学家赫胥黎著，初发表于 1893 年）的部分内容、最早即发表在《国闻汇编》第 2 期上，刊登时的题目作《天演论悬疏》。该文第一次向中国人民介绍了进化论，在当时产生了极大的影响。这也是《国闻报》及《国闻汇编》在历史上的最大贡献。以后，由于"文义艰深"、"销量太少"，《国闻汇编》仅出 6 期便停刊了。王修植、夏曾佑在给汪康年的信中说："《国闻汇编》，阅者多以文义艰深为嫌，每期仅售至五六百份。实在赔本不起，现已停止不印，专办日报。"（见《汪康年师友书札》第一册，第 81~83 页）

在创办《国闻报》和《国闻汇编》的时候，报馆内部是有所分工的，据严复为杭辛斋所作《〈学易笔谈〉二集序》中回忆："余（严复）与夏穗卿（曾佑）主旬刊，而王菀生（修植）太史与君（杭辛斋）任日报。"（见杭辛斋：《易学丛书七种》）不久旬刊停办，四人便都集中到《国闻报》（日报）来了，而总其成的仍然是严复。

【严复的报刊活动与新闻思想】　严复（公元 1854—1921 年），福建侯官（今福州市郊区盖山镇阳岐村）人。初名传初。入船政学堂时（1867 年）改名宗光，字又陵，作官后（1879 年）始改名复、字几道，晚年号愈野老人，别号尊疑、尺庵、辅自然斋主人、观我生室主人。他出生于医生家庭，7 岁入私塾读书，通读"四书"、"五经"，打下坚实旧学根基。14 岁因父亲去世，家计艰难，只好考入洋务派新创办的海军学校——福州船厂附设的"马江船政学堂"学习。所学课目有"英文、算术、几何、代数、解析几何、割锥、平三角、弧三角、代积微、动静重学、水重学、电磁学、光学、音学、热学、化学、地质学、天文学、航海术”等（严璩：《侯官严先生年谱》，载王栻主编《严复集》第5册），于1871年毕业，前后计5年时间。嗣后，被派往军舰上实习，前后又历5年时间。1877年春，23岁的严复被选送到英国海军学校留学近3年时间，1879年归国。严复留英期间，正是英国资本主义发展的全盛时期。西方资本主义的现代文明与中国腐朽没落的封建制度，形成鲜明的对比和极大反差，对年轻的严复影响极大。因而，他对海军课程渐渐不感兴趣，而将主要精力用于考察西方资本主义先进国家之所以富强的原因，摸索一条可使中国复兴、强盛的道路。对西方资产阶级文化的深刻了解、对资本主义制度的直接接触和观察，为他后来大量翻译、介绍西方资产阶级的社会科学著作准备了条件。

1879年6月，年仅25岁的严复留学归国后，先在母校福州船政学堂教了一年书，就被李鸿章调到天津，在新创办的海军学校——北洋水师学堂任职，自“总教习”（教务长）、“会办”（副校长），升至“总办”（校长）。他在这个学校一直呆了近20年时间（1880—1900年）。在此期间，特别是1895年甲午战争以后，他写作政论文章，翻译西方资产阶级的社会科学著作，积极参与维新派的办报活动，进行政治改良的宣传。1900年五六月间，义和团运动发生后，严复才离开一住20年的天津，到上海赁居于闸北长康里。此后，他奔走于京、沪等地。从1900年到1911年间，他在翻译西方资产阶级著名学者的著作方面，又倾注了极大精力，先后翻译出版了亚当·斯密的《原富》（1902年）、斯宾塞的《群学肄言》（1903年）、穆勒的《群己权界论》（1903年）、甄克思的《社会通诠》（1904年）、孟德斯鸠的《法意》（1904年）、穆勒的《穆勒名学》（1905年）、耶芳斯的《名学浅说》（1909年）等。连同1898年出版的《天演论》，合称“严译名著八种”。

辛亥革命后，他依附袁世凯，在北洋政府中担任议员、顾问、参议等闲散职务。在政治上，他反对共和，主张恢复帝制，直至列名“筹安会”，为世所訾。在思想上，他主张复古，尊孔读经，反对五四运动，反对白话文运动，完全走上了顽固保守的道路。1921年10月27日病逝于福州故里。

终其一生看，严复是我国近代积极向西方寻求真理的“先进中国人”之一，是一个杰出的爱国主义者、启蒙思想家，也是一个杰出的报刊政论家。严复的报刊活动是从1895年开始的。甲午战争中的失败、列强的虎视鹰瞵、民族危机的空前严重，这一切对严复刺激极大。在1895年2至6月间，他以强烈的爱国热情，在天津《直报》上发表了5篇重要论文：

《论世变之亟》（1895年2月4—5日《直报》）

《原强》（1895年3月4—9日《直报》）

《原强续篇》（1895年3月29日《直报》）

《辟韩》（1895年3月13—14日《直报》）

《救亡决论》（1895年5月1日至6月16日《直报》）

在这一组政论文章中，严复系统地发挥了他的政治主张及理论体系。在《论世变之亟》这篇文章中，严复认为：“观今日之世变，盖自秦以来未有若斯之亟也。夫世之变也，莫知其所由然，强而名之曰运会。”所谓“运会”即指大事变，亦即历史发展的必然规律、大趋势、大转折点。文章引郭嵩焘《罪言》云：“天地气机，一发不可复遏。士大夫自怙其私，求抑遏天地已发之机，未有能胜者也。”因此，严复认为在此大“运会”中，要向西方学习，“用西洋之术”；要用“西洋之术”，又必须用“通达时务之真人才”。否则，由于“士大夫之怙私，而其祸可至于亡国灭种，四分五裂，而不可收拾”。

在《原强》这篇文章中，严复首先介绍了英国生物学家达尔文“物竞”、“天择”、“适者生存”的理论，及社会学家“锡彭塞”（斯宾塞尔）有关人类社会的学说。接着详细分析了中国的“积弱不振之势”。最后初步提出了他的“及今而图自强”的治标、治本两套方案。他的治标方案是“收大权，练军实”；他的治本方案是“开民智’、“厚民力”、“明民德”，三者之中，以“开民智”为最急之务。

在《原强续篇》中，鉴于甲午战争后期，清政府决定同日本签订卖国条约，严复坚决主张与日本作战到底，反对签约求和。他说：“仆生平固最不喜言战者也……迨不得已战矣，则计无复之，唯有与战相始终，万万不可求和。盖和则终亡，而战可期渐振。”他认为我们如果一边进行战争，一边整顿军队，就可以取得最后胜利。而日本方面，则已经山穷水尽、民怨沸腾，再打下去，只有失败。我们万不可以几万万两白银作为赔款，白送他们，使之死灰复燃，转危为安。

《辟韩》是严复早期政论中最为著名的一篇。这篇文章最为突出的一点是猛烈地抨击了封建专制，提倡民主、民权。在这篇文章中，严复用西方资产阶级的国家学说解释了君主的起源，尖锐批判了韩愈《原道》一文中君主专制的理论和尊君思想。在当时封建专制的淫威下，他大胆勇猛地攻击两千多年来的封建君主制度，尖锐指出：“秦以来之为君，正所谓大盗窃国者耳。国谁窃？转相窃之于民而已。既已窃之矣，又惴惴然恐其主之或觉而复之也，于是其法与令猬毛而起。质而论之，其什八九皆所以坏民之才、散民之力、漓民之德者也。斯民也，固斯天下之真主也，必弱而愚之，使其常不觉、常不足以有为，而后吾可以长保所窃而永世。”文章刊出后，影响极大，深受维新人士的称赞。梁启超主办的上海《时务报》马上予以转载。而鄂督张之洞“见而恶之，谓为洪水猛兽。命孝感屠君守仁作《〈辟韩〉驳议》”（严璩：《侯官严先生年谱》）。

1897年夏，继上海《时务报》和澳门《知新报》、湖南长沙《湘学新报》等维新派报刊之后，严复约集王修植、夏曾佑、杭辛斋等几位维新派朋友，经过5个月的筹备，于1897年10月26日创刊了《国闻报》（日刊），一个月后又出版了《国闻汇编》（旬刊）。严复始终是《国闻报》及《国闻汇编》的主脑人物。报（刊）上刊载的大部分重要政论均由严复撰写。

在《〈国闻报〉缘起》一文中，严复称该报“略仿英国《泰晤士报》之例”，是以英国资产阶级老牌权威报纸为样板而创办起来的。接着阐述了该报的宗旨和目的：“《国闻报》何为而设也？曰：将以求通焉耳。夫通之道有二：一曰通上下之情，一曰通中外之故。为一国自立之国，则以通下情为要义；塞其下情，则有利而不知兴，有弊而不知去，若是者则国必弱。为各国并立之国，则尤以通外情为要务；昧于外情则坐井而以为天小，扪籥而以为日圆，若是者国必危。”在“通上下之情”、“通中外之故”这两条“求通”之道中，“尤以通外情为急”。因此，在具体的编辑方针上，严复认为：“欲通知外情，不能不详述外事；欲详述外事，不能不广译各国之报。”与此同时，为了贯彻其“以通外情为要务”的宗旨，严复声称《国闻报》馆聘请了10多位“通晓各国文学之士”担任译员，收集了东、西方各国报纸达100余种，作为翻译材料，并在伦敦、巴黎、柏林、彼得堡、纽约、华盛顿等世界大都市设有采访人员（有人据此认为这是我国报馆有驻外访员之始）等等。实际上，《国闻报》创办初期，经济上是比较困难的。严复所说是夸大其词，并未兑现。但广译外报、重视外情、重视对世界各国情况的报道却是《国闻报》及《国闻汇编》的一大特色。

这里需要特别指出的是严复的办报“求通”，“通上下之情、通中外之故”的思想与梁启超办《时务报》时所提出的“去塞求通”的思想基本上是一致的。但也有区别，“梁启超强调以‘通上下’为重点，而严复则主张‘以通外情为要务’，这种办报原则的区别，也反映了他们思想上的差异。梁启超所提‘通上下’的实际内容，就是要报纸向朝廷陈述维新派的变法主张，以推动自上而下的政治运动，严复则是要报纸广泛介绍西方知识和西方文化，为未来的政治变革准备思想条件。”⑰因此，在严复的报刊理论中，他特别强调报刊“通下情”、“通外情”的功能。

《国闻报》中主要社论，大半出自严复之手。还有一些时评及译稿，也是严复所写。但由于当年《国闻报》社论采取“不署名制”，故现在难以知道严复所著篇数的确数。据有人统计，自1897年10月26日《国闻报》创刊起，至1898年10月14日（光绪二十四年八月底）、即戊戌政变发生的那一个月止，维新派主持《国闻报》共354天，出版354号。共刊载重要社论42篇，其中大部分由严复所写，估计有27篇之多。⑱

严复是一位具有强烈爱国主义思想的启蒙思想家，他在《国闻报》上所写的政论，透辟分析世界大势，抗议帝国主义的侵略行径，揭露帝国主义的狼子野心；抨击封建顽固守旧势力，鼓吹变法图强、保教保种，在戊戌变法时期产生了很大影响。其遗著后被辑为《严复集》（共5册，王栻主编，中华书局1986年版）。

第七节 维新运动时期出版的其他报刊

一、各地维新派创办的其他报刊

除以上著名的报刊外，资产阶级改良派在上海、杭州、苏州、无锡、温州、成都、重庆、桂林、广州、福州、南昌、太原等地，以及日本，创办了不少时事政治报刊。这些报刊大都是由各地改良派团体及具有改良思想的人创办起来的。其中较有影响的有：

【《福报》】 1896年4月28日（光绪二十二年三月十六日）创刊于福州，由黄乃裳创办，主编者有叶某、陈某、施某。两日刊，每期出4开2张。广泛报道新政消息。1898年戊戌政变后停刊。

【《广仁报》】 1897年4月中旬（光绪二十三年三月）创刊于桂林。这是广西出现的第一份近代报刊。1897年初，康有为到桂林，与唐景星、岑春煊等发起组织圣学会，《广仁报》即该会的机关报。由康门弟子况仕应、龙应中等主编。初为两日刊，后改为半月刊。每期线装一册。1898年10月停刊。

【《富强报》】 1897年5月21日（光绪二十三年四月二十日）创刊于上海，程甘园等主编，5日刊，以宣传新政、新学为主要内容。1897年7月28日出版第15期后停刊。

【《实学报》】 1897年8月28日（光绪二十三年八月初一日）在上海创刊，旬刊，馆址在“上海英大马路泥城桥鸿文局隔壁”。王仁俊（干臣）为“总理”，章太炎任总撰述，其他撰稿人有孙福保、项思勋、范祎、王季锴、汪荣宝等，翻译有王斯源、朱树人等。《实学报》以讲求“实学”相标榜，分天、地、人、物为四纲，谓“本报之设，以讲求学问，考核名实为主义，博采通议，广译各报。内以上承三圣之绪，外以周知四海之为，故名《实学报》”（见王仁俊：《实学报启》，载《实学报》第一册末尾）。《实学报》是维新运动时期“最足以动守旧者之听，且足以夺维新者之心”的一份期刊。它以介绍新知识为主，但也刊载了很多反对新政、反对变法、反对民主，以及为顽固派张目的文字，如王仁俊的《实学平议》即是较典型的一篇，后被收入苏舆所编《翼教丛编》中。现能看到的《实学报》最后一册为1898年1月3日（光绪二十三年十二月十一日）出版的第14册（中华书局于1991年出版的“中国近代期刊汇刊”中，辑入了《实学报》）。

【《求是报》】　1897年9月30日（光绪二十三年九月初五日）创刊于上海。由陈季同（敬如）、陈寿彭（逸如）兄弟创办，陈衍（石遗）、曾仰东主编。旬刊，铅印。约至1898年3月停刊。

【《译书公会报》】　1897年10月26日（光绪二十三年十月初一日）创刊于上海，周刊，由上海译书公会铅印出版。该刊内容：“以广译东西切用书籍报章为主，辅以同人论说”，目的在“开民智，广见闻”。主笔杨模。章太炎亦曾参与该刊的编辑工作。

【《渝报》】　1897年10月26日（光绪二十三年十月初一日）创刊于重庆。馆址：白象街。由宋育仁、潘清荫等主编。旬刊，用木版（或木活字版）印刷；土白纸，线装书形式。该刊是四川第一个近代报刊。约至1898年春便停刊。

【《岭学报》】　1898年2月10日（光绪二十四年正月二十日）在广州创刊，旬刊。由潘衍桐、黎国廉创办。主笔朱淇（菉孙）、谭汝俭等。

【《岭海报》】　1898年4月创刊于广州，是《岭学报》附设的日报，日出8开8版。戊戌变法失败后，曾刊《原效》一文，替康、梁辩护，遭官方警告，一度伪托德商名义，改名《德商岭南报》出版。1900年因刊载义和团打败八国联军消息而遭查封。以后《岭海报》由苏域寰出资买进，先后请胡汉民（衍鸿）、胡衍鹗兄弟担任主笔。后趋保守，与《中国日报》展开笔战（1903年）。

【《蜀学报》】　1898年5月5日（光绪二十四年闰三月十五日）创刊于成都，旬刊。是维新派在西南地区继重庆《渝报》之后创办的又一重要报刊。总经理仍为宋育仁，主笔为吴之英。“百日维新”失败后停刊。《渝报》、《蜀学报》均系四川维新派团体“蜀学会”的机关报。

【《东亚报》】 1898年6月29日（光绪二十四年五月十一日）创刊于日本神户，旬刊，有光纸铅印。该刊是改良派、也是中国人在日本出版的第一份报刊。经理简敬可，撰述为韩昙首、康同文和韩文举等。他们都是广东人，且系康门弟子。戊戌政变后不久停刊。现见11期。

二、最早的妇女报刊、文摘性报刊及专业学术报刊的出现

【《最早的妇女报刊——《女学报》】 《女学报》，1898年7月24日（光绪二十四年六月初六日）创刊于上海，旬刊。是上海桂墅里“女学会书塾”的校刊及“女学会”的机关报，也是中国近代第一份妇女报刊。内容设“论说”、“新闻”、“征文”等栏目，提倡兴女学、开女智、争女权。石印出版，每期一张，分为4“页”（版），可以折叠，版面犹如《湘报》。出版至10月29日停刊，共出12期。该报由康有为的女儿康同薇、梁启超的妻子李蕙仙及裘毓芳、张蕴华等任主笔。主编者都是改良派人物的家属。它是我国最早由妇女主办、并以妇女为主要读者对象的报刊。

【最早的文摘性报刊——《集成报》】 《集成报》，1897年5月6日（光绪二十三年四月初五日）在上海创刊，馆址在“上海英大马路西贵州路逢吉里一弄”。旬刊，连史纸石印。逢五（夏历初五、十五、二十五日）出版。由陈念护创办。每册约30页。《集成报》设有谕旨、章奏及军政、学校、商务、农桑、制造、交涉、杂事等栏目，分类辑录，以便检阅。该报所载内容，大多辑自当时出版的各种报刊，一如该报第一册所载《叙》云：“专集各报。节其所长，去其所短；取其所是，阙其所非。类聚群分，都为一册。录报之外，复拟采访新政，考核旧章，名臣奏议，通人论说，以补各报所未备。兼译西书，附刊简尾。将见集众粟以成墉栉，集众缕以成经纬，集众木以成轮奂。不狃一偏，借收众美。”该刊停刊日期不详，见到最后一期为1898年5月15日（光绪二十

四年闰三月二十五日）出版的第 34 册（见“中国近代期刊汇刊”所收《集成报》合订本，中华书局 1991 年版）。此外，1901 年 4 月，上海又出版了一种《集成报》，性质也属文摘性刊物，也是旬刊，装帧、版式也与前《集成报》相似，但为有光纸铅字。

【专业学术报刊的出现】　为了振兴农、工、商业，提倡实学，“开民智”，“育人才”，维新派人士还创办了一批专业性报刊及以介绍自然科学知识为主的报刊。其中比较著名的有《农学报》、《新学报》、《算学报》等。《农学报》原名《农学》，于 1897 年 5 月创刊。在上海出版。由罗振玉、蒋黼等创设的务农会主办，是务农会的机关报，也是我国最早的农学刊物。从第 15 期起改名为《农学报》。该刊初为半月刊，到 1898 年元月的第 19 期起改为旬刊。连史纸石印线装本，每期 25 页左右。创刊号由梁启超作序。该刊曾大量译载欧美、日本农学著作，并刊登务农会员采访各省农事情况的报告。至 1906 年 1 月（光绪三十一年十二月）停刊，共出 315 期。1900 年以后，武昌、天津等地也曾出版过《农学报》。《新学报》于 1897 年 8 月上旬（光绪二十三年七月）在上海创刊。该刊是维新派人士创办的以介绍自然科学知识为主的报刊。总撰述叶耀元。半月刊，每期 20 余页，连史纸石印。主要栏目有：上谕、政学、算学、医学、博物等。《算学报》于 1897 年 8 月创刊。月刊。由黄庆澄主编。报馆原设在温州，自第 2 期起，在上海设分馆。是晚清最早的数学杂志。1900 年前后停刊。

三、白话报刊的出现及文艺小报的流行

【白话报刊的创办】　戊戌变法时期，为了“开通民智”，“培养新民”，资产阶级改良派人士开始倡导运用白话文，作为传播“新学”、“新知”，宣传他们的政治主张的工具。因此，便创办了几家白话报刊，如：上海出版的《蒙学报》、《演义白话报》，无锡出版的《无锡白话报》等。其中《无锡白话报》影响较大。

《蒙学报》于 1897 年 11 月 1 日（光绪二十三年十月初七日）创刊。是蒙学公会的机关刊物。在上海出版，由叶瀚、曾广铨、汪康年等联名发起创办。叶瀚主编。周刊，每册 20 余页，连史纸石

印。读者对象为少年儿童。内容多译述西文通俗文学作品。后改名为《蒙学书报》。

《演义白话报》于1897年11月7日（光绪二十三年十月十三日）创刊。由章伯初、章仲和兄弟俩主持。馆址设在上海四马路惠福里。是上海地区最早的小型白话报之一。内容有国内外新闻、笔记、小说等。该报发刊旨趣云："中国人要想发愤立志，不吃人亏，必须讲求外洋情形、天下大势，必须看报。要看报，必须从白话起头，方才明明白白。"

《无锡白话报》于1898年5月11日（光绪二十四年闰三月二十一日）创刊，在无锡出版。第一期封面署明"本馆设在城内沙巷"。该报系用木刻活字、毛边纸印刷。每5日出刊一期，每期一册，每册10多页，后来扩充到20多页。该报出到第5期时，恐阅者以为该报专为无锡一隅而办，不向全国发行；又恐人家误会为该报是用无锡方言写的，不足号召全国。故从第5期以后，改名为《中国官音白话报》，"继加'官音'二字，示非土语"（《可桴文存·序跋·𠔇庵集序》文下附注）。刊期也改为每半月一期，每两期合出一册。由于当时环境、条件所限，《中国官音白话报》只出了14期便停刊了。⑲

《无锡白话报》的创办人是裘可桴。主编者是裘氏"子弟兵"，包括裘可桴及其侄儿、侄孙和侄女裘毓芳（字梅侣）。裘毓芳是我国最早的女报人之一。

裘可桴（公元1857—1943年），原名廷梁，字葆良，别字可桴。1912年民国成立后以别字"可桴"行于世，"原名等废不用"（《可桴文存》"自序"）。江苏无锡人。1885年（光绪十一年）中举。后入京会试，两试不中，遂绝意科举，转而致力于"西学"、"新学"。他认为：要变法维新，必须先办报纸，进行舆论、宣传工作，"无古今中外，变法必自空谈始。故今日中国将变未变之际，以扩张报务为第一义"（见裘可桴：《无锡白话报序》）。他又认为：要改革社会风气，开通民智，必须废除科举，广兴学校；不得已而求其次，必先开办报纸，而"报，安能人人而阅之，必自白话始"（同上）。当时，北京、天津、上海、长沙等大埠已先后创办了不少的报刊。可是，裘可桴认为这些报刊文字艰深，能看懂的只有少数中上层阶层分子，而要让普通下层人民人人能读报，必须"设法浅之"，从办白话报着手。于是在1898年5月便创刊了《无锡白话报》。裘可桴早年除创办白话报外，还大声疾呼、不遗余力提倡白话文，是我国白话文运动的先驱者之一。后来，他又致力于教育事业，在无锡地方开办了"三等学堂"、"东林学堂"等新学堂及师范学校等。

1943年12月8日，裘可桴以87岁高龄，卒于沪寓。其遗著收入《可桴文存》（由朱夑钧编校，无锡裘翼经堂藏版，1946年出版）中。该文集是研究我国早期白话报刊史、近代白话文史，以及研究裘可桴其人之重要资料。

【文艺小报的流行】　戊戌变法时期，以上海为中心，出现了一批文艺小报。其中主要有：

《指南报》，1896年6月6日（光绪二十二年四月二十五日）创刊，李伯元（南亭亭长）主编。馆址在上海英租界大马路东首。

《游戏报》，1897年6月24日（光绪二十三年五月二十五日）创刊，也是李伯元主编。馆址在上海西藏路亿鑫里。

《笑报》，1897年10月20日（光绪二十三年九月二十五日）创刊，报馆设在四马路《苏海汇报》馆内。编辑人自题为"笑笑主人"。

《消闲报》，1897年11月24日（光绪二十三年十一月朔日）创刊。该报本是《字林沪报》的附送小报。主笔高太痴。

《采风报》，1898年7月10日（光绪二十四年五月二十二日）创刊。日报。由前《新闻报》主笔孙玉声创办，吴趼人（我佛山人）主编。

《趣报》，1898年6月29日（光绪二十四年五月十一日）创刊。馆址设在上海四马路西中和里。由《苏报》主笔邹弢创办并担任主笔。每日一张。曾用赠奖方式推广销路。[20]

以上这些文艺小报的创办人及主编者，如李伯元（南亭亭长）、吴趼人（我佛山人）、欧阳巨源（茂苑惜秋生）、高太痴等，都是清末著名谴责小说作家。他们既办报，也搞文艺创作，基本上是办报与创作同步进行。他们撰写的著名小说如《文明小史》、《官场现形记》、《二十年目睹之怪现状》等，都是首先在这些文艺小报上以连载形式发表，以后才结集出版的。他们创办文艺小报的用心和目的，可从《论游戏报之本意》一文中看出来：

"《游戏报》之命名仿自泰西，岂真好为游戏哉？盖有不得已之深意存焉者也。慨夫当今之世，国日贫矣，民日疲矣，士风日下，而商务日亟矣。有心世道者，方且汲汲顾景之不暇，尚何有恒舞酣歌、乐为故事、而不自觉乎？然使执涂人而告之曰：朝政如是，国事如是，是犹聚瘖聋跛躄之流，强之为经济文章之务，人必笑其迂而讥其背矣。故不得不假游戏之说，以隐寓劝惩，亦觉世之一道也。"（1897 年 8 月 25 日《游戏报》第 63 号）

这些小报的内容，除连载讽刺小说外，还往往"以诙谐之笔，写游戏之文。遣词必新，命题皆偶。上自列邦政治，下逮风土人情。文则论辩、传记、碑志、歌颂、诗赋、词曲、演义、小唱之属，以及楹对、诗钟、灯虎、酒令之制；人则士农工贾，强弱老幼，远人逋客，匪徒奸宄，娼优下贱之俦，旁及神仙鬼怪之事，莫不描摩尽致，寓意劝惩。无义不搜，有体皆备……"（见《游戏报》重印"告白"）另外，由于这些小报主编者绝大多数人都是耽于"文酒伎乐之事"的洋场才子，使这些小报也刊载了不少以谈风月、说勾栏为主题的色情文字，开以后黄色小报的先河。总而言之，这些小报，"揭露了当时的社会黑暗，抨击了买办、官僚以及帝国主义，奠定了晚清谴责小说发展的基础"。同时，也"反映了当时半殖民地的买办阶级、洋场才子、都会市民和官僚地主一些没落的生活形态。这些报纸，是起了推波助澜作用的"。因此，"这类小报，是半殖民地都市生活，和封建地主生活结合起来所孕育的，具有特征的报纸"（见阿英：《晚清小报录·引言补充》）。

在以上这些文艺小报的主编者中，最为著名的是李伯元，人称为中国近、现代"小报界之鼻祖"（孙玉声：《李伯元》）。

李伯元（公元 1867—1906 年），名宝嘉，小名凯。字伯元，别号南亭亭长，笔名有"游戏主人"、"讴歌变俗人"、"二春居士"等。原籍江苏武进（今属江苏常州市）。早年，李伯元的上两代在山东做官，李伯元于同治六年四月二十九日（公元 1867 年 6 月 1 日）出生于山东。年仅 3 岁即丧父，由堂伯父和寡母抚养成人。1892 年，26 岁的李伯元才随同家人从山东回到家乡常州。1896 年，李伯元 30 岁的那一年才考取秀才。这时，堂伯父也去世了。“伯元内伤门庭的多故，外感国势之阽危，慨然有问世之志。因思报纸为民喉舌，借以发聋振聩，较易生效，遂于光绪二十二年（公元 1896 年）赴上海创办《指南报》，不久改办《游戏报》，继又改办《繁华报》（全称《世界繁华报》，创刊于 1901 年 4 月 7 日。出至 1910 年 3 月 13 日停刊，前后发行 10 年之久。但李伯元只办了前 5 年，即自创刊至 1906 年 4 月他逝世止——引者注），并应商务印书馆之聘，编辑《绣像小说》半月刊。……光绪三十二年（三月十四日）（即 1906 年 4 月 7 日——引者注），伯元以瘵殁于上海，寿止四十岁耳。”（李锡奇：《李伯元生平事迹大略》）

1898 年 9 月 21 日（戊戌八月初六日），以慈禧太后为首的封建顽固派集团发动了旨在推翻戊戌新政的宫廷政变。这样，轰轰烈烈的变法维新运动，便以光绪皇帝的被囚、谭嗣同等六君子的悲壮喋血和康、梁的仓皇出走而宣告失败。慈禧太后复政后，便于 1898 年 10 月 9 日下谕，查禁全国各地维新派报馆，严拿报馆主笔。谕旨云：

> 莠言乱政，最为民生之害。前经降旨将官报局、《时务报》一律停止。近闻天津、上海、汉口等处，仍复报馆林立，肆口逞说，妄造谣言，惑世诬民，罔知顾忌，亟应设法禁止。著各该督抚饬属认真查禁。其馆中主笔之人，率皆斯文败类，不顾廉耻，即饬地方官严行访拿，从重惩办，以息邪说，而靖人心。

这样，维新派的报刊除澳门《知新报》因托庇于租界得以幸存外，其余几乎全部被封或被迫停刊。改良派在国内的舆论宣传阵地丧失殆尽，不得不将其宣传中心转移到国外，即日本去了。

注　释

①宋教仁:《东亚最近二十年时局论》,原载《民立报》1911 年 2 月 8 日—3 月 27 日;转见陈旭麓主编:《宋教仁集》上册,第 137 页,中华书局 1981 年版。

②梁启超:《莅报界欢迎会演说词》,原载《梁任公书牍》卷上。转引自翦伯赞等编:《戊戌变法》第 4 册,第 253~255 页,神州国光社 1953 年版。

③方汉奇:《中国近代报刊史》上册,第 76 页,山西人民出版社 1983 年版。

④“诵方”、“训方”皆上古官名。《周礼·地官·诵训》、《周礼·夏官·训方氏》等处均有诵方、训方的记载,其职能是传达政令和了解、报告四方情况,其中包括“四方之慝”,即四方民众的意见和舆论不满之事。

⑤梁启超:《〈清议报〉第一百册祝辞并论报馆之责任及本馆之经历》,载《清议报》第 100 期,1901 年 12 月 21 日。

⑥参阅梁启超:《创办时务报源委》,见光绪二十四年八月十一日《知新报》第 66 册,又见翦伯赞等编:《戊戌变法》第 524 页,神州国光社 1953 年版。

⑦参阅胡道静:《戊戌政变五十年祭与中外日报》,连载于《报学杂志》第 8、9、10 期,1948 年出版。

⑧“饮冰”一词源于《庄子·人间世》。梁启超一生中用过的笔名有 40 多个,其中,“饮冰”是最著名的笔名之一,也是其斋室名。据《庄子·人间世》记载:楚大夫叶公子高受君命出使齐国,“朝受命而夕饮冰”。言其“忧心如焚,饮冰解热”。梁氏以“饮冰”为笔名,寄寓其忧国忧民的情怀。又,关于梁启超的出生地,耿云志、崔志海:《梁启超》(广东人民出版社 1994 年 12 月出版)第 1 页:“梁启超,字卓如,号任公。1873 年 2 月 23 日出生于广东新会县熊子乡的茶坑村。”区达权《熊子塔和“熊塔归帆”》(载《羊城晚报》2005 年 2 月 27 日):“‘熊’(读泥)是‘熊’字下面四点少了一点,系新会特有的一个字。”——以上二说均不确。“熊”当为“⿱能示”。《汉语大字典》(缩印本)(湖北辞书出版社、四川辞书出版社 1992 年出版)第 238 页:“⿱能示,nài《集韵》乃代切,去代泥。小熊。”极确。

⑨转引自丁文江等:《梁任公年谱长编初稿》卷十三“一九〇四年”,台北世界书局 1972 年版。

⑩同注释②。

⑪见民国元年二月二十三日梁启超:《致袁项城书》,转引自丁文江、赵

丰田编：《梁启超年谱长编》第617页，上海人民出版社1983年版。

⑫梁启超：《国体战争躬历谈》，载《饮冰室合集·专集》之三十三，第143页。

⑬关于“造舆论”一词：1907年，杨度在给梁启超的信中也曾说：“盖先举事而后造舆论，不若先造舆论而后举事”，见丁文江等撰：《梁任公年谱长编》上册，第236页，台北世界书局1972年版。

⑭早在1898年8月5日、6日，《国闻报》就登载严复《说难》一文，其中即有“东西各国”“各党即有各党之报”的话。但未把“党报”作一专名提出。

⑮参阅唐才质：《唐才常烈士年谱》，载《唐才常集》，中华书局1980年版。

⑯见蔡尚思、方行编：《谭嗣同全集》下册，第493~494页，中华书局1981年版。

⑰余家宏、宁树藩、叶春华主编：《新闻学基础》第280页，安徽人民出版社1985年版。

⑱参见王栻：《严复在〈国闻报〉上发表了哪些论文》，载王栻主编：《严复集》第2册“附录一”，中华书局1986年版。

⑲参见范放：《中国官音白话报》，载《近代史资料》丛刊1963年第2期。

⑳以上文艺小报详细情形可参阅阿英：《晚清小报录》，载阿英：《晚清文艺报刊述略》，上海古典文学出版社1958年版。

第四章

辛亥革命时期资产阶级改良派及保皇党的办报活动

戊戌变法失败后，历史进入了辛亥革命时期。这一时期，中国新闻事业又有新的发展，表现出如下几个特点。

1. 戊戌变法失败后，中国政治斗争格局发生了重大变化。其中最大变化之一是民族资产阶级越来越迅速地发生分化，逐步形成两股主要的政治力量：一股是以康有为、梁启超为代表的资产阶级改良派，这一派和戊戌变法时期的维新派既有联系，又有区别。戊戌变法时期，维新派在以光绪皇帝为首的帝党的支持下，希图从上而下进行改革。他们通过创办报刊，进行舆论宣传，对地主、官僚出身的知识分子及资产阶级知识分子进行启蒙思想的教育，促进了中国知识分子思想的大觉醒、大解放。戊戌变法失败后，他们仍然幻想在根本不动摇封建统治的基础上，通过自上而下的温和改良来发展资本主义，主张实行“开明专制”、“君主立宪”制度。特别是资产阶级革命运动蓬勃兴起后，他们极力反对资产阶级革命派领导的民主革命，逐渐由维新派、改良派堕落成为保皇派。另一股政治力量是以孙中山为首的资产阶级革命派。这一股政治力量早在甲午战争时就出现了，但在戊戌变法时期还很幼弱，故不能在当时的政治舞台上占据主导地位。但戊戌变法失败后，特别是1900年后，资产阶级革命派力量渐强。他们主张用暴力推翻封建制度、推翻清政府。在整个辛亥革命时期，他们创办了大量报刊，宣传革命，同清廷斗争，同保皇派论战。

2. 辛亥革命时期资产阶级改良派和资产阶级革命派在办报宗旨、办报方针及宣传策略上有很大的不同。这种差异，早在戊戌变法时期就明显地表现出来，“康有为、梁启超以办报揭开维新运动的序幕，而孙中山则在广州（起义的）枪声中登上历史舞台”。① 改良派在维新变法运动一开始，就把办报作为他们政治活动的主要手段。戊戌政变失败后，康、梁流亡海外，仍然是以办报刊进行舆论鼓吹。而革命派在初期则把武装起义放在首位，以后有条件了才开始创办报刊，并且把“文”、“武”两条战线有机结合起来。从1900年到1911年的10年间，由孙中山直接或间接指挥的武装起义不下10次，与此同时，也整整进行了10年的办报活动。

3. 改良派、革命派的办报活动都由国外向国内发展。慈禧太后复政后，立于光绪二十四年八月二十四日下谕，封闭维新派报刊，捉拿其主笔。这样，维新派报刊绝大部分被查封或停刊，他们在国内的宣传阵地几乎丧失殆尽。封建专制统治更加野蛮、残酷。这样，维新派和革命派的办报活动只得转移到国外（日本）或英国的租借地香港，以逃避清廷统治的魔爪。所以，1898年12月，梁启超在日本横滨创办了《清议报》。1900年1月，孙中山派陈少白在香港创办了《中国日报》。接着，在日本的政治流亡者、留学生及华侨等，也在东京、横滨等地创办了不少报刊。以后，随着形势的变化，资产阶级革命派和改良派逐渐从国外向国内渗透，在上海等地的租界创办了大量报刊。

总之，戊戌变法失败后，康有为、梁启超等亡命海外，继续把办报刊作为他们进行政治活动的主要手段。从1898年10月到1911年间，他们先后在日本、美洲、南洋、港澳及内地创办了30多种报刊。

第一节　戊戌政变后改良派在日本的报刊活动

一、《清议报》

戊戌政变后，改良派在海外创办的第一份机关刊物是《清议报》。该刊于1891年12月23日（阴历十一月十一日）在日本横滨创刊。旬刊，每月出3期，每期逢阴历初一、十一、二十一日出版；用连史纸印刷，仍按线装书样式装订；每期30页至40页不等，篇幅3万余字；发行约4000份。该刊的经费来源主要是旅日英籍华商冯镜如及其他华侨人士募集的资金、黄遵宪等人的捐款及梁启超逃亡时随身携带的“赤金二百两”。刊物的筹备及出版，都曾得到日本官方的支持。

《清议报》以“维持支那之清议，激发国民之正气”、“增长支那人之学识”、“交通支那、日本两国之声气，联其情谊”、“发明东亚学术，以保存亚粹”（见梁启超：《清议报叙例》，载《清议报》第一期）四项为宗旨，以“倡民权”、“衍公理”、“明朝局”、“厉国耻”（《本馆第一百册祝辞并论报馆之责任及本馆之经历》）四大特色为号召，是一份以批评时政为主要任务的政论刊物。其内容分论说、名家著述、文苑、外论汇译、纪事、群报撷华等栏目。该刊名义上由冯镜如任发行人兼编辑，实际主编人是梁启超。从1898年到1901年的三年时间内，梁启超以哀时客、任公、饮冰②、饮冰室主人、少年中国之少年、定远等笔名，为《清议报》写作了大量政论文章和文艺作品，其中包括《论变法必自平满汉之界始》、《尊皇论》、《国家思想变迁异同论》、《论中国人种之将来》、《少年中国说》、《中国积弱溯源论》、《立宪法议》、《本馆第一百册祝辞并论报馆之责任及本馆之经历》等31篇评论文章，《戊戌政变记》、《中国近十年史论》等专著，以及《饮冰室自由书》、《汗漫录》等系列连载专栏作品和散见于“诗界潮音集”、“文苑”等栏目的大量诗词韵文。在这些文章及作品中，梁启超大量介绍了西方资产阶级的社会政治学说，对国人进行反封建的思想启蒙；以充满激情的笔触，唤起民众的觉醒，激励人们爱国图强；主张开明专制，君主立宪。也抨击慈禧太后及荣禄、刚毅等“逆后贼臣”，狼狈为奸，把持朝政；歌颂光绪帝载湉的“圣明”，并望其复辟，成为以后“保皇报之权舆”（胡汉民：《近年中国报之发达》）。

当时协助梁启超担任编辑工作的是麦孟华和欧榘甲。秦力山、郑贯公也曾一度担任该报的助理编辑（二人以后转入革命派阵营）。

《清议报》到1901年12月21日（光绪二十七年十一月十一日）出满第100期时，特出特大纪念号。梁启超为此而专门写了一篇《本馆第一百册祝辞并论报馆之责任及本馆之经历》的纪念性文章。特大号出版后，设在横滨元居留地百五十二番馆的报社就遭火灾，馆舍及一应设备全部被焚。《清议报》因此停刊，前后计历整3年时间。

二、《新民丛报》

《清议报》停刊仅一个多月，梁启超又创办了《新民丛报》。该刊于1902年2月8日（光绪二十八年正月初一日）创刊，出版地点仍在横滨。开办费1万元，系由冯紫珊、黄为之、邓荫南、陈侣笙、梁启超等分别向旅日华商筹措。名义上的编辑兼发行者为冯紫珊，实际主编仍是梁启超。该刊系半月刊，每月初一、十五日发行。在1904年2月后便经常脱期，到1907年11月20日出至第96期停刊。前后历时达5年9个月。

《新民丛报》系用白报纸印刷，32开本，洋装。每期篇幅五六万字，40至100页不等。其纸张、印刷与装潢都比《清议报》讲究得多，与现在一般杂志接近。创刊号封面是套色印刷的中国地图，上方绘有雄狮，寓意深刻。前期封面仍印一飞腾的雄狮，下绘一地球，象征中国崛起于世界。后期封面比较朴素，净面只印刊名“新民丛报”4个大字。

关于《新民丛报》的宗旨和办报方针，梁启超在该报《章程》中讲得很清楚：

本报取《大学》“新民”之义，以为欲维新我国，当先维新我民。中国之所以不振，由于国民公德缺乏，智慧不开。故本报专对此病而药治之。务采合中西道德以为德育之方针，广罗政学理论以为智育之原本。

本报以教育为主脑，以政论为附从，但今日世界所趋，重在国家主义之教育，故于政治亦不得不详。惟所论务在养我国家思想，故于目前政府一二事之得失不暇沾沾词费也。

本报为我国前途起见，一以国民公利公益为目的，持论务极公平，不偏于一党派。不为灌夫骂坐之语，以败坏中国者，咎非专在一人也；不为危险激烈之言，以导中国进步当以渐也。

也就是说，《新民丛报》的命名取义于《礼记·大学》：“大学之道，在明明德，在新民，在止于至善。”它的宗旨是用启发教育和开发民智的手段，来改造人民的素质，培养、造就一代“新民”。它的编辑方针是“不为灌夫骂坐之语”，如《清议报》时期的谩骂慈禧等为“逆后贼臣”；“不为危险激烈之言”，如革命派的革命言论。

从编辑人员看，《新民丛报》刚创刊时，编辑人手少，具体编辑事务几乎由梁启超一人承担。因此，他非常忙碌。当时，他白天在横滨山下町《新民丛报》编辑部的三楼上写文章，“每日属文以五千言为率”。[③]晚上还要到大同学校讲中国历史课。[④]以后编辑部力量逐渐得到充实，先后协助梁启超担任编辑工作的有蒋智由、韩文举、麦孟华、马君武、罗孝高和蒋百里等人。经常撰稿者，除编辑人员外，还有狄平子、周宏业、蔡锷、张东荪、徐佛苏、黄遵宪等人。其中，梁启超与蒋智由撰文最多。翻开《新民丛报》合订本就可以看出，梁启超的“中国之新民”、“饮冰”等笔名和蒋智由的“观云”笔名出现频率最高。从1902年到1907年间，梁启超以“中国之新民”、“饮冰”等笔名在《新民丛报》上发表了大量文章，其中包括洋洋10余万言的《新民说》（1902年2月—1903

年 11 月)、《论政府与人民之权限》(1902 年 3 月)、《敬告我同业诸君》(1902 年 10 月)、《新民议》(1902 年 11 月、12 月)、《敬告我国国民》(1903 年 2 月)、《中国历史上革命之研究》(1904 年 2 月)、《开明专制论》(1906 年 1—3 月) 等大量政论文章。有人估计，梁启超在《新民丛报》上至少发表了 250 万字。蒋智由则以"观云"笔名在《新民丛报》上先后发表了《中国兴亡问题论》、《极东问题之满洲问题》、《中国人种考》、《华年阁杂谈》等评论文和杂文。其间，1903 年 2—11 月，梁启超赴美洲游历期间，《新民丛报》便由蒋观云担任主编 (梁回日本后，仍由梁主编)。

从版面编排看，早期《新民丛报》共分"图画"、"论著门"、"批评门"、"丛录门"四大栏目。其中，"图画"栏每期刊载印刷精美、清晰的时事新闻图画和照片，"论著门"下列"论说"、"学说"、"时局"、"历史"、"传记"、"法律"等分栏，"批评门"下列"政界时评"、"人物时评"、"绍介新著"、"杂评"等分栏，"丛录门"下列"谈丛"、"译丛"、"小说"、"文苑"、"诗界潮音集"、"杂俎"、"纪事"等分栏。以后，栏目分得更细。

从内容上看，《新民丛报》始终围绕培养民德、开发民智、造就新民的宗旨作文章。从创刊号起，梁启超就以"中国之新民"的笔名在该刊开始发表长篇政论《新民说》。以后陆续连载 10 期，至 1903 年 11 月出版的第 41 期才登完。文章认为：中国之所以日即于衰弱，不光由于帝国主义的侵略、清廷的黑暗腐败，而且因为"我国民"素质的"衰败堕落"及国民的缺少公德、私德、国家思想、义务思想、权利思想，以及缺乏进取、冒险、自由、自治、进步、自尊、合群、尚武等精神。而"国也者，积民而成"，"未有其民愚陋、怯弱、涣散、混浊，而国犹能立者"。因此，中国要想"安富尊荣，则新民之道不可不讲"，"新民为今日中国第一急务。"要"新民"，就必须开发"民智"，"稍从灌输常识入手"(梁启超：《鄙人对于言论界之过去及将来》)。这样，向中国读者介绍、灌输新思想、新学说、新知识，就成为《新民丛报》的重要任务。《新民丛报》关于各种新知的介绍，涉及范围很广，包括政治、经济、军事、历史、地理、哲学、法律、宗教、文学、科学等等，从社会科学到自然科学无所不包。涉及的西方著名学者有培根、笛卡儿、达尔文、孟德斯鸠、卢梭、边沁、颉德、亚里士多德、康德、黑格尔、圣西门等等。连马克思及其社会主义学说，也被混杂在其中，加以介绍，如梁启超在《进化论革命者颉德之学说》（载1902年10月16日出版的《新民丛报》第18号）一文中，有两处提到"麦喀士"（马克思）和"社会主义"："……故麦喀士（日耳曼人，社会主义之泰斗也）嘲之曰：'今世学者，以科学破宗教……'；'今之德国，有最占势力之二大思想：一曰麦喀士之社会主义，二曰尼志埃（即尼采——引者注）之个人主义。'"又如梁启超在《中国之社会主义》（载1904年2月14日出版的《新民丛报》46至48号合刊）一文中云："麦喀士曰：'现今之经济社会，实少数人掠夺多数人之土地而组成之者也。'""此等言论，与千六百六十六年万国劳力党同盟之宣言书（指1866年9月第一国际第一次代表大会批准的由马克思起草的第一国际章程——引者注），何其口吻之逼肖耶？"

从发行及社会影响来看，《新民丛报》创刊不久就发行至5 000份，最高发行数达14 000多份。除日本外，在国内许多省份、大城市及港、澳地区，以及国外的朝鲜、越南、澳洲、美国、加拿大等地，都设有分销处。《新民丛报》在当时及以后，都影响广泛而深远。创办初期，黄遵宪在给梁启超的信中云："《清议报》胜《时务报》远矣，今之《新民丛报》又胜《清议报》百倍矣。惊心动魄，一字千金，人人笔下所无，却为人人意中所有，虽铁石人亦感动，从古至今文字之力之大，无过于此者矣。罗浮山洞中一猴，一出而逞妖作怪，东游而后，又变为《西游记》之孙行者，七十二变，愈出愈奇，我辈猪八戒，安所容置喙乎。惟其合掌膜拜而已。"（光绪二十八年四月《黄公度致饮冰室主人书》，见《梁任公先生年谱长编》上册，第150页）严复在给梁启超的信中也说："新明（民）执事：承赠寄所刊《丛报》三期，首尾循诵，风生潮长，为亚洲二十世纪文明运会之先声。而辞意恳恻，于祖国，若孝子事亲，不忘几谏⑤，尤征游学以来进德之猛。曙曦东望，延跂何穷！三编所载，皆极有关系文字，而鄙诚所尤爱者，则第一期之

《新史学》，第二期之《论保教》，第三期之《论中国学术变迁》。凡此，皆非囿习拘虚者所能道其单词片义者也。大报尝谓学理邃赜，宜以流畅锐达之笔行之，诚哉其为流畅锐达也。”（严复：《与梁任公论所著译〈原富〉书》，1902年）不少无产阶级的革命家年轻时代就曾是《新民丛报》热心的读者，深受梁启超思想的影响。毛泽东少年时期看的第一份报刊就是《新民丛报》。那是1910年，16岁的毛泽东进入湘乡东山高等小学堂，表兄送给他一本《新民丛报》，他爱不释手，“读了又读，直到可以背出来”（斯诺：《西行漫记》第113页）。1918年，毛泽东发起组织“新民学会”，会名明显受《新民丛报》及《新民说》文章的影响。早年，毛泽东还曾按梁启超号取名“子任”。其他革命家如吴玉章(《从甲午战争前后到辛亥革命前后的回忆》，载《中国青年》1961年第18期)、郭沫若(《少年时代》第112—113页)、邹韬奋(《经历》第6页）等都曾在他们的文章和著作中谈到自己早年受梁影响的情况。

从政治倾向看，以1903年冬末、1904年春初为界限，《新民丛报》可分为前后两个时期。前期的《新民丛报》积极从西方思想武库中寻找思想武器，向人们鼓吹一整套资产阶级的世界观、人生观和伦理道德观念，介绍了大量资产阶级的社会政治学说和科学理论知识。其涉及面之广，篇幅之多，超过了此前任何中文报刊，也超过了当时的革命派报刊，形成了《新民丛报》的一大特色。它在社会上产生了巨大影响，客观上为当时的国内青年及思想文化界作了许多有意义的启蒙工作。这是梁启超的重大贡献。另外，由于对清廷腐败及改革无望而产生的愤懑，梁启超在《清议报》及《新民丛报》前期，还曾一度高谈“革命”和“破坏主义”（但其基本的改良主义思想立场并没有改变)，以致引起康有为的极为不满。1903年12月（光绪二十九年十月）间，梁启超从美洲考察游历回到横滨后，“言论大变，从前所深信的破坏主义和革命排满的主张，至是完全放弃”。这是他“政治思想的一大转变，以后几年内的言论和主张，完全站在这个基础上立论”（丁文江等撰：《梁任公先生年谱长编》上册，第191页)。从1904年以后，《新民丛报》不遗余力鼓吹“君主立宪”、“开明专制”。对日益兴起的资产阶级革命派的革命实践活动，竭力反对，认为“不必行社会革命”、“不可行社会革命”、“不能行社会革命”（见梁启超：《杂答某报》，连载于1906年8、9月间出版的《新民丛报》第84~86号），成为阻碍革命的绊脚石。以致从1906年4月开始，到1907年10月间，《新民丛报》与资产阶级革命派创办的《民报》之间展开了一场规模空前的大论战。

第二节　戊戌政变后改良派在港、澳、南洋及美洲等地的办报活动

戊戌政变后，除以日本为中心，创办了《清议报》、《新民丛报》等报刊外，改良派还在港澳及国外某些地区主持和创办了不少报刊。1899年7月20日（光绪二十五年六月十三日），康有为在加拿大千岛与华侨商人李福基、冯秀石等人共同创立改良派的政治团体——“保救大清皇帝会”（简称“保皇会”）。该会以保救光绪、反对慈禧和抵制革命为宗旨，康有为任正会长，梁启超、徐勤任副会长，设总部于澳门。以后陆续在美国、墨西哥、中美、南美、日本、南洋等地设立总会11个、分会103个。

康有为、梁启超等非常重视利用报刊作为各级保皇会的喉舌。除澳门《知新报》、横滨《清议报》是保皇会总会的主要喉舌外，各地保皇会分支机构大多也有自己的机关报。以致引起慈禧太后的极大恐慌，她特于1900年2月14日（光绪二十六年正月十五日）颁下谕旨，悬赏严缉康、梁。谕旨云：

> 前因康有为、梁启超罪大恶极，迭经谕令沿海各省督抚悬赏购缉，严密缉拿，迄今尚未弋获。该逆等狼子野心，仍在沿海一带煽诱华民，并开设报馆，肆行簧鼓，种种悖逆情形，殊堪发指。着南洋、闽、浙、广东各省督抚，仍行明白示谕，不论何项人等，如有能将康有为、梁启超缉获送官，验明实系该逆犯正身，立即赏银十万两；万一该逆犯等早伏天诛，只须呈验尸身，确实无疑，亦即一体给赏。此项银两，并着先行提存

上海道库，一面交犯，即一面验明交银，免致辗转稽延。如不愿领赏，愿为实在官阶及各项封衔，亦可予以破格之赏。至该逆犯等开设报馆，发行报章，必在华界，但使购阅无人，该逆犯等自无所施其技。并着各该督抚，实力严查，如有购阅前项报章者，一体严拿惩办。此外如藏有该逆等从前所著各逆书，并着严查销毁，以申国宪，而靖人心。钦此。（见《德宗景皇帝实录》458 卷 11 页。又见光绪二十六年正月十七日《申报》）

但改良派报刊多在港、澳及国外创办，通缉令效力无法达到。改良派报刊仍不断创办起来。

在香港，改良派除利用《华字日报》、《循环日报》、《维新日报》等老牌的改良派报纸，继续进行维新改良及保皇的宣传外，当地保皇会还在 1903 年创办了《实报》、1904 年 4 月 20 日创办了《商报》。《商报》由徐勤、伍宪子、伍权公等主编，被保皇会员称为“吾党之总机关”，销行近 5 000 份，影响很大。曾与革命派的《中国日报》展开激烈的笔战。

在澳门，《知新报》（1897 年 2 月 22 日创刊，初为 5 日刊，后改旬刊、半月刊）于政变后仍然继续出版，后成了保皇会的重要机关报之一。该报在何穗田、刘桢麟、陈继俨等人的主持下，仍然不遗余力地鼓吹政治改良运动、鼓吹保皇，继续刊登康有为在百日维新时期的各种奏折，称颂光绪圣德、指斥慈禧擅权的文章。直至 1901 年 1 月 20 日出至 133 期才自动停刊。另外，保皇会还创办了《濠镜报》。该报于 1898 年创刊，由卢雨川、黄式如、陈子韶主编。

在南洋，1899 年 5 月 17 日，改良派在新加坡创刊了《天南新报》，日刊。这是改良派在南洋创办的第一张报纸，由侨商邱菽园出资创办，由徐勤、欧榘甲、汤觉顿等主编，是新加坡保皇会的机关报。该报“以歌颂清帝变政为宗旨”（冯自由：《革命逸史》第 4 册第 145 页），“英属各埠华侨，从之者大不乏人”（同上，初集第 170 页）。直至 1902 年 2 月被查封。1906 年春，原由新加坡华侨、资产阶级革命派陈楚楠等创办的《南洋总汇报》被陈云秋和朱子佩等保皇派接办。康有为的弟子区榘甲、徐勤、伍宪子等即利用此报与革命派的《中兴日报》大开笔战。

在美洲，改良派于1899年在美国旧金山和檀香山成立了保皇会，并在旧金山创办了《文兴日报》（1899年创刊）。该报是保皇会在美洲的第一张机关报，由徐勤、梁启超、欧榘甲等人先后担任主编，内容为“大倡保皇扶满之说”（冯自由：《革命逸史》初集第138页），对当地华侨影响甚大。1902年，欧榘甲又在旧金山创办了《大同日报》。1900年4月19日（光绪二十六年三月二十日），改良派在夏威夷群岛的檀香山创刊了《新中国报》。报头下印“夏威夷第一”，表明它是夏威夷最早的改良派报纸，也是当地最早的华侨报纸之一。初创时的主编是梁启超。梁返日后，由其他人主编。内容：极力鼓吹保皇立宪。1903年后，曾与当地革命派报纸《隆记报》（又名《檀山新报》）展开激烈笔战。孙中山曾在《隆记报》上发表《敬告同乡文》、《驳保皇报》等文以驳之。1900年，改良派还在加拿大温哥华创刊了《日新报》，该报也是康、梁亲赴加拿大创办起来的，其宗旨仍是宣传保皇立宪，抵制革命。

除以上报纸外，改良派还在澳大利亚的悉尼创办了《东华新报》（1899年创刊）、《东华报》（1904年创刊），在荷属东印度群岛爪哇岛的泗水市创办了《泗水日报》（1903年创刊，是印度尼西亚最早的华侨报纸），在缅甸仰光创办了《仰光新报》（1904年创刊，经理庄银安，主编秦力山，秦后脱离保皇会，在该报鼓吹革命），在泰国曼谷创办了《启南日报》（1907年创刊，由徐勤主持，至1912年前停刊）。

第三节　戊戌政变后改良派在国内创办的报刊

一、上海《时报》及其他报刊

【影响巨大的上海《时报》】　从1904年起，逋逃在日本的改良派便开始潜回国内，创办报刊。在这年的初春，狄楚青、罗普

(孝高）两人就奉康有为之命，从日本回到上海，筹办报纸。4 月间，梁启超主持完了保皇会在香港召开的大会之后，也由港秘密至沪，主持报纸的筹备工作。当时梁氏“尚在名捕中，未便露头角，乃改名姓，匿居虹口日本旅馆‘虎之家’三楼上。时罗孝高、狄楚青方奉南海先生命，在上海筹办《时报》馆，任公实亦暗中主持，乃日夕集商，其命名曰《时报》及发刊词与体例，皆任公所撰定。旋即赴东，而《时报》初办时所登论说，亦多系任公从横滨寄稿来者。其后争回粤汉铁路一案，全赖《时报》之力，则系由任公向杨皙子度觅得全案电稿，一一加以按语，寄由《时报》发表，以促国人之注意，故卒能达其收回自办之目的也”。(罗孝高：《记任公轶事》，转见丁文江等撰《梁任公先生年谱长编》上册第 194 页)

《时报》于 1904 年 6 月 12 日（光绪三十年四月二十九日）创刊于上海，社址“在福州路巡捕房对面的广智书局的楼上”（包天笑：《钏影楼回忆录》第 317 页)。该报是一张大型日报。为了防止清政府的迫害，创刊时挂的是日商招牌，由日本人宗方小太郎出面担任名义上的发行人。实际总经理是狄楚青，总主笔为罗孝高，担任编辑工作的有陈景韩、雷奋（继兴)、包天笑等。

《时报》的报名取义于《礼记》的“君子而时中”一语。主张“道国齐民，莫贵于时”；标榜该报宣传的内容既要“与时相应”，适合于时，又要“随时而变”。故“爰创此报，命之曰‘时’。于祖国国粹，固所尊重也，而不适于当世之务者，束阁之；于泰西文明，固所崇拜也，而不应于中国之程度者，缓置之”(《〈时报〉发刊词》)。该报起初每日刊行对开两大张，1907 年 2 月起增至 3 张，逐渐发展成为现代有很大影响的全国性日报。从内容上看，该报辟有“论说”、“中外新闻”、“时评”、“译丛”、“小说”等栏目。在政治倾向上，既抨击封建顽固势力的“蹉跎荏苒，日即腐败，而国遂不可救”，又批评革命党人的“叫嚣狂掷，终无一成，或缘是以生他种难局，而国亦遂不可救”(《〈时报〉发刊词》)；宣传君主立宪，主张和平改革，“为国民谋秩序之进步”(同上)。实际上唱的仍是改良派的老调子。早期《时报》在言论上影响较大的有两次。一次是1904—1905年间关于向英帝国主义争回粤汉铁路筑路权的宣传，一次是1905年前后的关于反对美国政府华工禁约及抵制美货、购买国货的宣传。

《时报》在报纸编辑工作上，有很多改革和创新，在当时的报界有很大影响。《时报》创办人狄楚青就曾对人说："我的办报并不是要革新舆论，乃是想要革新代表舆论的报界。"⑥《时报》创刊之时，正是上海《申报》、《新闻报》两大报暮气已深的时候。这两大报倚仗自己的老牌子，几十年一贯制，不思改革。他们以为改革以后，读者便会不欢迎他们的报纸，那么就会影响自己的养生之源——广告。因此，多少年来也还是老面孔。"《时报》出版，突然似放一异彩，虽然销数还远不及申、新两报，却大有'新生之犊不畏虎'的意气。他（它）注意于文艺界、教育界。当时的知识阶级，便非看《时报》不可。初出版的几个月，第一版所谓封面广告，全是各书局的出版书目。商务印书馆的广告，订有合同，以月计，其时正发行教科书，广出杂志。后来商务又规定每日出书两种，而订定必登在《时报》'报头'之旁，他报不登也。各学校招考学生，每年两期，亦专登《时报》，他报不登。至于洋行广告、香烟公司广告、大药房广告（卖假药，欺骗中国病家，利润极厚，非登巨幅广告不可），那时不会光顾《时报》的。"⑦以后，《时报》在报纸版面、内容及编排等方面又进行了一系列重大改革。其中最为重要的是首创"时评"专栏。"时评"即时事新闻及时事政治评论，这一体裁虽不是创自《时报》，但形成专栏、且产生重大影响却是从《时报》的"时评"始。早年《申报》、《新闻报》所载评论往往不咸不淡、不痛不痒，形成所谓"报章八股"。有人评价说："《新闻报》的'新评'，大都揣摩一般商人的心理而说的，归纳起来，不外乎祈求和平和劝告军阀（劝告军阀不打仗，以利于做生意——引者注），这几个老套。至于精实的评断、奇拔的见解，在该报的新评中，是不容易发见的。""《申报》的时评，往往是无时间性的，有人说过他的时评，隔两三年还可以应用。那些有时间性的，简直都是无意义可言。他所说的，都是不说也明白的话。"⑧而《时报》的"时评"才是真正名副其实的

"时评"，写得很有特色。该报3个主要的新闻编辑，每人都有自己的短评专栏：陈景韩负责"时评一"，主评国内要闻；包天笑负责"时评二"，主评外埠新闻；雷奋负责"时评三"，主评本埠新闻。⑨每篇都是一二百字不等的短评，应时而发，密切配合当天的重大新闻，分见于各版。其中，特别是陈景韩以"冷"、"冷血"等笔名写的短评，文字短小精悍，冷隽老辣，犀利明快，在读者中产生了很大影响。胡适在《十七年的回顾》一文中回忆说："我于前清光绪三十年（公元1904年——引者注）的二月间，从徽州来到上海，求那当时所谓'新学'。我进梅溪学堂后，不到两个月，《时报》便出版了。那时正当日俄战争初起的时候，全国的人心大震动。但是当时几家老报纸，仍旧做那古文的长篇论说，仍旧保守那遗传下来的老格式与老办法，故不能供给当时的需要。"接着，胡氏谈到《时报》的贡献说："我现在回想当时我们那班少年人，何以这样爱恋《时报》呢？我想有两大原因：第一，《时报》的短评，在当日是一种创体，做的人也聚精会神的大胆说话，故能引起许多人的注意，故能在读者脑筋里发生有力的影响。我记得《时报》产生的第一年里，有几件大案子：一件是周有生案，一件是大闹会审公堂案。《时报》对于这几件事，都有很明决的主张。每日不但有'冷'的短评，有时还有几个人签名的短评，同时登出。这种短评，在现在已成了日时的常套了。在当时，却是一种文体的革新。用简短的词句，用冷隽明利的口吻，几乎逐句分段，使读者一目了然，不消费工夫去点句分段，不消费工夫去寻思考索。当时看报人的程度，还在幼稚时代，这种明快冷刻的短评，正合当时的需要。我还记得当周有生案快结束的时候，我受了《时报》短评的影响，痛恨上海道袁树勋的丧失国权，曾和两个同学写了一封长信去痛骂他，这也可见《时报》当时对于一般少年人的影响之大，这确是《时报》的一大贡献。我们试看这短评，在这17年来，逐渐变成了中国报界的公用文体，这就可见他们的用处与他们的魔力了。"

与此同时，《时报》从一创刊起，即辟有"小说"专栏，除少量创作外，大量译载西方文学作品，基本上采用白话。其中，刊载的一些世界名著，如法国科学幻想小说家凡尔纳的《八十天环游地球》（刊于 1905 年 12 月）、雨果的《悲惨世界》（译名《逃犯》，刊于 1907 年 8 月）、莎士比亚的《哈姆雷特》（刊于 1910 年 4 月），均为国内较早的白话译本。

在报纸副刊的正式形成方面，《时报》也曾作过贡献。我国早期报纸，并没有副刊的名目。有关副刊性的文字，如小说、杂文、诗词之类，都附载在新闻的后幅。早期《时报》也是如此，如狄楚青的《平等阁笔记》和《平等阁诗话》都是附载于新闻之后的。后来别辟一栏名《余兴》，由著名小说家包天笑主编。该栏专载除新闻及论说、时评以外的杂著。自辟此栏后，投稿者非常踊跃，也深受青年学子的欢迎。在它的影响下，后来《申报》也正式创刊了自己的副刊《自由谈》，《新闻报》也创刊了副刊《快活林》。一时蔚然成风，其他各报也渐渐都有了副刊。

在版式和版面等方面，《时报》也有自己的特点和创新。近代报刊，多采用把几个版面都印刷在一张纸的单面上。《时报》打破成例，首创对开报纸，分为 1、2、3、4 共 4 版，两面印刷；每版版面编排实行分栏设目，“如论说、谕旨、电报及紧要新闻，皆有一定之位置，使读者开卷即见，不劳探索。其记载本国新闻以地别之；外国新闻，以国别之”。字体“一号、二号、三号、四号、五号、六号字模及各种圈点符号，俱行置备。其最要紧之事则用大字，次者中字，寻常新闻用小字。用大字者，所以醒目也；用小字者，求内容之丰富也。论说批评中之主眼，新闻中之标题，皆加圈点以为识别”（《〈时报〉发刊例》）。

从影响上看，《时报》以辛亥革命、武昌起义为界，分为前后两期。前期（从创刊到 1911 年）是《时报》办得欣欣向荣的时期。在当时的上海，一般口碑往往“申”、“新”、“时”三家并称，影响很大。民国成立后，《时报》由于曾是保皇派的机关报，声望大不如以前。此外，辛亥革命后，《申报》亟谋改革，它将《时报》所长一一吸收，其实大声宏，也使《时报》相形见绌。再加上 1912 年，史量才接办《申报》后，倚靠张謇、赵凤昌等地方实力派的影响，不惜重金挖走了《时报》总编辑、总主笔陈景韩，也使《时报》元气大伤。可以说，入民国后，《时报》就开始走下坡路了。《时报》一度经济困难，入不敷出，狄楚青自己经营的有正书局却岁有盈余，他便采取剜肉补疮的办法，以有正书局盈余、补《时报》不足。由于有正书局的挹注，《时报》得以维持数年。到1920年便转让给黄伯惠（承恩），次年由黄正式接办，直至1939年9月1日因经济困难而停刊。

《时报》的创办人及早期主持者是狄楚青。狄楚青（公元1873—1939年），原名葆贤，字楚青，号平子。别署平等阁主、平情居士等。江苏溧阳人。出生于封建官僚家庭，早年中举。戊戌前，他在北京与许多名士相结纳。戊戌时期，康有为策动公车上书，他列名其中，并成为康门弟子。戊戌政变后，东走日本。1900年回上海，7月参加维新人士唐才常等在张园发起组织的中国国会，接着又参加了唐才常组织的自立军勤王活动，担任募款和购置军火等项工作。8月事败，又逃往日本，与保皇党人相往还，经常以"平等阁主"的笔名在《清议报》、《新民丛报》上发表诗词作品，直到1904年初回到上海创办《时报》。以后，长期负责《时报》的经营管理工作，直至1921年转让给黄伯惠为止。主持《时报》前后达17年之久。除创办《时报》外，狄楚青还创办过有正书局。该书局以用珂罗版精印古今各种名画而闻名。他生平好佛，笃信佛教，曾在《时报》新馆址上建以七级宝塔。

《时报》初创时期总主笔为罗孝高。罗孝高，名普，字孝高，号披发生。广东顺德人，是康有为的嫡传弟子。戊戌政变后，留学日本，毕业于早稻田大学，是我国最早一批留日学生之一。《清议报》、《新民丛报》出版时，曾担任过译述工作。《时报》创刊后，他与冯挺之主要负责言论方面的工作；新闻的采访编辑工作则分别由陈景韩、雷奋、包天笑等负责。

陈景韩，名琦，又名景韩，笔名冷、冷血。江苏松江人。1878年10月20日生，1965年7月6日在上海逝世，享年88岁。他是我国近、现代著名的报刊新闻评论家。早年曾任教职，后至日本留学，与狄楚青结识。后归国。《时报》创刊后，名义上总主笔由罗孝高担任，实际编辑工作由陈景韩总揽。以后担任《时报》总编辑近7年。除主持日常编务外，还在《时报》发表了大量署名“冷”、“冷血”的短评，在当时的读者中影响极大。据说，《时报》的“时评”两字，即由陈景韩所题，寓有双关意义：一是“时事评论”，一是“《时报》评论”。陈景韩的短评，短小精悍，泼辣犀利。短评的题材都是从电文和新闻中找出来的，是配合新闻、针对某一重要新闻而写的，故能帮助读者分析时局、理解新闻。下举他的一篇“短评”为例：

谁谓我政府乏财

镑亏矣，镑亏矣，而今日乃有镑一千数百万以上。

广西以灾与乱而捐，捐之溢款又达百万以上。奉天以乱离而赈，赈之溢款又达二百万以上。

然则苟有一于国于民不利之事也者，政府必得多金。⑩

民国成立后，陈景韩被史量才“挖”走，长期担任《申报》总主笔，又写了大量短评。1931年前后，蒋介石想请他担任“国民政府”文官长，还有一次想请他担任宣传部长，但都被他婉拒。陈冷一生中，从事新闻工作达40多年。1922年，《申报》创刊50周年纪念时，他曾撰《二十年来记者生涯之回顾》一文，载入《申报》馆出版的《最近之五十年》纪念特刊中。该文像他的短评一样，简短精粹，总结了他20年来办报的12条经验，对我国新闻界影响很大。

雷奋，字继兴，亦是松江人。曾留学日本，毕业于早稻田大学，学政治法律专业。早年，曾就学于陈景韩之父；陈父赏识雷的聪慧，即以其女许配于雷，雷妻即陈景韩的姐姐。陈景韩与雷奋实是“郎舅”关系。两人都是《时报》主脑人物。

包天笑，名公毅，号朗孙。笔名有“吴门天笑生”、“天笑生”、“天笑”、“笑”等。斋室名“秋星阁”、“钏影楼”。生于1876年。1973年，以97岁高龄逝世于香港。他是江苏苏州人，为清末民初著名小说家。1894年中秀才。早年曾在苏州创办过《励学译编》及《苏州白话报》等木刻杂志。后到山东教书，任青州中学监督。1905 年赴上海，旋任《时报》编辑工作，担任附刊《余兴》主编。在《时报》前期的编辑人员中，他是工作时间最长的一个。他从 1906 年进《时报》，到 1919 年离开《时报》，前后服务于《时报》馆达 14 年之久。由于印象深刻，故在时隔半个多世纪后，对《时报》往事仍能记忆犹新，在其《钏影楼回忆录》中给《时报》留下了十分鲜活的宝贵史料。

【《外交报》、《东方杂志》和《选报》】　除《时报》外，这一时期上海地区的改良派还创办了不少报刊，其中影响较大的有《外交报》、《东方杂志》和《选报》等。

《外交报》、《东方杂志》都是由商务印书馆编辑出版的刊物。《外交报》创刊于 1902 年 1 月 4 日（光绪二十七年十一月二十五日），每 10 日出一册，每册约 30 页，有光纸线装。内容分论说、谕旨、文牍、外交纪闻、译报、要电汇录等栏目，由商务印书馆的主持人张元济亲任主编，蔡元培、严复等人担任撰述，是我国第一份以研究国际问题为主要内容的期刊。在国内问题上，它反对革命，主张改良。该刊办到 1911 年 1 月 15 日（宣统二年十二月十五日）停刊，连续刊行 10 年，前后共出 300 期。

《东方杂志》创刊于 1904 年 3 月 11 日（光绪三十年一月二十五日），社址在上海辣斐德路 523 弄 5 号。该刊刊期：初为月刊，1920 年 1 月出版的第 17 卷起改为半月刊，1947 年后又改为月刊。早期为文摘性杂志，内容分谕旨、社说、内务、军事、外交、教育、实业、宗教、小说，译件、调查、大事记等栏目，对中外大事记载详备。从 1911 年 3 月出版的第 8 卷第一号起，不立栏目，改为以刊载自撰和征集的论文与译文为主，不再刊登谕旨、奏折之类的文牍。文章以政治、经济等社会科学方面的内容为主，兼有自然科学方面的内容，成为一份大型的综合性杂志。该刊曾以“杂货店”自喻（见该刊第 16 卷第 7 号《今后杂志界之职务》一文），可见其内容之庞杂，但成为今天治近、现代史的重要参考资料。该刊最高销量达 15 000 份，到 1948 年 12 月出至第 44 卷第 12 号后停刊，中间除“一·二八”、“八一三”因战事波及两度短期休刊外，先后出版达 44 年之久，出满 44 卷，是旧中国历时最久的大型综合性期刊。初期由徐珂主编，从第5卷第7号起，先后由孟森、陈仲逸（杜亚泉）、钱智修（经宇）、胡愈之、李圣五等主编。其中钱智修主编时间最长，将近20年。

《选报》创刊于1901年11月11日（光绪二十七年十月初一日），馆址在上海四马路惠福里。该刊系旬刊，由蒋智由（观云）、赵祖德（彝初）所倡办，蒋智由、王无生先后任主编。马叙伦曾任编辑。该刊是一份文摘性杂志，据该报缘起叙例称："虽购一报，如见各报，耗费无多，精要具在。"每期内容为选取各报所载"国内外的重要消息、加一篇论说"而成（马叙伦：《我在六十岁以前》，第20页）。1903年9月21日出至第56期。停刊时间未详。

二、天津《大公报》

【《大公报》及其创办人英敛之】 戊戌政变后及辛亥革命时期，除康、梁直接投资创办的一些报刊外，国内各地还出现了一批由当地改良派人士、保皇派人士及具有改良主义思想倾向人士自行创办的报刊。这类报刊中，在北方一带，最有影响的是在天津出版的《大公报》和在北京出版的《京话日报》。

《大公报》创刊于1902年6月17日（光绪二十八年五月十二日），日刊。创刊号上，在报名"大公报"上加刊法文名字"L' IMPARTIAL"（"无私"之意）字样，下附"TIENTSIN"。内容首载《本馆告白》、《本报章程》及《大公报出版弁言》，接排新闻及广告。初创时，用中国毛边纸单面印刷，每日只出一面一大张，呈书版式。馆址开始设在天津"法租界佛照楼旁"（今哈尔滨道），1906年"始借款1万余元，租地建屋于日本租界（旭街）四面钟对过"（今和平路四面钟）（参见《大公报》1931年5月22日一版首载《本报一万号纪念辞》）。该报的创办人是英敛之。初由天主教资本家柴天宠、朱志尧及王郅隆等集资筹办，也接受法国传教士及法国驻华公使的少量入股。该报创刊后，由英敛之（名英华）任总理。他亲自主持《大公报》有10多年时间，先后协助他而担任主笔的有方守六、刘孟扬（字伯年）、王瀛孙（字葵若）、黄与之、郭定森（字宝书）、樊子镕、唐梦幻等人。《大公报》创刊后，积极鼓吹改良政治，主张保皇立宪。也具有明显的亲法色彩。1912年民国成立后，英敛之因病退居于北京香山静宜园，便不亲自主持报事了。直至1916年9月，英敛之将《大公报》出售给皖系财阀王郅隆（即王祝三，他于1923年去日本，死于日本关东大地震中）。王郅隆主持时期，《大公报》成为亲日报纸。到1925年冬，终因营业年年亏损，卒不能支，乃于1925年11月27日停刊。1926年9月，《大公报》又由王郅隆的儿子王璟珩盘售给吴鼎昌、胡政之、张季鸾等三人组成的"新记公司"。在新记公司的掌握下，一直出到1949年2月27日停刊。

《大公报》在旧中国一共出版了47年，是一份在各个历史时期都有很大影响的资产阶级报纸。为研究《大公报》历史的方便，人们往往将该报分成三个时期，即：

1. 英敛之主持时期（1902年6月17日—1916年9月）；

2. 王郅隆及其遗族主持时期（1916年10月—1925年11月27日）；

3. 新记公司主持时期（1926年9月1日—1949年2月27日）。⑪

《大公报》创办人英敛之（1867—1926年），名英华，字敛之，号安蹇，晚年号万松野人。满洲正红旗人，姓赫佳氏。1867年11月23日出生于北京。幼年家贫，"家世寒微，生长陋巷"（英敛之《金息侯君年谱叙》）。据说他的父亲和长兄都是体力劳动者。他本人靠自我奋斗，起初习武，后弃武从文，苦读自修成才。17岁起，即作日记不辍。英敛文在其文集《也是集·自序》中曾回忆说："仆以一武夫，不屑于雕虫刻篆。顾石可掇三百斤，弓能挽十二力，马步之射十中其九，每借此自豪。然此等伎俩，见遗于社会，无补于身家，遂弃之。弱冠后知耽文学，则又以泛滥百家、流览稗史侈渊博，甚至穷两月之目力，读《四库提要》一周，亦足见其涉猎之荒矣。"22岁时，受洗礼，入天主教，自学法文。从此和天主教及一些外国神父发生关系。30岁以后才结婚，其妻是皇族，姓爱新觉罗，名淑仲，有较高的文化程度。

英敛之是一个具有改良主义思想和保皇思想的满族知识分子。戊戌变法时期，他留心国事，在康有为“公车上书”之后，也在戊戌三月（1898 年 4 月间）写了一篇《论兴利必先除弊》的文章，议论国事，推崇康有为的变法主张。九月间政变发生后，英敛之恐被株连，遂逃至天津，搭乘太古公司“重庆号”轮船去上海，在船上适遇康有为，彼此交谈，然互相都不知姓名。在 1899 年 8 月 26 日出版的《知新报》上，英敛之又发表了《党祸余言》一文，对变法的失败表示“感痛郁结，情不能已”，对康、梁等的遭遇深表同情，对后党官僚的落井下石行径表示愤慨。1900 年初，法国正在筹划修筑云南、越南间的滇越铁路，便在铁路经行之地的云南南部蒙自县设立了领事馆。英敛之也于此时受聘为法国驻蒙自领事馆雇员，协助办理滇越铁路有关事务。在这年二月间，英敛之偕法国领事从天津启程到蒙自。由于义和团运动的影响，蒙自“地方不靖”，在七月中旬，英又随法领事离开蒙自，回到天津。在天津勾留一个多月后，为了谋职，曾一度到上海。1901 年 4 月 24 日又回到天津。适值天津紫竹林天主教堂总管、天主教资本家柴天宠（字敷霖）想集股办一个报纸，特请英敛之主持其事。英敛之在其 1911 年 4 月 26 日（阴历三月初八日）的日记上记载：“柴先生等愿设报馆，约予主持其事，集股本逾万元，甘为赔垫云云。”《大公报》创办时的大股东除柴天宠外，还有天津大盐商王郅隆（字祝三，天津东大沽人）。小股东有天津德商荣华洋行“买办”张连璧（字少秋），天津法国领事馆高级翻译、天主教徒李敬宇等。另外，法国天主教驻北京主教“樊主教”（华名“樊国梁”）及法国驻北京公使鲍渥也曾入股。《大公报》创刊后，英敛之是报纸的总负责人，他以一身而兼经理、撰述及编辑诸务，总揽言论和经营之权。1906 年 6 月 27 日，英敛之联络了几个天津新闻界人士，在《大公报》联名发表《告天津各大报主笔书》，倡议召开天津各报发行人和主笔协作会议，及成立“报界俱乐部”，为天津新闻工作者提供交流经验、研究报学及“燕息欢娱”的活动场所。7 月 1 日，第一次协作会议在日租界旭街（今和平路）芙蓉馆正式召开，天津“报界俱乐部”也在这次会上正式成立，会议由英敛之主持。“报界俱乐部”是我国近代第一个新闻团体。

民国成立后，英敛之就没有办报兴趣了，便携夫人退隐于京西香山静宜园，设“辅仁社”（即辅仁大学的前身），聚徒讲学。1916年，他将《大公报》让售于安福系资本家王郅隆。

英敛之退居北京西郊香山万松丛中的静宜园后，自号“万松野人”，潜心钻研天主教义，成为天主教在北方的首领，故时有“南马北英”之说（“南马”指马良，字相伯），英、马二人也交情笃厚。英晚年在北京办教育、办慈善事业。每年冬天募集赈款，在香山开粥厂，赈济饥民，颇得地方居民的感戴。1926年1月10日在北京病逝，时年60岁。著有《万松野人言善录》、《安蹇斋丛残稿》、《劝学罪言》、《也是集》等。其中，《也是集》（光绪丁未夏日，即1907年，大公报馆刊行）是他在报刊上发表的政论的汇编，也是研究早期《大公报》史的重要资料。⑫

辛亥革命时期，在英敛之的主持下，《大公报》以宣传保皇和立宪为中心内容，提倡变法维新，反对顽固守旧；主张君主立宪，反对封建专制，也反对革命；要求民族独立，反对外来侵略。此外，《大公报》还以“敢骂”、“敢言”著称。它敢于揭露、抨击清朝政府的一些弊政，敢于指责后党官僚的“奸贪娱国”，敢于点名批评炙手可热的直隶总督袁世凯。同时，也敢于“替穷苦大众说话”，受到社会的重视。

在与外关系上，《大公报》初创时，由于有法国公使和法国主教的投资，报馆又设在天津法租界，为了得到法帝国主义的保护，它的基本倾向是亲法的。由于它在租界出版，有法国公使作后台，它才“敢骂”、“敢言”，无所顾忌。1905年4月至7月间，英敛之应日本人的邀请赴日访问。从日本回来后，《大公报》的倾向也发生了变化，渐由亲法转向亲日。直至1906年9月5日，报馆由法租界迁到日租界旭街四面钟对面（今和平路四面钟对过）新址，报上的亲日言论也逐渐多起来。

三、北京《京话日报》及北京早期报界

【《京话日报》及其创办者彭翼仲】　北京地区之有现代报纸，

始于1900年庚子事变以后。此前，只有“白本京报”、“黄皮京报”等古老报纸流行；戊戌变法时期，维新派人士虽然在京创办了《中外纪闻》等报刊，但也昙花一现，为时短暂。庚子事变后，改良派人士震惊于国势衰微、土地割让、主权丧失，特纷纷设立报馆，开民智、开官智，发愤图强，作舆论上的鼓吹，其中最有名的是《京话日报》。

《京话日报》创刊于1904年8月16日（光绪三十年七月初六日），社址在北京正阳门外五道庙。该报系小型日报，每天出一张，内容分“要紧新闻”、“本京新闻”、“各国新闻”、“宫门钞”、“告示”、“专电”、“演说”、“时事新歌”、“小说”、“讲书”等栏目。报上文字，“通篇概用京话”（《发刊词》），是清末我国北方著名的白话报。社长彭翼仲，编辑吴子箴、文啙窳、春治先，经常撰稿的有王子真、梁巨川等。该报初创时只销千份左右，一年后增至7000多份，最多时超过万份，影响很大。当时，“北京报界之享大名者，要推《京话日报》为第一”（1907年11月26日《大公报》）。

从内容上看，《京话日报》主张变法维新，君主立宪；宣传社会改良，提倡大办蒙学堂、女学堂、普及教育，开通民智，支持多开工厂，利用城市的廉价劳动力，以发展民族工业，等等。同时，也敢于在报上公开揭露王公权贵的暴行及封建官僚的贪赃枉法、营私舞弊的丑闻，如详细报道那王府的王爷指使管家活埋侍妾、宛平县令收受贿赂等。作为一个爱国报纸，《京话日报》始终站在反帝斗争的前列，它曾谴责南非英国殖民当局虐待华工的罪行、参加1905年我国人民反对美国华工禁约和抵制美货的斗争及支持1906年南昌人民反洋教的斗争。另外，作为具有浓厚改良色彩的报纸，《京话日报》在竭力鼓吹君主立宪的同时，也极力反对革命，指责革命是胡闹。从1905年9月起，《京话日报》还发起过一场声势浩大的所谓“偿还国债”的国民捐运动。所谓“国民捐”，大意是：庚子赔款4亿5 000万两白银，这笔钱迟早总是要由国民负担。若迟拿出来，延期愈久，本、息累积就会愈大，不如全体国民自动一次性拿出来。以全国4亿多人口计算，刚好每人出一两银子，就可还清赔款。这实际上是帮助清政府把其丧权辱国的债务，进一步转嫁到全国人民头上。

《京话日报》的创办人是彭翼仲。彭翼仲（公元1864—1921年），名诒孙，号翼仲，又号子嘉，江苏苏州人，在北京长大。祖上为苏州世家巨族，祖父彭蕴章做过文渊阁武英殿大学士和军机大臣的领班，伯父彭祖贤做过湖北巡抚，他本人也做过通判之类的小官。庚子后，他目睹八国联军攻破北京、“两宫西狩”及和议告成后，割地赔款的局面，毅然弃官，转而办报。他一生办了3个报，都在北京出版发行。最先办的是《启蒙画报》，创刊于1902年6月23日（光绪二十八年五月十八日），社址在北京正阳门外五道庙。该报初为日刊，日出4开报一张，双面印刷，每面8版，各有版框。后改为月刊、半月刊，为纵16开本，每册30多页。内容分掌故识略、时闻两大类。图文并茂，每面图、文比例为上面三分之二是木刻图画，由名画家“永清刘炳堂（用烺）”所绘；下面三分之一附文字，全是通俗易懂的白话文，由彭亲自撰写。具体编排：“首列浅白论文，次列故事及浅近科学”（长白山人：《新闻学集成》第二章《北京报纸小史》第282页）。“浅近科学”即科学常识，包括天文、地理、博物、格致、算学等门类。“故事”则包括历史掌故、名人轶事等，如司马光、范仲淹等古人轶事，以及外国名人如拿破仑、华盛顿、大彼得、俾斯麦，西乡隆盛等人轶事。《启蒙画报》属画报性质，本来是给10岁上下的孩子看的，但成人看了也觉得津津有味，“一纸风行，销路甚广”（1902年9月13日《大公报》“中外近事”栏）。对小孩影响更大，梁漱溟回忆说：他“十岁时爱看《启蒙画报》……几乎成瘾。”⑬另据长白山人《北京报纸小史》记载：“彼时有志士二人，一为醉郭，一名巨云章，每日持报沿街叫卖，并在人多处讲解。以故闾阎之中，行销甚广，而醉郭、巨云章之名亦深印于市民脑中矣。风气既开，有志者纷起创立报馆。”⑭《启蒙画报》出到1904年底停刊。

在《启蒙画报》出版的同时，彭翼仲又于1904年8月16日创刊了《京话日报》。该报是北京地区最早的日报之一。初创时，发行量很小，处境艰难。彭翼仲在自传中回忆：“甲辰（1904年）创办《京话日报》，初出版时，风气未开，阅报者少，群呼之为洋报，冷嘲热骂，无所不至。街设报牌，屡被拆毁。”⑮又据梁漱溟回忆：“从开办设备到经常费用，彭公家产已赔垫干净，并且负了许多债。年关到来，债主催逼，家中妇女怨谪，彭公忧煎之极，几乎上吊自缢。”⑯这真可谓“呕心挖肝的苦办报”（《京话日报》第241号“演说”）。以后，由于《京话日报》敢于揭露社会黑暗、反映下层人民疾苦，敢于仗义执言、为民请命，逐渐深受中下层社会的欢迎，影响渐大。“社会上有些热心人士，自动帮忙，或多购报纸沿街张贴，或出资设立‘阅报所’、‘讲报处’之类。还有被人呼为‘醉郭’的一位老者，原以说书卖卜为生。他改行，专门讲报，作义务宣传员。其他类此之事不少。”⑰连西太后和光绪皇帝也遣内侍传旨下来，索看此报。

彭翼仲创办的第3份报纸是《中华报》（后改名《中华日报》）。该报创刊于1904年12月7日（光绪三十年十一月初一日），社址“设于五道庙《京话日报》后院”（长白山人《北京报纸小史》）。日出一小张，由他的妹夫、浙江海宁人杭辛斋担任主笔。彭翼仲以前办的两份报刊都用白话文编写，读者对象主要是文化水平不高的成人和少年儿童，目的是为了“开民智”。而《中华报》却用文言写作，偏重于政治新闻报道和西洋科学的介绍，读者对象主要是上层官绅，目的是“开官智”。

由于《京话日报》、《中华日报》敢于揭露官府衙门的积弊和豪门大户的暴行，触怒了当权者；又由于彭翼仲容留、结交改良派人士等原因，1906年9月29日（光绪三十二年八月十二日），清廷巡警部以“妄议朝政，捏造谣言，附和匪党，肆为论说”的罪名，同时封闭了《京话日报》和《中华日报》。《中华报》主笔杭辛斋定罪为递解回籍、交地方官严加管束；彭翼仲被“褫籍”，并发配新疆，监禁十年。彭氏“发遣日，由大佛寺起程，市民去送者数千人，赠送程仪者无算，讲报人醉郭……随去戍所。道出保定，文实权氏致函直隶藩司增蕴氏（子固），求其保卫彭氏，增藩司派员直送至新疆，并送程仪三百两”。⑱如此动人的场面，说明彭翼仲深受读者的爱重。

1911年武昌起义后，清廷既屋，民国元年彭氏就被赦回来了。1913年，彭返北京后，《京话日报》一度复刊，不久又被袁世凯封禁。袁死后，该报在吴梓箴主持下再度复刊，出版至1922年终刊。彭翼仲则于1921年冬病故。其生平事迹详见于《彭翼仲五十年历史》。⑲

【北京早期报界】 1900年庚子事变后，除彭翼仲创办的以上三家报刊外，北京地区的改良派及具有改良思想的人士还创办了好几家报刊。这些报刊都属于北京地区最早创办的一批现代报刊，根据《新闻学集成》第二章《北京报纸小史》及有关文史资料记载，主要有：

《公益报》 设于崇文门内方巾巷，社长文实权。文实权是早期北京地区著名的改良派人士，也是著名的报人，当时为崇文门内方巾巷崇实中学校长。编辑有蔡友梅（损公）、白云祉（睡公）、文子龙（懒儒）、王咏湘（冷佛）等。该报"体裁白话，以普及教育为宗旨。每日一张，以代人民鸣不平、最受社会欢迎"（《北京报纸小史》第二节）。

《北京日报》 原名《北京报》，1905年8月16日改名《北京日报》继续出版。报社设在崇文门内船板胡同，社长朱淇（季箴）。编辑朱通儒等。该报"体裁文言，以政闻为主体，日出一大张。朱氏与黄遵宪为友，曾创《胶州报》于青岛，以故与中朝大老具有相当联络，其论文与消息颇详实。因其尝为要人帮衬，故有官报之目"（《北京报纸小史》第二节）。朱淇（公元1856—1931年），字箓生，又字季箴（针），广东南海人，"为南海朱九江（次琦）之犹子。幼从受业，与康长素、梁保三（士诒之父）等共几砚。兴中会之初立，尝加入为会员，旋即离粤"，至山东青岛创办《胶州日报》（1897年），"此为朱氏置身报界之始"。1898年又回广州创办了《岭海旬报》，在香港办《通报》。1904年到北京，旋创办《北京日报》。1908年，他还担任北京报界公会的会长及全国报界联合会主持人。"北京报界之有公共团体，自戊申（1908年）年始。（当时）各报因政府颁行《报律》，与官厅交涉事繁，遂开会于宾宴茶楼，组织北京公会，举朱氏为会长，《中央大同日报》之康甲丞（士铎）副之。遇有报界公共之事，由报界公会代表与官厅接洽。辛亥，沪、汉、粤等处报馆，因注意资政院常会，多遣记者来京。既与北京同业会晤，乃共组团体，名曰‘全国报界联合会’，亦朱、康二人主会事。会甫成而武昌起义，举国震动。各记者纷纷出京，遂无形停止。”⑳武昌起义期间，曾为革命奔走。后曾接办英文《北京日报》。1931 年 11 月 15 日病逝于北京。

《北京女报》　“设于正阳门外三眼井，社长张展云，编辑张太夫人、杜乐舟之夫人。体裁白话，以提倡女学妇德为宗旨，颇为女界所欢迎。每日之报，仰蒙慈禧皇太后赐览，顽固者引为奇谈，而张氏母子以为无上荣耀。”（《北京报纸小史》）《北京女报》创刊于 1905 年 9 月 21 日（清光绪三十一年八月二十三日），是我国第一份妇女日报，也是当时我国北方唯一一份妇女报纸。该报版面别致，日出 3 开白报纸一张，竖排双面印，每面又分为 3 版，两面共计 6 版，每版版面呈方形。版面横连而不裁开，以折子式折叠成九开大小，展开则成一横幅。报纸的 6 个版面的内容为：第一版，除报头外，载有“上谕”、“宫门钞”等官方发布的政令、文件和译自外国通讯社的电讯、官方的电报等；第二版载“演说”（都是有关妇女的论说）、“女界新闻”等；第三版为“新闻”，主要刊载“时事要闻”、“京外新闻”等；第四版为“知识”版，连载“益智录”、“西学入门”之类，介绍物理、化学、生物、医学、气象等类通俗科学常识；第五版为教育、文艺版，连载《家政学》及章回小说《女儿家》，偶或刊登“说笑话”或“外国故事”；第六版为“广告版”。该报终刊的确切日期尚不得而知。从现有材料看，1907 年 8 月间，该报还在出版，其时已出版 700 余号。该报以提倡女学、提倡女子教育、反对缠足，主张改良婚姻、破除迷信、改革不良风习为宗旨。另外，还在不少文章中指斥洋人的横行无忌，谴责吏治的腐败，官府的黑暗，鼓吹维新改良等，在当时的北京有一定影响。㉑

《京报》　1907 年 3 月 28 日（光绪三十三年二月十五日）创刊，馆址“设于五道庙，社长汪康年（字穰青），其夫人为汪禾青，夫妇廉充上海新闻报驻京通讯员。夫妇自任编辑，聘文实权为名誉社长兼采访主任。体裁文言，日出一大张，以政闻为主体，言论趋重督责政府，与上海新闻报相呼应，以故在北京报界颇负敢言之名”（《北京报纸小史》第二节）。1907 年 8 月 26 日（光绪三十三年七月十八日）被民政部勒令停刊，前后出版 5 个月。

《正宗爱国报》 1906 年 11 月 16 日（光绪三十二年十月初一日）创刊，报馆“设于正阳门外马神庙，社长丁宝臣，编辑权益斋。体裁白话。丁氏为回教徒，故其言论，注重启迪回民”（《北京报纸小史》第二节）。丁宝臣，名国珍。与彭翼仲一样，他也是我国北方早期著名白话报人之一。清光绪元年（公元 1875 年）生于北京德胜门外西村一个回族小商人家庭。父丁庆恩，母魏氏，均有一定文化水平。丁宝臣兄弟 4 人，长兄丁子良，名国瑞，号竹园；丁宝臣行二，余下是两个弟弟。丁宝臣 5 岁时，其叔父丁庆三之子不幸夭亡，丁宝臣的父亲便将他过继给叔父做儿子。其叔父精于医道，因此，丁宝臣与其兄丁子良自幼即随叔父学医，学成后，丁宝臣在北京行医，丁子良在天津行医。丁宝臣的父母和叔父在回民中都是比较进步的人士，在他们的影响下，丁宝臣弃医办报，于 1906 年 11 月 16 日在北京创刊了《正宗白话报》。嗣后，丁子良也在天津行医之外，兼办天津《竹园白话报》。该报创刊于 1907 年 9 月 10 日（光绪三十三年八月初三日），馆址设在天津北门外针市街南阁以西小伙巷路西，1908 年 10 月改名为《天津竹园报》。《正宗爱国报》和《竹园白话报》以尊君、尊孔、提倡公益、劝学劝工为宗旨，“净用白话”，以通俗易懂的文字，向回民百姓作“爱国爱民、保国保民”的宣传。1912 年八九月间，孙中山先生应袁世凯之邀由上海抵达北京，《正宗爱国报》对中山的北京之行报道甚详。1913 年，孙中山发动反对袁世凯独裁的“二次革命”，《正宗爱国报》成为国民革命军兴兵讨袁的喉舌。1914 年上半年，袁世凯企图复辟帝制的野心初见端倪，丁宝臣就在《正宗爱国报》上揭露袁的帝制阴谋。他以“鲤鱼跳龙门”的传说为题发表文章说“龙门虽可跳，可惜你是乌龟”，用辛辣的语言讽刺袁世凯想当皇帝的野心。丁宝臣的这些文章引起袁世凯的仇恨，1914 年 7 月 1

日，丁宝臣终于被捕，7月18日被杀害，时年39岁。㉒

四、立宪运动时期鼓吹宪政的报刊

1906年8月23日（阴历七月初四日），出国考察宪政大臣载泽归国。9月1日，清廷应考察宪政大臣的奏请，下诏宣布预备立宪（又见光绪三十二年七月十五日《申报》载《预备立宪上谕》）。这一诏命，极大振奋了以梁启超为首流亡日本的资产阶级改良派，他们认为立宪政治必然是政党政治。因此，从1906年冬起，梁启超等即开始在国内筹组政党，并把这作为中心任务。与此同时，也把他们报刊活动的重心，逐步向国内转移，为国内立宪运动作舆论上的鼓吹。1907年2月，康、梁等首先把海外各地的保皇会改组为"国民宪政会"，准备回国从事政治活动。到1907年10月17日（阴历九月十一日），梁启超与蒋观云等又正式召开"政闻社"成立大会于东京锦辉馆（被革命党人打散），希图组织政党胁迫清政府认真准备立宪。同月，政闻社机关报《政论》创刊。一个月后，即1907年11月20日，《新民丛报》便停刊了。梁启超在给徐佛苏的信中曾谈到停刊《新民丛报》的原因："弟前此所以欲停《新民报》者，则一因党报（指《政论》——引者注）将出，弟一人之力，不能兼顾此报（指《新民丛报》——引者注）；以余力办之，若赘疣然，无复精神，亦复何取。一因出报既屡愆期，则阅者生厌，销数亦窒，而经济不能支。"㉓停刊《新民丛报》而创刊《政论》杂志是改良派将办报重点向国内转移的重要步骤。

《政论》于1907年10月7日（光绪三十三年九月初一日）在东京创刊，第2期即迁回上海。主编是政闻社的骨干蒋观云，实际主持人是梁启超。《政论》第一期所载《政闻社宣言书》中，提出了四项任务和方针："一、实行国会制度，建设责任政府；二、厘定法律，巩固司法权之独立；三、确立地方自治，正中央、地方之权限；四、慎重外交，保持双等权利。"它设有论著、译述、批评、记载、杂录、应问、社报、时评、图画等栏目，主要侧重介绍、研究诸如政党、宪法、国会、官制、地方自治等有关立宪政治方面的理论和知识。同时宣传政闻社的政治主张，为建立全国性政党作准备。《政论》月出一册，每期60余页，6万字以上。不能按时出版，常常脱期。1908年8月13日（光绪三十四年七月十七日）政闻社被清廷查封，《政论》出至第7期后也随之停刊。

1908年11月14、15日，光绪、慈禧相继死去，局势动荡；12月2日，溥仪继位。到1909年1—3月间，清廷又再次宣布“预备立宪，维新图治”，并于中央设立资政院，命令各省筹设咨议局，以为达到立宪国家议会制的过渡。12月间，由张謇等发起，16省咨议局代表在上海组成“国会请愿同志会”，要求速开国会、开放党禁。不久，各省名流、政客又共同组织国会请愿团，全体代表160人，公推直隶孙洪伊（伯兰）任主席，其骨干人物有八旗代表文实权（耀）、湖南谭延闿（组庵）、湖北汤化龙（济武）、山西李素（值斋）、山东周树标（健龙）、东三省徐鼎霖、宋小廉、四川蒲殿俊（伯英）、贵州刘崇佑（松生）、广东吴赐龄，以及雷奋、姜济善等。各省代表齐集北京，纷纷创办报纸，宣传预备立宪。京中报纸，一时呈繁荣之势。总之，在立宪运动时期，改良派人士以上海、北京为中心，创办了大量报刊，为立宪运动作舆论宣传和鼓吹。其中比较著名的有《舆论日报》、《国风报》、《国民公报》等。

《舆论日报》　1908年2月29日（光绪三十四年正月二十八日）创刊于上海，由康、梁派骨干分子狄葆丰创办，罗普（孝高）任主笔。该报系日刊，每天发行两大张，有时甚至增至三四张。1909年与《时事报》（1907年12月5日创刊）合并为《舆论时事报》，办到1911年5月17日（宣统三年四月十九日）停刊。次日更名为《时事新报》继续出版。以后成为上海地区著名报纸之一。

《国风报》　在《政论》停刊后，鉴于当时形势，梁启超又于1910年2月20日（宣统二年正月十一日）在上海创刊了《国风报》。该刊系旬刊，每期内容分谕旨、论说、时评、著译、调查、文苑、丛录、小说等14门。该刊编辑兼发行人为何国桢，总撰稿人为梁启超。每期50页，8万字，所载文章有一半是由梁启超以“沧江”笔名撰写的。当时，梁启超还在日本。每期刊物也由他在日本大体编定后，寄回上海印刷出版。该刊“以忠告政府，指导国民，灌输世界之常识，造成健全之舆论为宗旨”（见宣统二年一月十二日《申报》广告：《国风报第一册出版》）。先后刊载了大量文章，论述改革官制、选拔人才、整理法政、改革币制、确定对外方针及国会、内阁等问题，积极鼓吹实行君主立宪、速开国会。《国风报》言论，起初比较温和，但随着请愿速开国会运动屡遭拒绝，它对清政府的幻想完全破灭，终又连连发出必须“并力以图推翻此恶政府，而改造一良政府”的激烈呼号。梁启超曾说：“复营《国风报》，专从各种政治问题为具体之研究讨论，思灌输国民以政治常识。初志亦求温和，不事激烈……自前年十月（1911 年 11 月——引者注）以后至去年一年之《国风报》，殆无日不与政府宣战，视《清议报》时代殆有过之矣。”㉔《国风报》至 1911 年 7 月 16 日出版第 52 期后停刊。

《国民公报》　创刊于 1910 年 8 月 24 日（宣统二年七月二十日），系文言报纸，日出对开两张，是立宪派团体国会请愿团的机关报。社址在北京宣武门外后铁厂。社长文实权，名誉社长由国会请愿代表团领衔代表孙洪伊担任，编辑徐佛苏、黄舆之、吴赐龄、董荫狐、黄佛舞等。该报亦以促进君主立宪、提前召开国会为宗旨。经常为该报撰稿的有梁启超的得意门生徐佛苏、黄舆之等。梁启超、黄远生的文章也经常见报。谭延闿、汤化龙、蒲伯英诸人也曾在上面发表过文章。民国成立后，该报成为梁启超等人所组织的进步党和研究系的喉舌之一。直至 1919 年 10 月 24 日被段祺瑞军阀政府查封。

另外，在武汉地区，早在 1907 年 10 月“政闻社”刚成立的时候，梁启超就计划在汉口设立《江汉日报》。他在 1908 年 2 月 1 日给徐佛苏的信中力请徐氏主持该报，并说：“武汉为天下之中，畴昔兵家在所必争。政党为平和的战争，其计划亦当与用兵无异，故欲以全力首置基础于武汉，而其下手之法，一曰设一大日报，名曰《江汉公报》，二曰设一法政大学，名曰江汉公学。《江汉公报》共拟集股 5 万元，社中占 1 万元，其余招股。决于本年（1908 年）3 月出报……江汉公学专欲仿早稻田（大学）办法，养成本党人才。”㉕后因经费困难，《江汉公报》与江汉公学事乃告搁浅。

除以上由康、梁派直接主持的著名报刊外，国内各省市的立宪派组织及团体也创办了一大批报刊，如北京的《中央大同日报》（1909 年创刊，当年 9 月 15 日被清廷民政部封禁，社长恒诗峰）、《宪法白话报》（1906 年 10 月 4 日创刊，金天银主办）、《国报》（1909 年创刊，黎堃甫主办，当年秋被封）、《京师公报》（小报，文实权主办）、《官话政报》（社长李啸天，宣统年间创刊），上海的《预备立宪官话报》（1906 年 12 月 16 日创刊，月刊，上海预备立宪社出版，发起人兼经理庄景仲）、《预备立宪公报》（1908 年 2 月 29 日创刊，半月刊，由预备立宪公会创办，主编孟昭常），四川的《蜀报》（1910 年 8 月 19 日在成都创刊，半月刊，由蒲殿俊任社长，为四川咨议局机关报，共出 12 期，至 1911 年 9 月 7 日停刊）、《蜀风报》（1911 年在成都出版）、《蜀风杂志》（于 1911 年夏创刊于成都，月刊，邓孝可主编，是保路同志会机关报。1911 年 9 月 7 日被查封），湖南的《湖南地方自治白话报》（于 1910 年 3 月创刊于长沙），湖北的《宪政白话报》（1910 年 1 月创刊于汉口，由汉口“请速开国会同志会”出版，周刊）、《湖北自治公报》（1910 年 10 月创刊），河南的《河南宪政月报》（1909 年创刊）、《河南自治报》（1910 年春创刊于开封，月刊）等。

注　释

①余家宏、宁树藩、叶春华：《新闻学基础·中国新闻史》第 286 页，安徽人民出版社 1985 年版。

②1901 年起，梁启超始号“饮冰”、“饮冰子”。“饮冰”源出《庄子·人间世》：“今吾朝受命而夕饮冰，我其内热欤？”文中讲楚大夫叶公子高受君命出使齐国，早晨接到使命，晚上就要喝冰水，极言其“忧心如焚，欲饮冰解热”。梁氏以此为笔名，寓意深远，足见其忧国忧民的心境。

③梁启超：《与夫子大人（康有为）书》，光绪二十八年十月。载丁文江等编：《梁任公先生年谱长编初稿》上册，第 149 页，台北世界书局 1972 年版。

④出处同上，第 199 页。

⑤“几谏”一词出自《论语·里仁》“事父母几谏”。“几”音jī，不读jǐ。几谏，和颜柔声地劝告（父母）。

⑥见郭步陶：《编辑与评论》第二编《评论》，第129~162页，商务印书馆1933年版。

⑦包天笑：《回忆狄楚青》。载包天笑《钏影楼回忆录》第424页，香港大华出版社1971年版。

⑧见郭步陶：《编辑与评论》第二编《评论》，第129~162页，商务印书馆1933年版。

⑨详见包天笑：《钏影楼回忆录》第321页，香港大华出版社1971年版。

⑩转引自朱传誉：《报界奇人陈景韩》，载朱传誉：《报人·报史·报学》第20页，台北“商务印书馆”1980年版。

⑪参见《大公报》1931年5月22日头版所载《从一号到一万号》一文。

⑫以上参阅1931年5月22日《大公报》所载《本报一万号纪念辞》、《从一号到一万号》；王芸生、曹谷冰：《英敛之时代的旧大公报》，载全国政协编：《文史资料选辑》第9辑；方豪编录：《英敛之先生日记遗稿》（自光绪廿四年戊戌至光绪卅三年丁未），附：年谱，载沈云龙主编：《近代中国史料丛刊续编》第三辑第21~23册（台北文海出版社1966年10月至1995年7月出版）。

⑬梁漱溟：《我的自学小史·从课外读物说到我的一位父执》，载《文史资料选辑》第98辑，文史资料出版社1985年版。

⑭管翼贤：《新闻学集成》第二章《北京报纸小史》第282页。

⑮见《彭翼仲五十年历史》，京话日报社1913年12月版。

⑯梁漱溟：《我的自学小史·从课外读物说到我的一位父执》。

⑰出处同上。

⑱管翼贤：《新闻学集成·北京报纸小史》第5节“报界故事”，第299页。

⑲《彭翼仲五十年历史》是彭氏的回忆录和自传，分上、下两册，1913年12月出版。版权页署名：“述者：彭翼仲；编辑者：诚垕庵；发行者：京话日报社；分售处：商务印书馆”等。该集是研究彭翼仲生平事迹及办报活动的重要原始资料。

⑳朱德裳：《朱淇及清末讫民国二十年北京报界概况》，载朱德裳《三十年闻见录》第89页，岳麓书社1985年版。

㉑参阅姜纬堂：《我国最早的妇女日报——〈北京女报〉》，载政协北京市委文史资料研究委员会编：《文史资料选编》第19辑第119页。

㉒丁文舟：《回族爱国报人丁宝臣》，载政协北京市委文史资料研究委员会编《文史资料选编》第33辑，北京出版社1988年版。

㉓丁文江等编：《梁任公先生年谱长编》"1907年"，见上册第228页，台北世界书局1972年版。

㉔梁启超：《民国元年莅报界欢迎会演说辞》，载丁文江等编：《梁任公先生年谱长编》"1910年"，上册第309~310页，台北世界书局1972年版。

㉕《光绪三十三年十二月二十九日梁任公先生致徐佛苏书》，载丁文江等编：《梁任公先生年谱长编》上册第262页，台北世界书局1972年版。

第五章

辛亥革命时期资产阶级革命派的办报活动

在整个辛亥革命时期，即从 1894 年兴中会成立到 1912 年中华民国临时政府成立，资产阶级革命派在发动武装起义的同时，也广泛地开展办报活动。他们在港、澳、日本、美洲、东南亚和内地 20 几个省市先后创办了约 120 种报刊，其中日报 60 多家，期刊 50 多家，期发行量最高的达两万多份。

辛亥革命时期，资产阶级革命派的办报活动以 1905 年为界，大致可分为两个阶段。前一阶段为 1894—1905 年，即从兴中会成立到同盟会成立前夕，这是他们进行早期革命宣传及初步展开报刊活动的阶段；后一阶段为 1905—1912 年，即从同盟会成立到中华民国临时政府成立，这是他们报刊活动全面深入开展的阶段。

第一节　资产阶级革命派早期宣传活动与革命派报刊产生的时代背景

【孙中山与革命派早期宣传活动】　资产阶级革命派从 1900 年起，才开始创办报纸。而在此之前，即从 1894 年前后，到 1900

年期间，资产阶级革命派的宣传活动，主要靠个别革命党人利用游说、演讲及向中外报刊投稿和编印、翻印一些小册子等方式来进行。

资产阶级革命派早期的宣传活动与“中国革命的先行者”孙中山是分不开的。孙中山（1866—1925年），名文，字德明、帝象，又字日新。1884年皈依基督教后，又改名“逸仙”（“逸仙”为“日新”的广州话读音）。1897年在日本化名“中山樵”，后遂以“孙中山”名世。孙中山于1866年11月12日出生于广东珠江三角洲香山县翠亨村一个农民家庭。1885年，在中、法战争中中国军队战败的刺激之下，孙中山“始决倾覆清廷，创建民国之志。由是以学堂为鼓吹之地，借医术为入世之媒，十年如一日”（孙中山《孙文学说》第八章《革命原起》）。从1885—1894年的10年间，孙中山在广州、香港的书院和医学校读书，1892年“卒业之后，悬壶于澳门、羊城两地以问世，而实则为革命运动之开始也。”（出处同上）在此期间，孙中山一面同郑士良，后又与陈少白、杨鹤龄和尤列等聚集在一起，讨论时事政治问题，一面又开始向香港、上海等地著名报刊投稿，宣传他的政治主张，如香港《循环日报》，上海《新闻报》、《万国公报》等报刊都曾刊登过孙中山的政论文章。其中，《农功》一篇大约写作于1891年前后，发表于《循环日报》，这是孙中山的第一篇政论文章，后被郑观应辑入他所编的著名报刊政论文集《盛世危言》中；《上李傅相书》连载于1894年10月出版的《万国公报》第69期、11月出版的第70期上。这些文章，深受资产阶级改良派的前驱者冯桂芬、王韬、郑观应、何启等的影响，带有浓厚的改良色彩，反映了孙中山从改良到革命的思想转变过程。此外，1892年至1893年孙中山在澳门行医期间，他还担任过一个葡萄牙文周报的中文副刊的匿名编辑。据有关资料介绍，这个葡文周报叫《澳门回声》，由孙中山的好友、葡萄牙印刷商佛兰德斯（或作“法兰斯哥·弗南第”）创办。该刊创刊于1893年7月18日（光绪十九年六月初六日），其中文副刊叫《镜海丛报》。《镜海丛报》每期出1张半，共6版，其内容有社论、国内新闻、外电及广东新闻、澳门新闻、杂俎及广告等栏目。每期头版均有针砭时事、鼓吹反清革命的社论，第5、6版刊登过孙中山的“医药问答”及经孙中山治愈的病人鸣谢和揄扬孙中山医道的广告。孙中山撰写的《农学会序》也曾在该报发表过。1895年1月23日，中文版《镜海丛报》停刊。1895年6月10日，葡文版《澳门回声》也停刊。

1894年秋，孙中山经上海，北游津沽，欲上书李鸿章而不达；继至武汉，纵览长江形势。知清廷窳败，难期振作，惟用革命手段，推翻专制制度，方能拯救祖国于危亡。终于彻底抛弃对清廷的幻想，因赴檀香山，于是年11月24日成立了中国资产阶级革命派的第一个小团体——兴中会，并发表了中国革命史上第一篇重要文献《檀香山兴中会成立宣言》。该宣言以“振兴中华，维持国体”为宗旨，全文共九款，但未提及办报之事。1894年12月底，孙中山偕同志邓荫南等从夏威夷回到香港。1895年2月21日（一说为“1月18日”），孙中山的檀香山“兴中会”与香港杨衢云的“辅仁文社”（草创于1890年，正式成立于1892年3月）合并，扩大为“香港兴中会总部”。孙中山在颁布的《香港兴中会宣言》中，谈到“本会拟办之事”凡四，首为“设报馆以开风气”（“本会拟办之事，务须利国益民者方能行之，如设报馆以开风气，立学校以育人材，兴大利以厚民生，除积弊以培国脉等事，皆当惟力是视，逐渐举行”），这是孙中山认识革命政党办报重要性的最早记载。但由于客观条件的限制及人力、财力的缺乏，又加上当时正忙于组织武装起义，无暇办报，致使办报计划搁浅，未能付诸实施。冯自由在《革命逸史》“革命初期之宣传品”一节中云：“兴中会初期，文人墨士极感缺乏，所用宣传工具，仅有《扬州十日记》、《嘉定屠城记》，及选录《明夷待访录》内《原君》、《原臣》单行本数种。”

【革命派报刊产生的时代背景及原因】 从1894年到1900年间，资产阶级革命派对创办报纸的重要性、必要性及迫切性，是有一个认识过程的。直到1900年，革命派终于创刊了《中国日报》。它的产生，有其深刻的时代背景和原因，总括起来，有以下几方面：

一、革命的需要，唤起民众的需要。早期资产阶级革命的最大障碍是人民群众不觉悟，人心蔽塞。1894 年，孙中山第一次到檀香山宣传革命、组织兴中会时，“不图风气未开，人心锢塞，在檀鼓吹数月，应者寥寥，仅得邓荫南与胞兄德彰二人，愿倾家相助，及其他亲友数十人之赞同而已。”（《孙文学说》第八章《革命原起》）1895 年广州起义失败后，孙中山曾沉痛回忆说：“举国舆论莫不目予辈为乱臣贼子，大逆不道，咒诅谩骂之声不绝于耳，吾人足迹所到，凡认识者，几视为毒蛇猛兽，而莫敢与吾人交游也。”（出处同上）1896 年 1 月，孙中山第二次到檀香山宣传革命时，仍是“惟卒以风气未开，进行迟滞”。1896 年六七月间，孙中山第一次到美洲，在三藩市，在纽约等城市华侨中宣传革命时，“美洲华侨之风气蔽塞，较檀岛尤甚”，往往“劝者谆谆，听者终归藐藐，其欢迎革命主义者，每埠不过数人或十余人而已”。（出处同上）1897 年七八月间，孙中山由伦敦坐船经加拿大转赴日本进行革命宣传，“日本有华侨万余人，然其风气之锢塞，闻革命而生畏者，则与他处华侨无异也”。（出处同上）总之，从 1895—1900 年的 5 年间，孙中山先生认为是“革命进行最艰难困苦之时代”，“当此之时，革命前途，黑暗无似，希望几绝。”正是在这种情况下，1899 年，孙中山“乃命陈少白回香港，创办《中国报》，以鼓吹革命；命史坚如入长江，以联络会党；命郑士良在香港设立机关，招待会党……”（《孙文学说》第八章《革命原起》），开始把革命宣传与武装斗争结合起来。

二、与改良派、保皇派斗争的需要。1894 年兴中会成立时，也正是资产阶级改良派发动的变法维新运动方兴未艾、蓬勃开展的时候。改良派利用报刊发动强大的舆论攻势，在海内外影响巨大。“康有为派所出版杂志，风行内外。戊戌前有上海《时务报》、澳门《知新报》；戊戌后，有横滨《清议报》、《新民丛报》，神户《亚东报》，新加坡《天南新报》，檀香山《新中国报》，旧金山《文兴报》，纽约《维新报》，澳洲《东华新报》等等，革命党对之，实属相形见绌。”① 到后来，改良派堕落为保皇派后，他们“为虎作伥，其反对革命，反对共和，比之清廷为尤甚”。（《孙文学说》第八章《革命原起》）他们与革命派争夺阵地，连“素视为兴中会地盘之横滨、檀香山二处，竟为保皇党所夺”②，终于成为革命的绊脚石。因此，利用报刊揭露保皇派、宣传革命，成为当务之急。

三、“伦敦被难”的启示。1895年10月的广州起义失败后，1896年1月，孙中山抵夏威夷。半年后到纽约。又从纽约坐船往欧洲。1896年10月1日到伦敦，11日，孙中山被清廷驻英使馆诱捕。孙中山的老师康德黎博士为了营救孙中山，决定通过报纸把事实真相公布于众，揭露清廷驻英使馆秘密绑架孙中山的经过，以引起舆论的同情和支持。他先找英国权威报纸《泰晤士报》，而“一向持重而带绅士气的泰晤士报当然不肯冒昧登出”。③“但不大顾及官方政策的《地球报》（*The Globe*），已于22日通过伦敦中央刑事法庭的记录风闻此案。该报访问了康德黎，继而出了特辑，以耸人听闻的方式披露了这个案件”。“第二天，10月23日，伦敦各报都报道了这个案件，一夜之间，孙中山被囚禁竟成了轰动一时的案件”④。由于舆论的支持、英国政府的干预，孙中山在被囚13天后，于23日获释。26日，孙中山专此写了一封信感谢伦敦《地球报》。通过这件事，使孙中山深深感到报纸的威力和社会舆论的作用，以及报纸对形成社会舆论的巨大影响，“对于报纸左右社会之力量，至能达成政治力量所未能完成之任务，有身受其惠之深切认识，而觉革命主义之借报纸宣传，收效必能速于置邮，是无疑也”⑤。这也是促使孙中山萌发利用报纸宣传革命的念头的重要原因之一。

第二节　资产阶级革命派在香港及美洲、南洋的办报活动

一、香港《中国日报》的创刊及继起的几个革命报纸

【《中国日报》】　《中国日报》于1900年1月25日在香港创刊，报名取“中国者，中国人之中国”（孙中山语）之义。它是

资产阶级革命派的第一个机关报，号称“为革命党组织言论机关之元祖”（冯自由《华侨开国革命史》四：《中国日报》）。

《中国日报》的创刊是由孙中山先生在日本亲自筹划的。由于当时香港港英当局禁止孙中山入境的禁令尚未解除，他不能亲自来港主持报纸工作，但报纸的筹办工作一直是在他的领导和参与下进行的，诸如为报纸筹措经费、选派编辑记者、拟定报名，连印刷设备中“所有机器铅字，概由中山在横滨购办”。⑥1899年秋，孙中山派陈少白到香港主持《中国日报》创刊工作，“少白莅港后，先向老友何启、区凤墀查探地（港）方官吏对于我国革命党人之态度。时区方任华民政务司总文案，何则任议政局议员，在香港政界均有相当之信用……经营数月，至是年十二月下旬（即1900年1月25日——引者注）始告出版”⑦。

《中国日报》创刊时的社址在租定的香港中环士丹乐街24号。初出版时，陈少白任社长兼总编辑，先后助理笔政者，有洪孝充、陆伯周、杨肖欧、陈春生、郑贯公诸人，英文翻译则为郭鸿逵、周灵生等。《中国日报》同时出版日报和旬刊两种，后被人合称为“《中国报》”。日报每天出版4开一张半，共6版，后增至2张8版，分载正文和船期货价表，主要有“论说”、“国内新闻”、“外国新闻”、“广东新闻”、“香港新闻”、“来稿”、“来件”等栏目。版面及编排也较当时报纸有了重大改革，“从前各地中文报纸排印俱用直行长行，不独香港一地为然。独《中国日报》始仿日本报式作横行短行（即分栏编排——引者注）。初时人多异议，《中国日报》毅然不屈。未几，香港、广州、上海各报陆续改用横行短行，是亦报式之革命也”⑧。旬报名曰《中国旬报》，创刊日期约晚于日报两个月。10天一出，每月3期，作杂志型，容量约1.2万字。旬报内容是在日报的基础上编成的，而在言论方面则较日报更为注重。另外，从第11期起，《中国旬报》原附于篇末的“杂俎”栏改名为《鼓吹录》，专刊文学作品，“专以游戏文章、歌谣、杂俎讥刺时政，由杨肖欧、黄六逸任之。是为吾国报纸设置谐文歌谣之滥觞”⑨。1901年2月，《中国日报》出至第37期后停刊，其《鼓吹录》则移入日报，成为该日报的副刊，以通俗生动的文艺形式鼓吹革命。

《中国日报》创办伊始，因不了解港英当局对华政策之所在，“一时未敢公然高唱革命排满之说”，故在发刊词里只含蓄地说：“本报之宗旨，大抵以开中国人之风气、识力，祛中国人之萎靡颓庸，增中国人奋兴之热心，破中国人拘泥之旧习，而欲使中国维新之机勃然以兴，莫之能御也。”（《中国报序》）表面看来，与改良派报纸的宗旨差不多。但是，“半载后措辞始渐激烈，乃惹起中外人士之注意”⑩。从1900年8月起，《中国旬报》就开始登载章太炎的言词激烈的革命文章。其后，《中国日报》的革命色彩则更为强烈，如：壬寅（1902年）十二月，“洪全福、李纪堂、梁慕光、谢缵泰等，谋于除夕日在广州举义，不幸事泄失败，梁慕光等八人殉焉。……事后，广州《岭海报》主笔胡衍鹗竟大放厥辞，⑪痛诋革命为大逆不道。《中国报》陈诗仲、黄世仲等乃严辞辟之。双方笔战逾月。粤垣志士纷纷投稿为《中国日报》声援，而革命书报在粤销场为之大增。《中国日报》因拥护革命与他报笔战，此为第一次”⑫。1904年春，《中国日报》又与美洲保皇会创办的香港《商报》论战。陈少白“为提倡革命主义，与《商报》社长徐君勉（徐勤——引者注）笔战十数续稿，内地报纸之有两党笔战，自兹役起”⑬。

《中国日报》从创刊到最后停刊，社址几经迁移，人员迭经变化，现根据有关史料，缕述如下：

《中国日报》创刊时，社址设在香港中环士丹利街24号。其早期编辑人员如上所述。1901年春，报社迁移到永乐街（门牌号不详），时郑贯公因在日本发刊《开智录》，被横滨《清议报》排斥，孙中山特将其介绍至中国日报社充任记者。“郑归自日本，绍介欧美自由、平等、天赋、人权之说于读者，持论新颖，极受社会欢迎。时距庚子汉口失败一役未久，留日志士沈翔云、朱菱溪、秦力山、苏子穀（曼殊）及余（冯自由——引者注）等次第到港，多在报社下榻”（冯自由：《革命逸史·陈少白时代之中国日报》）。1902年1月28日，孙中山由日本乘日轮“八幡丸”抵港，曾挈眷在报馆3楼住了一个星期。在此期间，郑贯公任笔政不及一年，即辞职另创《世界公益报》，继之者为陈诗仲、黄世仲。1903年春，中国留日学生运动蓬勃开展，《中国日报》特聘冯自由为驻东京记者，及时报道留学界消息，“故国内各报留学界消息以中国日报为最详”（冯自由：《革命逸史·陈少白时代之中国日报》）。其后不久，《中国日报》社由于经济困难，乃与文裕堂印务公司合并，由永利街迁往荷里活道231号。此时，陈诗仲已赴南洋就星洲《图南日报》之聘，黄世仲也改任《世界公益报》记者。在《中国日报》先后承乏笔政者，有王君渲、卢少岐、丁雨宸、梁襄武（冰弦）、何冰甫、何雅选、卢信、廖平庵、陈春生等人。1905年8月20日，中国同盟会东京本部成立。9月间，孙中山特派冯自由至香港组织同盟会分会，兼任中国日报记者。时任笔政者为卢信、廖平庵、陈春生三人。1906年元月，报社复由荷里活道迁至上环德辅道。1906年8月，文裕堂因不善经营，宣告破产，拟连带拍卖《中国日报》资产。冯自由得其外舅李煜堂之助，筹得5 000元向文裕堂购回《中国日报》。此时，报馆改组，李煜堂、李纪堂、伍耀延等新股东共举冯自由为社长兼总编辑。新社址于1906年9月迁至上环德辅道301号。“越二年，又告亏折，不能支，冯自由不俟交代，赴加拿大（就任温哥华市《大汉日报》主笔——引者注）。后以谢英伯等承其后。时风气日开，党员日多，颇有挹注之助，以得不倒。及光复（1912年9月——引者注）时，卢信自檀香山回，以接办自任，迁诸广州，由政府津贴，规模极大。”（陈少白《兴中会革命史别录》第12节《香港中国报经过略史》）1913年8月，孙中山领导的反对袁世凯独裁的“二次革命”失败后，《中国日报》终于被广东都督、军阀龙济光下令查封。⑭

总括起来看，《中国日报》前后办了13年多时间，大致可分为三期：从1900年1月至1906年8月的近7年时间为陈少白主持时期；从1906年9月至1909年的3年多时间为冯自由主持时期，从1910年至1913年为同盟会南方支部主持时期。⑮

《中国日报》不仅是兴中会的宣传机关，同时也是兴中会的起义联络机关、“总枢纽”（陈少白语）。如：1900年，孙中山派陈少白、杨衢云、郑士良、史坚如等策划广州、惠州起义，“大本营”就设在报馆3楼，大量的革命党人出入报馆，在此开会、议事、居留。及广州、惠州起义失败，这里又成为起义善后的收容所。1902年初，孙中山由日抵港，也在《中国日报》下榻。1905年9月间，香港同盟分会成立，《中国日报》重要成员均成为干部：陈少白任会长、郑贯公为庶务，冯自由任书记，连同盟分会也附设于报馆社长室。是年12月间，黄兴自日本回，也下榻《中国日报》社；旋赴广西桂林，回来后仍寓报社。

《中国日报》具体创办人是陈少白，他也是主持社务及编务时间最长的一任社长兼总编辑。从1900年创刊至1906年8月，《中国报》一直由他主持，贡献最大。陈少白（1869—1934年），幼名“闻韶”，号“夔石”。参加反清革命活动后，为避清吏耳目，始改号“少白”，笔名黄溪、天羽、无咎。1869年8月29日生于广东新会县外海乡南华里。少年时代居乡习举子业，聪颖能文。15岁时，其信奉基督教的四叔父陈梦南从广州携回西学译书数种以贻，自是始知世界大势。23岁时，通过区凤墀的函介，得识正在香港中西书院肄业的孙中山先生。在中山先生影响下，他也入该校读书。时孙中山、陈少白、尤列、杨鹤龄相与共谈革命，被人目为“四大寇”。从此以后，陈少白长期追随孙中山，协助组织兴中会、同盟会；联络会党，筹划武装起义。1899年，他“同孙（中山）先生商量说：我们死守在日本，也是不对的，我意欲回到香港去办一间报馆，一方面用文字来鼓吹革命，同时还可以做我们的革命总机关”。（陈少白：《兴中会革命史要》之七）是年秋，便由日本以“服部二郎”的化名潜回香港筹办《中国日报》。此后主持该报达7年之久。辛亥革命后，曾任广东都督府外交司长。1921年任孙中山总统府顾问。晚年致力于家乡公益事业。1934年12月23日病逝于北平德国人所办之医院，终年66岁。⑯

【《中国日报》创刊后，港、穗地区继起的几个革命报刊】

《中国日报》创刊三年后，从1903年冬起，该报部分编辑人员又在香港另外创办了《世界公益报》、《广东日报》、《有所谓报》等几家宣传革命的报纸。

《世界公益报》创刊于1903年12月29日（光绪二十九年十

一月十一日），由基督教徒林护、冯活泉、谭民三等出资创办，由郑贯公主编。先后担任编辑、记者的有李大醒、崔通约、黄世仲、黄伯耀、黄鲁逸等，印刷人为谭民三，发行所在香港歌赋街32~35号。该报为日刊，日出两大张或三大张，其栏目分时论、京城新闻、杂评、万国新闻、粤闻、港闻等。附录有杂文、歌谣等，并常刊有讽刺性漫画。“报中论调略同《中国报》，而色彩不如《中国报》之鲜明，特注重诙谐文字及讽刺图画，于宣传革命，亦甚有力，世称香港革命党报之第二家。”“（郑）贯公为人豪迈不羁，任职半载，以不愿受耶教范围之拘束，即辞职他去。此报因有耶教徒支持，基址巩固，至民国成立后数年（即1918年——引者注）始停刊。其功仅次于《中国报》。”⑰

《广东日报》创刊于1904年3月31日（光绪三十年二月十五日），发行所在香港士丹利街26号“开智社”。该报出版后，“大受广州、香港、澳门各地学界之欢迎，销场亦殊不恶”。这是郑贯公从《世界公益报》“自行辞职后，复向同志另集资本，组织《广东日报》以为之继，宗旨略同《中国日报》，是为香港革命报纸之第三种”⑱。除总编辑兼督印人郑贯公外，编辑有黄世仲、王军演、胡子晋、陈树人、卢伟臣、劳伟孟等人。1905年4月转为李汉生接办，主笔由李大醒、黄鲁逸担任，仍以“提倡民族主义，排斥异族政府，纠察官吏，激励国民”为宗旨。1906年，粤督岑春煊欲以官资强收粤汉铁路于商人之手，致起风潮。《广东日报》发表评论，极论岑攘夺路权之非，大肆抨击清廷。当时该报股东大多为粤省搢绅，担心惹祸，便于1906年4月停刊。《广东日报》的附刊曰《无所谓》，于1904年3月31日创刊后，至1905年5月5日改名为《一声钟》。

《有所谓报》，全称《惟一趣报有所谓》，是一张通俗小报。1905年6月4日（光绪三十一年五月初二日）创刊，仍以“开智社”名义发行，总发行所在荷里活道79号开智社。1906年1月18日迁往德辅道中35号旧楼。这是郑贯公离开《广东日报》后创刊的又一张报纸。总编辑为郑贯公，撰述人有黄世仲、陈树人、胡子晋、卢星文、卢伟臣、王军演、骆汉城等人。该报发刊辞声称：

“报纸者，以言论寒异族独夫之胆，以批评而褫一般民贼之魄，芟政界之荆榛，培民权之萌蘖。”该报“内容庄、谐并重，专以小品文字见长。其排字印刷均假手其他印务公司为之，故不用自置铅字机器等物，又不须多大资本，取价低廉，趣味浓厚。出版不久，即已风行一时，其销路竟驾诸大报而上之，是为香港、广州二地小型报纸之滥觞，亦为当地革命报纸之第四种”⑲。1906年7月12日停刊，共出352期。旋改组为《东方日报》继续出版。

以上三个报纸的主编都是郑贯公。郑贯公（公元1880—1906年），原名道，字贯一，号贯公，笔名自立、仍旧。广东香山人，出身贫苦农民家庭。16岁时，因家贫辍学，东渡日本，在其族人担任买办的太古洋行横滨支店佣工，业余时间刻苦自学。戊戌以后（1899年），免费进入由横滨华侨所办及康、梁等人主持的横滨大同学校学习；秋，又随梁启超入东京高等大同学校读书，接受西方卢梭、孟德斯鸠、达尔文、斯宾塞等人学说，结识了秦力山、蔡锷等进步同学，同时与孙中山等革命党人交往，遂产生革命思想。1900年，入《清议报》任助理编辑，更名“贯公”，并与冯自由、冯斯栾（自强）别创《开智录》半月刊，附《清议报》印刷、发行。由于《开智录》后来宣传革命，郑被《清议报》解职，《开智录》亦随之停刊。1901年春，由孙中山的推介，到香港担任《中国日报》旬刊的主编。1903年离开《中国日报》后，先后亲自创办了《世界公益报》、《广东日报》、《有所谓报》。1905年，同盟会香港分会成立时，被推为庶务干事。“当乙巳、丙午（1905、1906年——引者注）间，港人曾先后发起冯夏威、陈天华两烈士追悼会于西营盘杏花楼，参加者数千人，此两会皆由郑贯公等主持，实隐然执全港新学界之牛耳。”⑳1906年夏，郑贯公因染时疫而病逝，年仅26岁。

郑贯公逝世后，《有所谓报》停刊，“该报编辑人员分为两派，各续办小报以为之继，一为《东方报》，一为《少年报》，均与《有所谓报》同一体裁”㉑。《东方报》又名《东方日报》，于1906年7月29日（光绪三十二年六月初九日）创刊，由刘思复、陈树人、胡子晋、谢英伯、易侠等集资创办。馆址先在德辅道中137

号，8月下旬迁往中环士丹利街26号，10月中旬又迁至荷里活道94号。内容及版面与《有所谓报》略同，也是一小型日报。该报出版半年，即以资本不继、营业亏损而于1907年1月13日停刊。《少年报》又名《少年日报》，“发刊于丙午丁未年间（1906—1907年——引者注），地址在上环海旁，主编为前《中国日报》记者黄世仲，康荫田、杨计伯、卢星符等佐之。世仲所著《太平天国演义》小说初在《有所谓报》登载，此报继续载之，其销路足与《有所谓报》相伯仲，惜乎出版未及一载，即因款绌停版”㉒。

二、在美洲、南洋等地华侨中出版的革命派报刊

孙中山曾说，“华侨是革命之母”（见张永福：《南洋与创立民国》），他早期的革命活动主要是在华侨当中进行的。资产阶级革命派团体——兴中会的第一批成员和最早的赞助人几乎都是华侨。以后，兴中会的会员中，就有百分之七八十是华侨。在整个辛亥革命时期，海外华侨是革命的积极参加者和历次武装起义经济上的主要赞助者。

在华侨中，有工商业资本家，更多的是工人和小商人。他们和他们的祖辈出国的原因不外乎如下几种情况：（一）迫于生计，离乡背井，飘泊海外。在近代，由于列强资本主义势力的入侵，中国社会经济濒于破产，人民谋生困难。同时，封建剥削又非常残酷，所以闽、粤等省很多穷苦的人民不得不离乡背井，出外谋生。（二）受拐骗的劳工（“猪仔”）。当时东南亚、美洲、澳洲、非洲大部分地区正待开发，都很缺乏劳动力，殖民主义和帝国主义者千方百计蒙骗、招募中国大量劳动人民到国外充当契约劳工。（三）逃亡到国外者。明朝灭亡后，有许多反清分子纷纷逃亡到海外；太平天国革命失败后，也有很多参加起义的人被迫到海外避难。㉓华侨饱受帝国主义和侨居国反动势力的歧视、迫害和压榨，深恨清廷的腐败无能，迫切期望祖国独立、自由、民主、富强。又由于他们同国内封建统治阶级联系比较少，较早接触西方资本主义文化，故容易产生革命情绪。

据中外一些学者估计，1902年至1908年间，世界各国华侨人

数达700万至900万。[24]特别是美洲和南洋等地，更是华侨最集中的地区，也是华侨报刊产生最早的地区。为了在侨胞中传达祖国消息，交流侨界信息，联络感情，维护华侨在侨居国的正当利益，以及“广见闻”、“达舆情”，早在19世纪50年代就出现了在海外出版的华侨报刊。

第一个海外华侨中文刊物《金山新闻》（一作《金山日新录》），英文名 *Golden Hills News*，创刊于1854年4月22日（咸丰四年三月二十五日），在美国加利福尼亚州加利科尔埠（即旧金山市）出版。周刊，每期出1张，中英文合刊。由基督教牧师威廉·斯皮尔（Rer William Speer）创办。创刊号所载公启云：“原夫新闻纸之设也，所以利商贾、资见闻、达舆情而通官事者也……”另在英文序言中，又明确指出办报目的是为了向华人宣传基督教，解释美国法律，提高华人的品格和地位。

第一张由华侨自办的中文报纸是《沙架免度新录》（一作“沙加缅度新录”）。1856年12月创刊于美国加利福尼亚州旧金山市附近的“沙架免度”（Sacramento，今译作“萨克拉门托”）。创办人为中国广东四邑华侨司徒源（Ze Tuo Yune）。初为日刊，后改为周刊，1858年停刊。这也是世界上第一家中文日报。

此外，在美国出版的早期中文报纸中，还有一家叫《旧金山中国新闻》（一作《旧金山唐人新闻纸》，英文名 *The San Francisco China News*. 该报创刊于1874年7月14日（同治十三年六月初一日），社址在旧金山市华盛顿街744号。每周出版石印报纸一张，版面约4开大小。关于内容，该报宣称：“博采群言，考察各国之机宜，生民之休戚，制器之功巧，舟车之往来，及山川风土、祸福灾祥，无不载列。俾得观者感发善心，惩创逸志。”除刊载新闻外，还大量刊登船期、货价、行情等。该报由美国人布卡迪士和戈登创办，以旅美华侨为读者对象。发行不久即告停刊。

以后，在南洋一带地区又出现了一些中文报刊。

【《叻报》】 1881年12月10日在新加坡创刊（华侨称新加坡为“叻埠”，故曰《叻报》。“叻”音勒lè）。这是南洋华侨创办的第一家中文报纸，属商业性报纸，创办人为华侨商人薛有礼

(祖籍福建厦门)，主笔叶季允（祖籍安徽)。该报每日出版8开一小张，直至1932年3月停刊，先后出版50来年，是海外出版时间最长的华侨报纸。

【《华报》】 1888年在马尼拉创刊。这是菲律宾华侨最早创办的报纸。由杨维洪创办并主编，16开4版一小张。出版一年后，改组为《岷报》出版。

【《泗水日报》】 1903年在印度尼西亚爪哇岛的泗水市创刊。日刊，每周还附出画刊两次，是印度尼西亚最早的华侨报纸。

为了在华侨中宣传资产阶级民主革命思想，推动华侨革命运动的深入开展，以及揭露保皇派，从1903年起，以孙中山为首的资产阶级革命派又先后在美洲、南洋等地区创办了好几家宣传革命的报刊，主要有：

【《檀山新报》】 该报原名《隆记报》，1881年创刊于檀香山，由当地华侨商人程蔚南创办。1894年，孙中山创建的兴中会在檀香山成立，《隆记报》经理程蔚南、主笔许直臣均被吸收为会员，报纸便与兴中会建立了联系。檀香山本为兴中会的发源地。然而，自1899年冬，孙中山亲自写信介绍梁启超到此之后，情况为之一变。梁启超在这里半年多的时间里，四处活动，大肆鼓吹保皇思想，建立了保皇会，招揽会员，并于1900年4月19日（光绪二十六年三月二十日）创刊了《新中国报》(该报是夏威夷最早的华侨报纸，由中国维新会出版，梁启超任第一任主编)。到了1903年秋、冬之际，孙中山在相隔8年之后第二次到檀香山。这时，兴中会“会员投身保皇会籍者颇不乏人”，“而兴中会之名则久已不复挂人齿颊矣”（冯自由：《华侨革命开国史·檀香山之部》[二]《兴中会之复兴与隆记报》)。“时保皇党机关报《新中国报》主笔陈继俨（号仪侃）闻总理（孙中山——引者注）之来，深恐保皇党之基础为之动摇，乃于报上丑诋革命党及总理个人”（出处同上)。为了同保皇党争夺阵地，1903年12月，孙中山便将《隆记报》改组为党报，更名为《檀山新报》，成为美洲第一张由革命党人主办的中文报纸。“以笔政乏人，遂亲自撰文与《新中国报》大开笔战。其中以《驳保皇报》及《告同乡书》二篇最为透辟。同时复致书横滨冯自由，使代聘前《中国报》记者陈诗仲充任笔政。夏威夷各岛侨胞自有此报鼓吹革命，耳目为之一新，于是前之误受康党诱骗者纷纷脱党，复党，而新会员加盟者亦络绎不绝。”“迄是岁十二月（1904年2月），总理离檀赴美，《檀山新报》以所聘记者陈诗仲因驻香港美领事拒发入美护照，不克成行，遂改聘香山人张泽黎（孺伯）承乏，仍与保皇报继续交战，数载不止。”（出处同上）

1906年后，《檀山新报》社长程蔚南以年老力衰，拟将报纸转让别人集资接办。于是由同盟会员曾长福等人接办，改名为《民生日报》继续出版，仍由张泽黎担任主编，并与《新中国报》新任记者梁文兴（号秋水）继续笔战，“剧烈不减于前”。到1907年秋，张泽黎因事辞职他适，《民生日报》社乃致函东京《民报》社，请推荐主笔。孙中山命前香港《中国日报》记者卢信（号信公）前来主持编务。卢信到任后数月，以编辑部发言权时遭股东干涉，愤而辞职，拟东归。曾长福坚留卢信，又集资另创《自由新报》，由卢信任社长全权主持。该报于1908年8月31日（丁未年八月初五日）创刊。报面所载编辑人为“卢梭功”，即卢信别号。黄堃为编辑，孙科为译员。该报内容为高谈革命，鼓吹“民权”、“独立”、“自由”。直至辛亥革命后仍在出版。

【《图南日报》】 该报筹备于1903年秋、冬之际，于1904年春创刊，“为南洋华侨革命党机关报之鼻祖”（冯自由语）。社址在新加坡宁阳会馆侧，即福建街门牌第21、22号。由陈楚楠、张永福二人出资创办。总经理为陈楚楠，主编由前《中国日报》记者陈诗仲担任，尤列为名誉编辑。创刊之初印1万份，后减作1 000份。由于风气未开，销路不广，长期订阅者仅30余份。是年冬，乘庆贺1905年春节的机会，《图南日报》别开生面，特印制一种印有宣传民族革命思想的月份牌，分赠华侨，以资宣传，卒使销路大增至2 000多份。孙中山先生也曾亲寄美金20元购此月份牌送人。该报于1905年冬因赔累甚巨，终于停刊。

《图南日报》停刊后，为了不使革命党喉舌中断，陈楚楠、张永福又利用《图南日报》所存机器、铅字、家具等，与商人陈云秋等合股改组为《南洋总汇报》继续出版。其言论宗旨一如《图南日报》，高谈革命，文字激烈。1906年春，陈云秋要求折股承让。后改为抽签，由抽得者接办，结果由陈云秋一派所得，陈楚楠只收回本金5 000元。不久，陈云秋邀保皇派商人朱子佩入股合办，《南洋总汇报》遂为保皇派所攘夺，其“所聘记者均属康门徒侣，徐勤、欧榘甲、伍宪子等即借此报与革命党为敌，南洋之民党喉舌因之喑哑者年余。翌年七月，始有第二言论机关之《中兴日报》继起”（冯自由：《华侨革命开国史》）。

【《中兴日报》】 该报创刊于1907年8月20日（光绪三十三年七月十二日），社址仍在新加坡。因当地《南洋总汇报》为保皇派所把持，革命派人士便另筹办了这份报纸与之对抗。创刊不久，即与《南洋总汇报》就革命与立宪问题展开激烈论战。孙中山曾以“南洋小学生”笔名撰文批驳保皇派的观点，使该报一时声名大振。该报仍由新加坡同盟会会员陈楚楠及张永福、林义顺等人合资创办。宗旨为阐发民族、民权、民生三大主义。初为同盟会新加坡分会机关报，后为同盟会南洋支部机关报。先后主持笔政者有何子耀、王斧、居正（药石）、陶成章、胡汉民、汪精卫等。后因经济困难，于1910年春停刊。

【《大同日报》】 该报于1902年在美国旧金山创刊。原是海外反清组织洪门会致公堂出资创办的报纸。创办人为黄三德、唐琼昌。初由康有为的弟子欧榘甲担任主编，曾一度成为改良派的喉舌。欧榘甲利用该报肆意诋毁革命派，引起致公党对其极为不满，旋被解聘。并请孙中山另外荐举主编人选。1904年4月，孙中山自檀香山到旧金山。在同情革命的洪门首领黄三德、唐琼昌等人的支持下，孙中山对《大同日报》实行彻底改组，由他推荐刘成禺担任主编。协助刘担任编辑工作的有徐甘棠、蒋梦麟、廖卓庵等。这样，就使《大同报》由保皇派的喉舌，一跃而变成了革命派的舆论机关。刘成禺，字禺生，笔名汉公、壮夫，湖北武昌人，留日学生。前此担任过《湖北学生界》的编辑工作。因在东京留学生集会上发表革命的演说，被清廷驻日公使蔡钧取消公费资格，旋由孙中山介绍而来《大同日报》工作。刘成禺之后，先后担任该报主编的有冯自由、蒋梦麟、廖卓庵等。

【《仰光新报》与《光华日报》】 《仰光新报》于1904年在缅甸仰光创刊，由当地华侨领袖人物陈甘泉、庄银安、徐赞周等创办，经理庄银安。庄时任仰光保皇会副会长。该报初创时，言论偏于保守。1905年5月，曾担任过东京《国民报》编辑的秦力山从香港来到仰光，应邀担任主编。在他的影响下，《仰光新报》脱离保皇会，开始鼓吹革命，连载秦力山写的《革命箴言》的长篇政论（后因遭到部分股东的反对，全文未能刊完。全文共24章，只登了16章即告中辍）。是年10月，由于该报股东之间意见分歧，无法维持，遂告停刊。

《仰光新报》停刊后，庄银安、徐赞周等又利用该报设备，创办《光华日报》，于1908年8月27日（戊申年八月初一日）创刊。由已成为缅甸同盟会会长的庄银安担任经理。总主笔有杨秋帆、居正等。不久，由于政治压力，被迫停刊。同年12月24日，缅甸同盟会又筹资创办第二《光华报》，主笔居正、吕志伊。至1910年夏，保皇党勾结清朝驻仰光领事，以《光华报》鼓吹无政府主义为辞，请缅甸总督下令将主笔居正、经理陈汉平押解出境。《光华报》再次被迫停刊。以后，庄银安避居槟榔屿（马来亚），又在那里复刊了《光华日报》（1910年12月20日），主笔有胡汉民、汪精卫、雷铁崖等。武昌起义后，戴季陶也曾一度负责编务。

辛亥革命时期，我国侨居缅甸的华侨大约12万人。几凡缅甸的大城小镇、山笆陋寨，到处都有华侨的足迹。因此，该地也成为革命派的重要宣传阵地之一。

第三节　资产阶级革命派在日本的办报活动

一、资产阶级革命派在日本办报活动的特殊历史背景

资产阶级革命派在日本的办报活动是与20世纪初中国人留学日本热分不开的。

1868年，日本以中下级武士、商人、资本家和新兴地主为主

体的改革力量，利用人民群众的支持，用武力推翻了统治日本达260多年的德川幕府，建立了明治政府。1869年明治天皇从京都迁往江户（东京）。明治政府在1868—1873年间，采取了一系列改革措施，来巩固以天皇为首的新政权，发展资本主义，摆脱外来压迫，建立独立自主的近代化国家，这在历史上称为“明治维新”。从此，日本逐渐走向资本主义道路。从“明治维新”起，经过20多年的发展，日本逐渐发达起来，并开始向外扩张、侵略。1894年的甲午中日战争就是由日本侵略者一手挑起来的。

甲午战争以后，中国的知识分子和统治阶层中比较开明的官吏早就提出“要以日本为法”的口号。而要借鉴日本的经验，向日本学习，最简便易行的办法是派遣留学生到日本去留学。由于中、日“一衣带水”，海路交通方便，再加上生活费用低廉，较省钱，经济负担远比去欧、美留学为轻，以及不要护照、来去自由、“同种同文”、生活环境相接近等原因，㉕20世纪初，中国人赴日留学几乎成为一种时尚，举国上下掀起了一股留学日本的热潮。

中国官方首次派遣留日学生是在1896年，当时向日本送去了13名留学生。1898年，在张之洞、刘坤一会奏的《变法自强疏》，张之洞的《劝学篇》外篇《游学》第二（1898年刊行）中，又正式建议清廷派遣留学生到日本留学，并列举了诸多好处。这样，派遣留学生赴日留学遂成定例。开始遣送留学生到日本时，完全是中央政府公费。以后由各省派往的，就由各省出资，如“庚子后，北洋大学堂派王宠惠等6人，南洋公学派章宗祥等6人，湖北陆军学校派吴禄贞、蓝天蔚等6人，制造局亦派6人，共24人赴日留学”（张文伯：《吴敬恒先生传》第6页），均由各省负担费用。到1901年清政府公布游学章程后，大批自费的留学生也纷纷东渡。到1905年清廷正式废除科举制度后，留学日本就成了晋身捷径，前往日本留学的人就更多了，自费留学生竟大大超过了公费留学生。据统计：“在日本的中国留学生，1900年只有100名左右，1902年增至约1 000名，1905年约有8 000名，至1906年这个最高年份有15 000名或者更多。”㉖这些人中，有很大一部分人后来都参加了改良主义运动和革命运动，有的甚至成为资产阶级民主革命的先锋和骨干。

从1900年开始，到1911年辛亥武昌起义的10来年间，留日学生中的先进分子，先后在日本东京、横滨等地创办了一批又一批报刊，进行民主革命思想的宣传、从事革命的鼓吹，使日本成为革命派报刊活动的重要基地之一。

二、留日学生的早期报刊活动

【《开智录》、《译书汇编》及《国民报》】 我国留日学生创办的第一个刊物是《开智录》，于1900年11月1日（光绪二十六年九月初十日）创刊，在日本横滨出版。又称《开智会录》，是横滨"开智会"的机关报。该会由郑贯一创立于1900年冬，是横滨最早的留日学生团体之一。该刊为半月刊，由郑贯一主编，冯自由和冯斯栾协助编辑。起初用油印出版，后来接受孙中山资助的200元印刷费，于当年12月22日，出"改良第一期"，改为铅印出版。借《清议报》印刷厂印刷，并随《清议报》发行。到1901年3月20日，共印了6期。该刊以"开通民智"为宗旨，鼓吹"倡自由之言论，伸独立之民权，启上中下之脑筋，采中、东、西之善法"，宣传资产阶级自由、平等，"天赋人权"等思想。后郑贯一被逐出《清议报》编辑部，该刊随之停办。当年参与该报编辑工作的冯自由回忆云：

> 《开智录》发刊于横滨山下町清议报馆内，一少数粤籍留学生所创之小型月刊也。其编辑人为香山人郑贯一，而冯斯栾、冯懋龙二人佐之。郑号自立，又号贯公；二冯，一号自强，一号自由。时人号称"三自"。郑初与湘籍留学生秦力山同任《清议报》编辑。以该报鼓吹保皇，流毒甚广，乃思为拔赵帜易汉帜之计，特创《开智录》，专发挥自由平等、天赋人权之真理。复撰作歌谣、戏曲、谐谈各门，引人入胜，对于保皇媚满之奴行丑态，渐以嬉笑讽刺之文字出之。其发行及印刷机关即在《清议报》事务所。以是海外各埠凡有《清议报》之地，莫不有《开智录》。侨胞以其文字浅显，立论新奇，多

欢迎之。此报出版于庚子（民国前十二年）夏秋间。翌年春，《清议报》以迭受各地保皇党责难，谓不当容许革命党人在报社内印刷他报，遽解除郑贯一编辑一职，而《开智录》由是停版。孙总理时在横滨，闻之，乃函荐贯一赴香港任中国报记者。（冯自由：《华侨革命开国史·日本之部》［三］《开智录月刊》［六］）

略迟于《开智录》出版的是《译书汇编》。该刊于1900年12月6日（光绪二十六年十月十五日）创刊于日本东京。发行所设在东京神田区骏河台铃木町十八番地《译书汇编》社，月刊。它与我国第一个留日学生团体“励志会”有密切关系。该会于1900年初在东京成立，由戢翼翚、沈翔云等任干事（大约于1902年解散）。该会共计40多人，成分复杂。以后，一部分人坚持和平改良思想，一部分人主张采用激烈手段，推翻清廷。由后一部分人，如戢元丞（翼翚）、杨廷栋（翼之）、杨荫杭（补孙）、雷奋（继兴）等创办了《译书汇编》和《国民报》。《译书汇编》“专以编译欧、美法政名著为宗旨”，以编译诸如孟德斯鸠、卢梭、穆勒和斯宾塞等人政治著作为其特色。自1902年12月10日出版的第二年第九期起，改为以发表同人所著政法论著为主，而以“编译为辅”。共出21期。1903年起改名为《政法学报》继续出版，出至1904年4月的第11期停刊。该刊是后来各省留日学生团体出版刊物的先导。

《开智录》和《译书汇编》“这两个刊物，在宣传资产阶级民主思想，促进当时青年的思想进步方面，起了一定作用。但是它们还都没有提出明确的激烈的革命主张，同改良派的政治分野，还不太明显”。[27]

留日学生中最早具有鲜明革命倾向的政论刊物是《国民报》，“为留学界提倡革命之第一种刊物”。1900年8月，唐才常组织“自立军”，拟在湖北、湖南、安徽、江西等省同时起义。旋失败，唐才常殉难。“自立军”诸志士如秦力山等亡命日本，遂对保皇党深恶痛绝，便创办了这份杂志，鼓吹革命之说，揭露康、梁保皇之非。该刊于1901年5月10日（光绪二十七年三月二十二日）在东京创刊，月刊。1901年8月10日停刊，前后仅出4期。社址在东京小石川区白山御殿町百十番地。由秦力山及留日学生程家柽、沈翔云、戢翼翚、张镁绪、冯自由、王宠惠、杨廷栋、杨荫杭、雷奋、张继等创办并主持，由秦力山任总编辑。“时日人对于留学界出版品取缔颇严，故发起人欲得外商保护，借免检查。（冯）镜如生长在香港，挂名英商，故由冯自由商取乃父镜如同意，即以‘经塞尔’名义登记为《国民报》之编辑兼发行人。”㉘

从内容上看，《国民报》设有社说、时论、丛说、纪事、外论、译编、答问等栏目。除译文外，一般文章均不署名。同上述诸刊一样，《国民报》也不遗余力地宣传反对帝国主义侵略，鼓吹中国独立、自由、富强，介绍西方自由、平等、民主、共和等思想观念。此外，该刊一大特色是用尖锐犀利的笔锋，“大倡革命仇满学说，措辞激昂，开留学界革命新闻之先河”（冯自由语），是留日学生中第一个宣传革命思想的刊物。“报中文字由（秦）力山、杨廷栋、雷奋等执笔，篇末附以英文论说，王宠惠任之”（冯自由语）。在各期所刊文章中，《说汉种》、《中国灭亡论》、《亡国篇》、《正仇满论》、《二十世纪之中国》等评论文章，猛烈抨击了数千年来的封建专制制度，以及对内实行种族压迫、对外沦为列强工具的清朝政府，并提出以暴力推翻清廷的主张。特别是第4期上发表的章太炎所撰《正仇满论》，对梁启超发表于《清议报》上的《积弱溯源论》等文，予以系统的批驳，成为资产阶级革命派反对康、梁保皇派的第一篇文章。在“译编”栏中，译载了杰弗逊等人起草的《美国独立檄文》、美国威曼的《革命新论》等文章，宣传了资产阶级民主、自由、“天赋人权”、革命等学说。此外，为了对外宣传及扩大影响，在“西文论说”专栏中，还先后发表了王宠惠用英文写的好几篇文章。从发行上看，该刊出版后，大部分向国内发行，“每期输入上海逾二千份”。孙中山对它的出版也很关心，为了从经济上支持它，曾捐款1 000元作为该刊印刷费。《国民报》仅出4期，即“以资本告罄停版”，“戢元丞于《国民报》停刊后，辛丑（1902年）在上海发刊《大陆报》月刊，仍延秦、杨、雷诸人担任笔政，鼓吹改革，排斥保皇，尤不遗余力，实为《国民报》之变相”（冯自由语）。

【各省留日学生同乡会办的刊物】　1902年以后，我国留日学生人数激增。从1902年起，我国留日学生反清革命的思潮也日益高涨。1902年初，各省留日学生在东京神田的骏河台组织留学生会馆，在成立大会上，来自湖北的军校学生吴禄贞在演说中说：会馆的东京本部就如同美国费城的“独立厅”。是年4月26日（阴历三月十九日，所谓“崇祯皇帝殉国日”），章太炎、秦力山、马君武等10人发起召开“支那亡国二百四十二周年纪念会”于东京上野精养轩。[29]当日即为日军警所阻。孙中山到会后，马上邀章太炎等至横滨，由孙中山任主席，于“永乐酒楼”补行“支那亡国纪念会”。同年冬季，一批富有斗争精神的留日学生组织青年会，宣称“破坏主义”，公开打出反清革命的旗帜。1903年1月29日，留日学生千余人在骏河台会馆举行新年团拜会，清公使蔡钧到场，当着他的面，广西学生马君武、湖北学生刘成禺先后登台发表革命演说，赢得了满座鼓掌。以上一系列活动在留学生中产生了巨大影响，也推动了各省留日学生革命团体的诞生及革命报刊的出版。当时，各省留日学生纷纷按省份成立同乡会，接着又以各省留日学生同乡会的名义出版了一批报刊。其中主要的有《游学译编》、《湖北学生界》、《浙江潮》、《直说》、《江苏》等等。

《游学译编》　于1902年12月14日创刊于东京，月刊，由湖南留日学生同乡会主办。到1903年11月3日出至第12期后停刊。编辑人有杨守仁、陈天华、樊锥、黄轸（黄兴）、杨度等。主编杨守仁（公元1871—1911年），又名毓麟，字笃生，笔名“寒灰”、“卖痴子”，湖南长沙人，当时是早稻田大学的学生。他在主编《游学译编》的同时，还编写了《新湖南》的宣传小册子，于1903年在东京出版。该书批判了康梁的保皇言论，号召推翻清廷统治，对当时思想界有很大影响。《游学译编》共发行12期，刊载了诸如《南亚独立英雄古鲁家传》、《列强在支那的铁道政策》、《纪十八世纪法国之乱》和《民族主义之教育》等文章。

《湖北学生界》　于1903年1月29日创刊于东京，月刊，社址在“日本东京神田区骏河台铃木町十八番地清国留学生会馆内”。中国留学生会馆于1902年建立，馆址在东京神田区骏河台铃木町十八番地（现在的骏河台2丁3番地）。这里曾是留日学生居住、学习、集会活动的地方，有会议室、演说场、日语教室和俱乐部。有很多集会都在这里举行，如成城学校入学事件，以及反对日本《清国留学生取缔规则》运动的有关会议都在这里举行。留日学生的刊物也往往托名此地出版发行。《湖北学生界》共发行5期，第6期开始，改名《汉声》，继续出版至1903年9月21日停刊。前后共出8期。由湖北留日学生同乡会主办，是留日学生界主办的第一份以省名命名的刊物。发行人先后有王璟芳、尹援一、窦燕石，参加编辑工作的有刘成禺、蓝天蔚、张继煦、卢慎之、李书城、范腾霄、万声扬等。

《浙江潮》 于1903年2月17日创刊于东京，社址名义上也在“东京神田区骏河台铃木町十八番地留学生会馆”，实际上设在东京牛込区早稻田大学附近榎木町王嘉祎寓所。月刊。1904年初出至第12期停刊。由浙江留日同乡会主办。先后担任编辑的有孙翼中、蒋方震、蒋尊簋、许寿裳、王嘉祎等。鲁迅也曾为该刊写过稿，如《斯巴达之魂》、《中国地质略论》、《论铂》、《地底旅行》等。其编辑和撰稿人后多加入光复会（1904年11月正式成立）。

《直说》 于1903年2月22日创刊于东京，月刊，总发行所也设在东京留学生会馆。出版不久即停刊，现存只有两期。由直隶留日学生杜羲等主编。

《江苏》 于1903年4月27日创刊于日本东京，月刊。1904年5月15日出至第12期停刊。由江苏留日同乡会主办，总编辑秦毓鎏。参加编辑工作的有张肇桐、汪荣宝、黄宗仰、陈去病、丁文江等。发行所仍托名设在东京中国留学生会馆。撰稿人主要是江苏籍留日学生。另外，也刊载外省人士及国内青年学生的来稿，如当时尚在国内江苏吴江甫里攻读的柳亚子就曾以“亚卢”笔名在《江苏》上发表过不少文章。该刊内容以刊载郑成功、史可法及“中国革命家第一人陈涉”等人物传记为特色，热烈鼓吹共和制度，其政治旨趣反映在《政体进化论》、《新政府之建设》、《革命其可免乎》、《中国立宪问题》等文章中。在1903年9月21日出版的第6期上，孙中山以“逸仙”为笔名在该刊发表了《支那保全、分割合论》的论文，这是孙中山在留日学生刊物上最早发表的文章。

以上这些刊物，当时与改良派及兴中会在组织上都无直接联系，都带有自发性和地方色彩；在出版之初，并无革命言词和激烈文字，它们最大共同点是从爱国家、爱乡土的热情出发，抒发眷怀故乡、热爱祖国的深切感情，分析国家民族所面临的严重危机，痛陈帝国主义列强宰割中华的危急情势，激励读者、国人奋起救亡图存。在具体内容上，则着重宣传、歌颂中华民族的悠久历史和光辉灿烂的文化；赞美祖国的大好河山、丰富的宝藏及各省风物特产；介绍亚非国家遭受殖民主义者侵略、奴役的惨状等。在这些刊物前期刊登的文章中，还未十分明确地提出推翻清朝封建专制政府的激烈主张。在所提出的救时方策中，仍未超出改良派所允许的范围。有的刊物还明显带有康、梁改良思想的影响。

到1903年四五月后，这些刊物在宣传内容上有了一个很大的转折。在此期间，留日学生为抵制沙俄侵占我国东北而发起了一场声势浩大的“拒俄”爱国运动。4月29日，黄兴、钮永键、秦毓鎏、蓝天蔚等发起“拒俄义勇队”；5月初，改名“学生军”。他们一方面进行操练，准备随时回国效命，一方面派代表回国请愿。清政府得悉消息后，密令逮捕回国代表，又勾结日本政府勒令解散义勇队。5月11日，“拒俄义勇队”又改组为“军国民教育会”。这一事件给留日学生以深刻教训，使他们对清政府的最后一点幻想终于破灭。到1903年六七月间，上海“苏报案”爆发后，清廷对外妥协、对内镇压的面目更加暴露无遗。这两大事件“成为他们当中不少人由激进的爱国者转为资产阶级革命者的转折点。与此同时，这些刊物在宣传上也有了明确的变化”。[30]表现在内容上，首先是反帝宣传更趋激烈，对帝国主义的侵略活动进行猛烈抨击，“帝国主义”这一名词在这些刊物上频繁出现；揭露帝国主义侵略我国的罪行，揭露帝国主义侵略性、扩张性的特征；并由一般的抨击进而宣传实行用武力反抗侵略者。这些刊物的一些编辑人员，如

《游学译编》的黄兴、杨守仁、陈天华，《湖北学生界》的刘成禺、蓝天蔚，《浙江潮》的许寿裳、王嘉祎，《江苏》的秦毓鎏、陈去病、黄宗仰等，都是“拒俄义勇队”暨“军国民教育会”的发起人和骨干。其次是公开把斗争矛头指向清政府，展开激烈的反清革命宣传。揭露清廷是帝国主义侵略中国的工具和走狗；揭露清廷媚外残民的嘴脸。此外，对资产阶级改良派的一些思想观点，如尊君保皇、君主立宪等，也进行了批驳。

各省留日学生创办的这些刊物，虽然有着日趋鲜明的革命倾向，但仍然带有一定程度的自发性和地方性。由于没有统一的领导，宣传上难以做到有力的互相配合，再加上经济上没有保障，出版不易持久，旋起旋仆，到 1904 年 6 月以前便先后停刊了。它们中最多的也不过出了 12 期。

三、1905—1911 年间创办的报刊

到了 1905 年，留日学生中新的、更激进的革命刊物又陆续创办起来。特别是这年冬（11 月 26 日），同盟会机关报《民报》发刊后，孙中山、黄兴为扩大革命宣传的影响，又号召各省留日学生筹办地方刊物。各省留日学生刊物又一次如雨后春笋，蓬勃兴起。到 1907 年，这类杂志竟达 27 种之多。㉛此后，一直到辛亥武昌起义爆发前，仍有不少这类刊物创刊。

1905 年后出版的革命刊物主要有：

《二十世纪之支那》　1905 年 6 月 3 日创刊于东京，月刊。由宋教仁等湖南、湖北、广东、江苏、安徽等省留日学生联合创办，东京中国留学生会馆发行。该刊由宋教仁最先发起，并邀程家柽担任主编，参加编辑和发行工作的有田桐、宋教仁、黄兴、白逾桓、吴昆、罗杰、鲁鱼、陈天华、刘公等。据宋教仁《程家柽革命大事略》记载：“宋教仁、白逾桓、吴昆、田桐、罗杰、鲁鱼、陈天华偕君（指程家柽——引者注）等著一书报，曰《二十世纪之支那》，专以鼓吹革命为事，以君总其成，而充编辑长。因触居留国忌讳，被其封禁，报没收入官，君几入异域之缧绁，以大隈重信、犬养毅为其排解，方得免祸，而侦探遂日尾随于君后矣。”关于

《二十世纪之支那》的内容及宗旨，该刊发刊词云："一国之文明，系于一国之学术"，"欧美文明诸邦，学术日研而日进；所发明之学理，日阐而日新，其文明程度遂与之日高"。从这里可以看出他们致力于输入西方学术文化的动机。该刊辟有论说、学说、政法、历史、军事、实业、理科、丛录、文苑、图画、时事、时评等栏目。仅出一期。第二期因刊载蔡汇东《日本政客之经营中国谈》一文，揭露日本帝国主义侵略中国东北的阴谋，被日本当局东京警视厅勒令停刊，已印好准备发行的刊物也被没收。同盟会成立后，在该刊的基础上创刊了《民报》。[32]

《醒狮》　1905年9月29日（创刊号上署"黄帝纪元四千三百九十七年九月一日"）创刊。月刊，现存1~5期，最后一期为1906年6月22日出版。该刊社址在东京浅草黑舟町二十八番地。编辑者署名李昙，实为高旭（天梅）主编。撰稿人有马君武、李怀霜、陈去病、柳亚子等。内容主要为反对专制政体，反对君主立宪等。

《复报》　原为油印本，铅印本于1906年5月8日（光绪三十二年四月十五日）创刊。月刊。由田桐、柳亚子在上海编辑好后，寄日本东京印刷发行。该刊宗旨为："发挥民族主义，传播革命思潮，为革命之霜钟，作魔王之露檄。"以激烈的言辞，鼓吹革命。曾配合《民报》与改良派《新民丛报》、《中国新报》论战，曾发表《新民丛报非种族革命论之驳议》、《驳梁启超书》等重要文章，被称为"《民报》的小卫星"（柳亚子：《我和言论界的因缘》）。该刊前后出了10多期。

《云南》　1906年10月15日创刊于东京，直至1911年武昌起义后停刊（中间曾几次被迫停刊），共出23期及《滇粹》增刊一期。由云南留日学生李根源、赵伸、吕志伊、杨秋帆等筹备及创办，总编辑为张镕西，副编辑为席上珍、孙志曾等。这个刊物是在孙中山、黄兴的直接关怀下创办起来的。1906年春，孙中山、黄兴曾约李根源、杨秋帆、罗镕先、赵伸（直斋）、吕志伊（天民）5人谈话，以筹办《云南杂志》之事相嘱。李根源接受任务后，即着手筹备。[33]该刊原系月刊，但往往脱期，不能按时出版。其内容以宣传民主主义，揭露清政府的贪污腐化与反对帝国主义侵略为宗旨，深受读者欢迎。到1908年出版的13期，发行量已达数千份。李根源曾有诗纪其事："《民报》挺出谁拱卫，《云南杂志》是尖兵。"

《鹃声》　1906年创刊于日本东京，由四川留日学生主办。1907年改名为《后鹃声》，由雷铁崖、董修武、李肇甫等编辑，封面题署"发明公理，拥护人权"字样，未刊出版年月。

《洞庭波》　1906年10月18日创刊，编辑及发行人为湖南留日学生陈家鼎、杨守仁（笃生）、宁调元、仇式匡等。东京中国留学生会馆发行。卷首有章炳麟"朔风变楚"题字，仅出一期即告停刊。后改为《汉帜》，继续出版。

《汉帜》　1907年1月25日创刊于日本东京，发行所在东京神田区表神保古今图书局，月刊。编辑兼发行人署"黄一铸"，实际由陈家鼎、景定成、仇式匡等主编，内容专门宣传反清的民族革命思想。其发刊词（章炳麟作）宣称："光复祖国，保持人权，唤起黄帝种魂，扫除白山鞑虏，建二十世纪民国，还五千年神州，而尤以维护各国公共安宁，鼓吹汉人实行革命为最大要素。"

《汉风》　1907年2月20日创刊于东京，也是留日学生创办的革命刊物。由日本秀光社印刷。但焘主编。章太炎题署"能夏则大"四字。该刊声称："专以网罗焚书佚笈为主"，"皆据原书录出，不增一字"。属文史刊物。仅出一期。

《中国新女界杂志》　1907年2月5日创刊于日本东京，月刊，是留日学生创办的妇女杂志。该刊由当时中国留日女学生会书记、河南同盟会女会员燕斌（笔名炼石）主编，以提倡女权、宣传妇女解放、男女平等为主要内容。出版至1907年7月5日第6号时，因论文中有"妇女实行革命应以暗杀为手段"的词句，为日警厅禁止出版。

《二十世纪之中国女子》　1907年在东京创刊，由河南留日学生会创办，亦系妇女杂志。主笔为恨海女士。

《大江七日报》　1907年3月9日创刊于东京，周刊，由夏重民、黄增耆等主编。参加撰稿的有省子、锄非、血性等。该刊

《发刊辞》为章炳麟所作，以光复汉族，推翻清廷统治为宗旨，以“发挥民族主义，痛数虏廷罪恶”（见该刊第2期）为主要内容。

无政府主义思潮在20世纪初传入中国，到1907年时，出现东京《天义报》和巴黎《新世纪》两个传播中心。《新世纪》（周刊）于1907年6月22日创刊，由李石曾、张静江、吴稚晖等主办。经济支持人张静江，主编吴稚晖。该刊直出至1910年（宣统二年）5月21日止，共出121期后停刊。

《天义报》 1907年6月10日创刊于日本东京，半月刊。社址在东京牛込区新小川町二丁目八番地。该刊是“女子复权会”的机关报，后来又是“社会主义讲习会”的机关报。由刘师培（光汉）和其妻何震（志钊）担任发行人及主编，主要撰稿人有刘师培、汪公权等。该刊是我国第一个宣传无政府主义思潮的杂志，标榜以“破坏固有之社会，颠覆现今一切之政府，抵抗一切之强权，以实行人类完全之平等”为宗旨，“于提倡女界革命外，兼提倡种族、政治、经济诸革命。”每期内容有论说、学理、时评、记事、译丛、杂记等栏目。曾刊载俄国著名无政府主义者克鲁泡特金的《互助论》。第15期刊有恩格斯写的《共产党宣言》1888年英文版序言的中文译文，第16期刊载《共产党宣言》的部分译文。该刊现存最后一期为1908年3月15日出版的第19期。1908年4月28日，旅居东京的中国无政府主义者另出《衡报》，它实际上是《天义报》的继续，其创办人及主编者仍是刘师培。

《四川》 1907年12月5日创刊于东京，月刊，由四川留日学生创办。编辑兼发行人署名雷铁崖（昭性）、邓絜，实际主持者为吴玉章（永珊）。该刊声称以“输入世界文明，研究地方自治，经营藏回领土，开拓路矿利源”为宗旨，以“西南半壁警钟”自任。内容以宣传反帝、反清及争取铁路主权为主。仅出3期。1908年10月出版第4期时，被日本政府查封（刚印出的第4期被没收）。吴玉章被判处半年徒刑，缓期执行。

《河南》 1907年12月20日创刊于东京，月刊，由同盟会河南分会主办。编辑兼发行人署名武人、朱宣，实际主编为刘积学，发行人张钟瑞。到1908年12月20日出版了9期。第10期尚在印刷中，即被清廷勾结日本当局于1909年初查封。在当时留日学生出版的进步刊物中，这是个很有特色的刊物。它有鲜明的革命派立场，又注重思想文化批判。青年时期的鲁迅，曾在这个刊物上用“令飞”、“迅行”的笔名发表过《人间之历史》、《摩罗诗力说》、《破恶声论》等6篇文章。所载“凡人”的《无圣篇》、《开通学术议》附论，对孔子思想展开批判。

《晋乘》 1907年9月15日创刊于东京，月刊（实为不定期出版）。由山西留日学生创办，景定成、景耀月、谷思慎、荣炳、荣福桐等主持。仅出3期，于1908年6月5日停刊。

《关陇》 1908年2月2日创刊于东京，月刊，由陕甘留日学生创办。1908年4月15日出版第3期后停刊。该刊发刊词云：“自皙人挟帝国主义席卷东来，”“重以俄人以晚收桑榆之政策，目光一转，直射西、蒙、新疆而来，经营不遗余力，势撼关陇之背，咄咄逼人。”几篇主要文章都强调应重视西北边防。

《夏声》 1908年2月26日创刊于东京，月刊，也由陕甘留日学生创办。主要撰稿人有侠魔、尊侠等。于右任、张季鸾也曾在该刊发表诗文。该刊内容有论著、时评、学艺、文艺、杂纂、附录等栏目，第7期还增加了用白话文写的通俗讲话一栏。抨击清朝政府的腐败和立宪论的欺骗性。主张发展民族工业，抵抗外来的经济侵略。现存最后一期为1909年9月5日出版的第9期。

《江西》 1908年7月10日创刊于东京，是江西留日学生创办的一份革命刊物，名为月刊，实为不定期。由愍生等主编。第4期于1909年6月10日出版。该刊内容分论著、译述、时评、文苑、杂俎、来函等栏目。首有章太炎的题字，署名“末底”（“末底”即梵语“慧”的意思，系“章氏学佛后别名”）。

四、《民报》

【同盟会的成立与《民报》的筹备、创刊】 1905年7月间，孙中山由欧洲抵日本，于7月19日到达横滨。中国留日学生到横滨欢迎者百余人。到东京时，留学生特开欢迎会于麹町区富士楼，到会者1 300余人，因座满，不少人只得伫立于街侧。孙中山在会上发表演说。此实东京留学界空前之盛会。从此，革命潮流日益澎湃。鉴于当时留学界无一统一的政党及团体来领导，致使革命活动无法组织起来、集中力量进行。孙中山拟组织政团。他在宫崎寅藏的居中介绍下，首次与留日学生中有影响的领袖人物黄兴、程家柽、宋教仁相识，并约黄兴等会商于《二十世纪之支那》杂志社，“为言革命必须团结力量之义，（黄）兴深以为然”㉞。遂于7月30日（阴历六月二十八日）假东京赤坂区桧町三番黑龙会所（即内田良平家里）为会场，召开成立革命团体的筹备会。是日莅会者有孙中山、黄兴、宋教仁、程家柽、陈天华、张继、冯自由、田桐、梁慕光、胡毅生、朱少穆、但焘、曹亚伯、马君武、邓家彦、何天炯、康宝忠、刘道一、蒋尊簋、汪兆铭、朱大符、古应芬等，以及日本友人宫崎寅藏、内田良平等，共70余人。籍贯包括17省，惟甘肃一省尚无留学生。在孙中山的倡导下，革命组织定名为“中国革命同盟会”。该会以兴中会、华兴会及光复会等政团为基础组成，并提出了“驱除鞑虏，恢复中华，创立民国，平均地权”的十六字纲领。8月20日午后2点，中国同盟会乃假东京赤坂区灵南坂本金弥邸（即日本国会议员坂本金弥的住宅），召开正式成立大会。会议由黄兴宣读章程，并修改通过。接着加盟者数百人公举孙中山为总理。黄兴当选为执行部庶务，居协理地位。田桐任书记，廖仲恺、程家柽任交际，谢延誉、何天炯任会计，邓家彦为判事长，汪兆铭为评议长，宋教仁为检事长，曹亚伯、胡毅生等为各省主盟人。㉟会议结束时，“乃由黄廑午（黄兴）提议，谓《二十世纪之支那》杂志社同人半皆已入本会，今该社员愿将此杂志提入本会作为机关报，何如？众皆拍手赞成，议决俟下次再商办法”㊱。

《二十世纪之支那》于1905年6月3日创刊于东京，由宋教仁一手擘划和主持，由程家柽主编。是湖南、湖北、广东、江苏、安徽等省留日学生“破除地方团体意见”而联合创办的一个革命刊物。8月20日，在同盟会成立大会上，黄兴提议将《二十世纪之支那》改组为同盟会的机关报。8月27日，同盟会再次集会，拟以黄兴为接收者、宋教仁为移交者，办理具体移交手续。此事刚议妥，当日下午情况突然变化：由于该刊第2期首载蔡汇东所作《日本政客之经营中国谈》一文，揭露日本帝国主义对我辽东半岛的领土野心，引起日本政府的恼怒，遭到查禁。当时，印刷厂家“秀光社”刚刚印好第2期，送到报社。宋教仁正在清点时，便被日警吏全部扣押、没收。[37]28日，《二十世纪之支那》主持人宋教仁、主编程家柽均遭警署传讯。

1905年9月3日，在孙中山的监督下，黄兴、宋教仁两人完成了《二十世纪之支那》诸项物资（包括簿记、款项、图书、器具、印信）的交换事宜，此刊始为同盟会所有。鉴于日本官方的查禁，使用原名继续出版已不可能。后经同盟会同志多次会议，决定改名《民报》，另行出版。

经过两个多月的筹备，同盟会的第一个大型机关报——《民报》，终于于1905年11月26日（光绪三十一年十月三十日）在日本东京创刊。

【《民报》的一般情况】 《民报》的编辑部和发行所是分开的：编辑部设在东京牛込区新小川町二丁目八番地，这里既是《民报》社，又是同盟会总部机关所在地；发行所则设在东京丰多摩郡内藤新宿区番众町三十四番地宫崎寅藏的私宅内。宫崎寅藏是孙中山先生的密友，《民报》的出版得到过他的大力帮助，除将自己的私宅作为《民报》的发行所外，他还吩咐其妻津知迁入《民报》编辑部，担任照顾同盟会干部及编辑部各人起居、饮食的工作。不久，宫崎宅迁到牛込区小石川区第六天町；到1908年7月，又迁到小石川区的原町。《民报》的发行所也随着转移。[38]

《民报》是一个大型月刊，每期出150页左右一册，6万~8万字，32开本。与同时期在日本出版的其他革命报刊一样，《民报》也以刊载政论文章为主，设有论说、时评、译丛、谭丛、纪事、撰录等栏目，所刊载的文章，“多数稿件由本社成员撰写或编译，偶尔也刊登一些来稿。在先后出版的5年时间内，它一共发表了235篇稿件，其中论说107篇，时评62篇，译文16篇。此外，还刊出了75幅‘图画’”[39]。

《民报》从1905年11月26日创刊出第1期，到1908年10月发行至第24期时，日本政府“徇清政府之请”，以《民报》“激扬暗杀”为词，禁止出版。停刊1年余，又于1910年1月恢复出版，托名在巴黎《新世纪》报社印刷发行，实则仍在日本秘密印刷。仅出两期，同年2月最后停刊。前后共出26期，历时4年零3个多月。若除去休刊期1年两个月，实际出版了3年多时间。此外，它在第3、第4期之间出版过一张号外，第12期、第13期之间出版过一期名为《天讨》的增刊（1907年4月出版）。

《民报》虽是月刊，但经常脱期，不能按时出版。其1~26期出版时间见表5-1。

表5-1　　《民报》1~26期出版时间

期数	出　版　日　期	期数	出　版　日　期
1	1905年（乙巳）11月26日	14	1907年6月8日
2	1906年（丙午）1月22日	15	7月5日
3	4月5日	16	9月25日
4	5月1日	17	10月25日
5	6月26日	18	12月25日
6	7月25日	19	1908年（戊申）2月25日
7	9月5日	20	4月25日
8	10月5日	21	6月10日
9	11月5日	22	7月10日
10	12月20日	23	8月10日
11	1907年（丁未）1月25日	24	10月10日
12	3月6日	25	1910年（庚戌）1月1日
13	5月5日	26	2月1日

【《民报》发行人、主编及主要撰稿人】　《民报》每期末均署有“编辑兼发行人”姓名。先后署名为《民报》“编辑兼发行人”的有张继（共7期）、章炳麟（共14期）、陶成章（共3期）、

汪精卫（共2期）4人。其中，第1~6期和第19期末署“张继”，第7~18期末署“章炳麟”，第20~22期末署“陶成章”，第23、24期末仍署“章炳麟”，第25、26期末署“汪精卫”。

《民报》的实际主编人：《民报》前6期的主编，名义上是张继，实际为胡汉民。张继未写过一篇文章，只是挂名而已，因他日语比较好，与日人交涉较方便，故用其名为发行人，但他始终未过问《民报》编辑事。[40]1906年6月29日，章太炎在上海出狱，东京同盟会本部特地派会员龚炼百、时功玖、仇式匡等至沪，迎章赴日主《民报》笔政。故从第7期（1906年9月5日出版）起，《民报》由章太炎主编，[41]一直编到第18期（1907年12月25日出版），章氏因脑病辞职就医（但仍继续撰文）。第19期由张继主编。后因张继拟往巴黎，故从第20期起，到第22期共3期，由陶成章主编。出至第23、24期，主编又归于章太炎，而以汤增璧（公介）副之。1908年10月10日《民报》24号出版，适值清廷谋与美国缔结盟约，特派唐绍仪赴美谈判。唐经日本时，即嗾使驻日清使乘机向日本政府交涉，以封禁《民报》为请。日本政府即以《民报》第24期所载邹伯夔（汤增璧笔名）《革命之心理》一文，有提倡暗杀、扰乱治安之嫌，于10月19日下令警视厅封禁《民报》，并没收该期《民报》。章太炎接“禁令”后，复将禁令封还日本内务省，并致书日内务大臣，声言“宁为玉碎，不为瓦全”，黄兴还委托宫崎寅藏代延律师抗争。然终被封禁。10月25日（阴历十月一日），黄兴召集同盟会本部会议，商议《民报》善后之策，章太炎、宋教仁等谋将《民报》迁往美国出版，但由于经济原因，终未实行。几天后，黄兴等以中国革命党名义，散发传单，报告《民报》第24号停止经过及与日政府交涉情形，指控日本政府。过了1年，到1909年10月初，受孙中山、黄兴之托，汪精卫由南洋至日本东京，筹划秘密复刊《民报》事宜。到1910年1月1日，在东京秘密续刊《民报》第25期。“总编辑人”署“汪精卫”，而出版则托名为“总发行所—法国巴黎侣濮街四号”（即巴黎《新世纪》报社）。26期后就最后停刊了。[42]

总括起来看，胡汉民主编了6期，章太炎主编了14期，张继主编了1期，陶成章主编了3期，汪精卫主编了两期。

为《民报》撰写过文章的，前后有68人。其中主要有章太炎、胡汉民、汪精卫、朱执信、汪东、廖仲恺、刘师培、陈天华、汤增璧、黄侃等。据统计，在以上撰稿人中，章太炎为《民报》写的文章最多，共计近60篇，字数约25万。其中以《演说录》、《革命之道德》、《中华民国解》、《排满评议》、《政闻社社员大会破坏状》、《复吴敬恒书》、《再复吴敬恒书》、《与人书》等篇为最著。章太炎任《民报》主编的时间也最长，“几及三年”，功劳最大。其次为胡汉民和汪精卫。胡汉民以“汉民”、“辨奸”、“去非”等笔名发表的文章约有20多篇，字数约20万，而以代孙中山写的《民报发刊词》[43]，以及《记戊戌、庚子死事诸人纪念中广东某君（即胡本人）之演说》、《民报之六大主义》、《排外与国际法》（本篇最长，约6.8万字）、《与国民新闻论革命党书》等篇为最著。汪精卫以“精卫”、“守约”、“扑满”、“枝头抱香者”、“民意”等笔名发表的文章亦有20多篇，字数大约20万，而以《民族的国民》、《希望满洲立宪者盍听诸》、《驳新民丛报最近之非革命论》、《再驳新民丛报之政治革命论》（以上4篇，每篇约2万字）、《驳革命可以召瓜分说》、《驳革命可以生内乱说》、《满洲立宪与国民革命》、《研究民族与政治关系之资料》、《论革命之趋势》、《革命横议》等篇为著。从1期到13期，每期都有汪精卫的文章。25、26期也为汪主编。朱执信以“蛰伸”、“悬解”等笔名发表的文章约有10万字，以《德意志社会革命家小传》、《从社会主义论铁道国有及中国铁道之官办私办》、《社会革命与政治革命并行》、《土地国有与财政》（再驳《新民丛报》之非难土地国有政策）、《论满洲虽欲立宪而不能》、《驳法律新闻之论清廷立宪》等篇为著。宋教仁以“劈斋”为笔名发表的文章约2.5万字，以《一千九百〇五年露国之革命》、《万国社会党大会略史》等篇为最著。汪东以“寄生”、“弹佛”的笔名先后发表了近20篇文章，约8万字，以《新民丛报杂说辩》、《法国革命史论》（此篇字数约3万）、《革命今势论》、《论支那立宪必先以革命》等篇为著。刘师培以“豕韦之裔”、“韦裔”等笔名在《民报》13～18期，以及

《天讨》增刊上发表的文章共5篇，约8.5万字，而以《普告汉人》、《利害平等论》、《辩满人非中国之臣民》（此篇宣扬种族主义，约5万字）为著。廖仲恺以“屠富”、“渊实”、“无首”等笔名发表近10篇译文，共约3万多字，而以《社会主义史大纲》、《无政府主义之二派》、《无政府主义与社会主义》、《虚无党小史》（本篇最长，近2万字）为著。汤增璧以“揆郑”、“伯夔”、“余波”等笔名写了近10篇文章，约3万字，以《崇侠篇》、《人世之悲观》、《哀政闻社员》、《革命之心理》为著。他曾协助章太炎编辑《民报》。陈去病的文章约1.5万字，有《明清最初之进步》、《虎伥遗恨》等。陈天华是《民报》创刊时期主笔之一，他用的笔名是“思黄”和“过庭”。《民报》创刊号上刊出的17篇文章中，他一人占7篇。惜在《民报》出版后不久，即因抗议日本当局颁布取缔中国留日学生规则而投海自杀。但《民报》前后发表了他的遗著达5.5万多字，而以《论中国宜改创民主政体》、《中国革命史论》、《记东京留学生欢迎孙君逸仙事》、《狮子吼》（此篇为政治小说，在《民报》连载7期，约4.5万字）等篇为最著。黄侃也曾以“运甓”、“信川”、“不佞”等笔名发表过5篇文章，如《专一之驱满主义》、《哀太平天国》等篇即是。[44]此外，曾为《民报》写稿的，还有马君武、苏曼殊、陶成章、田桐（恨海）、冯自由、周作人等。

【《民报》的基本内容】 《民报》创刊后，即全力以赴进行三民主义理论及革命纲领的宣传，以期将这一“非常革新之学说，其理想输灌于人心，而化为常识”（《民报发刊词》），从而使之“普遍”于社会，“以斟灌其心理而造成舆论”（《〈民报〉之六大主义》）。

《民报》创刊号首载由孙中山口授、胡汉民笔录的《发刊词》：

> 近时杂志之作者亦夥矣，婍词以为美，嚣听而无所终，适埴索涂，[45]不获则反复其词而自惑。求其斟时弊以立言，如古人所谓对症发药者，已不可见，而况夫孤怀宏识，远瞩将来者乎？夫缮群之道，与群俱进，而择别取舍，惟其最宜。此群之

历史既与彼群殊，则所以掖而进之之阶级，不无先后进止之别。由之不贰，此所以为舆论之母也。

予维欧美之进化，凡以三大主义：曰民族，曰民权，曰民生……㊻

《〈民报〉发刊词》第一次公开揭橥民族、民权、民生主义即三民主义的革命旗帜，阐述了三民主义的起源，号召“举政治革命、社会革命毕其功于一役”，推翻清廷，建立民国。

《民报》第3号载胡汉民《民报之六大主义》，系统阐述了同盟会的六大纲领：“一、倾复现今之恶劣政府”，“二、建设共和政体”，“三、土地国有”，“四、维护世界真正之平和”，“五、主张中国日本两国之国民的联合”，“六、要求世界列国赞成中国革新之事业”。

以后，围绕三民主义，并以三民主义为鹄的，《民报》发表了大量文章。如对民族主义的宣传，花了最多的篇幅；也在一定程度上对民权主义（亦称“民主主义”、“国民主义”）、民生主义作了宣传。与此同时，对外国历史上的和当时正在进行中的资产阶级民主革命运动，以及各殖民地国家人民的民族解放运动，也作了介绍、报道和评论，如：对18世纪的法国大革命、1905年的俄国革命，以及亚洲各国（特别是印度）的反帝运动，都进行了比较系统的介绍和及时报道。另外，《民报》宣传的又一重要内容，是对西方社会政治学说和包括马克思主义在内的各种流派的学说、思想、思潮进行了介绍。其中，如朱执信以“蛰伸”笔名在《民报》第2号上发表的《德意志社会革命家小传》一文中，介绍了《共产党宣言》的要点，并节译了该书的十大政纲。中国人之介绍《共产党宣言》（1848年出版），这还是第一次。又如廖仲恺以“屠富”的笔名，也对早期社会主义理论，以及无政府主义、虚无主义等思潮进行了介绍。

除以上内容外，《民报》还发表过主编章太炎不少的提倡佛教、阐发佛学、研究国学、整理国故的文章。1903年，章太炎因“苏报案”入狱三年，曾潜心研读佛学著作。“私谓释迦玄言，出过晚周诸子不可计数，程、朱以下，尤不足论。”（章太炎语）

1906年7月间，他出狱被迎往日本担任《民报》主编。7月15日，章太炎在东京留学生2 000多人欢迎他的大会上发表演说，首次提出当时最紧要的事是：“第一，是用宗教发起信心，增进国民的道德；第二，是用国粹激动种姓，增进爱国的热肠。”其后，他在《民报》上发表的一系列革命宣传文字都时作“佛声”。其专门阐发佛学的文章有《无神论》（《民报》第8号）、《建立宗教论》（第9号）、《人无我论》（第11号）、《大乘佛教缘起说》（第19号）、《答梦庵》（第21号）、《再答梦庵》等。在这些文章中，章太炎认为在诸多宗教中，只有佛教可以助革命，佛教的利他精神，佛教的平等思想，都是有利于革命，有利于提高人们的道德水准的。他依据佛教中“自贵其心，不依他力”的教义，提出“依自不依他”的思想，强调民族自尊心；主张发扬佛教“头目脑髓，都可施舍于人”的自我牺牲精神和“勇猛无畏”、“排除生死”的战斗气概；主张以佛教唯识宗为宗，“不执一己为我，因以众生为我”、“一切以利益众生为念”；主张建立“无神的宗教”。另外，章太炎还在《民报》上发表过不少讨论国学，研究中国古代文物典章制度的文章。他的用意，不是“要人尊信国教，只是要人爱惜汉种的历史”，也就是要“以国粹激动种姓，增进爱国热肠”。

【《民报》与《新民丛报》的大论战】 早在《民报》创刊之前，革命派和改良派就已经开始了小规模的论战。

1901年8月10日（阴历六月二十六日）在日本东京出版的《国民报》第4期发表了章太炎从国内寄来的《正仇满论》。这是革命派对改良派政治主张进行批驳的第一篇文章，也是近代史上革命与改良论争最早的一篇历史文献。

1902年，保皇党在广州出版的《岭海报》攻击革命派所策划的广州起义，香港《中国日报》予以严词驳斥，“双方笔战逾月”。这是两派报刊的第一次直接对垒。

1903年，保皇党领袖康有为周游欧美17国后，发表《南海先生最近政见书》，重弹反对革命的老调。康文发表后，海内外革命派报刊纷纷著文驳斥。如香港《中国日报》刊出黄世仲的《辨康有为政见书》；上海《苏报》6月29日刊出章太炎的《康有为与觉罗君之关系》。此前几日，保皇党在上海地区办的《中外日报》也曾刊登过一篇《革命驳议》（载6月8日、9日）的文章。章太炎立撰《驳革命驳议》予以反击。

在海外的檀香山，孙中山于1903年12月和次年1月间，针对该地保皇党的《新中国报》，他亲自执笔撰文，先后在《檀山新报》上发表了《驳保皇报》和《敬告同乡论革命与保皇之分野书》。

1904年，在香港，革命派的《中国日报》和保皇党的《商报》也曾展开笔战。

但以上论战，从规模上看，都还比较零星、分散，没有进行系统的全面的辩驳。相对而言，保皇派在社会上仍占有很大优势和影响。

《民报》一创刊，就拉开了与保皇派论战的序幕，而且这场论战是有组织、有计划、积极主动进行的。从创刊号起，《民报》就刊出“思黄”（陈天华）写的《论中国宜改创民主政体》、汪精卫写的《民族的国民》，点名对康、梁的谬说进行批驳。朱执信正面阐述革命派观点的文章《论满洲虽欲立宪而不能》也登在第1期。

在《民报》的攻势面前，《新民丛报》也很快作出回答，并在1906年春将其新近为反对革命而发表在该刊的《开明专制论》和《申论种族革命与政治革命之得失》等文，辑成一本题为《革命存亡一大问题》的小册子，加印一万册，广为散发。这样就形成了两军对垒的阵势。

两报之间的大规模论战是从1906年4月开始的。当时，《民报》在出版第3期外，还以“号外”形式发表了《〈民报〉与〈新民丛报〉辩驳之纲领》，将论战双方的重大分歧问题归纳为12条，认为这是攸关中国存亡的大问题，并表示“自第四期以下，分类辩驳”。这样，论战便开始全面铺开并进入高潮。《民报》与《新民丛报》论战的文章，集中在1906年4月出版的第3期到1907年出版的第17期这10多期上。

两报论战文章篇目如下。

《民报》篇目：

《论满洲虽欲立宪而不能》（朱执信，载第1期）。

《论支那必先以革命》（汪东，载第2期）。

《希望满洲立宪者盍听诸》（精卫，载第3期）。

《驳新民丛报最近之非革命论》（精卫，载第4期）。

《斥新民丛报之谬妄》（辨奸，即胡汉民，载第5期）。

《驳革命可以召瓜分说》（精卫，载第6期）。

《再驳新民丛报之政治革命论》（精卫，载第6期）。

《〈新民丛报〉之怪状》（枝头抱香者，载第6期）。

《驳革命可以生内乱说》（精卫，载第10期）。

《杂驳新民丛报第十二号》（精卫，载第10期）。

《杂驳新民丛报》（精卫，载第11、12期）。

《告非难民生主义者》（民意，即汪精卫。载第12期）。

《排外与国际法》（胡汉民，载第6~13期）等。

《新民丛报》篇目：

《开明专制论》（饮冰，载第75、77期）。

《申论种族革命与政治革命之得失》（饮冰，载第76期）。

《答某报第四号对于本报之驳论》（饮冰，载第79期）。

《暴动与外国干涉》（饮冰，载第82期）。

《杂答某报》（饮冰，载第86期）。

《驳某报之土地国有论》（饮冰，载第89期）。

《再驳某报之土地国有论》（饮冰，载第90期）等。

在双方论战的文章中，《新民丛报》的文章几乎都署名“饮冰”，全是梁启超一人手笔。《民报》论战文章的主要撰稿人则为汪精卫和胡汉民等，而主编章太炎因潜心研究佛学及国学，并没有把重点放在对保皇派及维新立宪理论的攻伐上。据胡汉民回忆说：“章炳麟由沪狱出，至日本，《民报》已刊行半年，余让编辑事于章。精卫与余等已足制胜保皇党有余，故章未尝加入论战。章喜言佛学，其言政治，则等于汉人以经断狱。整理国故，章所优长，而章不善用之；顾其文能摹仿魏晋，故时人多重之。”㊻

双方主要围绕三个问题展开论战：

一、要不要推翻清政府，实行反清的民族革命。《新民丛报》

反对反清的民族革命，反对推翻清政府，主张拥戴光绪皇帝，推动清廷进行自上而下的改革。《民报》则认为清廷对内实行民族压迫，摧残人民，对外则投降卖国；要依靠这个政府抵制外国侵略、对内实行改革，已不可能，因此，坚决主张推翻清廷。《新民丛报》又认为革命是暴动，革命一旦爆发，势必“杀人流血”，引起内乱，进而遭致帝国主义的干涉，以致被列强“瓜分”，落得亡国灭种的下场。《民报》则认为革命的目的是为了建立资产阶级共和国，不是为了争夺帝位，不会出现历史上为争帝位而造成的内乱。至于帝国主义的干涉和瓜分的问题，《民报》认为：这次革命只“革”本国独裁政府的“命”，并不笼统排外，也不损害帝国主义的利益，因此，可以避免干涉与瓜分。倒是如果不革命，国家越来越弱，必会遭到瓜分。

二、要不要实行民主革命，建立共和政体。《新民丛报》认为中国人民落后，“程度未合格”，“学识幼稚”，“未有可以行议院政治之能力”，没有“可以为共和国民之资格”。因此，只能实行“开明专制”和“君主立宪”，只能一步一步地改良，绝不能“越级”搞什么革命和“共和”政体。《民报》则批驳了以上观点，指出中国人民完全“有民权立宪之能力”。它反对一点一滴的改良，主张革命；反对君权，主张“民权”；主张用暴力手段推翻封建政府，建立资产阶级民主共和国；主张民主立宪，反对“君主立宪”。

三、要不要废除封建土地制度，实行民生主义及土地国有。《新民丛报》否认中国社会存在“贫富相悬”的现象，认为中国社会还没有欧美那样贫富悬隔、没有贵族制度，所以不必实行社会革命。《新民丛报》更反对废除封建土地制度，反对平均地权、土地国有，认为土地国有是一种“掠夺”政策，是一种讨取下层社会同情、造成社会混乱的政策。《民报》则认为中国社会明显存在着“豪右”和“细民”的差别，存在贫富不均的现象；既有“坐食土地之利”的封建地主，又有“贫无担石储”的贫苦劳动人民。因此，只有实行土地国有和平均地权，实行“耕者有其田”，发展生产，才能解决社会民生问题，才能“毕其功于一役”，取得民主革命的胜利。

论战一开始，梁启超傲然自大，轻视革命党人，以为《民报》诸人都是些浮薄少年，感情用事，理论上是不堪一击的。所以他在《新民丛报》发表文章时，对《民报》的辩驳，常常杂以嘲笑的口吻。及至论战全面展开，几个回合以后，梁氏渐渐捉襟见肘、理屈词穷，不但连为清廷及皇帝辩护的种种论点都失却根据，甚至在援引法律条文和译述日文上，都出现大量纰漏，被《民报》一一加以揭发驳正。从论战阵容上看，《新民丛报》几乎只有梁启超一人唱独角戏，显得力量单薄，难有招架之功，而《民报》则力量雄厚，编、撰人员中，人才济济，各有专长，显示出强大的战斗力。从声势上看，《民报》显然占了压倒《新民丛报》的优势。

1906年7月，《新民丛报》上首先刊出徐佛苏以“佛公”笔名写的“来函”《劝告停止驳论意见书》，表明梁启超已有调和、休战之意。但1906年12月出版的《民报》第10期却针锋相对刊出“弹佛”（汪东）的《驳〈劝告停止驳论意见书〉》，要求《民报》“犁庭扫穴，不留余种”，决不休战。到1907年元月间，梁启超又通过徐佛苏向宋教仁表示：“向与《民报》辩驳之事，亦出于不得已，苟可以调和，则不愿如是也……君可与《民报》社相商，以后和平发言，不互相攻击，可乎?”㊼元月11日，当宋教仁将此情况告诉章太炎、孙中山、胡汉民等人时，“枚叔（章太炎）言可以许其调和”；“与逸仙及胡展堂言之，则皆不以为然”。（出处同上）论战继续进行，直到1907年11月《新民丛报》在清廷宣布预备立宪后自动停刊，两刊论战才告结束。

《民报》及《民报》对《新民丛报》大论战的影响是巨大的。《民报》创刊后，特别是《民报》对《新民丛报》的大论战展开后，极大地削弱了保皇党、立宪派的影响，使革命思想深入人心、形成思潮。1906年12月2日，《民报》在东京神田锦辉馆举行创刊一周年纪念会，与会者达万人之多，黄兴任主席，章太炎读祝词，孙中山登台讲三民主义及五权宪法之概要，听者为之动容。宋教仁迟到一刻，待他挤入会场，“比至（讲）演台后，则余之履物尽失矣”，㊽可见当时盛况空前。到1907年8月间，保皇党及立宪派人士梁启超、蒋智由等在东京组织“政闻社”，“谋求立宪”。他们也于10月17日开成立大会于锦辉馆。梁启超由横滨赶来东京作宣传演讲。政闻社成员仅到200多人，而革命派却到了1 000多人。梁启超登台宣传：“今朝廷下诏，刻期立宪，诸君子宜欢喜踊跃……”话刚开头，即遭到台下陶成章、张继等革命派的大声斥责。接着，喊打声四起，梁启超等狼狈逃避。革命派乘机利用会场宣传革命。梁启超早在1907年5月出版的第92期《新民丛报》上发表的《论中国现在之党派及将来之政党》一文中，不得不承认说：“数年来，革命论盛行于国中……其旗帜益鲜明，其壁垒益森严，其势力益磅礴而郁积，下至贩夫走卒，莫不口谈革命而身行破坏……革命党指政府为集权，詈立宪为卖国，而人士之怀疑不决者，不敢党与立宪。遂致革命党者，公然为事实上之进行，立宪党者，不过为名义上之鼓吹，气为所慑，而口为所箝。”另外，《民报》在国内也产生了很大影响，留日革命党人通过各种渠道，将《民报》运进内地，用各种方式巧妙改装，瞒过侦查者的耳目而输送各地，再由各地的秘密机关分送到革命党人及军队中，尤其是新军中。

【《民报》被封及其内讧】　1908年10月10日，《民报》第24号出版。10月19日，日本政府“徇清政府之请，下令封禁《民报》”。据邹鲁《中国国民党史稿》记载：“(《民报》)出至二十四期。时适清廷派唐某（即唐绍仪——引者注）为中美联盟专使，道经日本，《民报》为文抨击，唐某觉之，嗾使驻日清使与日政府交涉，求封禁《民报》。日政府惧中美同盟弗利于己，乃允清使请，以见好清廷，借口《民报》文字有激扬暗杀、破坏治安之嫌，即行封禁，于是《民报》中断。”章太炎于10月21日、23日、26日三次致书日本内务大臣平田东助，进行抵制和抗议，并亲至警署抗争。[49]11月26日，东京地方法庭开庭审判，章太炎代表《民报》出庭答辩。12月12日，东京地方法庭判决禁止《民报》发行。章太炎作为《民报》发行人兼编辑人，被罚款115元，因无力交纳，将被东京小石川警察署劳役场拘留，需服115天劳役相抵。后由许寿裳、鲁迅等人筹款交纳，章方得免除劳役。

《民报》停刊一年多后，到1909年秋、冬之际，由汪精卫主持，秘密编辑出版《民报》第25、26号，托名“法国巴黎濮侣四号”（巴黎《新世纪》发行处）为总发行所，实在东京秘密出版。仍由“秀光社”印刷，于1910年一二月间先后出版。章太炎见刊后，指之为“伪《民报》”，并以原《民报》社长的名义在《日华新报》发表《伪〈民报〉检举状》，[50]大肆攻击孙中山。孙中山随即组织反击，指示吴稚晖在巴黎《新世纪》周刊上接连发表文章，谴责章太炎与陶成章。黄兴也同刘揆一联名发表致美洲各华侨报馆同盟会员的公开信，宣布支持孙中山，反对章、陶之所为。这样，在同盟会主要领导人中间，便爆发了自它成立以来最严重的一场内部矛盾，并导致了同盟会与光复会的正式分裂，使当时的革命事业遭到巨大损失。

其实，这场内讧隐伏已久。早在1907年春，日本政府因清廷的压力而迫使孙中山离开日本，同盟会领导集团内部便出现不和。到1908年夏，《民报》由于经费拮据，几乎办不下去。陶成章从东京到南洋筹措经费，他到新加坡找到孙中山，要求拨款5万元“回浙办事”及救济《民报》，遭到孙中山的拒绝。孙当时的考虑是在当时经济困难的情况下，坚持把有限的财力用于军事行动。而陶则认为孙中山轻视《民报》和革命宣传工作，一怒之下，竟与孙中山决裂，拉拢李燮和在南洋各地恢复光复会组织，与同盟会分庭抗礼。随后，陶、李二人进一步以“七省同盟会会员”名义，在南洋及日本散发《孙文罪状》传单，[51]污蔑孙中山贪污巨款，要求东京同盟会总会召开会员大会，罢免孙中山总理职务，改推黄兴继任。1909年夏，陶成章回到东京，又拉拢章太炎加入倒孙行列。不久，章太炎发表《伪〈民报〉检举状》，遂使同盟会内部分裂暗流公开化。这次分裂削弱了革命运动的力量，使其又回到1905年以前各派独立行动的局面。

【《民报》主编章太炎】 章太炎（公元1869—1936年），名炳麟，字枚叔。初名学乘，后因仰慕顾炎武（原名绛）、黄宗羲（字太冲）之为人，改名绛，别号太炎。主要笔名有绛叔、西狩、菿汉阁主、台湾旅客、支那夫、戴角、独角、末底等。1869年1

月12日（清同治七年十一月三十日）出生于浙江省余杭县城东15里的仓前镇一个书香门第。他的家世，在曾祖辈时，积产达百万，为一方巨富。到父辈时，经太平天国兵燹，家道中落。章太炎从6岁开始读书。9岁时，外祖父朱有虔（海盐人）到余杭章家闲住，太炎便从外祖父研读“小学”，习诵儒家经典。课外闲暇，外祖父常向太炎讲述明末清初有名的爱国主义者黄宗羲、顾炎武、王夫之等人的事迹和著作，太炎又自读蒋良骐《东华录》，获知吕留良、戴名世、曾静、查嗣庭诸人事迹及清代有名的“文字狱”事件，心中遂逐渐产生了反对民族压迫的反清民族主义思想。

1890年，进杭州“诂经精舍”，从著名朴学大师俞樾（号曲园，浙江德清人，曾任翰林院编修）受业近8年，精研“小学”，博考经史，为日后的学术成就打下了坚实的根基。

1897年1月离诂经精舍到上海，担任《时务报》撰述，开始投身于政治活动。在《时务报》发表《论亚洲宜自为唇齿》（载第十八册）、《论学会有大益于黄人亟宜保护》（载第十九册）两文。由于同康、梁学术派别不同，政见纷歧，章氏在《时务报》勉强工作几个月，便于是年4月底辞职离开《时务报》，由沪返杭，与陈虬、宋恕等人在杭州创办《经世报》（1897年8月2日创刊于杭州）及为上海《实学报》（1897年8月28日创刊于上海）、《译书公会报》（1897年10月26日创刊于上海）撰文。

1898年春，应湖广总督张之洞之邀，赴武昌，拟担任《正学报》主编。章曾为撰《正学报缘起》及《例言》。后《正学报》未能出版。因政见不合，章旋离鄂返沪。数月后，8月17日《昌言报》创刊，章太炎任该报笔政。戊戌政变后，章氏遭清廷通缉，只得“携家南渡”，避居台湾，任《台湾日日新报》记者。居台半年。1898年12月23日，《清议报》在日本横滨创刊，章在前期《清议报》上发表了不少诗文。1899年6月，章太炎由台赴日，曾住横滨《清议报》馆，得见孙中山，但“未相知也”（章太炎：《自定年谱》）。8月，由日返国，到沪任《亚东时报》主笔。

1900年，义和团运动爆发，八国联军入侵，清政府的帝国主义走狗面目暴露无遗。是年7月26日，唐才常在上海发起“张园国会”，创立自立会、组织自立军，欲在汉口起兵，武装“勤王”。章太炎认为唐才常“一面主张‘排满’，一面又主张‘勤王’”，“实属大相矛盾，决无成事之理，宣言脱社，割辫与绝”（冯自由：《革命逸史》），并撰《解辫发》以明志。从此，章太炎与改良主义决裂，走上了资产阶级民主革命的道路。1901 年，在东京《国民报》第 4 期上发表了《正仇满论》，开始同改良派斗争。这也是革命派对资产阶级改良派政治主张进行批驳的第一篇文章。同年，由吴君遂介绍，赴苏州东吴大学任教。“往谒”俞樾，被其骂为“不忠不孝”。章太炎特撰《谢本师》（后载《民报》第九号），宣布与俞樾脱离师生关系，表明他坚持革命的决心。1903 年春，始任教于“爱国学社”，并在《苏报》上发表一系列革命的文章，特别是《〈革命军〉序》（载《苏报》1903 年 6 月 10 日）、《驳〈革命驳议〉》（载《苏报》1903 年 5 月 17 日、18 日）、《康有为与觉罗君之关系》（载《苏报》1903 年 6 月 29 日）等篇，公然宣称：“夫中国吞噬于逆胡二百六十年矣，宰割之酷，诈暴之工，人人所身受，当无不昌言革命”（《〈革命军〉序》），并斥责光绪皇帝曰：“载湉小丑，未辨菽麦”（《康有为与觉罗君之关系》）。这一系列文章，极大震骇了清朝政府。6 月 30 日，震惊中外的“苏报案”爆发，章太炎被捕入狱。1906 年 6 月 29 日，章太炎刑满出狱，当即被孙中山派回国的代表接到日本，主持《民报》笔政。一直到 1908 年该报被封。

从 1897 年章太炎最早参加《时务报》编辑工作，到 1908 年他离开《民报》，这 10 年间是他一生中最光辉的时期。

1910 年重新成立光复会总会于东京，章太炎任会长，与同盟会分离。武昌起义爆发后回国，提出“革命军兴，革命党消”的错误口号，要求解散同盟会。1912 年，中华民国成立后，先后担任中华民国联合会会长、孙中山大总统枢密顾问及袁世凯总统府高级顾问、东三省筹边使等职。同时，于 1912 年 1 月 4 日创刊了中华民国联合会（1912 年 1 月 3 日在上海成立）的机关报《大共和日报》。该报日出两张，章氏自任社长。1913 年，宋教仁案发生后，企图策动黎元洪讨袁，未果；8 月入京，遭软禁。至 1916 年 6

月，袁世凯死后始被释放。五四运动时期反对新文化运动，指斥反孔为“离经叛道”。“九一八”事变后，反对蒋介石的“攘外必先安内”政策，主张抵抗日寇的侵略。晚年卜居上海，以卖文为生，并参加创办《国学商兑》学刊。1934年迁居苏州，设立“国学讲习所”，出版《制言》杂志。1936年6月14日逝世于苏州，终年68岁。

他一生著作宏富，于哲学、文学、史学、语言学等方面，均有极大建树。著述多编入《章氏丛书》、《章氏丛书编外》及《章氏丛书三编》中。

在报学思想上，章太炎也有他独特的见解，主要有如下几点：

（一）“报章者，诚史官之支与余裔也”。

1898年8月28日，《实学报》创刊于上海，为旬刊。章太炎时充编辑之任，他在为该刊所写发刊词《实学报叙》一文中说：“夫报章者，诚史官之支与余裔也。”这种认识，到“五四”时期又被蔡元培作了进一步的发挥，他在为徐宝璜《新闻学》一书所作“序”中云：“余惟新闻者，史之流裔耳。古之人君，左史记言，右史记事，非犹今新闻中记某某人之谈话若行动乎？‘不修春秋’录各国之报告，非犹今新闻中有专电通信若译件乎？由是观之，虽谓新闻内容无异于史，可也。然则我国固早有史学矣，何需乎特别之新闻学？虽然，新闻之与史，又有异点。两者虽同记已往之事，史所记不嫌其旧，而新闻所记则愈新愈善，其异一；作史者可穷年累月以成之，而新闻者成于俄顷，其异二；史者纯粹著述之业，而新闻则有营业性质，其异三。是以我国虽有史学，而不足以包新闻学。”阐明了新闻与历史的关系及异同。

（二）“事不可谣，言不可宕”。

章太炎在1912年发表的《新纪元发刊词》中告诫新闻工作者：“与记者约，事不可谣，言不可宕；近妇言者不可听，长乱略者不可从；毋以肤表形相而昧内情，毋以法理虚言而蔽事实，毋以众情踊动而失鉴裁。”（载《太炎最近文录》）他在《致报界俱进会书》中又说：“望勿以亡是乌有之谈，传为实录。”（载《大共和日报》1912年6月2日）

（三）“不侮鳏寡，不畏强御”。

新闻记者要敢于坚持正义，“报章之作，所以上通国政，旁达民情，有所弹正……是故不侮鳏寡，不畏强御，是新闻记者之职也……诸新闻记者，其当不务谄媚，不造夸辞，正色端容，以存天下之直道”。（章太炎：《敬告同职业者》）

第四节　资产阶级革命派在国内的办报活动

1903年前后，和香港的《中国日报》相呼应，和日本的中国留日学生的革命宣传相呼应，当时国内的资产阶级革命派也开始冲破清廷的阻挠，在沿海地区和个别大中城市接办和创办了一些报刊，进行革命宣传。这些城市主要包括上海、广州、武汉等。

一、上海

辛亥革命时期，资产阶级革命派在国内的报刊活动中心主要在上海。上海之所以成为辛亥革命时期革命舆论宣传的基地和大本营，主要有以下几个原因：

（一）因上海有租界可资利用。上海租界开辟于1845年，是近代中国最早的租界，也是最有名、最典型的租界。上海租界主要包括两大部分：公共租界与法租界。其中，公共租界由英、美两国租界在1863年合并而成。公共租界（即英、美租界）和法租界两大系统以“洋泾浜”为界，即分布于“洋泾浜”两岸。因此，“洋泾浜”一词遂成为租界的代名词。有人统计，到1910年，上海租界约有60万中国人，13 000外国人，几乎占当时上海总人口的一半。相对而言，租界内有集会、结社的自由。革命志士，集结较易，可以形成势力。租界内有较多的言论自由，革命党人可以在租界内出版报纸，从事革命宣传。更为重要的是租界享有“治外法权”，革命报人往往以之为庇护所。在租界，中国政府无权对居住在租界的犯法华人进行逮捕及判罪。因此，维新派、革命派人士等都利用这一形势，在租界进行政治活动，如进行集会、组织团体、出版书刊报纸、策划反清起义等。因此，当时上海大部分宣传革命的报刊都集中在租界，如《苏报》、《国民日日报》、《俄事警闻》、《警钟日报》、《民呼日报》、《民吁日报》、《民立报》等。由于清政府不能直接插手租界事务，这就使革命报刊有了一定的回旋余地。以当年“苏报案”为例，当时清廷曾以沪宁铁路主权为诱饵引渡章太炎和邹容，但上海租界工部局及会审公廨为了坚持其“领事裁判权”、保护他们的租界特权，而拒绝了清廷的要求。否则，章、邹若落入清廷之手，必遭杀害无疑，而不仅仅是坐牢了。这样分析，并不是说租界当局赞助中国革命，也不是说他们允许革命党人从事革命活动。租界当局这样做，完全是出于对他们自身的考虑，是为了维护他们享有的“治外法权”。租界——这种中国领土内的特殊的“政治孤岛”，是中国主权丧失、主权被剥夺的象征，也是丧权辱国的耻辱标记。但是，如果撇开国家主权问题不谈，这些“政治孤岛”对近代中国的革命运动是有过其特殊积极意义的。

（二）上海地区交通便利发达，工业、商业发达，文化繁荣，印刷设备先进。这些都为办报提供了物质基础。

（三）这一时期革命派报刊的主持人多半是光复会会员。当时“光复会”会员多为江浙人，大多活跃在上海。

总之，由于上海是当时全国政治、经济、文化、交通的枢纽，也是中国对外交通的枢纽，受西方思想影响较早，得风气之先；又由于它远离清朝政府的统治中心，再加上有租界可资利用，一时间，上海成了爱国志士和革命知识分子的荟萃之地。因此也成了革命报刊的荟萃之地。

【《大陆》杂志与《童子世界》】　革命派在上海地区创办的第一个刊物是《大陆》杂志。该刊创刊于1902年12月9日（光绪二十八年十一月初十日），封面及书脊均题为“大陆”，版权页及目录页则题为“大陆报”，总发行所在上海四马路老巡捕房东首55号。该刊先为月刊，出满两年后改为半月刊，至1906年1月停刊，前后共出47期。它的初办人是戢翼翚（元丞），主要撰稿人有秦力山、杨廷栋、杨荫杭、雷奋、陈冷等，他们差不多都参加过东京《国民报》的办报活动。《国民报》（1901年5月10日—8月

10日，仅出3个月，共4期）是中国留日学生界最早的鼓吹革命的刊物。《国民报》停刊后，戢元丞又回国重组《大陆》于上海。可以说,《大陆》报是《国民报》的延续。

《国民报》停刊后，戢翼翚就回国积极筹划再办一个刊物。在孙中山的支持下，戢翼翚首先和其日本朋友下田歌子合作，在上海成立“作新社”，并集资在福州路55号、惠福里53号分别创设“作新社”图书局和印刷局，专门译著、出版新学书籍及贩卖科学仪器。然后，以此为基础发刊《大陆》杂志。该刊《发刊辞》称：“今者同人倡为丛报，颜曰‘大陆’。大陆云者，盖深有痛于大陆之事，而特为大声疾呼，以觉我大陆者也。”设有社说、论说、学术、史传、军事、实业、小说、纪事等栏目，以政论为主，涉及政治、军事、经济、历史、教育、文学艺术、自然科学等方面的内容。这个刊物与《国民报》的风格有很大不同。《国民报》因在日本东京出版，故无所顾忌，言词激烈，而《大陆》在上海出版，就不得不考虑当时的国内环境了，便采取迂回曲折的宣传手法，如创刊号上刊有曾国藩、李鸿章、左宗棠等的照片，但从侧面又宣传“扬州十日”、“嘉定三屠”之类，以煽动民族主义的情绪。由于它避免《国民报》和同时期《苏报》那样使用尖锐、激烈的言词来宣传革命，故能在文禁森严的情况下，坚持出版了3年时间。该刊最有影响的文字，是从第6期起登载的有关攻击康、梁，排斥保皇及批判《新民丛报》论点的文章。但后期有些文章鼓吹君主立宪，在反清民族革命问题上也态度暧昧，内容及立场发生明显变化。

稍晚于《大陆》杂志，革命派在上海还创刊了《童子世界》。

《童子世界》于1903年4月6日（光绪二十九年三月初九日）创刊，是清末资产阶级革命派创办的第一份以青少年为读者对象的刊物。由上海南洋公学退学学生组织的“爱国学社”（1902年11月16日在泥城桥福源里成立）创办，何梅士主编。爱国学社成立后不久，一方面接办了《苏报》，另一方面又创办了这份《童子世界》。该刊起初是日刊，用有光纸石印。自1903年4月28日（光绪二十九年四月初二日）第22号起改为双日刊，同年5月27日（阴历五月初一日）第31号起，再改为旬刊，用洁白洋纸铅印。

该报宗旨是“以爱国之思想曲述将来的凄苦，呕吾心血而养成夫童子之自爱爱国之精神”。主要栏目有：论说、时局、历史、地理、小说、笑话、传记、故事、格致、化学、演说、箴言、新闻、游戏、歌词、学界风潮、新刊介绍等。登载的文章一般较短，用浅近的文言或通俗的白话文来宣传“外拒白种、内覆满洲”，“不受野蛮君主之压制”、“不受文明异族之驱使”和“自由”、“平等”等资产阶级民主革命思想。

1903年6月，因“苏报案”发生，爱国学社因遭牵连而被迫解散，《童子世界》也于同年6月16日出至第33期后随之停刊。

【《苏报》与“苏报案”】　1901—1902年间，由于国内革命形势的发展及中国留日学生运动的影响，上海地区的革命运动也蓬勃开展起来，直到1903年“苏报案”时达到高潮。据冯自由回忆：“在辛丑、壬寅（1901—1902年）两年为上海新学书报最风行时代，盖其时留东学界翻译之风大盛，上海作新社、广智书局、商务印书馆、《新民丛报》支店、镜今书局、国学社、东大陆图书局等各竞出新籍，如雨后之春笋。壬寅春，旅沪志士余杭章炳麟、常熟黄中央（释名‘宗仰’，别号‘乌目山僧’）、山阴蔡元培、阳湖吴敬恒诸人，以译本教科书多不适用，非从新编订完善不足以改良教育，因联络海上有志之士，发起中国教育会为策动机关。倡议诸子，均属热心民族主义之名宿，故此会不啻隐然为东南各省革命之集团。其会所设于泥城桥福源里，即今跑马厅对面。筹划数月，至是年秋冬间始告成立。”[52]1902年4月15日，蔡元培联络在上海从事教育工作的叶瀚、蒋观云（智由）、林獬、王小徐、汪允宗、黄宗仰等，议定成立“中国教育会”。4月27日，该会正式成立于上海，蔡元培当选为事务长（即会长），王慕陶、蒋观云、戢翼翚、蒯寿枢等为干事，会员达100余人。该会“表面办理教育，暗中鼓吹革命”。[53]同年11月，上海徐家汇南洋公学（上海交通大学的前身）100多名学生、因不满校方无理开除3名学生而愤然集体退学，形成轰动一时的“退学风潮”。中国教育会应退学学生请求，于11月16日（阴历十月十七日）在南京路泥城桥福源里开办“爱国学社”，11月下旬正式开学。蔡元培被举为总理，吴稚晖为舍监，教师由中国教育会选派。实际上，教育会与爱国学社“会与社，二而一，一而二，原无畛域之分”（出处同上）。爱国学社成立后，教育会又在登贤里创办了爱国女学校，办了科学仪器馆、镜今书局、《中国白话报》、军事讲习会等。到1903年初，中国教育会达到全盛时期，它每周组织爱国学社社员“至张园安恺第，开会演说，昌言革命，震动全国。而顽固之辈，皆极端反对。上海各大报，如《申报》、《新闻报》等，亦持反对论调。吴稚晖提议，必须有机关报，以为对抗，后乃利用《苏报》为机关”（出处同上）。到1903年5月，受上海革命风潮的影响，以章士钊为首的南京陆师学堂的40多名退学学生也来沪加入爱国学社。旋组织“军国民教育会”，增设军训课，使爱国学社阵容更为强大。5月27日（阴历五月初一），《苏报》馆正式约请爱国学社社员章士钊为该报主笔。从此，《苏报》革命言论，日趋激烈，并由此引发了震惊中外的“苏报案”。

《苏报》原创刊于1896年6月26日（光绪二十二年五月十六日），日刊，每天出两张，用白报纸两面印刷。创办人为胡璋（铁梅），其妻生驹悦系日本人、为“馆主”，实为日本军国主义组织黑龙会控制的工具，在日本驻沪领事馆注册。该报初期由邹弢任主笔。馆址初在上海公共租界汉口路20号，1898年3月迁至棋盘街中市，直至停刊。

《苏报》本是一份营业性质的小报，多刊载社会新闻及黄色新闻。1900年前后，因《苏报》“营业不利”，胡璋“亟谋出脱”。时具有改良主义思想倾向的江西铅山县知县陈范（梦坡），因教案被罢官后正移居上海，他“愤官场之腐败，思以清议救天下”，[54]于是出资买下《苏报》，作为“主持清议”的舆论机关，延其妹婿汪文溥任笔政。据老报人包天笑回忆：

那时的《苏报》是怎样的呢？说来真是寒伧得很，开设在英租界棋盘街一家楼下，统共只有一大间，用玻璃窗分隔成前后两间。前半间是两张大写字台，陈梦坡与他的公子对面而坐，他自己写写论说，他的公子则发新闻。有时他的女公子也来报馆，在这写字台打横而坐。她是一位女诗家，在报上编些诗词小品之类，所以他们是合家欢，不另请什么编辑记者的。再说那后半间呢？一边是排字房，排列几架乌黑的字架；一边是一部手摇的平板印报机（什么卷筒轮转机，上海申、新两报也没有呢）。这排字房与机器房，同在一房，真有点挤了。前半间沿街是两扇玻璃门，玻璃门每扇上有'苏报馆'三个红字。推门进去，有一小柜，柜上有一块小牌，写着"广告处"，这位专管广告的先生，和气极了……[55]

《苏报》自陈范接办后，"宗旨本别异于各报"，主张改良、变法。以后又宣传君主立宪，倾向保皇派。至1902年11月间，南洋公学发生大规模退学风潮，《苏报》特辟"学界风潮"专栏，及时报道学潮，支持学生运动，顿时"声价大起"，"所载文章，素为东南学界所注目"（张篁溪：《苏报案实录》），"其所主张，逐步前进，初由变法而保皇，继由保皇而革命，乃（至）和爱国学社发生密切关系"。（蒋慎吾：《兴中会时代上海革命党人的活动》）时爱国学社方面因仓促成立，经费不足，因与《苏报》约定：《苏报》每日"论说"由爱国学社社员蔡元培、章太炎、章士钊等7人轮流负责撰写，而《苏报》馆则每月资助学社百元，"于是互受其利，而《苏报》遂为爱国学社师生发表言论之园地"，"排满兴汉之激烈议论，高唱入云"（张篁溪：《苏报案实录》）。1903年4月、5月，全国掀起"抗法拒俄"运动，《苏报》积极宣传反帝、革命。至5月13日，《苏报》发表《敬告守旧诸君》，更进一步公开宣传革命云："居今日而欲救吾同胞，舍革命外无他术，非革命不足以破坏，非破坏不足以建设，故革命实救中国之不二法门也。革命乎！革命乎！"

5月27日，陈范正式聘请爱国学社社员章士钊（行严）入苏报馆担任主笔，"董理斯报"。据章士钊回忆："忆余入馆，为五月一日，首草一论题曰《论中国当道者皆革命党》。翌晨，梦坡一见大骇，则踧踖走余床前（余时日晏未起），声叙'本报不得作如斯猖獗状，自取覆亡，务期节次缓和，归于恰当'。声容惨怛，贻余印象甚深。余不知所答，几于面壁无言。梦坡因暂隐忍而退……”经过一整天激烈的思想斗争，“傍晚而梦坡至，出语壮烈，较前顿若两人。并毅然执余手曰‘本报恣君为之，无所顾藉’”。（章行严：《苏报案始末记叙》）

由于陈范的大力支持，从6月1日起，章士钊便开始义无反顾地对《苏报》进行改革。言论越发激烈，一切在所不顾，“尽情挥洒，以迄于亡”（出处同上）。6月1日，《苏报》首载《本报大改良》的消息，宣布版面、内容的大改革。当日“论说”题为《康有为》，文中宣称：“革命之宣告殆已为全国之所公认，如铁案之不可移。”6月2日刊登《本报大注意》，声称：“凡诸君子以有关于学界、政界各条件，愿以已见借本报公诸天下者，本报当恪守报馆为发表舆论之天职，敬与诸君子从长商榷……”6月3日的“论说”为《客民篇》。6月4日的“论说”为《论报界》。

6月6日刊载“自然生”（张继）所撰《祝北京大学堂学生》一文，指出：“由地理上言之，革命有两种：曰中央革命，曰地方革命。何谓中央革命？革命之洪水，以中央政府所在地为起点，而延及于地方者也。何谓地方革命？革命之洪水，以地方为起点，而奔赴中央政府所在地者也。”并号召北京大学堂学生学习巴黎、维也纳、柏林、圣彼得堡等地的学生，“撞自由钟”、“树独立旗”、“杀皇帝”、“倒政府”。

6月9日，《苏报》“论说”栏登载署名“爱读《革命军》者”（章士钊）所撰的《读〈革命军〉》。该文盛赞邹容的《革命军》“以国民主义为干，以仇满为用，挦撦往事，根极公理；驱以犀利之笔，达以浅直之词。虽顽懦之夫，目睹其事，耳闻其语，则罔不面赤耳热，心跳肺张，作拔剑砍地、奋身入海之状。呜呼！此诚今日国民教育之第一教科书也”。并在“新书介绍”栏刊出《革命军》广告，简介该书内容。

6月10日，在“来稿”栏又发表章太炎《序〈革命军〉》。

6月10日、11日又连载“自然生”（张继）《读“严拿留学生密谕”有愤》，文中云：“试问汝满人入我中国以来，我果何负于汝，汝竟以我大地江山，为汝之囊中物，送人赠友，毫不顾惜。”

这是一篇革命呼声最激烈的文章。

6月12日、13日发表柳亚子、章太炎、蔡元培及邹容等人合撰的《驳〈革命驳议〉》（署名为“汉种之中一汉种”），痛斥6月8日、9日《中外日报》所载《革命驳议》一文中“只可立宪，不可革命”的反动论调，并指出：“各国新政，无不从革命而成”，只有经过流血斗争，才能创建新中国(“无量头颅无量血，即造成我新中国前途之资料”）。

6月20日，《苏报》“新书介绍”栏又简要介绍了章太炎的《驳康有为论革命书》。次日，还刊登了言论更为激烈的《杀人主义》的政论，指出清政府与四万万同胞有260年不共戴天的大仇，高呼“壮哉杀人！”，号召人民与清政府血战到底。

6月29日，又刊载章太炎《驳康有为论革命书》中的主要部分，以《康有为与觉罗君之关系》为题发表出来。文中指斥光绪皇帝曰：“载湉小丑，未辨菽麦，铤而走险，固不为满洲全部计。”“载湉者，固长素之私交，而汉族之公仇也。”此文登载之次日，“苏报案”就发生了。

《苏报》发表的这一系列重要社论及文章，影响极大。《中国日报》与《鹭江报》等报刊纷纷转载，并表示支持。故时人称《苏报》为“善造风潮”之报。而清政府对《苏报》的革命言论也早已注目。两江总督魏光焘、上海道袁树勋、清廷商约大臣吕海寰等多次策划“密拿严办”革命党人。后清廷又派候补道俞明震来沪协助上海道袁树勋与租界当局及领事团交涉，最后约定：由工部局协助抓人，所拘之人，须在会审公廨由中外官员会审，如果有罪，也在租界内办理。

6月29日上午，即有警探、巡捕多人，到《苏报》馆捕人。拘票上写有陈范、程吉甫、章太炎、邹容、钱宝仁、龙积之等人名字。适账房程吉甫在，遂被捕去。当天下午又有巡捕来问：“陈范在么？”陈适在，佯回称“不在”，巡捕遂扬长而去。第二天（6月30日），章太炎在爱国学社账房，警探又持拘票指名挨次查问，章太炎回道：“余人俱不在，要拿章炳麟，就是我！”从容就逮。7月1日，事先藏于虹口一西人传教士处的邹容，见章太炎被逮，感于义气，“期与分任”，自动到巡捕房投案。蔡元培、陈范等因事先走避，未得被捕。章士钊因与俞明震有师生之谊，也未被捕，故章、邹等人被捕后，《苏报》还由章士钊主编，出了好几天。7月6日，《苏报》还登载了章太炎的《狱中答〈新闻报〉》，章氏再次宣称“天命方新，来复不远，请看五十年后，铜像巍巍立于云表者，为我为尔，坐以待之，无多聒聒可也。”词旨激扬，光芒四射。

《苏报》一直出到7月7日。当日，工部局即派遣巡捕查封《苏报》馆，并没收报馆全部财产。清政府勾结帝国主义就这样制造了这场震惊中外的“苏报案”。

“苏报案”发生后，驻沪各国领事与清政府上海道约定在租界审判该案，而由英租界“会审公廨”组织法庭。7月15日始将章太炎、邹容和程吉甫、钱允生（二人为《苏报》职员）、陈仲彝（陈范之子）、龙积之（与唐才常自立军有关）提审。嗣后，清廷多次向工部局及会审公廨提出将章、邹等从租界引渡到南京审判，工部局及会审公廨为维护其“领事裁判权”及租界“治外法权”，再加上旅沪外侨机关报如《字林西报》、《北华捷报》等强烈反对，[56]最终未将章、邹引渡。因此之故，致使苏报案的审判迁延不决（章太炎《自订年谱》云：“羁系逾岁，狱犹未决”）。直至近一年后，才于1904年5月21日宣判：章太炎判刑3年，邹容判刑2年，“而以上年拘获之日（1903年6月29日）起算”，“限满释放，驱逐出境”。

1905年4月30日，邹容瘐死狱中（虹口提篮桥西牢）。1906年6月29日，章太炎刑满出狱，东京同盟会派员至沪迎章氏赴日，担任《民报》主编。

总之，1903年的《苏报》对推动当时的革命运动，产生了极大的作用。“辛亥前之内地革命论潮，以癸卯（1903年——引者注）一年为最高峰”（章士钊：《苏报案始末记叙》），这一高峰的形成与《苏报》有密不可分的关系。

【《苏报》馆主陈范】 陈范（公元1860—1913年），原名彝范，字叔柔，号蜕庵、退僧、退安、蜕存、陈蜕等，常用之号为

"蜕庵"。原籍湖南衡山，自曾祖起迁居江苏阳湖（今常州市）。故陈范生于常州，为常州人。

陈范出生于官僚家庭，其父先后担任浙江富阳县令等职30年。他从小笃志好学，精通"诗古文词，尤究心经世之学，慨然以揽辔澄清自任"（柳亚子：《陈蜕庵先生传》）。1889年中举人。1891年，时年31岁的陈范任江西铅山县知县，在职5年，因力革铅山弊俗，遭到地方恶势力的反对，且为江西巡抚旗人德馨所不满，终于在1895年因教案而被弹劾免官。

1898年，陈范始移居上海，他愤官场之腐败，渐有颠覆清廷之志，遂与当世志士相往还。适《苏报》因营业不振，"亟谋出脱"，陈范便与妹夫汪文溥（字幼安，号兰皋，别署忏庵，亦常州人）商定，于1900年买下《苏报》。与此同时，他又全力支持其长女陈撷芬主办《女学报》。两报彼此呼应，"思以清议救天下"。陈范在接办《苏报》的开始一段时间，站在资产阶级改良派的立场，同情康、梁，宣传改良主义的主张，"高唱保皇立宪之论"，"时人多以康党目之"（冯自由语）。

1902年以后，由于受当时国内外风起云涌的革命形势的影响，陈范及《苏报》开始向革命方面转变。是年冬，《苏报》特辟"学界风潮"专栏，对国内外（主要包括日本及上海地区）中国学生的爱国运动及革命活动作连续报道，尤其对上海南洋公学和南京陆师学堂学生、为反对学校当局压制言论自由而发起的退学风潮，表示同情和支持。同时约请中国教育会及爱国学社的师生为《苏报》撰稿。1903年后，《苏报》革命色彩越来越浓，它先后发表了《异哉满学生异哉汉学生》、《释仇满》、《汉奸辨》、《代满政府筹御汉人之策》、《俄据满洲后之汉人》等论说，渐成为革命派的公开论坛。未几，陈范被选为中国教育会的评议员，《苏报》的革命主张由是益著。它积极支持"拒法拒俄"运动，公开宣传革命，言词愈益激烈。1903年5月27日，陈范正式约请爱国学社成员章士钊担任《苏报》主笔。从这天起，到7月7日它被查封，在40天的时间里，《苏报》连续发表了10多篇带有强烈革命色彩的文章，如：

《康有为》（1903年6月1日）

《哀哉无国之民》（6月2日）

《客民篇》（6月3日）

《祝北京大学堂学生》（6月6日）

《论中国当道者皆革命党》（6月7—8日）

《读“严拿留学生密谕”有愤》（6月10日）

《驳〈革命驳议〉》（6月13日）

《贺满洲人》（6月18日）

《虚无党》（6月19日）

《呜呼保皇党》（6月20—21日）

《杀人主义》（6月22日）

《敬告国民议政会诸君》（6月25日）

《康有为与觉罗君之关系》（6月29日）

《狱中答〈新闻报〉》（7月6日）等。

《苏报》一系列革命文章的发表，使清廷大震，“视之若一敌国”，遂下令缉捕陈范、章太炎等。陈范得此音信后，通知蔡元培、章太炎、吴稚晖等速避，自己“乃挈二女（撷芬、信芳）、二妾出奔东瀛”。

“苏报案”后，陈范流落东京、横滨、香港近两年，其间结识了孙中山等革命领袖人物，继续从事革命活动。1905年春，他只身潜回内地。夏，至上海，“其时苏报案已了结，清廷竟借口他事，将其逮捕，欲予加害。经多方营救，至第二年秋，始终取保开释”。[57]出狱后，陈范又移居于浙江温州滨海之地一年余。后因贫困无以自给，乃至长沙、醴陵，依汪文溥；改别号为梦坡、蜕庵等。在困顿的生活中，静以观变。1907年5月22日，同盟会发动黄岗之役，湖南大为震动，汪文溥欲乘机起兵响应，不料事泄被捕，陈范极力营救。武昌起义爆发后，陈范曾运动湖南新军驰援武昌，后不果。

辛亥革命后，上海光复，陈范于1912年3月由湖南回到上海，他和他的亲属一起，又重新活跃于上海报界及政界：其六妹幼瑗主办《女子参政报》，大妹德晖的丈夫汪文溥主编《中华实业丛报》

和《民声日报》，长女撷芬也是上海女界名人，为女子参政积极奔走。同年夏，陈范加入“南社”与“国学商兑会”，并任《太平洋报》笔政。7月间，陈范与仇亮一起赴北京担任《民主报》（社址在北京椿树二条胡同）笔政。居京数月，因与《民主报》主笔政见不合，且水土不服，便从京回到常州老家，旋回上海。

陈范淡泊名利，尽管生活困顿，他从不对人谈及自己早年主持《苏报》倡言革命的光荣历史和惨痛遭遇，更不谋求一官半职。1914年，柳亚子在《陈蜕庵先生传》中写道：“时南都新建，昔之亡人逋客，方济济庆弹冠，而先生布袍幅巾，萧然外物，绝口不道前事。于是蔡元培、吴敬恒先后为言诸政府，请以苏报狱，付稽勋，且议优恤。久之，不获报。语浸闻于先生，亟使文溥谢敬恒，谓‘正谊明道，非以计功利，吾侪自靖自献，宁容贪天功为己力，辛苦吴先生弗以我为念’。闻者皆扼腕叹息不置，以为‘贤者不负天下，而天下负贤者，非建国之祥’。”又据章士钊回忆：“报(《苏报》)毁之后，梦坡十年亡命，困踬以终，不闻有何怨言。且其倾资扶助革命之精神，始终如一。《国民日日报》受窘时，其女撷芬手挈家中仅存之番银两百版，含笑而至……”

“陈范晚年生活极其孤凄，幼孙病殁，次女在日本求学未归，长女撷芬随夫赴川。他孤身一人，病寓于沪西宝安里，起居饮食，全仗亲友照料；医药费用，亦不敷支。”1913年5月16日，陈范病卒于沪西寓所，享年54岁。陈范著作颇丰，殁后由汪文溥收集其遗稿，校订付梓，编为《陈蜕庵先生文集》、《蜕翁诗词刊存》及《蜕翁诗词文续存》三种，由柳亚子、汪文溥等南社同人集资刊印。[58]

【“苏报案”后继起的几个革命报刊】 虽然苏报案的发生，使革命派在上海的舆论宣传工作暂时受到一些挫折，但相隔仅一个月后，又有一批革命报刊在上海租界陆续创办起来，它们是：《国民日日报》、《俄事警闻》、《警钟日报》、《中国白话报》及《二十世纪大舞台》等。

《国民日日报》　该报是在《苏报》被封后仅32天、即1903年8月7日创刊的，社址设在上海英租界二马路（今九江路）中市街。为“避免清廷鱼肉”（冯自由：《革命逸史》初集第35页），由曾在英国留过学的卢和生用外国人“高尔茂”（A. Gomoll）的名义在英领署注册发行。该报是由江西谢晓石资助、由章士钊、陈由己（独秀）等创办起来的，仍由章士钊任主编。参加编辑及撰稿的人员大多为前爱国学社及中国教育会的成员，如章士钊、张继、何梅士、陈去病、金天翮等，其中章、张、何等都参加过《苏报》的活动。另外，还有新从日本回国的留日学生，如陈由己（独秀）、谢晓石、苏曼殊等人，他们都是留日学生革命团体青年会及军国民教育会的成员。除此之外，还有柳亚子、高旭、刘师培等人。

《国民日日报》继承了《苏报》宣传革命的主旨，篇幅、取材都比《苏报》新颖，“发行未久，风行一时，时人咸称之为《苏报》第二”[59]。这又引起清政府的极大恐慌，当时上海道袁树勋鉴于《苏报》案交涉的困难，即向两江总督魏光焘建议，对《国民日日报》实行一种消极的惩治办法：禁人买看《国民日日报》，以绝其销路，使该报不封自闭。魏光焘因而有如下的《通饬示禁〈国民日日报〉文》：

“上海逆党著书刊报，煽惑人心，大逆不法。业将苏报馆办事人等按名拿办，并将报馆封闭在案。乃又有人创办《国民日日报》，依然妄肆蜚语，昌言无忌，实属执迷不悟，可恨已极。仰各属府州厅县，将《国民日日报》荒谬悖逆情形示知地方商民，不准买看。如有寄售《国民报》者，提究。”[60]

同时，复咨请北京外务部行文总税务司转知邮政局，不得代寄该报，以“杜其销路，绝其来源”。但《国民日日报》仍通过信局寄到各地。

虽然清廷禁看、禁寄的阴谋未能得逞，但发行数月后，由于《国民日日报》内部发生内讧，终于导致停刊。具体停刊日期，当在1903年12月3日（总第117号）以后。

从内容及版面看，《国民日日报》辟有社说、讲坛、外论、中国警闻、政海、学风、实业、短评、世界要事、地方新闻、新书评荐、南鸿北雁、世界之奇奇怪怪、谈苑、文苑、小说等近20个栏目。另辟有《黑暗世界》副刊，由连横（慕秦）编辑。该报宗旨，仍以革命为主。它创刊的时候，上距《苏报》被封仅一个月，距沈荩被酷刑处死（1903年7月31日）亦仅7天，而“《苏报》案”也正在审理中。作为当时革命派的惟一舆论阵地，《国民日日报》曾以大量版面详细报道了沈荩被杖致死的惨状，并发表了不少悼念沈荩的诗文。特别是对《苏报》的被封经过及“苏报案”的审讯情况也都作了连续报道，并发表了章士钊写的题为《苏报案》的长篇述评，控诉“野蛮腐败政府”对章、邹的迫害。与此同时，该报还发表了大量评论文章，阐发“华夷之辨”；宣传民主，鼓吹“民权”；反对封建君主专制，号召人民进行武力反抗。其著名篇目有《箴奴隶》、《革天》、无畏（刘师培）《黄帝纪年论》、章士钊《王船山史说申义》、《中国古代限抑君权之法》、《道统辨》等。

另外，该报对改良派及保皇会宣扬的“立宪”、“维新”、“温和主义”等一系列论调也进行了批判，如该报创刊第三天（8月9日），就登出章太炎在狱中所写的《论承用‘维新’二字之荒谬》。他从历史语言的角度，对“维新”二字加以考释，揭露康有为保皇臣清的面目。他认为，历史上没有不经过流血（即采用暴力手段）而能实现革新的。他说：“维新之语，始见于《大雅》，再见于伪《古文尚书》。如《大雅》言：‘周虽旧邦，其命维新。’此谓以千数百年西岐之侯国，忽焉宠受帝眷，统一神州，而为万国之共主，是故谓之新命。若今之政府，则帝制自为也久矣，更安有所谓革命维新者？”又说：“如彼（指伪《古文尚书》）所说‘歼厥渠魁，胁从罔治；旧染污俗，咸与维新’，亦可见未有不先流血而能遽见维新者。”

除以上新闻与评论外，该报还辟有文学附刊《黑暗世界》，由连横编辑。该附刊可说是《中国日报》所开创的副刊改革的继续，曾连载长篇小说《南渡录演义》，借宋人抗金的历史故事，作革命的宣传。

在宣传策略上，《国民日日报》吸取《苏报》仓促被封的经验教训，不“为爆炸性之一击”，不作孤注一掷的宣传。故“论调之舒缓，即远较苏报之峻急有差”（章士钊：《苏报案始末记叙》）。在宣传手法上，尽量采用冷静态度，尽量避免明显的激烈文字，尽量采用迂回曲折的方式来宣传革命思想，以避免旋起旋仆，仓促被封。“如何把原则的坚定性和策略的灵活性很好结合起来，这是处于反动统治下革命报纸应该解决的一个重要课题。《国民日日报》在这方面迈开了可贵的一步。”[61]《国民日日报》于1903年12月3日后停刊，前后出版了约4个月。1904年10月，章士钊创办的东大陆图书译印书按内容分类编辑，出版了《国民日日报汇编》，共4册。

《俄事警闻》　该报创刊于1903年12月15日（光绪二十九年十月二十七日）。1903年10月间，沙俄出兵重占奉天（沈阳），举国哗然，全国拒俄运动蓬勃开展起来。就在此时，原爱国学社领导人蔡元培适从青岛返回上海，组织了“对俄同志会”，并于12月15日创刊了《俄事警闻》（日报），以为抗俄运动的鼓吹。该报由中国教育会新会员陈竞全（又名“镜泉”，甘肃人，时自山东某县知县卸任来沪）出资创办，他承担印刷费及房租费等，而办报者皆尽义务。蔡元培、王小徐、汪允宗、蒋维乔等担任编辑工作，推王小徐为主编。具体分工：王小徐任主编及英文翻译，蔡元培与汪允宗负责撰写“论说”及日文的翻译。该报“编辑所”设在上海新马路华安里703号，“发行所”设在棋盘街中市。该报也接受“苏报案”的教训，“不直接谈革命，而常译述俄国虚无党历史，以间接鼓吹之”（《蔡孑民先生传略·自述》），大量刊载俄军侵占东北和清政府外交失败的稿件，启发人们将抗俄与反清结合起来。该报第一“号”首载《本社广告》云：“同人因俄占东省关系重大，特设《警闻》以唤起国民，使其注意于抵制此事之策……”该报内容，每期有“社说”、“要闻”、“外论”、“现势”、“杂录”、“时评”等栏目，有时也登漫画。《俄事警闻》的“社说”和漫画是很有特色的。其“社说”每日必载，分文言、白话各一篇，多以《告学生》、《告小工》、《告军人》、《告会党》为题。既注意对知识分子及具有一定文化程度人的宣传，又注意对识字不多的下层劳动人民的宣传。所登漫画，为通俗起见，往往旁附浅近“图说”，对画面加以解说。这也是我国报纸最早刊登的漫画作品。

1904 年 2 月间，日、俄战争爆发，这是日本帝国主义和沙俄为重新分割我国东北及朝鲜而进行的一场战争，战场主要在我国东北境内。战争开始后，俄人屡败，日人将取而代之。鉴于此，“对俄同志会”改为“争存会”、《俄事警闻》也改名为《警钟日报》。1904 年 2 月 25 日《俄事警闻》第 73 号“社论”栏载《俄事警闻之尾声》一文云：“本社初发起之时，胪举俄人强横，夺我土地，虐我人民种种之愤恨，掉广长之舌，写正则之心，亦已受多数国民之欢迎矣。然而言论有穷，事变无极，东三省之问题前者为俄人独据时代，今者为日、俄并争时代。在独据时代，我国民宜专筹对付俄人之策；在并争时代则我国民一面为对付俄人之策，一面又宜为对付日本人之策。此本社将于明日改为‘警钟’之原因。”

《警钟日报》　该报是《俄事警闻》的继续，于 1904 年 2 月 26 日出版“第一号”。创刊号署“本报编辑所：上海新马路昌寿里；本报总发行所：上海棋盘街中市”。以后迁到“上海四马路东首一品香对面惠福里”。该报由蔡元培任主编，他经常以“孑民”笔名发表文章。编辑和撰稿者有汪允宗、刘师培、林万里（獬）、陈去病、林宗素、陈竞全、柳亚子等。1904 年 8 月 31 日，蔡元培辞去主编职务，由汪允宗接任主编。

该报继续坚持《俄事警闻》反对帝国主义侵略的宗旨。初期详细报道日俄战争战况，并指出这场战争的实质，是日、俄两个帝国主义国家在争夺“对中国东北的控制权”。以后又对德、法、英等帝国主义侵略我国领土、侵犯我国主权的行径，进行激烈抨击。同时，强烈谴责清政府的外交政策，抨击清政府的腐朽无能。此外，该报还将各地官吏贪污、腐败、飞扬跋扈的情形，以及他们的姓名、官衔，一并登载于报端，且加简短评语，予以揭露。

1905 年春，《警钟日报》因揭载德帝国主义侵占我山东利权的种种罪行，德驻上海领事来函申辩；《警钟日报》又在报端载文，加以反驳。由于措辞犀利，遭其忌恨。因此之故，德领事遂串通清政府上海道袁树勋，通过公共租界当局及会审公廨，于 1905 年 3 月 25 日强行查封了《警钟日报》（共出 338 号），并将该报发行人戴善鹤、校对胡少卿等五人逮捕。主编刘师培因得讯较早，事先躲避，才免遭迫害。[62]

《中国白话报》 该报创刊于1903年12月19日（光绪二十九年十一月一日），由林獬（白话道人）创办，中国白话报社编辑，镜今书局发行。初为半月刊，第13期起改为旬刊。32开本，每期60至80页不等，约3万字。社址在“上海新闸新马路昌寿里71号”。该报是辛亥革命时期比较著名的宣传革命的白话刊物，辟有论说、历史、传记、地理、学说、新闻、教育、实业、科学、批评、小说、戏曲、歌谣、谈苑、来稿等栏目，曾刊载《郑成功传》、《扬州十日记》等反清作品。该刊最大特点是注重用通俗易懂、生动活泼的文字，向文化水平不高的下层劳动群众宣传革命及进行政治形势教育；采用各种形式向读者介绍沙俄侵华的野心和列强瓜分中国的危机。在宣传上及编辑工作中，《中国日报》与《警钟日报》互相配合，互相支持，关系十分密切。1904年10月8日，该刊出版第24期后停刊。1915年曾复刊，期数另起，旋停。

《二十世纪大舞台》 该刊创刊于1904年10月（光绪三十年九月），系半月刊。宗旨“以改革恶俗，开通民智，提倡民族主义，唤起国家思想为惟一目的”（《〈二十世纪大舞台丛报〉组织简章》）。内容分论说、传记、小说、传奇、班本、丛谭、诙谐、歌谣、批评、纪事、译编、杂录、调查、答问等栏目，是一个以戏剧为主的文艺性杂志，也是资产阶级革命派创办的中国最早的戏剧杂志。创办人为陈去病（佩忍）和汪笑侬。《发刊词》由“亚卢”（柳亚子）所作。主要撰稿人有陈去病、汪笑侬、柳亚子、金松岑等，这些人后来都成为革命文艺团体——“南社”（1909年10月间成立）的骨干。该刊主要以戏剧等文艺手段，以通俗语言，对下层劳动群众进行反清革命的启蒙教育。柳亚子在《发刊词》中曾述及该刊以后的打算，即：把“扬州十日之屠、嘉定万家之惨，以及虏酋丑类之慆淫，烈士遗民之忠荩”，乃至于“法兰西之革命，美利坚之独立，意大利、希腊恢复之光荣，印度、波兰灭亡之惨酷”等，都演为戏剧、传奇，以“尽印于国民之脑膜”。但该刊这些计划还未来得及实施，仅出两期即被清政府封禁了。

【于右任与“竖三民”】　1905 年 3 月间，《警钟日报》被封以后，革命派在上海的办报活动出现了短暂的沉寂期。一年多后，革命派办报活动又恢复起来，并又一次形成了宣传高潮。从 1906 年至 1911 年的 5 年时间里，革命派在上海先后出版了 10 多家报刊，它们是：

《竞业旬报》　1906 年 1 月 28 日创刊，由同盟会在上海创办的“中国公学”学生们创办，旬刊。至 1907 年 1 月 24 日出至第 10 期停刊。1908 年 4 月 11 日复刊，至 1909 年 2 月 1 日出至第 41 期停刊。该刊前期主编为傅君剑（熊湘）等，后期主编为胡适。

《中国女报》　1907 年 1 月 14 日创刊，月刊，32 开本。由秋瑾创办，仅出两期。

《神州女报》　1907 年 12 月 20 日创刊，月刊。是在秋瑾就义后，将其主办的《中国女报》与《新女子世界》合并而成，到 1908 年 2 月就停刊了。仅出 3 期。

《神州日报》　1907 年 4 月 2 日创刊。

《民呼日报》　1909 年 5 月 15 日创刊。

《民吁日报》　1909 年 10 月 3 日创刊。

《民立报》　1910 年 10 月 11 日创刊。

《越报》　1909 年 11 月 12 日创刊，月刊，赵汉卿主编，雷昭性（铁崖）等撰稿。仅出一期即停。1912 年又复刊。

《中国公报》　1910 年 1 月 1 日创刊，日报，由陈其美、陈去病等主编，出版不久即停。

《民声丛报》　1910 年 5 月 23 日创刊，半月刊，主编陈其美，撰稿人有雷昭性（铁崖）、林白水等。仅出两期即停。

《天铎报》　1910 年 3 月 11 日创刊，日报。创办人是立宪派人士汤寿潜，但主编者却是同盟会会员及有革命倾向的进步知识分子，如陈训正、陈止澜、李怀霜、戴季陶、陈布雷等。直至 1913 年“二次革命”失败后被迫停刊。

《克复学报》　1911 年 4 月创刊，月刊，李瑞椿主编，撰稿人为柳亚子。仅出 3 期即停。

《锐进学报》　1911 年 7 月创刊，允锐志、允维峻等主持，附属于锐进学社。出版不久即停。

《大陆报》 英文名*China Press*，创刊于1911年8月29日，“是革命派在国内创办的第一份、也是唯一的一份英文日报，旨在向外国人进行宣传，‘以正国际视听’，争取国际舆论对中国革命的支持。这个报纸是孙中山在国外募集一部分经费，委托美国朋友密勒·克劳、佛里许共同创办起来的”。

在以上报刊中，最为著名、影响最大的是由于右任先后创办的《神州日报》、《民呼日报》、《民吁日报》和《民立报》。于右任是我国著名的资产阶级民主革命家，也是著名的报刊活动家和政论家，后来被人们称为“元老记者”[63]。他创办的这4家报纸大致情况如下：

《神州日报》 1907年4月2日（清光绪三十三年二月二十日）创刊，是资产阶级革命派在国内创办的第一份大型日报。该报一直到民国成立后还在出版，但主持人、编辑人迭经变化，直至1927年1月停刊。1936年10月10日复刊，直至1941年12月8日因太平洋战争爆发又停刊。1945年11月10日又在沪复刊。年余后，续出至第8745号后终刊。

《民呼日报》 1909年5月15日—8月14日（宣统元年己酉三月二十六日至六月二十九日）创刊。该报共出版了93天，计93号；每日附“图画”（画报）一张。

《民吁日报》 1909年10月3日—11月19日（宣统元年己酉八月二十日至十月初七日）创刊。该报共出版了48天，计48号；每日附“图画”（画报）一张。

《民立报》 1910年10月11日（宣统二年庚戌九月九日）—1913年9月4日（民国2年9月4日）创刊。该报发行近3年，共发行1036号。

以上4份报纸中，后三者在民国后往往被人们简称为“竖三民”或“三民报”，[64]在中国报学史上有重要的影响。

于右任（公元1879—1964年），名敬铭、伯循、刘学裕。字右任、诱人（同音代替）。“右任”是他1905年开始为报纸投稿时用的笔名，以后在报刊上发表文章时，常用笔名还有骚心、大风、神州旧主、剥果、半哭半笑楼主、啼血乾坤—杜鹃、关西余子、太平老人等，其中“太平老人”是他晚年的别号。

早年经历 于右任祖籍陕西泾阳县斗口村，而其出生地则是陕西三原县城“东关河道巷”，“又在三原读书应试，因此就著籍为三原人了”（于右任：《我的青年时期》，亦名《牧羊儿自述》）。他出身贫寒，两岁丧母。由于父亲一直在外谋生（去四川经商未归），只得随二伯母房氏夫人寄居在房氏娘家——“泾阳杨府村”，由房氏夫人含辛茹苦，抚养成人，并千方百计供其读书。青少年时期，于右任先后就读于三原宏道书院、泾阳味经书院、西安关中书院、西安陕西中学堂等学校。1901年，不满22岁的于右任应乡试，以第10名中举；被当时的陕西学使叶尔恺（伯皋）推许为“西北奇才”，并授读薛福成的《出使四国日记》，使于右任开始留心世界大势。1904年，25岁的于右任因照了张解开辫子的“披发照”，且照片背景上署有“换太平以颈血、爱自由如发妻”的对联；又因他付印了自己写的《半哭半笑楼诗草》的诗集，诗集中颇多讥议时政的激烈言辞，并有“太平思想何由见，革命方能不自囚”的鼓吹革命的辞句，被三原县令德锐告发，指为革命党。陕甘总督升允即以“逆竖倡言革命，大逆不道”为词，密奏朝廷，并奏请革去其举人，严加通缉。通缉令中有“不论行抵何处，拿获即行正法”等语。当时，于右任正在河南开封应礼部举行的“会试”，[65]一位姓李的同学的父亲（于右任称之为“李老伯”）得知此消息后，用重金雇了一个认识于右任的信差，限7天把信从三原送到于右任手里（当时从陕西三原到河南开封，驿程需14天）。尽管路途有所耽搁，但送信人还是在清吏逮捕前，把信送到了于右任手里。于右任后来回忆当年情景说：“倘再迟三四小时，缇骑即至，我就不及出走了。秦豫各地风俗，新岁贺年，客人的大红名片都贴在壁上。临行，我揭了名片二十余张，沿途遇人盘诘，即随手取一名片，以片中姓名应之，居然渡过难关。到了许昌，坐在火车头的炭窝中，至驻马店，换车到汉，但此时名片也用完了。”（于右任：《我的青年时期》）

于右任逃出虎口后，从开封坐火车到汉口，又从汉口转乘轮船到上海，从此开始了他的办报活动。[66]

首创《神州日报》 于右任潜抵他久已向往的上海后，身上仅剩下几块钱了，不得已，只好暂住在三茅阁桥一家很小的旅馆里。不久，搬到陕西泾阳人吴仲祺家居住。[67]当时吴家还住着革命党人汪允中和张化臣（张继之父）。住了不久，于右任结识了比他大29岁的震旦公学校长马相伯。在马的关照下，于右任化名“刘学裕”（“留学于”之谐音）进震旦公学读书。一年后，留校担任教师工作。1905年春，“震旦公学”学生为反对外籍传教士强迫他们接受宗教课程而发动罢课风潮。于右任在此时又协助马相伯筹建复旦公学，被推为筹备复旦公学五干事之一。是年8月，复旦公学开学，于又转学于复旦公学法文班；并在此前后开始以“右任”为笔名，[68]向报刊投稿。在1905年5月18日（光绪三十一年四月十五日）出版的《新民丛报》第3年第21号上，刊出于右任的第一篇投书，这是他第一次发表政论文章。梁启超在该报前言中称许说：“于君所言，字字敬佩”。

1906年夏，于右任鉴于1903年以后，上海的革命报纸如《苏报》、《警钟日报》等相继横遭封闭，革命处于低潮，其他报纸缄口结舌，革命舆论也相应沉寂；他又看到一家保皇派报纸的言论，诬蔑革命党为叛逆，遂撰文驳斥。但文章寄出后，久不见登载。一气之下，于右任遂决心自己办报。当时，他联络复旦公学、中国公学的同学，发起创办《神州日报》。为使办报成功，于被推举赴日本考察报纸编辑与经营业务，以资借鉴；同时，向留日诸同志募集股本，筹措资金。9月间，于右任从上海坐船抵日本东京后，先晤留日陕西籍学生康心孚、井勿幕，参观各大报社，考察报业情况，并“向留东诸同志募股。秦陇豫晋学生协会特开会赞成，为集款二千数百元”。（冯自由：《上海神州日报小史》）当时，同盟会成立刚一年。10月9日，孙中山先生自西贡抵达东京；11月13日，由康心孚的引见，于右任认识孙中山先生。孙先生还特别与于右任单独接谈。在中山先生的启发、开导下，于由同乡会员介绍，加入同盟会。在这段时间里，于右任还结识了亡命日本的杨笃生（守仁），并征得杨的同意，邀他担任《神州日报》的主编工作。这样，于右任在人力、财力均有着落的情况下，年底回国。

1907年4月2日《丁未二月二十日），《神州日报》创刊于上海。报名由清朝末代状元、南通实业巨子张謇题写。日出3大张，社址在四马路巡捕房对面的群学社书店的三层楼上。由于右任自任社长，杨笃生担任主编，社论由杨笃生、王无生、汪允中等撰写。《神州日报》创刊第一天的发刊词由杨笃生、王无生、李梦符3人撰写，故署名“三函”，后经于右任润色才发表出来。这3人各有所长：杨笃生，湖南长沙人，他对“新学”有深入的研究，对西方国家政治、经济、法政等颇为谙熟；王无生，江苏扬州人，工于“骈俪”，能写一手漂亮的骈文；李梦符，陕西人，是当时的名翰林，后被革职，其旧学根底深厚。于右任“特请三个人来写第一天的发刊词，就是以革命为骨子，而以优美的文字为思想的传播。思想方面尤多致力于民族精神之发扬。”（刘延涛：《元老记者于右任先生》）这篇发刊词长约3 000字，采用骈体文的形式，写得古色古香，有人评价说：“丁未《神州日报》发刊词，高古典雅，士林传诵。所谓摅怀旧之蓄念，发思古之幽情。文中历举吾国往古人种智慧及宗教观念，社会主义、国家主义、帝国主义、法律统系、文学思想、冒险性质等种种特色，如数家珍，益足光祖宗之玄灵，振大汉之天声，诚旧文学之代表作也。”（冯自由：《上海神州日报小史》）

《神州日报》表面上虽未公开声明它是革命派的言论机关，但实际上是《警钟日报》被封后革命派在国内出版的第一份大型日报。它有一个很大的特点是不用清帝年号（当年应是光绪三十三年），报眉只用甲子（丁未）和公元纪年。发行3个月后，才在报上不显眼的地方，用极小的字体刊出“光绪×年×月×日”字样，以为敷衍。《神州日报》还吸取《苏报》、《国民日日报》、《警钟日报》等革命报纸大刀阔斧、尖锐激烈的言论不能见容于当局、而仓促被封的教训，“不得不用旁敲侧击之文字，以作迂回之宣传”（冯自由：《上海神州日报小史》）。该报特别重视《社论》一栏，“时政批评，针针见血”（冯自由语）；一般言论，也“以沉郁委婉见长”，“意内言外，不露锋芒，避免授人以柄。但在关键时刻，也能挺身而出，发表一些尖锐的意见”。（方汉奇：《中国近代报刊史》下册）当时杨笃生署名“寒灰”、“卖痴子”写的社论和“时事小言”，尖锐泼辣，“言人所不敢言”，深受读者欢迎，影响极大，被誉之为“公之文欲天下哭则哭，欲天下歌则歌”（“骚心”：《吊杨笃生文》）。

《神州日报》创刊不久，销数即凌驾上海各报之上，发行数字超过1万。不幸的是，这年5月15日，邻居广智书局失火，祸及《神州日报》社，报馆编辑、印刷、营业三部均被烧毁。主笔杨笃生在大火封门的情况下，只得从楼上顺电杆滑下，才幸免于难。[69]幸好报馆曾向保险公司投保1万元，失火后即赖此1万元保险金维持一切。不久，报馆又因人事问题而发生纠纷，于右任辞职，他主持报社工作仅80天。在报社人事变迁、经济困窘的艰难情况下，《神州日报》又由杨笃生顶上，接着干，苦心支持数月；有时困极，他就倒头睡在铅字架旁。1908年春，杨笃生赴英伦，报事又由汪彭年主持。1911年4月27日广州革命军进攻督署，爆发了著名的黄花岗之役，《神州日报》又特辟“发难记事”专栏，报道起义消息，刊登诸烈士的传记，歌颂烈士们的牺牲精神，与当时的《民立报》可称一时瑜亮。民国成立之后，《神州日报》“屡易其主，绝无宗旨可言。旧时民党中人以其反复无常，有玷昔年‘神州’立报之宗旨，咸为扼腕不置。民五（1916年——引者注）袁洪宪帝制瓦解后未久，该报以营业不佳，宣告闭歇”（冯自由：《上海神州日报小史》）。此后，该报于1936年、1945年曾两度复刊，但已全无昔日的风采。《神州日报》的牌子前后断断续续挂了40年，但影响最大的是于右任、杨笃生主持的这一段。以后，于右任还取了“神州旧主”的笔名，以为永久的纪念。

《民呼日报》　于右任在离开《神州日报》以后，曾一度应邀在蔡乃煌办的《舆论日报》担任主笔，由于“气味不投”，不相为谋，只待了很短时间，即行辞去。这时，于右任壮志未酬，时刻念念不忘自己办报。不久，于又开始积极筹办新报。当时，在资金上，得到了在上海的陕西籍商人柏小鱼等人的赞助，募得股款6万元。1908年8月28日，于右任在上海各报刊登启事，宣布新报筹办计划。启事称："鄙人去岁创办《神州日报》，因火后不支退出，未竟初志，今特发起此报，以为民请命为宗旨，大声疾呼，故曰'民呼'。辟邪气而振民气，亦初创'神州'之志也。股额定十万，每股百元。现已招定六万元，俟机器运到，即宣布出版之日期。卷土重来，誓以劫后之身，雪前此无功之耻。"

经过几个月的筹备，《民呼日报》终于在1909年5月15日（己酉三月二十六日）创刊，社址在上海四马路望平街黄字160号。该报日出对开两大张，版面竖排6栏。内容分4大部分：首登广告；次载"言论"，包括《社说》、《要件》、《小说》、《天声人语》（即短评）等小栏目；接着排"纪事"，分《宫门钞》、《电报》、《新闻》（为主要部分）等小栏目；最后殿以"丛谈"，包括《谐文》、《文苑》等类副刊性文字。

《民呼日报》由于右任自任社长，由范光启（鸿仙）、徐天复（血儿）、景耀月、王无生、戴天仇等襄理，这些人后来都是"竖三民"的骨干分子。1909年5月15日出版的创刊号上，在"言论"栏下，首载署名"蹈海子"写的发刊词《民呼日报宣言书》："呜呼！《民呼日报》何为而出现哉？记者曰：《民呼日报》者，黄炎子孙之人权宣言书也……"

《民呼日报》有一个很大的特色，就是特别重视"图画"（即漫画）的宣传作用。在创刊后的前3天，便在报纸上每天刊载一幅漫画，很是醒目。如第一天（5月15日）创刊号上首载署名"迟醒生"画的"祝画"一幅，题名"春雷启蛰"，旁注"未呼以前之现象"。画面上，人民群众还在沉睡中，没有觉醒。第4版又载漫画一幅，名曰"大声疾呼"。画面表明因"民呼"诞生，昏睡中的民众乃告苏醒，一片欢呼之声洋溢画面。第二天（5月16日）连载"迟醒生""祝画"之二："崇正辟邪"。旁注："疾呼时之现象"。画面上：《民呼日报》主笔挥舞如椽巨笔，黑暗势力代表人物在"民呼"的口诛笔伐下纷纷败倒，正义之士傲然屹立。第4版又载"防民之口"漫画一幅，画的是清廷官员用手捂民众之口，反映了清廷对革命舆论的恐慌。第三天（5月17日）连载"迟醒生""祝画"之三："大放光明"，旁注"既呼后之现象"。画面上：椽笔扫除阴霾，红日方升，主笔高呼："噫！重见天日矣！诸同胞其努力勿懈！"反映了《民呼日报》编辑们的良好愿望。在5月22日报纸的第1版，又载"迟醒生"画的漫画（原标明"寓言画"字样）一组：首画一块冰，冰上署明"政府之压力"；冰下是炭火，署明"民气之用处"，把清廷比做冰块、人民比做炭火。次画炭火熊熊燃烧，冰块渐解。再画冰块消融的情景，炭火上则注明"民气之发动"字样。以后几乎每天必登讽刺官僚、抨击清廷黑暗统治的漫画一幅。这些漫画都比较直露，通俗易懂，锋芒直接，不稍假借。

除在报纸正张刊登漫画外，《民呼日报》还每天出《民呼日报图画》一张，采用4开小报形式，随正张附送。这是早期比较典型的宣传革命的画报，具有很强的战斗性。画报的内容和题材，可略分为小说漫画、讽刺漫画、"寓意"漫画、新闻画及风景画。其中，最具有斗争锋芒的是讽刺漫画和"寓意"漫画。如有一幅漫画画的是清廷官僚拱手把一只烤好了的、上面写有"中国"字样的乳猪，送给几个外国人宰割，比喻清廷的腐朽和昏庸无能，致使中国疆土任人宰割。在另一幅漫画中，则画一个清吏凶神恶煞地持刀削割中国人民的肉，比喻清廷剥削压迫、鱼肉百姓的残暴。两相对照，清廷对内残酷镇压、对外卑躬屈膝的丑恶嘴脸暴露无遗（见《民呼日报图画》1909年阴历三月二十九日）。另外，《民呼日报图画》所载以时事新闻为题材的图画，也很精彩，有的抨击官府黑暗、讽刺官僚丑态，有的揭露帝国主义者横行无忌、行凶作恶，其例不胜枚举。利用漫画来进行革命宣传，可说是当时革命派所办报纸的一大特色和传统。这种做法早在20世纪初就开始了，如：1903年12月15日创刊的《俄事警闻》，创刊号上就首载一幅"瓜分中国图"的漫画。画面以中国地图为背景，地图上画着一头熊，正占据东三省地方，用来比喻沙俄；一条狗，占据长江流域一带，比喻英国；一只大蛤蟆，占据广东、广西、云南等地，比喻法国；一条蛇，盘踞山东一带，比喻德国；一个太阳，它的光线直射到福建地方，比喻日本；一只恶鹰，也飞来分肥，比喻美国。这幅漫画形象地说明了当时中国领土面临被列强瓜分、肢解的危机，使人触目惊心。这是我国最早的报载漫画，其作者是香港兴中会重要人物谢缵泰，最初发表时题为《时局全图》。

谢缵泰于 1872 年 5 月 16 日出生于澳大利亚悉尼一个广东江门五邑华侨家庭，父亲谢日昌在当地经营一家进出口公司。1887 年 5 月，谢缵泰在中学毕业后，跟随母亲从悉尼移居香港，进入香港皇仁书院读书。在校期间，他结识了杨衢云等进步青年，经常在一起谈论反清革命。在皇仁书院毕业后，谢缵泰进入香港政府任职，担任港府文员近 10 年。后又曾担任洋行买办、经理。1892 年，谢缵泰与杨衢云等在香港组织辅仁文社，主张推翻清廷，建立合众政府。1895 年，辅仁文社并入孙中山组织的兴中会，成立香港光中会。1898 年 7 月 19 日，谢缵泰亲手绘制了一幅政治漫画《远东的形势》，又题为《时局全图》，最早发表在香港《辅仁文社社刊》上。谢缵泰还是我国航空业的开创者，19 世纪 90 年代他曾设计出中国最早的飞艇。他还是一位著名报人。1903 年，他参与创办了香港著名英文报纸《南华早报》。1938 年 4 月 4 日，谢缵泰病逝，葬于香港薄扶林坟场。（参阅 2011 年 7 月 18 日《江门日报》A10 版所载《谢缵泰：绘〈时局全图〉警醒国人》一文。）《时局全图》经《俄事警闻》刊登后，产生了极其广泛、深远的影响。

以后，《俄事警闻》几乎每天刊登一幅时事漫画，内容多为揭露俄兵残杀中国人民的罪行。同时，在漫画旁边，还附有用通俗的白话文写的"图说"，对画面内容进行解释。1904 年 2 月 26 日创刊的《警钟日报》也很注重漫画，如创刊号上即载有漫画一幅，画面上：日、俄帝国主义侵入我东三省，爱国志士在敲响警钟、吹起警笛。以后，每隔几天也刊登一幅漫画，也附通俗易懂的白话"图说"对画面予以解释。1904 年 3 月 27 日，又以"时事漫画" 4 个显著大字为题，连续刊登了好几幅漫画（见《警钟日报》1904 年 3 月 27 日、31 日，4 月 4 日、11 日）。这是我国"漫画"正式命名的开始，在我国漫画史上有重要意义。[70]这种重视漫画的传统和利用漫画宣传革命的手法，到《民呼日报》及后来的《民吁日报》、《民立报》，得到了发扬光大。

《民呼日报》还曾刊登过两幅铜版照片：一幅照片题目叫《余

发程之尸格》（己酉年三月二十七日），旁边还标明受伤部位；一幅是上海车站落成的照片（己酉四月十六日）。由于当时制版、印刷条件所限，照片印得不甚清晰，显得非常模糊。

由于《民呼日报》放言批评时政得失，抨击官僚腐败，大揭官场黑幕，使当权者侧目和忌恨。又因于右任是陕西人，故报上揭露陕、甘吏治腐败、社会黑暗最力。于是，陕甘当局便诬陷于右任“假义赈之名，揽收捐款，任意营私”，致电上海道，向上海公共租界当局提出对于的控告，制造所谓“甘肃赈款公所事件”。[71] 1909年8月3日晚8时，于右任突被拘捕入狱。次日，《民呼日报》开始连载《本报特别宣布》，澄清事实，揭露真相。8月13日，又在《言论》栏内刊出《社说》《民呼报与于右任之生死》一文。同一日，还在《天声人语》栏目下，刊出《官报者官暴也》的短评，揭露“官场”、“官报”构陷《民呼日报》的阴谋：“先设法将本报的总理押住，继将本报的执照撤销，使本报内外音信不通”，又由于“凡平日官报所做之鬼皆被民呼报道破，故恨之齿骨”，故“怂恿其东家”，构陷《民呼日报》，使其“无疾而终”。这篇短评，将反动当局的狰狞面目，以及“官报”为虎作伥、落井下石的丑恶嘴脸暴露无遗。1909年8月14日（己酉六月二十九日），《民呼日报》在出版第93期后被迫停刊。在当天《言论》栏下，特发表署名“时雨”写的“社说”《民呼日报辞世之言》，全文悲壮沉痛。

《民呼日报》停刊时，于右任还未出狱。直到1909年8月28日才得以出狱，在牢时间共25天。当时，公共租界会审公廨还蛮横地将于右任“逐出英租界”，并要他具结：今后不得“借开报馆，不安本分”。于右任的妻子“奔波数日”，才在法租界打铁浜租到一间房子，作为栖身之所。[72]

《民吁日报》　《民呼日报》被封以后，于右任又立即着手筹办《民吁日报》；办理了《民吁日报》的登记和《民呼日报》的过盘手续。1909年9月27日，于即在上海各报刊登启事，宣布《民呼日报》一切机器等物过盘转让给《民吁日报》，由《民吁日报》承接经理。

1909年10月3日（宣统元年八月二十日），《民吁日报》正式创刊，上距《民呼日报》的停刊还不足两个月。该报日出对开3大张，附4开画页一张。对上海读者还附送8开商情表一张。报纸版面情况：首载广告；接着排《社说》、《时论》、《小说》、《宫门钞》、《上谕》、《专电》、《译电》、《时事要闻》、《各省通信》、《本埠记事》、《杂事类》等；最后殿以副刊性质的《丛录》，包括《诗话》、《杂文》、《文苑》、《谐文》、《笔记》、《残山剩水》（载轶闻趣话）等小栏目。报名"民吁"二字有两层含义：一是人民不能大声疾呼，只能长声叹气，即于右任解释报名含义时的一句话，"民不敢声，故仅吁耳"，以"吁代其声"；二是"呼"字去掉两点，就变成了"吁"字，暗示人民的眼睛被反动政府挖掉了，但即使挖掉了眼睛，也还要呼喊，大有"刑天舞干戚，猛志固常在"的气概。创刊号上，在"社说"栏下，首载发刊词：《民吁日报宣言书》（署名"海"）；在"时论"栏下，又载《民吁日报出世之辞》（署名"帝召"）。

由于于右任刚刚被租界当局所驱逐，不便公开出面，乃委托朱少屏（葆康，江苏人）担任发行人，范光启（鸿仙）任社长，景耀月任总编辑。后者是奉同盟总会的指示到上海来营救于右任，事后留下来协助《民吁日报》工作的。主持笔政和出版工作的还有李孟符、汪允中、周锡三、谈善吾、杨千里等人。另外，《民吁日报》在登记和发行上还有一些特殊之处：在法国驻沪领事署注册，在上海的日本邮局登记发行。

1909年10月下旬，日本前首相、策划中日甲午战争的战犯、侵略中国和朝鲜的元凶伊藤博文在赴俄访问途中，特到我国东北进行阴谋活动。《民吁日报》严密注视着伊藤的行踪，在10月26日便发表了《伊藤满洲旅行之阴谋》的消息，以期引起国人的注意和警惕。10月26日晨，伊藤博文在哈尔滨火车站被年仅22岁的朝鲜爱国青年安重根用手枪击毙。这个事件是当时轰动日本、亚洲和世界的大新闻。那时上海各报多不敢及时报道，唯有《民吁日报》在事件发生后的第2天，便以整版篇幅报道了这一惊人的消息（并附伊藤画像一幅），还专此发表"社说"：《闻伊藤公噩耗之杂感》，以揶揄的笔调写道："吾更不能不深幸伊藤公之能得死所也。死有重于泰山，死有轻于鸿毛。以伊藤公之耄荒淫佚，使其醇酒妇人、死于锦茵细毡之上，曷有于身后之令誉？豹且留皮，死恶速朽……死贵能择地，若伊藤公者，可谓能择死所矣。"以后，《民吁日报》陆陆续续刊出事件经过详情。与此同时，还就此事件连续发表评论。评论认为伊藤被刺是罪有应得，活该！对伊藤还进行了辛辣的揶揄和嘲讽，骂他是"大浑蛋"、"老怪杰"、"可怜儿"、"淫昏"的"歌舞英雄"，甚至骂他是"田间夫妇野合"的"下关私生子"等。而对爱国志士安重根则热烈赞扬，称之为"血性男儿"，"既坚且烈"；比之为慷慨悲歌的燕丹、博浪奋椎的张良。据统计：《民吁日报》对伊藤来华和被刺的新闻报道及评论，起始于10月21日，到11月19日止，时间持续了近1个月；先后发表文章达62篇之多，总计字数约52 300字（见 陈固亭为陈祖华著：《于右任先生创办革命报刊之经过及其影响》一书所作"序"），形成了一个反对日本帝国主义的宣传高潮。

这便引起了日本帝国主义的恼怒和干涉，日方下令驻沪日领事松冈对《民吁日报》实行控告。松冈便以《民吁日报》"任意臆测、煽惑破坏、幸灾乐祸、有碍中日两国邦交"为词，照会上海道蔡乃煌，要求对该报进行惩办。蔡对帝国主义的要求，奉命惟谨，他会同租界当局的会审公廨，于1909年11月19日将《民吁日报》加以封禁，并判处：永远停止出版，连机器也不准再作印刷报纸之用。这样，于右任再想变相出版也不可能了，只得忍痛将机器等物售与商务印书馆，决心另起炉灶从头做起。

《民吁日报》前后仅出版了48号，也即在世48天。

《民吁日报》被封后，于右任为了避开蔡乃煌的追捕，暂避居法租界一家法商开的旅馆中。他赤手空拳，身无长物，生活无着，曾发生过一件可歌可泣的事。据于右任回忆说：

> 在民国纪元前三年，民吁报被查封后，清吏蔡乃煌正四处捉拿我，我困守在一间小旅馆里，和孔子"在陈绝粮"一样无计可施，有一位同志很同情我，但是他和我一样的穷，真是

爱莫能助。当他经过马路旁一间烧饼铺，乘主人不注意时，取了几个烧饼放入怀里，拔腿便跑。不幸被店主发觉，一面大喊捉贼，一面穷追不舍，终于把那位同志捉住，路人和邻居数人将他围着饱以老拳，打得他满面是血，后来看他相貌斯文，不像是做贼的模样，又怕打得太厉害，打出岔子来，因此问他为什么要做这种犯法的事。这位同志据实以告，是为了救济在旅馆饥饿的朋友才出此下策。这位主人倒很开明，不但不再追究，而且还自动送了几个烧饼给他。当我们二人在旅馆中享受这几个烧饼时，禁不住抱头痛哭起来……（见黄季陆：《高山流水》一文，载台北《传记文学》第5卷第6期）

《民立报》　距《民吁日报》被封不到一年，于右任又创办了《民立报》。《民立报》之继起，颇带传奇色彩：于右任在《民吁日报》被封后的极端无聊中，忽有素不相识之二人来访，声称愿为他出资重振旧业。这两个人原来就是上海中国区商会会长沈缦云和他的朋友王步瀛。在当时的上海，环境极为复杂，不少官僚、政客，往往以“资助”、“入股”的手段，收买、拉拢和利用报人。因此，于右任警惕性是很高的，他佯问来人有何条件。沈答曰：“惟一的条件是：必要时让我继续支援你！”于、沈倾谈之后，遂订为莫逆之交。

在沈缦云的解囊相助下，于右任集资10万元，再接再厉，另起炉灶，又于1910年10月11日也即庚戌年的重阳节（九月初九日）创刊了《民立报》。报馆在法租界三茅阁桥54号。从“民呼”、“民吁”到“民立”，三个“民”字头的报纸，表明它们一脉相承的血缘关系。于右任过去创办的三家报纸，馆址都在望平街。而《民立报》却转移阵地，设社址于法租界三茅阁桥。说来凑巧，这儿正是于右任当年第一次到上海落脚的地方。报名“民立”，暗寓立定脚跟、为民喉舌、继续呼吁之意。抗战时期，有人问于右任：“为什么‘民呼’封闭后办‘民吁’，‘民吁’封闭后又办‘民立’呢？”他说：“这还不简单，先是什么都不怕，大声疾呼地宣传革命。不允许大声疾呼就只好叹息。叹息也不准许就迫

得非挺立起来不可!”“挺立起来是对的，所以《民立报》能一直办到民国成立以后!”(见黄季陆:《高山流水》)

1910年10月11日的《民立报》创刊号上，首载于右任以“骚心”为笔名发表的《中国万岁民立万岁》的发刊词。这篇发刊词把《民立报》比喻为在重阳深秋“植立于风霜之表、经秋而弥茂”、凌寒自开的“晚节黄花”，文采斐然，被称为“新旧文学合流的代表作”，传诵一时。

与前3种报纸相比,《民立报》无论从经济上还是从编辑采访阵容上看，都要强盛得多。当时《民立报》的社长还是于右任自任，吴忠信、童弼臣任总理。编辑和采访人才可说是盛极一时，如宋教仁是在《民立报》刚创刊时从日本回国的，于右任曾读过宋著《间岛问题》，大为心折，两人一见如故，于力请宋担任总主笔。其他如：陈其美、马君武、邵力子、叶楚伧、李孟符、杨千里、徐血儿、王无生、汪允中、吕志伊、范鸿仙、张季鸾、王印川、章士钊、谈善吾等，都是当时的文坛健将。社论、时评精辟犀利，特别是宋教仁，他以“渔父”或“桃源渔父”为笔名，发表了大量政论文章；采访方面，陈其美是以“口齿捷”、“主意捷”、“手段捷”、“行动捷”等“四捷”而著称的新闻记者；吴忠信、邵力子等则负责报纸的经营管理工作；画刊方面，有名画家钱病鹤、但杜宇、张聿光等。

在版面编排方面,《民立报》的篇幅起初共分6“页”(版)，内容为：第1版刊广告；第2版辟有《社论》、《外论》、《小说》(系小说连载)、《天声人语》(系时评、小言论)等小栏目；第3、4、5版为新闻版，其中从第3版起，首载《宫门钞》、《上谕》寥寥数条，再辟《专电》、《译电》(电讯)等小栏目，接着排《新闻》栏。《新闻》栏是篇幅最大的栏目，从3版一直延续到5版，其中包括各地“通信”。另外，4版末附《大陆春秋》小栏目，第5版附《上海春秋》小栏目。这两个小栏目虽仅占方寸之地，但却专载一些短小犀利、尖锐泼辣的时评和短论。《大陆春秋》侧重评论国内时事；《上海春秋》侧重评论上海本埠时事，这是《民立报》很有特色的两个小专栏。第6版辟有《杂录部》，属副刊性质，其中又分《连载小说》、《文苑》、《杂文》、《俳谐文》、《世界丛谈》、《东西南北》等栏目，办得非常精彩，很好地发挥了调剂读者口味、丰富报纸版面内容的作用。以后，《民立报》的篇幅从6“页”（版）扩充为10“页”（版），甚至12“页”（版）。

《民立报》创刊后，还特别重视国际新闻和驻外采访工作。当时正在英国留学的杨笃生和章士钊就是《民立报》在欧洲的特约记者。由于《民立报》对国际形势予以特别注意，还专辟论说专栏，介绍西方新的思潮和学说，分析世界大势及各国对中国的动态，这在当时的报界，可说是一大创举。

另外，《民立报》的漫画与图片也是很具特色的。它继承、发扬“民呼”、“民吁”重视漫画的传统，创刊号第1版首载“出版纪念画”一幅（署名“味辛”），画面是用各种菊花组成的“民立”二字，别具心裁，耐人寻味；第4版又载署名“周湘”画的祝画一幅，画的是《民立报》主人振臂呼喊的情形，旁署“登高一呼，众山皆响，代表舆论，万寿无疆”，反映了人民群众对民立报的祝愿。以后几乎每天刊有漫画一幅，或作为“杂录部”小说连载的插图，以收图文并茂之功；或作为时事评论的插图，或作为社会新闻的插图，讽刺官僚的昏庸劣迹。从1910年11月23日起，《民立报》开始刊登照片，首载“南洋劝业会会场内景之一”照片一帧，画面比较清晰；11月27日又载“南洋劝业会机械及通运馆”照片一帧。辛亥革命后，刊登的照片渐渐多起来，这成了一个重要的宣传手段。

《民立报》在创刊初期，吸取《民呼日报》、《民吁日报》仓促被封的教训，采取比较稳健的方法，锋芒内敛，用隐晦、曲折的手法宣传革命，故意给人一种似乎《民立报》的革命色彩不如“民呼”、“民吁”强烈的印象。实际上它采取的是“龙蛇之蛰以存身也”的斗争策略（见1910年10月15日《民立报》第5版末《上海春秋》栏载“骚心”《再复爱我者之投函》一文）。当时读者尚不明《民立报》的斗争策略，纷纷投函责难。于右任特刊复函予以委婉的解释。不久，随着《民立报》渐渐站稳脚跟，有了一定基础之后，它的革命色彩便越来越浓重，言论越来越激烈。对清廷的攻击尖锐、辛辣，对各地贪官污吏的揭发不遗余力，成了宣传革命的重镇。与此同时，由于当时革命形势的发展，《民立报》也实际上成了革命党人在上海的重要机关。当时同盟会会员往来于日本及南洋、香港等地者，多以《民立报》社为联络中心。特别是1911年4月27日，同盟会在广州大起义，宋教仁等人也南下参加。不幸失败后，乃决心将目标转移到长江流域中部一带，宋教仁、陈其美等特此倡组“中部同盟会”，《民立报》这时更成了革命枢纽。这时，报纸“日销多至二万份，昼夜印机不停”（戈公振：《中国报学史》第4章），是当时国内发行量最高、影响最大的革命报纸。

1911年10月10日（辛亥年八月十九日），武昌起义爆发。清廷害怕引起连锁反应，竭力封锁消息，严厉禁止各报登载所谓武昌“乱事”。起义爆发后仅隔两天，《民立报》便冒着很大危险，在10月12号第2“页”（版）的《专电》栏内，用很大篇幅报道了起义消息。10月13日起，除继续报道起义消息外，又在《短评》栏下，发表了“骚心”（于右任）的时评：《长江上游之血水》，作者情不自禁地欢呼：“秋风起兮马肥，兵刃接兮血飞，蜀鹃啼血兮鬼哭神愁，黄鹤楼头兮忽竖革命旗……”10月14日还在第1版登载了木刻雕版的“黎元洪小照”。15日起，在第1版《短评》栏下刊载了“渔父”（宋教仁）的《湖北形势地理说》，对武汉三镇的地理形势、起义后敌我双方的军事态势及战况，进行深入的分析和解释（以后在《短评》栏内又连载了好几篇这样的文章）；在第3版“新闻”栏下，又辟一专题：《武汉革命大风云》，对武昌起义及起义后的情况，开始作连续性的报道。当时敢于这样大张旗鼓地报道武昌起义消息的，除《民立报》、《申报》外，再就只有日本人办的《顺天时报》了。以后，在《民立报》的带动下，上海其他报也开始大量登载有关起义的消息。一时间，望平街各报馆门前，挤满打听消息的人，真个是人山人海，“塞街为断”。有的报馆还一日数次发号外和传单。报贩高声大叫的“电报”、“传单”、“号外”之声不绝于耳，热闹异常。

武昌起义爆发后，孙中山先生正在国外筹款。听到起义成功的消息后，他马上从巴黎直接致电《民立报》并转当时国民军政府。1911 年 11 月 17 日，《民立报》第 2 版“专电”栏用醒目大字刊载了这份重要的电报。

到了 1911 年 12 月 30 日（辛亥年十一月十一日），《民立报》用头版全版地位，在“共和万岁”的篆字标题下，刊载“中华民国临时大总统孙文及其家人之肖影”四帧（照片），为“中华民国”的诞生大造舆论。

1912 年元旦，南京临时政府成立，孙中山在南京正式就任中华民国临时大总统。3 日，《民立报》在《社论》栏用醒目大字首载孙中山《中华民国临时大总统宣言书》。以后，开始逐日刊载有关临时政府的消息。这时的《民立报》实际上成了临时政府的机关报：临时政府与各地往还的电报、中外交涉的电报，都由《民立报》首先发表。《民立报》同人中，竟有 5 人入阁：于右任被任命为交通部次长，宋教仁为法治局长兼农林部长，马君武为实业部次长，景耀月为教育部次长，吕志伊为司法部次长，他们都担任了政府的重要职务。这样，报事便委范光熙主持。

民国成立后，于右任对《民立报》期许甚大，他期望《民立报》办成“东方的泰晤士”。因此，《民立报》在民国初创时，“以建设自任”，立言行事都非常慎重，“不作过激之谈，亦不作过偏之论”，文风为之一变。可惜于右任的这一美好愿望，后来终被袁世凯的专制独裁、摧残舆论所打碎。

早在 1912 年春，于右任就曾准备沿西伯利亚铁路赴俄及西欧游历和考察。1913 年 3 月，袁世凯刺杀宋教仁案发生，于右任因料理宋之丧事，遂放弃欧行计划。7 月间，反袁的二次革命揭幕，《民立报》也采用极大的声势，投入反袁斗争的宣传。不到两个月，“二次革命”便失败了，《民立报》也于 1913 年 9 月 4 日被迫自动停刊，共发行了 1036 号。于右任也只得结束了他前后 7 年的办报生涯，亡命日本。

二、广州

“甲寅乙巳（1904—1905 年）间，粤中风气顿开，学校、报馆缤纷并起。”（冯自由：《革命逸史》在 1905 年以前，资产阶级革命派还没有在广州地区办报。自 1905 年以后，革命派的报刊陆续创办起来。从 1905 年到武昌首义前，在广州出版的革命报刊有近 20 种，它们是：《拒约报》、《群报》、《廿世纪报》、《珠江镜报》、《国民报》、《广东白话报》、《廿世纪军国民报》、《岭南白话杂志》、《南越报》、《平民日报》、《可报》、《人权报》、《天民报》、《中原报》等，以及以图画为主的时事画报如：《时事画报》、《时谐画报》、《平民画报》等。

【《拒约报》】 全名《美禁华工拒约报》，旬刊。于 1905 年 8 月 21 日创刊，由黄晦闻主编，谢英伯、王君衍等参与编辑工作，是革命党人在广州地区创办的第一家报纸。该报是在反美运动的高潮中诞生的。1905 年，美国续颁排斥华工的禁例，华侨冯夏威感于义愤，为抗议美国政府迫害华工的行径，自刎于上海美国领事馆门外。这一事件引起举国大愤。首先由上海人民发起抵制美货运动，反对美国政府当局迫害华工。嗣后，各省革命志士也纷纷组织拒约会，抵制美货。这是我国近代第一次声势浩大的抵制外货运动。《拒约报》就是在这种情况下创刊的。在它创刊前夕，香港革命派报纸《有所谓报》曾刊郑贯公写的《拒约须急设机关日报议》一文，为它的诞生作了舆论上的鼓吹。该报主要刊载有关反美运动（包括拒约、抵制美货等内容）的言论和新闻。第一期一发行便告罄，很快重印。同年 10 月末，因清政府的压制而停刊。前后仅出 9 期。

【《群报》】 于 1905 年 10 月 11 日创刊，由同盟会员卢谔生、胡子骏、沈厚慈等主编，日出一张。在宣传上与改良派《国事报》相对抗。1906 年 4 月，改名为《廿世纪报》继续出版，由康楚狂、黄轩胄、邓子彭、崔肃平等主编，篇幅增为两张。1907 年 2 月 10 日被迫停刊。

【《珠江镜报》】 于 1906 年春创刊，同年 5 月 3 日休刊。5 月 27 日迁往香港继续出版，至 7 月 10 日自行停刊。

【《国民报》】 于 1906 年 11 月 1 日创刊，日刊，由卢谔生主持报务。当时一批革命党人曾纷集该报，使其编辑力量相当雄厚，影响也大。该报一直坚持出版到民国成立以后。在《国民报》出版一年后，卢谔生又于1907年11月13日另创《廿世纪军国民报》。该刊为周刊，卢以“卢骚之徒”为笔名撰文，鼓吹民族革命，抨击清廷，使该刊成为《国民报》的姊妹刊物。仅出7期即停。

【《岭南白话杂志》】 于1908年2月9日创刊，周刊。停刊时间不详。

【《南越报》】 于1909年6月8日创刊，日刊。后一直出版到1917年夏才告停刊。

【《平民日报》】 于1910年10月31日创刊，是革命派在广州地区创办的一张著名报纸。参加该报编撰工作的有邓慕韩、邓警亚、卢博郎、李孟哲、潘达微、廖平子等。该报日出一张半至两大张。揭露清廷的立宪骗局，提倡大规模地采取暗杀手段来推进革命，言论激烈。出版数月后，即因经济困难于1911年春休刊。1911年9月22日复改名为《齐民报》继续出版，仍由邓慕韩负责。广州光复后，再改名为《平民日报》继续出版，由邓警亚担任主编。1913年“二次革命”爆发后被袁世凯政府封禁。

【《可报》】 于1911年3月30日创刊，是资产阶级革命派在广州创办的又一张著名报纸。该报是借休刊期间的《平民日报》馆址及器材而创办起来的。主办人为陈炯明，主笔者有朱执信、叶夏声、马育航、邹鲁等。为掩人耳目，以广东咨议局主张禁赌派议员的名义出版。该报以新军为主要宣传对象，免费赠阅，深受军界欢迎。1911年4月8日，革命党人温生才行刺广东将军孚琦被俘，随即遭杀害。《可报》对这一事件进行连续报道，盛赞温生才的英勇行为。报纸遂于同年4月22日被当局查封。前后办了不到一个月。

【《人权报》】 于1911年3月1日创刊，日刊。主笔为劳纬孟、陈耿夫、黄浩公、李孟哲等，也是革命派在广州的重要言论机关。该报一直出到广州光复以后。

【《天民报》】 于1911年6月22日创刊，日刊。主笔卢谔生、李孟哲、黄霄九等。仅出两天即遭封禁。

【《中原报》】 于1911年9月19日创刊，日刊。发行人兼主编为郭唯灭，也是仅出两天即停刊。广东光复后曾一度恢复出版。

除以上以文字为主的报刊外，广州地区还出现过几份由革命派创办的画报，如《时事画报》、《时谐画报》、《平民画报》等。其中，最有影响的是《时事画报》。

【《时事画报》】 于1905年9月创刊，旬刊。发起人为高卓廷，编辑人员有粤中著名的革命画家潘达微（又名藩心薇）、高剑父（后成为岭南画派创始人）、何剑士、谭云波及谢英伯、陈垣（援庵，即后来的著名史学家，解放后曾任北京师范大学校长）等。《时事画报》一创刊即投入了轰轰烈烈的抵制美货运动，随后又转入民族主义的宣传，对革命党人起义等重大事件作及时报道。从内容看，该刊除绘画外，还刊有不少诗词、小说等革命文艺作品。此外，在当年省港（香港广州一带）抵制美货运动中，曾出现过一幅极为著名的漫画《龟抬美人》，它也是由《时事画报》同人所绘，后被省港不少报刊转载，如"香港《公益报》因载所绘《龟扛（抬）美人图》，为英政府逐其主笔出境。"（冯自由：《革命逸史》）据陈垣回忆：

> 时适有以美国秦大臣与大总统女公子为首的美国游历团二百余人到广州，广州当时交通工具只有轿而无车，同人乃鼓动全城轿班罢工，四处张贴《龟抬美人》漫画，画一个美女坐轿子，两只乌龟抬之。这是说抬美人者便是乌龟。因此，地方官吏大窘，一面出示禁止张贴漫画，一面逮捕曾在街头演说人。遂有马、潘、夏三君之狱。人情更愤，开会生祭马、潘、夏。马者马达臣，为广州拒约会主任；潘者潘信明，工人；夏者夏重民，为余义育学堂学生。时同人正筹备出一《时事画报》，《龟抬美人》漫画，即《时事画报》同人所出也。[73]

《时事画报》出至1907年冬停刊。1908年秋，该报在潘达微、谢英伯的主持下，一度在香港复刊，仅出10余期而止。

【《时谐画报》】 于1907年11月创刊，旬刊，版面为32开18

页，有光纸石印。终刊时间不详。

【《平民画报》】 于1911年7月16日创刊，旬刊。编辑兼发行人为邓警亚，撰述人有廖平子等，画师有何剑士、潘达微等。停刊时间不详。

三、武汉

武汉地区素有“九省通衢”之称，自古是兵家必争之地。以汉口、武昌为主的武汉地区，是辛亥革命时期国内革命派报刊宣传活动的又一中心，与上海、广州成鼎足之势。在辛亥革命时期，武汉地区的革命报纸占有特殊地位。

武汉是资产阶级革命派革命活动开展较早的地区。1900年唐才常的自立军在武汉被镇压，促使湖北的爱国志士抛弃改良主义，走上了革命道路。自此以后，他们组织革命团体，设立秘密机关，创办报刊，进行反清革命思想的宣传。首先是吴禄贞等人于1903年在武昌花园山设立秘密机关，宣传反清革命，并确立了“运动新军”的方针，派遣知识青年潜入新军，为湖北革命运动奠定了基石。此后，吴奉调北京，而受其影响者如刘静庵、胡瑛、张难先等于1904年建立“科学补习所”，并与湖南革命党人联络，拟于慈禧太后“万寿节”发难。后因事泄，“科学补习所”成员被通缉，组织只得解散。1906年，刘静庵等人又成立“日知会”，主要任务为灌输知识，开展革命活动。后被人告密而遭破坏，刘等9人被捕，长期遭关押，存者也烟消云散。湖北地区的革命活动出现一个短时期的沉默时期。到1908年，湖北新军中的任重远、杨王鹏、章裕昆等又倡组“军队同盟会”，后因任重远调往四川，会务停顿。同年底，杨王鹏等将“军队同盟会”改组，定名为“群治学社”，一时间，革命活动又蓬勃开展起来。到1910年秋，改名为“振武学社”。

1911年1月，“振武学社”成员，联络益知社、神州学社、武学研究会等革命小团体，组成“文学社”，由蒋翊武、王宪章、刘尧澂、詹大悲等负责。此后，会务活动非常活跃，成为发动武昌起义的重要组织。

与“文学社”并存的另一个大的革命组织是“共进会鄂省总会”，是从东京共进会派生出来的。它又合并了德育会、忠汉会、自治会、竞存社、将校研究团等小组织。刘公、孙武是其主要领导。

“共进会”与“文学社”一直存在矛盾，但在大敌当前之际，终能抛弃前嫌，携手联合起来，组成了统一指挥部，推举蒋翊武为湖北革命总指挥，孙武为参谋长，刘公任未来的军政府总理。又在武昌小朝街设立军事总指挥部，负责武装起义事宜；在汉口长清里，设立政治筹备处，草拟文告，制定旗帜，并负责组建将来革命政府的工作。这样，这两个组织共同领导了武昌起义。

辛亥革命时期，武汉地区的革命宣传活动就是在以上大背景下展开的。

武汉地区革命党人的办报活动是从1905年开始的。从1905年至1911年的6年时间内，他们先后办了《楚报》、《江汉日报》(1908年3月17日创刊，至同年8月15日被封)、《武昌白话报》(1909年创刊)、《湖北日报》(1908年7月创刊)、《商务报》、《雄风报》(1910年4月20日创刊)、《大江报》、《政学日报》(1911年春创刊)、《夏报》(1911年2月13日创刊)、《鄂报》(1911年间出版) 等上10家报纸。武昌起义后，又迅速办起了《大汉报》、《中华民国公报》等。其中，革命特色尤为鲜明、影响较大的有《楚报》、《商务日报》、《大江报》、《大汉报》和《中华民国公报》。

【《楚报》】 该报是武汉地区第一家革命报纸，于1905年创刊于汉口英租界，由富商刘歆生出资兴办，由革命党人冯特民主持报务。冯曾任《申报》访员，后参加“科学补习所”和“日知会”，“日知会”的“章则文告”，“多出其手”。主笔张汉杰、陆费逵(伯鸿) 也都是日知会会员。为防清廷迫害，该报在香港注册，并聘英人佑尼干担任社长。该报“纵论鄂省政治，不避嫌疑”，为官方侧目。1905年冬，报纸因揭载五大臣出洋遇刺事及揭载粤汉铁路借款密约，被湖广总督张之洞扣上“鼓吹革命”的罪名，将其封禁。清政府勾结英领事馆，将主笔张汉杰从租界引渡入狱，被判监禁10年。陆费逵仓皇避走上海，后于1908年进入商务印书馆任职，1912年创办中华书局。

辛亥革命时期，武汉地区影响最大的革命报纸是《商务报》和《大江报》。

【《商务报》】 创刊于1909年10月8日（宣统元年八月二十五日），社址在汉口英租界大马路致祥里8号，原为一家民办商业报纸，以沟通商业信息为宗旨，调查进出口货物情况，逐日登载市面行情。不久，原主办人病故，宣告辍业，便由革命知识分子日知会员宛思演变卖祖传田产，詹大悲、温楚珩也筹款资助，于1909年12月将该报盘进。

《商务日报》易主后仍沿用旧名，宛任总经理，詹任总编辑，何海鸣任编辑，梅宝玑、查光佛、杨玉鹏、李抱良（六如）、刘复基等担任撰述及发行工作。每天出版两大张。经营月余，资金告罄，詹大悲变卖田产以维持。又因报人都是“群治学社”会员，遂以学社部分资金充作办报经费，于是该报便成为“群治学社”的机关报，也是湖北地区革命团体主办的第一个正式机关报。“群治学社”也以报社作为秘密联络及策划起义的机关，并借以储藏枪支弹药。1910年夏，该报因积极报道和支持各地反对借款筑路运动和湖南饥民抢米事件，而成为汉口报界创导革命的急先锋，终于被清政府串通租界当局查封。

【《大江报》】 《商务报》被查封后，革命党人詹大悲等又创办了《大江报》。《大江报》的前身为《大江白话报》，于1910年12月14日（宣统二年十一月十三日）创刊。社址在汉口新马路52号。是一张白话小报，日出一小张。经理胡为霖（雨村）是湖北黄梅县一富家子弟，与宛思演为同乡。受革命党梅宝玑的影响，胡为霖渐有革命倾向，遂出资3 000元创办此报，聘请詹大悲、何海鸣任正副主笔。由于该报言论激烈、尖锐，很快为社会注目。胡为霖的父亲怕事态扩大，急将其子召归，报务遂陷于停顿。詹大悲便集资3 000元，于1911年1月3日（宣统二年十二月初三日）接办该报，并改名为《大江报》。馆址在汉口英租界歆生路（今江汉路，后期迁至汉口苗家码头巷）。编辑人员几乎是《商务报》的原班人马。詹大悲为经理，何海鸣、查光佛、梅宝玑、胡瑛、凌大同等任编辑，居正、田桐、黄侃、蒋翊武、温楚珩等皆积极为其撰稿。《大江报》创刊不久，1911 年 1 月 30 日，湖北革命党人又在武昌黄鹤楼集会，宣告成立文学社。该报遂成为“文学社”的宣传阵地和联络机关，也是湖北地区革命团体创办的第二个正式机关报。

1911 年 1 月 21 日，汉口发生英国巡捕无故打死人力车夫吴一狗事件。次日，汉口人力车夫千余人齐集汉口英租界巡捕房前，向英方提出抗议，结果又遭英国驻军枪杀。这两次血案，引起武汉人民的极大愤慨。事件发生后，《大江报》立即在显著位置予以报道，并发表社论谴责英帝国主义者的血腥暴行，支持武汉人民的斗争。以后，《大江报》更加“大胆敢言，凡有武汉官厅各种黑幕无不尽情揭露。社论亦措辞激烈，痛斥一般贪官污吏为奴才、为走狗。尤以对新军内部一切不法和贪污舞弊以及减发服装等事，一经士兵到社申诉，即予以详细登载，痛加抨击。又征得黄花岗诸烈士遗文遗信，印成单行本，附报分送”。[74]该报在新军中影响尤大，在它的宣传教育下，不少新军士兵走上了革命道路。

使《大江报》享有盛名的是它所登载的两篇著名时评：《亡中国者和平也》和《大乱者救中国之妙药也》。特别是后一篇影响更大。

《亡中国者和平也》一文发表于 1911 年 7 月 17 日《大江报》“时评”栏。文章署名“海”，是何海鸣所写，重点在驳斥改良派企图用请愿(“伏阙上书”)、立宪等“和平”手段来抵制革命的反动主张，指出“和平”之道是“亡中国之道”，鼓吹只有“大乱”（革命）才能拯救中国。

《大乱者救中国之妙药也》比《亡中国者和平也》晚 10 天，于 1911 年 7 月 26 日也发表在《大江报》“时评”栏。原文如下：

> 中国情势，事事皆现死机，处处皆成死境，膏肓之疾，已不可为。然犹上下醉梦，不知死期之将至。长日如年，昏沉虚度。软痈一朵，人人病夫。此时非有极大之震动，极烈之改

> 革，唤醒四万万人之沉梦，亡国奴之官衔，行见人人欢然自戴而不自知耳。和平改革既为事理所必无，次之则无规则之大乱，予人民以深创钜痛，使至于绝地，而顿易其亡国之观念，是亦无可奈何之希望。故大乱者，实今日救中国之妙药也。呜呼！爱国之志士乎！救国之健儿乎！和平已无可望矣。国危如是，男儿死耳！好自为之，毋令黄祖呼佞而已。

这篇时评作者署名“奇谈”，是由黄侃写的。据有人回忆说：黄侃留学日本回国后，在河南教书。时由汴返鄂，回乡省亲，经过汉口，詹大悲为之接风洗尘。酒后，黄侃大骂立宪派，认为他们所提倡的和平改革纯属欺人之谈，于是乘着酒兴，当下提笔为《大江报》撰写了这篇时评。文章立意，新奇大胆。它所谓的“大乱”，实际是“革命”的代名词。在反动统治时期，革命报纸有一个重要职能就是“造乱子”，鼓动风潮，以动摇反动统治阶级的统治地位，搞乱其统治秩序。汪康年曾说：“报章者，鼓吹祸乱之法螺也”，也有人说：“民众是火药，报纸是导火索”，二说庶几近之。

这篇短评发表后，脍炙人口，轰动一时。鄂督瑞澂惊恐万分，以“言论激烈，语意嚣张”和“淆乱政体，扰害治安”为名，饬令江汉关道率巡警数 10 人，于 1911 年 8 月 1 日 9 时包围《大江报》社，勒令停刊，并逮捕了主笔兼经理詹大悲。何海鸣当时不在报社，闻讯自行投案。审讯时，审判官讯问《大乱者救中国之妙药也》一文作者是谁，詹大悲守口如瓶，说是“外间投稿”，经其过目后“选定刊载”，至于作者，不知道。掩护了黄侃。审判后，判詹大悲监禁一年半，何海鸣监禁一年，俱押于汉口礼智司巡检衙门监狱。武昌起义时，始出狱。

《大江报》虽然只出版了半年多时间，但影响是很大的。它被封不到 3 个月，武昌起义便爆发了。1912 年春，该报在汉口后花楼街重新复刊，8 月 8 日被黎元洪以“乱党秘密机关”、“专取无政府主义”罪名查封，并下令通缉主笔和编辑。何海鸣得讯后事前躲避，编辑凌大同不几天即被捕入狱。1913 年，黎元洪下令将凌秘密杀害于武昌陆军监狱。[75]这是民国年间最早被杀害的报人。

【《大汉报》】 该报在1911年10月15日（宣统三年八月二十四日）、即武昌起义后的第5天创刊。馆址在汉口歆生路大成汉记印刷公司内（汉口沦于"北兵"后迁至武昌）。它是武昌起义后革命党人出版的第一家报纸，被时人称为"民国之第一张报纸"。该报由胡石庵创办。胡石庵，名人杰，别号天石，湖北天门人。早年参加兴中会，后加入同盟会，与詹大悲、何海鸣、孙尧卿为刎颈交。1910年，他卖掉全部家产经营印刷业，在汉口歆生路（今江汉路）开设一家"大成汉记印刷公司"，刊行革命书、报，当时革命党人所办《江汉日报》、《商务报》、《大江报》等皆赖大成印刷公司印刷发行。武昌起义爆发后，武昌城内，百事待举，革命党人尚无暇顾及报刊宣传工作，而汉口形势更为纷乱。在这紧急关头，胡石庵决定利用自己拥有印刷设备的有利条件，创刊了《大汉报》。创办伊始，整个报纸的编辑工作均由胡石庵一人承担，自写、自编、自校。创刊号上正式使用黄帝纪元，头版头条就是一篇以"中华民国军政府"名义发表的讨伐清廷的檄文，而且还刊载了一些新闻和专电，如"黄州巡抚营独立"、"荆、沙、宜昌驻军宣告独立，并向武汉赴援"、"湖南革命军起义占领长沙，援鄂之部队即日可到"、"九江独立"、"敌下游军舰上驶均被截获"等等。以上檄文既非当时武昌军政府授权所写，新闻及专电也纯系虚构，但武汉三镇的广大群众对此仍深信不疑，争相购阅。创刊第一日，即"销行三万余。三日后增销三之一，至七日又增十之二，直至机器之力告竭乃止"，"而旅汉西人辄十百联臂来购，购之不即去，每就馆翻阅。阅竟有复购多份者，不得，则以昂价致之"[76]。为了宣扬革命声势，胡石庵还臆造了许多各地独立及起义的新闻及专电。这在当时的"非常时期"及特定条件下，对稳定大局、鼓舞士气，无疑起了积极作用。后来，以詹大悲为首的汉口军政分府成立，詹大悲便从各方面大力支持胡石庵，才使《大汉报》成为一份名正言顺的革命报纸了。汉口保卫战中，胡石庵出版之外，犹以小机器印刷号外，四处散发，以壮军心。当时武昌有童谣曰："大汉报真个巧，见了他胆大了。"又曰："大汉报真胆大，人人怕，他不怕。”1911年11月1日，汉口失陷，“至北兵攻入，馆址被焚，全镇悉毁，（胡石庵）始痛哭奔走武昌”。不三日，又以“武昌斗级营一旅舍为馆舍”，恢复出版《大汉报》。由于条件简陋，报纸只得附印于其他印刷厂。[77]

1913年秋，讨伐袁世凯的“二次革命”爆发，时《大汉报》因揭载鄂督段芝贵纳名坤伶为妾阴事，遭其忌恨。1914年3月17日，段派人将胡石庵逮捕，旋将全体编辑、撰述人员一并逮捕，关进陆军监狱。编辑余慈舫在狱中惨遭杀害，报亦遭封禁。1917年，《大汉报》复刊。1926年8月，胡石庵病故（终年47岁），报纸也随之停刊。

【《中华民国公报》】　该报于1911年10月16日创刊，仅晚于《大汉报》两天。地址在武昌城内大朝街68号原湖北官报印刷局。该报是武昌起义后成立的武昌军政府军务部的机关报。它自称为“中华民国军政府之机关报”，是中国历史上第一个资产阶级革命政权的言论机关。

该报经费由黎元洪亲自批准，由军政府每月津贴5 000元。第一任社长是张樾，由严山谦、张祝南、蔡良村、朱峙山、蔡寄鸥、张世禄、聂守经、高攀桂、龙云从等分任编辑及撰述。不久，张樾到张振武的《震旦民报》主持编务，社长一职由牟鸿勋接任。后牟担任都督府稽查军政府参议，社长又由蔡良村接任。该报“以颠覆现今之异族恶劣政府，改建简单社会主义之民国”为宗旨，每天发行4 000多份。该报不刊商业广告，每天几乎有一半篇幅登布告，属政府公报性质，如中华民国军政府公告、大总统孙文布告、鄂军都督黎元洪布告、湖北临时警察筹办处章程等。另外，还设有《社论》、《要件》、《专电》、《译电》、《西报译要》、《东报译要》、《紧要新闻》、《外省新闻》、《武昌新闻》、《神州月旦》、《江汉阳秋》、《文苑》、《谐谈》、《插画》等栏目。汉阳被清军占领后，武昌城内也一度处于混乱状态，该报也与《大汉报》一样，也曾刊登大量假新闻，借以安定民心，鼓舞士气。

1912年春，孙武（夏口柏泉人）因不满于南京临时政府，遂组织拥护黎元洪的民社，该报也沦为“民社”的舆论工具。5月，

"民社"改组为"共和党"，该报又转为该党的机关报，曾与文学社、共进会等团体主办的《民心报》（蒋翊武主办）、《震旦民报》（张振武主办）笔战经年。1913年"二次革命"爆发后停刊。

注 释

①冯自由：《革命逸史·革命初期之宣传品》，载《逸经》第4期，1936年4月22日出版。

②孙中山：《孙文学说·革命原起》。

③罗家伦：《中山先生伦敦被难史料考订》第59页，商务印书馆1930年版。

④〔美〕史扶邻：《孙中山与中国革命的起源》第107~108页，中国社会科学出版社1981年版。

⑤胡道静：《新闻史上的新时代·中国国民党党报溯源》第29页，世界书局1946年版。

⑥冯自由：《革命逸史·陈少白时代之中国日报》，载《逸经》第13期，第41页。

⑦同注⑥。

⑧同注⑥。

⑨同注⑥。

⑩同注⑥。

⑪《岭海报》是改良派刊物《岭学报》（1898年2月10日创刊，旬刊）附设的日报，创刊于1898年春。1900年后由胡汉民（衍鸿）任主笔，鼓吹新学。1902年胡汉民留学日本，便由其兄胡衍鹗继任主笔，立场日趋保守，终于导致这场笔战。

⑫同注⑥。

⑬陈德芸：《陈少白先生年谱》，载《陈少白先生哀思录》，1935年出版。

⑭参阅《陈少白先生哀思录》1935年版所载附录：陈少白：《兴中会革命史要》、《兴中会革命史别录》之"十二"《香港中国报经过略史》；冯自由：《革命逸史·陈少白时代之中国日报》，载《逸经》第13期；冯自由：《华侨革命开国史》1946年10月重庆初版；关国煊：《国父在香港历史遗迹巡礼》，载台北《传记文学》第45卷第5期等。

⑮参阅冯自由：《华侨革命开国史·香港之部》第四节《中国日报》。

⑯参阅钟荣光：《陈少白先生传》、陈德芸：《陈少白先生年谱》，载《陈少白先生哀思录》。

⑰冯自由：《华侨革命开国史·香港之部》第六节《世界公益报》。

⑱冯自由：《华侨革命开国史·香港之部》第七节《广东日报》。

⑲冯自由：《华侨革命开国史·香港之部》第十节《有所谓报》。

⑳出处同注⑲。

㉑冯自由：《华侨革命开国史·香港之部》第十三节《少年日报》。

㉒出处同注㉑。

㉓㉔参见洪丝丝等：《辛亥革命与华侨》。

㉕清末民初赴日留学极为方便。据老报人龚德柏回忆其在1913年8月间离长沙赴日本东京留学情况时说：那时到日本留学极为方便，一般手续都不要（既不要护照，也不要签证），来去自由。当时日本邮船公司有轮船往来日本横滨、长崎与中国上海之间。当时赴日留学一般有两种走法：一是从上海坐船到横滨，要7天时间，只需国币15元，当时中日币值几相等，极便宜；二是从上海坐船到长崎，只需国币7.5元，再从长崎换乘火车到东京，只需一天一夜时间（见龚德柏：《大家看我是怪物》〔二〕，载香港《新闻天地》总第725号）。

㉖转引自〔美〕史扶邻：《孙中山与中国革命的起源》第223~224页，中国社会科学出版社1981年版。

㉗方汉奇：《中国近代报刊史》上册，第204页，山西人民出版社1983年版。

㉘“经塞尔”系冯自由之父冯镜如英文名字King Sell的汉文译音，“此字实由‘镜如’之‘镜’字粤音转变而成。”见冯自由：《华侨革命开国史·日本之部》〔三〕。

㉙冯自由：《华侨革命开国史·日本之部》第三节《横滨支那亡国纪念会》。

㉚方汉奇：《中国近代报刊史》上册，第213页，山西人民出版社1983年版。

㉛〔美〕史扶邻：《孙中山与中国革命的起源》第242页。

㉜陈旭麓主编：《宋教仁集》下集，第436页，中华书局1981年版。

㉝见李根源：《辛亥前后十年杂忆》，载《辛亥革命回忆录》（一），第322页。

㉞汤公介（曼华）：《同盟会时代〈民报〉始末记》，载台北出版的《革命文献》第2辑，1953—1958年出版。

㉟参阅台北出版的《革命文献》第65辑：《中国同盟会革命史料》(一)，第3~5页。

㊱宋教仁：《我之历史》(即《宋教仁日记》第2卷“八月二十日”条，载陈旭麓主编：《宋教仁集》下册，第550页，中华书局1981年版。

㊲宋教仁：《我之历史》(即《宋教仁日记》)第2卷“八月二十七日”条。

㊳以上据〔日〕宫崎滔天：《三十三年之梦》，佚名初译，林启彦改译、注释，花城、三联书店1981年版，“附录”《先父滔天的一些事迹》所引滔天妻子语。

㊴方汉奇：《中国近代报刊史》下册，第358页，山西人民出版社1983年版。

㊵参阅《胡汉民先生自传》，台北“国民党党史委员会”编《革命文献》第3辑，1978年版。

㊶我们现在容易看到的《民报》是1957年由科学出版社出版的影印本，该版本《民报》第6号（期）后面署有“编辑兼发行人”为“章炳麟”。但初版本（1906年7月23日印刷，25日发行）后“编辑兼发行人”却署“张继”。原来，《民报》1~6号多次再版。再版时有以现任“编辑人”（章太炎）取代原版“编辑人”（张继）的情况。

㊷参阅曼华（汤公介）：《同盟会时代〈民报〉始末记》，载台北出版的《革命文献》第2辑，第84页。

㊸据胡汉民回忆：“《民报》序文，为先生（指孙中山——引者注）口授而余笔之。是时先生恒使余与精卫为之执笔”。见《胡汉民先生自传》，台北“国民党党史委员会”编《革命文献》第3辑，1978年版。

㊹参阅朱浤源：《〈民报〉中的章太炎》，载章念驰编：《章太炎生平与学术》第300页，三联书店1988年版。

㊺扬雄《法言·修身》：“適埴索途，冥行而已。”“適”通“擿”，“投”的意思；“埴”为“黏土”，借指“地”。这句话的意思是“盲人以手杖点地、摸索道路而行”。

㊻《胡汉民先生自传》，载台北“国民党党史委员会”编《革命文献》第3辑，1978年版。

㊼宋教仁：《我之历史》第6卷（1907年1月1日—4月9日），载陈旭麓主编：《宋教仁集》下册，第706页。

㊽宋教仁：《我之历史》第5卷1906年“十二月二日”条。

㊾详见《报告〈民报〉二十四号停刊情形》（文末署“中国革命党同

白”），载《新世纪》第 79 号，1908 年 12 月 26 日在巴黎出版。转见汤志钧：《章太炎年谱长编》上册，第 284~287 页，中华书局 1979 年版。

㊿又见《章太炎选集》第 490 页，上海人民出版社 1981 年版。

(51)即南洋革命党人宣布孙文罪状传单，转见汤志钧编：《陶成章集》第 169~178 页，中华书局 1986 年版。

(52)见冯自由：《中国教育会与爱国学社》，载冯自由：《革命逸史初集》第 115~119 页。

(53)蒋维乔：《中国教育会之回忆》，载柴德赓等编：《辛亥革命》第一册，第 485 页，上海人民出版社 1957 年版。

(54)蒋慎吾：《兴中会时代上海革命党人的活动》，载《民国丛书》第二编第 98 册，第 206 页。

(55)见包天笑：《钏影楼回忆录》第 182 页，香港大华出版社 1971 年版。

(56)详见张篁溪：《苏报案实录》，载柴德赓等编：《辛亥革命》第一册，第 380~381 页，上海人民出版社 1957 年版。

(57)蒋仁法：《〈苏报〉馆主陈范》，载中国社科院近代史所编：《近代史资料》总第 53 号，中国社会科学出版社 1983 年版。

(58)以上参阅柳亚子：《陈蜕庵先生传》，载贾逸君编：《中华民国名人传》，北平文化学社 1937 年版；汪兰皋：《蜕庵事略》。蒋仁法：《〈苏报〉馆主陈范》、徐进：《陈范与〈苏报〉案》，两文俱载中国社会科学院近代史所编：《近代史资料》总第 53 号，中国社会科学出版社 1983 年版。

(59)冯自由：《上海国民日日报和警钟报》，载冯自由：《革命逸史初集》。

(60)戈公振：《中国报学史》第 128~129 页，中国新闻出版社 1985 年版。

(61)余家宏、宁树藩、叶春华主编：《新闻学基础》第 299 页，安徽人民出版社 1985 年版。

(62)台北所出“中华民国史料丛编”辑有《俄事警闻》影印合订本一册，《警钟日报》影印合订本 5 册。

(63)1962 年于右任 84 岁生日时，台湾邮政局还发行了一套印有“元老记者”于右任肖像的邮票，以资纪念。详见于右任：《答谢赠送“元老记者”纪念邮票讲词》（1962 年 5 月 23 日）。

(64)所谓“竖三民”是相对“横三民”而言的。“横三民”指戴天仇在 1912 年 3 月 1 日创刊的《民权报》、吕志伊在 1912 年 7 月 25 日创刊的《民国新闻》、邓家彦在 1912 年 7 月 20 日创刊的《中华民报》。无论“竖”、“横”，都是从时间上而言的。所谓“竖”，是指先后创刊的三个带“民”字的报纸；所谓“横”，是指同时（1912 年）创刊的三个含“民”字的报纸。这两个名称都是在民国以后才有的。

⑥1904年，清廷举行最后一次“会试”。因北京礼部试场毁于八国联军，故改在开封举行。

⑥以上史实，参见于右任：《我的青年时期》、吴相湘：《从牧羊儿到监察院长》，载台北《传记文学》第5卷第6期“于右任先生逝世纪念特辑”，台北《传记文学》杂志社1964年版。

⑥参见张健：《半哭半笑楼主——于右任传》，台北，1980年版。

⑥“右任”之“任”通“衽”。“衽”，衣襟。“右任”是从“左衽”来的，典出《论语·宪问》：“子曰：‘微管仲，吾其被发左衽矣”。原来，我国古代少数民族的衣裳，前襟向左掩，故曰“左衽”，异于中原地区人民的“右衽”。清王朝是女真族的一支，当然是“左衽”。于右任的这个名字体现了他的民族意识和反清思想。

⑥见骏公：《神州之劫后灰》，载《民呼日报》1909年5月15日创刊号第2版。

⑦毕克官、黄远林：《中国漫画史》一书引丰子恺说，以为“漫画”名目最早见于“民国十二年左右”《文学周报》上刊登的《子恺漫画》。实不确。

⑦所谓“甘肃赈款公所事件”：1909年前之3年间，陕甘一带连年干旱，赤地千里，“草根掘尽，树皮剥光”。当时居沪的陕甘人士特发起组织“甘肃筹赈公所”，募款救济灾民。由于于右任是陕西人，“为桑梓大局起见，情愿让屋一间”，遂将《民呼日报》在望平街的房屋让出一间，作为“筹赈公所”的办公之地。因《民呼日报》多次撰文抨击陕甘弊政，揭露官场黑暗，引起陕甘当局的忌恨。甘肃护督便利用此机会，污蔑于右任“假义赈之名，揽收捐款、任意营私”，致电上海道，将于拘捕，时在1909年8月3日晚8时。

⑦参见于望德：《先君右任公民初在沪种种琐忆》，载台北《传记文学》第37卷第4期。

⑦见陈智超：《跋〈陈垣丁未旧作〉》，载《中国文化》丛刊第2辑，复旦大学出版社1985年版。

⑦卢智泉、温楚珩：《记詹大悲办〈大江报〉和汉口军政分府》，载《辛亥革命回忆录》第2集，文史资料出版社1981年版。

⑦管雪斋：《武汉新闻事业》，载《新闻纸展览特刊》第25页，1936年版。

⑦见《大汉报》编辑同人倪琴舫、余慈航等撰：《〈大汉报〉历史略记》

（1913年3月30日），载《武昌起义档案资料选编》上卷，第225页，湖北人民出版社1981年版。

⑦引文出处同注⑯。

⑱白雉山：《胡石庵和〈大汉报〉》，载《人物》杂志1982年第6期。

第六章

民国初年及北洋军阀统治初期的新闻事业

1912年元旦，孙中山在南京宣布中华民国成立，并就任临时大总统。中国历史上第一个资产阶级共和国终于诞生。元月3日，南京临时政府成立。

从1912年民国成立，到1919年五四运动前夕，这一时期，我国的新闻事业，在袁世凯等北洋军阀的统治下，出现了一个极为困难而又错综复杂的局面。这一时期的新闻事业，总的来说有以下几个特点：

1. 报业由民国成立后的短期的、昙花一现的繁荣，很快转入凋零与黑暗。这个黑暗局面是随着袁世凯的上台带来的。他上台以后，就开始摧残新闻事业，迫害进步报人，使报业凋零。其摧残新闻事业主要采用两种手法：镇压和收买，即一手拿枪，一手拿钱。这样，在当时新闻界就形成了如下的状况：一部分报纸和报人在袁的腐蚀下日益堕落，成为其御用报纸和报人，而另一部分革命的、进步的报人却洁身自好，本着“富贵不能淫，贫贱不能移，威武不能屈”的操守，高举反袁大旗，在逆境中前进。

2. 从新闻业务本身看，这一时期总的趋势是由“政论时代”

向“新闻时代”演变。“文人论政”一直是中国报纸的传统，以前报纸重论说，轻新闻，然而从这时起，开始注重新闻，或者说论说与新闻并重。也正是在这种演变中，产生了我国近代新闻史上第一批著名的新闻记者及记者群，如黄远生、刘少少、徐彬彬、邵飘萍、林白水、胡政之、张季鸾等。另外，“时评”这种短小精悍、贴近生活、切中时弊的新闻评论体裁，在这一时期又有了长足的发展，也出现了一批颇有影响的作者，如邵力子、叶楚伧、章士钊、徐血儿、戴天仇、邵元冲、邓家彦、李怀霜等。

3. 由“鸳鸯蝴蝶派”人物主持的报纸副刊盛极一时。其中影响较大的有《民权报》的副刊专版，《申报》的副刊《自由谈》，《新闻报》的副刊《快活林》，《时报》的副刊《小时报》、《余兴》以及《时事新报》的副刊等。

4. 有专人从事新闻采访，向各地报刊发稿的通讯社逐渐创办起来。由于报纸多了，对新闻信息的需求必然随之增加。报纸、杂志每天要消耗大量的新闻材料，因此，通讯社便适应这种需要陆续创办起来。

第一节　民初报业的大发展

民国初年报刊蜂起，报业盛极一时，蔚为大观。据统计：武昌起义后的半年内，全国报纸由10年前的100多种，陡增至500种，总销数达4 200万份。其中，仅1911年12月25日以后半年内上报北京内务部立案的报纸，计达90余种①。“新创办的报纸多数集中在北京、天津、上海、广州、武汉等地。其中，在北京出版的有50多种，占1/9，最多；在上海出版的有40多种，次之；以下为天津35种，广州30种，浙江20余种，湖南11种，武汉9种。连僻处西南一隅之地的四川省，也一下子出版了23种报纸”②。

【民初报业蓬勃发展的原因】　民初报业的蓬勃发展，主要由以下原因造成：

一、旧的禁令的废除与新的法律的保护。民国成立后，清廷专为扼制新闻出版业而颁布的《大清印刷物件专律》（1906年6月颁布)、《报章应守规则》(1906年颁布)、《大清报律》(1907年1月颁布)、《钦定报律》(1911年1月29日颁布)③及《大清律例》中有关报纸登记出版的条款，均被废除。这就彻底解除了束缚办报人手脚的绳索和枷锁，打破了封建专制统治下言禁森严的状况。

1912年3月11日，南京临时政府颁布具有宪法性质的《中华民国临时约法》，其中第二章第六条第四款规定："人民有言论、著作、刊行及集会、结社之自由。"人民群众的言论、出版自由第一次得到法律的认可。中国的新闻事业也第一次获得国家大法的尊重与保障。此外，民初新闻事业的繁荣与新建立的各地政权机关如各省军政府、都督府及军政当局首脑的支持也是分不开的。

关于新闻法规的制定，在1912年初还曾引起过一场风波。这年的3月4日，南京临时政府内务部鉴于清廷颁布的《报律》等新闻出版法规已经废除，特颁布《民国暂行报律》，共3条，其基本内容是：①"新闻、杂志已出版及今后出版者"，须向内务部或向就近地方有关"官厅"注册、登记；②"流言煽惑，关于共和国体有破坏弊害者，除停止其出版外，其发行人、编辑人并坐以应得之罪"；③"调查失实，污毁个人名誉者，被污毁人得要求其更正。要求更正而不履行时，经被污毁人提起诉讼，讯明，得酌量科罪"。该报律宣布后，很快便遭到当时新闻界的群起抵制。3月6日，"上海报界俱进会"团体会员《申报》、《新闻报》、《时报》、《神州日报》、《时事新报》、《民立报》、《天铎报》、《启民爱国报》、《民报》、《大共和报》、《民声报》等十来家报纸专电呈南京临时政府。电文云：

> 孙大总统鉴：接内务部电详定《暂行报律》三章。今统一政府未立，民选国会未开，内务部拟定报律，侵夺立法之权，且云："煽惑关于共和国体有破坏弊害者，坐以应得之罪"。政府丧权失利，报纸监督，并非破坏共和。今杀人行劫之律尚未定，而先定报律，是欲袭满清专制之故智，钳制舆论，报界全体万难承认！除通电各埠外，转饬知照。

3月7日，上海《大共和报》、《申报》、《新闻报》、《民立报》

及其他各报又同载章太炎《却回内务部所定报律议》。多家报纸同日刊载一文，这在当时报界实属罕见，形成了强大的舆论压力。章太炎在这篇文章中，对《暂行报律》逐条驳斥，虽然言之成理，但明显带有意气之争，是对孙中山及南京政府不满情绪的乘机发泄。

南京临时总统府接电后，当即于3月8日复电，宣布取消《暂行报律》。电文如下：

> 报界俱进会及各报馆鉴：民国一切法律，须经参议院议决发布，乃生效力。此次内务部所布《暂行报律》三章，未经参议院决议，应作无效。除令该部知照外，特此复闻。
>
> 总统孙文。　麻。（见1912年3月9日出版的《南京临时政府公报》第33号）。

这一举措反映了孙中山从善如流、尊重舆论的可贵精神。

平心而论，在强敌环伺，情况十分复杂的局面下，新生的革命政权，制定相应的法律来对新闻事业进行适当的管制和约束，是完全必要的。尽管在制定和颁布方面，程序或许不周，但其内容对报界并无多大干预和限制，特别是第2条，对于刚刚建立的新生的革命政权是有积极意义的。而报界俱进会电文中所说“是欲袭满清之故智，钳制舆论”，显然言过其实。这是以章太炎为首的反对派对刚刚建立的革命新政权的首次发难和抨击。当然，其中也有人是以追求所谓“绝对新闻自由”为出发点来反对《暂行报律》的，这又反映了当时新闻界思想上的幼稚。由于没有任何法律的约束，以后报纸盲目发展，一哄而起，数量激增；办报人员泥沙俱下，鱼龙混杂，终于造成民国初年报界昙花一现的畸形繁荣。

二、党会林立。辛亥“革命之后，党会纷立”（黄远生语）。据统计，自1911年10月武昌起义后至1913年之间，全国各地号称为“党”与“会”的组织将近700个，其中具有自己的政治纲领及一定规模的，为数30余④。这些政党或政客，一般都创办报刊，将其作为言论机关，于是报纸的家数便陡然增多。这些报纸五花八门，分属于不同的政党及团体，充当它们的喉舌和宣传工具。其中，绝大部分报纸是国会中两大政党即同盟会与共和党的机关报。

同盟会在民国成立后，由于其领导人宋教仁等迷恋于“议会政治”和“政党内阁”，幻想建立中国第一大党，争取国会选举的胜利，进而组织责任内阁，以分取袁世凯的政治权力，便以同盟会为基础，联合统一共和党、国民共进会、国民公党以及共和实进会等团体，于1912年8月25日在北京正式成立国民党。共和党则成立于1912年5月9日，以当年元月成立的民社及统一党为基础，联合民国公会、国民协进会及温宗尧等组建的“国民党”等六团体组建而成；推选黎元洪为理事长，张謇、章太炎、伍廷芳等为理事，程德全、汤化龙、林长民等50多人为干事，是当时最大的政党。1913年3月，袁世凯派人刺杀宋教仁后，为了进一步瓦解国民党，以加强其反动统治，袁世凯又于1913年5月29日，操纵共和党、民主党、统一党三党在北京开会，组成进步党。以后，原属于同盟会、共和党的报纸，又转而继续分属于国民党和进步党了。

这一时期，同盟会和国民党系统的报纸主要有北京的《国风日报》(白逾桓主持)、《国光新闻》(田桐)、《民主报》(仇亮)、《民意报》、《民权报》、《亚东新闻》(仇鳌主持)、《中央新闻》(张梦华)等；上海的《民立报》(徐天复主持)、《天铎报》(陈芷兰)、《民权报》(戴季陶)、《中华民报》(邓家彦)、《太平洋报》(姚雨平)、《民国新闻》(邵元冲)等；武汉的《大江报》、《民心报》(高海澜)、《震旦民报》(张樾)、《民国日报》等；广州的《天民日报》、《民生报》和由香港迁来的《中国日报》等。以黎元洪为首的共和党和以梁启超为首的进步党及立宪派办的报纸，主要有北京的《北京日报》、《京都时报》、《国民公报》、《共和日报》等；上海的《大共和日报》(汪旭初主持)、《民声日报》、《时事新报》、《时报》等；武汉的《中华民国公报》(熊辑五主持)、《群报》(武昌)、《共和民报》(张海若主持)等；广州的《华国报》等等。除以上报纸外，还有拥袁派办的《新社会日报》、《民视报》、《国权报》、《国华报》、《黄钟日报》、《京津时报》、《大自由报》，以及臭名昭著的《亚细亚日报》（以上报纸均在北京出版）和《神州日报》（在上海出版），其中以《亚细亚日报》和《神州日报》影响较大。《亚细亚日报》是袁世凯登上大总统宝座后，直接出巨款，由薛大可出面于1912年创办的御用报纸（后又在上海办《亚细亚日报》）。上海《神州日报》本由革命党人控制，后报纸主持人汪彭年入京参加共和党，该报便被袁收买，由帝制派议员孙钟担任主编。

三、报人办报因陋就简，所费不多，报馆往往比个体作坊还要简陋。据熊少豪在《五十年来北方报纸之事略》一文中回忆说，“鼎革后……京中所有新旧各报几及百数”，“而内中多数报纸，既无机器以印刷，又无访员之报告。斗室一间，即该报之全部机关；编辑、仆役各一人，即该报之全体职员。印刷者托之印字局（以每日一千份计，每月之印刷费一大张约需一百五十元，两大张约需二百余元）。由此观之，凡具数百元之资本，即可创设报馆，无怪报纸日出日多也”⑤。

另据老报人王新命在《新闻圈内四十年》一书中回忆说：民初他在沈阳替友人张复生办《健报》，《健报》房屋是租来的，房屋恰好分成两部分，外院做报馆，里院做张复生住宅。因印刷是包商承办，馆内没有字架、印机，也没有印刷工友；加以当时地方报业务狭隘简单，编辑部仰仗剪刀糨糊红水笔的地方最多，没有国内外的电报通讯，也不需要外勤记者；经理部只有两三千份报纸可以发行，广告差不多等于零⑥。该报既无国内外电报通讯，又无外勤记者，编辑全仰仗“剪刀、糨糊、红水笔”，其内容也就可想而知了。

以上情形还算好的。更有甚者，上海还有所谓“马路小报”、北京则有所谓“鬼报”出现。所谓“马路小报”，“往往‘出版之前夕，在旅馆开一房间，作为临时主笔房……以报费收入，即充印刷纸张之需，印多印少包与印刷者。广告费作为执笔者润笔，发行所则在四马路拐角报贩摊上’（景学铸《报界旧闻》，刊1940年《新闻学刊》第一卷第二期），连区区的‘斗室一间’也没有；条件较之北京的那些报纸，还不如”⑦。所谓“鬼报”，是由一批报界中人办的“滑头报馆”出的一种“报纸”。它每天只印30~50张，“一半贴在指定的贴报处，四分之一送给可能送干薪的大人先生，身边留下几份证明自己确是新闻业者。这种报在街上买不到，所以有人叫它做‘鬼报’”。“办份‘鬼报’，只要制一块某某报社的招牌挂在大门口，买一令白报纸，然后参加‘联合版’组织，便可开张。所谓‘联合版’，是许多‘滑头报馆’联合起来共同出版，由‘社长’轮流主编，剪下当天报纸的新闻发交印刷所排字房，拼版时排上甲报报头与论说或特载，便是甲报；印完甲报，把报头和特载抽出，换上乙报报头和特载，便又成了乙报；丙报、丁报如法炮制，一直到各报印完。这种报馆，在北京一地达四五十家”。⑧这一大段记载，不仅说明当时报馆的简陋，更说明一些报人素质的卑下及新闻道德的沦丧。

第二节　袁世凯及北洋军阀对新闻事业的摧残

民国元年蓬勃兴起的报业，到第二年即遭到袁世凯的摧残。据统计：全国报纸1912年初达500家，到1913年底只剩下139家⑨。由于1913年为癸丑年，史称“癸丑报灾”。

【袁世凯摧残报业的几种手段】　1913年3月20日，袁世凯派人刺杀了宋教仁以后，便排挤国民党，乃至1913年11月下令解散国民党。同时，废除妨碍他独裁的临时约法，擅改责任内阁制为总统内阁制，大权独揽。随后帝制议起，袁世凯又亟谋改变国体，妄想黄袍加身，复辟帝制。在这种情况下，袁世凯为了控制舆论工具，利用舆论工具来为自己复辟帝制服务，便极力摧残报业。他主要采取了以下几种手段。

1. 办御用报纸，作舆论鼓吹。1912年2月15日，参议院选举袁世凯为临时大总统；3月10日，袁世凯在北京就任临时大总统，这标志着北洋军阀统治的开始。

袁世凯一上台，就立即着手办报，先后在北京创办了《金刚报》、《亚细亚日报》，在上海接办了《神州日报》。他又指使其御用党公民党在北京出版《民视报》，在广州出版《时敏报》，在长沙创办《国民新报》(后改为《大中报》)。其中，以《亚细亚日报》影响最大。

《亚细亚日报》曾分别在北京、上海两地出版。北京版创刊于1912年6月，由薛大可（子奇）任主编，樊曾祥、易实甫等任撰述，日出三大张。该报曾竭力攻诋以孙中山为代表的革命党人，也发表过大量鼓吹帝制及拥戴劝进的文牍、函电，为袁世凯复辟活动大造舆论。1916年3月22日，袁世凯被迫宣布取消帝制后，该报也随之停刊。上海版《亚细亚日报》创刊于1915年9月10日(社址："望平街十一号"，主编：薛大可)。该报是在公开鼓吹帝制的"筹安会"成立（1915年8月23日）后创办起来的，亦即是在复辟帝制喧嚣的高潮中创办起来的。袁世凯知道上海舆论对其复辟活动不但"不为己助"，且将大力攻击，便在"筹安会"将成立时，派北京《亚细亚日报》主持人薛大可携巨款到沪，竭力运动各报赞助帝制，各报"因求顺人心起见，故皆峻拒之"⑩。在这种情况下，薛大可就转而着手创办上海《亚细亚日报》，赁公共租界山东路11号为馆舍，以刘竺佛为编辑主任。"编辑人员于八月底由京抵沪"，"且不惜巨资遍登广告，购置新式机器"。广告甫出，即遭到上海民众的强烈抵制，"匿名函件即纷纷而至，初仅询问该报宗旨，其一署名'中国公民'、其一署名'帝制之敌'。既而所谓'中国公民'者，又来一函，质问不复的理由，且谓'旦夕将有以报尔'"！（同上)。9月10日，上海《亚细亚日报》第一号出版，公然宣布"以赞助帝制运动为宗旨"。当晚就接到两封来信，措辞激烈，令其停止出版，否则，将采取激烈手段。于是馆中办理人员于11日晨，便请巡捕房派员守在报馆门口予以保护。哪知晚上7点多钟，就有人向报馆投掷炸弹，当即炸死"守门华捕一、机匠二"（见《申报》1915年9月12日报道)。该报仍不停刊，"不料到12月17日下午8时50分，又有炸弹从二层楼窗口抛入，该馆编辑部的百叶窗和桌椅都炸坏，主任刘竺佛几被殃及"，险些丧命（同上)。事后才知道这两次行动都是由中华革命党的外围组织"民义社"所执行的。该馆附近商店，因两次发生炸弹案，都纷纷要求该报迁走。房主东裕公司也因此而向租界会审公廨起诉，1916年3月3日判决，限该馆于三礼拜内迁移（见《申报》1916年3月4日报道）。该馆觅屋不得，这才停刊。

2. 金钱收买，拉拢腐化。袁世凯一生，既贪且诈，金钱收买、拉拢腐化本是他平生经常使用的重要手段，对新闻界也不例外。据有人粗略统计，民国初年直接或间接接受过袁世凯金钱收买的报纸达125家以上，如北京的《国华报》、《黄钟日报》、《新社会日报》、《国权报》、《京津时报》、《大自由报》，天津的《益世报》，上海的《大共和报》、《时事新报》，长沙的《大公报》，广州的《华国报》及檀香山的《华兴报》等，都程度不同地接受过袁世凯的金钱。袁世凯用金钱收买报界的方式也是多种多样的：有的是一次性贿以巨款，有的是长期发放“津贴”或“干薪”；特别是对一些著名的有影响的报纸发行人和编辑、记者，更是不择手段拉拢和贿赂，或致送“宣传费”、“润笔”，或送干薪、“车马费”，或举行记者招待会、飨以酒食，然后要求他们按照他所定的调子撰写新闻及评论，为其复辟帝制作舆论鼓吹。袁世凯贿赂报纸往往不惜工本，受他派遣去上海收买报纸的人，一次就携款30万元。至于动辄出手致送几千元一张的支票或几百元银元的更为常事。袁世凯的这种手段罪恶极大，严重腐蚀了新闻界，使不少报人腐化堕落，人格扫地，新闻道德沦丧。如1915年12月31日，袁世凯下令改次年为“中华帝国洪宪元年”，即从1916年元月1日起“改元建朔”。当时的北京各报，除日本人办的《顺天时报》外，全都套红出版，报眉及报名旁均署“中华帝国洪宪元年×月×日”（从元月3日起，一直到3月22日止，23日取消），对袁世凯复辟阿谀备至，甚至在报纸上出现称袁为“大皇帝”、记者自称曰“臣记者”的丑闻。新闻界的耻辱，莫此为甚。在天津，连天主教徒创办的《益世报》也连篇累牍刊载拥袁言论，以至引起天主教爱国报人英敛之的强烈不满和抨击⑪。

然而，在袁世凯的金钱利诱面前，也有丝毫不为所动的坚贞之士，如田桐办《国光新闻》时，抨击袁政府不遗余力，影响很大。袁便指使农商部次长张仲华带10万元的支票一张到该报社贿赂。田桐命经理李基鸿却之不受。之后，便发生枪击事件，“一日铳发于寝室屋巅，梓琴（田桐）以外出得免”（冯自由语）。梁启超先生也曾回忆说：“筹安会（1915 年 8 月 23 日发起——引者注）发起后一星期，余乃著一文，题曰《异哉所谓国体问题者》（该文载于 1915 年 8 月出版的上海《大中华》杂志第 8 期——引者注），其时亦不敢望此文之发生效力，不过因举国正气销亡，对于此大事无一人敢发正论，则人心将死尽，故不顾利害死生，为全国人代宣其心中所欲言之隐耳。当吾文草成尚未发印，袁氏已有所闻，托人贿我以二十万元，令勿印行，余婉谢之，且将该文录寄袁氏。未几，袁复遣人来，以危词胁喝，谓君亡命已十余年，此种况味亦既饱尝，何必更自苦。余答曰：余诚老于亡命之经验家也，余宁乐此，不愿苟活于此浊恶空气中也。来者语塞而退。”⑫

3. 摧残报业，迫害报人。在这方面，细分起来，又有下列几种手段：一是制定法律、法令，限制言论自由，禁锢报业，钳制舆论。在 1912 年至 1914 年的两年多时间里，袁世凯先后颁布了《戒严法》、《治安警察法》、《报纸条例》和《出版法》⑬，对报刊的登记、出版、发行和编辑采访等活动，或横加干涉，或设置重重障碍。如在《戒严法》和《治安警察法》中，就规定报刊在发行前须呈送警察机关备案，并赋予警察机关有检查报刊及停止报刊出版的权力。1914 年 4 月 2 日，袁政府公布《报纸条例》共 35 条，从政治和经济两方面来限制新闻出版事业。在政治方面，《报纸条例》第 10 条规定：“下列各款，报纸不得登载：一、淆乱政体者；二、妨害治安者；三、败坏风俗者……”共 8 条。其中“淆乱政体”、“妨害治安”等都是可以任意解释、入人于罪的条款。在经济方面，该“条例”第 6 条规定了缴纳“保押费”（保证金）制度，其中多者如日刊，须缴押 350 元；少者如年刊，也要缴纳 100 元。在京师及都会商埠发行者，则加倍缴纳。当时，多数报社资金不过数百元，革命党报刊的办报经费更少，规定缴纳保押费，无异于要置多数报刊于死地。这一条例，内容大多抄自民元已废止的《大清报律》（1907 年 1 月公布），如该条例的第 10 条禁载事项的（一）（二）（三）款，均与《大清报律》第 14 条大同小异。禁载范围笼统，执行稍滥，报纸就会动辄得咎。袁政府并不以《报纸条例》为满足。1914 年 12 月 5 日，它又公布了所谓《出版法》，除“禁载”部分的条款蹈袭《报纸条例》成法外，包罗范围更广、处理更严峻。同时进一步规定：所有报刊出版物在“发行或散布前”，必须“禀报”当地警察机关，并送该管警察机关备案。二是禁止出售、购阅及邮递某些报刊。这一手段是专门用来对付上海、天津等地租界内出版的反袁报刊的。租界内的反袁报纸，袁政府无法查封，只得禁止其在租界外发行、售卖，使它们发生经济困难而自动停刊。1913 年 8 月 4 日，上海淞沪警察厅公布《禁售乱党机关报》告示云：“乃有《民权》、《民立》、《民强》各报，专为乱党鼓吹异说，破坏民国，捏造事实，颠倒是非，信口开河，肆无忌惮，亟应从速禁售。”“凡我人民，亦应一体勿再购阅上开各项报纸，以免淆乱人心，是为至要。”与此同时，袁政府还勾结上海英、美租界当局，通过邮政局禁止邮递进步报刊。这些报刊大都是民党及其同情者创办的，计有《光华》、《公论报》、《民意报》、《救国报》、《中华民国报》、《浙魂》、《江天钟》、《民权报》、《民立报》、《民强报》、《中华民报》等。1913 年 11 月 4 日，袁世凯下令解散国民党、取消国民党国会议员的资格。与此同时，又对各种进步出版物实行摧毁性打击。该命令云：“自各省（国民党）解散后，如遇有意存煽惑，登载报纸，或印刷物品，或散布传单，是即以乱党自居……应即严饬各地官吏、警察厅署一律严加取缔，并就照该地邮局不准递送。”此后，中国新闻界顿呈一片肃杀景象，国民党及其同情者的报刊，不是被迫停刊，就是被收买；设在租界内的进步报刊也因种种限制和压迫，时刊时停，所剩无几。而袁党的御用报纸及一些附袁的报纸却得以横行。三是封报捕人。警察、宪兵可以随时查封报馆和捉拿报人。有时为搜查一家报馆，甚至出动军警百十多人，如北京《国光新闻》社被搜就是一例。据 1913 年 6 月 3 日《民立报》之《呜呼言论界》一文称：1913 年 5 月 30 日清晨，“有军警百余人拥入该社，进门即将电话截断”，然后，“从经理部起，迄发行部止，逐次搜查无毫发遗，遇箱笼之未经锁闭者则倒泻之”，使该报不得已停刊 3 日。北京《国风日报》的编辑及工作人员也于 5 月被检查厅逮捕多人。7 月 20 日，北京《亚东新闻》因刊载九江“北军”死伤1 300人，陆军部便于21日派宪兵10余人搜查底稿，报纸被迫停刊。7月22日，陆军部又派宪兵20多人至北京《民主日报》“坐索底稿”，“并将访稿、信件收藏，致该报不能出版”。同一天，《民国报》也被查封。以后，北京地区陆续被查封的报刊有《中央新闻》、《天民报》、《日日新闻》等⑭。上海地区被封及被迫停刊的报纸主要有：《民立报》因1913年9月4日袁政府下令禁售，导致经济不支，而被迫停刊。《爱国报》也被查封，编辑丁宝真被枪杀。《民权报》因连载揭露袁政府卖国媚外、迫害舆论的文章，引起袁的仇恨。由于该报馆设在租界，袁政府就勾结英美租界巡捕房，于1913年5月间逮捕了该报主笔戴天仇。《中华民报》也因在1913年8月间登载五国借款消息，被袁世凯派人控告该报于会审公廨，创办人邓家彦被判罚金50元，外加6个月监禁，出狱后逐出租界。武汉地区被封禁的报刊主要有：《震旦民报》、《民国日报》、《讨报》等。其他如天津的《民意报》，长沙的《长沙日报》、《国民日报》，广州的《平民报》、《觉魂报》、《震旦报》等也均次第被封。据有人粗略统计，从1912年4月至1916年6月共4年零两个月的袁世凯统治时期，全国报纸至少有71家被封、49家受传讯、9家被反动军警捣毁；新闻记者至少有24人被杀，60人被捕入狱。从1913年的“癸丑报灾”，到1916年袁为复辟帝制而对舆论界残酷镇压，全国报纸总数始终徘徊在130种左右，形成了持续4年的新闻事业的低谷⑮。

袁世凯在践踏言论自由、压制舆论及残酷摧残新闻事业方面，的确可以说是“上继清朝政府之遗绪，下开民国历届反动政府之先河，贻害流毒匪浅”。民国时期的历届反动政府，无论是北洋的皖系、直系、奉系政权，还是国民党政权，都无一不继承了袁世凯的衣钵，残酷迫害进步的、革命的出版物，并且花样翻新，愈演愈烈。“在整个民国时期，这种对进步出版物的迫害，是阻碍我国政治进步和文化发展的重要因素之一。”⑯

第三节 各地反袁、反北洋军阀报刊的斗争

【徐天复与《民立报》】 《民立报》在民国成立后的一段时间里是不反袁的，这与当时革命派内部对袁世凯的认识有关。民国成立后，同盟会系统的报纸由于对袁世凯的认识不同，在宣传方针上，就出现了比较大的分歧：一是以《民立报》为首的所谓"稳健派"，一是以《民权报》、《中华民报》、《民强报》等为首的所谓"激进派"。稳健派主张顾全大局，不反袁；激进派则一直高举"反袁"大旗，以至后来发生激烈的论争⑰。1912 年 9 月中旬，由于激进派的屡屡抨击，《民立报》主笔章士钊不得不辞职，主笔改由徐天复继任。徐天复在接任主编后的一段时间里也是不反袁的。这反映了当时革命派内部很大一部分人的心态，如孙中山就曾对报界说过："报纸在专制时代，则利用攻击，以政府非人民之政府。报纸在共和时代则不利攻击，以政府乃人民之政府也。"陈布雷也曾说过："民国成立，此后报纸宜鼓吹建设，非可长此以摧陷廓清之偏锋论调、炫众以导乱。"⑱于右任也认为："昔日未破坏时，先以破坏自任；今日未建设时，犹当先以建设自任，实不忍以辛苦艰难创造之民国轻心一掷。"他还认为：以前革命派报纸骂清政府，"本是一种政策"（策略）；现在正是南北言和、统一之时，应以大局为重，安定团结为重，"袁氏可为善，勿逼他为恶"⑲。基于这样的认识，在 1912 年里，亦即在袁世凯反革命面目未彻底暴露以前，《民立报》基本上采取稳健、平和的方针。

1913 年 3 月，"宋教仁案"发生后，袁世凯反革命面目暴露无遗，鲜血终于洗亮了同盟会中人的眼睛。《民立报》从这时起，开始了声势浩大的反袁宣传，前后掀起了 3 次大的高潮。一是关于"宋教仁案"的宣传。从 1913 年 4 月 26 日起，《民立报》开始连载《注意！注意！！注意！！！看看民贼的手段·宋案证据之披露》的长篇系列报道（从 4 月 26 日起，到 5 月 1 日才登完），系统揭露事实真相。4 月 27 日起，又连载"血儿"《综论大暗杀案》的长篇报道，继续揭露袁世凯暗杀宋教仁的阴谋，并系统宣布其罪据。

同日还专门刊出《民立报临时增刊》，用整版篇幅刊出刺宋元凶袁世凯的照片、赵秉钧致应夔丞亲笔信等原件照片，以及凶手洪述祖的照片等，使宋教仁案的事实真相大白于天下。二是关于反对大借款的宣传。宋教仁案发生后，4 月 26 日，袁世凯与英、法、德、日、俄 5 国银行团签订《善后借款合同》。27 日，《民立报》透过路透社消息公布出来，引起国内外舆论界一片哗然。29 日起，又开始连载叶楚伧写的《誓死不承认大借款》的长篇评论。30 日，又发表徐血儿《拒款救国——和血泪以哀告国民》的社论，更激发了全国人民的义愤。三是关于"二次革命"的宣传。1913 年 7 月，"二次革命"爆发，《民立报》又以大量篇幅刊载各地讨袁军消息，也发表了大量的讨袁评论。"二次革命"失败后，《民立报》也于 1913 年 9 月 4 日出至第 1036 号后，被迫停刊。

《民立报》后期声势浩大的反袁宣传活动与其后期主编徐天复有很大关系。徐天复，原名裕，字天复，笔名血儿。江苏金坛人，早年客居上海，参加过同盟会，为"南社"社员。由于投稿《民立报》，受到于右任赏识，被聘入报社任校对，后升为编辑。辛亥革命爆发后，于右任、宋教仁等转入政界，《民立报》的评论文章多出其手，如该报"言论之部"栏曾发表了大量署名"天复"的评论文章。同时，他还以"血儿"的笔名在《天声人语》栏发表了不少短小精悍、犀利透辟的时评。"二次革命"失败后，《民立报》因发行受阻，经济无法维持，于 1913 年 9 月 4 日被迫停刊。徐天复因悲愤过度，也于是年冬吐血而死，年仅 24 岁。

【戴季陶及"横三民"】　《民权报》创刊于 1912 年 3 月 28 日，社址在上海江西路 4 号，是由上海地区同盟会会员中部分激进分子创办起来的，对外自称是"自由党"的机关报。该报由周浩任发行人，戴季陶、何海鸣等任主编，与同时发行的由吕志伊主办的《民国新闻》、邓家彦主办的《中华民报》，合称"横三民"。这三个报纸并以言论激烈著名，一时瑜亮，与民前于右任创办的"竖三民"相辉映。

《民权报》以反袁为宗旨，故其一创刊，便把斗争的锋芒直指袁世凯。袁是 1912 年 3 月 10 日正式登上大总统宝座的。3 月 28 日

《民权报》创刊(“编辑兼发行人：周浩”)，在它创刊后的两三个月内，就发表了总主笔戴季陶以“天仇”笔名写的大量反袁、讨袁的“时评”和“论说”，如袁世凯欲以私人名义违法向五国借款扩充军备，他立即撰写《大哉私人信用》(4月9日《民权报》)，予以揭露；袁世凯纵容张作霖封闭《中华日报》，他秉笔直书，直斥曰《胆大妄为之袁世凯》(4月18日—22日连载于《民权报》)。戴季陶还把袁世凯就任临时大总统后的种种倒行逆施，集中归纳在一起，予以披露和宣布，题曰《袁世凯之罪状》(4月19日—20日《民权报》)。以后相继发表的反袁文章还有《讨袁世凯》(4月26日《民权报》)、《袁世凯专横无道》(5月27日《民权报》)、《大总统之叛逆》(6月15日《民权报》)、《逆党与逆报》(6月29日《民权报》)等等，对袁世凯践踏民主、破坏约法、推行专制的种种行径，进行尖锐激烈的抨击。

1912年5月20日，《民权报》刊出“天仇”以《杀》为题的短评，文中云：“熊希龄卖国，杀！唐绍仪愚民，杀！袁世凯专横，杀！章炳麟阿权，杀！此四人者，中华民国国民之公敌也。欲救中华民国之亡，非杀此四人不可。”5月22日，公共租界工部局就此控告《民权报》“所载论说、时评，对袁总统、熊希龄、唐绍仪、章炳麟任意毁谤”(见1912年5月24日《申报》第7版载《民权报之文字祸》)、“鼓吹杀人意义，殊违租界定章”(见1912年6月14日《申报》第7版载《审讯民权报案详志》)，命令巡捕房将戴季陶逮捕关入西牢。当天晚上，戴的妻子在探监时鼓励他说：“君以国事至此，予甚慰。‘主笔不入狱，不是好主笔’，周浩君常言也。予为君贺。”(见“天仇”《五月二十二日夜》，载1912年5月24日《民权报》)6月13日，戴获释放，另罚洋30元。出狱后，戴曾引周浩的话，在编辑部墙上大书“报馆不封门，不是好报馆；主笔不入狱，不是好主笔”。(见胡道静《上海的日报》)其激进态度，于此可见一斑。“二次革命”失败以后，由于当局的迫害，《民权报》终于在1914年1月21日停刊。戴季陶在该报发表的大量“时评”和“论说”，曾编为《天仇文集》出版(1912年11月出版，民权报发行部发行)。现又编入《戴季陶集》中[20]。

"横三民"中，除《民权报》外，《中华民报》创刊于1912年7月20日，以"拥护共和，进行防止专制复活"为宗旨，"讨袁之声无日或断"（《本报一周年之回顾》），也是一份反袁言论激烈的报纸。该报曾因不满《民立报》的稳健立场，与其展开激烈笔战，对其主笔章士钊大加抨击，责章不通西史、不通修辞、不通英文、不通国文（详见1912年9月间之《中华民报》），迫章在9月愤然辞职。后《中华民报》终因载文揭露袁世凯向五国借款案而被封。《中华民报》创办人为邓家彦，字孟硕，广西桂林人，曾留学日本学法政。临时参议院成立时，他是代表广西的议员。大革命时期堕落为国民党西山会议派成员。

《民国新闻》创刊于1912年7月25日，社址在江西路2号。该报以"保障共和政体"，为宗旨，由吕志伊、吴敬恒等发起创办，总编辑由刚从日本归国的邵元冲担任，也以言论激烈名噪一时。

"横三民"中，《民权报》影响最大，其主笔戴天仇的反袁文章"胶胶喔喔，引吭先鸣，知机见微，独立当时"[21]，起到了先锋与先驱作用。其他两报后于戴氏讨袁好几个月才创刊，可说是《民权报》的后劲和继起者。

戴季陶，原名良弼，字选堂；又名传贤，字季陶。笔名"天仇"。1891年1月6日（光绪十六年十一月廿六日）出生于四川广汉县，祖籍浙江吴兴。他6岁入塾读书。1902年（12岁）进成都留日预备学校，受业师徐炯的影响及西学的启迪，产生革命倾向。1905年秋赴日本留学，入师范学校。1907年秋升入东京日本大学法科。1909年夏，自日本毕业归国，在苏州的江苏地方自治研究所担任法学主任教官。翌年春，刚满19岁的戴季陶前往上海。7月中旬起，担任《中外日报》主笔[22]，开始其新闻记者生涯，用"散红"笔名，写了不少评论文章。两个月后，他又应聘为《天铎报》主笔，同时也常为于右任办的《民立报》撰文，常用笔名为"天仇"（表示与清廷誓不两立，有不共戴天之仇）。由于他的文章抨击清廷腐败，言论激烈，充满民主革命精神，加上词锋犀利，文笔矫健，深受读者的欢迎。1911年春，因在文章中抨击两江总督张人骏，而遭通缉，只得逃往日本。后转赴南洋槟榔屿，托身于革命党人雷铁崖主办的《光华日报》当编辑，并经雷氏之介绍加入同盟会。辛亥武昌起义后，戴从南洋回到上海，参与创办《民权报》，最早进行反袁宣传，以“天仇”为笔名写了大量的评论文章，具有鲜明的个性特征，成为反袁的骁勇斗士，在舆论界有很大影响。

1913 年 5 月 20 日，国民党在上海创办《国民月刊》，戴季陶与王宠惠、邵元冲等任主笔。同年 8 月 2 日，孙中山先生离开上海，经福州、基隆转往日本，戴与陈其美等随行。同年 9 月 15 日，袁世凯下令通缉孙中山、黄兴等人；11 月 4 日又下令解散国民党，孙中山自是避居日本，戴一直随侍在侧。1914 年 5 月 10 日，孙中山在东京创办《民国杂志》，派戴与杨庶堪、居正等人为编辑，胡汉民任总编辑。1916 年 4 月 27 日，戴随孙中山返回上海，继续担任孙中山的机要秘书工作。从 1915 年到 1918 年，是戴的“文字淡季”。但从 1919 年开始，戴又经常在中华革命党及国民党机关报上海《民国日报》上发表文章。与此同时，戴还一面主编《星期评论》（1919 年 6 月 8 日创刊，作为上海《民国日报》附刊发行，到 1920 年 6 月 6 日停刊，共出 53 期）、《建设》杂志（月刊，1919 年 8 月 1 日创刊），一面经营交易所。故从 1919 年起，戴季陶的名字由原来的“良弼”、“天仇”改为“季陶”（即“小陶朱公”、“陶朱公第二”之意）。其在以上报刊上发表的文章也一概署“季陶”的笔名。上述报刊在“五四”时期都有很大影响，它们积极宣传新文化运动，积极报道、支持工人运动，尤其是用过很大篇幅来宣传马克思主义，难能可贵。当时的戴季陶、胡汉民、朱执信、廖仲恺等都是此中健者。

1920 年夏前后，戴季陶与陈独秀等人接触频繁，曾参与酝酿上海共产主义小组的一些活动。

1924 年 1 月 20 日，中国国民党第一次代表大会在广州召开，戴季陶被选为国民党中央执行委员会常委，兼任宣传部长。在他的主持下，创办了“中央通讯社”。1925 年 3 月孙中山在北京逝世后，戴堕落为“西山会议派”，并成为国民党右派“理论家”。

1928年10月28日，戴被任命为国民政府委员，兼考试院院长。他前后担任此职达20年之久，长期充当蒋介石的谋士，直至1949年2月11日夜间，在广州东山东园吞服大量安眠药自杀身亡（详见1949年2月13日《申报》头版所载消息及《戴氏略历》）。

【《中华新报》、《民国日报》、《民国》杂志及章士钊的《甲寅》杂志】　“二次革命”失败以后，革命党人再次遭到袁世凯政府的追捕、通缉与迫害。一部分革命党人逃到上海，以租界为庇护所，继续创办报纸进行反袁宣传；一部分人，如孙中山、黄兴、章士钊等则再度流亡日本，在日本也办了一些刊物来进行宣传活动。

“二次革命”失败后的1913、1914年间，上海各民党报纸或被封禁，或被迫停刊，几乎绝迹。为声讨袁世凯“篡逆”罪行，谋复共和，从1915年起，中华革命党人等又在上海租界创刊了几家报刊，其中著名的有《中华新报》与《民国日报》。

《中华新报》创刊于1915年10月10日，社址在上海法租界三洋泾桥东，是部分国民党员在袁世凯酝酿复辟帝制时期，为揭露其复辟野心而创办起来的。由杨永泰、谷钟秀创办并主持。参加编辑及采写工作的有张镕西、傅汝霖、陈白虚、谈善吾、吴稚晖、张季鸾等。该报以激烈的态度反袁，发刊词直斥袁世凯：“于对外丧权辱国之后，乃为一姓之子孙帝王万世之谋。”该报副刊版由陈白虚主编，办得很有特点，如刘成禺的《洪宪纪事诗》、吴稚晖的《朏庵客座谈话》等，都曾在副刊上连载。1916年9月、10月间，“政学会”在北京成立，上海《中华新报》中的绝大部分人都加入该会，并担任主要领导人。他们便在北京创办《中华新报》北京版，于1916年9月1日创刊，由张耀曾任社长，张季鸾任总编辑，康心如任经理，使该报成为政学会的机关报，直至1918年9月停刊。上海版《中华新报》则至1924年冬才停刊。

《民国日报》创刊于1916年1月22日，社址在上海法租界天主堂街59号门牌。负责筹办这个报纸的人是中华革命党总务部长、当时奉派到上海进行秘密活动的陈其美（英士）。1930年3月13日，《民国日报》发行至第5000号时，当年创办人之一的叶楚伧特发表文章回忆说："民国四年（1915年）的九十月间，陈英士先生约我到老渔阳里五号寓所里去谈话。那时他从海外回来还没多久，一方面正在忙着准备讨袁军事，一方面又注意到文字宣传。因为那时虽有一张谷钟秀、张耀曾等所主持的《中华新报》能作讨袁鼓吹，本党的报纸却从民国二年（1913年）中断后还没恢复。谈话的结果，就决定筹备这《民国日报》。""《民国日报》的创立，又全赖着英士先生，连这报名，也是先生手定的。民国日报出版不到一年，英士先生遇害于萨坡赛路（时为1916年5月18日——引者注）。"㉓《民国日报》由叶楚伧任总编辑，邵仲辉（力子）任经理及副刊编辑。主要撰稿人有朱执信、戴季陶、沈玄庐等。该报以讨袁为宗旨，是中华革命党在国内的重要舆论阵地；1916年6月袁世凯死后，又积极参加护法运动和反对北洋军阀的斗争。1924年国民党"一大"后，该报遂成为国民党的机关报。1925年11月23日，国民党右派在北京西山召开"一届四中全会"，实行"分共政策"。叶楚伧也是"西山会议"的重要参加者。此后，《民国日报》发表一系列反共文章，直至1932年1月23日停刊。1945年10月复刊，至1947年1月终刊。初创时社址在上海法租界天主堂街59号，后迁到上海棋盘街中市（河南路）501号，再迁至山东路202号等处。

"二次革命"失败后，革命党人在日本创办的反袁报刊主要有中华革命党人创办的《民国》杂志和章士钊创办的《甲寅》月刊。

《民国》杂志于1914年5月10日创刊于日本东京，刊期不定，每期出32开本200余页一册，是由孙中山等一部分国民党员创办起来的。1914年7月中华革命党在东京成立后，即转为该党的机关刊物。由居正（笔名"东辟"）任名义上的发行人，胡汉民（笔名"去非"）任总编辑，参加编撰工作的有朱执信（笔名"前进"）、戴季陶、廖仲恺、邵元冲、邹鲁、田桐、苏曼殊等。该刊的中心内容是反袁，刊载大量文章揭露袁世凯独裁专制、媚外卖国的罪行；主张维护辛亥革命的成果，武力讨袁。

《甲寅》杂志也于1914年5月10日在东京创刊，社址在东京小石川区林町七十番地，由"秋桐"（章士钊）创办。该刊系月刊，因1914年为农历甲寅年，故名“甲寅”。封面图案画一大钟，暗寓“警钟木铎”之意；大钟的上部分载刊名“甲寅”二字，下部分绘一猛虎图案（因甲寅年为十二生肖之虎年）。1914年11月10日出版第1卷第4号。至第5号时，改在上海出版，由四马路福华里亚东图书馆代理印刷及发行，而编辑部仍设在东京小石川区林町七十番地。1915年10月出至第10期后，被禁停刊。该刊主编为“秋桐”（章士钊），陈独秀、杨永泰等协办。主要撰稿人有章士钊、谷钟秀、谈善吾、陈独秀、张东荪、李剑农、杨端六、周鲠生等。该刊是一份以刊载政论为主的大型月刊，每期篇幅在200面左右，设《时评》、《通信》、《文艺》等栏目，宣称“以条陈时弊，朴实说理为主旨”，“一面为社会写实，一面为社会陈情”㉔。主张改革政治，反对封建专制；批评袁世凯的独裁统治，但力主调和，反对使用暴力。章士钊在第一期上发表《政本》一文，重申两党制的主张，提出政府应当借反对党之“刺激”而维持其进步。后又发表《学理上之联邦论》，宣传实行联邦制可以用舆论力量达到革命的目的。他的文章“条举时弊，一意说理，不尚空谈”，逻辑性强，被人称为“逻辑政论”㉕，在当时的知识界影响很大，胡适曾说：“自1905年到1915年，这10年是政论文章的发达时期。这一个时代的代表作家是章士钊。章士钊曾著有一部中国文法书，又曾研究伦理学；他的文章的长处在于文法谨严，论理充足。他从桐城派出来，又受了严复的影响不少；他又很崇拜他家太炎，大概也逃不了他的影响。他的文章有章炳麟的谨严与修饰，而没有他的古僻；条理可比梁启超，而没有他的堆砌。”㉖

章士钊一生中，办《甲寅》凡3次，前后主旨不一，影响不同，刊期也不同。从1914年5月10日创刊，到1915年10月10日停刊，为月刊，前后共出10期。1917年1月28日，章士钊又在北京创办《甲寅日刊》，从2月7日起，改为周刊，请李大钊、高一涵参加编撰工作。到7月，张勋复辟事起，京城混乱，章移居天津，《甲寅》随之停刊。1925年后，章士钊依附段祺瑞，担任段临时政府的教育、司法两部总长。在此期间，又于1925年7月8日出版《甲寅》周刊第1卷第1号，署“孤桐”（章士钊）主编，编辑部设在北京宣外大街200号。这时的《甲寅》，宣传复古和尊孔读经，反对人民群众的革命斗争。1926年3月18日惨案中，竟为北洋军阀政府张目，遭到以鲁迅为代表的进步力量的抨击，《甲寅》周刊被称为“老虎报”。1926年4月，执政府在军阀互斗中垮台，章出走天津，又继续在日租界出版《甲寅》周刊，直至1927年2月底出到第45期时停刊。

章士钊是清末民初极有影响的报刊政论作家。章字行严，笔名黄中黄、爱读《革命军》者、秋桐、青桐、孤桐、无卯等。湖南善化（今长沙）人，出生于1881年3月20日。1901年借读于湖北武昌两湖书院，在此得识黄兴。1902年3月转入南京陆师学堂学军事，因国文成绩优异，得学堂总办俞明震赏识。1903年4月，拒俄运动发生，章与林力山带领陆师学堂学生赴沪，参加爱国学社和军国民教育会，并开始为《苏报》撰稿。5月27日起，应聘为《苏报》主编，经手发表了章太炎等人的10多篇言辞激烈的论说，鼓吹革命。清廷串通租界当局于7月初先后逮捕章太炎、邹容等6人，7月7日查封《苏报》，史称“苏报案”。章士钊因得主办此案的江苏候补道、陆师学堂总办俞明震的袒护，未被逮捕。

《苏报》被封后，章于8月7日与陈由己（独秀）、张继等又创《国民日日报》，继续宣传革命；同时创办东大陆图书译印局，编辑出版《苏报案纪事》、《沈荩》等革命小册子。1904年，章因万福华行刺广西巡抚王之春案而涉嫌被捕。出狱后，往日本。1907年，章编纂的《中等国文典》出版，他以稿费作川资，赴英国留学。在此期间，他积极为国内各报撰稿，宣传立宪政治，并一度担任上海《民立报》驻欧洲记者。武昌起义后，于1912年春携眷回国，担任《民立报》主编。半年后，因革命派报刊之间发生论争而愤然辞职。9月22日，与王无生另创《独立周报》于上海，自任主笔。“二次革命”失败后，在东京创办《甲寅》月刊。以后，《甲寅》曾两度复刊。1925年前后，先后担任段祺瑞临时执政府的司法、教育总长。晚年为祖国统一尽心竭力，1973年7月1日病逝于香港，终年92岁。

第四节　黄远生与民初记者群

民国初年及北洋军阀统治时期，由于社会动荡，时局不宁，引起了人们对变幻莫测的政局的关注，以及对新闻报道及信息的强烈需求。这样，为了满足这种需求，全国有影响的一些大报，特别是上海地区的几家大报，如《申报》、《新闻报》、《时报》等，便纷纷向首都北京派驻记者，采访京中政治动态、国会新闻及北洋政府的内幕新闻。这些人后来都成为当时极有影响的著名新闻记者，形成了民初新闻记者群体。他们中的代表人物有人称“民初三大记者”的黄远生、刘少少、徐彬彬，以及稍后的邵飘萍、林白水、胡政之、张季鸾等。

【黄远生】　黄远生（公元1885—1915年），名为基，字远庸，笔名远生。江西德化县（今九江县）人，生于1885年1月15日（清光绪十年阴历十一月三十日）。1915年12月25日晚在美国旧金山市被暗杀，时年仅31岁。

生平事迹：黄远生出身于书香之家。父亲是个秀才，曾在宁波办过洋务，担任过秘书一类的工作，远生自幼随父在外。母亲姚氏是湖北省汉阳县候补员外郎姚兰阶的女儿，颇通诗书，远生幼年得益于母教者甚多。由于远生是独子，父亲对他寄予厚望，除让他攻读经、史、诗、古文词之外，还请了一位外国女教师教他英文。到16岁（1900年）的那一年，远生父母先后在相隔不到3个多月的时间里，双双病故。由于生活无着，他只好变卖田产作为生活费及学费，寒、暑假期则寄居远房姑母家。1900—1903年间，远生一度在浙江南浔公学就读，由于受达尔文进化论思想的影响，以及同学们谈论的自由、民权等激进言论的影响，思想趋于进步。时值上海南洋公学学生退学风潮发生，远生和同学们特发电声援（电文后登于《中外日报》）。旋即南浔公学学生也发动了罢课运动，远生是实际组织者之一。以后，他又赴上海，拟投考南洋公学，未获成功，卒至脱离南浔公学。“罢学后，乃为家人所促迫，而陷于科举。”（见《远生遗著·忏悔录》）

1903年，远生从浙江回德化县（今九江县）参加科举考试，考中秀才。接着在这年“秋闱”乡试中考中江西省第7名举人。次年“春闱”考中进士，那是清朝的最后一届科举考试（1905年8月4日废止科举）。同榜中有沈钧儒、谭延闿、陈叔通、关赓麟、叶恭绰、商衍鎏等人。在科举的道路上，黄远生可谓春风得意，一帆风顺。

1904年，黄远生以新进士的身份赴日留学，入日本中央大学，专攻法律，同时习英文和日文。1909年学成归国，在邮传部先后任员外郎、派参议厅行走，兼任职于编译局撰修馆。对这一时期的仕途生涯，黄远生是很不满意的，用他自己的话来说，是“以极可爱之青年之光阴，而潦倒于京曹”。在当京官“一年有余”的时间里，在痛苦和彷徨中，他“亦以余力兼为报业”（见《远生遗著·忏悔录》），常为北京、上海的报纸、杂志投稿、撰文。同乡大官僚李盛铎看到远生的文章后，认为远生具有新闻记者素质，对他说：“吾见欧土之谙近世掌故者，多为新闻撰述家。以君之方闻博涉，必为名记者。”[27]这番话对黄远生下决心当新闻记者，是起了很大作用的。

黄远生的记者生涯，是从1912年他与张君劢（嘉森）、蓝公武（志先）三人共同创办与主编《少年中国周刊》开始的。稍后，他编辑过梁启超主办的《庸言》半月刊，担任过上海的《东方日报》、《时报》、《申报》和北京的《国民公报》、《亚细亚日报》的特约记者，还常常在《东方杂志》、《论衡》、《庸言》等刊物上发表文章。在仅仅三四年的时间里，黄远生写下了大量的政论和通讯，成为民初新闻记者中的巨擘。另外，他还写过一些文学论著，翻译过外国名作家的文艺作品，如法国名作家“梅里曼”（梅里美）的《塔曼果》[28]及《鞑蛮哥小传》（见《远生遗著》）。

无可讳言，由于黄远生生活在中国近代史上那段黑暗混乱、动荡不安的时期，他的思想必然也受到他所处时代的政治、经济、文化的影响，打上鲜明的时代烙印。在政治上，他没有突破改良主义的局限，他是一个忧国忧民的爱国主义者，一个向往资产阶级民主和法治的进步思想家和旧民主主义者。他幻想在中国建立资产阶级的立宪政治及社会民主制度。他不赞成采用激烈的革命手段。他对辛亥革命后的现实是失望的，对当时的激烈党争也是不满的。对孙中山及同盟会和国民党也颇多微词。民国初年，黄远生和拥袁派比较接近，对袁世凯抱有很大幻想。因此，在1913年“二次革命”爆发后不久，黄远生就密上条陈于袁世凯，为袁政府检查报纸、控制舆论而献计献策。此项条陈也深为袁世凯所重视，着国务院密交内务部审议㉙。这是黄远生政治上的一大失误。但是在关键性的问题上，黄远生的政治立场又是鲜明的。1915年，袁世凯复辟帝制的野心公开暴露，他企图利用黄远生在舆论界的声望，要黄远生写一篇赞成帝制的文章，并聘请黄担任其御用报纸——上海《亚细亚日报》总撰述。袁还表示事成之后，许以10万元的酬金和部长职位。黄远生不为金钱与高官所动，在大是大非面前，毅然与袁划清界限。1915年9月3日，他从北京逃到上海。一到上海，就开始在报刊上发表启事（见《申报》1915年9月6日—14日连载之《黄远庸启事》），声明与《亚细亚报》“一概脱离”关系。9月10日，上海《亚细亚日报》出版后，仍死乞白赖地在出版广告中继续将黄远生列为该报总撰述。于是黄远生又于9月14日起，特在《申报》发表《黄远庸致亚细亚报书》：“亚细亚报馆诸先生鉴：远以国体问题与贵报主义不合，故于贵报未出版之先，即已在京沪各报声明脱离关系。乃贵报前数日尚未将广告中贱名撤销，应请将此函登入，以清界限。此请大安！黄远庸启。”9月15日，上海《大陆报》新闻栏载有黄远生在《申报》发表启事、宣布与《亚细亚报》脱离关系的报道，但报道中仍写“亚细亚报总主笔黄远庸”。黄远生见报后，立即写信《大陆报》，请其更正。同年10月，当时的《甲寅》杂志第10期也刊登了黄远生给章士钊的信件，再次剖白了他的上述态度。

1915年10月24日，黄远生乘“佐渡丸”轮离沪去日本。是年12月初，他经日本去美国旧金山，当时许多报纸对此都作了专门报道。黄远生一到美国，就立即在国民党美洲总支部的机关报《少年中国晨报》上发表反对帝制的声明，但仍有很多在美的国民党员不相信，反而误认为他是袁世凯的说客。如当时旧金山的国民党员多向林森探询黄远生的历史背景（林当时任国民党美洲支部副支部长和民国维持会会长），林说黄远生是依附于袁世凯进步党的第一流策士，袁贼解散国民党和剥夺各省督军兵权等都是黄的主谋。这样，他们便开始策划除掉黄远生。12 月 25 日晚，旧金山进步党人宴请黄远生。宴会刚散，受林森派遣的革命党人刘北海便开枪将黄远生打死。于是，一代新闻界奇才便被误杀了。噩耗传到国内，举国舆论界震惊。1916 年 1 月 21 日，梁启超在给蔡锷（松坡）的信中说："痛哉！痛哉！今失此人，实社会不可恢复之损失也。书此泫然。"[30]

对新闻事业的贡献：黄远生被刺后，1920 年，他的生前好友林志钧（宰平）将其散见于各报刊的文章结集成集，编成《远生遗著》四大册，由商务印书馆出版。该书共分"论说"、"通讯"、"时评"、"杂著"四部分。其中，共收入新闻通讯 172 篇，约占全书 3/4 的篇幅，可以说是我国最早的一部新闻通讯文集。

黄远生的最大贡献是开创了"通讯"这种新闻文体，有人评价说："我国报纸之有通讯，实以黄远生为始。""通讯"这个名词并非创始于黄远生，在他之前就早已出现于报刊。但那是指由外埠邮寄传递到报馆的新闻消息，刊登时往往署"某地通讯"（或作"通信"），以区别于用电报传递的"电讯"。从现代的观点看，在黄远生之前的所谓"某地通讯"之类，只能算是"消息"，其特点是短、简要，没有过多的描写。而现代意义的"通讯"这种体裁，指的是一种比"消息"要详细得多、生动得多、容量也大得多的文体。它能对客观事物、新闻事件及人物进行详细、生动的报道。黄远生就是这种新闻文体的开创者。他为上海《时报》、《申报》等大报采写的"北京特别通讯"，对政局的黑暗，对军阀专横、官僚腐败，以及党人政客和国会议员们的种种丑态和卑劣行径，进行了"入木三分"的深刻揭露和辛辣嘲讽；对民初重大的政治事件，党争、议会等，进行了系统报道；对袁世凯政权的政治、经济、财政、外交等问题，进行了透辟的剖析。他的通讯，具有很强的"写实性"，被称为"民国初年政治斗争的实录"和"信史"，"不看过他的通讯，就不配谈民国初年的政治动态"（曹聚仁语）。的确，读《远生遗著》有如看民国初年一幕幕有声有色的活剧，具有很高的史料价值。近人陈恭禄所著《中国近代史》第 16、17 两篇《民国以来之内政和外交》、李剑农《中国政治史》等权威著作，对《远生遗著》中的通讯，多所援引。

黄远生有敏锐的"新闻嗅觉"，有丰富的采访工作经验，有很强的文字组织和表达能力。这一切使他的通讯形成了鲜明的特色：

1. 敢于触及重大新闻题材，善于报道读者关心的重大政治新闻，善于采写"内幕新闻"。经常对重大政治事件、内幕新闻作连续、深入的报道，以满足读者步步深入的愿望。

2. 文字表达方面，条理清晰，流利畅达；夹叙夹议，分析深刻；善于捕捉细节，刻画入微，绘声绘色，具有很强的现场感。语言风格上，半文半白，熔文、白于一炉，有很强的表现力。

3. 在文章风格上，亦庄亦谐，涉笔成趣，富于幽默感和趣味性。往往在诙谐中含有庄重，在嬉笑、戏谑中鞭挞黑暗势力。

4. 善于精心制作"画龙点睛"式的标题。黄远生通讯的标题，有的简洁明快，一目了然；有的又渗透着作者的倾向性和暗示性；有的奇特新颖，引人入胜；有的又极富诗情画意，文情并茂。使读者在匆匆浏览报纸版面的一瞥间，就被其"龙睛式"的标题，牢牢抓住，以至吸引读者非看内容不可。

办报主张和新闻观点：黄远生在不少文章中都零星谈及新闻记者工作和新闻事业，反映了他的办报主张和新闻观点，如《少年中国之自由》（原载《少年中国周刊》）、《本报之新生命》（原载《庸言》）、《祝之欤，诅之欤》（原载北京《亚细亚报》）、《忏悔录》（原载《东方杂志》）、《消极之乐观》（原载《庸言》）等篇。概括起来，主要有如下几个方面：

1. 新闻记者应不畏强暴，敢于坚持正义，指斥时弊。黄远生认为新闻记者应有"良心"，应有强烈的使命感和社会责任感。在《少年中国之自白》中，他谈到创办该刊的动机时说：《少年中国》是鉴于当时"举国言论趋于暮气，趋于权势，趋于无聊之意识，不足以表现国民之真正之精神"而创刊的。他主张办报者应"主持正论公理，以廓清腐秽，而养国家之元气"。并以"公明之舆论”，“督责此最有权力者”（指袁世凯）。当时，民国刚成立，但大权很快落入袁世凯手中。黄远生一方面跟拥袁派比较接近，对袁世凯抱有幻想，同时又反对袁的暴虐统治，提倡人权与民主，主张法治。他对辛亥革命后的现实是失望的，他认为“不过是一班旧食人者，而换取一班新食人者”。在他的许多政论和通讯里，上至总统袁世凯，下至各级官僚、党人政客，他都敢于指斥、揭露。他把袁世凯当权的中央统治集团描绘为“百鬼昼行，万恶皆聚，私蠹阗塞；危亡在前，而不为动”。对官场的腐败、黑暗更是痛下针砭：“毒药之毒，封豕长蛇之凶，犹不及中国官界。盖戕贼人才，此为第一利剂。无耻下流、愚闇腐败种种，莫不由此酝酿增多，盖万恶之养成所也。”痛斥“为官者”，乃是一些“犬彘不若”、“无廉耻”、“无心肝”、“无皮骨”之徒。“革命之后，党会纷立”，黄远生对当时的党人政客之流，更是痛加挞伐，斥之为“高等流氓，乃等于插标入市之猪牛，小者卖其皮肉，甚者乃至毛骨不留。”（《忏悔录》）用这样犀利的笔锋，毫不留情地揭露黑暗，指斥时弊，在当时无疑是需要极大勇气和胆略的。

2. 新闻报道及评论应力求“真实”、“客观”、“公正”、“全面”。黄远生在为《庸言》所写题为《本报之新生命》的社论中，较系统地阐发了这种见解。他认为，无论新闻，还是言论，必须“客观”。他说：“吾曹此后，将力变其主观的态度，而易为客观。故吾曹对于政局，对于时事，乃至对于一切事物，固当本其所信，发挥自以为正确之主张，但决不以吾曹之主张为惟一之主张；决不以一主张之故，而排斥其他主张。且吾曹有所主张以及其撷取其他之所主张之时，其视综合事实而后下一判断之主张，较之凭恃理想所发挥之空论，尤为宝贵。若令吾人所综合事实，尚未足令吾人下笔判断之时，则吾人与其妄发主张，贻后日之忏悔，不如仅仅提出事实，以供吾曹及社会异日之参考资料，而决不急急于有主张。”[31]他在《消极之乐观》一文中，又重申“客观”、“公正”的观点：“种种议论，吾人皆自述其感想，且以最诚实单纯之感想为限，而决不假于造作与劝化的口吻。以吾人今日之思想界，乃最重写实及内照之精神，虽甚粗糙而无伤也。”（《远生遗著》）他又认为，无论新闻，还是评论，都必须全面看问题："吾人造言纪事，决不偏于政治一方。以事到今日，吾人已深知一社会之组织美恶，决非一时代一个人一局部之所为。在此大机轴中，一切材料及动静，无不为其因果。""故欲求症结所在，当深察物群，周知利病。"（《本报之新生命》）

3. 新闻记者应具备"四能"素质。在《忏悔录》一文中，黄远生特别指出："新闻记者须有四能：（一）脑筋能想，（二）腿脚能奔走，（三）耳能听，（四）手能写。调查研究，有种种素养，是谓能想；交游肆应，能深知各方面势力之所存，以时访接，是为能奔走；闻一知十，闻此知彼，由显达隐，由旁得通，是谓能听；刻画叙述，不溢不漏，尊重彼此之人格，力守绅士之态度，是谓能写。"（《远生遗著》）要具备这"四能"的素养是极不容易的。这"四能"中的"能"，是"精通"、"善于"的意思，不是人的一般生理上的功能。在黄远生之前，当年《民立报》的外勤记者陈其美也曾提出过"四捷"的理论。陈其美认为：新闻记者应当"口齿捷，主意捷，手段捷，行动捷"。"四能"、"四捷"理论对新闻记者提出了相当高的标准和要求，至今仍有很强的现实意义。

除以上新闻观点外，黄远生还力主在法治下的新闻自由。他对袁世凯政府禁锢言论的做法及新闻自由得不到保障的现状极为不满，他认为连前清都不如。在《忏悔录》里，他感慨地说："余于前清时为新闻记者，指斥乘舆，指斥权贵，肆其不法律之自由，而乃无害。及于民国，极思尊重法律上之自由矣，顾其自由不及前清远甚，岂中国固只容无法律之自由，不容有法律之自由乎。"（《远生遗著》）黄远生一向主张法治，他要求的言论自由、新闻自由是法律允许及法律限制范围内的"自由"，并不是为所欲为的所谓"绝对自由"。这一观点在今天看来，仍然是对的。他还主张新闻报道应以重大题材为主，他说："夫新闻以报道真正之事实为主，诙谐杂出，拾掇个人琐事，实非正宗。"（《远生遗著》）这句话至今仍有现实意义，值得编辑、记者们三思。另外，黄远生还特别重视采访工作，重视掌握第一手材料，他反对一些新闻记者以传闻为新闻、面壁虚造的做法，更反对"一人杜撰，万报腾写"（《忏悔录》）的现象。他曾以切身体会，谈到挖掘第一手材料之不容易："殊不知访取新闻之难，往往奔走一日，不见一人、不得一事者。须知盘中餐，粒粒皆辛苦。"林志钧也曾谈及黄远生重视采访工作，重视第一手材料的情况："他要做一回通讯，拿起笔来写，在他是一点不费脑力的事。他所费力的，就是一一搜集材料，差不多要直接由本人得来的消息，才去评论他（它）。换句话说，就是要和事主对证明白的，才肯相信，然后就这个事情上加以评论。"

【刘少少】 刘少少（公元1870—1929年），原名鼒（zī）和，字少双。湖南善化（今长沙）人，"少少"是他的笔名。少贫，曾就学于长沙岳麓书院，为学使徐仁铸所赏识。戊戌政变后留学日本，习法政，并积极为杨度在东京主办的《中国新报》撰稿。1909年应陆鸿逵之邀，担任北京《帝国日报》编辑，撰文署名"少少"，开始在新闻界崭露头角。民国后，继续为各报撰稿，先后担任《湖南公报》、《公言》、《中华》等报刊杂志的编辑、记者、主笔，影响较大，"京国咸知刘少少其人"（《长沙新闻记者联合会年刊》）。袁世凯办的《亚细亚日报》初创时，曾应聘担任主笔。袁世凯复辟帝制阴谋暴露后，他拒绝袁氏收买，走避天津，并发表文章，反对帝制。

1918年后，应聘到北京大学任教，致力于道家学说的研究，鼓吹封建国粹，反对白话文，思想趋于保守。在北大任教期间，仍不时为各报写稿，以迄去世。刘少少在政治上属于改良派，辛亥前后倾向于"立宪派"，民国后隶籍共和党、进步党，晚年仍热衷于政治活动。他为各报所写的文章，"庄谐杂出"，"务出己意"，"时有新思"，为一部分旧知识分子所欣赏。

【徐彬彬】 徐彬彬（公元1886—1961年），名仁锦，字云甫，别号凌霄，笔名烛尘、一尘、彬彬、凌霄汉阁、凌霄汉阁主等㉜。江苏宜兴人，是民国初年著名的通讯记者、文艺记者和报刊剧评专栏作家。出身于封建士大夫家庭，其祖父徐伟侯与李鸿章同榜中举，后以进士分发山东任益都县知县；伯父徐致靖（子静）是戊戌变法时期上疏保荐康有为、梁启超、谭嗣同、黄遵宪、张元济、袁世凯等的有名大臣；堂兄徐仁铸，继江标之后任湖南学政。

徐致靖、徐仁铸父子因支持维新变法运动，在戊戌政变后遭革职。受他们的影响，徐彬彬从小便接受封建教育，长于文学，娴于经史，和维新党人及其后的立宪派、共和党等方面人士关系密切。早年考入山东高等学堂读书，后考入京师大学堂学土木工程，毕业后以教书、习文为生。1916年起，继黄远生之后，应聘为上海《时报》驻京特派记者，以“彬彬”笔名为该报撰写“北京特别通讯”达十余年。其1928年9月1日起在上海《时报》逐日连载的长篇小说《古城返照记》，是我国第一部京味长篇纪实小说。发表后，好评如云。由于他熟悉清末民初掌故，所写通讯尤其注意有关人物身世及历史背景的介绍，文笔美畅，富于趣味，引人入胜，深受读者欢迎，成为民国初年及五四运动前后最负盛名的记者之一，与黄远生、刘少少并列为民初报界“三杰”（“三杰”之一的刘少少，一说易之以丁佛言，一说易之以邵飘萍）。1918年邵飘萍的《京报》创刊后，他应聘为该报特约撰述，主编该报副刊《小京报》并撰写剧评，在剧本创作、剧情分析及京剧艺术规律的探讨方面，颇多创获。20世纪30年代前后，担任天津《大公报》副刊《小公园》及《戏剧周刊》主编，并经常为《国闻周报》及上海《时报》、天津《益世报》等报纸副刊撰稿。所写文史方面的短文，以“凌霄汉阁谈荟”、“凌霄汉阁笔记”、“凌霄随笔”、“凌霄汉阁随笔”等为专栏名称，在以上副刊连载。其中，徐氏与其弟徐一士合撰《凌霄一士随笔》连载于《国闻周报》达8年之久。徐氏用随笔短文，介绍近代文物典章制度和历史掌故，娓娓道来，如数家珍，成为文史掌故方面巨擘。（新中国成立后，为北京市文史馆馆员）徐氏于1961年病逝于北京，享年75岁。

【邵飘萍】　邵飘萍（公元1886—1926年），原名新成，又名镜清；后改名振青，字飘萍，笔名阿平，素昧平生等。原籍浙江东阳县南马区五十六都紫溪村（今为金华市东阳县大联乡紫溪村）。其父邵桂林因儿女众多，在东阳无法谋生，遂迁至金华，邵飘萍即于1886年10月11日（光绪十二年九月十四日）生于金华。其祖父曾参加过太平军，父亲为当地塾师。邵飘萍少年时代天资聪敏，以早慧闻名于乡里。1898年，年仅12岁的邵飘萍考中秀才。1902

年考入杭州浙江高等学堂，同窗有陈布雷、邵元冲等。1905 年在该校毕业，返回金华，担任金华府中学堂历史、国文教员；同时为上海各报撰稿，开始与新闻事业发生关系。1911 年再次到杭州，和当时在杭州的辛亥革命时期著名报人杭辛斋合作办报，任《汉民日报》主编，正式开始了他的办报生涯。因他富有才华，被推为省报界公会干事长。1913 年因发表反袁言论，《汉民日报》被封，邵氏被捕入狱达 9 个月。出狱后，转往上海。1914 年，由上海东渡日本，就读于东京法政学校，课余与同学潘公弼等三人"组织东京通讯社，以通信供给沪上各报，飘萍主持其事"（潘公弼语）。"及筹安会起，旅日同志共谋讨袁"，邵氏于 1915 年底回到上海，应聘为《申报》、《时报》、《时事新报》等报撰写评论文章。1916 年 7 月间，他将手头工作移交给潘公弼，自己则接受《申报》聘请，担任该报驻北京特派记者，长驻北京，担任新闻采访和新闻专电的拍发工作。从 1916—1918 年间，《申报》曾刊载大量署名"飘萍"的"北京特别通讯"（现《邵飘萍文集》上册中，收集了他在这两年中在《申报》发表的文字达 40 多万字），"于是飘萍之名大著"。与此同时，他又于 1918 年 7 月在北京创办了一所通讯社——"新闻编译社"，并一度兼任章士钊主办的《甲寅》日刊的主编。1918 年 10 月 5 日，他又在北京创刊了著名的日报《京报》，社址起初设在北京南城珠巢街，后来搬到新华街小沙土园。他自任社长。"自此所有《申报》、《京报》以及新闻编译社三方面之采访、著译、编辑"等工作，便由邵氏和潘公弼两人"分别分任"（潘公弼语）。工作繁重紧张。另外，他还同蔡元培、徐宝璜一起，于 1918 年 10 月 14 日创建了我国第一个新闻学研究团体——北京大学新闻学研究会，并担任该会的导师，和当时是研究会学员的毛泽东、高君宇、罗璈阶（章龙）等人建立了密切的联系，在学员中留下深刻的印象。毛泽东后来称赞他是一个"具有热烈理想和优良品质"的"自由主义者"[33]。

五四运动后，1919 年 8 月 22 日，《京报》因抨击安福系内阁而被段祺瑞下令查封。邵飘萍遭通缉，只得乔装成工人，潜至丰台车站，乘火车转津，赴沪，再次东渡日本，由好友张季鸾的推荐，应聘为大阪《朝日新闻》社顾问，并系统地考察和研究了日本的新闻事业。同时，借助日文攻读了《资本论大纲》、《社会主义研究》、《世界大革命史》、《露国大革命》等宣传、介绍马克思主义的著作。1920 年皖系倒台，于是年秋返国，9 月 20 日复刊《京报》，又醵资新建报馆于宣外骡马市大街魏染胡同。在办报之余，他还致力于新闻教育事业和新闻学研究，曾应聘为北京平民大学报学系和法政大学的教授，讲授新闻学课程；编写、出版了《新闻学总论》和《实际应用新闻学》两部新闻学专著，其中《实际应用新闻学》是我国第一部研究新闻采访工作的专著。1926 年 4 月 18 日，奉系军阀进入北京，邵飘萍于 4 月 24 日被奉系军阀冠以“宣传赤化”的罪名逮捕。4 月 26 日凌晨被押赴天桥刑场枪决。终年 41 岁㉞。

【林白水】 林白水（公元 1874—1926 年），初名獬，后改名万里，字少泉。中年（40 岁）以后笔名为“白水”。另外，宣樊、退室学者、白话道人等，也都是他的笔名。福建侯官（今福州）人。1874 年 1 月 17 日（同治十一年十一月二十九日）出生于一个封建官僚家庭㉟。

林甲午前后赴杭州任蚕桑学堂及求是书院教习、总教习，同事中有林琴南、高啸桐、高梦旦昆季等。1895 年，林琴南创办《杭州白话报》（月刊）㊱，特邀林白水担任编辑。林白水撰文时，自署“白话道人”。1901 年冬至 1902 年初，林白水偕其妻及妹妹林宗素自福州到上海，与蔡元培、乌目山僧（黄宗仰）、吴彦复、陈范、蒋智由等发起筹办“爱国女学校”及“中国教育会”。1902 年 10 月 17 日“爱国学社”成立，林白水也是参加者。1903 年前后，与其妹林宗素赴日留学，入早稻田大学攻读法律，兼学新闻。他是我国最早出国学新闻学的人之一。这年 4 月，留日学生界发起“拒俄”运动，组织拒俄义勇队（旋改名为“学生军”），准备赴敌。林白水曾担任学生军第二分队分队长（名单详见光绪二十九年四月二十二日《苏报》）。回国后，于 1903 年 12 月 19 日在上海创刊了《中国白话报》，并相继为《俄事警闻》、《警钟日报》撰稿。嗣后又为君宪派的《时报》、革命派的《民立报》等报刊撰写评论文章。

民国成立后，参加共和党，沦为政客。曾在北洋政府中担任总统府秘书、参政院参政，及直隶都督府秘书长、帮办等职务，并一度当选为国会众议院议员。1916 年后恢复办报活动，在办报活动中曾接受过北洋军阀各派系及北洋政府的津贴。先后在北京主办《公言报》、《新社会日报》、《社会日报》等，自任社长兼总编辑，在报上放言高论，恣意讥弹。有人评价他的文章说："白水既长于文言，复精白话，朗畅曲达，信手拈来，皆成妙谛，其见诸报章者，每发端于苍蝇臭虫之微，而归结及于政局，针针见血，物无遁形。"㊲1926 年 8 月 5 日，《社会日报》因刊出林白水所写的时评《官僚之运气》一文，触怒奉系军阀张宗昌。8 月 6 日凌晨，奉系军阀以"通敌有证"的罪名，将林白水枪杀于天桥。林氏终年 54 岁㊳。

第五节　民初报纸副刊的发展

【"鸳鸯蝴蝶派"与民初报纸副刊】　从民国成立后到五四运动前夕的这一段时期，我国报纸的副刊又有了进一步的发展。不少报纸都增设了副刊性质的栏目或辟有固定版面，专门刊载杂文、随笔、诗词、小说连载、戏曲、谐文等副刊文字，其中最为著名的有《民权报》、《民立报》、《神州日报》的副刊版，《太平洋报》的《文艺》，《申报》的《自由谈》，《新闻报》的《快活林》，《时报》的《余兴》、《滑稽余谈》、《小时报》和该报的第 4 版等专栏、专版。

这些副刊的编辑和撰稿人当中，有不少是"南社"的社员。南社是近代著名的反清革命团体，由柳亚子、陈去病、高天梅 3 人发起。1907 年筹备，1909 年 11 月 13 日在苏州虎丘张东阳祠正式成立。该社以诗文唱酬提倡民族气节，鼓吹爱国民主思想，反清革命。入社会员初仅 17 人，多属同盟会员；辛亥革命前，发展到 200 多人；民国成立后，会员剧增至 1 188 人，成分也逐渐复杂。据统计，当时担任报刊编辑工作的南社社员就有 128 人，分布于北京、上海、天津、广州、长沙、杭州、吉林、无锡、香港等地40余家报纸，且大部分都参加了副刊编辑工作。如上海《太平洋报》一家就拥有柳亚子、李叔同、陈陶遗、苏曼殊、胡寄尘、朱少屏、叶楚伧等18位南社社友，成为南社的一个重要联络点。

南社中一部分人后成为“鸳鸯蝴蝶派”的健将。“‘鸳鸯蝴蝶派’是旧民主主义革命处于低潮时期在半殖民地半封建社会这个特殊的温床中产生的一种文学流派，它的大本营在上海”㊴，它的园地则在报纸及其副刊。其作者都是一些既有较高的古典文学素养、又谙熟租界洋场生活的知识分子。他们生活放浪、颓唐，作品以旧体章回小说为主，分为黑幕、侦探、神怪、武侠、军事、历史、宫闱、民间、娼门、言情、家庭、滑稽等门类，而以描写半封建半殖民地社会新式才子佳人间相悦相恋的言情小说为其大宗。在这些小说里，男女情人们像成双做对的蝴蝶和鸳鸯，分拆不开，缠绵悱恻，哀怨动人，故被人们称之为“鸳鸯蝴蝶派”。此外，“鸳鸯蝴蝶派”作家们还喜欢在禽鸟昆虫的名字中物色笔名，如陈蝶仙、周瘦鹃、秦瘦鸥等。有的也喜欢用“××生”一类笔名，如“天虚我生”（陈蝶仙）、“海上漱石生”（孙玉声）、“百花同日生”（张秋虫）、“网蛛生”（平襟亚）、“笑笑生”和“不肖生”（向恺然），以及后来的“愁花恨水生”（张恨水）等，这也是这一文学流派得名的原因之一。

【《民权报》副刊】　典型的、比较有代表性的“鸳鸯蝴蝶派”作品是从上海《民权报》副刊上所刊载的那些言情小说开始的。《民权报》日出三大张，副刊文字占了一整版，不标名称，由蒋箸超、吴双热等担任主编，除《袖里乾坤》、《今文古文》、《众生相》、《滑稽谱》、《自由钟》、《瀛海奇闻》、《天花乱坠》等小栏目外，还刊有占篇幅很大的长篇小说连载，其中著名的有徐枕亚的《玉梨魂》、吴双热的《孽冤镜》、《兰娘哀史》，李定夷的《霣玉怨》、《红粉劫》等。这些用文言写的哀艳言情小说中，以徐枕亚的《玉梨魂》最为典型。《民权报》停刊后，蒋箸超又于1914年4月25日创办了一份《民权素》月刊，继续刊载这类作品，直到1916年4月出满18期后停刊，成为这一时期“鸳鸯蝴蝶派”作品的集大成者。

继《民权报》之后，成为“鸳鸯蝴蝶派”重要基地的，还有一些著名大报的副刊，如《申报》的《自由谈》，《新闻报》的《快活林》和《时报》的《余兴》、《小时报》等。

【《申报》的《自由谈》】 《自由谈》创刊于1911年8月24日（清宣统三年七月一日），初创时刊载的内容多为游戏文字，设有“游戏文章”、“海外奇谈”、“岂有此理”、“博君一粲”、“尊闻阁杂录”等小栏目，也刊载一些诗词及回文体诗、叠字诗之类，每天还连载长篇翻译小说。整个副刊的内容只限于供读者茶余酒后消遣之助。《自由谈》第一任主编是王钝根。王钝根（1888—？年），名晦，字耕培，江苏青浦人，南社社员。从小喜阅旧小说，但生平创作小说少，编辑小说刊物多，为“鸳鸯蝴蝶派”小说的泛滥出力很大。曾主编《自由杂志》、《游戏杂志》及《礼拜六》周刊等小说刊物，尤以《礼拜六》影响最大，风行一时。全国解放初逝世。

《自由谈》前期的几位主编，即首任主编王钝根和其后的几位主编如吴觉迷、姚鹓雏、陈蝶仙、周瘦鹃等，都是南社社员和“鸳鸯蝴蝶派”的健将。现将《自由谈》历届主编情况胪述如下：

从1911年8月24日《自由谈》创刊，到1915年3月17日王钝根辞去《自由谈》编辑之职，他前后主编该刊近4年时间。从1915年3月18日起，由吴觉迷担任主编，编辑方针一如从前。吴担任主编一年光景，到1916年3月11日辞职。

1916年4月1日起，《自由谈》由南社中坚分子姚鹓雏继任编辑，内容偏重于旧文艺，多载南社同人诗词。4月5日起，又于该栏中另辟《自由谈之自由谈》小栏目。他担任《自由谈》主编仅6个月时间。

1916年10月31日起，改由“天虚我生”（陈蝶仙）主编。在他主编期间，从1916年11月10日起，于《自由谈》原有版面之外，增辟《新自由谈》。《新自由谈》从1916年12月12日起，开始连载“家庭常识”，其中常谈到家庭日用品的制作方法。到1918年2月16日，陈蝶仙的家庭工业社开始登报招股，他转而致力于家庭日用品工业，将《自由谈》的编务交由陈景韩担任。由于陈氏是著名“时评”专家，故这一时期《自由谈》刊载短小精悍、切中时弊的短论尤多。

从1920年4月1日起，一直到1932年11月30日止，在这漫长的12年半时间里，《自由谈》一直由周瘦鹃主持。为《自由谈》写稿的，都是当时“海上”著名的所谓“礼拜六派”文人，内容仍不外乎“谈情说爱”、“风花雪月”之类。

从1932年12月1日起，《自由谈》改由黎烈文主编，从此结束了“鸳鸯蝴蝶派”、“礼拜六派”把持《自由谈》长达21年多的历史。黎氏接编后，一改《自由谈》昔日作风，把《自由谈》改造成新文学基地，经常发表鲁迅、郁达夫、茅盾、老舍等进步作家的文章，直到1934年5月9日去职。他前后主持编务有1年零5个月又8天的时间。

1934年5月9日起，《自由谈》由张梓生接编。张氏“萧规曹随”，仍继续黎烈文的编辑方针，直到1935年10月31日《自由谈》宣布停刊。

抗战爆发后，上海《申报》一度停刊，曾先后出版汉口版（1938年1月15日—7月31日）、香港版（1938年3月1日—1939年7月10日）。在香港版《申报》出版的1年多时间里，《自由谈》又恢复出版了一段时间。1938年10月10日，上海《申报》用美商名义复刊，其《自由谈》也随之复刊，由王任叔（巴人）主编。不久，从11月1日起，改由胡山源接编，由施若霖作他的助手。为《自由谈》撰稿者多为青年作家。从1938年11月起，至1939年12月31日止，胡山源主持《自由谈》编务有年余时间。1940年元月起，又改由黄嘉音主编。黄主编期间，《自由谈》专载西洋小品译文，版面充满“欧风美雨”气息，与其所办之《西风》杂志同一风格。这样一直办到1941年12月8日太平洋战争爆发。

1941年底，上海“孤岛”（租界）沦陷后，《申报》在敌伪劫持下出版，由大汉奸陈彬龢把持，沦为日伪的工具。《自由谈》则由汉奸王进珊主编。

抗战胜利后，《申报》由国民党中央宣传部副部长潘公展主持，《自由谈》则仍由黄嘉音主编。到1946年5月间，《自由谈》由当时的《申报》副总主编卜少夫主编。卜编辑《自由谈》仅半年时间，从1947年2月起，改由其他人主编。一直到1949年4月24日，《自由谈》出了最末一期，终于停刊(《申报》也于1949年5月27日最后停刊)，前后共经历了38年的时间，前后更换了12任主编，是我国报纸副刊中寿命最长、影响也最大的副刊[40]。

【《新闻报》的《快活林》】 1911年8月《申报》创刊副刊《自由谈》之后，《新闻报》也特辟"庄谐丛录"一栏，专载副刊性的文字，一直出到1914年8月15日止，主编者为张丹斧。

从1914年8月16日起，"庄谐丛录"栏目正式改名为《快活林》，由严独鹤主编。严独鹤（公元1888—1968年），浙江桐乡县人，原名桢，字子材，别号知我，笔名独鹤。1888年10月3日出生。13岁中秀才。1904年就学于上海广方言馆，习英语及科学，但爱好文学。1914年8月进上海《新闻报》馆工作，先后担任编辑、副刊主编及《新闻报》主编等职。以主编文艺副刊《快活林》而知名。抗战初期上海沦陷后，辞去《新闻报》副总编职务，创办大经中学，任校长。1922—1941年间，还利用业余时间主编《红杂志》等刊物。抗战胜利后返回《新闻报》。新中国成立后，历任上海新闻图书馆副馆长、上海图书馆副馆长等职。1968年8月26日病逝于上海。

民国初期，在"庄谐丛录"专栏及《快活林》上撰稿者有李涵秋、向恺然、程瞻庐、朱枫隐、陆律西、许瘦蝶、许指严、范烟桥、王西神等。所刊《侠凤奇缘》、《镜中人传》、《玉玦金环录》、《鸳鸯剑弹词》也都是"鸳鸯蝴蝶派"的代表作。《快活林》（后改名《新园林》）一直出到1949年5月上海解放、《新闻报》停刊止，前后办了30多年时间，也是我国仅次于《自由谈》的历史悠久的副刊之一。

【《时报》的《余兴》、《小时报》】 我国报纸辟副刊专栏，当始于《时报》的《余兴》。此前的报纸，并未专辟副刊性质的专栏，虽然也常常登载一些小说、随笔、杂文、诗词之类的作品，但一般都附载于新闻及论说的后面。如《时报》在初创时，就常常把狄楚青所写的《平等阁笔记》和《平等阁诗话》之类附载于新闻之后。另外，《时报》从创刊起，即辟有“小说”专栏，除刊载少量创作外，大量译载西方文学作品，如爱情题材的《空谷兰》(包天笑译自日文)、侦探题材的《火里罪人》等都传颂一时。它还刊载过一些世界名著，如法国科学幻想小说家凡尔纳的《八十天环游地球》(刊于1905年12月)、雨果的《悲惨世界》(当时译为《逃犯》，刊于1907年8月)、莎士比亚的《哈姆雷特》(刊于1910年4月）等，都是国内较早的白话译本。1906年初，著名小说作家包天笑进入《时报》当编辑。在他的倡导下，《时报》首辟《余兴》专栏，“专登载除新闻及论说以外的杂著”，“这《余兴》中的文字，正是五花八门，矜奇斗巧，讽刺歌曲、游戏文章，可谓层出不穷”[41]。主编者为包天笑，主要撰稿人有范烟桥、周瘦鹃、毕倚虹等，这些人后来都成了“鸳鸯蝴蝶派”中骨干人物。

继《时报》的《余兴》之后，《申报》才创刊了《自由谈》，《新闻报》才创刊了《快活林》。其他各报也纷纷创办了副刊。

到了1915年前后，经包天笑推荐、从中国公学毕业不久的毕倚虹（名振华，号几庵）进入《时报》馆当编辑。在此期间，包天笑和毕倚虹两人又在《时报》上另辟一栏，名之曰《小时报》。据包天笑回忆说：这《小时报》乃“是一种别开生面的副刊。《小时报》对于大《时报》而言，乃是具体而微。我们先拟好了一个序目，第一是‘小论’，这小论，规定至多不可超出三百字，至少要在二百字以外，要写得言简意深。其次是‘特约马路电’，仿大《时报》上的专电格式，所载皆本地发生奇奇怪怪的事，这个‘电’字，不是作电报解释，而是作电话解释，实际也是写了来的，以简短为贵，最好是不超过二十字而意都达到。其次是‘小新闻’，就是所谓花边新闻中的有趣味的，诲盗诲淫之事均不录。其次艺文类，小诗、小词、对联、谜语之类皆属之。最后两栏，一为谈戏剧，一为花界轶闻。这真是俗语所说的‘麻雀虽小，五脏俱全’了”[42]。“小论”主要由包天笑（署名“小生”）和毕倚虹(署名“小可”）轮流所写。“特约马路电”多为读者来稿，内容主要是简短的本地社会新闻。“小新闻”则刊载奇闻异事，有本地的、外埠的，也有外国的，可谓杂流并进。“艺文类”及“戏剧”等栏则属文艺性质。

《时报》的《余兴》、《小时报》及该报第4版，曾刊出不少在当时影响较大的作品，如周瘦鹃的《霜刃碧血记》、《邻人之妻》和毕倚虹的《人间地狱》、《十年回首》等。这几个副刊的主编者包天笑，名公毅，字朗孙，别号包山，笔名天笑、天笑生、笑、拈花、小生，晚年号“秋星阁主”、“钏影楼主”等。他与陈景韩合写的小说则署名“冷笑”。江苏苏州人，1876年出生。早年曾考中秀才，后受聘为山东青州府中学堂监督。1906年初移居上海，应狄楚青之邀任《时报》及其副刊《余兴》编辑，兼编时报馆附设的期刊《小说时报》和《妇女时报》。后又长期主编《小时报》副刊。曾加入南社，是“鸳鸯蝴蝶派”中骨干人物，也是我国近代著名报人、报纸副刊主编及小说作家。抗战胜利后，移居香港。1973年去世，寿终于香港天平道2号，终年98岁。晚年有《钏影楼回忆录》及《续编》传世。

注　　释

①详见黄远生：《远生遗著》卷二第163页《北京之党会与报馆》，商务印书馆1984年增补影印版。

②详见方汉奇：《中国近代报刊史》第七章《民国初年和北洋军阀统治初期的报刊》下册，第676~677页，山西人民出版社1982年版。

③以上各种法律详见刘哲民编：《近现代出版新闻法规汇编》，学林出版社1992年版。

④张玉法：《民初政党的调查与分析》，载台北出版的《近代史研究所集刊》第5期。

⑤载申报馆1922年编印的《最近之五十年》纪念特刊。《申报》馆1922年初版；上海书店1987年影印版。

⑥王新命：《新闻圈内四十年》上册，第88~90页，台北海天出版社1957年版。

⑦方汉奇：《中国近代报刊史》下册，第730页，山西人民出版社1982年版。

⑧详见王新命：《新闻圈内四十年》，下册，第297页，台北海天出版社1957年版。

⑨方汉奇：《中国近代报刊史》下册，第711页，山西人民出版社1982年版。

⑩参见胡道静：《上海新闻事业之史的发展》中“上海亚细亚报案”一节，载上海通志馆：《上海市通志馆期刊》第2年第3期。

⑪详见陈垣：《天主教徒英敛之的爱国思想》，载1951年4月2日《光明日报》第一版。

⑫梁启超：《国体战争躬历谈》，转见于丁文江等：《梁任公先生年谱长编》下册，第460~461页，台北世界书局1972年版。

⑬《报纸条例》及《出版法》见刘哲民编：《近现代出版新闻法规汇编》，学林出版社1992年版。

⑭详见1913年8月1日上海《民立报》第6版所载《袁世凯至死不悟——大封报馆》一文。

⑮方汉奇：《中国近代报刊史》下册，第720页，山西人民出版社1982年版。

⑯刘伯涵：《袁世凯政府对进步出版物的压制》，载《中国文化研究集刊》第2辑，复旦大学出版社1985年版。

⑰详见1912年9月13日《民立报》第2版载《于右任答某君书》及徐血儿《论国民对于总统之态度当若何》。

⑱《陈布雷回忆录》所载民国元年日记，新世纪出版社1948年版。

⑲见1912年9月13日《民立报》第2版载《于右任答某君书》。

⑳唐文权、桑兵编：《戴季陶集》，华中师范大学出版社1990年版。

㉑唐文权、桑兵编：《戴季陶集》“前言”，华中师范大学出版社1990年版。

㉒据1910年8月14日上海《中外日报》载“散红”（戴季陶最早的笔名）：《〈中外日报〉十二周年纪念日演说辞》云：“鄙人年仅弱冠……置身舆论界仅三星期。”

㉓叶楚伧：《序民国日报第五千号纪念刊》，载1930年3月13日《民国日报》第一张第4版。

㉔见《本志宣告——〈甲寅〉杂志发刊词》，载1914年5月10日出版的《甲寅》第一号。

㉕见郭步陶：《编辑与评论》第二编第六节《逻辑的政论》，上海商务印书馆1933年版。

㉖胡适：《五十年来中国之文学》，载《胡适文存》第2集第2卷。

㉗吴宗慈：《黄为基传》、李盛铎《九江黄君墓志铭》，载《黄远生学术讨论会专辑》。

㉘吴德铎：《黄远庸与〈塔曼果〉》，载《散文》月刊1981年第7期。

㉙1913年7月23日，北洋政府国务院在致内务部总长的一件秘密公函中称："奉大总统发下黄远庸条陈一件，内称：宜由警厅组织特种机关，专司检阅报纸，从法律干涉，并择要编辑为侦探材料；一面组织新闻通讯机关，整齐一切论调、纪事等语。"这件公函还附有黄远生的条陈原文（原件存中国第二历史档案馆，见《历史档案》1982年第1期）。这说明黄远生起初对袁世凯的统治是抱有很大希望和幻想的。

㉚丁文江、赵丰田编：《梁启超年谱长编》第751页，上海人民出版社1983年版。

㉛见《本报之新生命》，载《庸言》第5卷第1、2号合刊，1914年2月15日出版。

㉜徐彬彬后来回忆云："我和舍弟一士在清末民初时开始投稿生涯，我先署'烛尘'，后署'一尘'，又与'一士'排行"；"洪宪时期通讯改署'彬彬'，在《时报·余兴》写笔记剧谈，则署'凌霄汉阁'，可以说是专为文艺用的"（见徐凌霄：《凌霄汉阁自白》之十二、十三）。此外，在文艺作品署名时，有时也"把'凌霄汉阁'一座高阁，拆而卸之，有时写个'霄'，有时写个'汉'，有时'阁'，有时随便加字成数，如'老汉'、'本阁'之类"。见《凌霄汉阁自白》三，原载于1935年北平《实报》，转见许姬传著：《许姬传七十年见闻录》第122页，中华书局1985年版。徐凌霄生平参阅吴小如：《古城返照记·序言》及该书"作者简介"，载徐凌霄著、徐泽昱等整理：《古城返照记》（上、下编），同心出版社2002年版。

㉝见斯诺：《西行漫记》第127页，三联书店1979年版。

㉞以上参阅全国政协浙江东阳县委员会编：《东阳文史资料选辑》第2辑《邵飘萍史料专辑》，1985年10月版；方汉奇：《邵飘萍纪念碑碑文》，载《邵飘萍选集》上册，中国人民大学出版社1987年版。

㉟见容庚为林白水《生春红室金石述记》所作"跋"，载林蔚君：《林白水传》"附录一"，台北传记文学出版社1969年版。

㊱该《杭州白话报》是中国最早的白话报刊之一（1895年创刊，月刊），与后来项藻馨创办的《杭州白话报》（1901年6月20日创刊，旬刊）不是一回事。

㊲见陈与龄：《林白水先生传略》，载上海商务印书馆《东方杂志》第32

卷第 13 号，1935 年版。

㊳以上参阅林蔚君：《林白水传》“附录”各传及成舍我等为该书所作“序”，台北传记文学出版社 1969 年版。

㊴见方汉奇：《中国近代报刊史》下册，第 733~734 页，山西人民出版社 1982 年版。

㊵以上参阅秋山：《〈自由谈〉的始末》，载上海通志社编《上海研究资料》第 167~170 页，中华书局 1936 年版；征凡：《三十六年来的〈自由谈〉》，载 1947 年 9 月 20 日“申报七十五周年二万五千号纪念”特刊第 10 版《自由谈》专栏；袁省达：《申报〈自由谈〉源流》，载《新文学史料》1978 年第一辑第 245 页；霖长：《未经褪色的忆念——关于〈申报·自由谈〉和同人二三事》，载南京师大《文教资料简报》双月刊，1985 年第一期。

㊶包天笑：《钏影楼回忆录》第 349~350 页，香港大华出版社 1971 年版。

㊷包天笑：《钏影楼回忆录续编》第 46 页，香港大华出版社 1973 年版。

第三编

中国现代新闻事业

（公元 1915—1949 年）

概　论

以 1915 年《青年杂志》（后改名为《新青年》）创刊为标志，至 1949 年新中国成立，这是中国新闻史上的现代时期。

这一时期是以陈独秀于 1915 年 9 月在上海创办《青年杂志》开其端绪的。《青年杂志》1916 年 9 月改名为《新青年》，它提出“民主”和“科学”的口号，发起对孔子思想的批判和对封建意识形态的猛烈进攻，鼓吹文学革命，提倡白话文运动，倡导和推动了“五四”以前的初期新文化运动。

五四运动中，民主报刊空前繁荣，多达 200 余种，成为宣传介绍新思想、新思潮的重要阵地。马克思主义及社会主义思潮也得到了广泛传播。与此同时，报刊业务进行了一系列重大改革。

1920 年初，中国共产党的早期组织——各地共产主义小组及发起组开始建立起来。它们纷纷创办刊物，宣传马克思主义政党的建党学说、科学社会主义和阶级斗争学说，成为我国最早的一批无产阶级刊物。1921 年 7 月，中国共产党成立后，党的机关报也诞生了。

1924 年，国共两党合作实现以后，在南方，新闻界的统一战线基本形成。在中国共产党的帮助和直接参与下，国民党的报刊很快发展起来。同时，在北洋军阀统治下的北京，一些进步报刊采用各种方式开展反对封建军阀的斗争，名报人邵飘萍、林白水以身殉报。

1927 年“四一二”政变后，国共合作的统一战线破裂，大革命归于失败。中国共产党在国统区的报刊转入地下出版，同时在革命根据地（又称“苏维埃地区”，简称“苏区”）创办了完全新型的报刊，这是第一次在人民政权下创办的革命新闻事业。1927 年，国民党反动政府“定都”南京后，也开始经营其庞大的反革命新闻事业网，以“中央社”、“中央台”及“《中央日报》”为其核心和骨干。与此同时，国民党对国统区内的进步新闻事业及文化事业进行残酷的“围剿”。革命的进步的新闻事业及左翼文化战线则同敌人的“围剿”进行了英勇的斗争。

抗日战争全面爆发后，共产党和国民党再度合作，建立了抗日民族统一战线。这时我国出现了中国共产党领导的抗日民主根据地、国民党统治区和被日寇侵占的沦陷区。因而也相应出现了抗日民主根据地的新闻事业（主要以延安为中心）、国统区的新闻事业（主要以重庆为中心）和沦陷区的新闻事业（主要包括京、津、沪、宁等地区）。八年抗战中，抗日民主根据地共产党和人民的新闻事业获得了大发展。在解放区的整风运动中，无产阶级新闻理论也得到空前的大发展。在沦陷区，革命的及进步的爱国报人同日伪势力进行了殊死搏斗。

在解放战争时期，中国共产党的中央机关报《解放日报》、《新华日报》相继停刊，新华社“一身二任”，担当起党的机关报的重要作用，各解放区的地方党报仍坚持出版。1948 年底，随着辽沈、淮海、平津三大战役的胜利结束，国民党反动派遭到致命打击，残余势力仓皇撤到台湾。帝国主义在华的报刊，也在中国人民革命的胜利声中，或被取缔，或被迫自动停刊。

1949 年 10 月 1 日，新中国诞生后，中国新闻事业史又揭开了新的一页。

第一章

五四运动时期的新闻事业

五四运动时期是我国历史上一个发生质的变化的时期，它既是近、现代史的转折点、分水岭，又是新民主主义革命的开端。

五四运动时期，亦即“五四”新文化运动的起止年代，精确地说，当以1915年9月陈独秀创刊《青年杂志》为起点，到1921年中国共产党诞生，前后经历了将近6个年头。

五四运动时期也是我国新闻事业发展的一个新时期。这一时期的新闻事业主要有以下特点：

（一）杂志的勃兴和“四大副刊”的出现。“五四”新文化运动主要是以杂志和报纸副刊为阵地而展开的。陈独秀主编的《新青年》杂志，是新文化运动的旗手和大本营。以后继起的有《每周评论》、《湘江评论》、《星期评论》、《国民》月刊、《新潮》月刊、《少年中国》月刊、《建设》杂志等等。这些宣传新思潮的刊物曾风行一时。“五四”时期报纸副刊、特别是“五四”前后的“四大副刊”，无论是内容，还是形式，都发生了重大变化，成为宣传新思潮、新思想的园地和新旧思潮论战的阵地。这些新创办的新型杂志和报纸副刊，充当了新文化运动的主力军，为新文化运动立下了汗马功劳。

（二）由于《新青年》杂志的改组、《共产党》月刊和第一批工人报刊的出现，宣告中国无产阶级新闻事业的诞生。它们为中国共产主义运动的兴起作出了重大贡献，揭开了我国新闻事业史的新篇章。

（三）我国新闻事业在这一时期有了一系列重大改革。这次改革是全方位的，包括内容和形式两个方面，如：白话文和新式标点符号在报刊上的广泛应用，以及行款的改革（“竖”改“横”）、版面编排的改进等等，使我国报刊版面形式发生了重大变化。报纸副刊也从先前那种供人茶余酒后消闲解闷的“报屁股”，一跃而成为传播新思想、新文化、新文学的园地。政治思想评论和学术讨论在报刊上普遍展开，呈现出百家争鸣的民主风气。报纸驻外采访工作也开始得到足够的重视，驻外通讯员、特派员、特约记者数量增多，广开了国际新闻的来源，也开阔了读者的视野。

（四）新闻学研究及新闻教育事业开始发轫。

第一节　陈独秀与《新青年》

【陈独秀生平及其早期报刊活动】　陈独秀（公元1879—1942年），原名庆同，字乾生，及长改名由己，又字仲甫、仲子，笔名三爱、只眼、实庵等。至于“独秀”一名，则始于1914年，以后即以此名行世。①他出生于1879年10月8日（光绪五年八月二十三日），安徽怀宁（当时是安庆府治所在地，今属安庆市）人，祖居安庆城内，家庭属半耕半读的中户人家，到父辈始有功名，父亲中秀才，叔父还中了举人。陈独秀出世才几个月，父亲便死了，所以，他在《实庵自传》②中说他自己小时是个“没有父亲的孩子”。6~9岁这一段时期，童年的陈独秀在祖父的严厉课督下读书，暴虐的祖父由于“望孙成龙”心切，时时对幼小的陈独秀施加打、骂，使他幼小的心灵留下难以平复的创伤，从小便养成反抗的性格。

1896年，17岁的陈独秀开始走上科举之路，应县、府、院试，在院试中考取第一名。1897 年，18 岁的陈独秀又到南京应乡试，未中试。尽管未考取，却给陈独秀的思想以极大的震动。他后来回忆说：在考场，他身历目睹了那时科举制度的极端腐败、考棚内的龌龊以及考生中的种种"怪现状"，"由那些怪现状联想这班动物得了志，国家和人民要如何遭殃；因此又联想到所谓抡才大典，简直是隔几年把这班猴子狗熊搬出来开一次动物展览会；因此又联想到国家一切制度，恐怕都有如此这般的毛病；因此最后感觉到梁启超那班人们在《时务报》上的话是有些道理呀！这便是我由选学妖孽转变到梁康派之最大动机"。从此，他鄙视科举制度，遂弃举子业，而开始了他一生康党（改良派）、乱党（革命派）、共产党（陈独秀语）的历程。

1898 年，陈独秀就读于杭州求是书院。当时求是书院是杭州革命活动的发源地，陈独秀从此开始接受新知和从事反清活动。1899 年，他因奔母丧回籍。1900 年由于清政府的追捕，他逃往北方，适值义和团运动在北方兴起。陈独秀不久南归，到南京入江南陆师学堂。1902 年，陈独秀与同乡好友潘赞化等为了传播新知，牖启民智，购买了一些图书，在安庆创办了一所"藏书楼"，并"暗为革命同志之机关"。不久又遭清廷通缉，便逃往日本留学，加入留日学生早期团体"励志会"。以后，"励志会"分化，他又加入新组成的"青年会"，该会是留日学生中最早的革命团体。1903 年 3 月间，留日学生发起组织拒俄运动，组织拒俄义勇队，陈独秀因参与剪掉在日湖北学监姚煜辫子事件，酿成所谓"交涉大故"，被遣送回国。5 月间，陈独秀又在安庆藏书楼发起皖省首次拒俄大会，组织"安徽救国会"，倡言革命。7 月，陈独秀再次被清政府通缉，遂逃往上海，与章士钊同住在一起，开始办报活动，时值"苏报案"发生（1903 年 6 月 29 日—7 月 7 日）。8 月 7 日，距《苏报》被封才一个月，由章士钊、陈独秀、谢小石创办的《国民日日报》创刊，社址在上海新闸新马路梅福里一楼。由谢小石出资，以外人"高茂尔"（A. Gomoll，实际是曾在英国留学过的卢和生）名义发行。主编有章士钊、陈独秀、张继等人；担任撰述的有何梅士、陈去病、苏曼殊、金天翮、林獬、谢无量等人。《国民日日报》"发刊未久，风行一时，时人咸称为'苏报第二'"。据章士钊说：此报是由他和陈独秀总理编辑事，甚至负责全部文字的校对。因此，两人往往每天工作到凌晨，习以为常。他并作诗记其事："我与陈仲子（陈独秀——引者注），日期大义倡；《国民》既风偃，字字挟严霜。"由此可见陈独秀对该报的贡献。③

1903年11月底，由于清政府的查禁，加上报社中编辑、经理两部因权限问题大起争执，引起内讧，《国民日日报》终于在12月1日自动停刊，前后只出版了3个月零23天。是年年尾，陈独秀又潜返安庆。这时，他"觉得安徽的风气闭塞，较沿江其他各省更甚"，又看到上海、杭州、苏州等地都办有白话报，作为宣传革命思想、传播新知识的有力武器，因而相约留日学生房秩五、吴守一共同创办《安徽俗话报》。该报创刊于1904年3月，内容以"开风气、倡革命"为主，编辑部设在安庆城内，稿件编竣后送芜湖"科学图书社"（亚东图书馆前身）印行。到这年暑假后，陈独秀与房秩五同任教于新自长沙迁回的芜湖公学，编辑部于是也迁至芜湖。由于生活困苦，经济窘迫，再加上环境险恶，发起人都散去了，陈独秀仍然独力支持，一个人顶着干。当时他只身一人，行李萧萧，"背了一个包裹，拿着一把雨伞"，转至芜湖编报，住在芜湖科学图书社的小书店里。当年陈独秀含辛茹苦办报的情景，是十分感人的。直至1942年5月27日陈独秀在四川江津病逝，友人在回忆他早年办《安徽俗话报》的情形时还说：陈独秀"耐得穷，吃得苦。30年前，独秀先生一肩行李，一把雨伞，足迹遍江淮南北，到处去物色革命的同志，以为推翻清廷建立民国做准备。先生的一位老朋友汪孟邹先生在芜湖开设书店，暗与革命党人交通。一天，先生一手提着行李，一手拿着雨伞到了那里，汪先生说：'我这里每天吃两顿粥，清苦得很！'先生很平淡地答道：'就吃两顿粥，好！好！'他于是就住下去，每天在书店楼上编辑《安徽俗话报》，宣传革命。这是光绪三十年的事。"那时，陈独秀才24岁，"没有辫子，因为在日本留学时已经剪掉。怕惹人注目，所以又养，养得又不很长，又不能打辫，只好披着"（汪原放语）。

《安徽俗话报》从1904年3月31日（光绪三十年二月十五

日）出版第一期起，到1905年8月15日停刊，前后共出版了22期。该报实为32开本的半月刊，兼具新闻报纸和杂志两种特点，每期20页（40面）；月出两期，朔、望发行，每期印4 000本，是当时国内发行量最大的白话报刊。由章士钊办的上海大陆印刷局承印，具体负责人是程吉甫；总发行所则在"芜湖长街徽州码头科学图书社"，每本售价50文。该报发行颇广，报上印出的代派所有60处之多，其中除安徽各地外，还有上海、北京、保定、南京、镇江、长沙、南昌、武汉、沙市等处。该报本来是半月刊，每月出两册，但从1904年9月15日出了第14期后，便经常脱期。

1904年农历二月十五日出的《安徽俗话报》的创刊号，封面别具一格，在横排的《安徽俗话报》的报名下，画着一位骑在飞奔的骏马上的送报人，手持一张报纸，与画面下方挥帽招手的人群互为热情致意，显现了该报一往直前的蓬勃朝气和它与广大读者的密切关系。第1期辟有《论说》、《要紧的新闻》、《本省的新闻》、《教育》、《实业》、《小说》、《诗词》、《来文》等栏目。《安徽俗话报》以广大工农商学兵等下层群众为主要对象，全部采用白话文，通俗易懂，生动流畅；与早年的白话报一样，它每句均空一格，以代标点符号。其宗旨是：开通民智，救亡图存。陈独秀在第1期刊载的《开办安徽俗话报的缘故》（即发刊词）中写道："唉！人生在世，糊里糊涂的过去，一项学问也不懂得，一样事体也不知道，岂不可耻吗？""但是有一样巧妙的法子，就是买几种报来家看看，也可以学点学问，通些时事。"接着说："现在各种日报、旬报，虽然出得不少，却都是深文奥意，满纸的之、乎、也、者、矣、焉、哉字眼，没有多读书的人，哪里能够看得懂呢。这样说起来，只有用最浅近最好懂的俗话，写在纸上，做成一种俗话报，才算是顶好的法子。"又说："我开办这报，是有两个主义……第一是要把各处的事体，说给我们安徽人听听，免得大家躲在鼓里，外边事体一件都不知道。况且现在东三省的事，一天紧似一天，若有什么好歹的消息，就可以登在这报上，告诉大家，大家也好有个防备。我们做报的人，就算是大家打听信息的人，这话不好吗？第二是要把各项浅近的学问，用通行的俗话演出来，好教我们安徽人无钱多读书的，看了这俗话报，也可以长点见识。”（引文中标点符号为引者所加）以后，《安徽俗话报》基本上登载这两大类文章。如在《瓜分中国》、《亡国篇》、《爱国篇》等《论说》栏中，向人们敲起了救亡图存的警钟；在《格致》栏中，谈“地球”，谈“月球”，谈“风”，谈“蚕桑”，谈“水雷”等等；在《卫生》栏内，谈保养身体的方法；在《恶俗篇》中，反对女人缠小脚、守寡，反对吸鸦片，主张男女平权等等。另外还有古今名人《传记》、《历史》、《地理》、《教育》、《实业》等栏目。内容较丰富，体裁多样，语言通俗易懂，明白如话，生动活泼，很受人们的欢迎，而在“一班老辈”的眼里，“已经认为是‘洪水猛兽’了”（汪孟邹语）。

《安徽俗话报》还有一个显著特点是图文并茂。在 22 期中，有好几期载有新闻漫画。如：第 6 期载有俄军在朝鲜放火抢劫、“红胡子”（从山东流寓到东北的一些穷人）拆毁俄国人在我国东三省所修铁路、“日俄大战图”等好几幅漫画；第 13 期至第 15 期，连载“国耻图”6 幅。这些漫画，形象生动，线条清晰，还附有通俗的题词，从一个侧面反映出该报强烈的反帝反封建色彩和爱国主义精神。

《安徽俗话报》停刊后，陈独秀便将主要精力用于访游皖北，联络淮上有志之士，进而参与发起组织建立秘密的反清团体——“岳王会”，曾任该会会长。

武昌起义爆发时，陈独秀正在浙江一所中学教书。安徽光复后，陈一度担任安徽师范学堂校长及柏文蔚担任安徽都督时任都督府秘书长。“二次革命”失败后，他逃往上海。1914 年 7 月东渡日本，协助章士钊编辑《甲寅杂志》，鼓吹反袁，直至 1915 年回到上海创办《青年杂志》。

【从《青年杂志》到《新青年》】 1915 年夏季，陈独秀从日本潜回上海，于是年 9 月 15 日创刊了《青年杂志》。《青年杂志》由陈子沛、陈子寿兄弟创办的群益书社发行，属月刊性质，每月出一“号”，每 6 号（即半年）合订为一“卷”。每期封面的上半部分印有法文“LAJEUNESSE”（意思是“青年”）字样，下半部分在竖排刊名《青年杂志》旁，均刊载一幅世界名人像，如卡内基（1号）、屠格涅夫（2号）、王尔德（3号）、托尔斯泰（4号）、富兰克林（5号）、谭根（6号）等。《青年杂志》在出满一卷共6号后，休刊半年。从1916年9月1日复刊的2卷1号起，改名为《新青年》。同时成立《新青年》杂志社，并吸引当时的名流撰稿，进一步充实杂志的内容。从2卷1号起，封面也有了很大的改变，较前显得更加朴素：在横排刊名"新青年"3个大字下，署"陈独秀先生主撰"字样，再下面的花边框内刊载"详细篇目"（目录）。整个封面构图简洁清晰，一目了然。《新青年》起初每期印1 000本，以后愈出愈好，到1917年，销数激增，最多时一个月可印15 000~16 000本。

当年陈独秀编辑《青年杂志》的环境，是十分艰苦、险恶的。那时正是袁世凯当道，陈独秀避居于上海法租界渔阳里，一心一意编杂志，和早年办《安徽俗话报》时一样，"仍然是每天两顿粥，他始终没有向朋友告贷过，在取与之间，十分严谨"（高语罕语）。

《新青年》从1915年9月15日创刊，到1926年7月15日最后停刊，前后经历近11年时间，中间几经变化。这些变化，主要包括刊名的变化、编辑及出版地点的变化、主编人的变化，以及刊期和刊物性质的变化，等等，如：1915年至1917年间，《新青年》在上海出版，原名《青年杂志》，到第2卷1号（1916年9月出版），才改名《新青年》杂志，一直由陈独秀个人主编，月刊。1917年到1920年，编辑部搬到北京，便由北京大学的教授们轮流主编，成了同人刊物。1920年以后，编辑部又搬回上海。从1920年9月1日出版的第8卷1号起，改组为中国共产党早期组织的机关刊物；1920年12月至1921年9月陈独秀去广州期间，由陈望道在上海主编，印刷则在广州；1922年7月出至第9卷第6号后休刊。前后共出54期。1923年6月15日，《新青年》改为季刊，在广州出版，成为中国共产党中央的理论性机关刊物，由瞿秋白主编；1924年出到第4期后休刊。1925年再度复刊，原定为月刊，实际上成了不定期刊物，直至1926年7月间最后停刊。总之，《新青年》从1915年9月至1922年7月为月刊，共出9卷（每卷6

期)，54期；1923年6月至1924年12月间为季刊，出4期；1925年4月至1926年7月为不定期出版，出了5期。总共出版63期。

【胡适的投稿及“文学革命”运动的兴起】 胡适（公元1891—1962年），原名嗣穈（穈 mén 音门），学名洪骍，字希彊，后改名适之。安徽东南山区徽州府绩溪县上庄村人。1891年12月17日（光绪十七年十一月十七日）出生于上海大东门外一个职员家庭。1904—1908年间，曾先后就读于上海梅溪学堂、澄衷学堂及中国公学等新式学校。1906—1908年，曾担任中国公学学生团体“竞业学会”机关刊物《竞业旬报》（丙午年〔1906〕九月十一日创刊）的编辑及主编。1910年春，他赴北京参加庚子赔款官费生考试，被录取为第二批“庚款留美生”。1910年至1917年间，留学美国。在留美期间，经同乡汪孟邹介绍，胡适与《青年杂志》主编者陈独秀建立了联系。从1915年开始，当时在康奈尔大学读书（不久转入哥伦比亚大学）的胡适，便经常写信与在康奈尔大学读书的赵元任、在哈佛大学的梅光迪，以及在美其他大学留学的任鸿隽、朱经农、唐钺、杨杏佛等人讨论白话文问题，并利用暑假在绮色佳度假的机会，大家聚在一起，热烈辩论白话文问题。胡适还在这时开始白话诗创作的“尝试”。在与朋友自由讨论、反复辩论的过程中，胡适更加加深了对白话文问题的认识，并在一首白话诗中提出了“文学革命”的主张。到了1916年10月间，胡适就“文学革命”问题写了一封信给国内的陈独秀，将其对文学革命“要领”、“八事”告陈，首次提出了白话文的“八不主义”。陈独秀接信后，复函要胡适将“文学八事”写成一文。11月间，胡适将以上观点，再次写成《文学改良刍议》一文，从美国寄给陈独秀；陈便将它发表在1917年1月1日出版的《新青年》2卷5号上。文章开头便说：

“今之谈文学改良者众矣，记者末学不文，何足以言此？然年来颇于此事再四研思，辅以友朋辩论，其结果所得，颇不无讨论之价值。因综括所怀见解，列为八事，分别言之，以与当世之留意文学改良者一研究之。

吾以为今日而言文学改良，须从八事入手。八事者何？一曰，须言之有物；二曰，不模仿古人；三曰，须讲求文法；四曰，不作无病之呻吟；五曰，务去滥调套语；六曰，不用典；七曰，不讲对仗；八曰，不避俗字俗语。”以下便逐条解释、阐明和发挥。

《文学改良刍议》发表后，便拉开了“文学革命”的序幕。1917年2月，陈独秀在《新青年》2卷6号上发表了《文学革命论》，表示对胡适的“声援”，并正式揭起“文学革命”的大旗，主张“三大主义”。文中说：

“文学革命之气运，酝酿已非一日，其首举义旗之急先锋，则为吾友胡适。余甘冒全国学究之敌，高张‘文学革命军’大旗，以为吾友之声援。旗上大书特书吾革命三大主义：曰，推倒雕琢的阿谀的贵族文学，建设平易的抒情的国民文学；曰，推倒陈腐的铺张的古典文学，建设新鲜的立诚的写实文学；曰，推倒迂晦的艰涩的山林文学，建设明了的通俗的社会文学。”文章最后宣称：为了文学革命，“予愿拖四十二生的大炮，为之前驱！”

随着胡、陈文章的发表，在1917年春，“白话文”、“白话文学”、“文学革命”一时间成了全国讨论的热门话题。尤其是胡适的《文学改良刍议》，有人把它看做是“文学革命”的纲领，甚至说成是白话文运动的“圣经”。当时年仅二十六七岁的胡适，因此而“暴得大名”。

【《新青年》迁到北京】　1917年8月间，应北京大学校长蔡元培的聘请，陈独秀离开上海到北京担任北大教授及文科学长之职。因此，《新青年》从1917年8月1日出版到3卷6号后，便停刊了4个月。到1918年1月，才移到北京复刊。刊物由原来陈独秀个人主编，改为同人刊物（3卷6号以前每期封面均标明“陈独秀先生主撰”字样，4卷1号起取消）。编辑部设在东安门内北池子箭杆胡同9号（即陈独秀家中）。在北京首次出版的是4卷1号，据沈尹默回忆：“《新青年》搬到北京后，成立了新的编辑委员会，编委七人：陈独秀、周树人、周作人、钱玄同、胡适、刘半农、沈尹默。并规定由7个编委轮流编辑，每期一人，周而复始”。这样，在北京大学便以《新青年》为中心，渐渐形成了一个新文化运动的阵营。在这些编委中，绝大多数人是北大教授，如：钱玄同、沈尹默早在陈独秀任文科学长前，就在北大任教了；刘半农是陈独秀担任文科学长时进北大的；胡适在1917年7月间由美国回来后，9月间便被聘到北大担任中国哲学史的课程；鲁迅（周树人）当时正担任教育部部员（1920年8月间，鲁迅才被北大聘为讲师、北大研究所国学门委员），住在宣武门外南半截胡同的绍兴会馆内，正在整理古籍古碑，由于早年留学东京的老朋友钱玄同的敦劝，也参加了《新青年》编委会的工作；当时担任北大图书馆主任的李大钊也参与编辑工作，并成为主要撰稿人之一。从1919年1月15日出版的6卷1号起，《新青年》曾将这种轮流编辑的办法公诸于世。这一期的封里载有《本志第6卷分期编辑表》，说明该卷（第6卷）从1~6期将分别由同人轮流编辑：第1期，陈独秀；第2期，钱玄同；第3期，高一涵；第4期，胡适；第5期，李大钊；第6期，沈尹默。

《新青年》打从上海迁到北京后，不仅编辑部得到扩大，形成了一个战斗集体，而且在思想内容上，反封建的色彩越来越浓。在当初《青年杂志》创刊时，陈独秀就在1卷1号中声明："盖改造青年之思想，辅导青年之修养，为本志之天职。批评时政，非其旨也。"但到北京后，这种情况发生了很大变化。1918年后，《新青年》特辟《随感录》专栏，发表文章批评时政。另外如李大钊的《庶民的胜利》、《布尔塞维主义的胜利》；鲁迅的《狂人日记》、《我之节烈观》及《随感录》；蔡元培的《劳工神圣》等重要文章，也相继发表。这样，《新青年》便逐渐成为批判旧的"吃人"的封建礼教、宣传马克思主义的重要思想阵地。

在文学上，这一时期的《新青年》也由宣传胡适提倡的"一点一滴的改良"，进而高揭"文学革命"的大旗，并开始"文学革命"的实践。《新青年》最初在上海编辑出版的时候，所刊登的文章差不多都是文言文，连1917年1月号上刊出的胡适的《文学改良刍议》那篇所谓新文学的发难之作，也是用文言文写的；其后，陈独秀所写的《文学革命论》，也是用文言文写的。到了1917年2月出版的《新青年》2卷6号，情况稍有变化。该期除首载陈独秀的《文学革命论》外，还破天荒第一次刊出了胡适的《白话诗八首》；在 1917 年 6 月 1 日发行的 3 卷 4 号上，又刊登了胡适的 4 首“白话词”。这都是《新青年》最早刊登的白话文作品。但总的看，上海时期《新青年》所载白话文作品，占篇幅极少。1918 年 1 月《新青年》迁到北京后，登载的白话文作品渐渐多起来。在 1918 年出版的 4 卷 1 号上，发表了胡适等人的 9 首诗，其中包括：胡适、沈尹默各咏《鸽子》诗一首；胡、沈各咏《人力车夫》诗一首；刘半农的《相隔一层纸》；沈尹默的《月夜》；刘半农的《题女儿小蕙周岁日造像》；胡适的《一念》、《景不徙》等。打这以后，几乎每期都有白话新诗发表。在 1918 年 5 月 15 日出版的 4 卷 5 号上，又刊出了鲁迅的第一篇白话小说《狂人日记》。④这些都“是新文学呱呱坠地的第一批婴儿”（司马长风语），标志着新文学运动的发轫。与此同时，《新青年》还逐渐运用、推广新式标点符号，以代替旧的句读和圈点。从同年 4 月号（4 卷 4 期）起，又全部采用白话文，成为现代第一个白话文杂志。在《新青年》的影响下，提倡新文化的白话文报刊如雨后春笋，大量涌现。仅 1918 年到 1919 年，全国有白话文报刊达 400 余种。更为重要的是，《新青年》提倡的白话文运动，影响了整整一代人，其中产生了不少白话文大家，毛泽东就是最杰出的代表。连胡适都不得不承认：“共产党里，白话文写得最好的还是毛泽东！”

【钱、刘扮演“双簧戏”及保守派的攻击】　在《新青年》的倡导下，新文化运动逐渐兴起，但由于这个文化运动还没有同政治革命结合起来，所以还没有对封建顽固保守势力形成太大的威胁，也未引起他们足够的重视。他们以为不过是几个新文学家闹闹而已，让它自生自灭吧。因此之故，尽管新文学家们把大批的所谓古文宗师打成“十八妖魔”（陈独秀语）、“桐城谬种”、“选学妖孽”（钱玄同语）；尽管《新青年》把“白话文”、“文学革命”、“打倒孔家店”等口号喊得震天价响，但顽固保守势力却不屑一顾，概不应战。这种情况，使新文学家们不免感到寂寞，他们“颇以不能听见反抗的言论为憾”（刘半农语）。

为了打破这种沉闷的局面，有意挑起“文学革命”的论战。1918 年初春，《新青年》的编委钱玄同和刘半农扮演了一出双簧戏。3月15日，《新青年》4卷3号出版，该卷在《文学革命之反响》的大题目下，发表了两封长信。其中一封是由钱玄同化名“王敬轩”写的致《新青年》编者的信，3 000多字；一封是刘半农以《新青年》“记者”的名义代表编辑部写的答王敬轩的复信，洋洋洒洒，1万余言。“王敬轩”的来信运用文言文的形式，以封建文人的口吻，把《新青年》的“罪状”一一罗列，如“排斥孔子、废灭纲常”；“大倡文学革命之论，权舆于二卷之末，三卷中乃大放厥词，几于无册无之；四卷一号更以白话行文，且用种种奇形怪状之钩挑以代圈点”；“对于中国文豪，专事丑诋，其尤可骇怪者，于古人则神圣施（耐庵）、曹（雪芹），而土芥归（震川）、方（望溪）；于近人则崇拜李（伯元）、吴（趼人）而排斥林（琴南）、陈（伯严）；甚至用一网打尽之计，目桐城为谬种、选学为妖孽……”等等，向新文学发起进攻，等于树起了“靶子”。这封信系用小号字体排印。紧接在这封信的后面，刊载的是刘半农的“答信”。“答信”用白话文的形式，有的放矢，将“王敬轩”的来信分成八段，每段标明“第一段”、“第二段”……字样，逐段予以批驳，时时加以讽刺挖苦，痛快淋漓。

两封信发表后，仍然没有引起大的反响，倒是在编辑部内部引起了一场风波：胡适对这件事很不以为然，大加反对。他认为“化名写这种游戏文章，不是正人君子做的”，并且不许刘半农再编《新青年》，要由他一个人独编。编委们对胡适的这种霸道作风很不满意，沈尹默对胡适说：“你不要这样做，要么我们大家都不编，还是给独秀一个人编吧。”二周兄弟（树人、作人）对胡适的这种态度也大加反对，他们对胡适说：“你来编，我们都不投稿。”在这种情势下，胡适才缩手（沈尹默语）。

到了1919年春，随着《新青年》倡导的新文化运动的深入发展和影响的不断扩大，响应文学革命的人越来越多。代表封建士大夫文化的一些顽固派、保守派到这时才隐忍不住了，开始对新文化运动、白话文运动进行攻击和反扑，他们之中的代表人物是林纾（字琴南）。

林纾为了反对文学革命运动，曾写了《荆生》、《妖梦》、《致蔡鹤卿（元培）书》等文章。《荆生》和《妖梦》是两篇文言小说，先后刊登在1919年2月17日—18日、3月18日—22日的上海《新申报》上。这两篇小说，仿《聊斋》笔调，采用影射手法，肆意谩骂、诋毁新文化运动；对新文化运动的几个主要发起者进行人身攻击，并希望有“伟丈夫”、“罗喉罗王”出现，来为保守、顽固势力撑腰、出气，镇压新文化运动。

林纾的这两篇小说见报后，立即遭到《新青年》同人的反击，李大钊、陈独秀等都在报刊上撰文予以痛斥。1919年《新青年》第6卷第1号上，又发表了陈独秀撰写的《本志罪案之答辩书》，公开回答了封建势力及顽固派、保守派对《新青年》的攻击与责难。文章写道：“他们所非难本志的，无非是破坏礼教，破坏礼法，破坏国粹，破坏贞节，破坏旧伦理（忠、孝、节），破坏旧艺术（中国戏），破坏旧宗教（鬼神），破坏旧文学，破坏旧政治（特权人治）这几条罪案。这几条罪案，本社同人当然直认不讳。但是追本溯源，本志同人本来无罪，只因拥护那德谟克拉西（Democracy，即民主）和赛因斯（Science，即科学）两位先生，才犯了这几条滔天大罪。要拥护那德先生，便不得不反对孔教、礼法、贞节、旧伦理、旧政治。要拥护那赛先生，便不得不反对旧艺术、旧宗教。要拥护德先生又要拥护赛先生，便不得不反对国粹和旧文学。”因为“只有这两位先生可以救治中国政治上、道德上、学术上、思想上一切的黑暗”。文章结尾宣称：为了宣扬、倡导民主与科学，“一切政府的迫压，社会的攻击笑骂，就是断头流血，都不推辞”。这是一篇坚持反封建文化运动的战斗宣言，也是一篇声讨旧势力的檄文。

【《新青年》的“复归上海”与迁粤出版】　1919年五四运动爆发后，6月11日晚上，陈独秀与李大钊等到前门外繁华的街道、场所去亲自散发由陈独秀起草的《北京市民宣言》传单。当晚，陈独秀正在“大世界”游艺场散发传单时，被混杂在游客中的侦缉队便衣暗探当场逮捕。晚上12点，北河沿箭杆胡同《新青年》编辑部（也即陈独秀住宅），也被军警“破门而入”，遭到查抄。此后，《新青年》编辑部曾一度迁至南池子缎库后胡同8号。

陈独秀被捕后，他未被公开审讯，被关了3个月，直到9月16日才由“他的一大群安徽老乡和老朋友们”保释出狱。1920年初，陈独秀在李大钊的护送下离开北京，回到上海。从此，“南陈北李”相继酝酿建党活动，“终于，《新青年》的编辑中枢不得不复归上海”（鲁迅语）。

不久，中国共产党上海发起组成立，《新青年》自8卷1号（1920年9月1日出版）起，实际上成了党的发起组的机关刊物，在出版、发行及成员的组织上都有了重大变化。编辑部设在上海法租界环龙路老渔阳里2号，这里是陈独秀的住所，也是上海共产主义小组的秘密活动据点。沈雁冰、李达、李汉俊、陈望道等都曾参加过编辑工作。在出版发行方面，原来从创刊号起，直至7卷6号止，均由群益书局发行；现在从8卷1号起，便脱离群益书局，另成立“新青年社”，自办出版发行，总发行所设在上海法大马路（即今金陵东路）280号，由陈独秀的朋友苏新甫负责具体事务。

当时，共产主义运动已在我国蓬勃展开，上海、北京等地先后成立了共产主义小组。《新青年》的内容与前期相比，也起了很大变化，开始把宣传马克思主义、共产主义理论放在显著地位。发表了列宁某些著作的译文及其生平的介绍，开辟了“俄罗斯研究”专栏；还发表了与资产阶级改良主义思想（如胡适）、无政府主义（如区声白）、假马克思主义（如张东荪）和基尔特社会主义等思潮作斗争的文章。由于《新青年》革命色彩浓烈，在1921年1月8卷6号付排时，所有文稿都被法国巡捕房包探抄去，《新青年》社也遭封闭，并不准在上海印刷。当时陈独秀在广州任职，⑤《新青年》的印刷地点也就改在广州昌兴马路26号；编辑部则仍在上海，由陈望道、李汉俊负责编辑。8卷6号推迟至1921年4月1日才在广州复刊。

1921年7月23—31日，中国共产党第一次全国代表大会在上海（后移至嘉兴南湖）召开，宣告中国共产党正式成立。这时，《新青年》一度成为党中央的机关报，《新青年》社也成了党的宣传机关。由于经济、人力和政治上的原因，《新青年》月刊出到1922年7月1日的9卷6号后，不得不休刊。《新青年》社也同时解散。代之而起的是《向导》周报，它是党中央的机关刊物，第1期出版于1922年9月13日，编辑部设在上海老西门肇浜路兰发里3号。

1923年6月10日至20日，中国共产党在广州召开了第三次全国代表大会，决议中决定继续出版《新青年》杂志，把它改为季刊，作为党中央理论性机关刊物，继续在广州印刷出版，由从前苏联回国不久的瞿秋白担任主编。

1923年6月15日出版的《新青年》季刊第1期刊载的《本志启事》全文如下：

> 本志自与读者诸君相见以来，与种种魔难战，死而复苏者数次。去年以来，又以政治的经济的两重压迫，未能继续出版。同人对于爱读诸君，极为抱歉，兹复重整旗鼓为最后之奋斗，并以节省人力财力及精审内容计，改为季刊。数量上虽云锐减，质量上誓当猛增，补前此愆期之过。其定阅而未寄满者，一概按册补齐，以酬雅意，并此声明。

改刊后的《新青年》季刊面目一新，第1期就是“共产国际号”，首载《新青年之新宣言》，接着以显著地位刊登了由瞿秋白翻译的《国际歌》中文歌词，还刊载了瞿秋白系统介绍共产国际党纲和策略的重要论文，以及由他翻译的列宁在共产国际第四次世界大会上报告的全文——《俄罗斯革命之五年》（这是最早直接从俄文翻译的列宁著作之一）。

由于人手不够，季刊经常脱期，计1923年6月出版第1期，12月出版第2期；1924年8月出版第3期，12月出版第4期。第4期后，曾一度停刊。1925年4月又复刊，仍为中共中央的机关刊物，还是由瞿秋白主编，名为月刊，由于人力和经济的困难，实为不定期出版：于1925年4月出版第1号，6月出版第2号；1926年3月出版第3号，5月出版第4号，7月出版第5号。那时，国民革命运动开展起来，轰轰烈烈的北伐开始，革命中心向武汉转移。因党忙于北伐战争，《新青年》在不定期出版5期后，便最后停刊了。

第二节　李大钊的报刊活动及《每周评论》的创刊

【李大钊的生平及报刊活动】　李大钊是我国共产主义运动的先驱，中国共产党的主要创始人之一。他在五四运动时期，利用报刊，积极宣传马克思主义，为马克思主义在我国的传播作出了杰出贡献。

李大钊（公元 1889—1926 年），原名耆年，字寿昌。后改名大钊，字守常。笔名冥冥、明明、守常、孤松。1889 年 10 月 29 日出生于河北省乐亭县大黑坨村。两岁时，父母相继病故，由祖父抚养成人。⑥7 岁起开始入私塾发蒙读书。10 岁时，按当地早婚风俗，与本村女子赵纫兰结婚。十七八岁（1905 年、1906 年）时，在直隶永平府（今河北卢龙县）中学读书，开始接触新知识，眼界渐开阔。19 岁（1907 年）时，因祖父逝世，家境趋艰难。是年夏，赴天津北洋法政专门学校求学。这是他一生中学习求知最重要的时期。李大钊《狱中自述》中云："祖父谢世，钊感于国势陵夷，慨然起研究政治，以期挽救民族、振奋国群之思想，乃与二三同学，乘暑假之便，赴天津投考学校。"他又说："我到天津进入北洋法政学校，有六年的时间，深入调查研究了政治经济学方面的科学。"在法政学校求学的 6 年时间里，他接触了欧美资本主义国家的历史、民主制度及近代自然科学知识。尤其是资产阶级法制的思想、制度，对他影响很深。当时，他强烈向往和追求的，就是要把中国建成一个真正的资产阶级民主共和国。在此期间，李大钊开始了他的办报活动。1912 年冬，他因筹办《言治》月刊，到北京，同中国社会党北京支部负责人陈翼龙发生交往，加入中国社会党。1913 年 3 月起，担任北洋法政学会编辑部部长，与同学郁嶷等编辑《言治》刊物。《言治》系月刊，前后共出 6 期：从 1913 年 4 月 1 日创刊至 6 月 1 日连出 3 期；7 月、8 月两月中断，至 9 月份续刊第 4 期，直到 11 月 1 日出版第 6 期为止。《言治》是李大钊最早编辑的刊物，1913 年也是他最早开始发表著作的一年。据统计，在这6期《言治》杂志上，李大钊共发表了34篇（首）作品，占目前所知李大钊著作篇目的1/12。⑦在这些文章中，他坚决反对封建专制，揭露抨击军阀政客的祸国殃民，揭露帝国主义的侵略罪行，深切关注人民群众的痛苦生活。他当时是一个激进的革命民主主义者。这是他早期的新闻实践活动。

1913年夏，李大钊毕业于北洋法政专门学校。随后去北京，结交进步党人汤化龙及孙洪伊，并参与创办《法言报》。是年冬，在汤化龙、孙洪伊的资助下，李大钊赴日留学。⑧李大钊从1914年春入日本早稻田大学政治本科肄业，直至1916年5月返国。在两年多的留日学生生活中，他广泛地阅读社会科学书籍，并开始研读有关马克思主义的著作。与此同时，他还利用课余时间，继续进行报刊活动。1914年春、夏之间，恰逢章士钊在东京创办《甲寅》杂志，李大钊因向该刊投稿而结识了章士钊。从1914年6月出版的《甲寅》1卷2号起，李大钊在该刊上发表过好几篇文章。1915年、1916年间，他又先后担任留日学生进步团体"神州学会"的机关刊物《神州学丛》和留日学生总会（李为该会文牍干事）机关刊物《民彝》杂志的主编。《神州学丛》杂志创刊于1915年，《民彝》杂志则创刊于1916年5月。这两个刊物都以反对袁世凯篡夺政权、复辟帝制为主要目标。李大钊在这两个刊物上发表过《联邦与邦联》、《民彝与政治》等文章，表明他与"筹安之徒"、"复辟之辈"斗争到底的决心。这是他从事报刊活动的第二阶段。

1916年5月中旬，李大钊在早稻田大学未等卒业即回到上海，参加反袁斗争。不久，又开始了他第三阶段的办报活动及新闻学研究活动。从1916年5月到1920年3月间的近4年时间里，他担任过《晨钟》报的总编辑，参与过《甲寅》（日刊）、《晨报》副刊版、《新青年》、《少年中国》等报刊的编辑工作，参与创办过《每周评论》，还协助北京大学学生创刊《国民》月刊和《新潮》月刊。与此同时，他还积极为《宪法公言》、《中华》、《通俗》、《太平洋》、《言治》（季刊）等刊物撰稿。从1917年至1920年，他逐步从一个激进的革命民主主义者转变为中国最早的马克思主义者和共产主义者，并在报刊上发表了许多宣传俄国革命及马克思主义的文章，还与资产阶级改良派人物胡适展开了“问题与主义”的论战，在思想界引起了广泛、强烈的反响。

《晨钟》报是李大钊亲自主编的第一份日报。1916年5月中旬，李大钊从日本回到上海。7月初，应研究系政客、众议院议长汤化龙之邀，乘轮离沪北上办报。经过一个多月的筹备，8月15日，《晨钟》报在北京创刊。该报首任总编辑是李大钊（他同时兼任汤化龙秘书），经理则是刘道铿。《晨钟》报的报名为李大钊所取，寓意为：“振此晨钟”，唤起“吾民族之自我的自觉”，担当起“青春中华之创造”的“历史使命”。报头图案也是李大钊亲自设计：报头印一古钟图案，钟上每天新刻一条警句，第6号上的警句是李大钊常常吟咏的“铁肩担道义”。在创刊号上，他发表了《“晨钟”之使命——青春中华之创造》一文，申明办《晨钟报》的使命，在于唤起民族的觉醒，激励青年“急起直追，勇往奋进……索我理想之中华，青春之中华”。他把创造“青春中华”的大任，寄托在觉醒的中国青年身上。从《晨钟》报创刊，到9月9日在该报发表《李守常启事》，声明脱离该报，在主编《晨钟》报的短短22天里，李大钊共发表了14篇文章。这些文章宣传革命民主主义思想，介绍欧美新思潮，倡导反封建专制、独裁，揭露军阀、官僚政客们的勾心斗角、争权夺利丑态，以致招来研究系政客们的不满和阻挠，使他难以工作下去，终于离开《晨钟》报。

1917年1月28日，章士钊又在北京创办《甲寅》日刊。该刊一创刊，李大钊就应章之邀请，担任该刊编辑，并在创刊号上发表《〈甲寅〉之新生命》一文。以后，李大钊在文章中，不遗余力攻击研究系、政学系，攻击现政府，而“章士钊已早与政学系、研究系相亲近”。由于同章政见不同，到5月底，李大钊终于又退出了《甲寅》编辑部。在此期间，他在该刊发表了70多篇文章，均署名“守常”。

1918年2月，因章士钊向北京大学校长蔡元培推荐，李大钊担任了北大图书馆主任。这时，《新青年》杂志由陈独秀个人主编改为同人刊物，李大钊同鲁迅、钱玄同、刘半农、沈尹默等都参加到编辑部中。

1918年12月22日，李大钊与陈独秀共同发起创办的《每周评论》创刊。尔后，李大钊在该刊发表了55篇文章。

1919年2月7日，李大钊又开始负责《晨报》第7版（即该报副刊版）的编辑工作，对该版进行重大改革，特别增加介绍“新修养、新知识、新思想”的《自由论坛》和《译丛》两个栏目。这就是著名的《晨报》改革。《晨报》副刊版改革后，发表了许多宣传俄国革命和马克思主义的文章及专著。如：1919年5月1日，特出“劳动节纪念”专号；1919年5月5日是马克思诞辰101周年纪念日，《晨报》第7版又特辟“马克思研究”专栏，陆续发表介绍马克思学说的文章，以及马、恩、列及李卜克内西、倍倍尔等的生平传记。同时，李大钊还在《新青年》6卷5号、6号上，连续发表了《我的马克思主义观》的长文，全文近3万字，包括序言在内共分11个部分，全面、系统地介绍了马克思主义的唯物史观、政治经济学和科学社会主义理论。

1920年2月、3月间，李大钊又曾担任《少年中国》的编辑工作。

“五四”前后，李大钊又开始积极参与早期新闻学研究的活动。1919年3月10日，他曾为北京大学新闻学研究会作过专题演讲。1922年2月12日，李大钊又出席北京大学新闻记者同志会成立大会，并与徐宝璜、胡适在大会上发表了精辟的演说。

【《每周评论》的创刊和“问题”与“主义”之争】《每周评论》是为弥补《新青年》杂志的不足而创刊的，它也是《新青年》的姊妹刊。

早期的《新青年》的侧重点主要是进行思想文化领域的启蒙运动，是一个理论性、学术性较强的刊物，而对现实政治斗争的实际——即所谓“时政”，基本上没有干预，遵循的是“批评时政，非其旨也”的原则。到了1918年底和1919年初，这种状况有了很大的改变。而促成这种转变的契机是十月革命的影响和第一次世界大战的结束（1918年11月11日）。

由于十月革命胜利的鼓舞、第一次世界大战结束的消息的刺激，使中国人民看到了未来和希望。人们的精神状态和热情，由辛亥革命失败后的消沉期进入亢奋期、高涨期。游行、集会、发通电等活动如火如荼地开展起来，以致到“五四”、“六三”形成高潮。到了这时，作为新文化运动倡导者的陈独秀，也深深感到不评论“时政”、不介入实际政治斗争的《新青年》已不能适应形势发展的需要了。于是，从1919年初出版的5卷5号（原杂志署明“1918年10月15日出版”，实为1919年元月才出版）起，开始刊载有关时事政治的文章。李大钊、蔡元培等于1918年11月15、16日在天安门前庆祝欧战结束大会上的讲演稿（如李大钊的《庶民的胜利》和《Bolshevism的胜利》、蔡元培的《劳工神圣》等）都发表在这一期上。这些文章，不仅第一次喊出了“劳工神圣”的口号，更满腔热情地歌颂了十月革命，称之为“廿世纪中世界革命的先声”。

尽管《新青年》在内容上作了调整，使政治性更为强烈、鲜明，但是仍适应不了形势发展的需要，因它主要刊载长篇论著，且每月才出一号（期），时效性差，难以及时分析形势、指导运动的发展。有鉴于此，陈独秀、李大钊等发起创办了《每周评论》。

《每周评论》于1918年12月22日创刊，社址设在北京顺治门外骡马市大街米市胡同79号（安徽泾县会馆的房子）。它采取4开小型报纸的形式，每星期（逢星期日）出版单张小报一张；共分4版，用老5号字排印，每期约13 000字，有时还增刊《特别附录》一张。这种杂志报纸化的倾向在“五四”时期曾风行一时。《每周评论》的栏目计分12类：1. 国外大事述评；2. 国内大事述评；3. 社论；4. 文艺时评；5. 随感录；6. 新文艺；7. 国内劳动状况；8. 通信；9. 评论之评论；10. 读者言论；11. 新刊批评；12. 选论等。这些栏目，每期必有5类以上。陈独秀在这个刊物上发表文章时署名“只眼”，取“别具只眼”的意思；李大钊的笔名是“常”、“守常”等。他们经常对重大政治问题发表评论和意见，使《每周评论》具有很强的时事政治性，与现实斗争结合得很紧。

1919年6月至8月间，陈独秀因散发传单而被捕入狱。在此期间，李大钊也曾出京到昌黎五峰山躲避了一个时期。9月初，陈独秀被释放时，李才回到北京。因此，《每周评论》在1919年6

月中旬（第26期）到8月30日（第37期）被北京警察厅查封的这一段时间里，由胡适代编。胡适利用这个机会，掌握了《每周评论》的编辑、发稿权，改变了该刊的方向，挑起了所谓“实际问题和抽象主义”的论战。

在1919年7月20日出版的《每周评论》第31号上，胡适发表了他的《多研究些问题，少谈些“主义”!》，在这篇文章里，胡适先历数“谈‘主义’”的种种“教训”，极尽调侃讥讽之能事。他说，“第一，空谈好听的‘主义’是极容易的事，是阿猫、阿狗都能做的事，是鹦鹉和留声机都能做的事”；“第二，空谈外来进口的‘主义’是没有什么用处的”；“第三，偏向纸上的‘主义’是很危险的”。接着又说：“现在中国应该赶紧解决的问题，真多得很。从人力车夫的生计问题，到大总统的权限问题；从卖淫问题到卖官卖国问题；从解散安福部问题到加入国际联盟问题；从女子解放问题到男子解放问题……哪一个不是火烧眉毛的问题?”“我们不去研究人力车夫的生计，却去高谈社会主义……还要得意扬扬夸口道：‘我们所谈的是根本解决。’老实说罢，这是自欺欺人的梦话，这是中国思想界破产的铁证，这是中国社会改良的死刑宣告!”最后说：“我希望中国的舆论家，把一切‘主义’摆在脑背后，做参考资料，不要挂在嘴上做招牌，不要叫一知半解的人拾了这些半生不熟的主义去做口头禅。”

通观全文，胡适的“潜台词”暴露无遗：第一，他反对谈“主义”，只是反对谈马克思主义，反对谈社会主义；反对对马克思主义、社会主义的研究和传播。实际上，他并不是一概反对谈“主义”的，他自己就大谈其“实验主义”，口口声声说“我是一个实验主义的信徒”，他所说的“把‘主义’挂在嘴上做招牌”、“做口头禅”的正是他自己。第二，他反对“根本解决”，主张“多研究些问题”，实际上是反对革命，主张“一点一滴”的社会改良。他所列举的所谓“问题”，诸如“人力车夫的生计问题”、“大总统的权限问题”、“卖淫问题”、“卖国卖官问题”、“解散安福部问题”、“加入国际联盟问题”、“女子解放问题”……林林总总一大堆，貌似有理，实则是痴人说梦：社会制度不进行根本的变革，“赶紧解决问题”只是一句不能兑现的大空话。

胡适的文章发表后，首先写文章反对他的是《国民公报》的编辑蓝公武（志先）（笔名：知非）。他在该报转载了胡文，并发表了自己写的《问题与主义》。他用唯心主义的观点来批驳胡文，未能击中要害。胡适也将蓝文转载于《每周评论》33号上（1919年8月3日出版）。

李大钊当时正在昌黎五峰山，看了胡适的文章后，也马上写了《再论问题与主义》一文，用书信的形式寄交胡适。因李大钊是《每周评论》的创办人，胡不得不把这篇文章登在1919年8月17日出版的《每周评论》第35号上。李大钊的这篇文章，与胡适的《多研究些问题，少谈些“主义”!》一文，针锋相对。他从胡文中抽出4个要害问题，加以批驳和阐述：“一、‘主义’与‘问题’。”李大钊指出，“问题”和“主义”有不可分割的关系，解决“社会问题”必然离不开“主义”，“所以我们的社会运动，一方面固然要研究实际的问题，一方面也要宣传理想的主义。这是交相为用的，这是并行不悖的”。“二、假冒牌号的危险”。大凡一种学说流行时，必然也会有人为“我”所用，歪曲它，滥用它，甚至“挂羊头卖狗肉”、“假冒招牌”。怎样对待这种现象呢？李大钊说：“这种假冒招牌的现象，讨厌诚然讨厌，危险诚然危险，淆乱真实也诚然淆乱真实。可是这种现象，正如中山先生所云：新开荒的时候，有些杂草毒草，夹杂在善良的谷物花草里长出，也是当然应有的现象。王麻子不能因为旺麻子等也来卖剪刀，就闭了他的剪铺。王正大不能因为汪正大等也来贩茶叶，就歇了他的茶庄。开荒的人，不能因为长了杂草毒草，就并善良的谷物花草一齐都收拾了。我们又何能因为安福派也来讲社会主义，就停止了我们的宣传。”“三、所谓过激主义”。李大钊直言不讳地宣称：“我是喜欢谈谈布尔塞维主义的”；“布尔塞维主义的流行，实在是世界文化上的一大变动。我们应当研究他、介绍他，把他的真相昭布在人类社会；不可一味听信人家为他们造的谣言，就拿凶暴残忍的话抹煞他们的一切”。对于反动派的污蔑，“尽管任他们在旁边乱响；‘过激主义’哪，‘洪水猛兽’哪，‘邪说异端’哪，尽管任他们乱给我们作头衔，哪有闲工夫去理他"！"四、根本解决"。李大钊认为："在没有组织没有生机的社会……必须有一个根本解决，才有把一个一个的具体问题都解决了的希望。就以俄国而论，罗曼诺夫家没有颠覆、经济组织没有改造以前，一切问题，丝毫不能解决。今则全部解决了。"

李大钊的《再论问题与主义》发表后，胡适又写了《三论问题与主义》和《四论问题与主义》。《三论问题与主义》刊登在1919年8月24日出版的《每周评论》第36号上。《四论问题与主义》原拟刊登于《每周评论》第37号，这篇文章刚排上版，8月30日，《每周评论》就被北洋军阀政府封禁了。因此之故，这场笔仗才"无疾而终"。第37期也终未能与读者见面。⑨胡适后来在《胡适口述自传》中回忆说："问题与主义之争是我和马克思主义者冲突的第一个回合。"

第三节　学生报刊及理论杂志的勃兴与报纸副刊的改革

一、学生报刊及理论杂志的勃兴

随着新文化运动的深入发展，继《新青年》、《每周评论》之后，宣传新思潮的刊物纷纷出版，改变了《新青年》孤军独战的局面。这又进一步把席卷全国的反帝反封建军阀的五四运动推向高潮。

在"五四"前后，特别是在青年学生中，出现了追求真理，追求"民主"、"自由"、"解放"的热潮。他们纷纷组织各种爱国社团及"学生联合会"的组织，创办介绍新思想、新思潮、新知识的报刊，其中比较著名的有《新潮》月刊、《国民》月刊、《少年中国》月刊、《湘江评论》、《天津学生联合会报》等。

【《新潮》杂志】《新潮》杂志于1919年1月1日在北京创刊，是北京大学由学生创办的最早的杂志。该刊英文名称为 *Renaissance*（文艺复兴），系月刊，是继《每周评论》后的又一个白话刊物。该刊由北京大学学生组织“新潮社”主办，社址设在沙滩北大红楼东北角一个小房间。据《新潮》创刊号（4月再版本）记载，新潮社社员有毛准（子水）、成平（舍我）、汪敬熙（缉斋）、吴康（敬轩）、俞平伯、高元（承元）、徐彦之（子俊）、黄健中（离明）、张崧年（申甫）、陈兆畴（穗庭）、陈达材（彦儒）、陈嘉蔼（杭甫）、康白情、傅斯年（孟真）、叶兆钧（圣陶）、叶麐（石荪）、杨振声（金甫）、刘秉麟（南陔）、刘敌（名洋）、潘元耿、潘家洵（介泉）、戴岳（毓峰）、谭鸣谦（诚斋）、罗家伦（志希）、顾颉刚等25人。之后，北大教授周作人等也先后加入新潮社。《新潮》编辑部由傅斯年、罗家伦、杨振声三人组成。初期由傅斯年任主编。“五四”以后，傅斯年、杨振声出国留学，改由罗家伦主编。次年罗家伦出国后，又改由顾颉刚主编。毛子水、顾颉刚、陈达材、孙伏园等曾任编辑。当时，北大校长蔡元培、北大文科学长陈独秀和胡适都曾对《新潮》给予大力支持。蔡元培亲自为《新潮》题写刊名。李大钊、鲁迅也都在《新潮》上发表过文章。校方在经济上也给予了一些补贴，并由北大出版部发行和负担出版经费。该刊创刊号首载傅斯年《〈新潮〉发刊旨趣书》，次载论说多篇。其中，罗家伦的论文《今日之世界新潮》，以俄国革命为世界新潮起点，宣传民主主义和平民革命思想。该刊在“五四”前以反对封建伦理道德和封建文学为主；五四运动期间曾一度停刊，10月复刊。复刊后，该刊逐步向“右”转，以介绍杜威、胡适思想为主，1920年5月后又停刊。1921年9月复刊，直至次年3月最后停刊。断断续续共出12期。最后一期出“世界名著专号”，所载文章的作者全是赴欧美留学的留学生。

【《国民》杂志】 《国民》杂志也是1919年1月1日创刊的。该刊系北京学生救国会的机关报。学生救国会会员在后来五四运动中，大都成为积极分子。该刊原定为月刊，16开本，从4月出版的第4期起改为不定期出版。出至1921年5月的2卷4期停刊，前后共出8期。该刊的宗旨是：增进国民人格；灌输民国知识；研究学术；提倡国货。邓中夏、黄日葵、高尚德等都是《国民》社的主要成员。李大钊曾对《国民》杂志的创办给予积极的帮助。北京大学校长蔡元培为《国民》创刊号写了序言。他希望杂志社的社员“永保此朝气，进行不怠”，努力“唤醒国民”，“使学生而外之国民均能爱国，而尽力于救国之事业”；在内容上力求做到“正确”、“纯洁”、“博大”，“慎勿以无聊之词章充篇幅。”《国民》杂志观点比较激进，具有鲜明的反帝爱国色彩，尤其对日本帝国主义进行了深刻揭露，号召人民起来反对“二十一条”，废除所谓《中日共同防敌军事协定》，要求日本归还中国领土台湾等。此外，该刊还曾登载李泽彰译的《共产党宣言》第一章，常乃德译的《马克思主义的历史唯物主义》。李大钊也曾为该刊撰稿。

【《少年中国》杂志】　《少年中国》于1919年7月1日在北京创刊，系16开大型综合性月刊，是“五四”时期最大的政治学术社团之一——“少年中国学会”的机关刊物。“少年中国学会”主要发起人为王光祈。李大钊也是发起人之一。会员有毛泽东、张闻天、邓中夏、恽代英、赵世炎、高君宇、杨贤江、侯绍裘、黄日葵、左舜生等。该会是“五四”时期历史最长、会员最多、分布最广、分化最明显的社团。1925年因分化剧烈而导致解散。《少年中国》系月刊，原为竖排，自4卷1期起改为横排。第5期起改在上海印刷发行。前期由宗白华、李大钊、王光祈、黄演存先后任编辑主任。1921年编辑部迁到上海后，便由左舜生主持编辑工作。主要撰稿人有李大钊、恽代英、张闻天、左舜生、曾琦、李璜等。该刊着重理论研究，主张“本科学精神，为文化运动，以创造少年中国”。以文化教育界和高等学校学生为主要读者对象，着重刊登有关自然科学、社会科学等方面的理论文章，其中也涉及人生观、世界观和社会问题。曾出版过不少专号，如“新惟实主义号”、“宗教问题号”、“妇女号”、“相对论号”等。每期发行量约5 000份。后来由于社员思想分歧，社团分化，遂于1924年5月停刊，共出满4卷（每卷12期，共48期）。

【《湘江评论》】　《湘江评论》于1919年7月14日在湖南长沙创刊，是一份四开四版小报型、宣传新思潮的时事政治评论周刊，由湖南学生联合会出版，毛泽东任主编及主要撰稿人。该刊从版式到内容都模仿北京的《每周评论》，也是一个报纸型的刊物。第1期为8开1张，第2期至第4期均为4开4版1张。第2期时曾附有“临时增刊”。前后共出5期。每期篇幅约能容纳1.2万字，“文字全用国语”（白话文）。该刊与《每周评论》、《星期评论》齐名，号称为“五四”时期的“三大评论”。

该刊“以宣传最新思潮为宗旨”。创刊号上，毛泽东撰写了发刊词及长短文章多篇。在2、3、4期上连载毛泽东的长篇政论《民众的大联合》，阐发“民众联合的力量最强”的思想，指出民众的大联合是改造国家和社会的根本方法；提出全国工人、农民等各业民众从“小联合”入手进而组成各界“大联合”，共同起来闹革命，进行“思想的解放、政治的解放、经济的解放”。该文发表后，影响很大，胡适在其主编的《每周评论》第36号（1919年8月24日出版，此时《湘江评论》已遭查封）上，撰文热情评价《湘江评论》是“我们新添的两个小兄弟”之一，“《湘江评论》第二、三、四期的《民众（的）大联合》一篇大文章，眼光很远大，议论也很痛快，确是现今的重要文字”。北京、上海、成都等地报刊曾予转载。从版面上看，该刊辟有《西方大事述评》、《东方大事述评》、《湘江大事述评》、《世界杂评》、《湘江杂评》、《放言》、《新文艺》等栏目。从内容上看，该刊是当时政治思想性最强烈的刊物之一。它积极宣传反帝反封建的民主主义思想，热情歌颂由俄国十月革命开始的世界革命，并用这个观点观察世界形势，从而把中国的五四运动看成是世界革命的一部分；提倡民众联合起来，进行革命斗争。同时，也宣传了一些无政府主义思想。总的来看，该刊基本上是一份革命民主主义的刊物，具有一定社会主义因素。

该刊全部采用白话文。第1期印行2 000份，一天便卖光；又加印2 000份，不到3天也卖完了。第2期起，每期发行约5 000份。8月4日，《湘江评论》第4号出版。8月中旬，军阀张敬尧的军警解散了湖南学生联合会，又将刚刚印出而未及发行的《湘江评论》第5号（原定8月11日出版）全部没收。所以，《湘江评论》只发行了4期和增刊号1期，前后只存在了1个多月的时间。

“五四”时期，在《湘江评论》停刊后，毛泽东还一度担任过湖南长沙湘雅医学学校学生自治会创办的《新湖南》周刊的主编。《新湖南》也是一份小报形式的周刊，于1919年6月15日创刊。毛泽东自第7期起担任该刊主编，直至第12期被查封。(以上参阅《湘江评论·新湖南·新时代》影印本，湖南师范大学出版社，2009年出版。)

【《天津学生联合会报》】　《天津学生联合会报》于1919年7月21日在天津创刊，是天津学生联合会创办的一份大型报纸，由周恩来主编。五四运动爆发时，周恩来正留学日本；6月间，周恩来赶回天津参加爱国运动。当时刚成立不久的天津学生联合会急需出版自己的机关报，以指导日益高涨的学生运动。因此，周恩来被邀请主持这项工作。早在创刊前的1919年7月12日，周恩来就写了《天津中等以上学校学生联合会日刊发刊旨趣书》，在京、津等地报刊发表，指出：“我们学生联合会在求社会同情的时候，不能不有两个利器：一个是演讲，一个是报纸。”7月21日，在报纸创刊号上，周恩来又写了社论《革心、革新》作为发刊词，提出了把改造社会和改造思想结合起来的主张。他还用“飞飞”的笔名在该报上发表了大量的时评和评论。

该报初期日出对开一大张。自9月22日起，被迫停刊半月；10月7日复刊后，改为3日刊，每期出对开1张半（6版）。内容分主张、时评、讨论、来信、演讲、翻译等10多个栏目。该报主要发行京、津、沪等地，每期发行6 000余份，最多时达2万多份。到1920年初停刊，前后出版100多期。该报在领导天津学生反帝反封建斗争中起过重要作用。

由于“五四”时期全国很多省市都成立了“学生联合会”（学联）、“学生会”之类的组织及进步社团，这些社团和组织都出版了自己的报刊。“学联”及其办的报刊有：全国学联在上海办的《全国学生联合会日刊》，上海学联办的《上海学生联合会日刊》和《上海学生联合会丛刊》，北京学联出的《五七日刊》，武汉学联出的《学生周刊》，广东学联出的《广东省学生联合会日报》，杭州学联出的《杭州学生联合会报》，陕西学联办的《秦钟旬刊》等等。学生会及其他学生组织办的报刊有：北京大学学生会办的《北京大学学生周刊》，天津南开学校办的《南开日刊》，湖南湘雅医学专门学校办的《新湖南》月刊和《新湖南》周刊、周南女校的《女界钟》，浙江省第一师范学校的《浙江新潮》等。此外，一些进步的青年知识分子和学生领袖及他们所组织的社团，也纷纷出版报刊，如：有李大钊、毛泽东、恽代英等参加的"少年中国学会"及其各地分会，分别在北京、上海、南京、成都等地办有《少年中国》（北京分会主办）、《少年世界》（南京分会主办）、《星期日》（周刊，成都分会主办）等。周恩来在主编《天津学生联合会报》的同时，还倡议把当时天津各校的报刊如《南开日刊》、《醒世周报》和《师范日刊》等报刊联合起来，于1919年8月9日成立了"天津学生报社联合会"，其宗旨是："联络感情，交换意见，造成强有力之言论机关，以指导社会、监督政府及会外各言论机关。"该会每月定期开会，商讨办报方案，交流办报经验，统一战斗步伐，从而增强了学生报刊的团结和力量。同年9月16日，在周恩来的倡导下，又成立了"觉悟社"。1920年初创办了《觉悟》月刊（仅出一期即被迫停刊）。武汉地区青年运动的领袖人物恽代英与武昌进步学生也先后创办了《新声》、《向上》、《教育旬刊》、《教育改进》、《共进》、《新学生》等刊物。其中，《新声》半月刊是武昌地区最早的新文化出版物（武汉地区上述刊物存在时间均不长，到1920年初"利群书社"成立之前，皆相继停刊）。北京各大报记者及北大师生办了《新中国》月刊，瞿秋白、郑振铎、耿济之等人创办了《新社会》，宣传俄国革命和社会主义思潮。

在学生报刊风起云涌的同时，又出现了几份重要的理论刊物，它们是：《星期评论》周刊、《建设》杂志及《解放与改造》等。

【《星期评论》与《建设》杂志】　《星期评论》和《建设》杂志是在孙中山的直接领导下创办起来的。五四运动对孙中山的思想发展及理论建设，起了极大的推动和促进作用。他开始真正感到新思潮宣传的重要及理论建设的重要。在这种思想的指导下，他指派戴季陶、沈玄庐创办《星期评论》，又派廖仲恺、朱执信创办《建设》月刊，以“激扬新文化之波澜，灌溉新思想之萌蘖，树立新事业之基础，描绘新计划之雏形”。

《星期评论》于1919年6月8日创刊于上海，由中华革命党主办，是一个时事政治性的评论刊物。同年10月，中华革命党又改组成“中国国民党”，该刊也转为后者的机关刊物。该刊是在五四运动的中心转移到上海、上海实行“三罢”（罢工、罢课、罢市）的时候，在孙中山的支持下，由戴季陶、沈玄庐、沈棣三等创办起来的。戴季陶、沈玄庐担任主编及主要撰稿人，参加撰稿的还有孙中山、廖仲恺、李大钊、陈独秀、邵力子、李汉俊、胡适、刘大白等。该刊系周刊，每期4开1张，后增至8开4张，出专号时还要增加张数。设有《评论》、《主张》、《短评》、《研究资料》、《随便谈》、《诗》、《小说》等栏目。沈玄庐在《〈星期评论〉发刊词》中写道：“现在世界的大势，怎么样了？世界的思潮又怎么样了？我的国家，处在现在世界的大势，该怎么样？处于现在世界的思潮，又该怎么样？我就不能不用着我们的思想来创作《星期评论》。”这就明确提出了该刊的办刊宗旨。从内容上看，该刊曾用很多篇幅来分析中国现状，揭露社会各方面存在的问题；积极宣传、介绍各种新思潮，如“新村主义”、“互助主义”、“无政府主义”、“马克思主义”等。特别是在后期，该刊逐渐倾向马克思主义，赞成走十月革命的道路。此外，该刊还载文积极支持当时日益兴起的劳工运动及学生运动，如：1920年5月1日，还专门增出了“劳动日纪念号”专号，共计10张，是《星期评论》版面最多的一期。该刊还曾在第18与19期之间增出过“双十节纪念”专号。

该刊除单独发行外，还随上海《民国日报》免费附送。期发行量达数千份，在当时进步知识分子中产生过很大影响。直至1920年6月6日出版最后一期后，因戴季陶赴广州而停刊。前后共出53期。

《建设》杂志于1919年8月1日在上海创刊，月刊，也是中华革命党主办的大型理论刊物。孙中山为该刊撰写的《发刊词》，称其宗旨为：“以革命破坏之后，而不能建设也”，“故发刊《建设杂志》，以鼓吹建设之思潮，展明建设之原理，冀广传吾党建设之主义，成为国民之常识”。孙中山著名的《实业计划》（后编为《建国方略》第二部分《物质建设》）长文，就曾连载于该杂志。该刊主要撰稿人有朱执信、廖仲恺、戴季陶、胡汉民、汪兆铭、吴敬恒、李煜瀛、林云陔等，由亚东图书馆出版。内容上，设《论说》、《纪事》、《通信》、《杂录》等栏目，以《论说》为主。采用白话文写作。到1920年12月1日出版第3卷第1期后停刊，共出两卷（每卷6期）零1期，亦即13期。1924年在广州创办的《新建设》为该刊的继续。

【《解放与改造》】 《解放与改造》于1919年9月在北京创刊。该刊系半月刊，由北京新学会主办。新学会是由梁启超与张君劢、蒋百里、张东荪等发起组织的，声言“从学术思想上谋根本的改造，以为将来新中国的基础”。该刊前期主编为张东荪、俞颂华（笔名“澹庐”），主要撰稿人有张君劢等。该刊主张“解放物质与精神的不合理处，并介绍世界新潮以作改造”的借鉴。大量登载讨论“社会主义”的文章和译文，实际上从各方面歪曲马克思主义、攻击俄国十月革命；反对科学社会主义，鼓吹社会改良主义。

《解放与改造》创刊号问世时，梁启超、张君劢等远在欧洲游历。1920年3月他们归国后，便对该刊进行改革和扩充。从1920年9月15日出版的第3卷第1期起，“以名称贵省便故，更名《改造》，其精神则犹前志也。”（梁启超语）《改造》为月刊，改由梁启超和蒋方震主编。与《解放与改造》相比，《改造》的内容与体例都有了很大的改变。梁启超在为《改造》所写发刊词中，曾列举该刊16大主张，包括力主进行“思想革命”、“政治改造”、“经济改造”、“世界改造”等等。与原刊相比，《改造》研究中国政治、军事、经济、教育等问题的文章比重明显增加。该刊于1922年9月15日出版第4卷第10号后停刊。

二、“五四”前后的“四大副刊”

“五四”前后，不少报纸的副刊进行了重大改革，并产生了影响深远的“四大副刊”，它们是《学灯》、《觉悟》、《晨报副镌》和《京报副刊》。前两个在上海出版，后两个在北京出版。

【《学灯》】　《学灯》是上海《时事新报》的副刊。《时事新报》和北京《晨报》、《国民公报》属同一性质，都属于研究系的机关报。它的前身是《时事报》和《舆论日报》。《时事报》创刊于1907年12月5日（光绪三十三年十一月初一日，主编汪剑秋），是保皇派的机关报之一。《舆论日报》则创刊于1908年2月29日（光绪三十四年正月二十八日），创办人为狄葆贤（楚青）之弟狄葆丰（南士），主笔罗普。该报也是一张宣传保皇思想的报纸。1909年4月，两报合并，改名为《舆论时事报》出版，直到1911年5月17日停刊。5月18日，由汪仲阁主持，再次更名为《时事新报》，继续出版。该报民初成为进步党及研究系的喉舌。1926年11月间，与研究系脱离关系，另易新主。1928年冬，由张竹平集资买下。以后，《时事新报》有了很大的发展，跻身于上海报界“四大金刚”（《申报》、《新闻报》、《时报》、《时事新报》）的行列。1935年后，孔祥熙强行收买产权，该报成为他的私人企业，直至1949年5月27日出版最后一期停刊。

“五四”时期，《时事新报》的主持人是潘公弼、张东荪等。《时事新报》的副刊原来叫《报余丛载》，曾连载《上海之黑幕》一类的黑幕小说达3年之久，其性质可想而知。1918年3月4日起，这一副刊增加到一版，取名为《学灯》。后单独出一张，附《时事新报》发行。

《学灯》初创时是周刊，每周一次；5月起，每周2次；12月起，每周3次；1919年1月起，改为日刊。在版面及篇幅上，该刊曾几度变化：最初每期只有大半版，1919年2月起扩充为两版；1922年起，改为4开4版的附张；1925年7月后，版面又有削减。《学灯》的主编也曾多次更换：最初由《时事新报》主编张东荪负责、由宗白华协助编辑（1919年8月15日至1920年4月30日），[10]不久由匡僧主编；1919年4月25日匡僧声明“因脑病辞职”，改由刚从日本法政大学毕业回国的俞颂华（笔名“澹庐”）主编。俞颂华从4月25日到7月26日，前后主编《学灯》3个月后，又改由他留日的老同学郭虞裳主编。郭主编《学灯》大约5个多月时间。1920年1月起，又由李石岑接编，一直到1921年7月底。此后，郑振铎一度担任编辑工作。1922年2月起，改由柯一岑负责，约到1923年初为止。以后，《学灯》编者有徐六儿、郭梦良等。总之，《学灯》主编者前后换过近10人，他们当时都是一些具有改良主义思想的资产阶级知识分子。

《学灯》创刊的时候，主要内容是评论学校教育和讨论青年修养。它的发刊宗旨有3条：第一是“促进教育，灌输文化”；第二、第三是“屏门户之见，广商权之资”，“为社会学子立说之地”。以后，《学灯》逐渐发展成为一个综合性的学术副刊，在可容纳2万多字的篇幅内，有哲学、经济学论文，有科学专著的介绍，有名人传记，有各种社会问题的讨论等等。此外，也发表诗歌、散文、小说等之类的新文学作品，使不少新文学作家崭露头角。

“五四”时期《学灯》的一个很大特色，是学术气氛浓厚，它常常连载10多万字的作品和专门性的学术著作。如梁启超的《欧游心影录》、英国哲学家罗素的名著《到自由之路》，以及一些世界著名作家的长篇小说等，都曾在《学灯》上连载。另外，当时从欧美先后来华讲学的著名学者、诗人（如哲学家杜威、罗素，诗人泰戈尔、爱罗先珂）等名流的讲演稿，也曾在《学灯》上连载。甚至有些专业性很强的学术论著，也在上面发表。尽管《学灯》登载的多半是学术性很强、篇幅也很长的文章，但读者因追求知识的迫切，也并不生厌倦、沉闷之感，可见《学灯》影响之大。

“五四”时期的《学灯》除把“为学术的根本研究”作为宗旨外，对新文学的提倡也是不遗余力的。在现代著名作家中，有好几位都是从《学灯》上崭露头角的。如郁达夫的第一篇小说《银灰色的死》就是由《学灯》编辑宗白华在清理积压的来稿时发现的，后刊登在1921年7月7日至7月13日的《学灯》上，署名T·D·Y（这是郁达夫的第一个笔名）。这篇小说发表后，在读者中引起了极大的轰动。又如现代著名诗人郭沫若最早的文学生涯，也是从给《学灯》投稿开始的。1919 年 9 月上旬，正在日本留学学医的郭沫若从《学灯》上第一次读到了中国的新诗，那是康白情写的《送许德珩赴欧洲》，他感到“惊异”，为自己也能写这样的新诗“增长了自信”，便试探地把自己的两首这类旧作《抱和儿浴博多湾中》、《鹭鸶》从日本投寄给《学灯》。9 月 11 日，这两首诗就由当时《学灯》的主编郭虞裳（郭沫若后来误记为“郭绍虞”）编发在《学灯》上。当郭沫若“看见自己的作品第一次成了铅字。真是有说不出来的陶醉”，于是受到一个“很大的刺激”，以致“在 1919 年的下半年和 1920 年的上半年，便得到了一个诗的创作爆发期”，又接连在《学灯》上发表了不少新诗。

从整体来看，《学灯》在“四大副刊”中，其进步性比《晨报副镌》差一些；与《觉悟》副刊相比，差距更大。愈到“五四”后期，《学灯》脱离政治、脱离实际斗争、脱离人民群众而一味空谈的资产阶级学术气息愈加浓厚。以至发展到后来还刊登过不少反对俄国革命和反对中国共产主义运动的文章。此外，1920 年 11 月、12 月间，梁启超、张东荪、张君劢、杨端六等，以《学灯》和《时事新报》的另一副刊《社会主义研究》（旬刊）以及《改造》月刊等报刊为阵地，发表了一系列文章，宣传罗素的“生产同盟和平长入社会主义”的“基尔特社会主义”，实际上是主张依靠中产阶级发展资本主义。当时的共产主义者李大钊、李达、陈独秀、瞿秋白、恽代英等人都曾在《新青年》、《共产党》及《民国日报》副刊《觉悟》上发表文章反驳（后来，双方论战文章收入 1920 年 12 月 1 日出版的《新青年》8 卷 4 号上），形成了“五四”时期影响极大的一场关于社会主义及有关中国前途和出路的大论战。

【《觉悟》】 《觉悟》是上海《民国日报》的副刊。《民国日报》（上海版）是由中华革命党在上海方面的负责人陈其美（英士）发起筹办的。该报于 1916 年 1 月 22 日创刊，是在举国“讨袁”声中出版的。由叶楚伧任总编辑，邵仲辉（力子）任经理和副刊编辑。《民国日报》一创刊，就在第一张（每天出 3 大张）第 2 版辟《小说》栏，开始连载“小凤”（叶楚伧）的章回小说《古城寒笳记》；在第3张第12版辟《艺文部》，连载“伯子”翻译的英国作家司各特的小说《鸳泪鲸波录》及旧诗词之类。后专辟一版，即第8版载《民国闲话》和《民国小说》之类的副刊文字。从1919年6月16日起，《民国日报》取消原来经常刊载黄色材料的《民国闲话》和《民国小说》两个栏目，改出《觉悟》副刊。因此，也可以说《觉悟》是在五四运动的高潮中诞生的。该副刊由邵力子主编，陈望道协助编辑。

从创刊起，直到1925年五卅运动时期，《觉悟》的内容表现出比较彻底的民主主义思想和初步的社会主义倾向。它一创刊，就积极参加新文化运动，刊载了不少鼓吹推翻旧文化，反对旧文学、文言文，倡导新道德、新文化、新文学、白话文的文章。到1920年，在俄国十月革命和五四运动的影响下，《觉悟》主编邵力子开始接触《共产党宣言》等马克思主义书籍，思想发生了很大变化，并参加了当时陈独秀在上海组织的“马克思主义研究会”（不久转为“共产主义小组”），成为中国共产党早期组织的成员。此后，《觉悟》的编辑工作，实际上是在中国共产党上海早期党组织的直接影响下进行的。从1920年5月起，《觉悟》篇幅扩大一倍，并设各种专栏，实际成为上海共产主义小组的宣传阵地。1924年国共合作以后，《觉悟》积极宣传孙中山的三大政策，为促进国共两党的团结合作，作了不少有益工作。1925年五卅运动时期，《觉悟》在反对帝国主义、反对封建军阀、大力支持工人运动的活动中，也作出了一定贡献。这些都是与它的主编邵力子分不开的。据邵力子回忆：为了守住《民国日报》这块阵地，他连中国共产党的“一大”和国民党的“一大”都没有去参加。据统计，邵力子本人署名发表在《觉悟》上的文章，达950多篇。⑪

1925年五卅运动以后，邵力子去广州。由于叶楚伧成了“西山会议派”，《民国日报》逐渐被国民党右派把持，其副刊《觉悟》的方向也随之右转。这时，共产党人的文章在该刊再也见不到了。7月，《觉悟》登载了戴季陶的《孙文主义的哲学基础》的反动文章；12月又出现周佛海等人的反共文章。从此以后，《觉悟》就不再起进步作用，却成为反动派的舆论阵地，直到1931年12月31

日停刊。

【《晨报副镌》】 《晨报副镌》是北京《晨报》的副刊。《晨报》的前身是《晨钟》报。《晨钟》报是由梁启超、汤化龙为首的资产阶级改良派团体——进步党（后改为“宪法研究会”，即有名的“研究系”）的机关报，于 1916 年 8 月 15 日创刊。该报由汤化龙出资筹办（汤当时是“重开国会”的众议院议长，又是刚成立的、由梁启超主持的“宪法研究会”的骨干人物），由刘放园任总经理，聘请刚从日本留学归国的李大钊担任总编辑。从 8 月 15 日创刊，到 9 月 5 日辞去总编辑职务，李大钊担任该报主编共 22 天。⑫从 9 月 6 日起，总编辑由陈光焘接任。到了 1918 年 9 月，《晨钟》报因刊载段祺瑞政府向日本大借款的消息而被京师警察厅于 9 月 24 日封闭。同年 12 月，《晨钟》报改组为《晨报》继续出版，由进步党人蒲殿俊、刘崧生主持其事，蒲殿俊还是该报的总编辑。在蒲担任总编期间，《晨报副镌》进行了著名的改革。1928 年 6 月初，北伐军——国民革命军进入北京，《晨报》也于 1928 年 6 月 5 日停刊。⑬

军阀阎锡山统治北京时，又将《晨报》改名《新晨报》，于 1928 年 8 月 5 日恢复出版。1930 年中原大战后，阎锡山退出北平，张学良挥师入关，东北军进驻北平。张学良掌管华北军政后，又将《晨报》增资改组，改名为《北平晨报》继续出版，并特聘陈博生为社长。到 1935 年夏，第 29 路军军长宋哲元调任平津卫戍司令，他又派田雨时接管《北平晨报》。原《北平晨报》编辑部全体编辑、记者集体辞职，其中重要人物有社长陈博生（陈离《晨报》后，即应聘为中央通讯社总编辑）、采访主任赵效沂、国际版编辑刘尊棋（刘旋即随陈博生进入中央通讯社）等。而原经理部除前任总经理林仲易坚决辞职外，其他人员则全部留任。《北平晨报》当时由田雨时任社长兼总编辑，⑭到了 1937 年春，又由罗隆基接替田雨时主持《晨报》。罗当时由津迁平，在津时曾是《益世报》主编及大学教授。罗接编《晨报》未 3 月，即逢“七七”卢沟桥事变发生，全面抗战爆发，《晨报》也随之最后停刊。

“五四”时期《晨报》的副刊《晨报副镌》是当时最负盛名

的副刊之一。早在1916年8月15日《晨钟》报创刊时，该报就将其第5版或第6版的上半版或下半版辟为副刊版（该报日出2大张8版）。从1917年8月17日起，改为整个第7版为副刊版。1918年12月，《晨钟》报改名《晨报》复刊后，第7版仍是副刊版。当时《晨报》第7版在内容上虽然没有陷入黄色庸俗的低级趣味，但仍未脱出旧式副刊的窠臼。从1919年2月起，《晨报》开始改革它的第7版，吸收当时已具有初步共产主义思想的李大钊同志参加编辑工作。1919年2月7日起，《晨报》宣布将第7版大加改革，主要是增加了介绍“新修养、新知识、新思想”的《自由论坛》和《译丛》两个栏目，从而使这一版变成了参加新文化运动、宣传社会主义思想的园地。

在1919年近1年的时间里，《晨报》副刊版第7版在李大钊的主编下，刊载了许多宣传俄国十月革命、宣传马克思主义的文章。李大钊本人也在上面发表了许多文章，对马克思主义在中国的早期传播，起了重要作用。如：1919年2月7日《晨报》《自由论坛》专栏下首载“守常投稿”：《战后之世界潮流》（8日、9日连载完）；14日、15日又连载“守常投稿”：《劳动教育问题》；20日载“守常投稿”：《青年与农村》（21日、22日、23日连载完）。3月4日、5日又载“守常投稿”：《新旧思潮之激战》等等。1919年5月1日，《晨报》第7版出版“劳动节纪念”专号，这是中国报纸第一次出专版纪念这个全世界工人阶级的伟大节日。1919年5月5日，是马克思101周年诞辰纪念日，《晨报》第7版又特辟《马克思研究》专栏。以后，第7版又陆续刊载了不少翻译、介绍马克思著作，以及马、恩、列、李卜克内西、倍倍尔等的生平传记类文章。总之，“这一版所以能做好这些工作，李大钊的组稿和支持有决定性意义。”⑮

从1920年起，《晨报》第7版的内容又有所变化。由于当时马克思主义思想宣传的中心逐渐转移到上海，《晨报》第7版也逐渐把主要版面用来刊载文学作品，提倡新文学。到这一年的7月，《晨报》第7版改由孙伏园主编。孙接编后，“萧规曹随”，继续对第7版进行改革。他“很想从这几方面把附刊的影响扩大到全报：

第一，附刊是白话的；第二，附刊是加标点的；第三，附刊是学术性的，但又比较趣味化”⑯。在孙伏园的主持下，1921 年 10 月 12 日，《晨报》第 7 版开始从报纸正张独立出来，改成单独另出一页的 4 开 4 版小报形式发行。因随同《晨报》附送，故叫《晨报附刊》。《晨报附刊》这个名字是由鲁迅先生取的。由于总编辑蒲伯英在书写报头时，把“附刊”误写成“副镌”，所以报头是“晨报副镌”4 个大字，但为尊重鲁迅先生的原意，报眉小字仍排“晨报附刊”。我国报纸很早就刊载具有副刊性的文字，但不称为“附刊”（副刊）。“附刊”名称见于报端者，当首推《晨报》。

《晨报副镌》是个综合性副刊，就其栏目来看，有《讲演录》、《论坛》、《评述》、《杂感》、《小品文》、《诗歌》、《小说》、《戏剧研究》、《传记特载》、《卫生浅说》等等。从内容上看，它注重介绍新知识、新思潮，提倡新文艺；对欧、美、日本等国的自然科学、社会科学论著，也不遗余力地加以译述和评介。尤其是在提倡新文学、发展新文学方面作出了重要贡献。当时著名的作家如鲁迅、周作人、胡适、刘半农、杨振声、谢冰心、许钦文、蹇先艾、叶圣陶等，都是《晨报副镌》的撰稿人。《晨报副镌》除委任了像鲁迅的著名中篇小说《阿 Q 正传》（从 1921 年 12 月 4 日起连载发表）和杂感、翻译外，还发表了大量的白话小说、诗歌和剧本。另外，还译载了大量的世界近、现代著名作家的作品，体裁包括小说、诗歌和剧本。这些对于中国新文学的发展，产生了重大影响和借鉴作用。

1924 年 10 月间，因为代理总编辑刘勉己无理抽去已发排的鲁迅的《我的失恋——拟古的新打油诗》一事，孙伏园愤而辞职，于 10 月 24 日脱离《晨报》。⑰算起来，孙伏园编《晨报副镌》前后有 4 年多的时间。

《晨报副镌》在孙伏园辞职后，接连换了好几茬编辑，大为逊色。1925 年 4 月 1 日起，刊头《晨报副镌》改为《晨报副刊》。到 1925 年 10 月 1 日，《晨报副刊》从当日出版的第 49 期（1283 号）起，开始由“新月派”重要人物徐志摩主编。徐在当天的《晨报副刊》上发表了长达三四千字的“宣言书”：《我为什么来办，我想怎么办》，以说明他的办刊宗旨和“鸿图大略”。他宣称：“(《晨报》) 赞成我来办《晨报副刊》，第一步逼死别家的副刊，第二步掐死自己的副刊，从此人类可永免副刊的灾殃。”这句话说得很俏皮，充分反映了徐志摩和“新月派”的自负：他们要把《晨报副刊》办成全国第一流的副刊，在竞争中打垮别的副刊。接着他又开列了一大串名作家的名字，几乎将学界名流全网罗进去，说明《晨报副刊》的稿源将是多么丰富。以后，徐志摩离开《晨报副刊》以后，该刊又由瞿世英等接编，直至 1928 年 6 月 5 日，随着《晨报》的停刊而停刊。

【《京报副刊》】 《京报副刊》是北京《京报》的副刊。《京报》由“五四”前后著名新闻记者邵飘萍创办，1918 年 10 月 5 日在北京创刊，日出对开 4 版，社址起初设在北京南城珠巢街，后搬到新华街小沙土园。社长由邵自任，总编辑为潘公弼。五四运动爆发后，邵飘萍在报上揭露北洋军阀政府卖国罪行，触怒当局。1919 年 8 月 22 日，段祺瑞政府下令封闭《京报》馆，并通缉邵飘萍。邵被迫逃往日本，经张季鸾的推荐，担任大阪《朝日新闻》社的记者。1920 年秋，安福系军阀倒台，邵从日本回国，于 9 月 7 日恢复出版《京报》，并建新报馆于宣武门外骡马市大街魏染胡同。到 1922 年 2 月，《京报》特辟《莫斯科通讯》专栏，热情报道前苏联政治、经济情况。“二七”大罢工期间，《京报》经常报道罢工消息，支持工人的斗争。在 1925 年五卅运动期间，《京报》撤掉所有英、日商广告，用整版篇幅报道惨案发生经过，揭露帝国主义的残暴。1926 年“三一八”惨案发生时，邵飘萍又撰文谴责段祺瑞政府的暴行。冯玉祥的国民军进驻北京时，邵同情国民军，反对“讨赤”，并多次揭露奉系军阀张作霖亲日卖国的行径。1926 年 4 月，国民军退出北京，奉系军阀入关进占北京。4 月 26 日，邵飘萍被奉系军阀以“宣传赤化”罪名杀害，《京报》也随之停刊。1928 年 6 月 12 日，在邵夫人汤修慧的主持下，《京报》恢复出版，直至 1937 年 7 月 28 日终刊。

《京报副刊》也是由孙伏园主编的。1924 年 10 月间，孙伏园辞去《晨报副刊》主编职务后，《京报》社长邵飘萍很快就邀请他去办《京报副刊》。起初，孙伏园还有些犹豫："我觉得京报的发行数少（约三四千份，晨报有将近1万份），社会地位也不如晨报，很不想去。但鲁迅先生却竭力主张我去京报，他说：一定要出这口气，非把京报副刊办好不可。"⑱孙伏园在鲁迅的鼓励和支持下，于1924年12月5日创刊了《京报副刊》。在《京报副刊》的第1号上,孙伏园发表一篇《理想中的日报附张》的文章,实际上是该刊的发刊词,集中反映了他办副刊的指导思想和他的副刊理论,也成为今日研究副刊史的重要文献。

《京报副刊》从1924年12月5日创刊，到1926年4月24日随着《京报》被封而停刊，前后共出版477期，存在了近一年半时间。

孙伏园（公元1894—1966年），我国现代著名的报纸副刊主编。原名福源，浙江绍兴人。早年曾就学于浙江绍兴山会初级师范学堂。辛亥革命爆发后，浙江光复，绍兴军政府委任周豫才（周树人，即后来的"鲁迅"）为绍兴初级学堂监督，孙伏园因此而结识鲁迅先生及其胞弟周作人。1917年秋，孙因周作人之荐，进北京大学为旁听生。五四运动时期加入文学团体"新潮社"，任干事。参与《新潮》月刊的编辑工作，并主编北京《国民公报》副刊，开始了"报人生涯"。《国民公报》被封（1919年10月25日）后，于1920年7月转到《晨报》编第7版（文艺栏）。1921年10月12日起，第7版改为《晨报副镌》，孙仍任主编。1924年12月5日，孙伏园又主持创刊《京报副刊》，直至1926年4月24日《京报》被奉系军阀查封。同年，孙伏园由京南下到厦门大学，任该校国学研究所编辑部干事。旋因厦大"正人君子们"的排斥，转赴广州，担任《民国日报》副刊编辑，并兼任广州中山大学史学系主任。1927年2月，孙伏园应邀赴武汉，担任武汉国民政府机关报《中央日报》副刊《中央副刊》总编辑。《中央副刊》随《中央日报》（汉口版）于1927年3月22日创刊，同年9月1日停刊，共出159期。该刊每天出一"号"（期），每号篇幅共2张8版，是当时办得很有特色的进步副刊。

在孙伏园的主编下，《中央副刊》仅出6天后，于第7号

（1927年3月28日）头版头条刊载毛泽东同志的重要文章《湖南农民运动考察报告》。该刊还连载过郭沫若的长篇讨蒋檄文《脱离蒋介石以后》，在当时影响极大。1927年7月15日，继“四一二”上海政变后，武汉汪精卫政府也发动反革命政变。到8月中旬，《中央副刊》开始大转向，变成了一个反动副刊。大革命失败后，孙伏园于1927年冬去上海，创办“嘤嘤书屋”，并主编《贡献》旬刊、《当代》月刊。1929年3月赴法勤工俭学，直至1931年5月间回国。旋应晏阳初的邀请，在河北定县从事平民教育工作，主编《民间》杂志。抗战期间，于1940年初到重庆，主编《中央日报》副刊《中央副刊》，并于1942年1月24日至2月7日，在该刊上用了10多个版面连载郭沫若的著名历史剧《屈原》，影响巨大。抗战胜利后，先后执教于成都齐鲁大学、华西大学及重庆平教会乡建学院等大专院校，还担任过成都《新民报》副刊主编。重庆解放后，任重庆市人民代表、全国文联委员。1950年2月到北京，任出版总署版本图书馆馆长。1966年1月2日在北京病逝，终年72岁。

第四节　中国无产阶级新闻事业的诞生

一、《新青年》的改组、《共产党》月刊及“华俄通讯社”的创办

五四运动后，随着马克思主义的广泛传播，新文化运动的统一战线开始分化，一批激进的民主主义者及先进的知识分子迅速走向马克思主义的科学社会主义道路。同时，随着马克思主义同中国工人运动的初步结合，建立工人阶级革命政党的任务被提上了日程。不久，在列宁领导的第三国际（即共产国际）的帮助下，中国工人阶级政党的筹建工作开始进行。1920年8月，首先在上海成立了共产主义小组，这是中国共产党的发起组和联络中心。1920年10月，北京也成立了共产主义小组。1920年秋及1921年春，武汉、长沙、济南、广州等地的共产主义小组也相继成立。各地共产主义小组成立以后，为了有计划、有组织地传播马克思主义，进一

步促进马克思主义同中国工人运动的结合；为了宣传共产党的基本知识，为党的创建作思想上组织上的准备；为了同反马克思主义的思潮及打着“社会主义”旗号的资产阶级改良主义展开论战，便纷纷创办了一批报刊及通讯社。这样，我国无产阶级的新闻事业就应运而生。其中影响最大的是改组后的《新青年》和《共产党》月刊及“华俄通讯社”。

【《新青年》的改组】　1920年初，陈独秀由京返沪，将《新青年》编辑部设在法租界环龙路老渔阳里2号（今南昌路100弄2号）自己的寓所内。他又在法大马路大自鸣钟对面（今金陵东路279号）设立新青年社，专门办理发行事宜，由他的安徽同乡苏新甫任经理。

1920年3月，共产国际派魏金斯基（一作“维经斯基”）到中国，会见李大钊；4月到上海，会见陈独秀。随后，陈独秀等人开始酝酿筹建上海共产主义小组。1920年8月，上海共产主义小组正式成立，《新青年》从1920年9月出版的8卷1号起，实际上成了中国共产党上海发起组的机关刊物。其性质也发生了变化，由革命民主主义的刊物而转变成为社会主义刊物。归纳起来，《新青年》改组的主要标志有三个方面：一是组织方面。编辑部由当时中共上海发起组的负责人陈独秀主持。上海发起组的成员陈望道、李达、李汉俊等人也加入编辑部，成为编撰骨干，增强了《新青年》的阵容。这就从组织上保证了中共上海发起组对《新青年》的领导。二是经济方面。在印刷发行上，改变了原来依赖上海群益书局代理的局面，专门成立了“新青年社”，独立自办印刷发行。三是编排形式和宣传内容方面。《新青年》从8卷1号起，版面编排及内容发生了明显变化。这一期的封面正中绘着一幅地球图案，在其东、西两半球上各伸出两只强劲有力的大手紧紧相握，寓含有中国人民与十月革命后的前苏联人民必须紧密团结之意，也表示全世界无产者团结起来的意思。这一期发表了陈独秀《谈政治》一文，指出人类不可能脱离政治，并批评了假社会主义和无政府主义，歌颂了无产阶级革命“强权”和“列宁的劳农专政”，指出“人类底强权也算一种自然力，利用他也可以有一种排除黑暗障碍的作用”。批评无政府主义者因噎废食，闭起眼睛反对一切强权，“实在是笼统的、武断的，决不是革命的”。同时，从8卷1号起，增辟《俄罗斯研究》专栏，刊登由李汉俊、杨明斋、袁振英、陈望道、李达、沈雁冰等人介绍十月社会主义革命和苏维埃俄国情况的文章。这些文章一般都是从当时能搜集到的英、美、法、日等国报刊上翻译过来的。从8卷1号至6号的半年中，《新青年》译载的这类文章有30余篇。

在1920年12月1日出版的《新青年》8卷4号上，陈独秀又汇辑“关于社会主义的讨论”的论战文章多篇，其中包括张东荪宣扬基尔特社会主义的7篇文章及陈独秀的《致罗素先生的信》、《复张东荪先生的信》，陈望道的《评东荪君的又一教训》等批驳张东荪的文章，记录了中国早期马克思主义者与中国基尔特社会主义者之间关于社会主义论战的情况。

由于改组后的《新青年》加强了无产阶级革命、无产阶级专政及社会主义的宣传，政治色彩浓烈，引起了《新青年》原北京编辑部成员胡适的反对。1920年底至1921年初，他写信给陈独秀，指责改组后的《新青年》“色彩过于鲜明”，并提出要把《新青年》再“移回北京”，“改变内容”，并“宣言不谈政治”。后来，胡适这一欲把《新青年》迁回北京编辑出版、以利以他为代表的资产阶级右翼操纵和把持的图谋，受到陈独秀、李大钊、鲁迅等人的反对，因而未能得逞。[19]

1920年12月16日，陈独秀应广东省长、粤军总司令陈炯明之邀，由沪赴穗，担任广东教育行政委员会委员长。上海《新青年》编辑部由陈望道、李汉俊等负责。《新青年》出到8卷6号付排时，全部稿件均被法租界巡捕房包探从印刷厂搜去，以致不能如期出版。直至1921年4月1日才在广州重新编辑、印刷出版第8卷6期。1922年7月，《新青年》停刊。直至1923年6月15日改出《新青年》季刊第一期。该期为《共产国际号》，首载《国际歌》及乐谱，由“广州平民社”出版。季刊由瞿秋白主编，共出4期。1925年4月后，《新青年》便改为不定期出版，直至1926年7月出满5期后最后停刊。

【李达与《共产党》月刊】　据李达回忆：1920年8月间，中共上海发起组在《新青年》杂志社内成立后，“当时党的上海小组的工作分两部分：一是宣传工作，一是工运工作。宣传方面，决定把《新青年》作为公开宣传的机关刊物，从8卷1号开始；另行出版《共产党》月刊（报纸16开本，约32面），作为秘密宣传刊物，1920年11月间出了创刊号，这刊物的内容主要是刊登第三国际和苏俄的消息、各国运动的消息”[20]。

《共产党》月刊于1920年11月7日（十月革命胜利3周年纪念日）创刊，16开本，每期50面左右，由李达主编。其社址也与《新青年》一样设在上海环龙路老渔阳里2号（今南昌路100弄2号）。[21]当时，陈独秀在这里主编《新青年》，李达则在这里负责主编《共产党》月刊。《共产党》月刊在老渔阳里2号一个不足6平方米的小亭子间里编了两期后，又迁到上海成都北路辅德里30号李达家里。李达当时是上海发起组的宣传委员，所以这里也是早期党组织的宣传机关所在地。除《共产党》月刊在这里编辑外，当时党的早期组织在上海的秘密出版机构“人民出版社”编辑部也设在这里。1922年7月，中国共产党还在这里举行过第二次全国代表大会。

《共产党》从1920年11月7日创刊，到1921年7月7日停刊，前后共出了6期。它是秘密发行的党内机关刊物，也是党在创建时期宣传马克思主义、进行党的基础知识教育的一个重要理论刊物。该刊第一次在中国树起了“共产党”的大旗，喊出了“共产党万岁”的口号，阐明了共产党人的基本主张。该刊《短言》明确宣告，“我们中国共产党在中国有两大使命，一是经济的使命，一是政治的使命”；号召中国无产阶级“举行社会革命，建立劳工专政的国家”；“跟着俄国的共产党一同试验新的生产方法”。根据建党工作的需要，这个刊物着重宣传列宁的建党学说和共产党的基本知识，介绍俄国共产党和国际共产主义运动中建党的经验，批驳资产阶级改良主义和无政府主义思潮，探讨中国革命的理论及实践问题。特别对“为什么要建党”、“建立什么样的党”、“党在中国应该干什么”等一些必须首先应该明确解决的原则问题，它“都作了系统的宣传，并且收到了实际的效果”。[22]它先后刊登了《国家与革命》（第一章）、《俄国共产党的历史》、《列宁的历史》、《美国共产党党纲》、《社会革命商榷》、《无政府主义之解剖》、《加入共产国际的条件》等一系列重要资料和文章，成为早期共产主义者学习党的基础知识的必读教材，也是各地共产主义小组交流思想、沟通信息、酝酿建党的一条纽带。因此，博得了共产主义者的一致好评。毛泽东在1921年10月21日给蔡和森的信中说：《共产党》月刊“颇不愧‘旗帜鲜明’四个字”。[23]他还把该刊刊载的《俄国共产党历史》、《列宁的历史》等文章，推荐给长沙《大公报》发表。李大钊领导的北京马克思学说研究会也在一则《通告》中向会员和进步学生热情推荐这个刊物。

当时，在北洋军阀及帝国主义租界当局的反动统治下，《共产党》月刊作为传播共产主义理论、筹建党的组织的党刊，是秘密出版发行的。主编者随时都冒着被搜捕、坐牢，甚至杀头的危险。该刊所载文章，都用笔名或化名发表，如：李达用“胡炎”、“江春”，沈雁冰用“P生”，施存统用“CT”，李汉俊用“汗”等署名。第3期所载首篇文章《告农民》的第一面就没有原文。编者特标明“此面被法捕房没收去了”几个醒目大字，表示对帝国主义租界当局的揭露和抗议。这可能是“五四”时期以来革命报刊第一次“开天窗”。此外，出版经费也很困难，主编李达和当时在商务印书馆当编辑的沈雁冰商量，大家写稿子卖给商务印书馆，以所得稿费充作党刊的出版经费。有时，从写稿到校对、出版、发行，全部工作几乎由李达一个人承担。到1921年7月，中国共产党“一大”后，《共产党》月刊完成了它在建党时期的历史使命后停刊。

作为《共产党》月刊主编者的李达，为该刊的编辑、出版、发行作出了巨大贡献。李达（公元1890—1966年），字永锡，号鹤鸣。中国共产党主要创始人之一，著名马克思主义启蒙思想家、哲学家和教育家。1890年10月2日出生于湖南零陵县（今属冷水滩市）一个佃农家庭。6岁上私塾读书；15岁考入永州中学，享受公费。1909年秋，考入京师优级师范（北京师范大学前身）。

1911 年秋，武昌起义后，京师优级师范停办，他返回故乡。后就读于湖南工业专门学堂。1913 年以优异成绩考取湖南留日官费生，在东京就读一年，因患肺病辍学回国。1917 年春，再次东渡日本，考入东京第一高等学校（即帝国大学预科），学习理科，并开始研究马克思主义理论，投入留日学生反帝反封建的革命斗争，于 1918 年 5 月间归国。同年 6 月再赴日本，放弃理科学习，专攻马列主义理论。五四运动爆发后，在《民国日报》副刊《觉悟》上发表大量文章，向国内系统介绍马克思主义哲学、政治经济学、科学社会主义理论。1920 年夏，离日本回国，立即到上海与陈独秀交换意见，投入创建中国共产党的活动。1920 年 8 月，由陈独秀、李汉俊、李达、沈玄庐、陈望道、俞秀松、施存统等共同发起组织中国共产党（后被称为中国共产党上海发起组）。1920 年 11 月 7 日，负责主编中国共产党第一个党刊——《共产党》月刊。同时，参与改组后的《新青年》的编辑工作，并为该刊撰写、翻译了很多重要文章。1921 年 7 月中共“一大”后，主持党的第一个地下出版社——人民出版社的工作。1923 年 4 月起，担任湖南自修大学校刊《新时代》月刊主编。1924 年脱党后，长期从事理论研究及教育事业。1949 年 12 月，重新加入中国共产党，历任湖南大学、武汉大学校长及第一任中国哲学学会会长等职。1966 年 8 月 24 日含冤去世，终年 76 岁。主要著作收入《李达文集》中。

【杨明斋与“中俄通讯社”】　“中俄通讯社”（后改称“华俄通讯社”）是我国第一个无产阶级通讯社，也是中国共产党创办的第一个通讯社。该社于 1920 年 7 月创办，由杨明斋任社长，社址设在上海霞飞路新渔阳里 6 号（今淮海中路 567 弄 6 号）。这所房子在 1919 年前后原是戴季陶租住的，他当时在这里编辑《星期评论》。1920 年 3 月中、下旬，戴季陶搬迁到别处住。适逢共产国际代表魏金斯基到沪，就由杨明斋经手，把这所房子租赁下来，使之成为早期上海共产主义小组的活动场所，也是中共成立前后最早的活动机关。早年，中国共产党第一个干部学校“外国语学社”和“社会主义青年团临时中央”以及“中俄通讯社”都设在这里。此地离陈独秀寓所老渔阳里 2 号较近，联系较为方便。

“中俄通讯社”是共产国际代表魏金斯基一行到上海后不久，由共产国际工作组建立的第一个公开活动机构。通讯社的主要任务是沟通中、俄两国人民之间的相互了解，在中国广泛传播马克思主义，宣传十月革命的经验。它的工作，一方面是翻译来自俄国和共产国际的大量材料及报道有关消息，另一方面把中国报刊上的重要消息选译为俄文，通过电报发往莫斯科，在前苏联报刊上发表。前者稿源大部分来自苏俄的莫斯科、海参崴、赤塔等地，也有少量消息转译自英、美、法等国的报刊杂志，稿件内容包括政治、经济、文教、战事、工运、妇运等。形式上有长篇专访、演讲、消息等，以及组织机构介绍、革命人物评介等。1920 年 7 月，中俄通讯社在《民国日报》上发表第一篇稿件《远东俄国合作社情形》。

1920 年 8 月，中共上海发起组成立后，该社改由上海发起组领导，社长仍由杨明斋担任。嗣后，中俄通讯社在发起组的机关刊物《新青年》和发起组成员主编的《民国日报》等有影响的报刊上，陆续发表了许多消息、通讯和各类文章，收到了很好的效果。如从 1921 年元月起，中俄通讯社就在《民国日报》上连续发表了《新俄国组织汇记》、《布尔什维克沿革史》、《列宁小史》、《列宁关于劳动底演说辞》、《列宁答英记者质问》等文，向中国人民真实地介绍了俄国革命的情况。当时，上海各报刊刊登的世界新闻，多由资本主义国家通讯社提供，它们对列宁领导的社会主义俄国多作歪曲报道，甚至恶毒攻击。而军阀政府为维护其反动统治，也极力封锁十月革命的消息，歪曲革命的前苏俄的形象。在这种情况下创办起来的中俄通讯社，不啻为中国人民真实了解俄国革命情况，打开了一扇明亮的窗口。据不完全统计，该社从 1920 年 7 月至 1921 年 7 月的一年间，仅在上海报刊上发表的文章就有 140 余篇。1921 年 7 月中国共产党正式成立后，在相当长的一段时间里，该社仍以“华俄社”的名称在许多报刊继续发稿。[24]

杨明斋领导的“中俄通讯社”在中国共产党的筹建过程中，发挥了一定的作用。杨明斋系山东平度县西乡马戈庄人。1882 年 3 月出生于一个农民家庭。早年由于生活所迫，流落到沙俄统治下的海参崴及西伯利亚。十月革命前夕，他加入列宁领导的布尔什维克党。1920年4月受共产国际的派遣，陪同魏金斯基前来中国帮助中共建党。当时他是魏金斯基的向导、助手和翻译。他们对推动和促进中国共产党的诞生起了很大作用。中共上海发起组成立前后，杨明斋主持了“中俄通讯社”和“外国语学校”（专门培训进步青年赴俄深造）等，为中共建党作了大量工作。1925年10月，前苏共为纪念孙中山，决定成立莫斯科中山大学，为中国革命培养人才。杨明斋亲率第二批学员赴前苏联，直至1927年奉命再度回中国。1930年再到前苏联，后病死在伊尔库茨克。[25]

二、《劳动界》等一批工人报刊的出现

1920年下半年，上海、北京和广州等地的共产主义小组成立以后，便立即在工人中进行革命活动。他们组织工人俱乐部，成立工会，创办工人夜校，努力把马克思主义与工人运动结合起来，并相继创办了以“劳动”二字命名的《劳动界》、《劳动音》、《劳动者》等刊物，[26]这是我国第一批以工人为读者对象、用通俗的语言向工人宣传马克思主义的刊物。

【《劳动界》】 《劳动界》是中共上海发起组于1920年8月15日创办的，系周刊，32开本，每期16页。这是我国第一个以马克思主义作指导的工人刊物。主编李汉俊。该刊内容略分《国外劳动界》、《国内劳动界》、《演说》、《读者投稿》、《时事》、《小说》、《诗歌》、《调查》、《通信》、《闲谈》等10余个栏目。其宗旨是用通俗易懂的语言和生动具体的事例，向工人传播马克思主义学说（如“剩余价值”学说），揭示工人所受剥削与压迫的根源；鼓动工人联合起来，组织起来，结成团体，为解放自己、为“改良劳动阶级的境遇而斗争”。同时大量报道上海和国内外工人运动情况，尤其注重报道各地工人成立工会、开展罢工斗争的消息。《劳动界》所载文章深入浅出、通俗易懂、简短精悍，深受工人读者的欢迎，被他们誉为自己的“喉舌”和“明星”。《劳动界》可说是我国革命的先进的知识分子向工人宣传马克思主义的最早尝试。

【《劳动音》】 《劳动音》是北京共产主义小组于1920年11

月7日（十月革命节）创刊的。该刊也是周刊，其版式大小与《劳动界》完全相同。1920年12月5日出至第5期后，遭北洋军阀政府查禁而停刊。据说，后又改名《仁声》继续出版。《劳动音》在长辛店（当时北方工人运动的发源地）、南口等地工人聚集区发行后，颇受工人欢迎，每期可销售2 000份左右。在华北一带工人中也有很大影响，被誉为“劳动者的喉舌”。该刊编辑部设在北京大学，主编者有邓中夏（笔名“心美”）及北大旁听生陈德荣（湖南浏阳人）、罗章龙等。该刊第一期刊载了邓中夏以“心美”笔名撰写的发刊词《我们为什么出版这个〈劳动音〉呢?》，指出出版该刊的目的在于“阐明真理，增进一般劳动同胞的智识；研究些办法，以指挥一般劳动同胞”；“记述世界劳动者的运动状况，以促进国内劳动同胞的团结，及与世界劳动者携手，共同去干社会改造的事情。”其宗旨大体与《劳动界》相同，即提高工人的觉悟，促进工人的团结，推动工人运动的发展。

《劳动音》很重视对工人进行马克思主义教育，指出过去革命知识分子从事社会主义运动的主要缺点是“只向智识阶级作学理的宣传，而不向无产阶级作实际的运动”；“只立一种最高尚最圆妙的自由分配制度为目的，偏不讲求达到目的之方法”，结果一定流于空谈。现在“社会主义已经不是空想”的时候了，应积极从事于实际的运动即教育与组织工人的工作。

《劳动音》有一个鲜明的特点是：对工人群众进行教育，不是采取一般抽象的理论宣传与说教，而是通过具体事实和典型事件来进行，这样更容易为广大工人所接受，迅速提高阶级觉悟。

【《劳动者》】 《劳动者》是广东共产主义小组于1920年10月3日在广州创刊的，也是周刊，也是32开本。到1921年1月2日停刊，共出8期。先由广州《天民报》、后由《群报》总经销。该刊创刊的目的也是向工人灌输马克思主义，从而进一步将工人组织起来，推翻现存制度，实现社会主义。当时人们曾将《劳动者》和《劳动界》、《劳动音》誉为三兄弟刊。但从内容上看，《劳动者》比《劳动界》、《劳动音》要逊色得多。由于当时广东共产主义小组成员多为无政府主义者，致使该刊也宣传了工团主义和不要政党、不要无产阶级专政的无政府主义思想。

第五节　"五四"时期新闻事业的改革及新闻学研究的发轫

一、报刊内容与形式的改革

"五四"时期是我国报刊业务全面改革的时期，无论内容，还是形式，都发生了一系列重大变化。主要包括以下几个方面。

【报纸副刊的改革】　我国报纸副刊的根本改革，可以说是从"五四"时期开始的。我国报纸副刊有很长的历史。在近代最早的中文报刊上，就开始刊登带文艺性、知识性、趣味性的副刊文字，以引起读者的阅读兴趣。1872 年《申报》创刊后，也经常在新闻之间或新闻记载之余幅，刊载文人竹枝词及经过编译的域外小说，以此调剂版面，供人消遣。1897 年 11 月 24 日开始出版的报纸副刊——上海《字林沪报》的《消闲报》，是我国报纸最早的专页文艺副刊。以后各报纷起仿效，报纸副刊渐渐风行。内容大多为游戏笔墨，属消闲性质，作为人们茶余饭后的谈资。有时还刊登一些谈风月、说勾栏的黄色材料。辛亥革命时期，资产阶级革命派报纸的副刊，如《中国日报》的《鼓吹录》、《国民日日报》的《黑暗世界》等，开始在副刊栏目上刊载宣传革命的文字，与正张配合，从而对副刊进行了初步的改革。但从总的情况看，仍未脱离传统副刊消闲性质的窠臼。总之，"五四"以前的报纸副刊，大多属于消闲性质，其内容主要刊载旧体诗词、掌故传奇，以及才子佳人式的短篇小说，勾栏妓院的风流韵事等等，以迎合封建文人的闲情逸趣和城市小市民寻开心、找刺激的心理状态。大多数报纸副刊与当时流行的专以登载低级趣味、甚至黄色下流文章的小报属于同一类型；格调低，不被人们重视。

到了"五四"时期，报纸副刊（特别是"四大副刊"）无论形式、还是内容，从作者群到读者群，都发生了根本的变化：以前副刊属消闲遣闷的工具，属茶余酒后的谈资，这时的副刊成了新文化运动的宣传阵地；以前的报纸副刊采用文言文，这时的副刊在报纸上最先“白”起来，普遍采用白话文；以前副刊是封建文人的独占地盘，这时的副刊成了思想交锋的论坛，无论是学者、专家，还是青年学生，都可以在上面发表文章，展开辩论，形成了民主、自由的学术气氛；以前副刊的读者对象主要是封建文人、城市小市民，这时的副刊成了知识分子、青年学生获取新知的重要途径。总之，“‘五四’时期报纸副刊的根本改革在于打破了副刊的消闲的低级趣味的性质，使之成为思想上和文艺上予社会以重大影响的工具，成了进行尖锐的思想斗争的武器。这种改革使副刊在我国报纸上稳定地占据了特殊地位”，成为“我国报纸的独特传统。”㉗

【白话文的广泛运用】 在报刊上采用白话文并不是从“五四”时期才开始的。早在清末就出版过好几种类型的白话报刊。最早的白话新闻报是《民报》，它创刊于1876年3月30日（清光绪二年三月初五日），由上海《申报》馆出版发行，是供识字不多的店员、工人、妇孺等类人阅读的。该报被新闻史家称为“白话报之祖”（胡道静语）。此后，在戊戌变法和辛亥革命时期又出现了两个创办白话报刊的高潮。戊戌变法时期，改良派为“开发民智”的需要，曾尝试性地创办过好几家完全用口语编写出版的白话报刊，如1897年10月在上海创刊的《演义白话报》、1898年5月11日在无锡创刊的《无锡白话报》等。辛亥革命时期，革命派为了在识字不多、文化程度不高的民众中进行革命思想的启蒙宣传，又先后创办了《常州白话报》（1900年）、《杭州白话报》（1901年6月20日创刊）、《中国白话报》（1903年12月19日创刊）、《安徽俗话报》（1904年3月31日创刊）等。总之资产阶级改良派和革命派为“开发民智”和进行革命思想的启蒙而创办的一些白话报刊，虽然在当时有很大的进步意义，但在社会上还没有形成很大的影响，也未引起社会的重视。总的来看，白话文还被封建士大夫们认为是“贩夫走卒”、“引车卖浆之徒所操之语”（林琴南语），是不登大雅之堂的。而办白话报也往往被人看做是“俯就愚民”，受到鄙视。

上述情况，到了“五四”时期便大不相同了。在“五四”时期，《新青年》最先打出反对文言文、提倡白话文的大旗，并身体力行，逐渐把自己改成了全部用白话文的刊物。当然，《新青年》本身改用白话文也经历了一个过程。它的第 1 卷（共 6 期）全是文言文，第 2 卷也绝大部分是文言文。直至第 2 卷第 6 期（1917 年 2 月出版）才开始破天荒第一次刊出了胡适的《白话诗八首》。第 3 卷第 4 期又刊登了胡适的 4 首《白话词》。这都是《新青年》最早刊登的白话文作品。但总的来看，上海时期《新青年》所载白话文作品，占篇幅极少。

在《新青年》第 3 卷第 6 期“通讯”栏里，钱玄同向陈独秀写信进一步建议：“我们既然绝对主张用白话体做文章，则自己在《新青年》里面做的，便应该渐渐的改用白话。我从这一书通信起，以后或撰文、或通信，一概用白话，就和适之先生做《尝试集》一样的意思。并且还要请先生、胡适之先生和刘半侬先生都来尝试尝试”，“我们正好借这《新青年》杂志来做白话文章的试验场。”这样，1918 年 1 月，《新青年》从由上海迁到北京出版的第 4 卷 1 号起，登载的白话文作品便渐渐多起来：4 卷 1 号发表了胡适等人的 9 首诗，4 卷 5 号又刊出了鲁迅的第一篇白话文小说《狂人日记》，到第 6 卷几乎全部采用白话文。像《新青年》这样大型的政论、学术及文艺性的综合性刊物改用白话文，是史无前例的。它对白话文的早期推行起了带头和示范作用，其影响是巨大的。一是对刊物的影响。《新青年》改用白话文后，继起的一批进步刊物也都采用白话文，如《每周评论》、《湘江评论》、《新潮》、《少年中国》等，都是比较著名的白话刊物。二是对报纸的影响。在一些著名的文言文大报上，也开始出现白话文副刊。以后，又由副刊的“白话化”逐渐扩展到正张。有人形象地说：“日报‘副刊’的编者与作者大都是新少年，所以白话化的也特别早。所以日报的白话化，同日报的标点分段一样，是从‘报屁股’上白起来的。现在有许多日报已经白到头上了，白话化到社论栏里了。可是中间的大部分——电报（电讯——引者注）与新闻都还是文言。”此外，由于《新青年》率先应用白话文，引起了人们观念上的大转变，以后逐渐确立了白话文、白话报刊的地位。以前在办报人的心目中，办“白话报是为‘他们’老百姓办的，不是给‘我们’读书人看的。民国七年复活的《新青年》杂志才有一班文人决心用白话为‘我们’自己做文章。”㉘

【新式标点符号的推广】 1917年初，当时担任北京高等师范学校教员兼北京大学文字学讲师、时年31岁的钱玄同，在胡适、陈独秀等提出“文学革命”的口号之后，也开始向《新青年》投稿及写公开信，赞同并提倡“文学革命”。这些公开信都分别发表在《新青年》第2卷的第6期及第3卷的第1~6期上。在这些文章中，钱玄同除从理论上倡导“文学革命”外，又对“文学革命”的具体问题，诸如语言、文字、语法及书写行款等，都提出了一整套改革设想和方案。如钱玄同在《论应用之文亟宜改良》（载《新青年》第3卷第5期第8页《读者论坛》栏）一文中特提出改革大纲“十三事”，其中最重要的有3条，即：第1条，用“国语”（白话文、普通话）作文；第8条，文章加新式标点符号；第12条，书写方式及报刊编排“改右行直下为左行横迤”（即“竖”改“横”）。这些新的倡议和方案的提出，对“五四”时期及以后的语言文字、标点符号及行款的改革和规范化，影响极大。

我国近代早期报刊的编排形式与古书差不多，从右至左竖行编排，往往一篇文章一大块、密密麻麻一大片。既无标点符号，也不分段，一篇文章就是一大段。读报如同读古书，得先断句，才能理会文意。后来产生的通俗白话报，为便利识字不多的下层民众阅读计，便把文章中每句话的末尾空一格，以代句读和标点符号（因当时还没有标点符号）。这样才有了“空格断句”的方法。最早采用这种方法是《申报》馆于1876年3月30日创刊的白话小报《民报》。以后创办的一些“官话报”、白话报、俗话报等通俗报纸，也大多采用这种方法编排。除了“空格断句”外，再就是“圈点”法，即在每句话的末尾打一个圆圈，以代句读。据胡适考证：“圈点的采用起于《新民丛报》时代的杂志，而最先影响到日报的社论一栏。《时报》、《南方报》、《神州日报》的论说都是采用圈点最早的。”但这种方法也有弊端，即它容易和文章家欣赏文字时所加的浓圈密点相混淆，失去断句的作用。

“五四”时期，在钱玄同的倡导下，《新青年》仍是从4卷1号起，在刊登白话文的同时，也开始试用新式标点符号。到第7卷第1号就基本成熟了，形成了一整套新式标点符号。7卷1号特公布《本志所用标点符号和行款的说明》，规范、统一所使用的标点符号，共13种。后来，许多报刊也都相继采用。其基本的标点符号，一直沿用至今。

《新青年》进行这些改革时，曾经历了一番和封建保守势力的斗争。黎锦熙先生在《钱玄同先生传》中回忆道：《新青年》4卷1号“是中国直行汉字而用新式标点符号排印的第一本书。出版时，许多人一见就哈哈大笑，以为怪物”。鲁迅先生则把这比做一场“大仗”，他说：那是“单是提倡新式标点，就会有一大群人‘若丧考妣’，恨不得‘食肉寝皮’的时候，所以，的确是‘大仗’”。㉙

【行款的改革及“竖”改“横”的倡导】 在“五四”时期，钱玄同又是提倡汉字竖写改为横写、报刊竖排改为横排的第一人。在1917年出版的《新青年》第3卷3号上，刊载了钱玄同致陈独秀讨论译文的一封公开信。钱玄同在信中首次提出汉字“竖”改“横”的见解，并从人体生理学的角度，生动有趣地从理论上说明汉字书写及排版“竖”改“横”的好处，他说：“我固绝对主张汉文须改用左行横迤，如西文写法也。人目系左右相并，而非上下相重，试立室中，横视左右，甚为省力；若纵视上下，则一仰一俯，颇为费力。以此例彼，知看横行较易于直行。且右手写字，正自左至右，无论汉文西文，一字笔势，罕有自右至左者。然汉文右行，其法实拙。若从西文写法，自左至右，横迤而书，则无一不便。我极希望今后新教科书从小学起一律改用横写，不必限于算学、理化、唱歌教本也。”不久，钱玄同又写信给陈独秀，敦促他将《新青年》“从第4卷1号起，就改用横式”。他在《新青年》第3卷第6号上还说：“近年以来，所出的杂志，我所看见的，第一个改横式的是美国留学生（留美学生——引者注）所办的《科学》。后来教育部出版的《观象丛报》也是用横式。这两种杂志都是讲科学的，常有算式、表谱嵌在文章中间。用横式便利，自不消说得。

至于别种杂志、书籍，即使不纯粹讲科学，或完全和科学不相干的（小说、诗歌之类），也是用横式比用直式来得便利。因为以后的中国文章中间，要嵌进外国字的地方很多。假如用了直式，则写的人、看的人，都要把本子直搬横搬，两只眼睛、两只手，都费力得很”，“况且眼睛是左右横列的，自然是看横比看直来得不费力。”因此“改直式为横式”，“于看、写二层都极有便利。”以后，《新青年》也开始对其部分内容进行横排的尝试。“竖”改“横”虽未广泛推广开来，但对后来的影响是极其深远的。㉚

总之，“五四”时期由于报刊版面、形式进行了这些重大改革，如白话文和标点符号的广泛运用，以及行款的改革（包括文章分段、每段起头空两格、横行排版）等，使报刊面目为之一新，豁然醒目，极大地便利了阅读。

二、驻外采访活动的蓬勃开展

【驻外采访的先河】 中国新闻界的驻外采访工作，是从19世纪末、20世纪初才开始的，而其渊源却可以追溯到19世纪中叶。可以说，中国的驻外采访活动和中国人的觉醒是同步进行的。在1840年的鸦片战争中，帝国主义的坚船利炮，打开了闭关锁国的中国的大门，也震醒了酣梦中的中国人，打开了他们的眼界。从此，中国人的眼光扩展到世界，也开始重视外国问题了。鸦片战争后，中国的知识分子、士大夫开始走出国门，“乘长风破万里浪”，漂洋过海，到泰西的欧美和扶桑日本去访问、游历、出使或留学，进行实地考察，开始了中国人“走向世界”的历史道路，也开创了新闻事业驻外采访的先河。

1866年，19岁的张德彝从京师同文馆毕业后，以见习外交官的身份，随同斌椿等访问欧洲，“这是中国近代第一次派人访问欧洲，是中西文化交流史上的一件大事”。在欧洲，他们前后共待了110天，游历了法、英、比利时、荷兰、汉堡、丹麦、瑞典、芬兰、俄国、普鲁士等17个国家及地区，饱览了异邦风物和当时欧洲最新的科学技术成就。张德彝在欧洲游历时，“采风问俗”、“悉心采访”；“周历各国，阅岁而后归。归来追述见闻，考核必精，记载必详”，写成《航海述奇》。该书叙述生动、详赡，现场感很强，反映了作者敏锐的观察力。

1875年，由于“马嘉理事件”，清政府派郭嵩焘为正使、刘锡鸿为副使，赴英办理此案。随后即长驻英国。这是清朝最早的驻外使臣。之后，又在德、美、日、法、俄等16国也陆续派驻了使臣。这样，出国的人便渐渐多起来了，记述海外风物、考察外国政治制度的游记也多起来了，其中，比较著名的如郭嵩焘的《使西日记》，曾纪泽的《出使英法日记》，薛福成的《出使四国日记》，蔡尔康等的《李鸿章历聘欧美记》，黎庶昌的《西洋杂志》，王韬的《漫游随录》、《扶桑游记》等，都是写得很好的。他们是我国驻外采访活动的先驱。有些作者在其游记中，对当时发生的重大事件都作了真实的记载。如张德彝对巴黎公社的叙述，王韬对1870年普法战争的叙述，现在都成了宝贵的历史资料。

【早期的驻外新闻采访活动】　我国新闻界专职的驻外采访工作，开始于19世纪末。在此之前，由于经济、人才等客观条件的限制，以及人们不重视国际新闻等主观原因，报纸没有专门的驻外记者。

最早重视驻外采访工作的是严复等在天津创办的《国闻报》。1897年10月26日《国闻报》创刊，严复在《〈国闻报〉缘起》中说，他们创办《国闻报》的目的是“通上下之情”、“通中外之故”，“尤以通外情为要务”。并声称“萃取各国之报凡百余种”，进行翻译；“延聘通晓各国文字之士凡十余人”，担任驻外新闻采访记者。但限于财力及人才等原因，《国闻报》并未完全实施。

到了1910年10月11日，资产阶级革命派著名报人于右任继《民呼日报》、《民吁日报》之后，又创办了《民立报》。该报在当时有一个很大的特色是重视国际新闻。它在欧洲、美国、日本等地，都有特派记者。报上时常刊登国外新闻专电，辟有《美国通信》、《英伦通信》等专栏。当时，《英伦通信》的作者就是该报驻英“特订通信员”杨笃生和章行严（士钊）。

杨笃生（公元1871—1911年），原名毓麟，又名守仁，号叔壬；笔名寒灰、卖痴子。湖南长沙人。是辛亥革命时期著名的报刊活动家、报刊评论家和驻外记者。1907 年 4 月，于右任在上海创办《神州日报》，杨应邀担任总撰述。1908 年春，杨笃生被留欧学生监督蒯光典聘为书记（秘书），随行至欧洲。1909 年冬，蒯回国；杨笃生则留英进入苏格兰的爱伯汀大学学习，同时担任《民立报》和《神州日报》驻欧特约通信员，为两报撰写“英伦通信”。他的长篇通讯，向国内读者报道了英国当时的政治动态，介绍了西方工党、社会党、无政府党等政党的活动情况，还介绍了英国报刊对远东问题的言论，以及留英中国学生社团的情况，在当时的读者中产生了很大影响。

章士钊（公元 1881—1973 年），湖南长沙人。也是辛亥革命时期著名的报刊评论家、报刊活动家和驻外记者。1903 年 5 月应聘为《苏报》主编。1903 年 8 月在上海创办《国民日日报》。1904 年因王之春被刺案，涉嫌被捕。出狱后赴日，1907 年转往英国苏格兰大学留学。和杨笃生一样，在留学期间，章士钊也担任了《民立报》驻欧特约记者。武昌起义爆发时，章士钊“首先打一个电报回来说：英国舆论主张对中国内政不加干涉。当时在国内革命进展史上有极大的影响”（于右任语）。

《民立报》的海外通讯和专电，深受读者的欢迎，就连当时上海著名的英文《泰晤士报》每月都订阅《民立报》的海外通讯稿。

【“五四”时期驻外采访活动的蓬勃开展】 1918 年，打了 4 年（1914—1918 年）的第一次世界大战结束。到 1919 年 1 月 28 日，属战胜国的协约国集团在巴黎召开缔结和约的会议，即“巴黎和会”，中国政府也派代表参加。当时在天津主编《大公报》的胡政之，也以《大公报》记者身份前往采访巴黎和会消息。他是采访这次重大国际会议的惟一中国记者。看到各国新闻记者云集，胡政之感慨地说：“彼时我国之新闻记者赴欧者只有我一人。和会里各国通讯社之记者，都坐在新闻记者席的面前，并备有纸笔。这种优待，我们中国便不能享受，因为中国就没有通讯社记者出席。当时我便觉到中国有组织一规模宏大通讯社之必要。”于是，胡政之在 1920 年回国后不久，即辞去《大公报》馆职务，于 1921 年 9 月间在上海创办了“国闻通讯社”。

1920年秋，上海《时事新报》和北京《晨报》“合筹经费，遴派专员，分赴欧美各国，担任调查通讯事宜”。这次两报共选派了16名特派记者与特约通讯员。人数之多，阵容之强，前所未有，开创了我国新闻界驻外采访的新纪元。当时《时事新报》、《晨报》两家曾刊出《共同启事》，全文如下：

> 吾国报纸，向无特派员在外、探取各国真情者。是以关于欧美新闻，殊多简略之处。国人对于世界大势，亦每因研究困难，愈趋隔阂淡漠，此诚我报一大缺点也。吾两报有鉴于此，用特合筹经费，遴选专员，分赴欧美各国，担任调查通讯事宜，冀稍尽吾侪之天职，以开新闻界之一新纪元焉。兹将已派定出发之各特派员姓名列左：
>
> 美国特派员　陈筑山
> 英国特派员　陈溥贤　刘秉麟
> 法国特派员　刘延陵
> 德国特派员　吴统续
> 俄国特派员　瞿秋白、俞濬庐、李续忠
> 再附列特约通讯员姓氏如下：
> 甲、《晨报》特约通讯员
> 美国特约通讯员　罗家伦
> 英国特约通讯员　傅于
> 法国特约通讯员　张若名女士、张崧年
> 乙、《时事新报》特约通讯员
> 英国特约通讯员　郭虞裳
> 法国特约通讯员　周太玄
> 德国特约通讯员　王若愚、格斯德夫 Gersdavff。㉛

从以上名单可以看出，派往苏俄采访的记者人数最多，力量也最强。瞿秋白、俞濬庐（颂华）、李续忠（仲武）3人是我国最早采访十月革命后苏俄实际情况的第一批新闻记者。1920年10月16日，他们一行3人便离开北京赴莫斯科。当时，中、苏交通阻隔，火车时开时停，他们一行从北京到莫斯科，旅途就花了3个多月的时间，于次年1月25日才到达莫斯科。一路上，在哈尔滨，在满洲里，以及苏俄境内的赤塔等地，瞿秋白就开始不断写一些通讯，报道他一路的见闻和观感（见1920年10月—1921年元月间《晨报》）。此后，在莫斯科的两年中，由于气候的寒冷和生活的艰苦，瞿秋白的肺病加剧，身体很差，常常病倒，但他还是顽强坚持大量采访活动。上至革命领袖列宁，下至幼儿园儿童，都曾是他的采访对象。他还阅读了大量的马列著作，世界观发生了深刻的变化。从1921年春到莫斯科，至1923年春回国，在旅居苏俄的两年里，瞿秋白写回大量的"通信"，分别在北京《晨报》和上海《时事新报》发表，对前苏联的政治、经济、文化、外交、党的建设、工人组织、农民问题、民族问题等作了系统的报导和介绍。据统计："秋白写的旅俄通讯，《晨报》从1921年6月到1922年11月发表出来的，就有35篇，16万多字。这些通讯，在当时《晨报》发表的中国人访俄的报道中占了一半以上。"[32]由于路途阻隔，还有大量的通讯稿在邮寄途中遗失掉了。另外，他还写了《新俄国游记》（原名《饿乡纪程》，1921年10月完稿，1922年9月由商务印书馆发行）和《赤都心史》（1921年11月完稿，1924年6月由商务印书馆发行）两部散文作品，以及《俄国文学史》和《俄罗斯革命论》两部学术著作。其中，只有《俄罗斯革命论》由于军阀政府的禁止，未能出版。

俞颂华、李仲武也写过一些"旅俄"通讯寄回国发表，如李仲武写的《莫斯科二月见闻录》（曾连载于《晨报》1921年6月24日—28日），俞颂华写的《旅俄之感想与见闻》（连载于1921年7月9日至9月5日《晨报》第7版。署名"澹庐"）、《俄国旅程琐记》（连载于1921年9月6日—15日的《晨报》）等。1922年2月间，瞿秋白、李仲武（宗武）在莫斯科东方大学旅俄支部加入中国共产党。因而，他俩也是我国最早的无产阶级驻外记者。[33]俞颂华则于1921年5月19日离开莫斯科，转到柏林任《晨报》、《时事新报》驻德记者，直到1923年底回国，前后历时两年半。在德期间，俞颂华又写了大量通讯，发表在北京《晨报》及上海《时事新报》上。[34]

几乎在瞿秋白等赴苏俄采访的同时，1920年11月，周恩来同志和天津“觉悟社”的部分成员，从上海坐船启程，赴法国勤工俭学。以后，周恩来还去过英、德等国，直到1924年夏回国。在旅欧的3年零7个多月（1920年底—1924年8月）的时间里，周恩来在紧张的做工、学习、革命活动之余，还为国内报纸写了大量的通讯稿，主要发表在天津的《益世报》上。这些“通信”（通讯）比较广泛地报道了欧洲政治、经济、工人运动的情况，以及中国旅欧留学生、华工的生活和斗争情况。后编成《周恩来旅欧通信》集，由人民日报出版社影印出版。

此外，这一时期上海地区新创办的《商报》（1921年1月1日创刊）也曾聘有“驻外特派员”，采访国外新闻，如王新命、龚德柏就曾担任过该报的驻日记者。[35]

三、新闻学研究及新闻教育事业的发轫

“五四”时期新闻事业的大改革，促进了我国新闻学研究及新闻教育事业的开展。

【最早的新闻教育及新闻学研究团体——北京大学“新闻学研究会”】 1918年10月14日，北京大学“新闻学研究会”正式成立，这是我国历史上第一个新闻学研究团体，也是我国新闻教育事业的权舆。“新闻学研究会”的成立与北大校长蔡元培是分不开的。蔡先生于1917年1月4日到北大视事。当时的北京大学，由于校长蔡元培锐意图新，大刀阔斧进行改革，实行著名的“思想自由”、“学术民主”、“兼包并容”、“百家争鸣”的办学方针，使北大的面貌发生了深刻的变化。更难能可贵的是，蔡元培对新思想、新思潮、新学术，热情提倡，竭力保护；鼓励学生办刊物，支持学生成立各种学会、研究会和社团，其中著名的如“新闻学研究会”、“马克思学说研究会”、“进德会”、“书法研究会”、“画法研究会”、“技击研究会”、“静坐会”（练气功）、“新潮社”等。一时间，各种研究会和社团如雨后春笋般涌现出来。“新闻学研究会”成立时，蔡元培被选为会长，他亲自为研究会拟定了简章。

简章规定：该会的名称叫“北京大学新闻学研究会”；“以研究新闻学理，增长新闻经验，以谋新闻事业之发展为宗旨”；主要目的是“灌输新闻知识，培养新闻人才”；研究内容略分6项，包括新闻的范围、新闻采访、新闻编辑、新闻标题的制作、新闻通信法、报社与通讯社的组织。参加该会的会员绝大多数是北京大学文、法科的学生，其中有不少是校内各种进步社团和刊物的活跃分子。

10月14日，“新闻学研究会”召开成立大会，[36]蔡元培亲临大会并发表了演说。他在“演说词”中说：“凡事皆有术而后有学。外国之新闻学，起于新闻发展以后。我国自有新闻以来，不过数十年，则至今日而始从事于新闻学，固无足怪。”接着，他概略地回顾了我国近代报业发展的历史，认为我国报业“惟其发展之道，全恃经验，如旧官僚之办事然。苟不济之以学理，则进步殆亦有限。此吾人所以提出新闻学之意也”。他还认为，“欧美各国，科学发达，新闻界之经验又丰富，故新闻学早已成立。而我国则尚为斯学萌芽之期”，必须“先介绍欧美新闻学，是为吾人第一目的。我国社会，与外国社会有特别不同之点。因而我国新闻界之经验，亦与外国有特别不同之点。吾人本特别之经验而归纳之，以印证学理，或可使新闻学有特别之发展，是为吾人第二目的”。最后，他还对我国报纸中“常有猥亵之纪闻”，指出“新闻自有品格”，“此不特新闻家自毁其品格，而其贻害于社会之罪，尤不可恕”。

“新闻学研究会”的具体工作由刚从美国密西庚大学研究新闻学学成归国、当时正担任北大校长办公室秘书和《北京大学日刊》编辑处主任的徐宝璜教授主持。担任讲课的导师有两个人：一个是徐宝璜（当时年仅25岁），另一个是《京报》社长邵飘萍。每星期一、三、五晚上7~9点钟为授课时间。

1919年10月16日，“新闻学研究会”举行第一期结业仪式，[37]蔡元培又亲临结业典礼，发表“训词”，其中说：“今日为本校新闻学研究会之第一次结束。本校之有新闻学研究，于中国亦实为第一次”。对“新闻学研究会”作了很高的评价。会上还由蔡元培向参加听讲的55名会员颁发了证书，其中获听讲一年证书者23人：陈公博、何邦瑞、谭植棠、区声白、倪世积、谭鸣谦（平山)、黄欣、严显扬、翟俊千、张廷珍、曹杰、杜近渭、徐思达、杨亮功、章韫胎、傅馥桂、温锡锐、缪金源、冯嗣贤、肖鸣籁、欧阳英、丘昭文、罗汝荣。获听讲半年证书者32人：李吴桢、陈秉瀚、徐恭典、朱云光、姜绍谟、来焕文、马义述、杨立诚、易道尊、毛泽东、罗璈阶（章龙）、钟希尹、常惠、吴世晋、王南邱、鲍贞、韩荫谷、陈光普、朱存粹、华超、朱如濡、舒启元、刘德泽、梁颖文、倪振华、杨兴栋、曲宗邦、尉士杰、黄琴、吴宗屏、高尚德（君宇)、陈鹏（据《北京大学日刊》1919年10月21日第4版)。

这些人当时都积极参加了五四运动与新文化运动，参加了1920年3月发起的马克思主义研究会。其中有不少人先后加入了中国共产党与劳动组合书记部，如毛泽东、罗章龙、高君宇、谭平山、谭植棠等，都是我党最早的一批共产主义小组的成员；也有人到后来成了反动的政客和汉奸，如当年在新闻学研究会中比较活跃的陈公博即是一例。

总之，“新闻学研究会”对推动我国新闻教育事业的展开，对促进我国新闻学研究的发展，是起了很大作用的。当时，徐宝璜把他的讲义边讲边陆续发表在《北京大学日刊》上，接着又整理成《新闻学》一书于1919年12月出版。后来邵飘萍也把他的讲义整理成《实际应用新闻学》，由北京京报馆于1923年出版。这是我国人自己编写出版的最早的两本新闻学教材和新闻学著作。

“新闻学研究会”第1期结业后，1919年10月下旬又接着办第2期，直至1920年12月停止活动。前后共办了两期，大约存在2年零2个月的时间。

【徐宝璜及其《新闻学》】　徐宝璜（公元1894—1930年），字伯轩。我国早期著名新闻教育家、新闻学者。江西九江人。生于1894年，“七岁失怙。年十二，依世父（伯父）子鸿公于京师”，先后肄业于北京汇文中学校及北京大学。北大毕业后，于1912年考取留美官费生。入美国密歇根大学攻读经济学及新闻学科目。1916年归国。旋受北大校长蔡元培之聘，为北大文科教授、经济系主任、注册部主任，兼校长室秘书，并“兼主《晨报》笔政”。

1918年与蔡元培、邵飘萍等发起成立北大“新闻学研究会”，被推为主任、新闻学导师和会刊《新闻周刊》编辑主任，主持研究会的日常工作。同时，在北大课程上增设“报学”课，为政治系4年级选修课之一，由徐亲任教授，讲授新闻学基础知识，选修者达70人。1920年起，徐先后在北京民国大学、朝阳大学、中国大学、平民大学等校教授新闻、经济等方面的课程。1923年，邵飘萍正式创办“报学系”于北京平民大学，徐宝璜也积极参与其事；举凡延聘教师、制定课程、审定讲义等，多由徐氏擘划。继为该系主任凡两年。以后，北京民国大学、燕京大学等校相继设立新闻学系，皆受徐氏倡导的影响。

1930年5月29日，徐宝璜因劳累过度，在北大上课时，突然晕倒在讲台上。6月1日病逝于北平一家德国人开的医院。年仅37岁。[38]生平著述主要有《货币论》、《新闻学》等。特别是《新闻学》一书，是中国最早的新闻学专著，对当时的新闻学研究影响极大。

《新闻学》一书在成书前凡四易其稿。初稿名《新闻学大意》，最早发表在1918年9月、10月出版的《东方杂志》第15卷9号（第87页）、10号（第91页）上。1918年10月14日，北大新闻学研究会成立，徐宝璜主持该会工作，并担任该会新闻学理论方面的主讲导师，便将《新闻学》作为讲义。当时徐氏根据新闻学研究会学员提出的疑难问题，又将原稿作了修正和增补，成为第2稿，又陆续发表在《北京大学日刊》上。1919年，他又作了第3次修改，分别登载在《新中国》杂志第6、7、8号上。第4稿改书名《新闻学大意》为《新闻学》，由北京大学新闻学研究会出单行本，于1919年12月1日正式出版。全书分14章，约6万字；书扉页上署“九江徐宝璜著，蔡元培题签书名”字样。书前有蔡元培“序”和符鼎升、邵振青“序”及作者“自序”。

1930年6月1日徐宝璜在北平病逝后，鉴于《新闻学》一书早已绝版，在这年10月，由徐氏的学生、著名新闻学家黄天鹏根据最初的版本，将《新闻学》重行编校，命名为《新闻学纲要》重新出版。第一版于1930年10月出版，由联合书店发行；第2版于1932年10月出版，由现代书局发行。与初版比较，《新闻学纲要》在书前增加了黄天鹏所作“序”；初版原蔡元培“序”、符鼎升“序”、邵飘萍“序”及徐氏“自序”均挪书后。另外，“附录”部分又载入徐宝璜的另外几篇论文，可见其后期新闻思想的变迁和发展。同时还收载了陈大齐的《徐伯轩先生行状》，可供研究徐氏生平事迹时参考。

徐宝璜是我国早期著名的新闻学者、新闻教育家。蔡元培、戈公振、黄天鹏等皆认为，“盖棺论定，（徐宝璜）先生是新闻教育第一位的大师、新闻学界最初的开山祖”；《新闻学》是中国人写的“新闻学的第一本书”（黄天鹏语），“在我国新闻界实为‘破天荒’之作”（蔡元培语）。对其评价极高。

徐宝璜的《新闻学》认为，报纸是社会的产物，所以受社会的支配。报纸的性质是“社会之公共机关”，应当让各方面的人都能以平等的地位在报上发表意见。他认为报纸有移风易俗、惩恶励善的作用，报纸的职能是代表舆论、制造舆论、灌输知识、提倡道德和振兴商业。徐宝璜提出了衡量新闻价值的三项原则：一是内容的重要性，内容愈重要价值愈高，“价值与其重要程度成正比例”。二是新闻的时效性。他说新闻如鲜鱼，愈是新鲜价值愈高。三是新闻的距离性。他认为人们所注意和关心的新闻，首先是与个人关系较大、距离较近的事，“大抵以一己为中心，渐推及于所熟悉之人及事”，“价值与发生及登载相隔之距离为反比例”。关于新闻真实性的问题，徐宝璜认为真实是新闻的生命。新闻的结构要采用“倒金字塔式”：先说最重要的事实，然后说次要的事实。他还最早为“新闻”下了一个定义。他说：“‘新闻’果为何物乎？余之答案如后：新闻者，乃多数阅者所注意之最近事实也。”[39]

总之，徐氏《新闻学》一书对新闻事业的一般情况、对新闻学上的主要问题，都作了比较系统的探讨。由于作者早年留学美国，受西方资产阶级新闻学观点的影响自然很深。徐氏在该书《自序》中也承认：“本书所言，取材于西籍者不少。”但该书对我国新闻界及新闻学界所产生的极大影响，却是不可磨灭的。

注　释

①据考证：陈独秀一生使用过40多个名字（包括字号、笔名、化名等），著名者有“庆同”、“乾生”、“众甫”、“仲甫”、“由己”、“三爱”、“熙洲仲子”、“盛唐山民”、“女婴小弟”、“CC生”、“独秀山民”、“独秀”、“只眼”、“实庵”、“诚斋”、“撒翁”等。其中，“庆同”是他的谱名，“乾生”是官名（现在见到的他的最早一篇文章1897年撰写的《扬子江形势论略》即署名“陈乾生众甫”）；字“众甫”、“仲甫”。其他著名的笔名有“由己”、“三爱”、“独秀山民”、“独秀”、“只眼”、“实庵”、“撒翁”等。“由己”是他1902年9月第2次到日本留学时使用的名号，1903年回国后在上海参加《国民日日报》编辑工作时也仍用这一名号。“三爱”（即“爱祖国”、“爱科学”、“爱民主、自由”），是他于1904—1905年间在安徽芜湖创办《安徽俗话报》时使用的笔名。“独秀山民”、“独秀”（以故乡安庆，即怀宁县境内有一独秀山故，因以为名），是他1914年开始使用的名号。1914年7月，陈独秀第6次，也是其最后一次去日本。他到东京后，一边学法文，一边帮章士钊编辑《甲寅杂志》。在该刊发表文章时均署“独秀山民”、“独秀”。此后，他在《新青年》、《每周评论》及《向导》周报等著名刊物上发表文章，以及抗战时期发表的文章，大多用“独秀”名字。“只眼”（即“别具只眼”、“独具只眼”意），是他在《每周评论》上发表“随感录”短评时用的笔名。“实庵”（“实”作“诚实”解；“庵”为小草屋，旧时文人多以之作为书斋名），是他在《向导》周报“寸铁”专栏发表文章时的署名。与“实庵”关联，他在20年代还曾用“诚斋”的笔名在上海《民国日报》上发表过文章。“撒翁”（据郑超麟解释：“撒翁”的意思是“老头子”撒手不管事了），是他在《布尔塞维克》“寸铁”专栏发表文章时的署名。以上参阅任建树：《陈独秀字号、笔名、化名考释》，载《民国档案》1986年第4期；吴稚甫：《〈陈独秀字号笔名化名考释〉质疑》，载《民国档案》1991年第3期。

②《实庵自传》由陶亢德经汪孟邹的介绍，商得陈独秀同意，由陈独秀在南京监狱时（1937年7月左右）所写，发表于当时《宇宙风》半月刊。

③见陈封雄：《新文化运动前的陈独秀·一八七九～一九一五》，香港中文大学出版社1982年版。

④“鲁迅”笔名首见于《狂人日记》的署名，以后成为鲁迅一生使用最多、影响最大的笔名。他一生用此笔名发表小说、杂文、散文及译文共500多篇。

⑤指陈独秀应当时广东省长、粤军总司令陈炯明的邀请，前往广州担任

广东政府教育委员会委员长事。

⑥李大钊《我的自传》："我刚刚两岁的时候，我的父亲就去世了。第二年，我的母亲又去世了……我没有兄弟姐妹，和祖父母生活在一起。"又李大钊《狱中自述》云："在襁褓中，即失怙恃，既无兄弟，又鲜姐妹，为一垂老之祖父抚养成人。"

⑦刘民山：《李大钊同志与〈言治〉》，载《天津文史资料选辑》第20辑，1982年出版。

⑧据北京《晨报》1927年4月30日《李大钊遗族之悲惨》一文记载："李在该校（北洋法政专门学校——引者注）毕业后，结识孙洪伊，复由孙介见汤化龙，二氏皆器重之，即共同出资送往日本留学，此为李立世之始。"

⑨《每周评论》从1918年12月22日创刊，到1919年8月30日被北洋军阀政府封闭，共出37期。1954年12月，由北京人民出版社影印出版合订本。其中第37期是被封后找出来的，只剩下第一版（半张）。《每周评论》实际发行36期。

⑩宗白华系我国著名美学家，也是现代著名的报纸副刊编辑之一。1897年12月15日出生于安徽安庆。1919年7月1日，他参与筹建的"少年中国学会"在北京成立，由他负责学会刊物《少年中国》月刊的编辑出版事宜，这是他报刊编辑生涯的发端。同年8月中旬，上海《时事新报》主编张东荪聘请他协助编辑《学灯》，他先后与多位《学灯》主编合作。1920年4月30日，宗白华辞去《学灯》编辑职务，赴法、德等国留学。抗日战争爆发后，《时事新报》内迁重庆，他再度为其主编《学灯》副刊。此后，他便倾全力于美学理论的研究及教学工作了。（以上参阅巢乃鹏：《光风霁月风范长存——宗白华先生的编辑思想和贡献》，载《新文化史料》1999年第1期。）

⑪傅学文：《水流云在》，载全国政协编：《和平老人邵力子》，文史资料出版社1985年版。

⑫见1916年9月5日《晨钟》报第22号第2版所载李大钊辞职启事。

⑬1980年，人民出版社将1928年6月5日前之《晨报》全部影印出版，共计45分册、2314期。

⑭参阅赵效沂：《〈北平晨报〉忆往》，载台北《传记文学》第57卷第1期；田雨时：《我办北平晨报》，载台北《传记文学》第26卷第4期。

⑮李龙牧语。见张静庐辑注：《中国现代出版史料》丁编上卷，中华书局1959年版。

⑯孙伏园语。见1956年10月17日《北京日报》。

⑰出处同上。

⑱孙伏园语。见1956年10月17日《北京日报》。

⑲详见《关于新青年问题的几封信》，载张静庐辑注：《中国现代出版史料》“甲编”第7页，中华书局1954年版。

⑳见李达：《中国共产党的发起和第一次、第二次代表大会经过的回忆》，载《一大回忆录》，知识出版社1980年版。

㉑环龙路老渔阳里2号当时是陈独秀的寓所，上海共产主义小组就是在此酝酿筹建的。《新青年》杂志、《共产党》月刊均在此编辑。中国共产党成立后，这里成了党中央的办事机关。1921年10月，此处遭法租界巡捕房搜查，陈独秀、杨明斋、柯庆施等人被捕，中央机关也随即撤离。

㉒参见段启威：《〈共产党〉月刊的历史作用》，载《江汉论坛》1981年第1期。

㉓见《毛泽东书信选集》第15页，人民出版社1983年版。

㉔陈绍康、朱少伟：《我党最早的通讯社》，载《新闻记者》1984年第4期。

㉕参阅余世诚、张升善编著：《杨明斋》，中共党史资料出版社1988年版。

㉖“劳动者”即“工人”的意思，亦即无产阶级的代名词。中国第一个以“劳动”命名的杂志是《劳动》月刊，它出版于“五四”前，即从1918年3月创刊，到7月止，共出5期。它是由中国最早一批无政府主义者（如吴稚晖等）主编的。

㉗李龙牧语。见张静庐辑注：《中国现代出版史料》丁编上卷，中华书局1959年版。

㉘两段引文均见胡适：《报纸文字应该完全用白话》，载天津《大公报》1934年1月7日第2版新辟的“星期论文”专栏。

㉙鲁迅：《忆刘半农君》，载《鲁迅全集》第6卷第71页，人民出版社1987年版。

㉚我国第一本用新式标点符号、铅印横排的书是严复著的《英文汉诂》。该书由商务印书馆于1904年（光绪三十年）出版。由于该书中有英文，故只得迁就英文而将中文也横排。不是有意的改革。报刊编排的“竖改横”是在新中国成立后，才彻底实行的。1955年1月1日，《光明日报》首先正式实行文字横排。此后，《新华月报》及全国70%的刊物实行文字横排。1月1日的《光明日报》还发表了胡愈之《中国文字横排横写是和人民的生活习惯相符合的》文章。1955年12月30日，文化部发出《关于汉文书籍、杂志横排的原则规定》。1956年1月1日起，《人民日报》和地方报纸一律实行文字

横排。

㉛引自《晨报》1920年11月27日第2版（又连载于《晨报》1920年11月28日—12月15日、每日头版头条）。

㉜杨之华：《回忆秋白》，人民出版社1984年版。

㉝参见王观泉：《李宗武、俞颂华史料钩沉》，载《革命史料》第9期，1988年出版。

㉞现收入葛思恩、俞湘文编：《俞颂华文集》，商务印书馆1991年版。

㉟详见王新命著：《新闻圈内四十年》，台北海天出版社1957年版，及龚德柏：《龚德柏回忆录》。

㊱《新闻学研究会成立记》，载《北京大学日刊》1918年10月16日、第228号第2版"本校纪事"栏。

㊲《新闻学研究会发给证书纪事》，载《北京大学日刊》1919年10月24日、第465号第2版"本校纪事"栏。

㊳参阅黄天鹏：《悼徐伯轩先生》，载戈公振、周孝庵、李子宽主编：《记者周刊》1930年第6号；陈大齐：《徐伯轩先生行状》，载《新闻学纲要》"附录"，上海联合书店1930年版。

㊴有人认为："这个定义并非徐氏所独创。美（国）人海特（C. M. Hyde）著有《新闻采访与通讯》（*News Reporting and Correspondence*），对于新闻学也下了一个同样的定义，他说：'最近发生的事件，不论读者与此一事件有无关系，皆能感到兴趣的，就是新闻。简言之，新闻者，即多数读者以为有兴趣的最近发生之事实也'。"见储玉坤：《现代新闻学概论》第14页，上海世界书局1939年版。这一观点，在陆定一《我们对于新闻学的基本观点》（载延安《解放日报》1943年9月1日）一文中，又进一步得到改进，变为"新闻的定义，就是新近发生的事实的报道"。

第二章

中国共产党成立后及大革命时期的新闻事业

这一时期，从1921年7月中国共产党正式诞生开始，到1927年"四一二"蒋介石发动反革命政变为止，前后大约有将近6年的时间，史称"第一次国内革命战争时期"，或"土地革命时期"。

这一时期时间虽然不长，但却错综复杂。从整个形势看，这一时期为军阀割据时期。1916年6月6日，袁世凯因帝制运动失败而恼愤以死。之后，各省都督、督军纷纷扩充实力，拥兵自重，割地称雄，在我国历史上又一次形成军阀割据的局面。这些军阀，或联合，或分裂，形成许多派系，主要有：

皖系——以段祺瑞为首领。段系安徽合肥人，天津北洋武备学堂毕业。1896年曾在小站协助袁世凯训练"新建陆军"。1901年往保定负责编练"北洋军"。袁世凯死后，段出任国务总理，是北洋军阀中的核心人物之一。有军队3师4旅，约6万多人。1920年以前，其地盘在陕西、内、外蒙古、北京、津浦路沿线及安徽、浙江等地。

直系——以冯国璋（直隶河间人）和曹锟（直隶天津人）为先后首领。冯、曹二人自小站时代即追随袁世凯。袁死后，冯任副总统，一度代行总统职权，1919 年病逝。曹锟继起为直系首领，1923 年至 1924 年间，他以 5 000 元一票贿赂国会议员，得以当选为总统。其拥有兵力 25 万多人，势力在直隶（今属河北）、河南、湖北、平汉路沿线、湖南北部及长江下游一带。

奉系——以张作霖（奉天海城人）为首领。张于 1916 年任奉天督军及省长，控制东北 3 省，势力最盛时，兵力达 35 万人，并向关内发展。1924 年第二次直奉战争中，打败直系，开始把持北京政权，直至 1928 年 6 月张作霖被日本人炸死，标志着北洋军阀统治时代的结束。

阎系——以阎锡山（山西五台人）为首领，以山西为其根据地。到 1927 年，总兵力达 20 多万人。

冯系——以冯玉祥（安徽巢县人）为首领。1925 年时，兵力达 30 多万人，分驻察哈尔、绥远、北京附近及河南、陕西等地。1926 年被张作霖、吴佩孚的奉、直联军打败，退入西北。

滇系——以唐继尧（云南会泽人）为首领，以云南为地盘。1916 年后，势力渐达于四川、贵州等地，兵力约 8 万多人。

桂系——以陆荣廷（广西武鸣人）为首领，以广西为地盘。1916 年袁世凯死后，陆被段祺瑞政府任命为两广巡阅使，势力发展至广东。①

从 1916 年到 1927 年的 10 年间，各派军阀争权夺利，厮杀火并，战争连年。北京的中央政府摇摇欲坠，政变频繁，经常易主，成为各派军阀角逐的目标，政局极不稳定。

这一时期先后发生了一系列重大事件：在南方，首先是中国共产党诞生，这是我国现代史上开天辟地的大事件；以后爆发了“二七”大罢工，酿成血案；以后国共合作形成，不久又爆发“五卅”反帝爱国运动；以后又进行北伐战争，直至 1927 年国民党叛变革命，国共合作破裂、大革命归于失败。在北方，北京政权一直为北洋军阀各派系所轮流把持：1918 年 9 月至 1922 年 6 月间由直系控制北京政权，由徐世昌任总统；1922 年 6 月至 1923 年 6 月，直系赶走徐世昌，拥黎元洪复职、继续为总统。1924 年 11 月至 1926 年元月间，张作霖、冯玉祥又抬出段祺瑞出任“临时执政”。

1926年元月，奉、直联军打败冯玉祥的国民军，奉系张作霖直接控制了北京政府，直至1928年结束。

第一次国内革命战争时期的新闻事业，就是在以上大背景下发展的。

这一时期的新闻事业呈现出以下特点：

（一）中国共产党的成立对中国新闻事业的发展产生了巨大影响。中国共产党一成立，就继承国际共产主义运动的优良传统，十分重视理论宣传及创建无产阶级的新闻事业，创办了不少报刊。其中，著名的有党中央机关报《向导》，以及《新青年》、《前锋》、《热血日报》等。中国社会主义青年团则创办了《先驱》、《中国青年》等团刊。

（二）出现了由共产党员帮助创办的国民党报刊，亦即统一战线报刊。1924年1月，有中国共产党党员参加的国民党第一次全国代表大会在广州召开，确定了国共合作的方针。嗣后，中国共产党帮助国民党创办了不少报刊。其中影响较大的有《民国日报》、《政治周报》等。

（三）从总的情况看，这一时期我国的报刊事业又有一定程度的发展。1921年，全国已有报刊550种；1926年增加到628种。其中，商业性、企业化的大报，如《申报》、《新闻报》、《时报》、《时事新报》等，在这一时期又有了长足的发展。特别是1926年吴鼎昌、胡政之、张季鸾"三巨头"组成的新记公司接办《大公报》，在我国现代新闻史上产生了重大影响。此外，这一时期新创刊的报纸有陈布雷主编的上海《商报》、成舍我创办的北京《世界日报》等。

（四）我国的广播事业也在这一时期起步。1923年初，在上海诞生了中国境内的第一座无线广播电台，它是由美国商人办的。1926年，我国人自办的第一座无线广播电台在哈尔滨诞生。此后，广播事业有了长足的发展。

（五）新闻通讯事业在这一时期也有了较大的发展。到1926年，全国通讯社已增加到155家，其中较为著名的有"国闻通讯社"、"申、时电讯社"及国民党的"中央通讯社"等。

（六）新闻教育事业蓬勃兴起，新闻学研究全面展开。

第一节 中国共产党成立初期创办的革命报刊

一、《向导》等中共中央机关报的创办

【《向导》周报及其主编蔡和森】 1921年7月，中国共产党在上海诞生。党从一成立起，就非常重视报刊宣传工作。在党的第一次全国代表大会上通过的第一个决议中，就对党中央和党的地方组织出版日报和杂志的问题作了规定，并确立了党对报刊的领导原则，如：党报“应由党员直接经办和编辑”，党报“不能刊载违背党的方针、政策和决定的文章”等。②但由于条件所限，党在成立后的第一年中，还未能创办公开的政治机关报，只是将原有的《新青年》作为党的理论刊物继续出版。直到1922年7月，党的第二次全国代表大会开过以后，才开始筹办《向导》周刊。

《向导》的筹办是有一个过程的：1922年7月16日至23日，中共第二次全国代表大会在上海召开。这次大会的中心任务是制定中国革命的纲领。大会讨论通过了《中国共产党第二次全国代表大会宣言》。《宣言》重申了党的最高纲领、最低纲领，并明确提出现阶段的首要任务是打倒帝国主义、打倒封建军阀。当时由于共产国际代表马林在“一大”后回到莫斯科汇报工作，所以他未能参加“二大”。“二大”后马林回到中国。为了传达贯彻“共产国际”的指示精神，党中央又于同年8月在杭州西湖召开特别会议。会上，马林传达了共产国际要求中国共产党员以个人身份加入国民党，以进一步建立民族统一战线的指示。此外，马林还传达了共产国际要求中国共产党迅速建立自己的宣传机构的指示。因此，当时决定办一份英文日报《远东日报》，以进行对外宣传，扩大党的影响。但由于人才、机器及印刷、编辑、出版等都成问题，出版日报显然是不现实的。最后决定办《向导》周刊。③

1922年9月13日，中共中央第一个机关报《向导》周刊在上海创刊，它是一份时事政治评论性的周刊，16开本。该刊刊名由该刊负责印刷出版的徐梅坤请当时上海“鸳鸯蝴蝶派”、“礼拜六

派”重要作家徐枕亚题写。④初创时出版地址在上海老西门肇浜路兰发里3号。篇幅最初每期8页，从第142期起增为12页、第144期起增为16页。该刊先后在上海、北京、广州、杭州、武汉等地编印、发行。发行数由开始时的1 000多份、3 000份增至4万余份，最高时达10万份。1927年4月迁往武汉；同年7月18日，出至第201期时被迫停刊。前后历时4年又10个月，是中共中央第一个正式机关报，也是大革命时期影响最大的党刊。

《向导》是在陈独秀的直接领导下出版的。它的第一任主编是蔡和森，他曾对该刊的前期工作，作出过重要贡献。从《向导》创刊，到1925年6月因病离职，蔡和森主编该刊近3年时间。此后，《向导》主编便由当时中共中央宣传部主任彭述之兼任。1927年4月初，《向导》编辑部随同中共中央宣传部从上海迁到汉口，改由瞿秋白主编，仅出8期便终刊了。《向导》的撰稿人主要有陈独秀、李大钊、高君宇、张太雷、毛泽东、罗章龙、周恩来、郑超麟、赵世炎、张国焘、刘仁静等。共产国际代表马林也曾以“孙铎”的化名在《向导》上发表过几篇文章。

《向导》一创刊，就集中力量系统地宣传党的“二大”制定的民主革命纲领，即：消除内乱，打倒军阀，建设国内和平；推翻国际帝国主义的压迫，达到中华民族完全独立；统一中国为真正的民主共和国。在具体宣传内容上，《向导》首次提出了“打倒帝国主义”、“打倒封建军阀”和“国民革命”的口号，并围绕这几个问题进行系统的宣传。在进行“打倒帝国主义”的宣传方面，《向导》用马列主义有关帝国主义的基本理论，分析了帝国主义侵略政策的本质，揭露帝国主义侵略中国、扶助中国军阀的种种罪行，深刻说明“外国帝国主义”的侵略是造成中国贫穷落后、战乱不息的一个重要根源，明确指出“打倒帝国主义”是中国民主革命的基本任务之一。与此同时，《向导》还通过当时发生的一些重大事件进行集中的反帝宣传，如1923年5月“临城劫车案”发生后，帝国主义各国以保护侨商为借口，趁机提出要由外国直接管理中国的护路军警，并由英、美、法、意、德、日、荷等国组成护路委员会。实际上这是为了借机霸占中国的铁路权。《向导》对帝国主义所谓“共管”中国铁路的阴谋进行了揭露，指出帝国主义各国的所谓“护路方案”比它们把持中国的盐务和海关的制度还要毒辣十倍。另外，当北京军阀政府屈服于帝国主义的压力，承认各国共管中国铁路的要求时，《向导》又发表文章，痛斥军阀政府丢尽了中国人民的脸。通过“临城事件”，《向导》掀起了一个反对帝国主义、反对军阀政府的高潮。

在进行“打倒封建军阀”的宣传方面，《向导》通过大量事实及理论分析，指出军阀统治是造成中国分裂割据、战乱频仍的根源，也是造成社会局势混乱、国家贫穷落后的根源；揭露各派军阀依附帝国主义连年混战、争权夺利、祸国殃民的罪行及其投靠帝国主义、出卖民族利益的活动。并在不少文章中，深刻分析了帝国主义与封建军阀等反动势力之间相互依存的关系，指出反帝、反封建军阀的一致性，从而把反帝反封建的运动结合起来进行。

1923 年 6 月中旬，中共中央在广州召开了第 3 次全国代表大会，会上确定了与国民党建立革命统一战线的政策。不久，《向导》又围绕这一问题，发表了大量文章，对孙中山领导的国民党进行热情帮助和善意批评；评述国民党的现状及面临的问题，积极宣传国、共合作的重大意义及良好前景。同时，《向导》的文章还诚恳帮助孙中山总结经验教训，希望他抛弃对帝国主义及某些军阀的幻想，把革命的“主力军”、动力及依靠对象转向工人、农民等人民群众方面。

1925 年 6 月，蔡和森因病离职，《向导》便由彭述之接任主编职务。这时这个刊物受到右倾机会主义观点愈来愈严重的影响，在对中山舰事件、戴季陶主义、北伐战争、农民运动以及同武汉国民党政府的关系等一系列问题上，都作了错误宣传，如对国民党右派一味采取妥协让步政策；对北伐一直持反对态度；对随北伐战争而兴起的工农革命运动，不但不支持，还泼以冷水；在蒋介石发动“四一二”政变后，也未进行针锋相对的斗争。总之，后期的《向导》，“虽然仍是无产阶级的报刊，但其革命性、战斗性已大不如从前”⑤。

关于《向导》的出版、印刷和发行工作，据中共早期老党员、曾担任《向导》前期出版、印刷及发行等具体工作的徐梅坤回忆：《向导》一直是秘密印刷和出版、发行的。最早由位于“公共租界梅白克路（今新昌路）”的一家小印刷厂——光明印刷所印刷。后来，该厂老板破产了，印刷厂关闭，《向导》又改在“明星印刷所”排印。明星印刷所在“梅白克路西福海里”。该厂除印《向导》外，还承印《中国青年》、《解放周刊》等进步刊物。后来因此而被查封。在发行方面，由于官办的邮政系统不准邮寄这类印刷品，只能通过民办邮政“民信局”发往各地区。⑥到1925年6月间，中国共产党在上海创办了第一个印刷厂，对外用“崇文堂印务局”名义，地点在“闸北香山路（今象山路）宏兴路口的香兴里”。《向导》、《中国青年》和当时上海总工会的宣传小册子及传单便都由该厂印刷。⑦此外，在北京，1925年2月3日，由李大钊同志召集党组织会议，并由其亲自筹划，也成立了一个党刊印刷厂。厂址设在广安门大街广安市场后面广安西里8号，对外号称“昌华印刷局”。该厂于1925年2月11日正式开工，主要任务是印刷《向导》、《政治生活》及传单等。为了迷惑敌人，印刷厂白天印一般市民的稿件，夜里印党刊。为防止敌人发觉，印刷厂后迁移到北城花枝胡同11号，厂名改为“明星印刷局”。到1926年初，该厂又印了两三期《向导》后便停办了。⑧

对《向导》贡献最大的是蔡和森。他是中共早期卓越的领导人和著名无产阶级理论家、宣传家。湖南双峰县永丰镇（原属湘乡县）人，学名蔡林彬(“蔡林”系复姓)。1895年3月30日诞生在上海江南机器制造局一个小职员家庭。1899年春，刚满4岁的蔡和森随母离开上海，回到故乡永丰镇。1917年，在湖南高等师范学校毕业。1918年4月14日，与毛泽东一起组织了进步团体“新会学会”。1919年底赴法勤工俭学，探求改造中国与世界的道路。在法国一年多时间里，他阅读了大量有关马克思主义的书籍。1921年10月间被法国当局强行遣送回国。蔡和森回到上海后，经陈独秀、吴明介绍，加入中国共产党，并留在党中央工作，主要从事理论宣传。1922年5月5日，中国社会主义青年团第一次全国代表大会在广州召开，蔡和森出席会议，负责起草大会文件，并当选为执行委员。会后，协助编辑团中央机关报《先驱》半月刊。在他主编《先驱》第8、9、10期时，除编辑出版了“中国社会主义青年团第一次全国代表大会号”外，他还发表了《批评“好政府”主义及其主张者》、《在封建的武人政治下废督裁兵不可能的铁证》、《现在还是政治战争时代并不是“法统”战争时代》、《基督教徒在政治上的大活动》等重要文章，批判各种改良主义的政治主张，对广大青年进行马克思主义阶级斗争学说的宣传和教育。《向导》周报创刊后，蔡和森除做好编辑工作外，还撰写了大量的文章。从1922年9月13日《向导》创刊，到1925年10月蔡和森赴莫斯科的3年时间里，他仅以“和森”署名的文章就达130篇。此外，还有很多文章是他用“本报同人”、“记者”等名义发表的。

1925年10月，蔡和森前往莫斯科担任中共驻共产国际代表，1927年3月回国。1928年6月，中共在莫斯科召开“六大”，蔡和森又前往出席，直至1931年3月回国。同年6月被捕，冬初被国民党军阀陈济棠杀害于广州，年仅36岁。

【《新青年》季刊与《前锋》月刊】　继《向导》创刊之后，中共中央又在1923年创办了《新青年》季刊、《前锋》月刊等刊物，它们同《向导》一样，也是中共中央机关报刊。但与《向导》相比较，《新青年》季刊、《前锋》月刊又各有其特点：《向导》主要任务是及时报道和评论当时的“时政”及大事，以反映和指导政治斗争；《新青年》季刊的主要任务是系统宣传马克思主义的基本理论；《前锋》则着重对中国革命的一些专门问题进行深入的研究和分析。3个刊物互有侧重，互相配合，共同负责党的宣传任务。

《新青年》季刊于1923年6月15日在广州创刊，由广州平民书社出版，是继《新青年》月刊9卷后重新编号出版的。1924年12月出版第4期后休刊。1925年4月复刊，原定为月刊，但不能如期出版，实际上成为不定期刊。到1926年7月出版第5期后，因党忙于北伐战争而终刊。从季刊到不定期刊，共计出版9期。前期主编是瞿秋白。作为党中央的理论机关刊物，该刊大力介绍了马克思列宁主义的经典著作和国际无产阶级革命运动的经验。该刊创刊号就是“共产国际”专号，首载《国际歌》及乐谱，译载了共产国际第4次大会的文件，刊载了瞿秋白所写的介绍共产国际党纲和策略的文章及有关介绍共产国际历史发展的长文。同时还刊载了瞿秋白执笔写的《新青年之新宣言》，公开宣布该刊是“中国无产阶级革命的罗针”和“思想机关”，它的基本任务是：“不但将与宗法社会的思想行剧激的争斗，并且对于资产阶级的思想同时攻击”；“研究中国现实的政治经济状况”及“综合分析世界的社会现象”，并“为改造社会的真理而与各种社会思想的流派辩论”。

在《新青年》(从季刊到不定期刊）前后出版的9期中，曾译载了列宁的大量文章，如《民族与殖民地问题》、《中国战争》、《革命后的中国》、《亚洲的觉醒》、《落后的欧洲与先进的亚洲》等。1925年4月出版的不定期刊的第1号是纪念列宁的专号，以后又出版了“世界革命”专号。此外，该刊还曾先后发表了瞿秋白的《列宁主义概论》、《实验主义与革命》等重要文章。陈独秀、彭述之、任弼时、郑超麟、蒋光赤等也曾在该刊发表过不少文章。

《前锋》于1923年7月1日在上海创刊。封面署明在广州出版，实际在上海秘密编印、发行。原定为月刊，实际未能按期出版。该刊也是16开本，从篇幅上看，创刊号80页，第2期、第3期增至102页、106页。1924年2月1日出版第3期后停刊。该刊也是由瞿秋白主编的，主要撰稿人有陈独秀、瞿秋白等。该刊以刊登论述中国及世界政治、经济诸问题的长篇专论为主，另辟有发表短评文字的《寸铁》专栏。该刊的一个很大的特点是运用大量调查研究材料和统计数字，剖析美、英、日等帝国主义国家从政治、军事、经济、文化诸方面对中国的侵略，揭露封建军阀政府的独裁专制统治；评述各国人民革命斗争的形势，并通过对中国社会各阶级的分析，论证建立革命统一战线的必要性和可能性，帮助读者理解中国共产党的民主革命纲领和统一战线政策。

二、《先驱》、《中国青年》等青年团刊物的创办

在中国共产党正式成立前，各地共产主义小组在准备建党的同时，也开始了筹建“中国社会主义青年团”（1925年1月改称

“中国共产主义青年团”）的活动，在上海、北京、广州、长沙、武汉等地先后建立了团的组织。中国社会主义青年团的最早一批刊物就是由地方团组织创办起来的。如社会主义青年团成都支部于1921年春创办了《人声》周刊；北京的团组织于1922年初创办了《先驱》半月刊；广州的团组织于1922年2月26日创刊了《青年周刊》；中国社会主义青年团旅欧支部和中共旅欧支部于1922年8月在巴黎创办了《少年》（后改名《赤光》）月刊等等。到1923年10月，团中央终于创办了自己的大型机关刊物：《中国青年》周刊。

以上诸刊物中，著名的有《先驱》、《少年》和《中国青年》等。尤其是《中国青年》，它是第一次国内革命战争时期最杰出的刊物之一，在广大知识青年及部分青年工人中有很大影响。

【《先驱》半月刊】　《先驱》由北京的团组织于1922年1月15日在北京创刊。虽系半月刊，但常常不能按期出版。出版3期后，被北洋政府查禁。第4期起，迁至上海出版，转成为中国社会主义青年团中央（先是“临时中央局”，后为“中央执行委员会”）的第一份机关刊物。该刊在北京时期由邓中夏、刘仁静主编，在上海时期由施存统、蔡和森、高君宇等先后主编。其版面形式和“五四”时期的《每周评论》差不多，4开4版报纸形，半月出一张；逢增刊时，增加半张到两张。内容有《评论》、《讨论》、《译述》、《通信》、《政治短评》、《随感录》等栏目。到1923年8月15日在上海终刊，前后办了一年又8个月的时间，共出25期。

该刊着重宣传马克思列宁主义的基本理论，介绍国际共产主义运动的情况和各国青年运动的消息，刊载团中央文件及各地团组织的活动情况。曾出版“国际青年共产运动号”、“苏俄五周年纪念号”、“少年国际大会号”、“本团第一次全国大会号”、“非基督教号”及纪念卢森堡、李卜克内西等专号。在青年中有一定影响。

【《少年》（《赤光》）】　《少年》是中国社会主义青年团旅欧支部机关刊物，于1922年8月1日创刊。编辑部设在巴黎南区一个小旅馆里，这里也是当时旅法中国共产主义者的活动中心。该刊系理论性月刊，16开本，油印，红色封面，每期30余页。出了几期后，曾停刊两个月。到1923年3月1日复刊出版第7期，改为24开本，42页。1923年5月1日第9号出版时，又声明自第10号起改为不定期刊。1923年12月出版第13期后停刊。《少年》前期由赵世炎主编，陈延年、陈乔年负责刻印、发行。1923年3月后，由周恩来接编。

1924年2月1日，《少年》改名《赤光》出版，成为时事评论性半月刊，油印16开本，每期12页左右，由中共旅欧支部与中国社会主义青年团旅欧支部合办。周恩来主编。1925年6月7日出到第33期后停刊。1928年又在巴黎复刊，后又迁到德国柏林出版，由成仿吾等主编。约在1930年初出到第54期后停刊。

《少年》、《赤光》主要在欧洲等地发行，少量在美洲的加拿大、古巴等地发行。读者对象主要是早期旅欧的中国共产主义者、勤工俭学学生和华工。《少年》、《赤光》在传播共产主义理论、批判旅欧中国无政府主义者所宣传的基尔特社会主义及无政府主义，以及揭露封建军阀的统治及帝国主义侵华阴谋等方面，起了一定作用。此外，它们还登载共产国际的一些文件，报道世界工人运动、青年运动和中国国内青年运动的消息。周恩来在《赤光》前10期上曾用"伍豪"、"翔宇"、"飞飞"等笔名发表过几十篇政论和时评。邓小平（希贤）也一度担任过该刊的编撰和刻印工作。

【《中国青年》】 1923年8月，中国社会主义青年团第二次全国代表大会在南京召开，会上决定创办《中国青年》作为团中央的机关刊物。这样，便在《先驱》停刊两个月后的1923年10月20日，团中央又在上海创刊了《中国青年》周刊。该刊为32开本，社址设在上海法租界辣斐德路186号（现复兴中路196号），通讯处在上海宝山路宝山里西六弄82号。由恽代英主编。1926年5月移广州出版，改由李求实主编。萧楚女、邓中夏、张太雷、林育南、任弼时等都曾参与编撰工作。1927年5月又迁移到武汉出版。7月复迁回上海，10月10日出版第8卷第3期后停刊。停刊后旋易名《无产青年》（1927年11月7日创刊）秘密出版。1928年10月22日，又改名《列宁青年》，在上海秘密出版，直至1932

年5月出版第5卷第4期后停刊。

《中国青年》的宗旨是要做青年“忠实的友谊的刊物”，“要引导一般青年到活动的路上，要介绍一些活动的方法”；“要引导一般青年到强健的路上，要介绍一些强健伟人的事迹与言论”；“要引导一般青年到切实的路上，要介绍一些切实可供研究的参考材料”。该刊每期发行1万份，最多时达2万多份。在当时的青年中有很大影响，是现代中国新闻史上办得较好的刊物之一。它的基本内容主要有以下几个方面：

一是从青年的生活、学习、工作及思想实际出发，引导青年走革命的道路。《中国青年》创刊以后，就针对当时青年中盛行的不健康的有关文学和恋爱的观点，连续发表文章，指导青年正确对待文学和恋爱等年轻人十分关心的问题，引导青年们消除消极的影响，树立革命的人生观，如在文学上，它向青年们疾呼，在这四周“虎视鹰瞵”、“磨牙吮血”的环境里，青年人要抛弃资产阶级颓废的“诗思”，投身到火热的革命斗争中去，做革命者，写革命诗；在恋爱问题上，它诚挚地告诫青年：革命者不应该沉湎于这些个人问题，“在这种军阀横行、国际的侵略，以至国民流离困苦的悲惨情形之下”，我们的热情，“应该寄托到反抗压迫的事业上去”；在读书、学习上，强调要有明确的学习目的，不要做“纯粹读书，不问世事”的“自私自利的书呆子”。它还提出了“到民间去”的口号，大力引导青年投身工农运动中去，深入工农，特别是到农村去发动和组织农民参加国民革命。

二是评述时事政治，帮助青年正确认识国内外形势。《中国青年》曾专门设有“时事述评”及“我们的时代”等栏目，刊登文章，对国内外大事件加以分析，帮助广大青年认识当时的形势，指导青年进行斗争。如反对曹锟贿选，揭露帝国主义制造“五卅惨案”、“沙基惨案”、“万县惨案”及“九江惨案”等罪行。特别是在它的后期，在《向导》受到陈独秀右倾错误路线严重影响的情况下，《中国青年》仍能坚持从实际出发进行宣传，发挥了很好的作用。

三是积极宣传马克思列宁主义理论，同各种反动的或错误的思潮斗争。《中国青年》出版后，积极配合《向导》等党报宣传马克思主义，介绍马、列的有关著作及基础知识。还曾开列了几套学习马列主义的必读书单、发表了一些辅导学习的文章。同时，对"国家主义"派等反动思潮进行了坚决的斗争、对所谓"东方文化派"错误思潮也进行了批判。

总之，《中国青年》根据青年的特点，从青年的生活、思想实际出发，运用生动活泼的形式和平易流畅的语言，对青年进行科学的引导和宣传、教育，初步奠定了中国共产主义青年团的报刊的优良传统。

在《中国青年》的编撰者中，数恽代英和肖楚女贡献最大。

恽代英（公元 1895—1931 年），祖籍江苏武进县。1895 年 8 月 12 日出生于湖北武昌。1913 年考入私立武昌中华大学预科。1915 年进入该校文科中国哲学门学习，1918 年毕业。在中华大学读书时，恽代英就以该校学报《光华学报》（创刊于 1915 年 5 月）为阵地，积极参加新文化运动，在学报上发表了不少文章。1917 年，他曾一度担任《光华学报》主编工作。与此同时，还在《东方杂志》、《妇女杂志》、《体育杂志》、《妇女时报》、《新青年》等报刊上发表了大量文章。1919 年五四运动时，他是武汉爱国学生运动的领导者、组织者。"五四"后，于 1920 年 2 月 1 日在武昌横街创办了著名的"利群书社"，创办工人补习学校。1921 年春，又在汉口创刊了《武汉星期评论》（报纸型周刊），这个刊物后来成为湖北共产主义小组的机关报。1921 年加入中国共产党。1923 年 8 月，中国社会主义青年团"二大"以后，担任团中央委员、宣传部部长。当时他住在上海法租界辣斐德路 186 号，和邓中夏一起筹办团中央机关刊物《中国青年》。《中国青年》最早的编辑有邓中夏、恽代英、林育南、肖楚女等，但数恽代英担任编辑的时间最长。他除主持编辑工作外，还以"代英"、"但一"、"FM"等笔名发表了约 200 篇文章和通讯。他理解青年，关心青年，热爱青年，根据青年人的特点，将革命道理用浅显生动的语言表达出来，使青年备感亲切。他还写了不少针砭时弊的文章，帮助青年认清形势，"拨亮他们心中的灯"。⑨

1924年1月，在中国共产党人的帮助下，孙中山在广州召开了国民党第一次全国代表大会，决定改组国民党，实行联俄、联共、扶助农工的三大政策，国共合作的统一战线正式建立。1926年1月初，恽代英作为上海地区的代表，赴广州参加国民党“二大”，当选为国民党中央执行委员。国民党“二大”后，便留在广州。同年5月，到黄埔军校担任政治主任教官。1927年大革命失败后，曾参加、组织南昌起义和广州起义。又曾在香港主编广东省委《红旗》半月刊。1928年秋，由香港调回上海，从事党的地下工作，担任中共中央组织部秘书长和宣传部秘书长。在此前后，他还担任中共中央机关刊物《红旗》、上海地区党的机关报《上海报》的编辑工作。1930年5月6日在上海被捕。于1931年4月29日在南京监狱被国民党枪杀，年仅36岁。

萧楚女（公元1893—1927年），原名萧秋，字树烈，笔名楚女、丑侣、抽玉、野马、匪石等。1893年4月出生于湖北省汉阳鹦鹉洲两湖河街一个破落的木材商家庭。祖籍湖北黄陂滠口萧家畈。萧楚女出身贫寒，幼年时，父亲即去世。母亲拉扯他兄妹5人，艰难度日。12岁时，他到一家木行当学徒，后来又当过茶馆“跑堂”、轮船伙夫、报贩。苦难的生活，磨炼了他刻苦自励、坚韧不拔的性格。他从小失学，未进过学堂门。他的知识、学问都是靠刻苦自修得来的。他曾以惊人的毅力自学完当时中学的全部课程，后又先后担任过国文、化学、物理、数学等课的教员。“五四”前后，萧楚女开始了他的报人生涯。1915年后，他在武汉一面教书，一面任《崇德报》主笔，并为《大汉报》撰稿，抨击袁世凯的独裁专制，文章多以“楚女”的笔名发表。[10]报馆同仁因萧楚女才思敏捷、落笔成文，都称誉他为“打字机”。每天工作之余，他便到武昌中华大学旁听，并因此而结识了恽代英。后来还参加了恽代英创办的“利群书社”。从此，他有机会读到马列著作和革命书报，思想日益倾向进步。1922年，经恽代英介绍，加入中国共产党。同年秋，他当选为社会主义青年团中央委员，并任中共四川特派员，赴川从事革命工作，一面教书，一面担任《新蜀报》（1921年2月1日创刊）的主笔。他在报上不遗余力地宣传革命，宣传反帝反封建军阀。他在许多文章中揭露帝国主义在各地制造惨案、屠杀中国人民的罪行，揭露封建军阀的罪恶。从 1923 年春到 1925 年夏，萧楚女担任《新蜀报》主笔期间，为该报撰写社论、时评近千篇，百余万字。他还经常应约为《中国青年》撰稿。从此，“萧楚女”的名字渐为世人所知。1925 年赴上海，参加团中央工作，协助恽代英编辑《中国青年》，把《中国青年》办成了当时最受青年欢迎的刊物。那时，正值五卅运动时期，萧楚女写了大量反帝反军阀的文章，仅在 1925 年 7 月 5 日到 8 月 1 日出版的 3 期《中国青年》上，就登载了他写的 10 篇有关五卅运动的文章，具有很强的战斗性。同时，和国家主义派（中国国家主义青年团）“狮子狗”（因他们主编《醒狮》周报而得名）展开论战，写成《显微镜下之国家主义》一书。还和国民党右派人物戴季陶笔战。戴季陶反对国共合作，排斥共产党，写了臭名昭著的《国民革命与中国国民党》一书。萧楚女针锋相对，写了《国民革命与中国共产党》一书，逐条驳斥戴季陶。1926 年 1 月间，国民党“二大”在广州举行，萧楚女随沈雁冰、恽代英等上海党部代表赴粤参加会议。会议结束后，便留在广州协助毛泽东编辑《政治周报》，并担任农民讲习所教员。同年 9 月，农讲所工作结束，又转到黄埔军校担任政治教官。在 1926 年至 1927 年“四一二”政变期间，他曾写了好几篇文章，并作讲演，对蒋介石口诛笔伐，被反动派视为眼中钉、肉中刺。不久，继上海“四一二”政变后，广州李济深也发动反革命政变，大批共产党员和革命群众遭到逮捕和杀害。萧楚女当时正患肺病，住在医院，也被敌人拖出后投入监狱。4 月 22 日被用棍棒活活打死，时年仅 34 岁。现有《萧楚女文存》（中央党史研究室、广东革命历史博物馆合编）（中央党史出版社 1998 年 7 月版）行世。

三、工人报刊的发展

中国共产党成立后，就把领导工人运动作为自己的中心工作，并着力开展工人报刊的出版工作。党成立时，“五四”时期出版的工人报刊如《劳动界》、《劳动音》、《劳动者》等刊物都已相继停刊。党成立后，从1921年下半年到1923年初，便又在全国很多地区，如上海、北京、广州、武汉、长沙等地，创办了一批工人报刊。这些报刊的实际水平及对工人运动的指导作用，都大大超过了《劳动界》等第一批工人报刊，对中国工人运动的兴起和发展，起了极大的推动作用。其中最著名的有上海的《劳动周刊》、《中国工人》和北京的《工人周刊》。

【《劳动周刊》】　1921年8月11日，中国共产党在上海成立了最早的公开领导工人运动的总机关——中国劳动组合书记部(主任张国焘，干事为包惠僧、李启汉、李震瀛等)。它一成立，就发行自己的机关报《劳动周刊》。劳动组合书记部建立后，即租借北成都路19号（今成都北路899号）作为办事机关，《劳动周刊》也在这里编辑、发行。

《劳动周刊》是党直接领导下创办的第一份全国性工人报刊。该刊于1921年8月20日在上海创刊，每周出版一次，是一张4开4版的小型报纸，铅印。编辑人员由劳动组合书记部的工作人员担任，如收件与发行人是鲍一德（包惠僧的化名），编辑人有张特立(张国焘)、包晦生（包惠僧）、李启汉、李振因（李振瀛）、董锄平等，并在全国重要城市设有发行网。如在北京设一个支部，由罗章龙负责；在武汉设一个长江支部，由包惠僧负责；在广州设一个支部，由谭平山负责。⑪《劳动周刊》一创刊就在发刊词中宣布："我们的周刊不是营业的性质，是专门本着中国劳动组合书记部的宗旨，为劳动者说话，并鼓吹劳动组合主义；我们希望……扩大解放全人类的声浪，促进解放全人类的事业实现。"《共产党》月刊在第6期还转载了它的发刊词，并称赞它："办得异常完善，大可以增进劳动者的知识，这是教育训练劳工们一个最好的机关报。"

《劳动周刊》用生动、具体的事实，从工人工资、工时、劳动条件以及工人的政治待遇、社会地位等方面证明资本家对工人掠夺、压迫的残酷程度，启发工人的觉悟，并及时报道各地的罢工斗争和建立工会的消息，指导工人运动。该刊出版后，受到工人们的欢迎，发行量最多时达5 000份。到1922年6月9日，该刊被上海公共租界工部局以"登载过激言论"、"鼓吹劳动革命"的罪名，勒令停刊。共出 41 期。

【《工人周刊》】 《工人周刊》于 1921 年 7 月在北京创刊，系周刊，每星期日出 4 开一张，第 64 期后改为 8 开单张。最初由北京共产主义小组以“工人周刊社”名义发行。1922 年夏，在上海《劳动周刊》停刊的情况下，该刊又转为中国劳动组合书记部的机关报。1924 年 2 月全国铁路总工会成立后，又改为“中华全国铁路总工会”的机关报，编辑、发行地点也由北京迁到铁路总工会所在地郑州。1926 年又迁到天津出版发行，直至年底停刊。从 1921 年创刊到 1926 年底止，该刊前后办了 5 年多时间，累计期数约在 150 期以上，成为大革命时期持续最久的党刊之一。⑫

该刊前期由罗章龙主编，编委常委有李大钊、宋天放、高君宇、何孟雄、罗章龙等。1923 年 9 月“三大”以后，罗章龙调往中央局工作，改由吴汝铭、李菩元等主编。从内容上看，该刊着重报道各地工人、特别是华北地区工人的生活境况，报道工人运动及罢工情况，比较全面地反映了中国工人的第一次罢工高潮和当时中国工人运动发展的状况。同时，结合实际，对工人进行马克思主义教育，启发他们从经济罢工进到政治斗争，为将来夺取政权、实现无产阶级专政做思想准备。该刊出版后，影响很大，发行量一般稳定在 5 000 份左右。《共产党》月刊第 6 期“国内消息”栏报道长辛店工会成立时，称赞《工人周刊》“不愧乎北方劳动界的一颗明星”。此外，在《工人周刊》编委会下还附设有“北京劳动通讯社”，它在各地招聘有通讯员和特约记者。他们采写了大量的新闻报道，除部分供《工人周刊》选用外，还向国内外各大报刊（如北京《晨报》、上海《申报》等报）发稿。并曾一度与邵飘萍的《京报》合作采访。邵氏亲加指导，使“劳动通讯社”业务蒸蒸日上。⑬

【《中国工人》月刊】 1924 年，党中央决定再办一个革命理论与实践相结合的综合性工人运动刊物，定名为《中国工人》，由刚从欧洲回国的罗章龙担任主编，并组成编辑委员会。

《中国工人》于 1924 年 10 月在上海创刊，系 32 开本的铅印月刊。该刊创刊的时候，正是“二七”大罢工运动失败不久，工人运动正处于低潮。当时，以陈独秀为代表的党内右倾机会主义者们，只看到“二七”大罢工的失败，从而过低地估计了工人阶级的力量，过高地估计了资产阶级的力量，如陈独秀在《向导》第22期及《前锋》月刊第2期发表文章说：“工人阶级在国民革命中固然是重要分子……而不是独立的革命势力”；“资产阶级的力量，究竟比农民集中、比工人雄厚。”⑭《中国工人》创刊后，坚决批判了这种不相信中国工人阶级力量的右倾机会主义观点，高度评价了中国工人阶级在罢工高潮中显示的伟大力量，鼓舞工人群众的斗志。同时，指导广大工人恢复与发展组织，注意斗争策略；揭露帝国主义和封建军阀破坏工人运动、残暴镇压工人运动的罪行；提醒工人与内部的工贼及破坏工人运动的国民党右派作坚决斗争；并帮助工人总结经验、不断提高政治觉悟，鼓舞他们的革命热情，推动工人运动走向新的高潮。该刊出到1925年6月五卅运动后，因编委会成员工作繁忙，且分居各地，集稿发生困难，便停刊了。前后发行5期，曾刊行国际职工运动专号。参加撰稿者有20多人，如：邵时威、李守常、徐典、刘伯青、林伟民、若愚（林育南）、邓中夏、赵世炎、彭述之、项英、辟世（任弼时）、张伯简、张特立（国焘）、吴雨铭、罗亦农和罗章龙等。该刊的发行量也比较大，据罗章龙《椿园载记》回忆：“《中国工人》当时在国内与《向导》并列发行，销路仅次于《向导》，而为革命阵营第二大刊物。”

1928年12月1日，该刊又在上海秘密复刊，由“沧海”（罗章龙笔名）、石溪（林育南）、项英等组成编委会，用《红拂夜奔》、《爱的丛书》等伪装封面出版发行。1931年因承印该刊的印刷厂停办，该刊也随之停刊。现存8期。

【其他工人报刊】　由于中国共产党的劳动组合书记部的发动、组织和领导，到1922年下半年，我国各地的工人运动蓬勃开展起来，并逐渐形成了一个高潮，如长辛店铁路工人、开滦矿工、安源路矿工人、粤汉铁路工人等先后举行了相当规模的罢工，到处建立了工会和工人俱乐部，这又进一步促进了工人报刊的发展。当时为了指导各地的工人运动，中国劳动组合书记部在各地的分部及各地的工会、俱乐部等组织又创办了一批报刊。如：劳动组合书记部山东支部于1922年7月9日创刊了《山东劳动周刊》，版式大小与《劳动周刊》相同，由王烬美主编；同年9月，安源工人罢工胜利，工人俱乐部组织的影响更大，稍后便出版了《安源旬刊》；同年10月，武汉地区的工会组织出版了《真报》，同年底又创刊了《劳动周报》(4开4版)。1923年4月14日，广东工会联合会也在广州创刊了《劳动周报》（4开4版)。其他还有湖南的《长沙劳工周刊》(1921年10月20日创刊，在长沙出到13期时被封，从14期起在上海复刊，停刊期不详)，香港的《香港劳动周刊》等等。另外，1922年1月到1923年2月间，在各地罢工高潮中，也创办了不少临时性的小报，如：《唐山潮声》(1922年11月9日创刊)、《陇海路总罢工》、《京汉铁路日刊》(项英编）等。

在以上工人报刊中，汉口出版的《真报》在鼓动“二七”大罢工斗争中作出了特殊贡献，在历史上有重要意义。该报创刊于1922年10月10日，它是湖北省工团联合会的机关报。工团联合会在10月10日成立，《真报》也在这天出版。由林育南主编、许白昊、施洋等曾参加编辑工作。它全力支持、指导工人的斗争，成为工人的喉舌。1923年“二七”惨案发生后，《真报》也在8日被萧耀南以“鼓动罢工、扰乱秩序”的罪名捣毁和封闭了。它的编辑之一施洋律师7日被捕，15日（即旧历除夕）被军阀杀害。他是第一个为无产阶级报刊而英勇献身的共产党员。惨案发生后，该刊主编林育南等出走上海，发表《汉口〈真报〉馆宣言》，抗议军阀的暴行，号召全国人民起来，打倒军阀吴佩孚。《真报》在工人报刊史上写下了壮烈的一页。

1923年“二七”大罢工后，工人运动受到挫折，一时转入低潮。但不久又爆发了省港大罢工、上海“五卅”大罢工，推动了革命的发展，形成了大革命时期工人运动的第二次高潮和大革命高潮。革命报刊在这个高潮中再度兴起。

第二节　国共合作后创办的革命报刊和进步报刊

在中国共产党人和共产国际代表的积极帮助下，孙中山、廖仲恺等采取一系列措施，加速改组国民党。1924 年 1 月，国民党第一次全国代表大会在广州召开。大会决定与共产党合作，承认共产党员以个人资格加入国民党，并决定实行联俄、联共、扶助农工的政策。这次大会标志着以国共合作为核心的各革命阶级的统一战线的正式建立，促进了中国革命新高潮的到来。随着形势的发展，革命报刊、进步报刊也有了新的发展，特别在五卅运动和北伐战争时期形成了高潮。

一、《热血日报》与五卅运动中创办的一些进步报刊

【瞿秋白与《热血日报》】　《热血日报》是中共中央为了加强对五卅运动的指导而创刊的，是中国共产党历史上的第一个日报。主编瞿秋白。

《热血日报》是在五卅运动的高潮中诞生的。1925 年 2 月 26 日，上海日商内外棉纱厂第八厂的日本资本家任意开除工人，克扣工人工资，引起工人大罢工。5 月 14 日，上海日商内外棉纱厂工人为抗议日本资方无理开除工人再次罢工。15 日遭到日本资本家开枪镇压，工人顾正红（共产党员）被打死，10 余人被打伤。惨案发生后，激起了上海人民的极大义愤。上海各校学生纷纷走上街头，宣传演讲，反抗帝国主义的暴行。5 月 28 日，中共中央在上海举行紧急会议，决定 30 日在租界举行反帝大示威。5 月 30 日，上海各校 2 000 余学生在租界内散发传单，进行宣传活动，声援工人斗争。随后汇集群众万余人，举行游行示威。游行队伍走到英租界巡捕房门前，高呼“打倒帝国主义”、“收回租界”、“全中国人民团结起来”等口号，抗议枪杀工人。英帝国主义巡捕悍然开枪，打死 11 人，伤数 10 人，制造了震惊全国的“五卅”惨案。当晚，党中央又一次召开紧急会议，决定组织行动委员会，建立由各阶级组成的反帝统一战线，发动工人罢工、学生罢课、商人罢市。6 月 1 日，上海总工会成立（李立三为委员长，刘华为副委员长），宣布举行总同盟罢工。上海人民纷纷响应，形成了总罢工、总罢课、总罢市的反帝浪潮。接着，全国各大城市及几百个县镇的人民也纷纷举行“三罢”示威游行，掀起了全国反帝斗争的大风暴，揭开

了革命高潮的序幕。

但是，在这场伟大的反帝斗争中，设在上海租界的《申报》、《新闻报》、《民国日报》、《商报》、《时事新报》、《时报》、《中华新报》、《神州日报》和《新申报》等9家中文大报，因慑于帝国主义的淫威，态度十分暧昧，隐忍不发，淡然无所表示，更不敢主持正义，替中国人民说话。其中有的报纸不仅不报道事实真相，甚至为帝国主义开脱罪责，进行辩护，奴颜媚外，成了帝国主义的传声筒。这实在是"上海报界的耻辱。"（胡道静语）胡愈之在《五卅事件记实》一文中，也谈到当时上海报纸的情形：

> 上海的报纸，和五卅惨案的激起，实有直接、间接的关系。上海的报纸因开设在公共租界内，不受中国官吏的管束，所以对于内政言论较为自由。反之对于租界当局，却受着无形的压迫，往往不能自由发抒意见。上海各日报偶有攻击捕房的言论，往往被拘捕罚金。日纱厂第一回发生罢工时，就有数家报馆因登载了一篇工会的宣言，被判处罚金。所以第二次风潮发生时，上海报纸上只有数段残缺的冷静的记载，对于日厂暴行不敢发表公正的抗议。所以外间对于此事，绝少注意。同时上海各大学学生（学生对工人向来较有同情的态度），因顾正红被日人非法击毙，中国官厅绝不干涉，颇为不平。又因报纸态度消沉，所以派遣学生沿途演讲顾正红被杀的真相，使各界引起注意。

由于上海租界的报纸不报道"五卅"惨案事实真相，不敢为中国人民说话；加上每周只出一期的《向导》周报又不能适应形势迅速发展的要求，因此，为了及时报道和指导五卅运动，揭露帝国主义的暴行，交流各地反帝斗争经验，鼓舞人民的斗志，中共中央决定创办一个日报——《热血日报》。《热血日报》于1925年6月4日在上海创刊，铅印，8开4版一张，每期约能容纳1.2万字左右。瞿秋白担任主编，参加编辑工作的还有沈泽民、何味辛（何公超）和郑超麟等。编辑部设在当时反帝中心的上海闸北北浙江路底华兴路56号。该报创刊后，出版不到一个月，因受租界巡捕房及奉系军阀的压迫，于1925年6月27日自行停刊，共出24期。从版面上看，《热血日报》设有《社论》、《本埠要闻》、《国内要闻》、《紧要消息》、《国际要闻》、《舆论之裁判》等栏目；并办有副刊《呼声》，专门刊载短评、杂文、通讯和文艺作品等。从内容上看，《热血日报》主要刊载社论及政治性新闻。它刊载的大量社论，贯彻中共“二大”提出的反帝反封建军阀的纲领，突出宣传中国共产党指导五卅运动的政治主张和策略；揭露帝国主义、买办资产阶级和封建军阀的反动本质。它刊登的新闻，主要是报道上海“三罢”、及各地反帝反封建军阀的消息，与此同时，从第2期起，连续7期在第一版显著位置开辟“外人铁蹄下之上海”专栏，揭露帝国主义及上海外国租界巡捕房屠杀、压迫中国人民的血腥暴行；在“舆论之裁判”专栏里，以大量事实为依据，专门揭露帝国主义的新闻机关——《字林西报》、《大陆报》、《每日新闻》等英文报纸对五卅运动造谣污蔑的欺骗宣传。第4版是副刊《呼声》，它紧密配合新闻和评论，刊载了许多尖锐泼辣的文艺作品、短评及杂文。还有不少是读者来稿，反映广大人民群众在帝国主义压迫下的反抗呼声。

《热血日报》出版后，深受广大群众欢迎，产生了很大社会影响。10期后发行量即达3万份。6月16日，该报特登出启事云：“出版10期，销数即达3万。投稿、通信与亲来接洽者，日以百计。”

对《热血日报》贡献最大的是瞿秋白。该报发表的大部分社论都是瞿秋白写的，估计有20篇之多（陈独秀也曾写过几篇）。连报名“热血日报”四个字也是他亲自题写的，第一期所载《发刊词》也是他写的。⑮此外，瞿秋白还以“维”、“维摩”、“维一”及“热”、“血”、“沸”、“腾”、“了”的笔名发表过几篇论文和20余篇短文，付出了巨大的劳动和艰辛。据有人回忆：当年《热血日报》设在闸北宝山路一个里弄内的石库门房子里，条件很简陋。狭小的房间，昏暗的灯光；一张白木长桌，四周摆着几条长凳。瞿秋白带着疾病，和编辑们忍着炎热，挥汗工作。他每天忙着撰写社论、编辑新闻，并且亲自编排、校对，直到付印出版。晚上还要听取记者的汇报，组织他们写稿，常常工作到深夜直至天明。[16]

瞿秋白（公元1899—1935年），是中国现代著名的驻外记者，也是中共早期领导人，中共党刊、党报的著名主编、政论家。江苏武进（今常州市）人。谱名懋淼，自改名为霜、爽，字秋白。后以字行世。早年在《晨报》、《新社会》、《人道》等报刊上发表文章时用本名。1923年1月至1928年间，在《向导》周报、《新青年》季刊、《前锋》、《热血日报》、《布尔塞维克》等党刊、党报上，以巨缘、屈维它、它、双林、维、维摩及热、血、沸、腾、了等笔名发表了大量文章。[17]此外，还有犬耕、史铁儿、司马今、狄康等笔名。1899年1月29日出生于江苏常州一个破落的“仕宦之家”（即今常州市广化区青果巷86号八桂堂天香楼）。1909年（10岁）时，考入常州府中学堂预科，次年升入本科。到1916年16岁时，读完中学4年级上学期后，因家贫而辍学。1916年，母亲因家贫而陷入绝望中，服毒自杀。秋白为谋生计，先教小学，后到武汉依堂兄纯白，进武昌外国语学校学习。1917年随纯白到北京，考入北洋政府外交部设立的俄文专修馆（今北京总布胡同10号），学习俄文，自修英、法文，并继续钻研文学和哲学。同时，开始阅读新书籍、报刊，接受新思想。

1919年五四运动爆发后，瞿秋白是“俄专”学生会负责人，积极组织和领导该校同学投入这场爱国反帝运动。到11月1日，和远房叔叔瞿菊农（世英）及郑振铎、耿济之等朋友创刊《新社会》旬刊，鼓吹社会改造、家庭革命等。1920年5月1日，该刊被京师警察厅查封，前后共出19期。其中，1919年出版的前6期为小报形式，4开一张；1920年改为8开本的薄册子，每期12至14页。

《新社会》旬刊被封后，瞿秋白等人并不气馁。3个月后，又于1920年8月5日创刊了《人道》月刊。但由于成员思想不统一，加上经济困难，仅出一期就停办了。编辑这两个刊物是瞿秋白从事新闻活动的开端。

1920年10月，时年21岁的瞿秋白在“俄专”还未毕业，即应北京《晨报》和上海《时事新报》之聘，和俞颂华、李宗武（仲武）三人，以“特派员”身份，担任两报驻莫斯科特派记者。1920年10月16日启程，次年1月25日到达莫斯科，直至1922年底返国。在苏俄两年期间，瞿秋白寄回了大量的通讯，发表在《晨报》和《时事新报》上，及时地、忠实地向祖国人民报道了十月革命后苏俄的实况。另外，还写了两本著名的散文集：《饿乡纪程》和《赤都心史》。1922年2月间，经张太雷、张国焘介绍，在莫斯科参加了中国共产党。1922年12月21日，瞿秋白随陈独秀一起，从莫斯科返国。至1923年元月13日回到北京，住在东城大羊宜宾胡同他的堂兄瞿纯白家。“二七”惨案发生后，中共中央机关由北京迁回上海。瞿秋白也于1923年3月底由京到沪。当时中共中央决定把机关刊物《新青年》月刊改为季刊，由瞿秋白主编。1923年6月15日《新青年》季刊创刊，刊名由瞿秋白题写。他在第一期发表了发刊词《新青年之新宣言》和《国际歌》中文译词等作品。在此期间，他还参与编辑党的机关刊物《向导》、《前锋》等。在以上刊物上，瞿秋白先后发表了100多篇论文和译述，致力于介绍和宣传马克思列宁主义。同时还运用马克思主义的基本原理，分析、研究中国社会的经济状况和阶级关系，成为中国共产党早期卓越的理论家，对党的早期理论建设及理论宣传作出了重大贡献。

1925年，瞿秋白参加中共5人中央局，任中央宣传委员。1926年，当选为中共中央政治局委员。

1927年3月，中共中央机关由上海迁到武汉（地址在汉口旧俄租界）。瞿秋白也由上海到汉口主持中央宣传部工作（地址在旧英租界辅义里27号）。当时，陈独秀、彭述之尚在上海，瞿秋白、张国焘、谭平山3人曾一度负责中共中央工作。“四一二”政变后，1927年8月7日，在汉口由瞿秋白主持召开了中共中央紧急会议，即著名的“八七”会议。这次会议成为党史上重要转折点。它在中国革命的危急关头，纠正和结束了以陈独秀为代表的右倾机会主义路线在中央的统治，确定了武装反抗国民党反动派和实行大革命的总方针，进一步部署了湘鄂粤赣的秋收起义（但在反右倾的同时，也埋下了“左”倾盲动主义的危机）。9月下旬，中共中央机关由武汉迁回上海，瞿秋白也回到上海。

1927年10月22日，中共中央常委通过决议，决定秘密出版中央机关报，定名为《布尔塞维克》，由瞿秋白、罗亦农、邓中夏、王若飞、郑超麟等5人组成中央机关报编辑委员会，瞿秋白任主任。⑱《布尔塞维克》刊名由瞿秋白题签，编辑部设在上海亨昌路418号（即愚园路亨昌里）。10月24日，《布尔塞维克》创刊号出版。当时，瞿秋白肺病已相当严重，时常失眠、发高烧、咯血。他一方面主持党中央的工作，另一方面主持《布尔塞维克》的编辑工作，夜以继日，常常通宵达旦。有些文章，还是他坐在病床上写成的。可以说，党刊上的每篇文章，都渗透着瞿秋白的汗和血。

1928年5月，瞿秋白前往前苏联，筹备并主持了党的“六大”。会后留在共产国际工作，并经常为国内党的报刊写稿，单是发表在《布尔塞维克》上的文章就有10篇。1930年8月回国。这时正好党中央创办了机关报《红旗日报》及《实话》，瞿秋白又积极指导这两个报刊的工作，并亲自为其撰写社论。

1931年1月27日，中共中央在上海召开六届四中全会。会上，瞿秋白遭到王明“左”倾机会主义的无情打击，被开除出中央政治局。从此，王明“左”倾冒险主义在党内统治达4年之久（直到1935年“遵义会议”才告结束）。在这种情况下，瞿秋白虽然被迫离开了领导岗位，但又转到党的文化战线，参与“中国左翼文化总同盟”的领导工作，指导文化战线的反“围剿”斗争，并继续为党刊《布尔塞维克》、《红旗周报》、《斗争》等写了很多政论和杂文。总之，从1927年8月至1933年这6年多的时间里，瞿秋白在白色恐怖下，为了保住党的宣传阵地，创办并主编了一批党的地下报刊，在党的报刊史上写下了可歌可泣的一页。

1934年元月初，瞿秋白离开上海，到中央苏区——江西瑞金，担任中央工农民主政府人民教育委员，还曾任《红色中华》报社长兼主编。10月21日，中央红军开始长征。党中央和苏维埃中央政府随之转移。瞿秋白因患肺病，留在江西。1935年2月24日，在转移途中，于福建武平被俘。6 月 18 日被国民党枪杀于福建长汀。时年仅 36 岁。

【五卅运动中出现的其他进步报刊】　五卅运动中，上海工、商、学各界和一些爱国团体为了报道“五卅”惨案真相、组织人民开展反帝斗争，也创办了一批报刊，其中比较著名的有：

《公理日报》于 1925 年 6 月 3 日创刊，由上海学术界对外联合会主办，由胡愈之、郑振铎、叶圣陶、沈雁冰等编辑。该报系 4 开小报，政治态度进步，发行量达 15 000 至 20 000 份。6 月 24 日停刊，共发行 22 期。

《血潮日报》于 1925 年 6 月 4 日创刊，由上海学生联合会创办，发行 1 万多份，出版 94 期后停刊。其政治态度与《热血日报》一致。

《上海总工会日刊》于 1925 年 6 月 11 日创刊，由上海总工会创办。初为日刊，日出 1 张。是年 9 月后改为了日刊，1926 年初改为 5 日刊。1926 年底停刊。

《上海工商学联合会日报》于 1925 年 6 月 23 日创刊，是当时上海的统一战线组织工商学联合会的机关报，日出一张。

英文《学联周报》（*The Union*），由上海学生联合会出版，发行对象为在华的外籍人士，内容着重介绍“五卅”惨案真相，共出 9 期。

除了以上报刊外，上海一些大学生还专门出版了宣传五卅运动的刊物，如《中国学生》、《上海学生》等；工商界人士也创办了一些抵制英、日商品、提倡国货的刊物，如《国货周报》、《爱国报》、《国货日报》、《中华国货旬报》、《国货评论刊》等等。商务印书馆的大型综合性期刊《东方杂志》在七八月份相继出版了《五卅事件临时增刊》和以反映“五卅”事件为主要内容的第 22 卷第 13 号。当时，中国共产党竭力通过党、团员，对这些报刊施加影响。其中，《上海总工会日刊》实际上由党组织主办。上海学联及工商学联合会的一些报刊也是在中共党组织的影响下出版的。党的报刊和这些群众团体的报刊结成强大的联合阵线，开展反对帝国主义的斗争，形成了反帝大风暴。同时，对《申报》、《新闻报》

刊登帝国主义的宣传品《诚言》的事件，发动了声势浩大的攻势，终于迫使两报向人民群众公开道歉。

所谓《诚言》是上海公共租界工部局炮制的一份类似传单和小报形式的印刷物。它于1925年6月30日开始发行，在租界各通衢大街上张贴；是五卅运动爆发后，租界当局为了散布谣言、混淆视听，竭力替自己的暴行辩护而创办起来的。到7月11日，租界当局又将《诚言》以广告形式，刊登在当天的《申报》、《新闻报》上。这一天的《申报》第5版为广告专版，几乎全版刊登的是《诚言》第一号。《申报》馆特在《诚言》创刊号旁登“左系克劳广告公司送来刊登之广告”字样，加以说明，希图推卸责任。第一号《诚言》所载内容为英国外交总长张伯伦于1925年6月17日在英国下议院针对工党议员的质问，就五卅运动发表的谈话，全文近3 000字。谈话称：“中国如是扰乱，华盛顿条件皆因此而阻碍”，“中国现今情形，不特无进化，反觉退步，各省骚扰，内乱无已。中国实几无政府可言”。他声称：“惟在乱时，不能不施弹压。”又造谣说：“暴徒拟袭捕房、劫枪械。果尔，则以枪击散乱党，乃是杀一儆百，辟以止辟……”指斥“五卅”爱国运动为“排外”。《诚言》在《申报》、《新闻报》上刊登出来后，马上引起上海爱国新闻界、学生联合会及上海民众的愤怒。《血潮》日刊在7月13日出版了《反对申、新两报特号》，痛斥为虎作伥的两报；《中国青年》第85期刊载了海员工人所组织的“铲除妖报团”的传单；《工商学联合会日刊》也发表文章，加以痛斥。几百名群众涌到《申报》馆前提抗议。一致强烈要求《申报》、《新闻报》必须答应如下5个条件：

1. 刊登辟《诚言》的广告；
2. 刊登辟《诚言》的评论；
3. 刊登启事向全国道歉；
4. 刊登《辟〈诚言〉》10万份；
5. 捐助工人10万元。[20]

该两报除第5条改为自定捐助数目外，余均照办。如：《申报》在7月17日第2张的广告栏内也以几乎全版的位置特刊《辟

〈诚言〉》的长文，分题为《敬告张伯伦与刊行〈诚言〉之人》，对张伯伦的谈话逐条驳斥，最后宣称："吾华人尤痛愤在每一爱国运动中，帝国主义者恒欲运动中国之军阀官僚，假其手以压迫人民"；"吾华人已经认定，只有打倒帝国主义，世界上才有吾循良之民族立足之地。"7月18日，《申报》又在头版头条刊载《本馆启事》云："本报七月十一日载有《诚言》广告一则，各界来函责备，崇言宏论，不胜钦佩，因表歉意，希谅苦衷，此白。"同一天的《申报》在第3版广告专栏又载商务印书馆《东方杂志》出版《五卅事件临时增刊》的书讯广告。至此，此事才算了结。

此外，为了抗议帝国主义在上海制造的惨案，全国各地许多地方也掀起了群众性游行示威活动，也出版了不少响应五卅运动的刊物，其中最为著名的是省港大罢工中出现的《工人之路特号》。

继上海"三罢"斗争之后，1925年6月19日，邓中夏、苏兆征又在香港领导了大罢工。港英当局用戒严、武力手段对付罢工。香港工人纷纷返回广州。6月23日在广州举行有10万人参加的示威大游行。游行队伍行进到沙基街道时，遭到对岸沙面租界英国军警开枪射击。当场死伤一两百人，酿成"沙基惨案"。事件发生后，省港罢工委员会发动广大工人，切断香港对外的联系，封锁香港，使香港生活陷入瘫痪，变成臭港、饿港和死港，沉重地打击了帝国主义。在"沙基惨案"发生的第二天，即1925年6月24日，《工人之路特号》在广州创刊。它是中华全国总工会省港罢工委员会的机关报，每日出版4开4版一张，由中华全国总工会宣传部长邓中夏主编。主要刊载省港大罢工消息及省港罢工委员会文告，并发表反对帝国主义及指导工人罢工斗争的评论。有"短评"、"省港新闻"、"国内新闻"、"世界新闻"、"吼声"等栏目。日发行量约1万份。直至1927年4月因国民党在广州发动"四一五"政变才被迫停刊。目前能看到的最晚一期是第616期，前后出版了1年零10个月的时间，是这个历史时期共产党领导的工人报刊中出版时间较长的一种报纸。

二、五卅运动后革命报刊的发展

【中共各地区党、团组织创办的报刊】 五卅运动以后，革命形势迅猛发展，共产党的力量迅速壮大。党主办的报刊又得到进一步的发展，突出的特点是党的各地区委机关报刊相继诞生。最早出现的是1924年4月27日创刊的《政治生活》，由赵世炎主编，原为北京区委机关报。到1925年秋，以李大钊为首的北方区委成立后，《政治生活》便成了中共北方区委机关报。河南区委的《中州评论》，1925年8月创刊于开封，由萧楚女主编；湖南区委的《战士》周报，1925年12月创刊于长沙，初为旬刊，后为周刊，夏曦主编；广东区委的《人民周刊》，1926年2月7日创刊于广州，由张太雷主编；湖北区委的《群众》周报，1926年10月创刊于汉口，罗章龙主编。此外，还有江西的《红灯》周报、浙江的《火曜》、福建的《革命先锋》等等。这些报刊创办起来后，就初步形成了一个从中央到地方的党报网络，从而大大加强了党和各地群众的联系。

与此同时，青年团刊物也有了很大发展，也逐渐形成了团的报刊网络。早在1924年，团中央除办《中国青年》外，又在上海创办了面向工农劳动青年的《平民之友》（1924年春创刊）、《青年工人》和《劳动青年》等刊。五卅运动后，各地共青团组织出版的刊物又纷纷出现，如广东的《少年先锋》（1926年9月1日创刊，李求实主编），北京的《烈火》（1926年，陈毅主编）、《北方青年》，湖南的《湖南青年》（1926年11月创刊），上海的《少年通讯》（1926年）等等。据粗略统计，从1922年至1927年7月，青年团各种刊物约在20种以上。

【农民报刊的兴起】 五卅运动后，随着农民运动的兴起，党主办的农民报刊也纷纷出现，这是大革命时期报刊发展的一个新特征，也是中国新闻史上前所未有的现象。党创办的农民报刊中，最著名的是1926年1月1日在广州创刊的《中国农民》月刊。它名义上由中国国民党中央执行委员会农民部出版，但实际上为中国共产党人主办，撰稿人主要有李大钊、毛泽东、林伯渠、彭湃、阮啸仙等，以研究农民运动的理论和刊载有关农民运动的系统报告为主要内容。毛泽东的《中国农民各阶级的分析及其对于革命的态度》和《中国社会各阶级的分析》、李大钊的《土地革命与农民》、彭湃的《海丰农民运动报告》等文章，都是在《中国农民》上发表的。与此同时，广东省农民协会还创办了《农民运动》（1926 年 8 月 1 日创刊）、《犁头》旬刊（后改为周刊）等刊物。1926 年 7 月，广东革命政府领导的国民革命军誓师北伐。随着北伐战争的胜利进军，以湖南、湖北、江西为中心的农民革命运动也出现了一个新的高潮。在 1926 年下半年至 1927 年初，党所领导的各地方农民协会所办的刊物也应运而生，如：湖南出版了《农友》，湖北出版了《湖北农民》和《湖北农民画报》，江西出版了《江西农民》、《锄头》和《血潮画报》，山东出版了《山东农民》和《山东农民画报》，陕西出版了《耕牛》等。广东、四川等省也有类似刊物出现。以上农民刊物中，《湖北农民》是办得比较好的一种，在 1926 年创刊时，销售达 5 000 份，到 1927 年初超过 2 万份。这些刊物都办得通俗易懂、生动活泼，从内容到标题都考虑到要适合农民阅读。把党提出的打倒帝国主义、打倒封建军阀的口号，从城市传到了广大农村。

三、共产党帮助及主持下创办的国民党报刊

国民党实行改组、国共合作实现以后，国民党实际上成为由工人、农民、小资产阶级和民族资产阶级组成的统一战线组织。这时，在中国共产党的帮助下，国民党系统的报刊在全国范围迅猛发展起来，逐渐建立起从中央到地方各级党组织的机关报。1924 年 10 月，孙中山在当时革命根据地的广州首先创办了广州《民国日报》。该报由国民党中央宣传部主持，起着国民党中央机关报的作用。日出 4 大张，社长黄季陆。广州的另一张报纸《国民新闻》也于 1926 年 8 月间被改造成为国民党广东省党部的报纸。上海《民国日报》在国民党“一大”后，也成为国民党上海执行部的机关报。以后，国民党各省党部都纷纷出版自己的机关报，且都名之曰《民国日报》。如北京有北京《民国日报》，南昌有南昌《民国

日报》，汉口有汉口《民国日报》等等。甚至一些中小城市和县镇，也都出版各自的《民国日报》，如宁波《民国日报》、无锡《民国日报》、松江《民国日报》、梧州《民国日报》、琼崖《民国日报》等等。这些《民国日报》都是国民党各省、县党部的机关报。[21]

与此同时，由共产党人直接主持、用国民党名义出版的报刊也纷纷创办起来，其中最为著名的有广州的《政治周报》、汉口的《楚光日报》、《汉口民国日报》和汉口《中央日报》及其副刊《中央副刊》等等。

【毛泽东与《政治周报》】 《政治周报》于1925年12月5日创刊于广州，是国民党中央宣传部出版的刊物。该刊为16开本，前4期由共产党员毛泽东任主编，并编辑了前4期；第5~14期则先后由共产党人沈雁冰（茅盾）、张秋人编辑。1926年6月5日出版第14期后停刊。每期销4万份，前后发行仅半年时间。14期共刊登文章114篇，约40万字。

共产党员毛泽东是《政治周报》的首任主编，他当时的身份是国民党中央宣传部代理部长（1925年10月—1926年5月）。《政治周报》社的通讯地址就设在毛泽东的寓所——东山庙前街38号。《政治周报》创刊的时候，正是国民党右派刚刚在北京西山召开会议（1925年11月23日）的时候。在会议上，他们作出了所谓《取消共产党在国民党中之党籍》、《开除国民党中央执行委员会中之共产党员》等反动决议，公开进行反共、反统一战线活动。与此同时，“全世界帝国主义、全国大小军阀、各地买办阶级土豪劣绅，安福系、联治派（即“联省自治”派——引者注）、国家主义派等一切反动政派”（《〈政治周报〉发刊理由》），也对广东革命势力及革命形势进行造谣污蔑。正是针对这种情况，才创刊了《政治周报》。毛泽东在发刊词《〈政治周报〉发刊理由》一文中指出：“京、津、沪、汉各地反革命派宣传机关，惶然起哄，肆其恶嘴毒舌，凡所以咒诅诬蔑中伤我们者，亦无所不用其极。”“我们现在不能再放任了。我们要开始向他们反攻。‘向反革命宣传反攻，以打破反革命宣传’，便是《政治周报》的责任。”毛泽东还进一步指出，“我们反攻敌人的方法，并不多用辩论，只是忠实地报告我们革命工作的事实”，“十分之九是实际事实之叙述，只有十分之一是对于反革命派宣传的辩论”。

从内容上看，《政治周报》主要刊载国民党中央和广东革命政府的重要宣言、报告和决议，还发表了不少的政论文章和通讯报道；并辟有“反攻”专栏，抨击国民党右派的观点。

毛泽东为《政治周报》的创办作出了重要贡献。在创刊号上，他亲自撰写了发刊词《〈政治周报〉发刊理由》，并以“润”为笔名发表了7篇杂文，揭露、抨击广东军阀、政客和国民党右派的反革命宣传。以后，他又用“子任”、“润”的笔名写过一些政论、杂文和新闻报道。在他主编的前4期中，他在上面发表文章共计21篇。

毛泽东（公元1893年12月26日—1976年9月9日），伟大的马克思列宁主义者、中国各族人民的伟大领袖。字咏芝，后改为润之。早年在报刊上发表文章所用笔名有“二十八画生”、“润之”、“子任”等。1893年12月26日出生于湖南省湘潭县韶山冲南岸上屋场一个农民家庭。幼年大部分时间在湘乡唐家托外祖父家度过，与表兄弟们生活在一块儿。直至1902年春（9岁）才从唐家托回到韶山，入南岸私塾读书。1907—1908年（14~15岁），毛泽东在停学务农期间从表兄文运昌处所借书中，第一次读了早期改良主义者郑观应的《盛世危言》及冯桂芬的《校邠庐抗议》，开阔了视野，萌发了爱国思想。1910年（17岁）秋，考入湘乡县立东山高等小学堂。在此期间，读了由表兄文运昌送给他看的《新民丛报》。这是毛泽东早年看到的第一份杂志。他对该刊所载梁启超的《新民说》特别钟爱。在康、梁思想影响下，这时的毛泽东主张反对君主专制，赞成君主立宪，希望改良政治。他崇拜康有为和梁启超。

1911年（18岁）春，到长沙，考入湘乡驻省中学读书，看到了由于右任创办的《民立报》。这是毛泽东早年看到的第一份报纸。

1912年（19岁）初春，考入湖南全省高等中学（后改名为省立一中）。旋退学，开始自修，在湖南省图书馆里广泛涉猎了18、19世纪欧洲资产阶级的社会科学和自然科学书籍，读了由严复翻译的亚当·斯密的《原富》、孟德斯鸠的《法意》、卢梭的《民约论》、约翰·穆勒的《穆勒名学》、赫胥黎的《天演论》，以及介绍各国史、地的书及文艺作品。并在该图书馆第一次看到世界地图，引起极大兴趣。

1913年（20岁），考入湖南省立第四师范（后并入省立第一师范学校）。1915年9月15日，陈独秀主编的《青年杂志》（后改名《新青年》）创刊，毛泽东成为该刊的热心读者，深受其影响。1917年（24岁）4月，以“二十八画生”为笔名，在《新青年》第3卷第2号发表《体育之研究》一文，详述体育运动的意义及锻炼方法，表达了“文而兼武”及“文明其精神，野蛮其体魄”的观点。

1918年（25岁）4月间，与蔡和森等在长沙岳麓山刘家台子蔡和森家发起组织“新民学会”。8月，因送长沙青年赴法勤工俭学事而到北京。10月，经杨昌济举荐，认识北京大学图书馆主任李大钊。征得蔡元培同意，毛泽东被安排在图书馆当助理员。并旁听北大课程。1918年10月14日，北大新闻学研究会成立，毛泽东参与该会活动。在新闻学研究会听过《京报》社长邵飘萍讲授《新闻工作的理论与实践》等课程，曾多次拜访邵飘萍，并得到邵在经济上的接济。1919年3月间，因母病重，由京返湘。7月14日，湖南学生联合会刊物《湘江评论》创刊，毛泽东任主编及主要撰稿人。该刊“以宣传最新思潮为宗旨”，创刊号上，毛泽东撰写了发刊词及长短文章达20余篇。在7月21日出版的《湘江评论》第2号上，又发表了《民众的大联合》一文（3、4期仍连载），指出：民众的大联合是改造国家和社会的根本方法。主张改革，主张进行“思想的解放，政治的解放，经济的解放”。该文发表后，影响很大。8月中旬，张敬尧的军警解散“学联”，将刚印出的《湘江评论》第5号没收。该刊只得停刊。此后，毛泽东继续进行革命报刊活动，帮助湘雅医学专门学校学生创办《新湖南》、帮助周南女校创办《女界钟》等刊物，并在长沙《大公报》

上发表大量文章，针砭时弊。1919年10月16日，北大新闻学研究会举行第一次研究期满式大会，会长蔡元培颁发证书，毛泽东获“听讲半年”的证书。1919年12月间，率“驱张”（张敬尧）请愿团第2次到北京。12月22日，为宣传驱张运动，毛泽东特发起组织“平民通信社”，自任社长。每日发稿分寄京、津、沪、汉各报，传播驱张消息。该社社址在北京北长街99号，稿件都是由毛泽东自编自刻，然后用油印机印出来的。

从1919年底至1920年4月11日离京去沪，在此期间，毛泽东在北京又阅读了一些有关共产主义及俄国革命的书籍，成为一个具有初步共产主义思想的马克思主义者。

1920年5月初到达上海，送即将赴法勤工俭学的新民学会会员。在此期间，在《时事新报》（6月9日、11日、18日）上发表文章，宣传驱张运动。直到7月初，离沪返湘。

1921年7月间，毛泽东与何叔衡离长沙赴上海参加中国共产党第一次全国代表大会。8月中旬回长沙，旋担任中国劳动组合书记部湖南分部主任。1923年4月离长沙到上海，参加中共中央工作。1924年1月间，参加在广州召开的国民党“一大”，被选举为国民党中央执行委员会候补委员。

1925年9月上旬，从长沙到广州。10月5日，当时的国民政府主席汪精卫以公务繁剧，不能兼任国民党中央宣传部长职务，乃向国民党中央党部常务会议推荐毛泽东代理宣传部长职务。在此期间，为了反击帝国主义、封建军阀及国民党右派的反革命宣传，12月5日，毛泽东主持创刊了《政治周报》，并担任前4期的主编工作。《政治周报》从第5期起，交由沈雁冰主编。1926年3月，沈雁冰回上海后，由张秋人接编，直至6月停刊。

1926年6月间，国民党中央委员会改组，毛泽东被免去宣传部长职务，顾孟余为代理宣传部长。

以上即毛泽东早期新闻活动的大致情况。㉒

【汉口《楚光日报》、《汉口民国日报》和汉口《中央日报》】

《楚光日报》于1925年3月24日在汉口创刊，日出4开一张。创办人及经理为共产党员董用威（董必武）、总编辑宛希俨（中共武汉市委宣传部长)。陈潭秋也曾为它写作社论。报馆工作人员仅四五名,都是共产党员。这家报纸名义上是国民党湖北省党部机关报,实际上是中国共产党领导下武汉地区出版最早的革命报纸。董必武当时担任国民党中央执行委员会候补执行委员,国民党湖北省党部就是由他领导筹建的。《楚光日报》在国民革命军进武汉后,改为对开报纸。"七一五"反革命政变发生后停刊。

1926年9月,北伐军攻克汉口和汉阳。10月占领武昌。在北伐军节节胜利的情况下,1926年12月间,共产党人联合国民党左派,挫败了蒋介石企图迁都南昌、另立中央的阴谋,于1927年1月将国民政府从广州迁到武汉。这时,武汉成了革命的首都,也成了革命新闻事业的中心。1926年11月25日,《汉口民国日报》创刊,每天出版对开三大张,地址在汉口歆生路(今江汉路)忠信二里4号。该报初为国民党湖北省党部机关报,旋兼作武汉国民政府及国民党中央党部机关报。社长董用威(董必武),总经理是毛泽民,总主笔先后为宛希俨、高语罕、沈雁冰(茅盾)。编辑、记者绝大多数是共产党员,实权也全部掌握在共产党员手中。在办报方针、宣传内容以及经营管理上,均由中共中央宣传部领导。据当时担任过主编的沈雁冰回忆:"那时董老事忙,无暇顾及这个报的编辑方针,就由中央宣传部领导。当时秋白兼管宣传部。后来彭述之(他是宣传部长)到了武汉,又由彭领导。"㉓从内容上看,该报积极宣传国共合作的武汉国民政府的革命政策和方针,及时报道北伐战争的胜利消息,支持工农运动,宣传孙中山的三大政策,揭露帝国主义及新、旧军阀的罪恶。发行量达1万多份,在全国影响很大,成为当时在革命政权下出版的最好的报纸,也是中国共产党早年创办的第一张大型日报。1927年7月15日以后,武汉国民政府与南京国民政府合流,《汉口民国日报》社也于7月19日实行改组,共产党人被迫撤出报馆。7月24日,国民党中央宣传部派曾集熙任总经理,报纸性质也随之改变。同年9月30日停刊。

《中央日报》于1927年3月22日在汉口创刊,每日出4开报纸5张,编辑部设在汉口交通路后面的一幢2层楼房里。㉔发行所设在交通路保成里口6号。该报是当时国民政府的机关报及国民党中央党报。由当时国民党中央宣传部部长顾孟余挂名主持，实际负责人是总经理杨绵仲。总编辑由当时是共产党员的陈启修（莘农，后号称“豹隐”）担任。《中央日报》对报道北伐军的胜利消息，及时反映大革命的形势等方面是有一定贡献的。1927 年“七一五”政变后，“宁、汉合流”。至 9 月 15 日，《中央日报》停刊，前后共出版 176 号。㉕

汉口时期《中央日报》的副刊《中央副刊》也是办得很有特色的，它由曾经创办过《晨报副镌》、《京报副刊》的著名副刊编辑孙伏园任主编。《中央副刊》于 1927 年 3 月 22 日随《中央日报》创刊而创刊，同年 9 月 1 日停刊，共出 159 期。《中央副刊》每天出一“号”（期），每“号”篇幅共 2 张 8 版。逢星期日则出由沈雁冰主编的“中央副刊星期特别号——上游”。

1927 年是中国现代史上发生剧烈变化的一年。翻开《中央副刊》合订本，我们便能看出，1927 年春夏所发生的一些重大事件，在它上面都有所反映，是峥嵘岁月的忠实记录。如《中央副刊》仅出 6 天后，在第 7 号（1927 年 3 月 28 日出版）头版头条位置登载了毛泽东的重要文章《湖南农民运动考察报告》。当时，最早刊载这篇文章的刊物有中共湖南区委机关报《战士》周报 1927 年 3 月 5 日出版的 35 期、36 期合刊和党中央机关报《向导》周刊 1927 年 3 月 12 日出版的 191 期。而报纸上最早刊载这篇文章的，就数《中央副刊》了。1927 年“四一二”政变发生后，《中央副刊》在 4 月 30 日出版的第 38 号上，最早登出胡耐安的《回汉口来》的文章，开始系统报道蒋介石在上海发动“四一二”大屠杀的前后经过；从 5 月 6 日出版的第 43 号起，又开始连载郭沫若的长篇讨蒋檄文《脱离蒋介石以后》，共分 7 次载完。以后，该刊又登载了李大钊、邵飘萍被北洋军阀杀害的消息和有关纪念文章。此外，谢冰莹在北伐途中写的《从军日记》，最早也是在《中央副刊》上连载发表的，曾轰动一时，影响很大（后经林语堂译成英文发表，深受海外读者欢迎）。

1927 年 8 月“宁、汉合流”之后，《中央副刊》被国民党右派把持，变成了一个反动副刊，直至 9 月 1 日停刊。

第三节 企业化大报及私营报业的变化和发展

一、上海地区企业化大报及私营报业的变化和发展

大革命时期，上海地区企业化大报及私营报业又有了长足的发展。特别是《申报》和《新闻报》，发展成为全国首屈一指的两家大报：《申报》是全国规模最大的时事政治综合性日报，《新闻报》则是全国规模最大的经济日报。以后，《时报》、《时事新报》也跻身于企业化大报行列。这样，就形成了上海报界的“四大金刚”。

【《申报》与《新闻报》】 《申报》、《新闻报》在此期间销量急剧增长：1921年，《申报》发行45 000份；到1926年，销量达141 000份。1921年，《新闻报》销量近6万份；到1926年也达141 000份。两报差不多都接近历史最高水平（15万份）。两报规模也日益扩大，到后来，《申报》职工人数达600多人。中国报业从这时起，开始向企业化方向迈进。

这一时期，这两家大报的迅速发展主要表现在如下几个方面：一是物质设备和技术条件的极大改善，如扩修馆屋，更换先进的印刷设备等等，为报纸向企业化发展奠定了物质基础；二是经营管理得到高度重视，广告收入也日益增多，成为报纸的经济命脉；三是报纸版面又有了很大变化，两报都增张扩版，增辟各种专栏、专刊。

先以《申报》为例。《申报》在史量才接办以后，有了迅速的发展。从“五四”前后到1930年间，他主要做了以下几件大事：

一是兴建馆屋，更新设备，扩大规模。《申报》馆旧址原在英租界的汉口路（河南路口以东，所谓“红礼拜堂”对面）一带，“敝屋三椽……‘而斗室翼然，微灯永夜，二三同文，于以抵掌。’编辑室中有悬额，题‘尊闻阁’三字，出钱塘吴泾（鞠潭）手笔，于一八八二年九月（清光绪壬午秋月）书”。（胡道静语）——这就是早年《申报》同人起居作息之所，也即《申报》馆。到了1909—1911年，《申报》营业有了很大起色，旧屋狭窄局促，不敷

使用，遂迁至望平街263号。那是一座两层楼的古老洋房，由《申报》馆出钱租赁。与以前相比，毕竟宽敞些，光线也充足一些。史量才接办《申报》后，报纸营业日益发展，旧有馆屋又不敷使用，同时他考虑到租赁民房办报终非长久之策，且民房格局都不合报馆之用，为长远计，便计划自建新馆舍。于1915年出资买下汉口路、山东路拐角处，即望平街三马路口的地基，设计绘图，鸠工兴建。1918年新馆竣工落成，全馆于是年10月迁入。这是申报的第三次搬迁。新馆屋是一座5层楼的钢筋水泥建筑，宏丽宽敞，很有气派。这样大的房屋，在当时上海的报馆中还是第一家。上海报馆中自建馆屋，也自《申报》始。馆中设备一应俱全，曾令各报编辑人员羡慕不止。申报新馆舍的造价计花银75万两。10年以后，因规模日益扩大，人员增多，史量才又于1930年再次扩建馆屋，即在原馆南面、靠山东路那一边，再添建5层楼房一座，以和旧屋相毗连，高低式样也和旧屋相同。其规模在旧中国的新闻业中首屈一指。

早在1918年10月新馆落成之后，史量才就开始在更新设备上投注财力。《申报》原有的印刷机器，每小时仅能印4张一份的报纸3 000份。后来，销量日增，已非原有机器所能胜任。同时，为了让读者能看到当天最新的消息，新闻稿往往须在午夜才能截稿，而拂晓必须印刷完毕，方可赶上早班火车，运往外埠发行。这中间，印报时间仅有两三小时。要想在这么短的时间里印完全部报纸，就必须更新印机。在新馆落成的那一年，史量才从美国买回当时最新式的印报机，每小时可出报3万多份；从1919年到1921年，又先后添购了3部这样的印刷机，一共4部。1925年以后，报纸销量达14万份，也能在两个小时内全部印完。除印刷机外，对其他各部的设备也力求更新完善，如制铜版机、打纸版机、浇铅版机、铸字机、铅字铜模等等，亦陆续置备齐全，并且都是当时最新式的。古语云："工欲善其事，必先利其器"，生产设备的完善，对企业的发展起了重大的推动作用。

二是增张扩版，增辟专栏，增出专刊。《申报》最初日出一大张，从1882年起，始增出京报附张，专门记载京都要闻，实际上只是抄抄谕旨和宫门钞。这张附张一直出到1908年前后才停刊。

第一次世界大战后，即从1919年开始，中国的情况发生了很大的变化。人们的眼界比以前开阔得多了，亟需了解世界情况、外国与中国的关系等。特别是轰轰烈烈的五四运动爆发后，广大青年对新知识的追求非常迫切，同时，各种社会活动增多，新鲜事物层出不穷……由于这些原因，《申报》追随时代前进的步伐，不断充实内容，增加张数，扩大版面，增辟各种专栏，增出各种专刊，以适应各方面读者的需求。其中，比较著名的增刊有：

1.《星期增刊》。该刊1919年8月31日创刊，每逢星期日出版一大张，随报附送。内容为国际时事的系统记载、对外国报章杂志中论著和要闻的翻译等。该刊直至1924年秋因纸张吃紧而停刊。

2.《常识增刊》。该刊1920年6月1日创刊，每日出刊。起初用粉红色纸印刷，1921年起改用普通白纸印刷，内容有常识、经济、卫生、科学、市政、礼俗、杂录等门类。直到1927年2月底才停刊，前后办了7年时间。

3.《汽车增刊》。该刊1921年11月27日创刊，每周出一大张，随报附送。当时汽车的使用尚不普遍，还属刚刚兴起。该刊内容为提倡建设公路和利用汽车，以及汽车的工作原理、各种型号汽车的优、缺点，汽车广告等。

4.《本埠增刊》。该刊1924年2月8日创刊，每天出版。内容为上海各种社会活动的预告和记录，包括赛会日期、各种戏目、影片的预告、商店、公司的商品广告等等。在《申报》的启发下，"本埠增刊"这种方式为上海各报所仿效。

5.《商业新闻》。该刊1924年10月31日创刊，每日发刊。

6.《教育消息》专栏。该刊1924年12月8日创刊，每日出版。内容包括讨论教育问题、刊登教育界的新闻。

7.《图画周刊》。该刊1930年5月18日创刊，每周出版一次，随报附送。该刊印刷精美，由著名新闻学者、新闻记者戈公振编辑。戈氏在此之前曾担任《时报》馆《图画周刊》的编辑，经验丰富。此时，戈公振刚从欧洲考察外国新闻事业归来，即脱离《时报》转入《申报》馆，担任《申报》馆《图画周刊》的编辑。

由于这些专栏及增刊的相继发行，使《申报》内容增多，篇幅、版面也相应增加，从日出一大张，而增至两大张、3 大张、4 大张……有时甚至 10 大张左右。

三是注重发行与广告。由于《申报》经营得法，编辑有方，发行量增长很快。1872 年，《申报》发行仅 600 份，到 1912 年发行量为 7 000 份。史量才接办《申报》后又由 1912 年的 7 000 份增加到 1926 年的 141 440 份。前后不到 15 年，发行量又增加近 20 倍。从 1926 年到 1936 年间，《申报》在动荡的环境中，销量一直保持在 15 万份左右。其中，1932 年上半年时，销量一度突破 20 万份大关，成为上海发行量最大的民族资产阶级报纸。由于发行量的扩大，又吸引了大量的广告客户。广告在《申报》版面上越来越占据重要地位，所占版面地盘也不断扩大。从 1921 年起，到抗战前夕止，《申报》经常出版 3 大张至 6 大张，如加上《本埠增刊》、《汽车增刊》、《常识增刊》和《图画周刊》等，张数更多。在这样多的篇幅和版面中，广告常常占 7/10 左右，而且往往头版就登广告。广告内容包括医药、烟草、汽车、化妆品、日用百货、布匹绸缎、衣帽服饰、细毛皮货、影剧剧目以及各种公私启事告白等，其中，影剧广告和医药广告占大宗。广告的增多，为《申报》增加了财源，广告成了报纸经济的“命脉”。据统计，到 1934 年，《申报》的固定资产达 200 万元，每年的营业额也达 200 万元，其中广告收入约 150 万元，占 75%；发行收入约 50 万元，只占 25%。

《申报》之所以能在 20 年代中期、30 年代初期得到长足的发展，获得了很大的成功，这与史量才的惨淡经营是分不开的。史量才生前曾对人说：“‘申报’这两个字，印在报纸上，别人的眼中看去是黑的，我的眼中看去是红的……”由此可见《申报》的确是史量才一生心血的结晶。

这一时期，《新闻报》的发展也令人瞩目。该报创刊于 1893 年 2 月 17 日。到 1899 年，该报老板英国人丹福士经商宣告破产，遂将《新闻报》卖出抵债。1899 年 11 月 4 日，《新闻报》由美国人福开森出资购得，他特聘汪汉溪为总经理。汪氏主持《新闻报》

后，以“经济自立”为宗旨，以“无党无偏，力崇正谊；不为威胁，不为利诱”为办报原则，㉖先后聘金煦生、张铁民、李浩然为主编。在汪氏的苦心经营下，经过20多年的奋斗，到20年代，《新闻报》已是和《申报》相伯仲的第一流大报了。该报“在商言商”，以报道经济新闻、商业行情准确迅速为主要特色，在商业界、实业界和市民中有广泛的读者。在版面上，《新闻报》以《申报》为竞争对手。“《申报》方面有所改进时，《新闻报》无不紧紧追随，不使较《申报》减色。”㉗如：《申报》创刊副刊《自由谈》后，《新闻报》就辟《庄谐丛录》一栏（由张丹翁主编，1914年8月16日起改名为《快活林》，一直由严独鹤主编）；《申报》创刊《星期增刊》后，《新闻报》亦辟《新新闻》栏（1919年11月2日创刊，每逢星期日出版，至1920年冬停刊）；《申报》创刊《常识增刊》后，《新闻报》亦辟《新知识》栏（1922年1月14日创刊，每日出版，不久停出）；《申报》创刊《本埠增刊》后，《新闻报》也设《本埠附刊》（1926年4月创刊，每日出版）；《申报》创刊《图画周刊》后，《新闻报》亦设《图画附刊》。“可是《新闻报》也有领导《申报》的地方”，㉘如《新闻报》的《经济新闻》及《教育新闻》专栏虽然晚于《时事新报》，但却比《申报》设立得早一些。《新闻报》的《经济新闻》专栏创刊于1922年4月15日，是一个专版。在整版篇幅内，又分“金融市场”、“汇兑市场”、“证券市场”、“上海商情”、“国外经济事情”、“国内经济事情”等子栏目。该栏（版）以后成为《新闻报》最具特色的栏目及专版之一。

在物质设备方面，《新闻报》与《申报》也不相上下。早年，我国报界的印报机，一般都是用单张平面机，耗时费力，效率极低。1914年，由于业务发达了，销量增加，《新闻报》特在是年购买“巴德式”二层轮转印报机一部，从7月15日起用该机印报，每小时出报7 000份。现在看来，效率实在太低，但在当时却算很先进的了。上海报界改用轮转机印报是从《新闻报》开始的（两年后，《申报》也改用日本仿制的法国马立诺式轮转机）。尔后又陆续添购了三层、四层印报机。1928—1930年间，又先后购置美国司各脱厂最新式复式印报机两部，每部1小时能印报36 000份。这样，《新闻报》日销15万份左右的报纸，便可在2小时内全部印完。当时报馆的设备，数《新闻报》最新式、完备。其他如交通运输设备，《新闻报》也很完善。此外，《新闻报》在通讯工具方面，也倾注了很大的财力，如：1922年冬装置了无线电台，内设当时最新式收报机4部，其中有两部是短波机，专收国外新闻；两部长波机，专收国内新闻。1929年秋，《新闻报》又着手饲养信鸽，用于传递新闻稿。这些信鸽都是引进的欧美良种，并聘请专家指导训练。到1933年秋，已蓄有信鸽80余只。1932年"一·二八"上海战事发生和1933年第5届全国运动大会在南京召开时，都曾用信鸽来传递新闻稿。

《新闻报》对发行和广告尤其重视，将其二者视为经济命脉、"养命之源"，曾专门设立了负责推销报纸的"推广科"和负责编辑报纸广告的"准备科"。《新闻报》创刊时，仅销300份。1894年销3 000份。1899年初也只销1万多份，主要行销江、浙及长江流域一带。到汪汉溪接手以后，便延聘专职推销人员，到各地"视察"，次第设立分馆、分销处，前后计达500多处。发行量1919年达46 000多份，到1924年竟突破10万份。1926年达145 000多份，到1928年突破15万份大关，创中国大型日报发行的最高纪录。㉙报纸广告版面的比例很大，人称"广告报"。"根据汪氏父子的经验，该报广告与新闻必须保持六与四的对比，即广告占六成，新闻占四成；新闻版面还包括副刊'快活林'（后改'新园林'）、'茶话'及专栏在内。该报每日所出张数的多少，不取决于新闻，而取决于广告。准备科的任务就在于每日晚齐稿时统计当天收入广告有多少，以决定次日所出的张数。所以，准备科事实上就是'广告编辑部'，而其重要性则在新闻编辑部之上。"㉚另外，准备科有时还可"商请编辑部抽去某些可登可不登的新闻，腾出版面来多登广告"。由于《新闻报》广告的信息量大，所以，不论是它的封面巨幅广告，还是它的报尾分类栏广告，都很受人欢迎。其每年广告收入，早在1922年即达百万元。

1924年11月5日，汪汉溪因积劳成疾而病卒，时年51岁

(详传见前)。他殚精竭虑，前后主持经营《新闻报》达25年之久，是我国近、现代新闻史上一位杰出的报业企业家。汪氏逝世后，由其长子汪伯奇继任总经理，次子汪仲韦为协理。

1928年，福开森已无意继续经营《新闻报》，便于1929年1月1日将其所持《新闻报》大部分股权（约70万元）全部出让给由华人组成的新的《新闻报》有限公司。从此，《新闻报》主权终于回归国人手中。有限公司资本号称120万元。新的董事会由金城银行经理吴蕴斋、四行储蓄会协理钱新之（永铭）、《申报》老板史量才等组成。吴蕴斋继福开森之后任总董。总经理汪伯奇、协理汪仲韦及总编辑李浩然任职如故。

【《时报》和《时事新报》的发展和变化】 《时报》于1904年6月12日创刊，由狄楚青（公元1873—1939年，名葆贤，字楚青，号平子）创办于上海。初创时总主笔为罗普（孝高），以后历届主编有陈冷（景韩）、雷奋（继兴）、包天笑等。

民国成立前，《时报》最大的贡献是首创了《时评》专栏。当时该报总编辑陈景韩用短小精悍的短评体裁、冷隽犀利的笔锋，评论时政，大胆放言，敢于说话，首创日报“时评”体。在当时读者中、特别是文教界知识分子中影响极大，为各报纷起仿效。当时报纸上那种长篇累牍的“论说”文章，说来说去就那么几句老话，成了一种陈词滥调和老套子，因此被人讥为“报章八股”。《时评》的出现，无疑是我国新闻评论史上的一次重大的文体改革。1912年民国成立后，史量才接办《申报》，便想方设法将陈景韩“挖”走，聘其担任《申报》总主笔，顿使《时报》减色不少。

此外，民国前后的《时报》在以下几个方面，也曾在上海报界起了开创作用：一是刊载“专电”。“专电者，是报馆里特派人员在北京，每日将政界要闻，特地发电报到报馆里来，以便迅速发刊。”[31]这就大大加快了新闻的时效性，后为其他各报所仿效。二是最早刊载“北京特约通信”。由于当时的政治重心在北京，所以“北京特约通信”有重要意义。《时报》最初的“驻北京特约通信员”是黄远生。以后《申报》也把黄远生拉过去，专门为它采写“北京特约通信”。黄遂成为“通讯”文体的一代巨擘。另外，邵飘萍和徐彬彬也在民初担任过《时报》驻北京特约通信员。三是副刊方面。《时报》一创刊就很注重文艺，特别是小说。创刊不久，它就每日登载著名小说家包天笑（当时《时报》主笔之一）、毕倚虹、陈景韩等人创作的白话小说和翻译的西方文学作品。如爱情题材的《空谷兰》、探案题材的《火里罪人》等，都曾传诵一时。又如，凡尔纳的《八十天环游地球》（刊于1905年12月）、雨果的《逃犯》（即《悲惨世界》，刊于1907年8月）、莎士比亚的《哈姆雷特》（刊于1910年4月）等，均为国内较早的白话译文，引起许多人的文学兴趣。后来，在包天笑的倡议下，又在报上专辟一栏，取名《余兴》，成为我国著名大报最早的副刊之一。嗣后，《申报》才有了《自由谈》、《新闻报》才有了《快活林》。

到"五四"以后，《时报》对报界及读者最大的贡献是于1920年6月9日创刊了《图画周刊》（以后改名为《图画时报》）。该刊每周发行一次，"随《时报》附送，是为我国有现代画报之始"（戈公振语）。《图画周刊》由著名的新闻学者、当时的《时报》主笔戈公振主编，他在发刊导言中说："世界愈进步，事愈繁琐；有非言语所能形容者，必借图画以明之。夫象物有鼎，豳风有图。彰善阐恶，由来已久。今国民蔽锢，政教未及清明，本刊将继文字之未逮，一一揭而出之，尽画穷形，俾举世有所观感，此其本旨也。若夫提倡美术，增进阅者之兴趣，又其余事耳。"该刊内容以反映中外大事为主，用道林纸铜版精印，深受读者的欢迎。在此之前，我国画报主要以手绘"图画"为主，或木刻雕版印刷、或石版印刷。《图画周刊》的出版，才使我国画报进入了用照相制版的"铜版时代"，"自照相版出，与图画一大革新"。此外，在编排和取材上，该刊也有很高的水平。

到了1921年，狄楚青将他创办并主持了17年之久的《时报》以8万元的价格卖给黄伯惠。黄伯惠（公元1894—?），原籍江苏金山县（一说"江苏松江县"，后来两县均划归上海市）。其父黄公续是一个开钱庄和当铺的富商，另外在金山本乡拥有大片田产，在上海公共租界浙江路以及杨树浦一带也有不少房地产，是上海有名的富商之一。黄伯惠系其长子。1921年前后，狄楚青的《时报》

在申、新两大报的夹缝中生存得非常艰难，年年亏损。又加上《时事新报》的崛起，使《时报》在文教界的地位受到严重挑战。这样，在前《时报》主编陈景韩的撮合下，狄楚青不得不忍痛将自己苦心经营17年的《时报》卖给刚从美国回来的黄伯惠。黄伯惠接办后，自任"总理"，在其福州路小花园自建新馆。他独辟蹊径，锐意改革，在报纸内容、版面及印刷方面进行了一系列改进，以挽救《时报》的颓势。他效法美国赫斯特（W. L. William Rondolph Hearst）的新闻编排手法，尤其重视社会新闻、体育新闻及新闻图片，走的是一条"黄色新闻"的路子。

黄伯惠主持的后期《时报》，有以下特点：

一是在内容和版面上，大量刊登社会新闻和体育新闻来吸引读者。如在社会新闻方面，这一时期上海接连发生了几起轰动一时的案子，如"马振华情杀案"、"露兰春情奔薛老二案"、"刘海粟人体写生案"、"黄慧如、陆根荣主仆恋爱事件"等等。黄伯惠利用报纸版面，图文并茂，在《时报》上绘声绘色地进行系统报道。另外，对工部局、警局或法院公开宣布的案件，更是详细登载，使发行量一时大增。与此同时，黄伯惠针对《申报》、《新闻报》不太重视体育新闻的情况，特在《时报》辟体育专刊。凡国内外体育新闻，都派遣记者或物色特派员进行采访。由于《时报》体育新闻报道内容丰富，江、浙两省及长江以南各地学校纷纷订阅《时报》，报摊零售也看好。1930年，全国运动会在杭州举行，黄伯惠不惜巨金，特向沪、杭、甬铁路局包下半节车厢，在内装设暗房设备。每天在杭州开往上海的最后一班车上，将当天所摄大会体育比赛的场面及优胜选手照片，在火车车厢暗房中冲洗。等火车一到上海北站，便马上将照片送回报馆，立即由制版房制版，在次日晨出版的《时报》赶印刊出。然后再以飞机送往杭州全运会会场发售，使其他上海各报望尘莫及，自叹弗如。

二是采用当时最新式的彩印设备。黄伯惠接办《时报》后，一次，听报社一位从法国回来的记者说：外国有彩色版面的报刊，格外清晰、鲜艳。黄伯惠深受启发，便邀这位记者齐赴欧洲考察报纸印刷工艺，并借以见识国外新闻事业发展情况。二人绕英、德、美、日等欧美各大都市几个月，经过德国时，花了 10 多万银元，购妥了一套高速套色轮转印报机、制版机等，然后回到上海。3 个月后，机器运到上海。到 1927 年夏装配完毕。该机每小时可印两大张报 81 000 份（即单张 162 000 份），同时可套印红、黄、蓝 3 原色或其他颜色，使《时报》印刷质量在当时国内各报当中居于领先地位。1932 年 6 月 27 日，《时报》出至第 1 万号。该报为此特出《时报一万号》彩色纪念刊。当天报纸头版特以 3 色版套印一幅“威尼斯图”（连同黑色文字，共为 4 色），这是我国、也是亚洲地区第一次报纸套印 3 色版。

《时报》篇幅仅日出两张，由于大量刊登社会新闻、体育新闻，遂使大幅广告不能容纳，这就严重影响了报社的经济收入。

抗战爆发后，《时报》屈膝接受日伪新闻检查，得以继续出版，直至 1939 年 9 月 1 日停刊。停刊后，黄伯惠与人合办房地产公司，将《时报》馆改为福湖大楼出租。《时报》机器则为日伪霸占，出版《平报》。抗战胜利后，这批机器又被作为敌产为国民党接收，用以改办《正言报》。

《时事新报》的前身是 1907 年 12 月 5 日创刊于上海的《时事报》和 1908 年 2 月 29 日创刊的《舆论日报》。前者主编是汪剑秋，后者主编是狄葆贤（楚青）的弟弟狄葆丰（南士）。两报于 1909 年合并为《舆论时事报》。到 1911 年 5 月 18 日又改名为《时事新报》，由汪诒年任经理。民国成立后，《时事新报》成为进步党的机关报，随后又转为“研究系”的喉舌。1918 年 3 月 14 日，《时事新报》创刊了副刊《学灯》。《学灯》在俞颂华、宗白华、郭虞裳等人的主编下，成为“五四”时期著名副刊之一，对推动“五四”新文化运动的发展和社会主义在中国的早期传播，起了积极作用。

《时事新报》不仅以《学灯》副刊闻名全国，而且在 20 年代，从新闻采访到版面内容等方面都有一些革新，为其他报纸所仿效。

一是在新闻采访上，最早有了专任的外勤记者。1920 年，《时事新报》首先派人采访会审公廨的公开法庭。从此，上海报纸才开始有了专任外勤记者，打破了“老枪访员”垄断某些新闻采访活动的局面。在此之前，各报采用“公雇访员”制度，如火警、盗贼、奸拐、命案及法庭新闻之类，一般都由“公雇访员”（当时谓之“老枪访员”）担任。这些“老枪访员”与报社外勤记者是不同的。外勤记者一般受雇于一报馆或一通讯社，而尽力所及去采访各种新闻；他采访的区域和机关也是没有限定的。而“老枪访员”则不同，他往往占据了一个机关（如租界的临时法院——会审公廨之类）或一区域（如闸北或南市），在这一区域内或机关部门内所发生的新闻，全由该访员自行采访，撰写成文章，然后分抄若干份，分送各报馆，从而取得各报馆的稿费。由于这些访员素质低，又未受过专门的新闻采访及写作的训练，往往记述新闻的方法，刻板不移；“文词似通非通，事实囫囵吞枣，不求甚解，更谈不到记载的详尽确实”。[32]而报馆编辑因足不出户的关系，再加上对社会上魑魅魍魉的黑幕不了解，故往往只对访员所提供的新闻稿稍加修饰，甚至一字不易地编入各版新闻栏内。于是报端常常出现严重失实及似是而非的新闻，严重欺骗读者。自从《时事新报》自派记者采访会审公廨法庭新闻后，上海其他报也陆续有专任的外勤记者了。这样，“老枪记者”逐渐被淘汰。

二是在版面和内容上，首创“专栏新闻”。《时事新报》从1913年起，就有了“教育界”一栏，而《新闻报》到1923年3月15日、《申报》到1924年12月8日才有“教育新闻”栏。《时事新报》从1920年1月1日起，就有了“工商之友”栏（后改名“工商界”），而《新闻报》到1922年4月15日、《申报》到1926年10月21日才有“商业新闻”栏。又如：“体育新闻”脱离“教育新闻”而独立出来，专辟一栏，其他各报很晚才这样做，而《时事新报》从1930年5月16日起，就专辟“运动世界”栏（后改名“运动界”）。再如：“国际新闻”独占一版，这也是该报所首创的。

1928年冬，张竹平、汪英宾等购得《时事新报》产权，张竹平任总经理、汪英宾任经理兼总编辑。此后，张竹平雄心勃勃，希图在中国建立报业托拉斯。1932年秋，张氏将《时事新报》与英文《大陆报》（董显光主持）、晚报《大晚报》（曾虚白主持）及

“申、时电讯社”（米星如主持）等新闻机构联合起来，组成“四社”。这是我国最早的报团组织。

1935年，《时事新报》产权转让给孔祥熙财团。抗战爆发后，于1937年11月26日迁重庆出版。1945年9月21日迁回上海复刊，至1949年5月27日停刊。前后共出版14 785期。

除以上报纸外，大革命时期上海地区足可一述的私营报纸还有《晶报》与《商报》等。

【《晶报》与《商报》】　《晶报》于1919年3月3日创刊。初为《神州日报》的附刊，随报附送，是一个以刊载社会新闻和文艺材料为主的小型报纸，3天出一张。由原《神州日报》经理余大雄主持。

《神州日报》是辛亥革命时期于右任在上海创办的第一张报纸。出版不久，忽遭火灾，于右任遂退出该报，改由叶仲裕、汪彭年两人主持。不久，叶氏投江自杀，由汪独立经营。民国成立后，由帝制派议员孙钟接办。孙接办后，不遗余力鼓吹帝制，遂使《神州日报》销量一落千丈，不久便将报纸卖给钱芥尘。1917年冬，钱因病，遂将报事委托余大雄主持。余大雄本想重新振作起来，恢复《神州日报》往日地位。但终因已失去读者，难以挽回，每期仅出1 000来份。为求生存，余大雄另辟蹊径，又于1919年3月3日创刊3日刊小报《晶报》，作为《神州日报》附张，以求挽救《神州日报》。不料《晶报》出版以后，深受读者欢迎，销量竟达1万多份，而《神州日报》依然没有起色。每逢附有《晶报》的日子，《神州日报》销量便大增；没有《晶报》附送，销量便锐减。这样，到了1926年，余大雄便将《神州日报》转让给蒋裕泉（光堂），自已则一心来经营《晶报》。

《晶报》早期主笔是张丹斧，撰稿人有袁寒云（克文）、李涵秋、林琴南、叶楚伧、张恨水、包天笑、周瘦鹃、严独鹤、毕倚虹等，都是当时上海地区“鸳鸯蝴蝶派”、“洋场才子”一流人物。漫画作者有沈伯尘、丁悚、黄文农等。它以刊载社会新闻和文艺材料为主，每3天出4开小报一张。创刊伊始，余大雄就宣布三大纲领：

"一、凡是大报上所不敢登的，《晶报》均可登之；二、凡是大报上所不便登的，《晶报》都能登之；三、凡是大报上所不屑登的，《晶报》亦好登之。"意思是说《晶报》"一不畏强暴，二不徇情面，三不弃细流，这是针对那些大报而发言的。先打击了大报，以博读者的欢迎"㉝。

20年代，《晶报》是名噪一时的著名小报。当时"申"、"新"等大报都是靠广告收入来维持，而《晶报》则主要依靠发行收入。

由于《晶报》的创刊，又引起黄色小报在20年代的大流行。小报兴起于清末，到五四运动后再度盛行。1919年《晶报》创刊后，继之而起的有《金刚钻》、《罗宾汉》、《福尔摩斯》等小报。到1926—1927年间，像这类小报仅上海一地就有三四十种之多，内容多为社会新闻及色情下流的作品，版面五花八门，格调卑下，无足述者。

1932年10月12日，《晶报》改为日报出版，每天销量达两万多份。抗战爆发后，曾于1937年8月和12月间两度停刊。余大雄沦为汉奸后，由钱芥尘接办，成为一份时事政治性抗日小报。1939年2月7日被迫停刊，同年4月又复刊，到1940年5月30日终刊。

《商报》于1921年1月1日创刊，创办人是广东商人汤节之。汤办《商报》的目的，起初是为了面向商界，可是后来的发展，却是以知识界和青年学生为主要读者对象。《商报》尽管没有雄厚的资本和悠久的历史，但编辑人员却是一时之选。主编是陈屺怀（陈训正），编辑主任兼总主笔是陈屺怀的堂弟陈布雷，电讯编辑是潘公展，《本埠新闻》编辑为朱宗良，《商业金融》专栏编辑是潘更生、冯柳堂等。《商报》是当时一张比较进步的报纸，出版以后，受到社会的普遍关注，也深受知识分子及青年学生的喜爱。不久，汤节之因经营交易所失败，连累《商报》，他便将《商报》转让给李征五经营。李氏尚能继续秉承《商报》以往精神。1923年曹锟贿选总统时，《商报》全版用大号字体，并印上曹锟的相片，攻击不遗余力，掀起讨曹之役；革命军北伐时，《商报》又极表同情和支持。但不久，李征五因赔累过多，无力维持，又将报纸卖给方椒伯。方是一个商人，他的靠山是傅筱庵。而傅筱庵和军阀孙传芳关系密切。这样，一向以“打倒军阀”自任的陈布雷、朱宗良、潘公展、潘更生等都相继离去，《商报》地位遂一落千丈（时在1926年冬）。到1927年12月31日便停刊了。1928年9月，前《商报》协理洪雁宾、广告主任黄春荪又重整旗鼓，复刊《商报》，但由于经济、人才两感缺乏，不到半年就又停刊了。全部机器生财，由汇商公司让盘于《中央日报》（1928年2月10日创刊）。㉞

大革命时期的《商报》，前后办了7年时间。它如异军突起，在当时的新闻界有一定影响，尤其其主笔陈布雷撰写的评论，名重一时。

陈布雷（公元1890—1948年），原名训恩，字彦及，号布雷。笔名畏垒。1890年12月26日（清光绪十六年十一月十五日）出生于浙江省慈溪县官桥镇一个商人兼地主的家庭。早年从塾师读书。1906年入宁波府中学堂读书，不久因参加学潮而退学。同年下半年，远道到杭州，插班入浙江高等学堂预科学习，开始了为期5年（1906年下半年—1911年夏）的“浙高”生活。1911年8月从“浙高”毕业后，应上海《天铎报》（1910年3月11日创刊）之聘，任撰述记者兼主笔，正式开始新闻记者生涯，“约定每日撰短评二则，每十日撰社论三篇，月薪四十元。以在馆不能住宿，赁居于南京路第一行台旅社。”㉟他以“布雷”笔名发表评论，㊱引起读者注目。是年10月10日，武昌起义爆发，《天铎报》倾向革命，陈布雷撰写长篇社论《谭鄂》10篇，连载于报端，影响很大。1912年1月1日，孙中山在南京就任临时大总统，撰写了对外宣言书，初稿用英文写成后，交外交总长王宠惠携沪发表；陈布雷将其译成中文后，于1月6日在《天铎报》首先刊出。这是陈布雷早年的得意之作。1912年1月17日，《天铎报》刊出“陈布雷离沪启事”。据他自述，他离开报馆的原因是“年少锋芒显露，不自敛抑，渐为（李）怀霜所忌。”于是结束了5个月的第一次报馆生活。辞职归里后，担任宁波效实中学教师，并担任《申报》“特约译述员半年”，译稿寄登《申报》，署名曰“彦”。1920年6月，陈布雷结束家居生活，应商务印书馆之聘，赴沪任《韦氏大字典》

编译之职。1921年（23岁）元旦，《商报》创刊，陈布雷被聘为编辑主任，开始他“第二期”的报人生活。此时，他每周撰写评论5篇，星期日撰短评一篇。由于实行不署名制，无人知是陈所撰。1922年，因山东问题与日本直接交涉一事，《商报》与《中华新报》因见解不同而展开笔战。《中华新报》主笔张季鸾后知《商报》文章系陈布雷所写，称赞陈的文章“为论坛寂寞中突起之异军”。1923年，《商报》改用署名制，陈布雷便以“畏垒”为笔名，㊲又写了不少影响较大的评论。陈布雷论及的范围，从国内政治到国际时事，从社会文化到工商经济，成为名重一时的主笔。当时有“北颜南陈”的说法，意思是全国主持报界评论的人才，“在北惟颜旨微”、㊳“在南惟陈畏垒”（叶恭绰语），认为他们两人的文章“议论周匝，文字俊雅”。

陈布雷在《商报》时期，正是中国人民反对帝国主义、反对封建军阀的斗争处于高潮的时期。陈布雷积极地参加了这场斗争。1923年曹锟贿选时，他在报上发表文章予以抨击。1924年7月，陈布雷因在“本埠新闻”栏内评诋激烈，遭到租界工部局的控告，后被处以罚金了事。1925年五卅运动前夕，《商报》站在同情工人、支持工人的立场上，刊登了工会的《泣告同胞书》，为此，陈布雷又一次遭到工部局控告。五卅运动爆发后，陈布雷亲自奔走于各团体采访消息，交换意见，发表评论。这一时期，几乎每天都有署名“畏垒”的文章发表，在反帝运动中产生了广泛影响。到1926年1月1日，《商报》出满5周年，特发行纪念特刊，其销量虽已达12 000份，但经济仍很困难。

从1921年1月1日《商报》创刊到1926年冬，陈布雷在《商报》前后主持笔政达6年之久。韬奋在1944年写的《患难余生记》中曾这样评价他：“布雷先生在报界文坛的声誉，在《商报》时代就已建立起来。他当时不但富正义感，而且还有革命性。当时人民痛恨军阀、倾心北伐，他以‘畏垒’为笔名在《商报》上发表的文章，往往能以犀利的笔锋，公正的态度，尽人民喉舌的职责。他对文字修养非常注意，可谓一丝不苟；而对于每日的社论题目，尤能抓住当前最核心的、最为人所注意的问题。”㊴

陈布雷在报界的影响，引起了蒋介石的注意，蒋便开始极力拉拢陈。1926 年，邵力子从广州到上海，在宴请报界人士时，特别将蒋介石亲自签名的个人照片赠给陈布雷，并转达“蒋公对他非常仰慕之意”。同年底，陈布雷便“乘报馆休假之便，约潘公展同游南昌”，晤蒋介石。1927 年 2 月加入国民党。1928 年春，在征得蒋的同意后，一度出任《时事新报》总主笔（1928 年春至 1929 年 7 月）。1929 年 7 月，陈布雷随蒋介石赴北平，从此便脱离报界，成为蒋介石的高级幕僚和“文胆”。

1948 年 11 月 13 日，陈布雷因对蒋政权绝望而仰药（安眠药）自尽。终年 59 岁。[40]

二、北京地区私营报业的发展和变化

大革命时期的北京地区私营报业是在极其艰难的情况下发展着的，其中较为著名的有蒲殿俊、陈博生先后主持的《晨报》、邵飘萍主持的《京报》、林白水主持的《社会日报》及成舍我主持的《世界日报》等。

大革命时期的北京地区，一直在北洋军阀的直接统治之下。各派军阀连年混战，轮流执掌中央政权，而各派军阀上台以后，都残暴摧残新闻事业。到了 1926 年 4 月，段祺瑞临时执政府倒台后，直系军阀吴佩孚与奉系军阀张作霖再度联合，共同围攻倾向革命的冯玉祥的国民军。4 月 15 日，冯部败退出京，直鲁联军张宗昌进入北京，直、奉军阀再度控制北京政权。在直、奉军阀的统治下，从 4 月到 8 月间，接连发生枪杀著名新闻记者邵飘萍和林白水的暴行。

【“青萍、白水各千秋”】　邵飘萍是民国初年及“五四”时期著名新闻记者（详传见前）。1918 年 10 月 5 日，他独家创办《京报》，日出对开 4 版。社址起初在北京南城珠巢街，后来搬到新华街小沙土园。该报注重对时局、战局的报道和评述，讲求新闻的时效性；反帝反军阀，旗帜鲜明。在五四运动中，积极支持学生运动。同年 8 月 22 日因载文反对曹汝霖亲日卖国行为而遭段祺瑞政府查封。邵飘萍当时也遭通缉，只得化装成工人，潜至丰台站，搭火车转津赴沪。旋应日本大阪《朝日新闻》社之聘，再度赴日（第一次是1914年为避袁世凯政府的缉捕而赴日）。半年后，于1920年秋皖系倒台后回国。在日期间，他借助日文攻读了《资本论大纲》、《社会主义研究》、《露（俄）国大革命史》等宣传马克思主义的著作。1920年9月7日，复刊《京报》。此次他从日本带回报业管理的先进经验，以《京报》作为"供改良我国新闻之试验"，并付诸实践。醵资新建报馆于宣武门外骡马市大街魏染胡同。同时对报社内部的组织和版面编排也进行改革。此后，《京报》积极支持冯玉祥的国民军，支持孙中山领导的国民革命，称赞国共合作的南方革命政府"治绩为全国第一"。1921年元旦出版特刊，把祸国殃民的军阀的照片刊载在报纸上，照片下注明"奉民公敌张作霖"、"直民公敌李景林"、"鲁民公敌张宗昌"等等，使军阀们大为恼怒。1922年底，前苏联第一次苏维埃代表大会召开，《京报》于次年元月作了详尽报道。1923年5月5日，是马克思诞生105周年纪念日，《京报》又出纪念特刊，介绍社会主义理论，随报附送。1924年12月创刊《京报副刊》，邀请孙伏园任主编，成为大革命时期最著名的副刊之一。1925年初，《京报》扩充副刊版面，除每天有《京报副刊》外，还增设了不少的周刊及半月刊，前后计23种。"五卅"惨案发生后，《京报》又作了连续两个月的报道。1926年春"三一八"惨案发生后，《京报》发表大量文章，讨伐段祺瑞政府。

1926年4月15日，冯玉祥的国民军退出北京，驻南口。直、鲁联军张宗昌进驻北京。4月24日，邵飘萍被诱捕；26日凌晨4点多钟，被奉系军阀以"勾结赤俄，宣传赤化"的罪名枪杀于北京天桥，年仅42岁。

作为民初及20年代的一代名记者，邵飘萍具有高超的采访技巧。邵氏自诩其采访活动"守如处女，动如脱兔，有鬼神莫测之机"。时人赞许他说："其手段敏捷，其观察精深；权轻重而定取舍；聚孤立事实，作系统的报告；明言暗示，富于兴味。"（蒋梦麟语）

邵飘萍不仅是一个著名的新闻记者和报人，而且是我国早期著名的新闻学者之一。他撰著的《实际应用新闻学》（一名《新闻材料采集法》，北京《京报》馆发行，1923年9月出版）和《新闻学总论》（北京《京报》馆发行，1924年6月出版）是我国最早出现的一批新闻学专著之一。特别是《实际应用新闻学》，为我国早期探讨新闻采访学的第一部专著。该书初版正文共163页，5万多字，共分14章，是作者在1923年暑期"挥汗如雨"，耗半月时间写成的。书前有当时政界、学界名流颜惠庆、顾维钧、汤尔和、王正廷、江庸、黄郛、蒋梦麟、徐宝璜、路透社的伊文思等所作"序"，张謇、孙洪伊、林长民、冯玉祥等的题字，邵飘萍照片三帧及世界著名大报报影若干帧。该书是作者从事新闻工作12年宝贵经验的总结，实为我国新闻采访学的开山之作。他认为外勤记者（"外交记者"）的素养，以"品性为第一要素"，"所谓品性者，乃包含人格操守、侠义、勇敢、诚实、勤勉、忍耐及种种新闻记者应守之道德；贫贱不能移、富贵不能淫、威武不能屈，泰山崩于前、麋鹿兴于左而志不乱，此外交记者之训练修养所最不可缺者"。

《新闻学总论》则是邵飘萍执教法政大学的讲义，共分10章40节，属新闻学概论性质。邵氏原拟自编一套《新闻学丛书》，将该书作为第一编，《实际应用新闻学》列为第二编，并准备"再述编辑、广告、发行等理论方法为第三、四、五编"（《新闻学总论》"凡例"）。可惜1926年邵氏即横遭北洋军阀枪杀，不幸赍志以殁。

林白水也是中国近代著名新闻记者和报人（详传见前）。他是清末白话报的先驱之一。1895年曾在杭州参与创办《杭州白话报》，并担任主笔。1903年春赴日本留学，参加"拒俄义勇队"。1903年秋回国后，在上海相继为《俄事警闻》、《警钟日报》、《中国白话报》等报刊担任编辑、记者及主编。1905年，林白水再度赴日，入早稻田大学主修法政，兼学新闻，并加入同盟会。他是我国早期出国留学生中研习新闻学的第一人。

民国成立后的1913年冬，林白水来到北京，先后在北洋政府中担任参政、帮办等职务，一度当选为国会议员。在此期间，他看到官场、议院的腐败，于是辞去议员职务，从1916年起，又恢复办报活动，于9月1日创办《公言报》。1920年7月，报馆被军阀所派人员砸毁，报纸被迫停刊。1921年初又创办《新社会报》，到1922年2月因攻击军阀吴佩孚而被警察厅封闭。1922年春，他将《新社会报》中“新”字去掉，改名为《社会日报》继续出版。1926年8月5日，《社会日报》刊出林白水写的抨击吴佩孚、潘复和张宗昌的时评《官僚之运气》，㊶其中云：

> 狗有狗运，猪有猪运，督办亦有督运，苟运气未到，不怕你有大来头，终难如愿也。某君者，人皆号为某军阀之肾囊，因其终日系在某军阀之袴下，亦步亦趋，不离晷刻，有类于肾囊之累赘，终日悬于腿间也。此君热心做官，热心括地皮，因是有口皆碑，而此次既不能得优缺总长，乃并一优缺督办也不能得……甚矣运气之不能不讲也……

文中“某君”即指张宗昌的心腹潘复。据说，潘复看到这篇文章后，恼羞成怒，拿着报纸哭诉于张宗昌之前。㊷8月6日凌晨两点左右，宪兵司令王琦奉张宗昌之命，逮捕了林白水；清晨4点多钟，以“通敌有证”的罪名，将林白水枪杀于天桥。时年52岁。8月7日，上海《民国日报》第2版便首载《张宗昌怒杀林白水》消息一条，予以报道；又转载林白水时评《时局之真相》一篇。

林白水被害距邵飘萍被害，尚不满百日，故当时有“萍水相逢百日间”及“青萍白水各千秋”的挽联。林白水文笔犀利，论点精辟；敢说真话，敢作诤言，为时人称道。他曾说：“新闻记者应该说人话，不说鬼话；应该说真话，不说假话！”他的文章，夹叙夹议，辛辣尖锐，亦庄亦谐，往往“使人览而忘倦”（严复语）。他“既长于文言，复精白话，朗畅曲达，信手拈来，皆成妙谛；其见诸报章者，每发端于苍蝇臭虫之微，而归结及于政局，针针见血，物无遁形。”㊸

【“报界之王”成舍我】 成舍我是我国现代新闻史上一位杰出的报人和新闻教育家。他的办报活动是从20年代开始的：1924

年4月16日，他在北京创刊《世界晚报》；1925年2月10日创刊《世界日报》，同年10月1日出版单张的《世界画报》。后来，这3张报纸对外总称“世界日报”，初步形成“世界报”系，为他以后在新闻界的发展奠定了基础。

1927年4月18日，在继续出版《世界日报》的同时，成舍我又在南京创办了《民生报》。该报日出4开一张，成自任社长。1935年9月20日，他又在上海创刊了也是4开版的小型日报《立报》。1937年8月间，上海“八一三”事变起，《立报》发行量每日均在20万份以上，打破我国有日报以来的最高纪录。有人把他一生的办报活动概括为一句话——“世界、民生、立报，成舍我”，[44]称他为“小型报专家”、“新闻界怪杰”，[45]“民营报业的巨擘”，“中国的报王”。[46]他是中国现代新闻史上继汪汉溪、史量才之后的又一位杰出的报业企业家。

成舍我（公元1898—1991年），原名希箕，读小学时名“成勋”，在大学时用的名字是“成平”。笔名丁一、一丁、小白、百忧、舍我、成则王、戊戌生等，以笔名“舍我”行于世。原籍湖南湘乡县，1898年8月28日（清光绪二十四年，戊戌七月十二日）生于南京下关。祖父成策达曾任湘军曾国荃（沅甫，为曾国藩之弟）幕僚；父成璧，字心白。成舍我3岁时，成璧至安徽候补，便举家移居安庆。1906年后，成璧先后任舒城典史和桐城县练潭镇巡检。由于位卑禄薄，家里人口又多，所以家境不很宽裕，无力供成舍我兄弟读书。成舍我幼年时只得随父读书识字。1910年12岁时，考入安庆的湖南旅皖第四公学高小班读书。由于成绩优良，入学后一个月就被选拔入中学班肄业。是年冬，第四公学因经费无着而宣告停办，他只得辍学在家。

成舍我1912年（16岁）在家闲居时，开始向安庆《民岩报》投稿；同年，加入刚成立的国民党。1913年，任《民岩报》外勤记者；同年7月，讨袁的“二次革命”爆发，他以国民党员身份参与讨袁秘密活动。后受军方注意，17岁的成舍我只得从安庆远赴沈阳。以友人之介，任《健报》（由革命党人张复生主持，王新命任总编辑）校对，旋升副刊编辑，与王新命成忘年交。1915年

11月间，成舍我、王新命因军阀张作霖的迫害而辞职到上海。为生活计，成舍我、王新命、向恺然（平江不肖生）等组成“卖文公司”，以向各地报刊投稿为生。不久，成舍我还担任《民国日报》要闻版及副刊编辑工作。由于该报刚刚创刊，经济拮据，仅供伙食，成舍我仍以卖文为生。1916年6月，袁世凯病死；同月，成首次到愚园参加南社第14次“雅集”，加入南社。在此期间，成还同《新申报》副刊编辑王钝根等发起组织“上海记者俱乐部”（加入该俱乐部的有吴稚晖、曹松翘、陈白虚、王新命、叶楚伧等20多人），并结识了陈独秀、刘半侬（后改名“刘半农”）和《太平洋》杂志主办人李剑农等人。

1917年冬，成辞去《民国日报》编辑职务，欲到北京，苦无川资，当即译成西洋短篇小说3篇，投稿报社，得稿酬100元，毅然乘轮北上。抵京后，拟入北京大学深造，因无中学毕业文凭，不能报考。辗转思量，立草万言书，致书北大校长蔡元培，自述好学之殷，请校长予以通融，俾得有所成就。蔡阅信后，觉其文笔流畅，深为感动，准以同等学历资格报考旁听生。1918年暑假考取北大旁听生。同时，为生活计，经北大图书馆主任李大钊介绍，担任北京《益世报》编辑。从此，他白天在北大国文系听课，晚上到《益世报》编报。当时，北大规定：旁听生第一学年成绩若平均达80分以上时，可改为正式生。为达到80分，成每天不缺课，晚上又赶到报馆上夜班，往往看过大样，已是凌晨4点钟，只能打个盹就赶往学校上课。

从1919年起，成舍我开始小说创作及小说史研究工作。同年4月4日、5日，北京《晨报》副刊版第7版《小说》栏下发表成的小说《吾友》；4月6日又载其小说《车夫》。

1919年5月23日，《益世报》因登载成舍我写的社论《安福与强盗》一文，遭北洋政府所忌，京师警察厅即奉命禁止该报发行。24日，《益世报》因“煽动军队，鼓荡风潮”的罪名被封。27日，由于美国教会组织向北京政府提出抗议，《益世报》获启封，得以继续出版。

1919年9月，成舍我升读北大国文系，成为正式生。到1921

年夏，大学毕业。1921年6月（24岁），在《新青年》杂志第9卷第2号发表译文《无产阶级政治》（列宁著）。同时出版了《中国小说史大纲》一书。同年，还组织"新知编译社"，翻译出版外国作品，不久停办。又创办《真报》，因资金缺乏，旋停。1923年又组织"北京联合通讯社"。

1924年4月，成舍我辞去《益世报》职务，用仅有的积蓄200元大洋，在京独力创办《世界晚报》。该报于是年4月16日创刊，社址在西单手帕胡同成舍我家。日出4开一张，由私人印刷局承印，成自任社长。创办初期，报社只有4个人：吴范寰为经理，龚德柏为总编辑，张恨水为副刊《夜光》主编，成舍我自己则集社长、经理、主笔、编辑、采访于一身。《世界晚报》创刊的时候，北京市面上常见的晚报已达17家之多，同业之间的竞争非常激烈。当时的晚报，由于所依政治背景各不相同，也偶然刊载一些有利于己方的政治新闻，但大部分篇幅是登载社会新闻。尤其是桃色新闻、凶杀案之类，更是大登特登，用以吸引读者。成舍我经过冷静分析后，确定了《世界晚报》的5大特色。其中第3条为："特辟专栏，揭载关于教育界之种种消息，以引起国民注意。"大量登载学校及文教方面的消息，使为数众多的教职员和学生都成为它的读者对象（到后来，教育新闻成为《世界晚报》的"生命线"）。第4条为："特辟《夜光》一版，揭载各种富于兴趣之文字。"由于一般读者对晚报政治新闻要求不高，都喜欢看它的轻松有趣的文字，因此，《世界晚报》的《夜光》版就迎合读者口味，大登富有"趣味"的文字，特别是把张恨水所作的《春明外史》长篇小说连载，深受读者欢迎。第5条为："对于政治上各种问题，均有公正之批评。"《世界晚报》敢于主持正义，批评时政，如在它出版不到一个月的5月7日，为日本帝国主义向袁世凯政府提出21条的国耻纪念日，北京各校学生特在天安门前举行集会，被军警打伤几十人。《世界晚报》在当天的头版头条地位登载惨案详情，并配以评论，指责北洋政府的暴行，指出当时的教育总长章士钊是惨案的罪魁祸首，强烈要求惩办。这一报道提高了《世界晚报》的身价，在读者中博得"敢言"之名。同年10月，第2次直奉战争爆发，直系援军总司令张福来由开封到北京，《世界晚报》因头条新闻标题《前敌总司令张福来今早出发》中将“福”字误排成“祸”字而被封。成与龚德柏匿居东交民巷六国饭店得免。同月，北京政变起，直系第3军总司令冯玉祥倒戈，总统曹锟被囚，冯玉祥任国民军总司令。《世界晚报》在被封5日后复刊。复刊之日，因“祸”得“福”，由原销两三千份陡增至万份以上。从此以后，成舍我养成亲自看大样的习惯，几十年犹不改。

1925年2月10日，成舍我又创刊了《世界日报》，社址由西单手帕胡同迁到石附马大街90号。规模比以前又有所扩大。在人事方面，成舍我仍是社长，吴范寰仍是经理（吴任《世界日报》经理15年，直至最后停刊）。张恨水除编晚报副刊《夜光》外，兼编日报副刊《明珠》。总编辑龚德柏后与成发生矛盾，于1926年4月离去。此后，先后担任日、晚报总编辑的有罗介邱、张恨水、黄少谷、成济安、张友鸾、左笑鸿等。先后担任编辑的有罗敦伟、刘半农、万枚子、陈大悲等。为了同当时北京著名的日报《晨报》、《京报》、《北京日报》，还有日本人办的《顺天时报》竞争，《世界日报》创刊不久就增张扩版，由初创时的一大张，自4月起改为两大张。这两大张的版面安排是：第1、4两版是广告，第2、3两版是国内外要闻，第5版是画报（石印），第6版是各省新闻和社会新闻，第7版是《经济界》、《教育界》、《妇女界》等各种专刊，第8版是副刊《明珠》。同时，在专刊和副刊上下了很大工夫。由于《晨报》有对开半张的学术性副刊，蜚声学术界。《世界日报》也从8月1日起，增辟《学库》版，以整版篇幅“介绍新潮、研究学术”，以吸引读者。日报副刊《明珠》与晚报《夜光》成为姊妹刊，都由张恨水主编（直至1929年他才离开报社），后来又有张友彝（友渔）、马彦祥、朱虚白、胡春冰等参与撰稿。该版还曾陆续连载张恨水的《新捉鬼传》、《荆棘山河》、《金粉世家》等长篇小说，吸引了大量的读者。《学库》则由罗敦伟、万枚子等主编。1926年7月1日，又在第7版增出《世界日报副刊》，由刘半农主编；半年后（1927年1月3日）刘离去，改由张友鸾主编。

1925年10月1日，成舍我又将《世界日报》第5版的“画报”版独立出来，创刊了《世界画报》。这样就形成了“日”、“晚”、“画”三报同出的“世界报系”。《世界画报》起初隔日出一次，4开大小。到11月改为每周一次，由褚保衡主编。一年后（1926年10月）出至57期时，改由国立专门艺术学校校长、著名西画家林风眠主编。画报内容先以时事照片为主，后以美术作品为主。

此后，由于成舍我殚精竭虑，注重报纸版面、发行及经营管理，《世界日报》发行量达35 000多份，“在北平占大报中销路第一位”。[47]

1926年奉鲁军阀占据北京时代，有些报纸的言论、记载对军阀敢批逆鳞，间作冷嘲热讽之词。张宗昌因潘复等的怂恿，决定对报人实行残酷的镇压。4月26日枪杀了《京报》社长邵飘萍，3个多月后的8月6日又枪杀了《社会日报》社长林白水。林氏遇难的第2天——8月7日深夜，成舍我也被宪兵逮捕，拟予枪毙。成的夫人杨璠找到成的把兄弟孙用时。孙用时领着杨璠跪在其父孙宝琦（曾当过国务总理，与张宗昌有旧）面前求情，请求营救。孙宝琦当即亲到石老娘胡同张宗昌宅说情，方使成舍我被系狱3日后于10日获释。成被捕期间，《世界日报》仍在出版，这是因为当时军阀们有一残暴、荒谬的说法，即：只杀报人，不封报馆；“杀人而不封报馆，不算摧残舆论”[48]。成幸免于难后，旋离京赴沪。

1927年“四一二”反共事变后，蒋介石即在南京组成国民政府。在政治重心南移的情况下，1927年4月18日、南京国民政府正式成立的那一天，成舍我在南京创刊了《民生报》。该报由他自任社长，起初日出4开一张，以后增加到日出4小张。此前，上海、南京一带小报是很发达的。特别是上海，小报曾泛滥一时，但都是文艺性小报。而《民生报》则是一份新闻性小报，它不仅“是当时第一份小型（新闻）报，也是国民政府统治下首都最早的一份民营报”[49]。以后，成舍我一直把办小型报作为自己的事业，终身以之。

《民生报》创刊后，先后担任主编的有张友鸾、陶镕青、左笑鸿等。该报由于内容充实，发行量大增，销数超过了南京的首位大报《中央日报》。1926年至1929年间，成往返于南京、北平之间，主持两地报纸工作。

1930年4月16日，成舍我偕程沧波离北平到欧美考察报业；到1931年2月19日从美国回到上海。从此以后，成舍我根据自己的办报实践，借鉴外国的先进经验，实行科学化的经营管理。他雄心勃勃，曾想成立“中国新闻公司”，拟设总部于南京，在全国各大城市各办一份日报，组成一庞大的、兼具影响力的报业集团，然迄未实现。

1933年4月12日（成舍我《我所理想的新闻教育》），成舍我又在北平石驸马大街《世界日报》社址创办了“北平新闻专科学校”（后迁西长安街），提出了著名的“手脑并用，德智兼修”校训。该校起初只有初级班，到1935年又办高级班，1937年开办本科。“七七”事变后，北京沦陷，学校遂于8月10日停办。

1934年5月，《民生报》因揭露汪精卫的部下、行政院政务处长彭学沛贪污舞弊等事，引起轩然大波。汪精卫令南京警察厅罚令《民生报》停刊3天。7月20日，《民生报》又刊登了海通社所发的一条关于军事的消息，宪兵司令部便以此为借口，于7月23日以“泄露军情”罪将成逮捕。由于各方营救，成舍我在被关押近40天后，于9月1日获释。当局责令《民生报》永远停刊，并不许成在南京用其他名义办报。成只好离开当时的首都南京，前往上海。

1935年9月20日，成舍我又与友人合资在上海创刊了《立报》。他自任社长兼总经理，董事长为萧同兹，聘张友鸾为总编辑（不久改为萨空了），编辑有恽逸群、谢六逸、张恨水等。《立报》为小型报，初创时为4开一张，后改出4开一张半。该报实行“小报大办”的原则，在版面及内容上有“三多”（副刊多、专栏多、小品文多）的特色。到1937年时，发行量超过了20万份，创我国有日报以来的最高纪录，成为现代新闻史上最杰出的小型报。

抗战全面爆发后，1937年11月24日，《立报》自动停刊。北平的《世界日报》也早在8月就停刊了，其资产被日寇所劫夺。敌伪在此基础上创办了《新民报》。成舍我逃到香港后，于1938年4月1日复刊香港《立报》。直到1941年12月8日太平洋战争爆发，香港沦陷，《立报》也被迫停刊。1942年春，成挈眷居于桂林，创办桂林“世界新闻专科学校”，任校长；7月，任第三届国民参政会参议员。1944年11月11日桂林沦陷，“世界新闻专科学校”停办。成舍我遂挈眷迁居重庆，于1945年5月1日招股复刊重庆版《世界日报》，成自任常务董事长，聘程沧波为总主笔。

抗战胜利后，成舍我从重庆坐飞机飞回北平，于1945年11月20日复刊北平版《世界日报》；又于10月1日在上海复刊《立报》，发行人严服周，社长陆京士。两报在宣传、报道上，实行“拥蒋反共”的原则。1946年，成舍我任国民党政府国民大会“社会贤达”代表。1947年在北平当选第一届立法委员，1948年9月到南京报到任职。1949年1月，北平和平解放。2月25日，中共北京市军管会接管《世界日报》。[50]听到这一消息后，成舍我在南京国民党电台作广播答辩，并于3月1日在《申报》、《新闻报》等上海大报上发表声明，其中说：“余深信天地之大，中共能封闭余北平之《世界日报》，而无法摧毁余毕生献身新闻事业、发挥正义、抵抗暴力之意志……”[51]其态度相当反动。北京版《世界日报》从1925年2月10日创刊，到1937年8月9日因日军侵入北平而停刊。抗战胜利后，于1945年11月20日复刊，至1949年2月25日被接管而停刊。前后办了15年9个月。

1949年4月30日，上海《立报》也停刊了。《立报》从1935年9月20日在上海创刊，到1937年11月25日因上海沦陷而停刊。1938年4月1日在香港复刊，出至1941年冬因香港沦陷而停刊。抗战胜利后，于1945年10月1日由陆京士等在上海复刊，直至1949年4月30日停刊。《立报》前后办了9年多时间。

1949年7月25日，重庆版《世界日报》也停刊了。该报创刊于1945年5月1日。前后办了4年多时间。

1949年4月间，成舍我挈眷寓香港。1950年冬，与王云五、卜少夫、程沧波、陈训抒、陶百川、左舜生、阮毅生、徐复观、刘百闵、雷啸岑、许孝炎等在香港筹办《自由人》3日刊，任总编辑。1951年3月7日《自由人》创刊，提倡“民主”、“自由”、“反共”，直到1959年9月13日因经济不支而停刊。

1952年冬，成由港到台湾定居。1955年秋，在台发起筹办“世界新闻职业学校”（简称“世职”），被举为董事长，择定台北市木栅沟子口为校址。1956年10月15日开学，成任校长。该校仍然以“德智兼修，手脑并用，其中‘德’字应居首位”为校训。成舍我认为：“记者最重要的是品德、技能、知识，这三者又以品德为首，品德不好的人，永远不能成为好记者。”[52]同年出版《报学杂著》（台北“中央文物供应社”出版）。为方便学生实习计，“世界新闻职业学校”于1957年起办了一张8开小报《小世界》（周刊）；1958年起，办了“世新广播电台”。

1988年1月，台湾“报禁”解除。时年91岁的成舍我又于7月12日创刊了《台湾立报》。

1991年4月1日，成舍我因心脏衰竭，病逝于台北，终年94岁。[53]

三、天津地区私营报业的发展和变化

【《益世报》】 《益世报》是20年代天津地区一种比较有名的中文日报。该报于1915年10月1日（“旧历乙卯八月二十三日”）在天津创刊，由罗马天主教教廷指派的天津教区副主教雷鸣远（比利时人，后加入中国籍）和中国天主教徒刘守荣、杜竹萱等创办并主持。《益世报》日出两大张八版，社址：天津荣业大街一〇七七号。创刊号头版“社论”栏载“梦幻”撰《本报发刊辞》。

雷鸣远于1900年到中国，先在浙江绍兴传教，1910年又转到天津传教。他到天津不久就创办了一个名为《广益录》的周刊（后又改为《益世主日报》）。这个刊物是专门宣传天主教教义的。后来，雷鸣远认为一个周刊难以充分发挥宣传宗教的作用，便于1915年邀约天主教徒刘守荣、杜竹萱等创办了《益世报》。1920年，雷鸣远回欧洲，联系中国学生留法勤工俭学事宜。直至1927

年再度来华。1928 年加入中国籍。1940 年 6 月病逝于重庆，时年 69 岁。

天津《益世报》自创刊之日起，雷鸣远就委任刘守荣为总经理、杜竹萱为副总经理。刘、杜两人都是天主教徒。刘守荣，字浚卿，河北省蓟县人。从 1915 年起，到 1934 年 1 月 26 日病逝，[54]在近 20 年的时间里，除 1925 年至 1928 年天津《益世报》被奉系强占外，他一直担任《益世报》总经理。

《益世报》馆址最初在天津南市荣业大街，两年后迁到东门外小洋货街。到 1924 年直奉战争时，刘守荣便将报馆又迁到天津意大利租界。此后，一直到 1937 年，天津版《益世报》才停刊。

天津版《益世报》创刊不久，在雷鸣远的支配下，杜竹萱又在北平创办了一个北平版《益世报》。从此，刘守荣、杜竹萱两人各得其所，分道扬镳，各自为政，互为独立，到后来便没有任何联系了。北平《益世报》由杜竹萱任总经理，潘云超任总编辑，以后成舍我、朱虚白、郭春涛等先后参与编辑工作。

从 1915 年到 1928 年这一段时期，天津《益世报》在刘守荣的主持下，基本倾向是进步的。由于有教会和租界庇护，该报言论比较大胆。创办之初，它反对过袁世凯的洪宪帝制，反对过张勋复辟，反对过日本帝国主义压迫中国接受的“二十一条”；也曾支持过五四爱国运动，连载周恩来在法国勤工俭学期间写回的《旅欧通讯》。1923—1928 年间，《益世报》由颜旨微出任总主笔。颜旨微，名泽祺，山东人，世居北京。早年留学日本，习法政。旧学根柢深厚，藏书颇富。他任《益世报》主笔期间，每日撰论说一篇，仿梁启超“新文体”，以浅近文言评论时事，流畅易读，与上海《商报》主笔陈布雷齐名，有“北颜南陈”之说。1928 年 8 月，“国民政府军”克复北平后，“南陈”与“北颜”在北京第一次会面。1930 年 10 月，陈布雷奉蒋介石之命，想罗致颜氏参与幕府，邀颜至南京，颜以老母在堂、且住惯故都为由，婉辞北返。抗战爆发后，平、津沦陷，他匿居不出，拒为敌用，旋卒。

1928 年后，刘守荣让刚从天津南开大学毕业的刘豁轩接替颜旨微担任《益世报》总编。刘豁轩也是河北蓟县人，与刘守荣是同村同族的兄弟。他到任后，首先致力于加强内、外勤记者的阵容，罗致了不少人才；后来又重组编辑部，使报纸版面有了很大起色，报纸“日出4大张，广告之发达为华北第一；印刷纸质，首屈一指”。（黄天鹏语）最高发行量曾达8万份，成为北方著名大报。到1934年1月，刘守荣病逝，董事会又推选刘豁轩为总经理兼总编辑。到1936年初，刘豁轩辞职，到北平燕京大学教书去了。

在1931年“九一八”事变后，《益世报》积极宣传抗日。为了加强报纸言论，刘豁轩从1932年1月起，先后聘请原上海《新月》杂志总编辑罗隆基和清华大学教授钱端升担任社论主撰，发表了不少社论，对蒋介石的独裁和不抵抗政策进行了激烈批评；呼吁停止内战，联共抗日。1937年“七七”事变后，于同年9月5日停刊。

抗战初期，罗马教廷指派的南京教区主教于斌于1938年12月8日在昆明复刊《益世报》，1940年3月24日迁重庆出版。抗战胜利后，《益世报》于1945年12月1日在天津复刊，仍由刘豁轩任社长（刘当时任燕京大学新闻系主任），王研石任总编辑。此后，该报发表过不少支持南京国民党政府和反对中国共产党、反对中国革命的言论。1949年1月天津解放时停刊。前后办了30多年。此外，抗战胜利后，《益世报》还在西安（1945年4月创刊）、上海（1946年6月15日创刊）和南京（1946年11月12日创刊）等地设有分版。各版言论相对独立。

总体来看，《益世报》于1915年10月1日(“旧历乙卯八月二十三日”）在天津创刊(“第一号”头版署明：“本馆开设荣业大街门牌一千零七十七号”），出到1949年1月13日第10845号后停刊，“存世时间前后达30余年，抗日战争时期一度中断出版，是中国近现代具有广泛影响的全国性重要报纸之一，与《申报》、《大公报》、《民国日报》一起，被人们并称为旧中国‘四大报’”(《益世报·影印说明》)。[55]

【新记公司“三杰”接办《大公报》】 1926年是天津《大公报》历史上一个重要的转折点。《大公报》于1902年6月17日(清光绪二十八年五月十二日）创刊于天津，创办人及“总理”为英华（字敛之）。在经济上曾得到天津盐商王郅隆（祝三）和另一盐商柴天宠（敷霖）的帮助。馆址起初设在天津法租界佛照楼旁，1906 年 9 月 5 日迁至日本租界旭街四面钟对面。《大公报》在英敛之主持的十来年间，先后担任主笔的有方守六、刘孟扬、王瀛孙、黄与之、郭定森、樊子镕等 6 人。1916 年 9 月，《大公报》被原股东之一的王郅隆全部买下。王聘请胡政之任经理兼总编辑。1918 年 12 月，胡政之代表《大公报》赴巴黎专门采访“巴黎和会”新闻；1920 年 7 月回到《大公报》，不久即辞职。

王郅隆接办《大公报》后，成为臭名昭著的“安福系”的重要人物，报纸言论亲皖系军阀，亲日媚日，读者寥寥，营业年年亏损，难以为继。1920 年秋，在胡政之辞职后，王郅隆也于直、皖战争后，在日本人的保护下，遁居日本横滨。1923 年 9 月 1 日日本发生了史无前例的关东大地震，王郅隆因房屋倒塌被砸死。此后，《大公报》又拖了两年，到 1925 年 11 月 27 日终于停刊。在中断 9 个月后，《大公报》由吴鼎昌、胡政之、张季鸾 3 人组成的“大公报社新记公司”接办，于 1926 年 9 月 1 日复刊。从此，《大公报》历史揭开了新的一页。

“新记公司”是从王郅隆的儿子王景珩手中买下《大公报》的，社址仍在日租界旭街四面钟对过——今和平路哈密道口。直到 1933 年，天津事变发生时，《大公报》“在日本兵机关枪包围之下，无法出版，仓皇迁移法租界（30 号）”（胡政之语），即今哈尔滨道西头。

“新记公司”《大公报》由吴鼎昌任社长，胡政之任总经理兼副总编辑，张季鸾任总编辑兼副总经理。据胡政之回忆，“先是我等三人决议之初，约定五事：（一）资金由吴先生一人筹措，不向任何方面募款。（二）我等三人专心办报，在三年之内大家都不得担任任何有俸给的公职。（三）我和张先生以劳力入股，每届年终，须由报馆送与相当股额之股票。（四）吴先生任社长，我任经理兼副总编辑，张先生任总编辑兼副总经理。（五）由三人共组社评委员会，研究时事问题，商榷意见，决定主张，文字虽分任撰述，而张先生则负整理修正之责，意见有不同时，以多数决之；三人各各不同时从张先生。这也差不多是我们创业时的宪法。”[56]《大公报》复刊初期的“班底”，基本来源于两个方面：一是胡政之在老《大公报》时的旧人，如副经理王佩之等，印刷厂的头目差不多也全是旧人；二是胡政之“国闻通讯社”的骨干，如李子宽、金诚夫等，编辑、采访部门的主要负责人都由这些人担任。以后许萱伯（文艺编辑）、何心冷（采访主任）、杨历樵（翻译主任，1927年入馆）、王芸生和徐铸成（2人均在1929年入馆）等先后加入《大公报》。

1926年9月1日，“新记公司”《大公报》复刊。当天版面：一版首载《本报启事》、《大公报续刊辞》和《本社同人之志趣》。《本社同人之志趣》一文宣布该报“不党”、“不卖”、“不私”、“不盲”的方针（以后成为《大公报》社训）。《大公报》复刊时，正是北伐战争进入高潮的时候，国民革命军已从湖南进入湖北境内，“越汀泗桥而迫武昌城下”。尽管当时天津仍在北洋军阀的统治之下，但它一创刊就及时报道北伐战况，发表有关评论。《大公报》从9月1日第2版、第3版起，即载南、北军战讯。9月2日起，开始在一版辟《论评》专栏（前此《大公报》无《论评》专栏），首载“前溪”（吴鼎昌）的《战卜》；二版载“南军”（北伐军）已打到离武昌30里的纸坊的消息。3日2版载“武昌失守”（被北伐军攻下）消息。4日一版《论评》栏开始载“榆民”（张季鸾）的《回头是岸》（这可能是张在《大公报》发表最早的社评）。5、6、7日又连续发表吴鼎昌以“前溪”笔名写的文章多篇。从9月8日起，《大公报》第一版“论评”栏改为“社评”栏。以后在“社评”栏写文章的有“前溪”（吴鼎昌）、“榆民”（张季鸾）、“冷观”（胡政之）或“记者”等。该报在9月4日“社评”中，称赞“孙中山所统率之革命党，今乃有攻到武汉之威力”，“试观彼等年来外遭强国之嫉视，内受北洋之高压，然犹能经营惨淡，练成节制之师，崎岖长征，突击武汉，是足知其军队上下，诚有一种热烈之牺牲精神与救国志愿”。9月8日“社评”中又说：“期月之间，实现会师武汉之理想，此固十五年来一大快事，足证明新旧势力搏击，旧势力渐入天然淘汰之境。尔后问题，不在旧势力如何铲除，而在新势力之如何大成。”由于《大公报》在言论、记载方面支持北伐，抨击军阀，尤其不满于军阀连年混战，期待国家统一，“被北方当权者讥为‘坐北朝南’”。[57]

在经营方面，《大公报》在复刊之初，经济是相当困难的。从广告方面看，据胡政之回忆，“其初广告很少，连戏院电影院都不肯来登，为读者便利计，我们每晚派人到各戏院门口去抄写次日的戏码。商业广告则劝诱广告公司来包寸数，大率每三个月或半年加增包价一次，或则逐渐减少出包的篇幅，这样不到两年，销数日广，广告渐多，比预定的资金，只多用了一千元，居然就能收支相抵了。后来每月盈余就用作扩充设备”，以扩大再生产。从发行量上看，《大公报》在 1926 年 9 月底日销量仅 1 967 份，年底为 3 198份。发行量少，广告自然也少，广告收入到年底仅 858 元。复刊后的最初三四个月，每月赔累之数不下三四千元。[58]但“半年以后，即见好转。甫过一年，收入（支）相抵”[59]。

1926 年以后，经过 10 年的发展，到抗战前的 1936 年，《大公报》已成为当时中国北方地区规模最大的报纸。1926 年复刊之初，规模狭小，全体职工约 70 人，到 1936 年全体职工增至 700 人；发行量由复刊时的不足 2 000 份，增至 10 余万份；印报机由初期的小型平面机 3 台，到采用从德国进口的大型高速轮转机，价值近 20 万元，是北方报界首屈一指的大印报机；在全国设立的分销处也达 1 300 余处，形成覆盖全国的销售网；“其姊妹事业之《国闻周报》，亦由两千部渐增至两万部”；资产由 5 万元，增至 40 万元，连同津、沪两馆其他财产计，总值在 50 万元以上。“十载经营，稍具基础”，成为一“经济独立的言论机关”。[60]以后又逐渐发展成为中国现代有广泛影响的民营报纸。

《大公报》的发展，得力于吴鼎昌的“钱”，胡政之的善于“当家理财”、“经营管理”，张季鸾的“一支笔”。

吴鼎昌（公元 1884—1950 年），字达诠，笔名前溪。1884 年 4 月（清光绪十年三月）出生于四川绥定（今达县）。吴家原籍浙江吴兴，世代作“师爷”（旧官府中主持文案工作的幕僚）。其父吴赞廷在四川绥定府署作幕 10 余年，退休后定居成都，置有田宅。

1896年，吴鼎昌入成都客籍学堂读书，后考中华阳县秀才。1903年4月获四川官费赴日留学，入成城学校普通科。1905年加入同盟会，并任本部评议员，但未参与革命活动。次年6月考入东京高等商业学校。1910年6月毕业回国，先后任北京法政学堂教员及中日合办的本溪湖铁矿局总办。旋入"大清银行"任职。1912年南京临时政府成立，被任为中国银行正监督，主持发行第一批中国银行钞票。旋参加共和党，拥护袁世凯称帝。袁死后，吴先后任中国银行总裁、盐业银行总经理、段祺瑞内阁财政部次长、造币厂厂长等职，参加"安福俱乐部"。1918年被派为"南北议和"北方代表之一。1922年后，任"北四行"（北方四大银行：中南、金城、盐业、大陆）储蓄会主任，操纵公债、库券及借款，成为北方金融界重要人物之一。1924年，他以资金津贴胡政之在上海创办《国闻周报》。此后，他常以"前溪"笔名在该刊发表有关财政金融方面的文章，俨然一个权威的"经济学家"。1926年夏，吴鼎昌一人出资5万元，由胡政之出面从王郅隆的后人手上盘购了天津《大公报》，吴任社长。吴、胡、张3人中，吴不支月薪，胡、张月薪300元。1926年9月《大公报》复刊后，《国闻周报》也由上海迁至天津出版发行，吴又兼任《国闻周报》和"国闻通讯社"社长。1935年12月后，吴进入以蒋介石为行政院长的名流内阁，到南京担任实业部长。从此，辞去《大公报》社长职（但名义上仍担任"新记公司"董事长职务）。抗战中，曾先后任贵州省政府主席、国民政府文官长。1948年5月任总统府秘书长。全国解放前夕，于1949年1月辞职移居香港。1950年8月22日病逝。

胡政之（公元1889—1949年），原名胡霖，字政之，笔名冷观。四川成都人。1889年7月3日出生。其父胡登崧是甲午科（1894年）举人，曾任安徽天长县知县，1906年死于五河县知县任内。胡政之8岁即随父到安徽读书，先入私塾，后入安庆安徽省立高等学堂。1906年（17岁）自费赴日留学，入东京帝国大学攻读法律。在此期间结识了同乡吴鼎昌，以后又认识了张季鸾。1911年回国。1912年进上海《大共和日报》（1912年1月4日创刊）工作，初为日文翻译，继任编辑、主笔。与此同时，与张季鸾

“同服务于民立图书公司”。1915 年，胡政之任该报驻北京记者，以迅速、及时采访袁世凯与日本签订卖国的“二十一条”的幕后交涉情况的新闻而崭露头角，成为民初著名记者之一。1916 年王郅隆接办《大公报》后，胡被聘为经理兼总编辑，并亲自参加采访工作。1919 年，胡政之代表《大公报》前往法国采访第一次世界大战后“巴黎和会”消息，是采访这次会议唯一的中国记者，也是我国采访国际新闻的先驱之一。胡 1920 年回国后，辞去《大公报》职务，到北京担任林白水的《新社会报》的总编辑。1921 年胡离开北京，到上海创办“国闻通讯社”（1921 年 9 月）。在此基础上，他又于 1924 年 8 月 3 日创刊了《国闻周报》，一直出到 1937 年底，上海沦陷时停刊，前后出版 14 年。这两个新闻机构为后来的《大公报》准备了一大批采访、编辑、印刷人员。1926 年，胡与吴鼎昌、张季鸾合作，组成“新记公司”接办《大公报》，胡任经理兼副总编辑，全面负责报社经营管理工作，同时兼撰社论。1949 年 4 月 14 日，胡政之因患肝硬化症，病逝于上海寓所。终年 61 岁。在吴、胡、张“三巨头”中，数胡政之在《大公报》工作时间最长。他两度担任该报经理、总经理（1916—1919 年），总经理兼副总编辑（1926—1949 年），前后历时 27 年之久。特别是在《大公报》的后期，在 1935 年底吴鼎昌到南京政府做官去了以后、1941 年 9 月张季鸾又病逝的情况下，胡政之始终董理其事，总揽全局，为《大公报》的发展作出了重大贡献。胡政之毕生从事新闻工作，当过翻译、编辑、采访记者、撰述，能写社评，能采访新闻，在报业的经营管理上更有丰富经验，又精通日、英等外语，是我国新闻界不可多得的全才。

张季鸾（公元 1888—1941 年），名炽章，字季鸾。常用笔名有少白、一苇、老兵、榆民、一记者等。原籍陕西榆林。1888 年 3 月 20 日（清光绪十四年二月初八日）出生于山东邹平县。其父张楚林（字翘轩）是进士出身，曾任山东省邹平县知县，在邹平 4 年，张季鸾即生于其父邹平任上；后又任宁阳知县。1900 年冬，张楚林病故于济南；时张季鸾 13 岁，和母亲、两妹由宁阳奔丧到济南，母子 4 人扶柩归葬陕西榆林。回乡不久，即入味经书院，随咸阳大儒刘古愚读书，打下坚实的文、史学根基。1904 年 2 月，考入三原宏道高等学堂肄业。1905 年，陕西省考选留日学生，张应试得中。经过一段时间的补习日语后，始赴日留学。到日本后，先入东京经纬学堂，旋即升入东京第一高等学校。在此期间，张季鸾加入同盟会，曾与于右任一起参与陕西留日学生创办的《夏声》杂志（1908 年 2 月 26 日创刊）的编辑工作。这是张季鸾最早的新闻活动。1911 年辛亥革命爆发后，张季鸾由日本回国，参加于右任在上海创办的《民立报》的编辑工作，任外勤记者，文章署名“少白”，并于此时结识了胡政之。[61] 1912 年南京临时政府成立后，由于右任推荐，一度担任南京临时政府秘书工作。二月，临时大总统孙中山辞职，张即回沪与于右任、康心孚和曹成甫（曹谷冰之父）等在上海设立“民立图书公司”。此时胡政之也参与其事。1913 年，张和曹成甫北上，创办北京《民立报》，拟同上海《民立报》南北呼应。“宋教仁案”发生后，北京《民立报》反袁言论激烈，张、曹均被袁世凯的军警逮捕，关押于军政执法处监狱中。后，曹成甫被杀害，张季鸾被囚 3 月余后幸得释放。他回到上海后，写有《铁窗百日记》发表于康心孚主编的《雅言》半月刊。不久，应胡政之之约，参加《大共和日报》编辑工作，担任该报日文翻译及国际述评的撰写。同时，由于康心孚任吴淞中国公学学长，张季鸾和胡政之兼在该校任教，张教日文和外交史。1915 年，张又与康心如等在上海创办《民信日报》，张自任总编辑，发表了不少反袁的激烈言论。1916 年袁世凯死后，《民信日报》随即停刊。迨黎元洪出任总统后，张又与康心如北上，在北京创办《中华新报》（北京版）（《中华新报》于 1915 年 10 月 10 日创刊于上海，该报北京版创刊于 1916 年 9 月），同时兼任上海《新闻报》的特约记者，并给若干著名杂志撰写论文，文章署名“一苇”。1918 年 9 月，北京《中华新报》因刊载安福系政府与日人签订以高密铁路抵借2 000万元的密约，遭封闭，张又一次被捕入狱，幸不久获释。1919 年，张南下主持上海《中华新报》，任总编辑。由于报社经济困难，张身兼数职，备极辛劳。1921 年，胡政之在上海创办国闻通讯社，与张季鸾比邻而居，两人时相过从，关系更为密切。1924年冬，上海《中华新报》停刊，张季鸾失业。旋由友人推荐，担任陇海铁路会办，又由上海再到北方。1926年，张又失业，滞留天津。适逢胡政之、吴鼎昌也在天津，同居于日本租界。这时恰恰《大公报》停刊不久，于是3人经过缜密商议后，便接办了《大公报》。张任总编辑兼副经理，前后担任此项职务达15年之久，主要负责评论工作，有时也亲自出外采访重大新闻。据胡政之回忆："在复刊后五年间，中国政治、军事情形，变更最多最大，余与季鸾于分任撰述外，并随时出外采访。在时局紧张时期，往往于深夜二时后得北平电话而抽换社评，另行撰稿。季鸾体质素弱，然通宵工作不厌不倦。他最健谈，深夜会客，俨成癖好。客去后捉笔疾书，工友立前待稿，写数百字则付排，续稿待毕，而前交业已排竣。于是自校自改，通篇完成，各分段落，一气呵成，盖天才也。""在编辑时，往往为题目一字修改，绕室彷徨到半小时。重要社评无论他写的、或我写的，都要反复检讨，一字不苟。重要新闻如排错一个字，他可以顿足慨叹，终日不欢……""在'九一八'前后，关于日本问题，我们发言最多。日本人认为颇能抓到他的痒处，因此，对我们报特别重视。"[62]1936年4月1日，《大公报》上海版创刊，仍由张季鸾主持社评工作，一直到1937年8月17日他离开上海。同年9月18日，张季鸾又到武汉创刊《大公报》汉口版。在汉口一年多时间里，他"每天写一篇社评和一串短评，是他办大公报以来最努力的一段"。[63]1938年香港版复刊，他又到香港主持笔政。1939年冬到重庆后，张季鸾就病得很重了，便不大执笔了。直至1941年9月6日病逝，终年54岁。张季鸾毕生从事新闻工作，他对新闻事业的最大贡献是在言论方面。从1911年参加《民立报》编辑工作起，到主持《大公报》15年，在前后"30年中，他大致写了三千篇社论，最受人注意的是《大公报》社论"。[64]堪称"一代报人"、"一代论宗"。其部分评论文章由胡政之编成《季鸾文存》，于1944年张季鸾逝世3周年时出版。其中共收论文107篇，另附录杂文7篇。《季鸾文存》是我国现代新闻史上一部重要的新闻评论文集。

第四节 广播事业的诞生与通讯社事业的发展

一、中国早期广播事业

【中国最早的广播电台——奥斯邦台】 1895年夏，意大利科学家马可尼和俄国物理学家波波夫，在前人研究的基础上，同时分别发明了无线电波传输、接收技术，使无线电通讯进入实用阶段。1906年，加拿大科学家费森登在美国进行用无线电传送语言和音乐的试验，获得初步成功，为创办无线电广播奠定了技术基础。1920年11月2日，美国宾夕法尼亚州匹兹堡KDKA广播电台正式开始播音，这是第一家领取了美国商务部执照的广播电台，一般公认它是世界上最早的正式广播电台，标志着无线电广播事业的开端。此后不久，英、法、德、意大利、前苏联、澳大利亚和日本等国也相继建立广播电台。

几乎与世界广播事业的兴起同步，在中国上海出现了一批由外国人创办的广播电台。上海是中国无线电广播事业的发源地，也是旧中国广播电台最多最集中的地区。

中国境内最早的广播电台是由美国人奥斯邦设立的“中国无线电公司”办起来的。1923年1月23日晚上8点，架设在上海广东路大来洋行屋顶上的奥斯邦电台开始播音，呼号为XRO。[65]当天的节目播放了1小时零5分钟，内容包括音乐和有关美国、欧洲等地的国际新闻及中国各地地方新闻的报道。当时，上海租界仅有500部收音机。当人们第一次收听到奥斯邦电台的声音时，都十分惊讶。连远在天津、香港等地的听众也收到了奥斯邦电台播发出来的讯号。

该台的创始人是美国人奥斯邦（E. G. Osborn）。他原是个新闻记者，在驻日本采访期间，结识了一位颇有资金的姓张的旅日华侨。1922年冬，在张姓华侨的资助下，奥斯邦“遂以华人的资本，假外人的名义”在上海大来洋行的屋顶架设了一个电台；同时组织了一个“中国无线电公司”，发售收音机及元件。电台开设之初，设备简陋，波长只有200米，功率仅50瓦。每天播放时间也只短短一小时（晚上8时15分至9时15分）。同时，该台还与上海英文报《大陆报》联系，每晚节目预先登在《大陆报》上，并请其代为宣传，"使广播之名乃大著"；《大陆报》的新闻也通过电台广播。当时还没有"广播无线电"的名称，人们管广播叫"空中传音"、"无线电话"，收音机叫"真空受话器"、"无线电话接收器"，广播无线电台叫"无线电话播送站"等等。"广播"一词大约在1924年才出现。[66]

奥斯邦电台在上海的出现，曾引起孙中山先生的关注。当时，中山先生正拟从广州到北京，中途经过上海，适逢该台开播。1月26日，该台播出了中山先生的《和平统一宣言》（即"北上宣言"），他欣喜地说："余之宣言，亦被宣传。余尤欣慰。余切望中国人人能读或听余之宣言。今得广为宣布，被置有无线电话接收器之数百人所听闻，且远达天津及香港，诚为可惊可喜之事。吾人以统一中国为职志者，极欢迎如无线电话之大进步。此物不但可于言语上使中国与全世界密切联络，并能联络国内之各省各镇，使益加团结也。"[67]中山先生深刻地预见到无线电广播在将来的巨大作用。

由于电台设备简陋及无线电器材销售不景气，致使收入少、开销大，奥斯邦电台仅仅维持了两个月的时间就关闭了。后来，奥斯邦仍雄心不死，力图东山再起，复租用永安公司屋顶花园，再建第2座广播无线电台。"不三月，奥氏以故奔香港，主持无人，而我政府以私设无线电台，有违吾国法律，严词抗拒，竭力取消，遂于民国十二年（1923年——引者注）春将永安屋顶之电台完全卸除"。[68]

【继之而起的几座外商电台】　奥斯邦电台之后，美商新孚洋行、开洛公司等也相继在上海设立广播电台。新孚洋行地址在上海南京路50号，主要经营电气及无线电器材，它设立的广播电台也在1923年开播，功率为50瓦，内容以播送音乐为主，开播后影响很大。该洋行由于借助无线电广播，一时间无线电器材的销售生意兴隆。1924年5月15日，设在上海江西路62号的美商开洛公司和《申报》馆合作开设的开洛广播电台也开始播音。[69]该台呼号为

KRC，其规模比前几个台都大，功率为100瓦，波长365米。特在法租界福开森路（今武康路）一草坪上，竖起两根各高90英尺的铁桅杆作为发射天线，并设有好几个播音室，分设于《申报》馆、《大陆报》馆、市政厅等处。《申报》还特地在第15、16版专辟“本馆无线电话部报告”一栏，预告节目。各播音室都通过专用电线与福开森路的发射机联络，每天播音达4小时；广播节目有市价行情、钱庄汇兑价格、新闻、音乐、戏曲、名人演讲等。这座广播电台是早期外商在上海开办的广播电台中规模最大、时间最长、影响也较大的一座，直至1929年10月底才停止播音，前后播出了5年多时间。

由于广播电台的发展，导致上海收音机（包括矿石收音机、真空管收音机）销售量激增。广播影响的扩大，政府有关主管部门自然要干预。就在开洛公司广播电台开办后不久，北洋政府主管无线电电政事宜的交通部遂于1924年8月公布了《装用广播无线电接收机暂行规则》，共23条。这是中国广播史上第一个广播法规。⑦0

【国人自办广播电台的开始】 中国人建立的第一座官办广播电台是“哈尔滨广播无线电台”。该台于1926年10月1日开播，是在奉系当局支持下、由我国早期著名的无线电工程专家之一的刘瀚主持创建的。刘瀚（公元1891—1941年），字东樵，河北省通县（今北京市通县）人，早年在上海、北京等地从事无线电报技术工作，1921年到东三省无线电专门学校任教。1922年，根据“华盛顿会议”（亦称“太平洋会议”）决议案第3条规定：各国在华无线电台，应将全部设备移交中国接管。当时的苏俄便将其在中东铁路的电台哈尔滨电台（台址在哈尔滨南岗马家沟）归还中国，由奉系“东北保安军”陆军整理处代表中国政府接收，由陆军整理处工务科长吴梯青（后为北洋政府交通部电政司负责人）和刘瀚等负责具体接收工作。于是这座电台便改名为“东三省无线电总台”，委刘瀚为副台长；未几，晋升为台长。1926年，刘瀚把电台马可尼式无线电报机改制成功率100瓦、波长280米、频率107千周的广播发射机；8月份进行展览播音试验，效果良好。接着把机器、设备和天线移到哈尔滨市道里外国八道街18号，并于9月22日成立了“哈尔滨广播无线电台”，由刘瀚兼任台长。10月1日，该台正式开播，呼号为XOH，每天广播两小时，节目为钱、粮行市以及新闻、音乐、演艺等。1931年“九一八”事变时，该台积极宣传抗日。1932年2月5日，哈尔滨被日寇侵占；当日下午，该台也被日寇劫夺。[71]

我国人自建的第一座私营商业广播电台是上海“新新公司广播电台”。新新公司是上海一家专门销售收音机的商店，该公司特在公司屋顶建筑了这家广播电台。该台于1927年3月18日正式播音，呼号为XGX（后改为XHHC），功率50瓦，波长370米，主要内容是播送商业行情、时事新闻及中国音乐。该台完全由中国人自行设计、装配、安装及施工，并由国人自己独立经营。电台每天播音6个多小时，直至1941年11月因失火被焚而停办。

在“新新公司广播电台”开播后不久，1927年5—9月间，天津、北京等地的广播电台也相继建立。“天津广播无线电台”由交通部天津无线电报局创办，于5月开播；“北京广播无线电台”由北京电话局建立，于9月开播。此后，广播事业在我国蓬勃兴起。30年代初又有了长足的发展。到抗日战争爆发前，我国的广播事业已具有相当大的规模。据1937年6月统计，国民党统治区共有电台78座，发射电力总计100多千瓦，收音机拥有量达20万架左右。广播事业发展最快的是上海地区：1931年以前，上海总共只有十几座广播电台；到1932年底，猛增至40座；到1934年底达54座。其中绝大多数为中国人自己经营的民营电台。上海市民的收音机拥有量从早期的3 000架，到1936年初达7万架以上。

1933年11月间，世界广播无线电之父、意大利科学家马可尼由美国乘船到日本游历。他在日本盘桓一周后即专程来华，约在26日抵达北京。12月7日抵达上海。8日，上海14个学术团体在交通大学举行茶会，欢迎马可尼。马氏偕夫人由蔡元培作陪，在茶会上发表了有关无线电学的演讲。马氏的访华，对当时的广播无线电学研究及广播事业的发展起了推动和促进作用。[72]

二、中国新闻通讯社事业的渊源和发展

【外国通讯社在中国】 新闻通讯社是专门搜集新闻和发布新闻的机构。它的主要职能是采访、搜集新闻（包括文字新闻，图片、图像新闻及新闻资料等等），并将这些新闻资料源源不断地提供给报纸、广播电台、电视台使用，是报纸、广播电台、电视台的主要新闻来源。现代通讯社一般都拥有庞大的记者网、大批的编辑及编译人员和一整套能迅速传播、发布新闻信息的技术设备。由于它的主要职能是搜集和发布新闻，人们往往称之为“消息总汇”或“新闻库”。

世界近代新闻通讯事业发端于法国籍匈牙利人哈瓦斯（Charles Havas）于1825年在巴黎设立的第一个通讯社；1835年经过改组，正式定名为“哈瓦斯通讯社”（Havas Agency）。以后继起者计有：

1848年，美国纽约6家报纸合伙成立“港口新闻联合社”，即后来的美联社。

1849年德国的贝纳德·沃尔夫在柏林创办“沃尔夫通讯社”（或译作“华尔夫”、“豪夫”等）。

1851年，由英籍德国犹太人路透创办的英国路透社。

到1870年，哈瓦斯社、沃尔夫社、路透社和美联社签订了“三社四边”协议，划分了在世界各地采访和发布新闻的势力范围（直至1934年废止）。以后，又相继出现了几个著名的通讯社，如：

1901年创办的日本电报通讯社。

1907年创办的美国合众社及1909年创办的美国国际社。

1920年创办的日本东方社。

1925年创办的原苏联塔斯社。

1936年成立的日本共同社，等等。

以上外国通讯社中，数路透社对我国新闻通讯事业影响最大。1872年，英国路透社伦敦总部即在上海设立了远东路透分社。依照1870年1月路透社、哈瓦斯社、沃尔夫社及美联社签订的所谓

“三社四边”协议，路透社在中国享有独占发稿权。因此，路透社得以垄断中国新闻通讯事业达30多年。直到从20世纪初开始，随着我国人自办通讯社的产生，以及其他外国通讯社的侵入，这种垄断局面才被打破。

1914年，日本人方宗小太郎在上海创办东方通讯社，后来该社成为日本政府在华的官方通讯社。其后，1929年3月，美国合众社在上海设立分社。1929年12月，哈瓦斯社也开始向中国报纸发稿，并于1931年10月在上海正式成立分社。这样，就形成了国外消息要依靠外国通讯社传达、连国内新闻也依赖外国通讯社报道的反常现象。它们造谣惑众、颠倒黑白，舆论几乎被它们操纵，对中国政治、经济和社会各方面产生了重大影响。路透社董事长琼斯曾说：“上海棉花市场，向由路透社供给行情。有一天海电发生故障，股票商与实业家，不能从他处得到消息，竟停市二十四小时。”[73]

【国人创办的最早一批通讯社】　就目前掌握的史料看，国人创办的最早的通讯社是1904年在广州创办的“中兴通讯社”。该社首次发稿日期是1904年2月17日，社址在广州市中华中路回龙里32号，发行人及编辑是骆侠挺，许可证号是“审字七十八号”。该社主要向广州、香港等地报纸发稿。

以后相继创办的通讯社有：

1909年在比利时首都布鲁塞尔创办的“远东通讯社”。

1911年2月在广州创办的“展民通讯社”。

1911年在武汉创办的“湖北通讯社”等。其中数“远东通讯社”影响最大。

“远东通讯社”是国人自办的最早对外发稿的通讯社，也是国人在海外创办的最早的通讯社。该社由清廷驻比利时使馆的随员王侃叔（字慕陶，湖北人）于1909年三四月间在比利时首都布鲁塞尔创办。该社的性质，表面上是王私人创办的，实际却是官办的，这是当时采取的一种策略。王侃叔说：通讯社由政府“暗中主持一切，则言论记载有关系者，庶不至有所歧误。惟办法仍以私人出面，即使将来与他国有抵触之处，亦不至牵及政府”。关于该社创办的经过、规模、影响，以及经费来源，王侃叔述之颇详：“慕陶（王侃叔）自抵欧以来，即假中国各报全欧通讯员之名义，与美、法、德、俄、奥、意、荷、比、西班牙、瑞士等国之大报往还。数年之间，已遍识各国之政党及报馆重要人物，于此中之搿窍、各国之机关政党之派别、邦交之离合，皆能深知其故。今年（1909年——引者注）闰月，始以私人出面创办远东通讯社于比利时京城。渐次推及伦敦、巴黎、柏林、圣彼得堡、维也纳、海牙等处。所有开办经费，均系自行筹集，并由前出使大臣李盛铎及南北洋、东三省总督暗中资助。迄今成立已八阅月，颇能得欧洲各报之信用，计与交通之大报，已不下九百余家。”⑭王侃叔具有很强的活动能力，是一个熟悉世界大势的外交人才。该社经费来源主要有3个途径：一是自行筹集，二是由驻比利时大臣李盛铎及南北洋、东三省总督等暗中资助，三是由外务部津贴四分之一。该社有两大职能：一是将国内新闻稿“令社中所延英、法、德各主笔译成各国文字，送之各报，各报纷纷登载”（汪康年语），起到了对外宣传的作用。二是注意采访国际新闻，向国内各报提供消息。同时，还兼收集外交、军事、财政、金融等方面的情报和信息，供政府在“办理诸新政”及处理对外交涉时参考。到1910年，远东社在国外已有相当规模和影响。另外，它还在国内设有特约通讯员，如上海由雷继兴、陈景韩担任，北京由汪康年、黄远生、李盛铎等担任。连当时在东三省一带办实业的朝廷大员熊希龄也曾多次予以资助。⑮

1910年，世界新闻记者公会在比利时首都布鲁塞尔召开大会，王侃叔因远东通讯社的关系，被接纳为会员，并蒙派为国家代表到会。王侃叔还介绍京、沪两地著名的新闻工作者汪康年（穰卿）、朱淇（季贞）、黄远庸（远生）、陈冷血（景韩）等4人入会。这可能是中国新闻界参加世界性新闻组织的最早记录，也是中国新闻界走向世界的第一步。

1911年后，“远东通讯社”由于经费不济，遂停办。

【我国新闻通讯社事业的发展】 民国成立后，由于各地报刊事业的蓬勃发展，也促进了通讯社的发展。据有关新闻史学专著记载，在1912—1918年的五六年间，新创办的通讯社不下20家，其中主要有：

公民通讯社　1912年1月1日创办于广州，主办人杨公民。

民国第一通讯社　1912年9月创办于上海。

上海新闻社　1912年创办于上海，兼营通信、专电、剪报、译稿等业务，主办人李卓民。

湖南通讯社　1912年创办于长沙，主办人李抱一、张平子等。

湖南新闻社　1912年创办于长沙，主办人王道南等，地址在长沙中山东路曾公祠。

东京通讯社　1915年7月创办于日本东京，主办人邵飘萍。

武汉通讯社　1916年创办于武汉，主办人徐公仆。

中华通讯社　1916年创办于长沙，主办人傅英东。

岭南通讯社　1916年3月创办于广州，主办人李嵩常。

大中通讯社　1917年创办于长沙，主办人杜启予、杜兮侬。

民生通讯社　1917年6月10日创办于北京。

北方通讯社　1917年9月创办于北京。

新闻交通通讯社　1918年创办于北京。

新闻编译社　1918年7月创办于北京，主办人邵飘萍。

国民通讯社　1918年冬创办于上海，主办人林焕庭。该社是由孙中山直接领导创办起来的，是中华革命党的对外宣传机构。

以上通讯社中，以邵飘萍主办的东京通讯社、新闻编译社两家影响稍大。前者是他在东京法政学校学习时，与同学潘公弼等3人合办的，专为国内京、津、沪、汉等地著名报纸提供东京通讯。后者是他回国后在北京创办起来的，社址设在北京南城珠巢街，每天下午7时左右发稿一次；本埠由社员骑自行车分送各报，外地邮寄。"每日总有一二特殊稿件，颇得各报好评"[76]。

五四运动后，通讯社又有了很大的发展。戈公振先生根据中外报章类纂社所调查的资料统计，到1926年，全国共有通讯社达155家；北京最多，武汉次之。[77]但绝大多数通讯社规模很小，影响也不大。其中比较重要的有"国闻通讯社"、"中央通讯社"及"申时电讯社"等。

“国闻通讯社”是20年代较有影响的著名私营通讯社，由胡政之于1921年9月在上海创办。有关该社的创办起因，胡政之曾回忆说：“当一九一八年欧战将完的时候，我正在天津编辑《大公报》，巴黎和会开会之后，我就以代表报馆之名义到欧洲参加和会。彼时我国之新闻记者赴欧者只有我一人。和会里各国通讯社之记者，都坐在新闻记者席的面前，并备有纸笔。这种优待，我们中国便不能享受，因为中国就没有通讯社记者出席。当时我便觉到中国有组织一规模宏大通讯社之必要。和会里路透公司的记者最多，速记差不多五分钟换一次人，记好后便依次由该公司记者传出，当时就由路透自己装设之海底电线发出。其传达消息之迅速实属惊人。我目睹这种情形，非常感动。”“我自欧洲回国以后，不久即辞去报馆职务，在上海创办国闻通讯社，完全是根据经济设立的，不与资本势力或政党联合。总社设在上海，北京、汉口、天津等处皆有分社。”[78]每日发稿两次，约7 000字。上海总社及北京分社还附设广告部，专门经营广告业务。北京分社还附设一英文部，专门供给外国报纸新闻。1924年8月3日创刊《国闻周报》，评述国内外大事。1926年，胡政之与吴鼎昌、张季鸾3人接办天津《大公报》，国闻通讯社也迁到天津，几乎成为《大公报》的采访部。《大公报》以消息快捷、详确而著称于世，其得力于国闻通讯社者不少。1936年4月1日，《大公报》在津、沪两地同时出版，国闻通讯社人员充实了两社编辑、采访力量，它本身则从5月1日起停歇。[79]

“申时电讯社”也是中国现代影响较大的通讯社，由申报经理张竹平创办。它起源于1924年，当时《申报》及《时事新报》两报编辑同仁，在工作余暇，将两馆所得各方专电，撮要编译，拍发给外埠数家有关系的报社采用。试办数年后，深受各地报纸欢迎，随之纷纷订稿。两馆同仁，因无暇兼顾，乃于1928年厘定章程、扩充资本、扩大规模，重新组织，另聘专职人员，分别编发中、英文电讯。此后，业务发展很快。1932年，该社与《时事新报》、英文《大陆报》及《大晚报》等，同为张竹平“四社”之一。“四社”密切配合，资料丰富。申时电讯社每日拍发电讯达6万多字，并编发英文电讯。该社与国内外报社签约而供稿者，达110余家之多，为当时国内最具规模的通讯社。1934年2月，依照公司法，该社正式组成股份有限公司，成立董事会，聘米星如为社长，并在南京、汉口、天津、香港等地设立分社。1935年，张竹平将“四社”全部卖给国民党财阀孔祥熙，自己改任联合广告公司董事长等职。申时电讯社则于1937年上海沦陷时停办。[80]

第五节　新闻教育事业的兴起和新闻学研究的开展

一、新闻教育事业的兴起和发展

从1920年起，以北京和上海为主要基地，我国的新闻教育事业逐渐兴起并发展起来。全国不少的学校开始开设新闻学的有关课程；不少的大学（其中有“国立”的，也有“私立”的），开始筹办或成立报学系或新闻学系。

【最早的新闻学系——上海圣约翰大学“报学系”的创办和我国南方新闻学教育的兴起】　在我国南方，1920年5月5日，“全国报界联合会”（1919年10月15日成立于上海）在广州召开第二次会议，会上提出了筹设“新闻大学”的议案，并通过了《新闻大学组织大纲》，拟择定一所大学合办，定为该校之“新闻大学科”，由“新闻大学科”独立招生，并且准备兼办新闻函授专科，以求推广新闻学教育。可惜“全国报界联合会”不久即瓦解，以上决议，也未能付诸实施。

1920年9月，上海圣约翰大学创办了“报学系”，附设于普通文科之内，这是我国大学中正式设立新闻学系的第一家。圣约翰大学原为教会私立学校，校址在上海梵皇渡，由美国基督教圣公会所于1879年创立，原名“圣约翰书院”；1905年改组为大学，是教会学校中资历最老的大学。该校向来对学生的英文水平要求很高，对英文方面的功课素极注重，因此，“报学系”也提倡中、英文两种语言并重。“报学系”学生在入学考试时，英文都经过严格的考试；入学后，由于外籍教师较多，学生听英文的机会比较多，又加上经常运用英文，所以对图书馆的英文书籍、英文报纸和杂志都能涉猎；新闻学课程也一般用英文讲授，所以，学生的英文水平都比较高。“报学系”的课程设置与美国密苏里大学新闻学院基本相同，可以说是沿用美国的新闻教育的模式。系主任由当时上海英文周刊《密勒氏评论报》(*Weekly Review of the Far East*)主笔柏德逊(D. D. Patterson 戈公振译作“毕德生”)担任，选读学生达四五十人。学校当局为了给学生提供实习园地，还办了英文的《约大周刊》，由“报学系”学生主持该刊的编辑工作。校长见学生对“报学”兴趣浓厚，特函告美国董事部，请求添聘报学教授一人。这样，从1924年起，便由武道(M. E. Votaw)教授来华接替柏德逊，主持“报学系”，使“报学系”粗具规模，报学专业课程得到了增加和充实，每学期选读的学生多达五六十人。逐渐形成“约大”新闻系自己的风格。

继圣约翰大学之后，我国南方一些城市中的高等学府，也相继开设报学科、报学系或新闻学系，如：1921年，刚成立的厦门大学特设“报学科”，列为该校八科之一。创办伊始，师资缺乏，仅仅招了1个学生，课程设置与文科相同，徒有“报学科”之名。1922年夏季，江浙学生投考厦门大学者渐多，入“报学科”者增至6人；同年冬，学校聘请孙贵定为该科主任。孙对新闻学颇有研究，锐意经营，使该科渐有起色。不料，1923年该校发生反对校长的学潮。“教授九人与全体学生宣言离校，赴沪创设大夏大学。于是幼稚之厦大报学科，遂成昙花一现”[81]，前后不过办了两年。

此外，1922年，杭州之江大学仿圣约翰大学之先例，在文科开设“英文报学”科目，专门讲授英文报刊的写作。1925年初，上海南方大学设立报学系和报学专修科，请当时的《申报》协理汪英宾担任主任、《时报》总编辑戈公振担任教授。必修课三门：“报学原理”及“广告原理”由汪自任，“采访学”由戈讲授。学生中专修者18人，选修者80余人。暑假中，学校发生风潮，“报学系”不久即涣散，为时短暂。同年夏天，上海国民大学成立(由上海南方大学反对校长之师生所组织)，也设“新闻学系”，延《时报》总编辑戈公振讲中国报学史；《时事新报》总编辑潘公弼讲报馆管理；《商报》编辑潘公展讲编辑法；《商报》总编辑陈布雷讲社论之撰写。戈公振的著名新闻史学专著《中国报学史》，起初就是为该校讲课而写的。他在 1926 年为此书写的《自序》一开头就说："民国十四年夏，国民大学成立，延予讲《中国报学史》。予维报学（Journalism）一名词，在欧美亦甚新颖，其在我国，则更无成书可考。无已，姑取关于报纸之掌故与事实，附以己见，编次为书。时未越岁，已裒然成帙矣。" 1926 年，上海光华大学（由上海圣约翰大学反对校长之师生所组织）也开设"新闻学"和"广告学"两科，适值南方大学新闻系停办，便将汪英宾聘请来当教授。选读"新闻学"科者达 60 余人，其中大半系该校文科学生；选读"广告学"科者 20 余人，其中商科学生居多。差不多在同一时期，上海沪江大学和大夏大学也曾开设报学课。另外，在这一段时期内，"光华"、"大夏"及"国民"三所大学中研究新闻学的同学还组织了"上海报学社"、"上海新闻学会"等团体。上海地区的新闻教育事业顿呈一时之盛[82]。

【我国北方新闻教育的发展】 在我国北方，新闻教育事业以北京为中心，继 1918 年北京大学"新闻学研究会"之后，到 1923 年才真正开始发展起来。

1921 年，北京平民大学成立时，即规划设立报学系。到 1923 年该校第一届预科毕业时，才正式成立报学系，被列为该校三大学系之一，它也是由国人创办的第一个大学新闻系。该系由徐宝璜创办，邵飘萍也参与其事。"举凡延聘教师、制定课程、审定讲义，半出徐氏之手。继为该校新闻系主任者凡二年。"徐宝璜是中国大学中第一个新闻系系主任。该系授课教师除徐宝璜和邵飘萍外，还有北京国闻通讯社社长吴天生。徐宝璜还将其讲稿，辑为《新闻事业》一书，交商务印书馆出版。邵飘萍在一次讲课时，曾说，"外国地方的官吏，有时被报纸攻击，因之羞恼成怒，拿枪把新闻记者打死"，谁料这几句话，后来竟成了邵氏的谶言。该系每届招收学生 30 多人，仅以 1926 年前入学的 3 个年级统计，计达 113 人（其中女生 8 人）。教学活动也比较活跃，学生在课外组织了新闻学研究会，还发行了《新闻学系级刊》，每半月出版一次，被报学史专家戈公振称许为"报学界罕有之出版物"。

1924年，北京民国大学也开始创办报学系，但当时只开预科，本科课程还未设置。同年，燕京大学也开始创办“新闻学系”。燕京大学是由美国基督教会创办的，与上海圣约翰大学属同一性质。该校于1919年正式成立，校址在北京西郊燕园。1924年，燕京大学设立新闻系，当时规模很小，只有学生9人，其中专科生只两三人，余为选修生。因经费支绌，无法得到发展。最初负责创办这个系的是密苏里大学新闻学院校友白瑞登和聂士芬（或译为“蓝序”）。还有一个德国人罗文达也曾在该系执教。到了1927年，由于经济困难，教授返美，新闻系不得已暂告停办。1929年，在美国密苏里大学新闻学院院长威廉博士的帮助下，该系才得以复系。以后成为我国北方著名的大学新闻学系。

二、新闻学研究的开展

【早期有关新闻学研究的概况】 早在19世纪初期及中期，在外国传教士和外国商人办的中国近代报刊上，就曾出现过一些论述报纸的文章，这是我国有关新闻学研究的滥觞，如：1834年1月在广州出版的《东西洋考每月统记传》上，就曾刊载过一篇《新闻纸略论》，这是我国报刊上出现的第一篇有关新闻学的论文。以后，上海的《万国公报》和《申报》上也刊登过不少论述报纸功能的文章。

到戊戌变法运动前后，资产阶级改良派又在办报热潮中，发表了一批论述报刊的文章，如梁启超的《论报馆有益于国事》、《清议报第一百册祝辞并论报馆之责任及本馆之经历》、《敬告我同业诸君》、《时报发刊词》及《时报发刊例》、《国风报叙例》等；严复的《国闻报缘起》、唐才常的《湘报序》、谭嗣同的《湘报后叙》等。

到了19世纪初，出现了两本最早的新闻学译著：一本是日本新闻记者松本君平的《新闻学》，又名《欧美新闻事业》，日文版在明治33年，即1900年，由东京博文馆刊行；中文版于1903年10月，由商务印书馆翻译出版。一本是美国新闻记者休曼写的《实用新闻学》，史青译，上海广学会1913年出版，上海商务印书馆代印。

【20年代新闻学研究的发展】 从20世纪20年代开始，新闻学研究才真正开展起来，并产生了由我国人写的最早一批新闻学专著和我国人翻译的译著。其范围涉及新闻学理论、新闻业务及中国新闻史等领域。其中，新闻理论及新闻业务方面的专著有徐宝璜的《新闻学》，北京大学新闻学研究会1919年12月1日出版。这是我国新闻学者撰写的最早一部新闻学专著，属新闻学概论性质，全书共分14小章，32开本，98页，薄薄一册。孙壹衣的《新闻平议》，苏州正大日报出版科1920年9月出版。全书共分12章、32开本，72页，也属小册子。任白涛的《应用新闻学》，杭州"中国新闻学社"1922年11月出版。全书共分总论、搜材（采访）、制稿、编辑四编，32开本，共208页，约10万字，是早期比较重要的一部新闻学总论方面的专著，以后多次再版（上海亚东图书馆于1926年6月、1928年9月、1929年6月3次订正出版）。邵飘萍的《实际应用新闻学》，北京京报馆1923年9月出版。全书共分14章，32开本，200多页，是我国最早的新闻采访学专著。邵飘萍还写过一本《新闻学总论》，北京京报馆1924年6月出版。全书分10章40小节，32开本，254页，也是一部比较重要的新闻学总论专著。伍超的《新闻学大纲》，商务印书馆1925年1月出版。全书222页，9万多字，也是概论性质的书籍。该书初出版时曾引起一桩公案：当时著名新闻学专家任白涛及有的人认为，该书与任氏所编译的《应用新闻学》（1922年11月出版）一书内容相同。而任著出版在前，伍著出版于后，由此断定，伍著显系抄袭任著。实际上，任、伍二人原著体系并不完全相同。他们都是以日人杉村广太郎（即楚人冠）所著《最近新闻纸学》一书为蓝本编译而成，因此，内容大致相同，也就不足为奇了，不存在谁抄袭谁的问题。此外，还有戈公振翻译的《新闻学撮要》，美国开乐凯原著，上海新闻记者联欢会1925年2月出版。该书32开本，200多页。张静庐的《中国的新闻记者》，上海光华书局1928年5月版。该书薄薄一册，共108页，2万多字，是一本探讨"新闻记者"问题的专著；不久，张静庐又出版了一本《中国的新闻纸》，上海光

华书局1928年10月出版。也是一本小册子，近2万字，对中国报业的起源及现状，都有简单的论述。

有关新闻史学研究方面的专著主要有：蒋国珍的《中国新闻发达史》，世界书局1927年9月初版。本书共计5章、13节，两万多字，薄薄一册，是我国新闻史研究方面的第一部专著。前此，姚公鹤曾写过一篇《上海报纸小史》的长篇文章，是我国最早的有关新闻事业史的专门性论述，也是研究早期上海地方新闻业史及中国早期报业的重要资料。该文最早连载于《东方杂志》第14卷（1917年出版）第6号第196页、第7号第186页、第12号第188页上，后收入其文集《上海闲话》下卷中，并未单独出版。到1922年，当时的《申报》主笔（编辑）秦理斋也写过一篇《中国报纸进化小史》，该文最早将中国新闻事业的发展划分为4个时期，给以后中国新闻史研究的断代提供了借鉴。20年代出版的最有价值、影响最大的新闻史学专著是戈公振的《中国报学史》，由商务印书馆1927年11月出版。全书共分6章，28.5万字；出版后深受中外学术界的欢迎，曾于1928年10月再版、1931年5月3版、1935年1月4版，1955年后，海内外又多次再版。

此外，20年代初，外国新闻业界及新闻学界著名人物纷纷来华讲学，我国报界也派遣代表参加世界新闻界学术会议；“请进来”与“走出去”，这对当时新闻学研究的开展及资产阶级新闻学的传播，也起了很大的推动作用。如：1921年11月，英国《泰晤士报》社长北岩爵士来华游历。同年12月，美国密苏里大学新闻学院院长、世界报界大会会长威廉博士应邀来华讲学，同时来华的还有美国新闻出版界协会会长格拉士及美联社社长诺伊斯等人[83]。他们在中国各地广为演讲，介绍他们的新闻观点和办报经验，如威廉的《新闻记者信条》（共7条）对当时我国报界的影响就比较大。受其启发，以后（1944年），马星野也拟订了《中国新闻记者信条》（共12条）。1921年10月10日，第二次世界报业大会在檀香山举行，我国首次派《大陆报》的许建屏、《密勒氏评论报》的董显光、《益世报》的钱伯涵、《明星报》的黄宪昭、《申报》的王天木、王伯衡共6人参加大会。这是中国报界第一次正式派遣代表参加国际性新闻学术会议，并在大会上发表了《中国记者对于世界记者之谨告》、《中国报界对于世界报界之意见》、《美国宜组织一记者团到中国》（在此提议下，故有会后12月间威廉博士等人的访华之举）的演说。以上活动，加强了中外新闻界的交往和交流，也促进了中国早期新闻学术研究的开展。

20年代初，我国报纸上还出现了最早的新闻学研究专版。1922年6月4日，北京《晨报》第6、7版《晨报特刊》专栏特辟“新闻纸问题号”专版（第6、7版两版）。专版上刊载了“天云”：《我们刊行“新闻纸问题号”的意思》、黄绍谷：《新闻纸》、明霄译文：《中国之新闻事业》（以上载第6版），张维周：《编辑新闻的我见》、M. L：《我国新闻事业不发达的责任》、闷闷：《北京新闻纸的趣谈》（以上载第7版）等文章。《晨报》为刊行“新闻纸问题号”，特挤掉了每星期日刊行一次的“一星期之余力”论文专栏。

【戈公振与任白涛】　20年代最有影响的新闻学者主要有徐宝璜、邵飘萍、戈公振和任白涛。

戈公振（公元1890—1935年），是我国现代著名的报刊主编和著名的报刊史学家，也是我国新闻事业史学研究的开拓者。原名绍发，字春霆，号公振。1890年11月27日生于江苏东台县一个书香人家。早年毕业于东台高等学堂。1912年（22岁）参加家乡《东台日报》的编辑工作。1913年冬，由人荐引，进上海狄楚青创办的《时报》馆工作。先在有正书局图画部当学徒，不久被狄氏提拔为出版部主任。1914年（24岁）被正式调到《时报》馆。戈氏前后在《时报》馆工作了15年之久，从校对、助理编辑、编辑一直升任为该报总编辑。曾主持创刊《时报》的《图画周刊》及各种周刊，深受文化教育界的欢迎，为《时报》的报纸版面及内容的改革作出了贡献。1927年以后，戈公振曾两次出国考察。第一次是1927年1月，他靠自己多年的积蓄，自费出国，曾到过英、法、德、意、瑞士及美、日等国。是年8月受国际联盟邀请，出席了在日内瓦举行的国际新闻专家会议，并在大会上作了题为《新闻电费率与新闻检查法》的发言。[84]1928年冬返国，旋即进《申报》馆，任该报总管理处设计部副主任兼《申报星期画刊》主编。并曾先后在上海的国民、南方、大夏大学和复旦大学讲授新闻学，在杭州创办过暑期报学讲习所。从1931年“九一八”事变到1932年上海“一·二八”战争，这段时期是戈在思想上起了很大变化的时期，他开始阅读有关马克思主义的书籍及有关前苏联的书籍。同时，愤于国难，积极参加抗日救亡运动。1932年3月，他以记者身份随国际联盟调查团到东北调查日寇侵略中国的真相。同年10月，他以中央社特派记者身份随“国联”调查团赴欧到日内瓦参加国际会议。这是戈第二次出国。1933年3月又随中国与前苏联复交使团到莫斯科访问，曾“旅行8万余里”，向国内发回了大量的通讯报道，后被其好友邹韬奋辑为《从东北到庶联》一书出版。1935年8月，戈公振应邹韬奋电邀拟回国创办《生活日报》。他由海参崴乘轮于是年10月15日回到上海，22日便因患急性盲肠炎转腹膜炎、动手术后猝然而逝，终年45岁。

戈氏在从事新闻工作的同时，曾潜心于新闻学及中国报刊史的研究，著有《新闻学撮要》、《新闻学》及《中国报学史》等专著，特别是对中国新闻史学研究，贡献尤大。所写《中国报学史》一书以资料丰富、考证精详而著称于世，是我国新闻史学研究的奠基之作。为了写作《中国报学史》，他曾搜集了大量报刊方面的资料，并对这些资料爬罗剔抉、严密考证。为搜集史料，他曾从私家藏书和图书馆借了不少书阅读，也曾向马相伯、丁福保、郑振铎、蒋光赤、顾颉刚等友人及专家学者请教。他还曾在《时报》上刊登“访求旧报”的广告，征购旧报刊。为了搜集第一手材料，他不辞辛劳，整日埋头于徐家汇天主教藏书楼尘封的报库中，“虽寒暑不辍”（黄炎培语）。出国考察期间，他于1927年11—12月间曾专程到英国不列颠博物馆东方图书馆查阅外国人早年在中国办的华文报刊，并写了《英京读书记》以记之，后附于《中国报学史》之末。对中国报刊史的研究，戈公振已到了如痴如迷的忘我境界，其挚友邹韬奋称他为“报迷”[85]。

任白涛（公元1890—1952年）也是我国早期著名新闻学者。笔名冷公、一碧。1890年2月3日出生于河南南阳一个破落地主家庭。出生仅6个月，父即病故，后依伯父生活。1911年辛亥革命前后，他曾担任上海《民立报》、《神州日报》、《时报》、《新闻报》驻开封特约通讯员。1916年赴日本留学，入早稻田大学政治经济科攻读，并于此时结识了正在东京留学的周恩来，两人结下很深的友谊。[86]任酷爱新闻学，“课余，于坊肆遍搜新闻学一类之典籍，旁稽各种新闻杂志，终仿杉村氏（即杉村广太郎，又名楚人冠，日本《朝日新闻》著名记者——引者注）著《最近新闻纸学》之体例，编制此书（指《应用新闻学》——引者注）”。“一九一六年冬属稿，一九一八年夏完成”[87]。1921年回国后，便将《应用新闻学》书稿交商务印书馆出版，但未被接受，乃筹款自费印刷200本（号称1 000本），以“中国新闻学社”名义于1922年11月发行。不久，任离沪赴杭州寓寺庙中，潜心研究新闻学术。同时，他还独自创立“中国新闻学社”，与各地有志于新闻学研究者共同探讨学术问题。戈公振在撰写《中国报学史》时，曾到杭州灵隐寺访任，任慨然将其历年珍藏的报刊资料借戈选用。1925年时，李民治（即李一氓）在《现代评论》第1卷第25期上发表了一篇《出版界的怪事》的书评文章，揭发商务印书馆出版的伍超所著《新闻学大纲》一书，与任白涛著《应用新闻学》有雷同之嫌。任核对之下，发现伍书有70%系直接抄袭《应用新闻学》，当即致函商务印书馆，但该馆未予理会。适时胡适正到杭州治病，顺便游览大佛寺，恰遇寄寓该寺从事著述的任白涛；晤谈之下，了解到任花多年心血写成的《应用新闻学》，先交“商务”而不愿出版，却出版了伍超抄袭的《新闻学大纲》，颇为愤慨。胡与“商务”总编辑王云五有师生之谊，胡当即致函王，始得王的回信。“商务”方面决定将伍氏的书毁版，而同意将任在《教育杂志》上发表的文章，编成《改造中的欧美教育》一书，由商务印书馆出版，以版税作为赔偿。以后，胡适又介绍任与上海亚东图书馆主持人相识，任的《应用新闻学》、《给志在文艺者》、《恋爱心理研究》、《恋爱名论》等书相继由“亚东”出版。

1927年，任由杭州迁居上海，仍以写作维持生活。抗战期间，他又先后出版了《抗战期间新闻宣传》、《国际通讯机构及其作用》、《日本在华的宣传政策》、《综合新闻学》（共6大卷）等新闻学著作。

新中国成立后，任白涛曾出席第一次文代会。1952年春，周恩来总理电邀他去北京工作，因病未能成行；同年8月31日病逝于上海，终年62岁。[88]

注　　释

①张玉法：《中国现代史》第四章。转见赖光临：《七十年中国报业史》第二章，台北"中央日报"社1981年版。

②详见《中国共产党的第一个决议》中文本（由俄、英文本转译），载《中国现代革命史丛刊·一大前后》。

③参阅罗章龙：《椿园载记》第283~284页，三联书店1984年版。

④见徐梅坤：《九旬忆旧》第21~23页，光明日报出版社1985年版。

⑤参见宁树藩、丁淦林：《蔡和森与〈向导〉》，载《怀念蔡和森同志》文集第103页，湖南人民出版社1980年版。

⑥同注④。

⑦贵芳：《记党的早期印刷工作和第一个地下印刷厂》，载张静庐辑注：《中国出版史料补编》，中华书局1957年版。

⑧刘鉴堂：《回忆向导周刊在北京印行的经过》，载张静庐辑注：《中国现代出版史料》丁编第81页，中华书局1959年版。

⑨参阅田子渝、任武雄、李良明：《恽代英传记》，湖北人民出版社1984年版。

⑩古代爱国诗人屈原《离骚》中"忽反顾以掩涕兮，哀高丘之无女"一句是"楚女"的出典。

⑪见包惠僧：《包惠僧回忆录》第34页，人民出版社1983年版。

⑫罗章龙：《椿园载记》第129页、第143页，三联书店1984年版。

⑬参阅罗章龙：《椿园载记》第143~144页。

⑭陈独秀在《向导》第22期上发表了《中国资产阶级革命和革命的资产阶级》（1923年4月）、在《前锋》第2期上发表了《中国国民革命与社会各阶级》（1923年12月），系统地表述了他的右倾机会主义观点。

⑮郑超麟根据《热血日报》《发刊词》中"民族自由的争斗是一个普遍的长期的争斗"一句中两处用"争斗"一词，而不用"斗争"，断定该文为

陈独秀所写，因陈独秀习惯用“争斗”一词（详见郑超麟：《我对瞿秋白的一些回忆》，载《上海文史资料选辑》第42辑）。

⑯见杨之华：《忆秋白》，人民文学出版社1981年版。

⑰丁景唐：《瞿秋白笔名、别名集录》，载丁景唐等编：《瞿秋白研究文选》“附录”，天津人民出版社1984年版。

⑱见王健英编：《中国共产党组织史资料汇编》第72页。

⑲参考周永祥：《瞿秋白年谱》，广东人民出版社1983年版；丁景唐、陈铁健等编：《瞿秋白研究文选》，天津人民出版社1984年版。

⑳胡道静：《上海新闻事业之史的发展》，载《上海通志馆期刊》第2年第3期，1934年版。

㉑1927年“四一二”政变以后，各地的《民国日报》基本上被国民党右派把持了。

㉒参阅中共中央文献研究室编：《毛泽东年谱》（1893—1949）（上卷），人民出版社1993年版。

㉓见茅盾：《回忆秋白烈士》，载《忆秋白》文集第157页，人民文学出版社1981年版。

㉔详见胡耐安：《谈汉口发行的〈中央日报〉》，载台北《传记文学》第29卷1期第65页，1976年7月1日出版。

㉕对这一时期的“中央日报”，国民党的许多新闻学者及新闻史学专著都讳莫如深，甚至贬为“伪中央日报”，根本不予承认。现在台北出版的“中央日报”的报眉下，每期均标有序号，从序号推算，也是把这一时期排除在外的。1988年2月1日是台北“中央日报”创刊60周年纪念，台北“中央日报”社特出版《六十年来的“中央日报”》纪念特刊，其中所载《六十年大事记》一文云：“本报即于（民国）十七年二月一日在上海创刊”，“民国十六年三月，汉口曾有中央日报之发刊，自三月二十二日起至九月十五日停刊，计共发行一百七十六号。因当时武汉政治局势，甚为混乱，报纸亦无保存可供参考，故本报仍以十七年二月一日为正式创刊之期”。这一记载更是明目张胆篡改历史，故不得不辩明。

㉖见汪汉溪：《新闻事业困难之原因》。载1923年出版的《新闻报馆三十年纪念册》（上海新闻报馆，“民国十二年四月三版”）。

㉗胡道静：《新闻报四十年史》（1893—1933），载《报学杂志》半月刊，第1卷第2期，1948年9月16日出版。

㉘同注㉗。

㉙同注㉗。又，1923年为《新闻报》创刊30周年，《新闻报》特出《新

闻报馆三十年纪念册》一册，宣纸精印。纪念册前刊载大量精美照片，次载《新闻报三十年之事实》、福开森《新闻报之回顾与前途》、汪汉溪《新闻事业困难之原因》等重要文章，极具史料价值。

㉚引自陶菊隐：《记者生活三十年》第217页，中华书局1984年版。

㉛包天笑：《钏影楼回忆录·时报的编制》第346页，香港大华出版社1971年版。

㉜引自张静庐：《中国的新闻记者》第46~48页，上海光华书局1928年版。

㉝见包天笑：《记上海晶报》，载包天笑《钏影楼回忆录》第447页，香港大华出版社1971年版。

㉞参阅张静庐：《中国的新闻纸》第46~53页，上海光华书局1928年版。

㉟陈布雷：《陈布雷回忆录》，廿世纪出版社1949年版。

㊱关于“布雷”命名的由来，《陈布雷回忆录》（一）记载：“其实余此二字之别署，乃在（浙江）高等学校为学生时，同学汪德光君为代拟者。盖余此时面颊圆满，同学戏以面包孩儿呼余（忆为邵振青所创始），由面包而bread，再由译音而改为‘布雷’……然后竟以此名，而‘训恩’之原名，及君木先生字余以‘彦及’，转鲜有人知之者。”

㊲“畏垒”：山名，是修德成道之人居住的地方，见《庄子·庚桑楚》：“老聃之役，有庚桑楚者，偏得老聃之道，以北居畏垒之山”。又有“畏垒之材”的说法。“畏垒之材”，指大材。

㊳颜旨微（泽祺）于1923—1928年间担任北京《益世报》总主笔。他仿照梁启超的“新文体”，用浅显的文言撰写社论。

㊴引自韬奋：《经历·患难余生记》第344页，三联书店1958年版。1928年3月1日出版的《生活》周刊小报第一版上也曾刊登韬奋写的《陈布雷先生的生平》的专访文章。又，《读书通讯》（半月刊）第21期载陈布雷《一个新闻界旧人之自身经验谈》一文，对陈一生从事新闻工作经历有详细回顾。

㊵以上参阅陈布雷：《陈布雷回忆录》，廿世纪出版社1949年1月版；闵大洪：《陈布雷与〈天铎报〉、〈商报〉》，载《百科知识》1986年第3期。

㊶1926年8月7日上海《民国日报》第2版便首载《张宗昌怒杀林白水》消息一条，接着载林白水时评：《时局之真相》一篇。8月8日，该报第2版再次转载原刊登在8月5日北京《社会日报》上的时评：《官僚之运气》一文。

㊷参见林慰君：《我的父亲林白水》，时事出版社 1989 年版。

㊸引自陈与龄：《林白水先生传略》，载 1935 年出版的《东方杂志》第 32 卷第 13 号。

㊹见宋小岚（卜少夫）：《世界、民生、立报、成舍我》，载重庆 1945 年 1 月 20 日出版的《新闻天地》杂志创刊号。

㊺萧同兹：《老兵不老的成舍我》，载香港《新闻天地》杂志第 1021 期。

㊻徐归田：《成舍我成功的条件》，载香港《新闻天地》杂志第 1632 期。

㊼成舍我：《“小型报”的远景》（上），载《新闻天地》杂志第 228 期第 10 页。

㊽转引自成舍我：《我有过三次值得追忆的“笑”》，原载成舍我《报学杂著》论文集，转引自台北《传记文学》第 58 卷第 5 期。

㊾同注㊼。

㊿《世界日报》被军管会接收后，于 1949 年 6 月 16 日改出《光明日报》，该报为中国民主同盟的机关报。

51《申报》1949 年 3 月 1 日第一版载消息：《对北京〈世界日报〉被封事　成舍我发表声明》。

52见台北“中央日报”1991 年 4 月 2 日第 5 版载消息：《老报人成舍我病逝》。

53以上主要参阅成舍我：《报学杂著》，台北文物供应社 1956 年版；张友鸾等著：《世界日报兴衰史》，重庆出版社 1982 年版；张友渔：《报人生涯三十年》，重庆出版社 1982 年版；吴范寰：《成舍我与〈北京世界日报〉》，载《文史资料选辑》第 43 辑；叶明勋：《敬悼成舍我先生》、关国煊：《锲而不舍的新闻界老兵成舍我》，载台北《传记文学》第 58 卷第 5 期“成舍我先生纪念特辑”。

54参见天津《大公报》1934 年 1 月 28 日第 10 版所载消息：《益世报总理刘浚卿先生逝世》。

55参阅罗隆基：《天津〈益世报〉及其创办人雷鸣远》、韩幄奇：《抗战胜利后的天津〈益世报〉》，载政协天津市委：《天津文史资料选辑》第 42 辑，天津人民出版社 1987 年版。又，南开大学出版社、天津古籍出版社、天津教育出版社等三家出版社联手将历年《益世报》影印出版（2004 年 8 月第一版）。影印本根据天津图书馆独家珍藏《益世报》原报印制而成，为八开精装本，全套 136 册。

56见胡政之：《回首壹拾柒年》，原载大公报同仁刊物《大公园地》，1943 年 9 月 15 日出版；后又在 1949 年 4 月 15 日的《大公报》第 2 版重新予以转载。

㊼见1946年9月1日《大公报》为纪念该报复刊20周年而发表的“社评”:《我们的节日》一文。

㊽参见《大公报》1931年5月22日第一版首载的《本报一万号纪念辞》。

㊾引自胡政之:《追念张季鸾先生》,载1946年9月6日天津《大公报》第2版。

㊿引自1936年9月1日天津《大公报》第2版所载:《本报复刊十周年纪念之辞》一文。

㉛目前已出版的有关张季鸾传记及《大公报》史料(如王芸生、曹谷冰:《1926至1949年的旧大公报》、徐铸成:《报人张季鸾先生传》等)中,均以为吴、胡、张3人在日本留学时就已相识。其实,吴、胡因是小同乡,确是在日本时即已相识。而胡、张2人在日本时并不相识,辛亥回国以后才结识的。1941年9月张季鸾病逝后,到1942年4月其灵柩被运回西安安葬,胡政之为作《悼词》云:“先生早年东渡攻读,时余亦在日留学,而未谋面。辛亥,先生归沪,始相识于康心孚先生家”(原载1942年9月7日西安《西京日报》,转见台北《传记文学》第51卷第2期所载张佛千:《张季鸾先生公葬大典私记》一文“附录”)。尔后,胡、张二人以“文章道义之交”,成为“三十年老友、十五年同事”(胡政之语,见《悼词》),感情极深。

㉜出处同注㊾。

㉝王芸生、曹谷冰:《1926至1949年的旧大公报》(续二),载《文史资料选辑》第27辑第208页。

㉞见李瞻:《张季鸾先生传》,载台北《近代中国》双月刊第58期。

㉟健孟:《无线电最近的应用》,载《东方杂志》第20卷第9号第98页。

㊱朱其清:《无线电之新事业》,(作于1924年9月30日)一文云:“广播无线电,英文名之曰 Radio broadcasting,法文名之曰 T. S. F. de Diffusion 或 Radio telegraph Diffusion。吾人译以广播,亦取其义而已”,载1925年3月25日出版的《东方杂志》第22卷第6号。

㊲见上海《民国日报》1923年1月28日第10版所载消息:《无线电话传布孙先生统一宣言》。

㊳引自朱其清:《无线电之新事业》,载《东方杂志》第22卷第6号。

㊴见《申报》1924年5月16日第13版“本埠新闻”栏。

㊵参阅曹仲渊:《三年来上海无线电话之情形》,载《东方杂志》第21卷第18号;上海通志馆编:《上海广播无线电台的发展》、《上海与广播事

业》，载上海通志馆编：《上海研究资料续集》，中华书局1939年版。

⑪陈尔泰：《中国第一座广播电台》，载《新闻研究资料》第30辑第359页。

⑫详见中国无线电工程学校1933年12月出版的《无线电杂志》第5卷第3期；《无线电发明家马可尼访问记》，载《东方杂志》第28卷第23号第91页；《申报》1933年12月1日第8版及7日、9日所载消息。

⑬见黄天鹏编：《新闻学名论集》第77页，上海联合书店1930年版。

⑭见王侃叔：《说帖》，载汪诒年辑：《汪穰卿先生传记》"宣统元年己酉，西历一千九百〇九年"条附录。

⑮详见林增平、周秋光编：《熊希龄集》上册第178~179页，熊致汪康年函，湖南人民出版社1985年版。

⑯参见方汉奇：《中国近代报刊史》下册，第678页，山西人民出版社1983年版。

⑰参见戈公振：《中国报学史》第253~254页，三联书店1953年版。

⑱见胡政之：《中国通讯社》，载黄天鹏编：《新闻学论文集》第225页，上海光华书局1930年版。

⑲参见《上海通讯事业的发展》，载上海通志馆编：《上海研究资料续集》第709页，中华书局1939年版。

⑳申时电讯社纪念刊：《十年》，上海申时电讯社1934年版；《十年来之申、时电讯社》，载《申报》1934年7月18日第20版。

㉑戈公振：《中国报学史》第211页，中国新闻出版社1985年版。

㉒参阅戈公振：《中国报学史》第6章第13节《报业教育》，中国新闻出版社1985年版；袁昶超：《中国的报学教育》，载《报学杂志》第1卷第5期。

㉓详见谢介子：《世界报界名人来华者之言论丛辑及予之感想》，载申报馆1922年出版的：《最近之五十年》大型纪念特刊。

㉔黄天鹏编：《新闻学刊全集》第257~261页，上海光华书局1930年版。

㉕"心水"（邹韬奋）：《迷》，载《生活》周刊第4卷第30期第2版，1929年6月23日出版。

㉖见任嘉尧：《周总理和任白涛》，载《羊城晚报》1981年4月20日。

㉗任白涛：《应用新闻学》"序"，亚东图书馆1933年版。

㉘参阅任嘉尧：《任白涛》，载中华书局编"中华民国史资料丛稿"《人物传记》第10辑。

第三章

十年内战时期的新闻事业

1927 年 3 月底，当时担任北伐军总司令的蒋介石到达上海，在帝国主义和封建买办势力的策动和支持下，于 4 月 12 日发动了反革命政变，大肆屠杀共产党员和革命群众。当时陈独秀右倾机会主义错误路线在中共中央占统治地位，对蒋介石一再妥协、退让，没有进行坚决有力的斗争，终于导致大革命的失败。革命进入低潮。

国民党叛变革命后，蒋介石便于 4 月 18 日在南京正式成立代表大地主阶级及大资产阶级的“国民政府”，并宣布“奠都”南京。从此开始了蒋介石集团长达 10 年的独裁统治，直至 1937 年“七七”芦沟桥事变导致全面抗战爆发。中国共产党在国民党统治区（简称“国统区”、“白区”）被迫转入秘密的、“非法”的地下斗争。与此同时，以毛泽东同志为代表的中国共产党人，通过发动南昌起义（1927 年 8 月 1 日）、秋收起义（1927 年 9 月 9 日）、广州起义（1927 年 12 月 11 日）和湘南起义（1928 年 1 月间）等武装起义，创建了革命武装。不久，到农村建立革命根据地，进行“工农武装割据”的斗争，为中国革命开辟了一条“以农村包围城市，武装夺取政权”，最后夺取全国胜利的道路。当时主要的革命根据地在湘、赣交界的井冈山地区和后来成为江西中央革命根据地，地处赣南、闽西一带的瑞金地区。

这一时期的新闻事业，就是在以上大背景下演进、发展的。因此，从地区上来看，可分为两大部分：一是国民党统治区，即“国统区”、“白区”的新闻事业，主要集中在南京、上海等地，其中包括国民党反动的新闻事业、共产党创办的秘密出版的地下报刊及进步的新闻事业和企业化大报及私营报纸等等。二是革命根据地，即“苏维埃”地区（简称“苏区”、“红区”）的新闻事业，主要集中在江西瑞金一带。瑞金既是当时的“红都”，又是根据地新闻事业的发源地及人民新闻事业的摇篮。

从1927—1937年的10年间，我国报业有了较大幅度的发展。据1936年4月出版的《内政年鉴》及有关资料统计：1927年，全国报纸为628家，到1936年总数达1763家，10年不到，便增加了将近两倍（参见曾虚白主编《中国新闻史》第399页注27）。

第一节　国民党统治区的新闻事业

一、国民党新闻事业网的建立和扩张

1927年，蒋介石叛变革命后，便在南京建立了独裁政权，同时也开始经营庞大的反革命新闻事业网。以“中央社”为中心，建立通讯事业网；以“中央台”为中心，建立了广播事业网；以《中央日报》及《扫荡报》为中心，建立国民党党报、军报网。下面，分别简要介绍这一“社”、一“台”、两“报”的情况。

【中央社】　“中央社”的全称是“中央通讯社”，1924年4月1日正式成立于广州（后来“中央社”即以“4月1日”为创办纪念日），社址在越秀南路53号。该社直属国民党中央执行委员会管辖，是由戴季陶一手创办起来的。1924年1月间，国民党召开第一次全国代表大会，戴季陶被选为中央执行委员并担任中央宣传部长，他是国民党第一任宣传部长。在此期间，他积极筹备创

办“中央社”。1924年3月28日，国民党中央执行委员会为“中央社”的成立，特发出第29号通告，明确规定了该社的目的、任务、组织形式及采访新闻的方法，其原文如下：

为通告事，本委员会为求新闻确实、宣传普及起见，特由宣传部组织中央通讯社，凡关于中央及各地党务消息，与社会、经济、政治、外交、军事，以及东西各国最新之要闻，足供我国建设之参考者，靡不为精确之调查、系统之纪述，以介绍于国人。兹经筹备妥当，定于四月一日开始发稿。惟组织伊始，未臻完善，本会规定各地党部及党员，均有供给新闻资料之义务，特此通告贵部，转知所属党员，一体知照，共同负责。按照上开各项，如有消息可作新闻资料者，请于每日十二时以前，持稿径寄越秀南路五十三号该社，代为发表。不胜翘企之至。

1924年4月1日，“中央社”正式成立并开始对外发稿。

1925年7月1日，国民政府在广州成立，当时国民党中央党部及国民政府的重要文告和各部消息，都交由“中央社”编发。

1926年7月国民革命军开始北伐，“中央社”曾派出随军记者，逐日报道有关北伐军事消息。1927年3月，北伐军攻克南京。4月18日国民政府正式“奠都”南京，国民党中央即于5月初决定，将“中央社”由广州迁到南京，直属国民党中央党部管辖。5月6日起，“中央社”开始在南京发稿，社址设在成贤街沙塘园国民党“中央党部”内；同年9月，又随“中央党部”迁到丁家桥。当时，“中央社”规模很小：全社只有20来个工作人员，主持人为余惟一；无电台设备，只利用两台收音机收听一些外国通讯社的广播；也不抄发电讯稿，只采访本埠（南京）的新闻。另外，也照抄一些党政方面的通报，不等天黑就发稿。新闻稿是用油印机油印出来的，份数不多。由于新闻稿内容贫乏，质量不高，免费送给京（南京）、沪各报，各报很少登载。当时“中央社”的负责人生怕蒋介石在报上看不到“中央社”的名字及所发新闻，难以交差，就经常宴请同业，拉关系、走门路，各报才有时登点“中央社”的稿子，应付一下场面。

“中央社”真正走入正轨，扩大规模，并迅速膨胀起来，则是1932年后的事。1932年5月1日，国民党“中央党部”任命中央宣传部总干事萧同兹担任社长，负责改组“中央通讯社”；由陈博生担任总编辑。萧同兹上台后，大肆扩张。为谋“中央社”向企业化方向发展，他首先向国民党中央提出三条办社方针，即：1. 社址迁出国民党“中央党部”，对外独立经营，俾使“中央社”与报界及社会接触；2. 以新闻为本位，发稿不受干预；3. 用人惟才，工作人员由社遴选。萧同兹还将这三条方针解释为“工作专业化”、“业务社会化”、“经营企业化”。这三条方针都得到国民党中央的认可和支持。紧接着，萧同兹开始大肆扩张，一方面添置新的通讯设备，另一方面竭力罗致人才，增加人员，扩大新闻网。1932年9月间，“中央社”从南京丁家桥“中央党部”内荷花池边几间小屋内迁出，重新租赁洪武路寿康里1、2号为社址。第二年又租赁3、4、5号，可见发展的迅速。与此同时，“中央社”开始自建电台，装设了最新式的发报机和收报机，以便迅速收发全国新闻稿。同年，又开设了上海、汉口两个分社。到1933年，又开设北平、天津、香港及西安4个分社，初步建立了新闻网络。

1935年，“中央社”的触角逐渐伸向西南各省，又在南昌、成都、重庆、贵阳等地建立了4个分社。1936年又开设了广州分社。至此，“中央社”已在全国建立了11个分社。除分社外，“中央社”还在其他省份和城市，派有特派记者或通讯员，设立“通讯员办事处”。“通讯员办事处”计有杭州、徐州、济南、开封、福州、昆明、张家口、西宁、安庆、兰州、洛阳、榆林、厦门、长沙、保定、郑州、太原、青岛等20多处，基本上形成了覆盖全国的通讯网。另外，还在东京、日内瓦、新德里设有“国外通讯员办事处”。在此期间，“中央社”还很重视与外国通讯社的联系。自1932年7月开始，先后与英国路透社、美国美联社、法国哈瓦斯社、前苏联塔斯社订立交换新闻条约，于是，“中央社”取代各国通讯社在我国的直接发稿权。在此基础上，于1933年夏，又创办了英文部，供给英文报纸新闻稿。首任英文部主任为当时年仅26岁的任玲逊，任原系燕京大学新闻系毕业的高才生，当时正供职于北平英文《时事日报》，是萧同兹以每月500银元的高薪“挖”来的（萧当时月薪只400银元）。

到1937年抗战爆发前，“中央社”直接对全国250家报社发稿，每天发出中文电讯8 000至12 000字，基本上垄断了国内的新闻通讯事业。

抗日战争爆发后，1937年9月，“中央社”南京寿康里总社被日机轰炸，总社便于1937年11月迁至汉口。1938年10月，又由汉口迁往所谓战时“陪都”重庆，社址设在铁板街（后迁至两路口）。当时沦陷区的各地分社也纷纷撤至“后方”。据统计：“中央社”在战时的新闻收发量，平均每日收电约3万字，发电约15 000字。在抗战胜利前夕，该社员工已达1 250人。这些人差不多都加入了国民党。因为当时有规定：凡是进入“中央社”工作的人，必须加入国民党；如非国民党员，入社后则由总社汇集各地分社人员名册，呈报“中央党部”，办理“集体入党”手续。每年办理一次，手续简单，都是全部批准入党，并颁发“特”字号的党证，算是直属“中央党部”的党员。从抗战时起，各地分社人员入“党”，改由各分社各自向所在地省、市“党部”办理。

抗战中，“中央社”仍有一定程度的发展。增设的国内分社计有：长沙、兰州、桂林、昆明、洛阳、福州、迪化（今乌鲁木齐）、宁夏、恩施、连县、屯溪、赣州等12处。增设的国外分社计有：新加坡、纽约、伦敦等处；并在仰光、里斯本、华盛顿、莫斯科、巴黎、柏林等地设特派员或通讯员。

“中央社”早期的发展与萧同兹有密切的关系。萧同兹（公元1895—1973年），名异，字同兹，号涵虚，以字行。1895年11月4日（清光绪二十一年乙未九月十八日）出生于湖南常宁。童年就读于私塾。辛亥革命后，赴衡阳读书；次年到长沙，入中等工业学校（即湖南甲种工业学校之前身）。1917年毕业后，先供职于长沙电灯公司，后改入湖南第一纱厂。旋离湘北上，就业于天津机械工厂，后返湘从事工运。长沙黄、庞烈士牺牲后，萧赴上海谒见孙中山先生，并于1924年加入国民党。1927年“四一二”反革命政变时期，萧在国民党“中央党部”参与所谓“工运、农运、宣传”等活动，为上司所赏识。1928年，随吴铁城赴东北，促使张学良易帜。1932年5月1日被委任为“中央通讯社”社长。一直到1950年9月“中央社”改组，社长一职遂由曾虚白担任，萧同兹改任“中央社”管理委员会主任委员。萧同兹前后担任“中央社”社长一职达18年多时间。1964年12月21日，他离职退休。萧同兹前后在“中央社”任职达32年7个月又20天，是国民党反动新闻事业的所谓“有功之臣”、“著名新闻事业家”，“中央社”中人呼之为“萧三爷”（因其父生子五，他排行居三）。

在此期间，萧同兹还于1935年任国民党第五届中央委员，1945年任国民党第六届中央委员兼常务委员。嗣后，1950年、1957年、1963年及1969年的历届国民党“中央全会”上，都被蒋介石亲自提名为评议委员；1954年起，被蒋介石聘为总统府国策顾问，以迄于死。

1973年11月11日，萧同兹因心脏病复发猝逝于台北，蒋介石明令“褒扬”。①

【《中央日报》】　1926年12月，随着北伐战争的胜利进行，“国民政府”从广州迁到武汉（史称“武汉政府”）。1927年3月22日，《中央日报》在汉口创刊，编辑部设在汉口交通路后面的一幢二层楼房里，发行所设在交通路保成里口6号。该报初期是在国共合作条件下，由国民党中央党部宣传部主办的，社长由宣传部长顾孟余兼领，具体主持其事的是杨绵仲。总编辑为陈启修（莘农，后笔名为“豹隐”），他当时是中共党员。其副刊《中央副刊》主编为孙伏园。初创时，《中央日报》日出4开5张：第1张载电讯，全是上海特派员发来的消息；第2张是党政要闻；第3张是武汉本埠新闻；第4张是国际新闻，第5张是副刊——《中央副刊》。此外，每逢星期日出《我们和世界》一张，综述一星期以来的军事、政治、党务及国内外一切新闻。除中文报外，另外还出英文《中央日报》，其材料皆取自中文《中央日报》，由林语堂、沈雁冰（共产党员）、杨贤江（共产党员）等担任编辑工作。这一时期的

《中央日报》是办得比较有特点的，尤其是孙伏园主编的《中央副刊》，具有明显的进步倾向。毛泽东同志的《湖南农民运动考察报告》、郭沫若的反蒋檄文《我离开蒋介石以后》等重要文章都曾发表在《中央副刊》上。

继1927年“四一二”政变后，7月15日，以汪精卫为首的武汉国民政府也发动反革命政变，宣布“分共”、“反共”，叛变革命。至此，宁、汉合流，“国民政府”成为代表帝国主义、封建主义和官僚资本主义利益的反动政权。在这种情况下，9月15日，《中央日报》也停刊了，共计出版176号。此即《中央日报》历史上的“武汉时期”。

1928年2月1日，《中央日报》在上海复刊，由当时国民党的宣传部长丁维汾兼领社长之职，潘宜之任总经理，彭学沛任主笔。社址在上海望平街福州路95号。出至1928年11月1日停刊。这是《中央日报》的“上海时期”。②

1928年冬，叶楚伧继戴季陶后，任国民党中央宣传部长，将上海《中央日报》迁至南京，于1929年2月1日正式出版南京《中央日报》。社址初设珍珠桥46号，后迁至中山路（即新街口北）39号。当时国民党改组“中央执行委员会”系统，“中央宣传部”隶属于“中央执行委员会”。《中央日报》又是“中央宣传部”属下的一个部门，由“中央宣传部党报委员会”直接管辖，中宣部长叶楚伧担任主席。《中央日报》下设经理、编辑两部。从1929年到1930年间，先后担任总编辑的有严慎予、鲁荡平等。1931年，刘芦隐任国民党“中央宣传部”部长时，便由赖琏（真吾）任《中央日报》总编辑，沈君陶为总经理。

1932年初，《中央日报》总编辑赖琏辞职。3月1日起，该社实行整顿。5月，正式实行社长制，改由程沧波（中行）担任第一任专职社长，综理社务。这是《中央日报》实行“社长制”的开始，改变了此前由国民党“中央宣传部”长兼任社长而实际不管社务的状况。此后，《中央日报》便逐渐膨胀起来。到1935年，《中央日报》由珍珠桥46号迁入市中心的中山路（新街口）39号新厦，并开始用轮转机印报；每日3大张，日发行从8 000份增至

3 万份。1936 年 6 月，增出庐山版，朱虚白任主编，是该报有分版之始。从 1929 年 2 月 1 日在南京发行起，至 1937 年 12 月 13 日因抗战爆发而西迁停刊，《中央日报》计在南京出版了 3404 号，历时近 9 年。这是该报的“南京时期”。

1937 年“七七”卢沟桥事变发生后，抗战全面爆发。8 月 13 日，日军进攻上海，直接威胁国民党的统治中心南京。国民党政府遂于 11 月 20 日西迁重庆。《中央日报》于是年底停刊后，也仓皇转移，先到武汉，在汉立足未稳，又匆匆迁到长沙。不久，又从长沙迁至重庆。搬迁之际，由于程沧波赴欧出差，社务由张客公代为主持。程沧波自欧归国后，仍继续主持《中央日报》社工作。1938 年 9 月 1 日，《中央日报》在渝复刊，编号紧接南京版《中央日报》之后，为 3405 号。复刊后的第一篇社论由叶楚伧撰写，题为《待从头收拾旧山河》。社址在重庆会仙桥；后为避免日机轰炸，又迁至化龙桥。当时，国民党中央为了加强宣传，特地成立了“党报社论委员会”，专司社论的写作，主任委员由国民党“中宣部”部长叶楚伧担任，委员有潘公展(“中宣部”副部长)、陈博生、程沧波、陈豹隐、张忠绂等。《中央日报》不少社论，都出自这帮人的笔下。1940 年 8 月，程沧波因调升监察院秘书长，遂辞去《中央日报》社长职务，他前后担任社长职务达 8 年之久，在《中央日报》的发展中，起了承先启后的巨大作用。程沧波卸职后，《中央日报》由国民党军事委员会政治部副部长何浩若兼充社长，任期短暂。接着由前北京《晨报》社长、国民参政员陈博生继任《中央日报》社长，总编辑为詹辱生。陈博生任职年余，调任“中央社”总编辑；《中央日报》又由陶百川接任社长，总编辑为袁业裕、主笔是陈德征（陶百川的老师）。陶百川接任社长年余，因《中央日报》披露尚在谈判中的中美商约消息，引起蒋介石的震怒，严令查办，陶不得已辞职。接任社长的是胡健中，总编辑是陈训捋（陈布雷之弟），陈宝骅（陈果夫、陈立夫之弟）为总经理（不久辞职）。胡健中兼任总主笔。

以上谈的是《中央日报》从 1929 年起，直到抗战期间错综复杂的人事变动情况。从 1932 年起，到抗战胜利，《中央日报》社长凡五易，为明了计，特胪列如下：

程沧波，1932 年 5 月至 1940 年 8 月，前后任期达 8 年多。

何浩若，1940 年 9 月至 11 月，任期很短，仅两月。

陈博生，1940 年 11 月至 1942 年 12 月，前后两年多一点时间。

陶百川，1942 年 12 月至 1943 年初冬。

胡健中，1943 年初冬至抗战胜利。

抗战胜利后，《中央日报》迁回南京，于 1945 年 9 月 10 日复刊。直至 1949 年 4 月 24 日，出到“第七千五百零三号”后，大陆版便停刊，接出台北版了。③

【《扫荡报》】 《扫荡报》是国民党军事系统的报纸，亦即其军报系统的核心。该报于 1932 年 6 月 23 日在南昌创刊，社址设在南昌磨子巷。其时正是蒋介石对中央革命根据地进行大肆“围剿”的时候。该报前身为国民党军事委员会南昌行营政训处出版的《扫荡三日刊》（1931 年 5 月创刊），由处长贺衷寒创办。《扫荡日报》早期在国民党军队中发行，对开一大张（后改为 4 开两张）。1935 年 5 月 1 日起迁汉口出版，定名《扫荡报》，日出对开两大张、3 大张，并开始公开对社会发行。社址设在汉口民生路河街。袁守谦、刘翔、丁文安先后任社长，总编辑丁文安、陈友生。1938 年，该报部分人员赴重庆筹组重庆版，于 10 月 1 日创刊；10 月 25 日，汉口版停刊，迁至桂林出版，直至 1944 年 9 月 4 日停刊。1943 年 10 月 1 日又增出昆明版。《扫荡报》总社设在重庆。1942 年起，重庆总社由黄少谷任总社长兼总编辑。1944 年 9 月 1 日正式成立有限公司，实行企业化经营，由何应钦任理事长，张治中、陈诚任副理事长，仍由黄少谷任总社社长。抗战胜利后，改名为《和平日报》，于 1945 年 11 月 12 日同时在南京、汉口两地出版。同年，相继发刊广州版、沈阳版、台湾版、海口版等。1948 年，黄少谷离开《和平日报》到中宣部任部长，继任者为萧赞育。1949 年初，各地方版相继停刊；总社则仓皇迁到台湾，于 4 月 23 日复刊《和平日报》。7 月 1 日恢复《扫荡报》原名，叫嚣“反共抗俄”、继续发扬所谓“扫荡精神”，终以财力不足，于 1950 年 7 月 7 日停刊。④

国民党军报除《扫荡报》外，各地之《党军日报》、《阵中日报》等也属军报系统。

【中央台】 国民党“中央广播电台”简称“中央台”。“中央台”于1928年8月1日开播，这是国民党继“中央社”、《中央日报》之后办起来的第3个中央宣传机构。

国民党广播事业的创始人是四大家族之一的陈果夫，他被国民党称为“广播保姆”。陈果夫想办广播电台，蓄念已久。早在1924年，他在上海听当时开洛公司办的广播电台报告商业行情时，就萌发了要办广播电台作政治宣传的念头。1925年，他与当时在广州任黄埔军校校长的蒋介石联系，开始为建立国民党的党办电台而四处奔走，设法筹措款项和罗致有关无线电技术的专门人才。后来，由于经费困难，计划搁浅。到了国民党建“都”南京后，1928年2月，陈果夫又与戴季陶、叶楚伧等提议筹办国民党的广播电台。同年3月，陈果夫向上海美商开洛公司订购功率为500瓦的中波广播发射机全套设备（包括发电机等电源设备和铁塔等发射设备）。5月初，开始安装，台址设在南京丁家桥国民党中央党部后院。具体筹建事务由国民党中央宣传部委派徐恩曾负责。徐也是“中央台”的首任台长。后来，徐恩曾下台，取而代之的是一位交通大学工程系毕业、曾任中学理化教员的吴道一。吴道一后来成了国民党广播界的“权威”人物之一。

1928年8月1日，即国民党二届五中全会开幕之日，“中央台”正式开始播音。蒋介石、陈果夫、戴季陶等还前往电台播音致辞。该台全称为“中国国民党中央执行委员会广播无线电台”，简称为“中央广播电台”、“中央台”；英文呼号为“XKM”（X是国际无线电公会当时指定给中国专用的字母；KM两个字母代表国民党）。发射功率为500瓦，每天上、下午各播音一次，每次1小时。广播内容主要是“传达政令和阐扬党义”，而报道新闻和播送音乐节目只是陪衬而已。

由于这座电台发射功率较小，且用中波广播，电波只能及于东南少数省份，其他地区收听效果很差，边远地区更难听到。再由于广播在当时还是“稀奇”物，所以该台影响不大。1928年冬，陈果夫等又提出扩充发射功率的计划，向德国西门子公司订购了功率为75千瓦的全套广播设备，并请该公司工程师专门设计。从1931年起，“中央台”开始扩建工程，机房建在南京市郊江东门外北河口，播音设备则在城内丁家桥“中央党部”左边一幢灰色楼房中。到1932年5月，新台建成。同年11月12日，新台开始正式向国内外广播，正式以“中央广播电台”——XGOA为呼号。由于将发射功率增强为75千瓦，“中央台”成了当时亚洲发射功率最大的广播电台。

“中央台”一直是国民党的“党营”事业，但其隶属关系仍有一些变动。“中央台”在建立伊始，隶属于国民党中央宣传部。到1932年夏天，专门成立了“中央广播无线电台管理处”，直属国民党中央执行委员会。1936年1月，国民党为了加强对全国广播事业的管理和控制，经国民党中央常委会的批准，又将“中央广播无线电台管理处”改组为“中央广播事业管理处”（简称“中广处”）。由前交通大学校长吴保丰任处长；副处长由吴道一担任（1943年，吴保丰重返交大。处长一职遂由吴道一递升，并由他兼任“中央广播电台”台长）。1936年3月，又设置“中央广播事业指导委员会”，由陈果夫任主任委员，“中央台”便又在他的直接管辖和控制下工作。

到抗日战争爆发前，“中广处”除直接管辖“中央台”外，还直接管辖福州电台、河北电台、西安电台、南京电台、长沙电台及上海正音电台等6座地方广播电台。其中，1936年2月23日建立的南京短波广播电台是当时国内惟一的短波台。

1936年4月20日起，国民党当局规定：全国各地广播电台均须转播“中央台”晚间一小时的新闻节目，这是中国广播史上新闻联播节目的开端。

抗战爆发后，“中央台”于1937年11月撤出南京。仓促间，将75 000瓦的大机器分别拆运汉口或自行破坏。据说，蒋介石当时“极为震怒，曾痛斥此举足以影响民心”。“中央台”余剩的机件运到汉口后，又联合长沙、汉口两台和在汉新安装的短波台，共同接替“中央台”的任务。同时，又在昆明筹建了一座6万瓦的中波台；在贵阳筹建了一座1万瓦的短波台；在重庆改建1万瓦的中波机、添建4 000瓦和7 500瓦短波机，也以“中央台”名称同时播音。为了对日寇实行所谓“宣传战”、“电波战”，“中央台”又在重庆设置了35 000瓦的强力短波机。这座短波机在1938年冬完成并开播，1940年改用“国际广播电台”名义（XGOY），单独对欧美广播。抗日战争时期，“中央台”广播大厦建在重庆上清寺。

迄至抗战胜利前夕，由“中广处”管辖的电台共有11座，总功率达14万5千瓦。而其骨干和核心是“中央台”。

总之，国民党反动新闻事业的核心和骨干一“社”、一“台”、两“报”虽滥觞于第一次国内革命战争时期，而其扩张和膨胀却是在第二次国内革命战争时期，即国民党反动政权在南京定“都”以后。它们的主要作用是用来直接配合国民党反动派对共产党领导的中央革命根据地的所谓军事“围剿”，贯彻蒋介石的“三分军事、七分政治”的反动主张，实行所谓“宣传战”、“舆论战”。

这些反动宣传机器的最大特点是“造谣诽谤”。它们编造的大量“新闻”都是根据国民党反动派政治的需要而随心所欲编造出来的。因而，理所当然失去了广大人民群众的信任，人称“谣言公司”，受到人民群众的唾弃。有人辛辣地揭露：“蒋介石的各色宣传机关，在十年内战时期，曾每天谎报红军死了许多许多……把这些数目字加起来，结果中国人要全部死光，包括蒋介石本人在内”（陈笑雨语）。

国民党在建立自己反动新闻事业网的同时，又采用各种办法查禁革命报刊，迫害进步报人，加强言论统制，钳制社会舆论。为此而制订了一系列的新闻出版政策、条例乃至法规，如《宣传品审查条例》（1929年1月）、《查禁反动刊物令》（1929年6月）、《取缔销售共产书籍办法令》（1929年6月22日）、《出版法》（1930年12月）、《宣传品审查标准》（1932年11月）、《修正重要都市新闻检查办法》（1933年9月21日）、《新闻检查标准》（1933年10月）及《图书杂志审查办法》（1934年6月）等。与此同时，又设置了一整套新闻检查机构，如“图书杂志审查委员会”、“中央新闻检查处”、“首都新闻检查所”及各省市“新闻检查所”，形成严密的新闻检查网。

二、“国统区”共产党“地下报刊”的创办

1927年“八七会议”后，中共中央机关由武汉迁到上海，继续领导革命斗争，并开始转入“地下”办报活动，于1927年10月创刊了中共中央理论性机关刊物《布尔塞维克》。随后，又于1928年11月20日在上海创刊了《红旗》周刊（24期后改为3日刊）。1929年4月，中共江苏省委又出版了一张指导工人运动的4开通俗小报《上海报》，由李求实等主编。到1930年8月15日，终于把《红旗》3日刊和《上海报》合并，改出中共中央机关报《红旗日报》。此外，共产主义青年团中央于1927年11月7日创刊了《无产青年》（1928年1月22日改名为《列宁青年》周刊，直至1932年5月1日终刊）；共产党领导的中华全国总工会主办的《中国工人》于1928年12月1日秘密复刊（出至1929年5月停刊，约出8期）。以上报刊中，影响极大的是《布尔塞维克》和《红旗日报》。

《布尔塞维克》于1927年10月24日在上海秘密创刊，编辑部设在上海愚园路亨昌里480号（今愚园路137弄34号）。该刊前16期是周刊，16开本；后改为32开本的半月刊、月刊和不定期刊出版；到1932年7月出版第5卷第1期后停刊。共出52期，其中第1卷有28期，第2卷有11期，第3卷有6期，第4卷有6期，第5卷只出了1期。瞿秋白、蔡和森、李立三先后担任主编。刊名由瞿秋白题写。

《布尔塞维克》是在1927年“四一二”反革命政变后，党中央机关报《向导》周刊停刊（1927年7月18日出至201期时被迫停刊）的情况下创刊的。它一创刊，就以全力揭露国民党叛变革命的罪行。第一期所载《发刊露布》说：“四一二”反革命政变后的国民党“已经不是从前的革命的国民党了，而是屠杀工农民众，压迫革命思想，维持地主资本家剥削，滥发钞券紊乱金融，延长祸乱荼毒民生，屈服甚至于勾结帝国主义的国民党！”并指出：“此

后中国的革命，只有无产阶级的政党能够担负起领导的责任。”在第15期又刊载《中国共产党宣布国民党为国民公敌宣言》，历数国民党反革命罪状。同时，还在不少文章中揭露国民党改组派的反动本质和批驳“托陈取消派”的谬论。《布尔塞维克》还以大量篇幅热情歌颂党领导人民群众武装反抗国民党统治的英勇斗争，及时报道“八一”南昌起义、海陆丰农民运动及广州起义等武装起义情况。

《布尔塞维克》创刊的时候，正是白色恐怖最严重的时候，蒋介石和各派系军阀不仅在全国范围内展开了对共产党人和革命人民的疯狂大屠杀，而且在文化战线上、在新闻出版方面进行大围剿，如捣毁出售进步书籍的书店，迫害进步作家及报人，封锁、查扣、禁毁革命报刊等等，甚至连接触进步书刊的人也被指为“赤色分子”，有坐牢或杀头的危险。在这种情况下，为了迷惑敌人的眼睛，《布尔塞维克》杂志从1929年起，不得不采用伪装封面和改换刊名（化名）的方式发行，如：第2卷第3期的封面上绘一女人像，题为《少女怀春》，从外表上看，好像当时市面上流行的“鸳鸯蝴蝶派”小说集；有时仿用国民党机关刊物的名称发行，如第2卷4至6期封面就是印的“中央半月刊”刊名，并在刊名左下角印有国民党“中央执行委员会宣传部印行”字样（后被国民党检查机关发觉，斥为“伪《中央半月刊》”）；有时甚至伪装成小学课本的形式发行，如第2卷第7期到第3卷第5期，封面上都是印的“新时代国语教科书”书名，上款题“小学校高年级用”，下款题“商务印书馆”出版。与此同时，为了使它的“身份”与“装束”相称，《布尔塞维克》将刊物的开本由16开杂志型改成32开的书本型；扉页也取消了，把目录印在最后一页。有时也借用现有的书名来伪装，如第3卷第6期的封面题为《中国文化史》，署名“顾康伯编”；第4卷1期题为《中国古史考》，署名“钱玄同编著”；第4卷4期题为《金贵钱贱之研究》等。假用现有刊名出版的则有第4卷第6期（封面题为《经济月刊》）、第4卷第5期（封面题为《平民》）、第5卷第1期（封面题为《虹》）等。这些伪装手法后来被国民党检查官污之为“挂羊头卖狗肉”、“冒牌发行”，或称之曰：“挂蓝布门帘”。此后，国民党中央宣传部特地编制了《中央查禁反动刊物名册》，并附《共产党反动刊物化名表》，同时还下了密令，要求各地严厉检查，予以烧毁。

由于几次“左”倾机会主义路线的影响，《布尔塞维克》也宣传了一些错误的政策、主张和口号，如从1927年10月创刊到1928年2月间（1~19期）瞿秋白主编时期，由于他的盲动主义错误倾向的影响，该刊无视当时在国民党的残酷镇压下、革命形势处于低潮的事实，却极力宣传“革命形势不断高涨”、“由解决民权主义任务急转直下到社会主义革命”一类错误观点。到了1930年夏，随着李立三“左”倾冒险主义在党内占了统治地位，《布尔塞维克》又在这年5月出版的第3卷第4、第5期合刊上，对以上错误观点作了进一步的发挥和宣传；在盲目批判右倾错误的同时，又主观地强调革命有在武汉及其邻近各省首先胜利的可能，并且要求为实现这种幻想而组织全国大起义、集中红军进攻中心城市等等。这种错误倾向在1930年9月的六届三中全会上得到一定程度的纠正。但1931年初，党的六届四中全会后，王明又提出了一系列比李立三更“左”的“左”倾教条主义。《布尔塞维克》从第4卷起，又成了推行这种错误路线的工具。这种情况也发生在党创办的其他地下报刊上（如下面将要谈及的《红旗日报》）。由于在这一时期，共产党的主要负责人常常自己亲自主持党刊、党报的编辑工作，自己写文章在党刊、党报上发表，所以每当党的负责人犯了错误或某一种错误倾向在党中央占了统治地位的时候，党的报刊也往往成为这种错误倾向或错误路线的宣传工具。

《红旗日报》也是第二次国内革命战争时期中共中央的机关报，于1930年8月15日创刊。其前身是《红旗》三日刊和《上海报》。《红旗》三日刊创刊于1928年11月20日，由中共中央宣传部主办，经常为这个刊物写稿的有恽代英、李立三、谢觉哉等。该刊版式及开本凡三变：1~4期为16开本，5期起改为32开本，第24期又改成8开单张报纸。初创时每周出版一期，从第24期起改为3天出版一期（即一张）。内容主要有社论、国内外消息及对每周发生的政治事件和国家大事发表述评，同时大量刊登党的文件，以指导当时的革命运动。从第40期起，确定为党的政治机关报。《上海报》的前身则是《白话日报》，创刊于1929年4月17日，由中共江苏省委主办，李求实（伟森，公元1903—1931年）主编；到5月中旬改名为《上海报》继续秘密出版。该报是继《热血日报》之后、又一家由党领导而创办的通俗工人报纸，每期出4开4版一张。为避免帝国主义和国民党反动派的迫害，也曾化名《天声》、《沪江日报》、《海上日报》等名称秘密发行。1929年11月起恢复本名，1930年8月14日出至第385期时停刊。次日（8月15日），《上海报》同《红旗》3日刊合并为《红旗日报》出版。该报报名由秘密加入共产党的杨度题写，仍由李求实主编。第162期后成为中共中央和江苏省委机关报。尽管是秘密发行，但出版不到一月，发行量竟达1.2万多份，甚至还有国外订户。从内容上看，该报设有"苏维埃区域来信"、"莫斯科通信"、"欧洲通讯"、"红旗俱乐部"、"短斧头"等栏目，每周还发表一篇综合时事述评。1930年8月15日的创刊号上，一版首载《中国共产党对目前时局宣言》；二版首载发刊词《我们的任务》（署名"向忠发"）一文，最早提出了"报纸是一种阶级斗争的工具"的重要观点，对以后的新闻界影响很大。其原文云：

在现在阶级社会里，报纸是一种阶级斗争的工具。统治阶级利用一切新闻报纸的机关，来散布各种欺骗群众的论调。在目前国民党的白色恐怖的统治之下，一切公开发行的报纸，都是帝国主义豪绅资产阶级的拥护者，都是帝国主义忠实的奴仆。他们不仅是发表反革命的理论，掩饰统治阶级之一切投降帝国主义剥夺工农及屠杀群众的罪恶，并且，他们更进一步的不顾一切事实，整篇的尽量是欺骗，造谣，虚伪，企图完全掩尽全国工农群众的耳目。中国工农群众不仅在国民党的暴力压迫之下，并且一样在他的新闻政策的封锁之下。全国工农群众在其伟大的政治斗争中，不仅要反对国民党的政治压迫，同样要起来建立自己的革命报纸，宣传革命的理论，传达真实的革命斗争的消息，建立在革命斗争中之一个伟大的推翻国民党的言论机关。就在这一个立场上，建立了本报在全国工农劳苦群众前面的任务，要使《红旗日报》成为全国工农群众自己的报纸。

《红旗日报》也是在极端困难的条件下坚持出版的，它屡遭查禁和迫害，发行人员先后被捕四五十人，承印的印刷厂多次被封，报纸篇幅由对开一大张缩小为 4 开一张、16 开一张。直至 1931 年 3 月 8 日停刊，共出 182 期。这里还要特别指出的是，该报创办初期，曾受李立三、向忠发“左”倾盲动主义影响甚大。

由于国民党反动派的残酷镇压，由于党内一次又一次的“左”倾错误路线的严重影响，到 1932 年后，党在国统区的工作机关几乎全部被破坏，其中也包括全部地下出版的党的报刊。党在国统区的舆论阵地几乎丧失殆尽。到 1933 年初，中共党的临时中央不得不从上海转移到江西中央革命根据地的瑞金。

三、左翼及进步新闻事业

【左翼文化运动中出现的革命刊物】 20 年代后期及 30 年代初期，在国民党统治区，除了中共中央及其地方党组织秘密出版了一些机关报刊外，不少的进步文化人和共产党员也创办了一些刊物，宣传马克思主义，提倡无产阶级革命文学，开展左翼革命文化运动。这个运动是从《文化批判》月刊和《太阳月刊》的出版而开始的。

《文化批判》月刊于 1928 年 1 月 15 日在上海创刊，由创造社主办。该刊是一个综合性的理论杂志，内容包括政治、经济、社会、哲学和文艺等各个方面。出至第 5 期时，由于国民党反动派的迫害而改名为《文化》，不久即停刊。

创造社是我国现代文学史上，继最早的新文学团体“文学研究会”（1921 年 1 月 4 日在北京成立）之后成立的又一个著名的新文学团体。创造社于 1921 年 6 月成立，其主要成员是当时在日本留学的郭沫若、郁达夫、田汉、成仿吾、郑伯奇和张资平等人。他们于 1922 年 5 月 1 日创办了《创造季刊》（至 1924 年 1 月停刊，共出 6 期)，以后又出版过《创造周报》、《洪水》、《创造月刊》等等。这些刊物主要宣传“新文学的建设”，提倡浪漫主义，但“他们的思想意识仍不外是资产阶级的意识”——1927 年前是创造社的前期。1927 年后，该社部分成员分化，这时，郭沫若、成仿吾于大革命失败后回到上海（郭不久又去日本)，后又增加了李初梨、朱镜我、彭康、李一氓、冯乃超等人，并在此时创刊了《文化批判》月刊，倡导无产阶级革命文学。创造社到 1929 年 2 月终于被国民党政府当局查封。

《文化批判》创刊后，就用很大篇幅全面、系统地介绍马克思主义的基本知识，内容包括哲学、政治经济学以及文艺理论等各个方面，对当时马克思主义理论的普及起了一定作用。同时，《文化批判》还发表了不少倡导和讨论无产阶级革命文学的文章，如李初梨的《怎样地建设革命文学》、冯乃超的《艺术与生活》、成仿吾的《从文学革命到革命文学》等，对革命文学的产生、革命文学服务的对象等，都作了阐述。

《太阳月刊》也是当时宣传革命文学的又一个重要阵地，也是于 1928 年 1 月在上海创刊的，由太阳社创办。该社是第二次国内革命战争时期倡导无产阶级文学的又一个重要文学社团，发起人蒋先慈、钱杏邨（阿英)、孟超，成员有杜伯修（杜国庠)、沈端先(夏衍)、洪灵菲、楼建南（楼适夷)、杨村人、殷夫、森堡（任钧）等，他们都是共产党员，其中大部分人曾于大革命时期在各条战线上担任过实际工作，“四一二”后才从前线撤退下来的。《太阳月刊》创刊后，太阳社的成员们在上面发表了不少文章，阐述革命文学的重要理论，其中如蒋光慈在《关于革命文学》一文中，提出革命文学的内容与形式问题，认为“革命的作家不但一方面要暴露旧势力的罪恶，攻击旧社会的破产，而且要促进新势力的发展，视这种发展为自己的文学的生命”。同时，他还提出了文学的阶级性问题，认为文学是有阶级性的。

《文化批判》与《太阳月刊》在倡导无产阶级革命文学方面是有贡献的。但是由于当时“左”倾错误路线的影响，这些刊物也发表了一些有错误观点的文章，它们错误分析当时的形势，不承认当时革命处于低潮的严重局面，盲目认为“中国社会革命的潮流已经到了极高涨的时代”。此外，《太阳月刊》和《文化批判》从创刊号起，便连续发表蒋光慈的论文《现代中国文学与社会生活》、《关于文学革命》，冯乃超的《艺术与社会生活》（载《文化批判》创刊号）、李初梨的《怎样地建设革命文学》（载《文化批判》第2期）等文章，引起了革命文艺队伍内部创造社、太阳社与鲁迅之间一场激烈的关于革命文学的论争。这场论争从1928年初开始，持续到翌年（1929年）下半年结束，各方面大约发表文章100多篇。在这场论争中，《文化批判》、《太阳月刊》对“五四”以来的文学创作、包括鲁迅的创作，作出错误的评价；对鲁迅本人，进行嘲讽、攻击，挖苦鲁迅“常从幽暗的酒家的楼头，醉眼陶然地眺望窗外的人生”（冯乃超：《艺术与社会生活》），质问“鲁迅究竟是第几阶级的人，他写的又是第几阶级的文学”？（李初梨：《怎样地建设革命文学》）甚至给鲁迅扣上“二重反革命”、“封建余孽”的帽子。鲁迅则在《语丝》等杂志上接连发表了《“醉眼”中的朦胧》（1928年3月12日出版的《语丝》第4卷第11期）、《文艺与革命》（1928年4月16日出版的《语丝》第4卷第16期）等10多篇杂文，对《文化批判》、《太阳月刊》的错误观点进行批判。

在这场斗争中，鲁迅的反驳虽然也有偏激之处，但基本观点是正确的。他认为《文化批判》、《太阳月刊》提出了无产阶级文学的口号，挂起了“招牌”，引起人们注意，这是有功劳的，但他们好作脱离中国实际的空谈。

创造社出版的《文化批判》停刊以后，又改出《思想》月刊，内容与《文化批判》差不多，也是一份综合性刊物，着重宣传马克思主义基础知识。《思想》出了几期后又停刊，改出《新思潮》月刊。

《新思潮》于1929年11月15日在上海创刊，由朱镜我主编，撰稿者有李一氓、朱镜我、吴黎平、彭康、杜国庠、王学文、刘梦云（张闻天）、潘梓年等。该刊系月刊，24开本，也是一份综合性刊物，内容上着重介绍马克思主义理论，论述中国当前政治、经济、文化诸问题，批判资产阶级思潮。该刊一创刊，就在编辑杂记中暗示读者："以后无论如何，我们一定为确保它的生命之发展而奋斗——虽有时会因狂风暴雨之摧折而不能不变更其外形，然而读者们可捉住本志的精神，每月按时的向街头寻找本志的现身。"由于"左"倾思想的影响，该刊在斗争中不太注意策略和方法，刊登过一些在国统区不准刊登的口号，如"苏维埃政权万岁"、"拥护中国革命"等，以致刊物在1930年7月1日出至第7期时，被国民党当局查禁。

1930年3月2日，在中国共产党的领导下，以鲁迅为首的中国左翼作家联盟（简称"左联"）在上海成立。参加者大部分是原创造社、太阳社、我们社和艺术剧社、时代美术社等文化团体的成员。在成立会上，鲁迅作了《对于左翼作家联盟的意见》的演讲。"左联"成立后，由鲁迅主持，先后创办了《萌芽》（1930年1月创刊）、《拓荒者》、《巴尔底山》（1930年4月11日创刊）、《前哨》（1931年4月25日创刊）、《十字街头》（1931年12月11日创刊）等机关刊物。

1932年3月20日，中国左翼新闻记者联盟（简称"记联"）成立。它是在"左翼社会科学家联盟"（简称"社联"）"集纳协会"基础上成立起来的。"社联"成立于1930年5月20日，是由中共党的"文化工作委员会"发起成立的。1930年9月15日，它也创刊了自己的机关刊物——《社会科学战线》，后来又出版了机关报《新文化》月刊。"社联"成立后，曾在下面设有新闻组"集纳协会"。该协会以《文艺新闻》（1931年3月创刊）的编辑、记者为主，团结《申报》、《新闻报》、《时报》等报的进步新闻记者和大学新闻系进步师生，于1931年10月成立了"中国新闻学研究会"。该会宣称：他们"对过去新闻学不满足，对现在新闻业不信任"，"将以全力致力于社会主义为根据的科学的新闻学之理论的阐扬"。1932年春，中国新闻学研究会在《文艺新闻》上出版了一个《集纳》专页。在此基础上，又于1932年3月20日成立了"中国左翼新闻记者联盟"（"记联"）。"记联"成立后，努力通过各种方式，团结进步的新闻界，开展革命宣传活动，同时对国民党的新闻统制政策及其御用报纸进行斗争。“记联”成立不久，便在上海法租界创办了“国际新闻社”，稿件为国内外报刊所采用，办了4个月即被封闭。1934年春，“记联”又创办了小型报纸《华报》，直接进行宣传活动，不久也被迫停刊。1934年1月，“记联”又出版《集纳批判》周刊(“集纳”为英文Journalism——“新闻事业”一词的音译)。该刊是我国最早有意识地运用马克思主义的立场、观点、方法指导新闻学研究的刊物。它声称“要统一中心目标与意志来阐扬以社会主义为根据的科学的集纳主义”，即建立科学的社会主义新闻学体系。它强调新闻事业的阶级性，提出新闻事业“是鼓动大众组织大众之武器”。它还提出批判资产阶级新闻学、批判为帝国主义、封建主义反动统治服务，从而欺骗、压迫人民大众的反动新闻事业，探讨建立无产阶级新闻学体系和代表人民大众利益的新闻事业。《集纳批判》仅出4期就被迫停刊了。1935年秋，“记联”还建立了公开的通讯社组织“中华新闻社”，对外发稿，一直活动到1936年5月。抗战爆发后，“记联”的一些成员便参加了由中国共产党组织领导下创办起来的“中国青年记者协会”(简称“青记”，1937年冬筹备于上海，1938年3月30日成立于汉口)。

【鲁迅的报刊活动】 1926年夏，广州国民政府开始出兵北伐。在南方革命运动的感召下，鲁迅于1926年8月离开北洋军阀统治下的北京城而南下到厦门(1926年秋至1927年元月)。不久，又由厦门到广州(1927年元月至同年9月)。1927年10月3日，鲁迅偕许广平又由广州抵上海，开始了在上海9年的战斗生活，直至1936年10月19日病逝。

上海时期是鲁迅一生中成就最为辉煌的时期。这一时期，国民党在加紧对农村革命根据地进行残酷军事“围剿”的同时，又在城市中对革命的进步的文化运动进行文化“围剿”。鲁迅自觉接受中国共产党的领导，率领左翼文化战线，以报刊为主要阵地，同国民党的文化“围剿”进行了不屈不挠的斗争，创造了许多宝贵的经验：

(一)他善于守住营垒，坚持“韧”性的战斗，注重“壕堑战”，讲究斗争艺术。

1927年后，到1936年的近10年间，正是国民党进行文化“围剿”最残酷的时候。当时一些左翼刊物及进步刊物，由于受“左”倾错误路线的影响，往往不顾当时的险恶环境，不注意白区办报与红区办报的不同处境，不考虑秘密出版的地下报刊与公开出版物的不同特点，追求表面的“激烈”和革命。在内容和形式上常常以极“左”的面目和强烈革命色彩出现，结果很快遭到国民党的查禁。如当时出版的一些进步刊物，有的封面上是一张马克思的像，有的“摆着一种极左倾的凶恶的面貌”，结果，既吓退了普通的读者，又立即招来了敌人查禁的横祸。再如，《新思潮》公开出版的时候，把秘密刊物上的一些口号，如“拥护中国革命!”“苏维埃政权万岁!”等口号，也照样写入文章中，导致刊物很快被查禁。“左联”的机关刊物《世界文化》（1930年9月10日创刊）为表示自己与中国共产党所领导的革命运动的密切关系，在创刊号上就以《一个伟大的印象》为题，发表了报道全国红色区域代表大会情况的通讯。结果只出一期就被封禁。鲁迅批评这类做法是“对于中国社会，未曾加以细密的分析，便将在苏维埃政权下才能运用的方法，来机械地运用。”⑤鲁迅认为，左翼报刊及进步刊物要在国民党的压迫下争取生存，必须时刻“兼想到周围的情形”，从白色恐怖笼罩的实际出发，讲究斗争策略。不能只追求表面的“激烈”、贪图“虚名”，或“不知道环境之可怕”，只图一时之快，导致刊物不能出版，丧失宣传阵地。鲁迅主张先要“守住阵地”，坚持“韧”性的战斗，他说：“战斗当先守住营垒，若专一冲锋，而反遭复灭，乃无谋之勇，非真勇也。”⑥他还主张“壕堑战”，而反对许褚式有勇无谋的“赤膊上阵”，那样做，只能暴露自己，便宜敌人。他说：“对于社会的战斗，我是并不挺身而出的，我不劝别人牺牲什么之类者就为此。欧战的时候，最重‘壕堑战’，战士伏在壕中，有时吸烟，也唱歌，打纸牌，喝酒，也在壕内开美术展览会，但有时忽向敌人开他几枪。中国多暗箭，挺身而出的勇士容易丧命，这种战法是必要的罢。但恐怕也有时会逼到非短兵相接不可的，这时候，没有法子就短兵相接。”他又说："倘荆棘非践不可，固然不得不践，但若无必要，即不应随便去践，这就是我之所以主张'壕堑战'的原因，其实也无非想多留下几个战士，以得更多的战绩。"⑦他还曾告诫太原市一个进步团体"榴花艺社"说，办刊物"必须察看环境和时候"，不要追求表面上的"激烈"，即便被"不明情形"的人暂时地"评为灰色"也不用在意，"万勿贪一种虚名，而反致不能出版"。

（二）他最善于利用报纸副刊进行斗争。

鲁迅一生辉煌的业绩，与报纸副刊有密不可分的关系。特别是后期，他以报纸副刊为阵地，发表了大量"匕首"、"投枪"式的杂文，后来才结集出版的。他最善于利用报纸副刊进行战斗，他曾说过："报纸没有一家没有背景，我们可以不问，因为我们自己办不了报纸，只能利用它的版面，发表我们的意见和思想。不受到限制、干涉，就可以办下去；没有自由，再放弃这块园地。总之，应当利用一切机会，打破包围着我们的黑暗和沉默"（李霁野：《忆鲁迅》）。

鲁迅与副刊的渊源，最早可以追溯到他为北京《国民公报》和上海《时事新报》写稿。1919 年 8 月 1 日，当时主持《国民公报》副刊编辑工作的孙伏园访鲁迅，向他约稿，请他为报纸写些东西。鲁迅将自己的日文译作《一个青年的梦》的剧本交给孙伏园，从 8 月 15 日起，开始在《国民公报》副刊（第 5 版）"新文艺"栏连载。到 1919 年 10 月 25 日，当剧本刊至第 3 幕第 5 场时，因研究系与安福系军阀发生矛盾，《国民公报》被查封，《一个青年的梦》被迫中断连载，直到 1920 年 1 月至 4 月才在《新青年》杂志第 7 卷第 2 号至第 5 号陆续刊完。同年 8 月至 9 月，鲁迅还在该报"新文艺"栏发表过 7 篇散文诗，总题目为《自言自语》。

1920 年 9 月 19 日，鲁迅收到上海《时事新报》的约稿信。同月 29 日，鲁迅应约投寄小说《头发的故事》，发表于同年 10 月 10 日出版的《时事新报》副刊《学灯》国庆专辑第 8 版。

鲁迅真正与副刊建立密切关系，是从《晨报》副刊开始的。1919 年 2 月 7 日，《晨报》改革了它的第 7 版，又吸收李大钊等参加编辑工作，使之成为宣传新文化运动的重要阵地。1919 年 12 月

1日，鲁迅在《晨报创刊纪念增刊》上发表了小说《一件小事》。1920年，孙伏园开始主编《晨报》第7版，鲁迅在上面发表的作品就更多了。如1921年7月11日至13日的第7版在“小说栏”转载了鲁迅此前发表在《新青年》杂志上的小说《故乡》及他翻译的芬兰小说《父亲在亚美利亚》及译后记；在“浪漫谈”栏发表了鲁迅的杂文《无题》。在《晨报四周年纪念增刊》上发表了鲁迅的小说《不周山》及翻译的童话《时光老人》。1921年10月10日，《晨报》第7版宣告独立，改出4开单张，附于《晨报》发行，由鲁迅命名为《晨报附刊》出版。“附刊”（副刊）一词由此始。1921年12月4日，《阿Q正传》（署名“巴人”）开始在《晨报附刊》连载，至次年2月2日共分9期登完，成为“五四”后最杰出的小说。1924年10月，孙伏园辞去《晨报》副刊主编之职。他前后担任此职3年多时间。在这3年多时间里，鲁迅在该刊发表了60多篇作品。

继《晨报附刊》后，鲁迅在北京时期与之关系较密切的另一副刊是《京报副刊》。孙伏园退出《晨报附刊》后，又应邵飘萍之邀，担任《京报副刊》编辑工作，鲁迅尽心竭力支持他。在不到一年半的时间里（1924年12月12日至1926年4月26日），鲁迅便在该刊发表文章达40余篇，如杂文《咬文嚼字》（1~3）、《忽然想到》（1~11）、《青年必读书》、《我还不能“带住”》、《可惨与可笑》、《如此讨赤》、《并非闲话》等等，后来都收到了《华盖集》和《华盖集续编》里。除为《京报副刊》写稿外，1925年4月24日，鲁迅还在《京报》上办了一个《莽原》周刊。它专门登载一些批评旧社会、旧文化的短文章。鲁迅也亲自写了《春末闲谈》、《灯下漫笔》、《导师》、《长城》、《答K. S君》、《评心雕龙》等杂文。直至1925年11月27日该刊出至第32期后停刊止。

继《京报副刊》之后，1925年12月，鲁迅又应国民党左派机关报《国民新报》（1925年12月创刊，至1926年北伐前夕停刊）之邀，主编该报的文艺副刊，名《国民新报副刊》“乙刊”（“甲刊”为社会科学副刊，由陈启修主编）。编至1926年2月10日停刊。“甲”、“乙”两种副刊共出46期。

除《晨报》、《京报》及《国民新报》外，在1921至1923年间，鲁迅还在上海《民国日报》副刊《觉悟》上发表了不少译作。1925—1926年间，他还在《北京民国日报副镌》第1号至第4号（1925年3月5日—8日）上连载发表了著名小说《长明灯》；在北京《世界日报副刊》（刘半农主编）上发表了日记体杂感《马上日记》（1926年7月间陆续登载）。

1927年10月，鲁迅由广州到上海，直至逝世。在9年的时间里，鲁迅主要以著名的报纸副刊《申报·自由谈》为阵地，发表了大量"匕首"、"投枪"式的杂文。鲁迅曾说："我的常常写些短评，确是从投稿于《申报》的《自由谈》上开头的；集一九三三年之所作，就有了《伪自由书》和《准风月谈》两本。后来编辑者黎烈文先生真被挤轧得苦，到第二年，终于被挤出了，我本也可以就此搁笔，但为了赌气，却还是改些做法，换些笔名，托人抄写了去投稿，新任者不能细辨，依然常常登了出来。一面又扩大了范围，给《中华日报》的副刊《动向》、小品文半月刊《太白》之类，⑧也间或写几篇同样的文字。聚起1934年所写的这些东西来，就是一本《花边文学》。"⑨据统计，鲁迅为了同黑暗势力及国民党的书刊检查官们作斗争，他一生用过130多个笔名，其中大部分笔名是在后10年文化"围剿"严重时期使用的；仅在《申报·自由谈》上就先后使用过40多个笔名，最为著名的有"何家干"、"干"、"丁萌"等。

【邹韬奋的报刊活动】 邹韬奋是中国现代著名新闻记者、报刊活动家、政论家及出版家。他一生中，前后创刊和主编过"五刊一报"，它们是：

1.《生活》周刊 《生活》周刊于1925年10月11日在上海创刊。从1926年10月24日出版的第2卷第1期起，由邹韬奋主持；至1933年12月16日出版第8卷第50期时，被迫停刊。该刊前后办了8年，每年汇订为一卷；共出8卷，每卷52期（其中第7、第8卷各50期）。

2.《大众生活》周刊 《大众生活》周刊于1935年11月16日在上海创刊，每期销量达20万份。至1936年2月29日出满16

期后被迫停刊。

3.《生活日报》 《生活日报》于1936年6月7日在香港创刊，出至7月31日后，决定迁上海出版。但由于国民党政府有关当局不予登记而最终未能出版。

4.《生活日报星期增刊》 香港《生活日报》创刊的同时，又出版《生活日报星期增刊》。到7月31日，《生活日报》自动停刊，拟迁往上海出版，最终未能发行。而《生活日报星期增刊》改名为《生活日报周刊》仍在香港继续出版，一直出到8月16日停刊。从1936年8月23日起，《生活日报周刊》改名《生活星期刊》在上海继续发行。到11月23日，“七君子事件”发生，邹韬奋被捕。《生活星期刊》改由金仲华担任主编与发行人，并向国民党上海市政府社会局要求更换登记，以求继续出版，未果。12月13日出至第28期时被国民党政府当局查封。

5.《抗战》3日刊 1937年8月13日，日军大举进攻上海。8月19日，《抗战》3日刊在上海创刊。同时出版《抗战画报》（6天一期）。迫于上海租界当局的压力，《抗战》3日刊从9月9日出版的第7号起，改名为《抵抗》3日刊，一直出到第28期。从11月23日出的第29期起，恢复《抗战》原名，并宣布自30号起，迁到武汉发行。11月12日，上海沦陷。12月16日，《抵抗》迁到武汉的“文化街”——汉口交通路继续出版。直到1938年7月7日改名为《全民抗战》出版。

6.《全民抗战》 1938年7月7日，《抗战》3日刊与《全民》月刊合并，改名为《全民抗战》3日刊继续在汉口出版；韬奋仍为总发行人，最高销售量达30万份。1938年10月，武汉地区战局吃紧（10月25日武汉沦陷），《全民抗战》迁往重庆。10月15日，《全民抗战》从第30号起改为5日刊，在重庆继续出版。从1939年5月13日出版的第70号起，《全民抗战》5日刊改为周刊。1941年2月22日，《全民抗战》出至第157期被封。

7. 复刊版《大众生活》 1941年5月17日，韬奋又在香港复刊《大众生活》周刊新1号。该刊发行达10万份。12月8日，太平洋战争爆发，日军进攻九龙，《大众生活》出至新30号终刊。

12 月 25 日，香港沦陷。

以上“五刊一报”中，《生活》周刊是邹韬奋主持时间最长、影响也最大的一个刊物。

邹韬奋（公元 1895—1944 年），原名恩润，笔名韬奋，其他笔名还有心水、秋月、落霞、孤峰、静渊、清风、愚公等。以“韬奋”笔名行于世。[10]祖籍江西余江。1895 年 11 月 5 日（清光绪二十一年九月十九日）出生于福建永安一个日趋破落的“官宦之家”。少年时期在福州度过。1912 年（17 岁）在福州工业学校肄业。父亲为要他将来做一个工程师，送他进上海南洋公学（上海交通大学前身）“下院”（即小学部）读书。韬奋对算学、物理一类理工科课程兴趣不大，却对国文、历史等文科课程兴趣尤深。1913 年至 1914 年间，升入南洋公学“中院”（即附中）学习。在南洋公学的小学到中学这段时间里，他曾废寝忘餐地阅读了梁启超主编的《新民丛报》。他后来回忆说：《新民丛报》上梁启超的文章“激昂慷慨，淋漓痛快，对于当前政治的深刻的评判，对于当前实际问题的敏锐的建议，在他的那枝带着情感的笔端奔腾澎湃着，往往令人非终卷不能释卷”。“夜里十点钟照章要熄灯睡觉，我偷点着洋蜡烛躲在帐里偷看，往往看到两三点钟才勉强吹熄烛光睡去”[11]。与此同时，韬奋对《时报》上刊登的黄远生的“北京特别通讯”和“秋桐”（章士钊）登在《甲寅杂志》上的文章也“入了迷”。他喜欢黄远生的文章“有两个理由：第一是他的探访新闻的能力实在好，他每遇一件要事，都能直接由那个有关系的机关，尤其是由那个有关系的政治上的重要人物，探得详细正确的内部的情形；第二是他写得实在好！所以好，因为流利、畅达、爽快、诚恳、幽默”。而“秋桐文字的最大优点是能心平气和地说理，文字的结构细密周详，对政敌或争论的对方有着诚恳的礼貌，一点没有泼妇骂街的恶习气”[12]。这都成了他立志做新闻记者的最初“动机”和“推动力”。1917—1918 年间，进南洋公学“上院”（大学部）电机工程科（系）学习。1919 年以工程大学二年级学生的资格考入上海圣约翰大学文科三年级学习，直至 1921 年 7 月毕业。旋经毕云程介绍，到上海纱布交易所当英文秘书。

1922年，由黄炎培介绍，进入“中华职业教育社”（简称“职教社”）担任编辑股主任，主编《教育与职业》月刊，兼任该社英文秘书及“中华职业学校”英文教员。

1926年10月，韬奋以“职教社”编辑股主任身份，接任《生活》周刊主编。另外，从1927年初起，由张竹平介绍，韬奋还兼任过《时事新报》的秘书主任及该报副刊《人生》的编辑工作。到1928年初，他辞去《时事新报》兼职，专心一意主编《生活》周刊，直至1933年12月该刊停刊。

《生活》周刊由中华职业教育社于1925年10月11日创刊。该刊起初是一张4开小报，由刚从美国学银行学回国的王志莘（公元1896—1957年）任主编，它的宗旨是“传布职业教育”的消息，内容上刊登的多为有关青年修养方面的文章。刊名“生活”两字由黄炎培题写。每期只印一二千份，大都是免费赠送“职教社”社员阅读；送不完的，只能论斤卖给小贩包东西。因此，社会影响很小。1926年10月，王志莘编满一卷（共52期）后，就到工商银行去任职了。故从2卷1期起，改由邹韬奋主编，当时连他在内的工作人员只有“两个半人”：韬奋任主编，徐伯昕管发行，孙梦旦则用半天时间来兼管财务。社址在辣斐德路（今复兴中路）的一个小小过街楼里。韬奋接编后，重新确定刊物的宗旨为：“暗示人生修养，唤起服务精神，力谋社会改造”，⑬并从内容到形式逐步进行改革。1926年10月24日，由韬奋主编的《生活》周刊第2卷第1期一出版，便正式开辟了《读者信箱》专栏，专门刊载读者来信及编辑部的复信，使其成为联系人民群众的桥梁和纽带。对大量的读者来信，韬奋每一封都慎重处理，把其中一部分放在周刊上公开发表和解答，大部分都直接回复，有时复信长达数千言。他还把来信者的姓名、地址编制成一套卡片，以便保持经常的联系。从1927年9月25日出版的《生活》周刊第2卷第47期起，韬奋又开辟了专门作为刊物社论栏的《小言论》专栏，专门刊载短小精悍的评论，每期一篇或几篇。这些“小言论”一般都由韬奋亲自撰写，初署名“邹恩润”（合订本上署为“韬奋”系重印时改成的），后署“韬奋”。这些“小言论”虽仅仅数百字，但都是他“每周最费心血”写出来的。这种注重刊物的评论、重视“读者来信”的做法，以后形成了韬奋办刊物的传统和特点。“他办刊物的特点是抓‘一头一尾’”，⑭“头”就是每期登在刊物前面“小言论”栏里的社评、短评，“尾”就是每期刊载在刊物后面“读者信箱”栏里的“简复”及“答读者问”。

在版面及编排形式上，韬奋也不断有所改革和创新，如：从1929年12月1日出版的第5卷第1期起，由4开小报形式改为16开小册子的杂志形式；从1932年7月2日出版的第7卷第26期起，每隔一期还增出一份4到6页的影写精美画报。编排上，图文配合；划版时，基本上不搞转版，尽量方便读者阅读。1929年，《生活》周刊每期发行量已达8万多份；到1932年，每期发行数已达15.5万份，创造了现代中国期刊发行史上的最高纪录。

1931年“九一八”事变后，韬奋积极投身于抗日救亡运动，抨击国民党当局的不抵抗政策。同时，在共产党员胡愈之等人的帮助下，他积极靠拢中共党的组织，走上了革命道路。1932年7月1日，“生活书店”正式成立。从此，《生活》周刊便脱离中华职业教育社而独立出来，割断了它们之间的从属关系。这表明，《生活》周刊在韬奋主编之后，已经由一个资产阶级改良主义性质的职业教育指导刊物，“渐渐转变为主持正义的舆论机关”和“人民的喉舌”。1932年底，韬奋参加中国民权保障同盟，并被选为执行委员。次年6月18日，国民党特务暗杀民权保障同盟总干事杨杏佛。韬奋也被列入“黑名单”，他不得已于7月出国流亡，在英国阅读了马克思主义著作，后赴前苏联、美国进行社会考察。在出国两年间，为《生活》周刊等杂志撰写了30多万字的国外通讯。

《生活》周刊则在韬奋出国后，于1933年12月16日出到第8卷第50期时，被国民党政府以所谓“言论反动，思想过激，毁谤党国”的罪名密令查封。

1935年8月，韬奋回国；11月在上海创刊《大众生活》周刊，同时积极参加抗日救亡活动，担任上海文化界救国会执行委员。《大众生活》曾创造了发行20万份的最高纪录。1936年2月29日，《大众生活》出到第16期被查封；3月间，邹被迫出走香港，于6月7日在香港创刊《生活日报》，同时出版《生活日报星期增刊》。同年8月回到上海，继续主持《生活星期刊》，不久该刊又被查封。11月22日，与沈钧儒等6位救国会负责人在上海被国民党政府逮捕，12月4日被转移到苏州高等法院。系狱243天后，于1937年7月31日获释回沪。8月19日邹在上海创刊《抗战》3日刊（后改名为《抵抗》）。1937年11月12日，上海沦陷。12月，辗转到当时政治、文化中心武汉。1938年6月，在汉口被国民党政府聘为“国民参政会”参政员，并于7月7日创刊《全民抗战》3日刊。该刊销数最高达30万份。同年10月在武汉沦陷前夕赴重庆。在重庆，韬奋积极宣传团结抗战，并与周恩来同志接触频密，向他请教政治问题，接受中共中央对国统区文化工作的指示。

1939年冬至1940年春，国民党顽固派发动了第一次反共高潮。同时，变本加厉地迫害国统区的进步报刊及文化出版事业。韬奋所办书店及刊物屡遭国民党当局的迫害和查禁，几乎被摧残殆尽。到1941年初，生活书店各地55个分、支店先后被封闭，仅剩重庆一处分店。1941年2月，韬奋根据周恩来的指示，转移到香港，建立新的文化宣传阵地，于5月10日复刊了《大众生活》周刊。同年12月8日，太平洋战争爆发。次年元月，离开香港，由广东东江游击队护送，于11月间辗转到达苏中抗日民主根据地，旋赴苏北抗日民主根据地。1943年2月因脑病加剧，返沪治疗。1944年7月24日病逝于上海，终年49岁。根据其遗嘱请求，中共中央追认他为中共正式党员。其遗著有《经历》、《抗战以来》、《患难余生记》、《事业管理与职业修养》等专著及大量的论文、杂感、随笔和通讯，后俱收入《韬奋文集》（由三联书店于1956年出第1版，1978年第5次印刷）。

韬奋从事新闻出版工作近20年之久，不仅写了大量的文章，而且在编辑、出版及经营管理方面做了大量的工作。他是一位杰出的新闻记者和评论家，他写的通讯和评论产生了广泛的社会影响。同时，他也是一位卓越的出版家，出版工作的诸多环节，从校对到编审、从装帧设计到印刷发行及经营管理，他样样精通，是出版界不可多得的全才。

在长期的报刊活动中，韬奋创造了许多宝贵的经验，形成了著名的“韬奋精神”，它主要表现在以下几个方面：

（一）坚定不移的政治立场和高尚的气节。韬奋从事报刊活动的时候，正是国民党对国统区左翼及进步文化事业进行疯狂迫害和摧残的时候。国民党对韬奋曾采取软硬兼施的办法，拉拢、利诱和迫害、摧残交替进行，妄图使他屈服、就范。“软”的方面：1935年时，南京国民党当局曾派复兴社总书记刘建群和后来成为国民党中央宣传部长的张道藩到上海来拉拢邹韬奋。不久，蒋介石又“有意”约韬奋“往南京和他当面一谈”（韬奋：《患难余生记》），想把韬奋罗致到他的“幕府”做“陈布雷第二”。当时，杜月笙也愿意亲自陪韬奋到南京面见蒋介石，但遭到韬奋的严辞拒绝：“我不愿做‘陈布雷第二’！”国民党当局还曾多次派人拉韬奋入“党”，如抗战初期韬奋在重庆的时候，国民党中央党部CC派的头子徐恩曾（是韬奋南洋公学的同学）就曾多次与韬奋“晤谈”，“希望”韬奋“加入国民党”，同样遭到韬奋义正辞严的拒绝，他说：“不过要我加入国民党，也不妨事前和我商量商量，现在无缘无故在短时期内把几十处书店封闭，把无辜的工作人员拘捕，在这样无理压迫下要我入党，无异叫我屈膝。中国读书人是最讲气节的，这也是民族气节的一个根源……”把他们顶了回去。在“硬”的方面：国民党曾一次又一次封闭了韬奋花费了大量心血和精力创办的报刊和书店，到1941年2月止，56个“生活书店”分店被封了55家，只剩下重庆一家分店。国民党一次又一次迫害韬奋，使他三次流亡，一次坐牢。但不管“软”也罢、“硬”也罢，韬奋都大义凛然，始终坚定不移地站在工农群众、人民大众及无产阶级的立场，和国民党反动派斗争。他宣称“三军可夺帅，匹夫不可夺志”，体现了一个革命报人富贵不能淫、贫贱不能移、威武不能屈的高尚节操。胡愈之评价韬奋说：“他有一副硬骨头！”⑮在30年代“国统区”及国民党文化“围剿”中，韬奋是继鲁迅之后的又一名勇将。

（二）密切联系人民群众，反映人民群众的呼声，热心为读者服务，这是韬奋的办报作风和办报传统。这种精神和作风十分突出地体现在对待读者来信工作上。他从接办《生活》周刊（2卷一号）起，就增辟《读者信箱》专栏，专门登载群众来信和韬奋自己的“简复”，用以反映读者呼声，讨论读者关切的问题，热诚地为读者答疑解难。以后，韬奋主编的其他一些刊物也都保持了这一专栏。《读者信箱》的内容，开头的几年以讨论青年的恋爱、婚姻、家庭、职业、教育等方面问题为主。韬奋从资产阶级改良主义思想出发，为读者提供一些暂时应付的办法。“九一八”事变后，随着韬奋思想的转变，《读者信箱》的内容逐渐重视社会政治问题的探讨，引导读者放开眼界，“由个人的出发点转到集体出发点”考虑问题，在民族斗争和阶级斗争中求得个人解放。读者来信迅速增多，最多时每天达千封以上，一年来信常常达二三万封。有人曾建议：印一个简便的复信答复读者。韬奋坚决不同意，他说：“这是做官当老爷的做法，我们不能这样干。”韬奋要求工作人员对每一封来信的处理必须经过8道手续：1. 登记来信；2. 摘出信中要点交韬奋过目；3. 经韬奋看后，授意如何答复，如果摘录不清楚，韬奋还要亲自查阅原信，指出摘录重点和方法；4. 根据韬奋的意见拟出复信稿；5. 韬奋审阅修改复信稿；6. 按照一定的格式正式誊正复信；7. 抄好后由处理信件人员校阅并盖上生活周刊社公章；8. 再经韬奋过目之后，在公章旁、“生活周刊社敬复”下签一个“润”字（即表示韬奋的名字“邹恩润”），然后封缄寄出。还把来信读者编成卡片，填上姓名、地址及通信来往记录等，以便保持经常的联系。[16]除慎重处理读者来信外，在韬奋的主持下，《生活》周刊及生活书店的工作人员还怀着一颗“滚热的心”，热诚为读者服务，把许多“分外事”也当作“分内事”来做，韬奋概括为“服务精神”，如代读者买书、买东西，甚至代买车、船票。1944年7月24日，韬奋病逝，毛泽东为他写了挽词：“热爱人民，真诚地为人民服务，鞠躬尽瘁，死而后已，这就是邹韬奋先生的精神，这就是他之所以感动人的地方。”这种“服务精神”贯彻在他整个的报刊实践活动中，成为他办报思想的核心。

（三）强烈的事业心和忘我刻苦的工作精神。据韬奋在《生活史话》中回忆说：《生活》周刊初创时，全部只有两个半人，而编辑部的全部工作（包括编辑、撰稿、复信等）便都落到他的身上。往往全期文章，长的短的、庄的谐的都由他这个“光杆编辑”包办。他往往“模仿了孙悟空先生摇身一变的把戏，取了十来个不同的笔名，每一个笔名派它一个特殊的任务”，“这样一来，在光杆编辑主持下的这个编辑部似乎人才济济，应有尽有”！为了写好文章，还必须参阅大量资料。《生活》周刊没有自己的资料室，韬奋就“采用了‘跑街’政策，常常到上海的棋盘街和四川路一带跑，在那一带的中西书店里东奔西窜，东翻西阅，利用现成的‘资料室’。有些西文杂志实在太贵，只得看后记个大概，请脑袋偏劳；有的酌量买一点”。奔回编辑部后，就马上分配各位“编辑”（笔名）工作！除此以外，“光杆编辑”还得兼做“光杆书记”的工作——阅读、答复读者的大量来信。他“自己拆信、自己看信、自己起草复信、自己誊写复信（因要存稿），忙得不可开交，但也忙得不亦乐乎”。“当然，光杆编辑不是万能，遇有必要的时候，还须代为请教专家。拿笔之外，还须跑腿”。尽管工作是这样紧张、繁忙、艰苦，但韬奋不以为苦，反以为乐。他把事业看得比生命都重要，深深地挚爱着自己的工作，他说：“我们都是傻瓜，好像乐此不疲似的，常自动地干到夜里十一二点钟，事情还干不完，只得恋恋不舍地和办公桌暂时告别……”⑰

第二节　革命根据地的新闻事业

1927年，轰轰烈烈的大革命失败后，以蒋介石为首的国民党在南京建立了反动政权。他们疯狂镇压中国共产党和革命群众，据中共“六大”统计，从1927年3月到1928年上半年，共产党人和革命群众惨遭杀害的达31万多人，其中共产党人有2.6万多人。在血雨腥风的形势下，共产党人组织了南昌起义、秋收起义及广州起义等武装起义，进行武装反抗国民党。1927年10月，毛泽东等率领秋收起义的部队到达敌人控制比较薄弱的山区——井冈山，寻求立足之地，开始创建红军，建立革命根据地。到1933年下半年，中国共产党先后在14个省的边界地区建立起10多块革命根据地。党在革命根据地创办了大量的报刊，这是中国新闻事业史上第一次在人民政权下出版的报刊，是全新的新闻事业。

一、中央革命根据地的新闻事业

【从井冈山到瑞金】　1927年10月7日，毛泽东率领秋收起义部队工农红军第一军第一师，到达井冈山北麓的宁冈县茅坪，开始创建井冈山革命根据地的斗争。1928年4月，毛泽东和朱德会师井冈山，创建了工农红军第四军，并在这里建立了第一个革命根据地。

刚上井冈山的时候，毛泽东住在茅坪。几个月后，毛泽东与朱德搬到茨坪，住在攀龙书院的八角楼里。⑱从那时起，茨坪就成了井冈山革命根据地的中心。

井冈山革命根据地的条件是十分艰苦的，由于敌人的残酷"围剿"和严密的封锁，导致信息闭塞，连报纸都难以及时看到，更谈不上办报纸了。据现在发表的许多党史资料记载：由于井冈山消息闭塞，党中央的指示、文件来得又不及时，毛泽东要了解国内外的大事和形势，了解敌情，主要通过报纸这条渠道。为了得到报纸，有时派人下山到县城或其他城市买，有时托小商贩买一些，有时甚至派一个连、一个营或团的部队到山下县城国民党的机关去"抢"报纸，到邮政局搜罗一批报纸。这些几经周折带上山的报纸，都是过期的旧报纸，有的东一张、西一张，连日期都连不起来；有的纸质粗劣，揉得皱皱巴巴。但毛泽东都当成"宝贝"，废寝忘食地仔细阅读。1928年11月25日，他在代表井冈山前委写给中央的报告中有这样一段话："我们已能随时得到报纸，高兴多了，惟仍望你们随时将政治情况分析见告。"1929年4月5日，毛泽东在代表红四军前委写给中共中央的信中又说："在湘赣边界时，因敌人封锁，曾二三个月看不到报纸。去年九月以来，可以到吉安、长沙买报了，然得到亦很难。到赣南闽西以来，因邮路极便，天天可以看到南京、上海、福州、厦门、漳州、南昌、赣州的报纸，到瑞金县可看到何键的机关报，长沙民国日报。真是拨

(开) 云路 (雾) 见青天，快乐真不可名状。”[19]

在敌人的严密封锁下，通过报纸来搜集信息、了解国内外的情况、判断敌情，毛泽东曾兴奋地形容说：“真是拨开云雾见青天，天下大事尽收眼底呀！”

井冈山地区虽然地势险峻，易守难攻，但“人口不满两千，产谷不满万担”。随着红军人数激增，加上国民党军队对这个地区的多次“进剿”和严密封锁，经济日趋困难，连军民的日常衣食用品都难以保持必要的供应，更不用说办报了。在这种情况下，当时的前委、湘赣边界特委、红四军军委、红五军军委召开会议，决定由彭德怀、滕代远指挥一部分军队留守井冈山，毛泽东、朱德、陈毅等于1929年1月14日率领红四军主力3 600人下井冈山，向赣南闽西进军，以图开拓和发展。

1929年3月，毛泽东率领中国工农红军第4军主力攻克福建汀州城时，红军便利用当地的“毛铭新印刷所”，[20]开始大量出版发行各种革命宣言、布告、传单、捷报、标语和有关文件，创办红色报刊，有力地配合了当时的革命斗争。1929年12月下旬，在毛泽东的主持下，在福建上杭县古田村召开了“中国共产党红军第四军第九次代表大会”，这就是著名的“古田会议”。毛泽东亲自主持起草了《中国共产党红四军第九次代表大会决议案》（史称“古田会议决议”）。“古田会议决议”中尤其强调党内教育的重要性。关于加强党内教育的方法和措施，“决议”中规定了18项具体内容，其中与新闻事业有关的有办“党报”、“政治简报”，以及“对不识字的党员读书报”等。“决议”还进一步阐明了革命宣传工作的重要性，制订了具体措施。这对推动中央革命根据地新闻事业的创建，起了重要作用。

古田会议后，规定各军及各纵队均应办一壁报，并且统一命名为《时事简报》，它的主要内容是报道国际、国内政治消息，游击地区群众斗争及红军工作情况。一般每周编写张贴一张，系用毛笔手抄的壁报形式。1931年3月，当时的中央军委总政治部主任毛泽东签发了一份《普遍地举办〈时事简报〉》的通令，并附有《怎样办〈时事简报〉》的小册子，要求红军和地方民主政权普遍采用这种用墨笔大字抄写的大张壁报，认为它“是苏维埃区域中提高群众斗争情绪、打破群众保守观念的重要武器”㉑。《时事简报》等宣传形式可说是中央革命根据地新闻出版事业的萌芽。

1931年9月，中央主力红军取得了第三次反“围剿”战争的胜利，使赣南和闽西这两大块根据地联成了一片，形成了以瑞金为中心的中央革命根据地。它包括江西的瑞金、会昌、寻乌、安远、信丰、兴国、宁都、广昌、石城、黎川和福建的建宁、泰宁、宁化、清流、归化、龙岩、长汀、连城、上杭、永定等21个县城的广大苏区，拥有250万人口，主力红军发展到5万人。同时还建立了江西、福建两省苏维埃政府和县、区、乡的各级红色政权，普遍分配了土地。革命形势蓬勃发展。

1931年11月7日，中华苏维埃第一次全国代表大会在江西瑞金县叶坪村胜利召开。11月27日，中华苏维埃共和国中央执行委员会召开了第一次会议，选举毛泽东为中央执行委员会主席，项英、张国焘为副主席。与此同时召开的中央苏区党的第一次代表大会通过的《党的建设问题决议案》中，对于提高党内马克思列宁主义理论水平、加强新闻工作等作了决定。《决议案》指出：“建立健全的党报，反对忽视党报作用的倾向。党报是领导全党的斗争、组织广大群众在党的政治主张周围的一种最重要的武器，要消灭过去党一贯忽视党报作用的现象，在全党树立对党报的正确观念。建立完善的党报，应看成是党的建设工作重要的一部分。”中华苏维埃共和国临时中央政府在瑞金正式宣告成立后，在中国共产党和苏维埃政府的领导下，中央革命根据地的新闻事业出现了空前繁荣的景象。据不完全统计，从1931年底至1934年10月中央红军撤退出中央苏区向西突围、开始长征止，中央革命根据地出版的报刊约有160余种，目前已发现了130余种。㉒在这些报刊中，有铅印的，也有石印的、油印的；既有图文并茂的多版大报，也有传单式的油印小报。其中大小报纸有34种。毛泽东在《中华苏维埃共和国中央执行委员会与人民委员会对第二次全国苏维埃代表大会的报告》（1934年1月）中指出：“苏区群众文化运动的迅速发展，我们看报纸的发行也可以知道。中央苏区已有大小报纸三十四种，其中如《红色中华》从三千份增到四五万份以上，《青年实话》发行二万八千份，《斗争》只在江西苏区每期至少要销二万七千一百份，《红星》一万七千三百份，证明群众文化水平是迅速提高了。”㉓

中央革命根据地新闻事业中，影响较大的一批报刊和通讯社是“红色中华新闻社”（或称“红色中华通讯社”，简称“红中社”）、《红色中华》报、《红星》报及《青年实话》等。

【“红中社”、《红色中华》报的相继创办】 “红中社”是中央革命根据地最早创办的通讯社，于1931年11月7日诞生在江西瑞金县的叶坪村。这一天，中华苏维埃全国代表大会在这里正式开幕。中华苏维埃政府通过自己的无线电台，第一次以C. S. R的呼号对外发布新闻，向外界庄严宣告：中华苏维埃共和国临时政府，于1931年“10月革命节”（11月7日）在江西正式成立了。并播发了大会的重要文告、宣言及有关文件。当时，红军电台的负责人王铮作为正式代表参加大会，另一位负责人刘寅也到会旁听。电台就设在会场旁边。C. S. R是英文Chinese Soviet Radio（即“中华苏维埃无线电广播”）或英文Chinese Soviet Republic（即“中华苏维埃共和国”）的缩写。后来，C. S. R这一呼号被新华社一直沿用到1956年9月为止。

“红中社”的创办与早期红军无线电事业有密切关系。早在1930年8月间，毛泽东、朱德等就想建立红军电台，作为各部队之间的通讯联络工具。在8月至10月间及12月底的几次战斗中，红军曾缴获了敌人电台多部。由于红军战士们不识电台为何物，更不知其重要用途，加上战士怀着对反动派的仇恨情绪，他们缴获敌方电台后就随手砸碎。1931年元月，毛泽东、朱德再次三令五申：以后缴获的电台不许破坏，并须注意收集无线电器材及无线电机务人员、报务员。不久在东韶战斗中，不仅歼灭了谭道源一个旅，而且缴获了一部完整的15千瓦既能收报又能发报的无线电台，并俘虏了王诤和刘寅等6名无线电技术人员。当将电台送到设在小布的红军总部时，毛泽东、朱德如获至宝，并亲切接见了愿留下为红军服务的王诤和刘寅。这两人后来成为红军无线电事业的创始人，为红军无线电事业的发展作出了重大贡献。1931 年 1 月 6 日，中央红军利用这些无线电器材，在江西宁都县的小布建立了第一个红色电台，并成立了无线电大队，任命王诤为大队长、冯文彬为政委。红军电台刚建立的时候，主要抄收国民党中央社的新闻电讯，截收敌人部队间往来电报，侦听敌人行动位置及行动计划，为中央红军领导机关起了耳目作用，被毛泽东称誉为“革命的千里眼、顺风耳”。

此后，中央红军在第二次（1931 年四五月间）、第三次（1931 年七八月间）反“围剿”中又缴获了更多的无线电器材及设备，这样，便在中央红军与设在上海的党中央之间、在中央苏区与其他苏区之间，都先后建立了无线电联络。红军的无线电通讯事业逐步发展起来，并又建立了以王诤为总队长、伍云甫为政委的无线电总队。这就为“红中社”的创办提供了较为完备的物质条件和技术力量。第二次反“围剿”刚刚结束不久，中共苏区中央局就开会决定举行全国苏维埃代表大会。为了扩大影响，打破国民党的严密新闻封锁，中央局会议特郑重提出：召开大会时要用无线电向全国工农劳苦群众发出通电。这样，“红色中华新闻社”就于 1931 年 11 月 7 日随着“全国苏维埃第一次代表大会”的胜利召开应运而生。直到 1937 年 1 月改名为“新华通讯社”（简称“新华社”）。[24]

1931 年 12 月 11 日，中华苏维埃共和国临时中央政府的机关报《红色中华》报创刊，它与“红中社”同设于瑞金叶坪村，在一所简陋的民房里办公。当时“报”与“社”是一家，两块牌子一个编辑部。报社内设“红色中华编辑委员会”，起初仅有三五个工作人员，后来发展到 10 余人。开始由中央执行委员、内务人民委员部部长周以栗担任第一任主编、社长。不久周离职养病，由王观澜继任其职务，直至 1932 年 8 月调离，旋由杨尚昆负责编辑业务。从此至长征前夕，先后主管过“红中社”编辑业务的还有李一氓、沙可夫（陈微明）、谢然之、[25]瞿秋白（1934 年 1 月后）、任质斌、徐名正、韩进等人。其中有的兼任过社长（如瞿秋白），有的担任过秘书长（如任质斌）。

“红色中华”编辑部起初设在瑞金县云集区一幢民房里，有两年多时间，直到1933年4月随中华苏维埃共和国中央临时政府迁到瑞金城西郊的沙洲坝。

“红色中华”编辑部肩负《红色中华》报与“红中社”的双重任务：一是编辑出版《红色中华》报；二是利用仅有的一部收报机，抄收国民党中央社电讯及塔斯社英文广播，编译刻印成“参考消息”——《无线电材料》（后改为《每日电讯》），每天刻成一两张蜡纸，印四五十份，供中央负责同志参考。与此同时，还利用中央机要电台和军委的电台，以“红中社”名义，每天对外播发几条新闻电讯，有时也发英文稿。

《红色中华》报系铅印小报，4开一张，办得通俗、生动、活泼，一般出4~6版，设有《社论》、《要闻》、《专电》、《小时评》、《红色区域建设》、《中央革命根据地消息》、《党的生活》、《赤色战士通讯》、《工农通讯》、《红色小辞典》、《工农民主法庭》、《红角》、《突击队》、《警钟》等栏目，还设有不定期出版的文艺副刊《赤焰》。另外，每当红军获得大胜时，还发号外。第1~49期为周刊，第50~147期为3日刊，第148期以后为双日刊。起初为苏区中央政府机关报，1933年2月4日第50期起改为中央苏区党、政、工、青四家中央机关的共同机关报。

《红色中华》创刊后，主要开展了以下几个方面的宣传工作：1. 紧密配合当时党和民主政府的中心工作，对建设和巩固工农民主政权进行积极的宣传。它曾刊布了中央关于展开一个以建设基层政权为中心的“建政”运动的训令，并发表社论阐明这一运动的重要性。特辟《苏维埃建设》专栏，及时交流、推广“建政”运动中的经验，吸取有关教训，推动、指导各地“建政”工作的展开。2. 协助党和苏维埃政府进行多方面的战争动员工作。特别是在第4次、第5次反“围剿”期间，报纸密切配合扩大红军、优待红军家属、组织赤卫队、发展游击战争、筹措战争经费（认购公债）、查田，以及发展生产、进行劳动竞赛等群众运动，进行大规模的宣传报道。在此期间，还发表了毛泽东撰写的《必须注意经济工作》、《根据农村中的阶级斗争差别进行查田》、《长冈乡调查》、《才溪乡调查》等重要文章和调查报告。3. 针对日本帝国主义侵占我东北三省的情况，揭露日本帝国主义的侵略阴谋和罪行，抨击国民党政府的妥协退让政策，宣传中共的抗日救国主张，经常报道国统区人民的抗日救亡运动和东北人民武装抗日的消息。《红色中华》创刊后，深受读者的欢迎，发行数从开始的数千份增加到后来的4万份，在中央根据地产生了巨大影响。《红色中华》的社论多由党政领导人撰写，其中有周恩来、任弼时、陈潭秋、张闻天、秦邦宪、项英等。另外，李富春、谢觉哉、蔡畅、陆定一、邓颖超等也常为《红色中华》撰稿。因此报纸的政策指导性很强。此外，《红色中华》还十分重视组织建立工农通讯员网络及发行网络，拥有数百名工农通讯员。为了帮助和培养他们，该报还开展通讯员业务训练，特设“写给通讯员”专栏；油印出版《工农兵通讯员》的内部刊物，20天或一个月出一期，每期刻三四张蜡纸。

1933年8月10日，《红色中华》出满100期。该报特举行隆重庆祝活动，博古、张闻天、凯丰、李富春、邓颖超、阿伪等分别撰文祝贺。

这里需要特别指出的是，由于受王明“左”倾错误路线的影响，在政权建设、经济建设和军事斗争等方面，《红色中华》也曾宣传过一些“左”倾错误的主张。

1933年春，正当第四次反“围剿”战争进行之时，中共临时中央由上海迁到中央苏区瑞金，驻设于沙洲坝下肖村。原在上海就已成立的“中央党报委员会”，改称“中央局党报委员会”。当时，毛泽东已被排挤而离开红军，但错误的军事主张还一时未能贯彻到红军中去，故仍取得了第四次反“围剿”的胜利。此后，王明路线占统治地位的临时中央便在苏区党、红军中和革命根据地全面地贯彻执行“左”倾冒险主义的方针，终于导致第五次反“围剿”的惨重失败。1934年9月，宁都失守；10月，瑞金也失守。10月初，中共中央机关和红军主力8.6万多人撤离中央苏区，向西突围，被迫长征。

现据史料证明，长征开始后，江西中央苏区的《红色中华》报并未停刊，[26]而是继续出版发行了4个多月，到1935年1月21日的264期才被迫停刊。长征后继续出版了24期，现珍藏于瑞金革命纪念馆。据曾主持编辑工作的韩进等同志回忆：红军主力长征前，《红色中华》报社原有5个编委委员，即瞿秋白、任质斌、徐明正、韩进、谢然之。红军主力长征时，任质斌、徐明正两人随主力长征了。谢然之兼任中央政府办事处秘书长，被留下安排在附近农村养病（后投敌叛变，解放后成为台湾报界要人。1981年退休后赴美国洛杉矶定居。2009年6月27日在美病逝）。长征后的《红色中华》报编委实际只剩下瞿秋白和韩进两人，由瞿秋白负责。当时瞿秋白正患严重的肺结核病。在极其艰难困苦的环境下，为了报纸能按时出版，他费尽心力。红军长征后，《红色中华》仍按原来顺序编号，仍是4开4版铅印，报头装帧也未改变，每周出3期。后来由于环境恶化，改为每周两期，最后是每周一期。发行对象仍是中央苏区军民，但发行量锐减，仅发行3 000多份。印刷厂设在江西会昌白鹅乡梓坑村的深山密林中，编辑部则设在于都黄麟乡井圹村，两地相距20多里。这一时期《红色中华》报的宣传内容主要是动员群众坚壁清野，开展游击战争，保卫苏区等。后来又以大量篇幅揭露国民党军队侵占苏区后大肆烧杀、抢掠的罪行，号召苏区人民同敌人斗争到底。1935年2月初，形势日趋恶化。留在中央苏区继续斗争的中共中央分局及部分红军部队不得不开始突围。突围中，《红色中华》只得停刊。报社工作人员，大部分被打散，有的壮烈牺牲。瞿秋白同志在经瑞金往福建长汀突围的途中被捕，后在长汀壮烈牺牲。这是党的报刊史上、中国现代新闻史上最为悲壮的一页。㉗

1935年10月19日，红一方面军到达陕北吴起镇，和陕北红军胜利会师。1935年11月25日，《红色中华》报在瓦窑堡复刊（7个月后移至保安县城）；由于不了解长征后江西苏区的《红色中华》报仍坚持出版了一段时间，故将在陕北复刊的第1期《红色中华》定为第241期。当时，物质条件极为艰苦，复刊后的《红色中华》报由原来的铅印改为用铁笔手刻蜡纸油印，每星期“逢一逢六”出版。仍为中华苏维埃共和国中央政府机关报。一直出到1937年1月25日的第324期。这时“西安事变”已经发生，根据中共中央决定，于1937年1月29日出版的第325期起，改名为

《新中华报》。期号续前，仍是 3 日刊、手刻蜡纸油印。出到 1937 年 9 月 9 日的第 390 期时改为铅印，在延安出版，成为中共中央和陕甘宁边区政府的机关报。1938 年 12 月 25 日出至第 474 期时停刊。1939 年 2 月 7 日，《新中华报》“刷新版”（革新版）第 1 号问世，社址在延安清凉山，直至 1941 年 5 月 15 日出到 230 号止。

1934 年 10 月，中央红军主力部队开始长征后，“红中社”也随军转移。长征途中，停止了新闻广播及对外发稿，但抄收国内外新闻电讯的工作一直没有中断。在国民党军队围、追、堵、截，并进行严密封锁的危急情况下，这些抄收来的新闻电讯，对党的领导人及红军指挥机关及时了解国内外形势、判断敌情，起了重要作用。1935 年 11 月《红色中华》报在瓦窑堡复刊后，中断了一年多的“红中社”新闻电讯广播也重新恢复，开始只对红四方面军发报，以后逐步对各根据地和前方部队发布国内外新闻及党的方针、政策性文件。在陕北恢复时期，《红色中华》报与“红中社”仍然是“报”、“社”一家，都由中共临时中央政府西北办事处秘书长任质斌兼管。1936 年春，任调离后，由向仲华（公元 1911—1984 年）主持“红中社”的工作。这年冬，廖承志调到“红中社”，负责外电编译工作；国内报道则由向仲华负责。1937 年 1 月“西安事变”后，《红色中华》报改名为《新中华报》、“红中社”也改名为“新华通讯社”（简称“新华社”），“报”、“社”仍为一家，社址在延安城内，社长由博古兼任。除电台机务人员外，主要编辑人员有廖承志（负责全部外电翻译）、向仲华（负责国内广播稿件及《新中华报》的编辑工作）、李柱南（负责中文译电，娴熟电码，人称“李本子”）等。1937 年底，“新华社”工作人员发展到 20 多人。1939 年初，党中央决定把“新华社”和《新中华报》分开，分别成立各自的编辑部门。从此，结束了“报、社一家”的历史，各自成为独立的机构，同在“中央党报委员会”的统一领导下开展工作。此后，新华社由清凉山迁到杨家岭，由向仲华担任社长。

【《红星》报、《青年实话》及《斗争》等报刊的创办】
《红星》报在 1931 年 12 月 11 日与《红色中华》报同一天创刊。

社址设在瑞金洋溪，是中国工农红军军事委员会的机关报，也是中央革命根据地最重要的军报。

1931年1月15日，在江西宁都小布成立了隶属于中共苏区中央局领导的中央革命军事委员会，设立了中央军委政治部，毛泽东兼任总政治部主任。11月7日至20日，中华全国苏维埃第一次代表大会在瑞金召开，总政治部主任改由王稼祥兼任。同年12月11日，总政治部便创办了《红星》报。该报初期为铅印4开4版，用毛边土纸印刷，初为5日刊，实为不定期出版，每期发行约17 000份。《红星》报前后经过三个阶段：第一阶段从1931年12月创刊到1933年5月，共出版35期。其中第1~30期是铅字排印；第31~35期改为手刻钢板蜡纸油印。第二阶段从1933年8月6日到1934年9月25日，期刊顺序号重新开始从一排起，共出版67期，全部是铅字排版印刷。第三阶段是长征途中，即从1934年10月20日出版第一期（见《新闻战线》1980年第3期封二），到1935年8月3日后停刊，共出20多期。这20多期也都是手刻钢板蜡纸油印出版的。《红星》报自创刊至1933年7月间的主编是张如心（1908—1976年）（参见严帆著《中央苏区新闻出版印刷发行史》第568页，中国社会科学出版社，2009年出版）。他在担任《红星》报主编期间，为办好该报做了大量的工作。1933年秋及长征后，至1935年1月"遵义会议"召开时，这期间的70多期《红星》报由邓小平主编。"遵义会议"后由陆定一任主编。当时编辑人员仅三五人。

《红星》报的使命是"加强红军里的一切政治工作（党的、战斗员群众的、地方工农的），提高红军的政治水平线、文化水平线，实现中国共产党苏区代表大会的决议，完成使红军成为铁军的任务"。创刊号登载的发刊词《见面话》形象生动全面地概括了人民军队报刊应具有的提供新闻信息、进行政治思想教育、指导工作、批评监督及文化娱乐等多种职能。《红星》报在瑞金出版的3年中，基本上实践了这些要求，办得通俗易懂，生动活泼，图文并茂，丰富多采。它的版面编排除设有社论、要闻、专电、前线通讯、国际时事等一般栏目外，还先后设有10多个固定的特殊专栏，其中有侧重政治思想工作及理论建设的《党的生活》、《列宁室》栏，有介绍军事知识的《军事知识》、《军事测验》栏，有宣传防病治病和战伤护理的《卫生常识》栏，还有活跃红军文娱生活、属副刊性质的《俱乐部》栏等。同时，《红星》报很注重插图的运用，像新闻、评论及理论文章，常常配有漫画或绘画。《红星》报编辑人员虽然很少，但也建立了一支庞大的通讯员队伍。据1934年8月1日《红星》报发表的致通讯员的信中记载，其时已发展了500名通讯员，骨干有100余人。在这些通讯员中，既有党、政机关和红军部队中的各级领导干部，又有在连队基层工作的干部战士。许多通讯员一边在战场同敌人浴血奋战，一边为报纸写稿，这些稿子被称为"来自火线上的消息"。当时许多苏区领导人在戎马倥偬中，也坚持为军报写稿，写稿最多的有罗荣桓、袁国平、彭加伦、罗瑞卿、肖华、张爱萍、向仲华、张际春、舒同等人。毛泽东、周恩来、博古、贺昌等人也为《红星》报写过不少社论和文章。

1934年10月，《红星》报编辑人员跟随红军主力部队长征，并继续出版报纸。当时因条件极为艰苦，报纸由铅印改为手刻蜡纸油印，每期印七八百份发到连队。《红星》报工作人员用两根扁担挑着4个铁皮箱子，跟随军委昼夜行军。铁皮箱子里装着油印机、油墨、蜡纸、钢板、铁笔及一些毛边土纸。他们每天要走80里路，最多时走180里；行军时构思文章，一到宿营地就用铁箱子作办公桌，写稿、编报、刻印。《红星》报是长征途中代表中共中央和中央军委出版的唯一一份报纸。到延安后，于1939年1月改为《八路军军政杂志》出版，由八路军政治部主办。

《青年实话》报是少共苏区中央局（即中国共产主义青年团苏区中央局）的机关报，于1931年7月1日在江西永丰县龙岩创刊。总编辑所一度设在江西于都，后迁到瑞金。《青年实话》报社由阿伪任主编。少共苏区中央局宣传部部长陆定一、少年先锋队中央总队长王盛荣等人是编委。少共苏区中央局历任书记顾作霖、何凯丰，秘书长张家萍、儿童局书记曾饶冰、陈丕显，以及肖华、刘志坚等都是该报的主要撰稿人。《青年实话》先后出半月刊、旬刊、周刊。开始是 8 开一张，采用便于张贴的单张壁报形式。后来改为油印 32 开本小册子，有插图封面。它宣传的主要内容与《红色中华》报差不多。不同的是它具有鲜明的青年报刊特色，文字通俗生动，内容活泼多样，适合青年特点。它经常刊载团中央的文件，交流青年团工作的经验，介绍马克思主义的基础知识。它一创刊就提出“应该使报纸为着战争”的方针，并以此作为自己的宣传中心，发动青年踊跃参加红军，努力生产支前，组织青年积极参加拥军优属活动等等。同时，还向青年介绍当前国内外形势和革命任务。《青年实话》深受青年读者、特别是红军中青年战士的欢迎。开始发行 8 000 份，后来增加到近 3 万份，影响仅次于《红色中华》。1934 年 10 月红军长征前夕停刊。现在能看到的最后一期是 1934 年 9 月 30 日出版的第 113 期。

除以上报刊外，中共苏区中央局创办的报刊还有：

《战斗》周刊，16 开本，于 1931 年 7 月 1 日在江西宁都创刊，是当时中共苏区中央局机关报，也是党中央在苏区创办的最早机关报。王稼祥等先后担任主编，共出 4 期。

《实话》也是中共苏区中央局机关报，1932 年 2 月 14 日创于江西瑞金叶坪村，是 16 开本的铅印刊物。1933 年春，根据中央指示，《实话》与《党的建设》合并，改出《斗争》。

《斗争》周刊于 1933 年 2 月 4 日在瑞金创刊，是由原苏区中央局出版的《实话》和《党的建设》两种刊物合并后，改名出版的。该刊系旬刊，16 开本。到 1934 年 9 月 30 日停刊，前后出版 73 期。每期销量达 27 000 多份。共发表党的文献及各种署名文章 300 多篇。毛泽东写的《长冈乡调查》和《才溪乡调查》两篇重要调查报告就曾经在《斗争》第 42 至 48 期上连载。《斗争》第 38 期还发表了洛甫 1933 年 12 月 1 日写的《关于我们的报纸》一文。文章分析了中央根据地报刊的成绩和缺点，并提出了改进报刊工作的意见。

二、其他革命根据地的报刊

除上述中央革命根据地出版的大量报刊外，全国其他革命根据地也出版了一些面向工农兵大众的油印、石印或铅印的通俗报刊。其中比较著名的如：

广西右江、左江革命根据地出版的《右江日报》、《工农兵》报。《右江日报》于1929年9月在广西百色镇创刊，为石印小报，不定期出版。1929年夏，党利用广西桂系军阀李宗仁、白崇禧等与蒋介石的矛盾，特派遣邓小平、张云逸到广西工作。9月，邓小平、张云逸等率领受我党影响的广西警备第四大队及教导总队，到达右江地区的百色镇，准备和韦拔群领导的右江农民军一起，举行起义。为筹备起义，邓小平、张云逸派广西警备大队教导总队政治教官余惠创办了《右江日报》。10月28日后改为铅印8开2版日报。12月11日举行"百色起义"，建立了中国工农红军第七军，张云逸为军长，邓小平为政治委员。该报则改为红七军前委机关报，由红七军政治部主办，负责人仍为余惠。1930年2月中旬，因敌人占领百色而停刊。《工农兵》则于1930年1月30日在广西左江地区的龙州镇创刊，是中共广西特委为组织"龙州起义"而筹办起来的。该报系铅印小报，4开周刊。1930年2月1日，受我党影响的广西警备第五大队在龙州举行起义，建立了中国工农红军第八军。俞作豫任军长，邓小平兼任政委。《工农兵》遂成为红八军军委（后改为"临时前委"）和左江特委机关报。3月下旬，敌人进犯龙州，红八军撤出，报纸也随之停刊。

湘鄂西（湖北洪湖一带）革命根据地出版的《红旗日报》、《工农日报》等。《红旗日报》是湘鄂西根据地中共中央分局机关报。1931年春创刊于当时湘鄂西革命根据地的首府、湘鄂西省苏维埃政府的所在地洪湖瞿家湾镇。由毛简青、李培芝先后负责编辑。该报系油印小报，初为8开，后改为4开直排，版面刻有花边及插图，美观清晰。编辑有六七人，其中三四人负责采访、编辑、校对，一人刻写蜡版兼收发，一人油印。该报在1932年9月苏区丧失前停刊。与《红旗日报》同时出版的还有《工农日报》，也是在瞿家湾创办。现两报遗址依然存在。

鄂豫皖革命根据地出版有《鄂豫皖红旗报》、《鄂豫皖苏维埃报》等。其中《鄂豫皖红旗报》于1932年4月在河南新集（今属新县）创刊。该报系8开2版的油印小报，隔日出版。由成仿吾主编，主要刊载社论、国内新闻及摘编少量的国际新闻，报道、反映苏区工农红军反“围剿”斗争及土地革命运动。

湘鄂赣根据地则办有《红旗》、《苏维埃》（平江）、《新浏阳》及《红军日报》等。其中《红军日报》是红军报刊中第一张也是唯一的一张铅印对开大型日报。1930年7月29日创刊于长沙，8月4日停刊，仅出6期。1930年7月27日晚，彭德怀、滕代远、何长工率领红三军团攻占长沙后，便立即接收国民党长沙《民国日报》社的房屋、印刷厂及全部设备、物资，于第3天就出版了《红军日报》。该报由红三军团总政治部主办，总政治部主任袁国平和左基忠主编。8月5日，即该报停刊的第二天，红三军团退出长沙。长沙是红军在第二次国内革命战争时期攻占的唯一省城。《红军日报》在长沙公开出版发行，产生了很大影响，连当时长沙《大公报》也发出慨叹：红军攻占长沙两天就能出版《红军日报》，戎马倥偬之际，“犹知注重报纸宣传，不稍疏懈。吾人对之，宁无愧色乎”[28]！《红军日报》前3期为每期对开一大张，共4版；后3期为每期一张半，共6版。版面内容一般第一版刊载共产党十大政纲、土地政纲、红三军团及其所属单位的布告、启事等；第二版为社论、专电、国内新闻；第三版国际新闻、本省新闻、本埠新闻、地方新闻及红军特讯等；第四版是文告和文艺作品。增刊的半张（5版6版）为独具特色的综合性副刊《红军》专页。该报虽然宣传了“左”倾冒险主义的错误主张，如提出“全国总暴动”、“全世界总暴动”等口号，但仍起到了鼓舞人民、打击敌人的作用，产生了较大影响。

此外，闽、浙、赣革命根据地则创办了《红色东北》报。该报创刊于1933年7月左右，石印，4开2版，土纸印刷。主要报道闽、浙、赣东北根据地斗争生活。赣东北工农民主政府主席方志敏经常为报纸写社论。直至1934年3月20日出版的第72期停刊。川陕革命根据地则创办了《川北穷人》、《苏维埃》、《红军》等报刊。其中，《红军》创刊于1933年9月左右，系4开2版的3日刊小报，用土纸单面油印，主要报道红军战况。直至1934年8月7

日出版的第 98 期停刊。

第三节　抗日救亡运动中的新闻事业

1931 年“九一八”事变后，日本帝国主义进一步侵略华东、华北等地。我国人民奋起抵抗，相继发生了 1932 年的“一·二八”淞沪抗战、1935 年的“一二·九”学生运动、1936 年的“双十二”西安事变等抗日救亡运动。与此同时，宣传抗日救亡的报刊也蓬勃发展起来。当时各地宣传抗日救亡的报刊不下数百种。

一、蓬勃发展的抗日救亡报刊

在中央革命根据地的瑞金，《红色中华》报创刊之时，正是“九一八”事变发生不久。当时，国民党对中央革命根据地发动的第三次“围剿”已被粉碎，又在准备新的围剿。这时，《红色中华》发表了中央工农民主政府 1931 年 12 月 11 日发布的《为国民党政府出卖中华民族利益告全国民众书》，号召全国人民团结一致，反抗日本帝国主义和一切国际帝国主义的侵略，抵制国民党的投降政策。同时，《红色中华》还经常报道全国（包括根据地及国统区）广大人民的抗日救亡运动和东北地区人民武装抗日的消息。中央红军到达陕北革命根据地后复刊的《红色中华》报又把宣传党的抗日民族统一战线政策作为报纸的首要任务。“西安事变”发生时，《红色中华》报大力宣传中共和平解决西安事变的主张，并通过报道和评论揭露日本帝国主义和亲日派企图趁机扩大中国内战的阴谋。西安事变和平解决后，蒋介石被迫接受了停止内战、联共抗日的条件，中国由此实现了从国内战争向抗日战争的伟大转变。在这种形势下，《红色中华》报从 1937 年 1 月 29 日的第 325 期起，改名为《新中华报》，进一步为巩固和平、争取民主、实现国共联合抗战而斗争。1937 年 1 月，“红中社”也改名为“新华社”。1937 年 2 月 10 日，《新中华报》发表了中共中央《致国民党三中全会电》。这个通电提出了停止内战，集中国力，一致对外；保障言论、集会、结社自由；释放一切政治犯等五项要求和“在全国范围内停止推翻国民政府之武装暴动方针”等四项保证。同时，还发表了社论和讲话，阐明“通电”的重大意义、批判“左”倾关门主义的错误观点。

在国外，中国共产党为了宣传自己的抗日救国主张，特于1935年12月9日在法国巴黎创刊了《救国时报》。当时，中国共产党的抗日民族统一战线方针难以在国内、特别是国统区公开宣传。为了扩大影响，推动抗日救亡运动的展开，故在国外创办了这张报纸。报社编辑部设在莫斯科，由共产国际中共代表团领导。报社负责人是吴玉章，廖焕星、李立三、陈潭秋等先后担任主编。该报在莫斯科编排好后，将纸型航空运到巴黎印刷发行。该报以海外华侨为主要读者对象，着重宣传中共关于建立抗日民族统一战线的政治主张，经常刊载中共中央文件和毛泽东的著作，报道国内抗日救亡运动和革命根据地的情况。出版后受到国内外群众和海外华侨的欢迎。发行量初为每期5 000份，后增至2万份。发行到43个国家，也在国内的北平、天津、上海、武汉、西安等城市及四川、新疆等省区发行。初为对开一大张，周刊。后改为5日刊、3日刊。出专刊、特刊时，篇幅增至3大张。1938年2月10日出至第152期时停刊。

在国统区，以北平、上海为中心，宣传抗日救亡的报刊也蓬勃发展起来。在北平，“一二·九”运动前后，中共地下党组织领导创办了《华北烽火》、《长城》、《国防》、《人民之友》、《中国人》等刊物。各大学的学生会及学联组织也出版了一批学生报刊，较著名的有北平学联的《学联日报》、清华大学的《觉民报》、北京大学的《北大周刊》、燕京大学的《燕大周刊》等。《燕大周刊》在“一二·九”运动中还增出了11期《一二·九特刊》（3日刊）。党领导的“中华民族解放先锋队”还出版有《我们的生活》、《民族解放》、《活路》、《一周间》等报刊。一些群众救亡团体也出版了《华北呼声》、《北平妇女》等刊物。在上海，抗日救亡报刊约有100多种，其中著名的有韬奋主编的《生活》周刊、《大众生活》（1935年11月16日—1936年2月29日），杜重远主编的《新生》周刊（1934年2月10日—1935年6月24日），金仲华主编的《永生》周刊（1936年3月7日—1936年6月27日），张仲实、钱俊瑞、金仲华先后主编的《世界知识》（1934年9月16日创刊）等等。此外，还有全国各界救国联合会出版的《国难新闻》、上海文化界救国会出版的《上海文化界救国会会刊》（1936年3月28日创刊，4开小报，周刊）、上海职业界救国会出版的《上海职业界救国会会刊》（1936年7月8日创刊，4开小报）、中国学生救国会出版的《学生报道》（1937年1月1日创刊）及上海文化界、妇女界、职业界、大学教授等各界救国会主办的《救亡情报》（1936年5月6日创刊，每期4开1张或1张半，至12月25日第30期休刊）等等。

北京、上海之外，南京、天津、广州、西安、香港等地也曾出版了不少抗日救亡报刊。

国统区的企业化大报及私营报纸在抗日救亡运动中也发生了深刻变化，其中最为突出的是史量才和《申报》的变化。在1927年"四一二"政变后，史量才及其《申报》一度采取拥蒋立场。"九一八"后，开始改变保守的政治态度，主张抗日，反对蒋介石的不抵抗政策，并积极参与抗日救亡运动。1932年，《申报》在纪念创刊60周年时，进行多方面的改革，成效显著。史量才转向进步的表现为国民党当局所不满，1934年11月13日，他惨遭军统特务暗杀。同一时期，上海《新闻报》、《时事新报》，北平的《世界日报》等大报，也发表抗日的报道和言论。天津《大公报》在蒋介石的授意下，一度宣传"缓抗"，但后来也不能无视人民群众的爱国热情，开始在报道及评论中反映抗日呼声。即便宣传不抵抗政策的国民党报纸，也不得不报道日本帝国主义的侵略罪行。

1935年创刊的上海《立报》，积极宣传抗日，实行"小报大办"原则，成为小型报中的翘楚。

1936年"西安事变"期间，由东北军和西北军组成的中国西北抗日联军曾出版了一份《解放日报》。该报在"西安事变"发生的第2天、即1936年12月13日创刊，报社地址在"西安五味什字"。它是西北抗日联军的机关报，由西北抗日联军接管国民党陕西省政府机关报《西京日报》后改组而成。社长丛德滋是张学良推荐的（1937年1月15日起，由张兆麟接任）。由当时在西安的中共陕西省委及“红中社”西安分社的负责人李一氓指派中共党员韩进、魏文伯等担任该报具体编辑工作。由此可以看出，该报当是最早一份抗日民族统一战线报纸。到1937年元月底，“西安事变”和平解决。2月8日，该报被国民党陕西省政府接收，2月10日停刊。前后共出版55期。《解放日报》虽然存在的时间不长，但翔实地报道了“西安事变”的全过程，积极宣传了张学良、杨虎城西北抗日联军救国主张和中国共产党的抗日民族统一战线政策。

总之，从报道“九一八”事变起，“抗日救亡”成为国统区报刊宣传的中心。大革命失败以来舆论界的沉寂局面终于打破，新闻界发生了一系列重大变化。同时，在抗日救亡运动中，报刊出现团结、发展的趋势，新闻界的抗日民族统一战线初步形成。

二、《申报》改革与史量才被害

从政治态度来看，《申报》在史量才接办后的相当长的一段时间里是比较保守的。由于民国以来，政局极不稳定，内战纷起，《申报》乃以“老成持重”的姿态出现，采取稳健的态度来应付环境的变化；政治评论很少，即便有，也是无关痛痒的报章八股。甚至在某些大是大非问题上也丧失了自己的立场，最典型的例子莫过于《申报》在1925年五卅运动中的表现。居然刊登《诚言》小报，充当帝国主义的传声筒。到1927年国民革命军进入上海后，史量才曾幻想中国能实现统一的局面，以便发展他的事业。因此，《申报》一度采取拥蒋立场。但蒋介石叛变革命后，便通过种种办法，采用种种手段，剥夺人民言论、出版自由，摧残民间舆论及新闻出版事业。史量才对此极为愤恨，曾坚决拒绝国民党派人“指导”，并反对国民党当局实行邮电检查、新闻检查、干涉民间报纸的种种行径。特别是从1931年起，史量才与宋庆龄、黄炎培、陶行知等进步人士密切接触，受他们的影响，史量才在政治思想和办报方针上开始发生转变，并从1931年起进行《申报》的改革工作。在人事及组织上，鉴于《申报》馆中少数重要人员对国民党反动政权产生妥协情绪，政治言论上不能与其保持一致，史量才便毅然解除了他们的职务。并于1931年底、1932年初，组织成立了《申报》总管理处，为总揽全馆事权的最高权力机构。聘黄炎培为总管理处设计部主任，主持《申报》改革的设计和策划；聘陶行知担任总管理处顾问；由马荫良担任《申报》经理兼总管理处总务部副主任。在报纸内容及版面上，史量才毅然采纳陶行知的建议，抓"一头一尾"。陶行知说："当前《申报》的革新要抓住评论这个'头'和副刊这个'尾'或'屁股'（当时称副刊为'报屁股'），继续推进其他方面。"[29]

《申报》的改革以"时评"开始"起飞"，其特点是：紧密联系形势，指出时局发展趋势，反映民众的感情和要求。当时，《申报》时评约半数都由陶行知出点子，甚至由他命题、列提纲或改写。1930年5月，陶行知的晓庄师范被蒋介石查封，陶遭通缉，被迫流亡日本。在此期间，陶即觉察日本帝国主义侵略中国的意图和日本军阀少壮派狂妄的侵华野心。1931年春回国任《申报》总管理处顾问时，陶行知即提出注意东北和日本问题。1931年五六月间，日本帝国主义怂恿朝鲜农民在东北长春附近万宝山地方强占水田，拦水筑坝，蓄意制造了"万宝山事件"。《申报》于7月3日即发表评论《万宝山案已酿重大形势》，7月7日发表《再论万宝山案》时评。随后于7月16、17、18日连续发表时评《研究东北》之（一）、之（二）、之（三），再于7月19、20、21日连续发表时评《研究日本》之（一）、之（二）、之（三）。1931年8月间，日本军阀又制造了"中村事件"，再次挑起事端。《申报》于9月12日、13日发表时评《所谓中村事件》之（一）、之（二）。1931年9月18日，日本军阀发动"九一八"事变，《申报》于9月20、21、22、23、28日连续发表《日军突然占据沈阳》、《迫害世界之日军暴行》、《世界列国共注意日本人之大暴行》、《国人乎速猛醒奋起》、《国人勿徒倚国联》等时评文章。1931年10月5日再发表时评《一致对外究待何时》，号召全国团结起来，一致对外。这些时评，一反过去《申报》时评既不应"时"、又不敢"评"的报章八股体，给人以耳目一新的感觉，深受全国读者的欢迎和拥护。特别是"一·二八"淞沪抗战开始后，《申报》时评更加犀利。1932年"一·二八"淞沪抗战一开始，陶行知即亲撰时评《敬告国民》和《国家的军队》。淞沪抗战不幸失败后，《申报》又于3月4日发表时评《正告二中全会》，指出："一月以来光荣之战绩，几付东流，谁应负此责任，政府当局又果能辞其咎耶?"1932年6月，国民党政府在"攘外必先安内"的反动方针下，又一次调集大军，发动了对中共的第四次"围剿"。《申报》在此紧要关头，表示了坚决、鲜明的反内战主张，在6月30日及7月2日、4日，连续发表了《剿匪与造匪》、《再论剿匪与造匪》、《三论剿匪与造匪》三篇时评，击中了国民党反动派的要害，发出了人民大众的呼声。㉚

《申报》的另一重大革新是对其副刊《自由谈》的改革。《自由谈》从1911年创刊起，到1931年的20年间，基本上是"鸳鸯蝴蝶派"和"礼拜六派"等旧式文人的大本营。从1921年4月1日以来的10年多时间里，《自由谈》一直由"礼拜六派"主将周瘦鹃主编。1931年起，史量才着手进行《自由谈》的改革。起初，史量才还寄希望于原主编周瘦鹃能适应时代潮流，革新《自由谈》的内容，使之成为大众化的进步文艺副刊。同时由陶行知以笔名"不除庭草斋夫"写《斋夫自由谈》在《自由谈》头版地位刊登，共连载104篇。其后又发表了陶行知《古庙敲钟录》共78篇，使《自由谈》增加了抨击时弊的言论。但周瘦鹃的组稿面仍然十分狭窄，副刊作者仍局限于他所参加的"星社"和"青社"的文友，副刊作品的题材仍然是风花雪月、才子佳人之类。致使一版之中，新旧杂陈，不伦不类。有鉴于此，史量才从1932年11月起，特聘从法国留学归来的青年作家黎烈文为《自由谈》助理编辑，协助周瘦鹃。而周对黎时予以排挤。在这种情况下，史量才断然决定：由黎烈文代替周瘦鹃担任《自由谈》主编。同时，为安抚周瘦鹃计，又于1933年1月10日创刊了《申报》的另一个副刊《春秋》，让周任主编。使两人各得其所。

从1932年12月1日起，《自由谈》由黎烈文主编。他一上任便对《自由谈》实行大刀阔斧的改革，一方面将"三角恋爱"小说家张资平的长篇小说《时代与爱的歧路》停止连载，引起了文坛所谓“腰斩张资平案”；另一方面又大量刊登鲁迅、茅盾、瞿秋白、郁达夫、叶圣陶、唐弢等革命作家及进步作家写的杂文。特别是鲁迅和茅盾，被人称为《自由谈》的两大台柱子。他们写的杂文，以犀利的笔锋、冷嘲热讽的语言，鞭挞黑暗势力，抨击反动政权。一时间，《自由谈》成了左翼作家反对国民党文化“围剿”的重要阵地。据统计，鲁迅曾用48个笔名在《自由谈》上发表了143篇杂文。几乎每隔三四天就寄一篇，最多的一个月竟发表了15篇。鲁迅说：“我的常常写些短评，确是从投稿《申报》的《自由谈》开头的。集1933年之所作就有了《伪自由书》和《准风月谈》两本。”此外，他的《花边文学》一书中的文章，也是先登在《自由谈》上，后结集出版的。1934年5月9日，黎烈文终于被保守势力“挤”出了《自由谈》。他前后主编了一年零5个月又8天。接着由张梓生接编。张梓生继承黎烈文的编辑方针，直至1935年10月31日也被迫离开《自由谈》，他也编了一年多时间。

除对“一头一尾”进行改革外，为了充实内容，《申报》还增添了专论和各种周刊。曾约请胡愈之、金仲华等撰写国际和经济专论。还针对社会上各类读者对象，设立《业余周刊》、《妇女园地》、《经济专刊》、《医药周刊》、《建筑专刊》、《汽车专刊》、《图画周刊》等专刊，其中以戈公振（时任总管理处设计部副主任）所编《图画周刊》和沈兹九所编《妇女园地》最受读者欢迎。

1932年4月是《申报》创刊60周年纪念，《申报》又开始兴办各种社会文化事业，为读者服务，为社会服务。其中包括发行《申报月刊》（1932年7月15日创刊）、出版《申报年鉴》（1933年开始出版）、设立申报图书馆（1932年12月1日起开放）、设立申报新闻函授学校（1933年1月成立）及业余补习学校（1933年3月13日开学）、设立申报服务部（1933年6月11日成立）、编制地图（1933年出版）、编印申报丛书（1933年6月开始出版）等等。

由于《申报》积极主张抗战，反对内战，以及实行了一系列改革，在读者及人民群众中产生了广泛的影响，也招致了蒋介石的嫉恨。有一天，蒋介石特召史量才与黄炎培（当时《申报》设计部部长）去南京“谈话”。临别，史握着蒋介石的手说：“你手握几十万大军，我有‘申’、‘新’两报几十万读者，你我合作还有什么问题！”蒋一听这话，立即变了脸色。此后，蒋介石就命令上海警备司令部，禁止《申报》邮递，逼报馆撤掉当时馆内几个具有进步思想的人员的职务，其中包括陶行知、黄炎培、李公朴等。[31]不久，蒋介石又准备对史量才下毒手。史本人警惕性很高，居家时门卫森严，客访会见要层层通报；接见与否，由史亲自安排。平时外出都有贴身“保镖”保护，并专门请有拳师，教他武术防身。他本人“习拳术技击，身手矫捷，几为青年所不及”。[32]

1934年夏秋间，国民党法西斯特务组织——“军统”华东区行动组，奉蒋介石之命准备杀害史量才，特务头子戴笠亲到上海布置。[33]特务们原先准备在上海租界内动手，又担心怕和暗杀杨杏佛一样，凶手逃脱不了而将阴谋泄露出去，引起严重麻烦，拟改在其他地方进行。1934年10月6日，史量才因胃病到杭州疗养，这给特务们一个绝好的下手机会。11月13日，在史量才乘自备小汽车由杭州返回上海的途中，被预伏在公路旁的特务暗杀。出事地点在海宁与杭县交界处的翁家埠大闸口。[34]

三、《新生》周刊及“《新生》事件”

1935年5月，在上海发生了轰动国内外的《新生》事件，这是一次重大政治事件，是由《新生》周刊刊登的一篇文章引起的。

1933年12月，《生活》周刊被封后，邹韬奋的好友杜重远激于义愤，挺身而出，认为数十万读者的精神食粮不能中断，便以实业家的身份向国民党政府有关部门登记立案，创办刊物。这样，在《生活》周刊被封后不到两个月的时间里，《新生》周刊便于1934年2月10日创刊。编辑兼发行人为杜重远，实际主编者为艾寒松，社址在上海圆明园路1号2楼。

《新生》周刊的编辑人兼发行人杜重远是东北一位精明干练、富有爱国思想的实业家。“九一八”事变前就是《生活》周刊的热心读者。在他创办的沈阳肇新瓷业工厂里，大多数职工都订阅

《生活》周刊。东北沦陷以后，他流亡关内，后又由平、津南下上海。一到上海，他就立即去访晤倾慕已久的韬奋，以后成为亲密的朋友。在韬奋的影响下，杜重远逐渐对新闻出版事业发生兴趣，不久就参加生活书店出版工作，被选为该店理事会理事。当时他在上海的身份是"中华国货全国产销合作协会总干事"，《生活》周刊停刊后，他就以实业家身份创刊《新生》周刊，以继承《生活》精神。关于"新生"的含义，杜重远在该刊《发刊辞》中明确表示："本刊不顾艰困，不辞劳瘁，愿与读者诸君，共同努力，以求实现中华民族之新生。"另外，也暗寓"《生活》重生"的意思。《新生》周刊也的确继续保持了《生活》周刊的战斗精神和传统，它坚决主张抵抗日本帝国主义的侵略，反对国民党政府的统治，立场鲜明、编排活泼，受到读者的热烈欢迎，销量最多时每期达 10 万份。韬奋曾说："这好像我手上撑着的火炬被迫放下，同时有一位好友不畏环境的艰苦而抢前一步，重新把这火炬撑着，继续在黑暗中燃着向前迈进。"

《新生》的工作人员全部是《生活》周刊的旧班底。协助杜重远担任编辑工作的是韬奋主编《生活》周刊时的助手艾寒松。该刊不论在内容上还是形式上都和《生活》一脉相承，每一期首页的"老实话"专栏中必登一篇由杜重远亲自撰写的小言论。由于他是东北人，每篇文章都充满悲愤的爱国情绪。他的短评文章善讲故事，善于举例，善于说理，把鼓动抗日救亡和揭露国民党的不抵抗政策及其黑暗统治结合起来，在读者中影响很大。与此同时，当时被迫流亡在国外的韬奋也在《新生》周刊上继续写海外通讯《萍踪寄语》，他还代约在国外旅行的友人戈公振等为《新生》撰稿、收集照片。

1935 年 5 月 4 日出版的《新生》周刊第 2 卷第 15 期上刊登了艾寒松以"易水"笔名写的《闲话皇帝》一文。该文系小品文性质，泛论中外君主制度。文章先谈中国的皇帝，其中说："我们中国历史上有不少倒霉的皇帝"，如宋徽宗、宋钦宗、汉献帝、梁武帝等；接着谈外国的皇帝，在提到日本天皇时说："日本的天皇，是一个生物学家，对于做皇帝，因为世袭的关系，他不得不做。一切的事，虽也奉天皇的名义而行，其实早作不得主，接见外宾的时候，用得着天皇，阅兵的时候用得着天皇，举行什么大典礼的时候，用得着天皇，此外天皇便被人民所忘记了。日本的军部、资产阶级，是日本的真正统治者。上面已经说过：现在的日本天皇，是一位喜欢研究生物学的，假如他不是做着皇帝，常有许许多多不相干的事来寻着他，他的生物学上的成就，也许比现在还要多些。据说他已在生物学上发明了很多东西。在学术上这是一个很大的损失。然而目下的日本，却是舍不得丢弃‘天皇’的这一个古董，自然对于现阶段的日本的统治上，是有很大的帮助的，这就是企图用天皇来缓和一切内部各阶层的冲突和掩饰了一部分人的罪恶。”这些真实的叙述发表后，日本驻沪领事馆便借此挑衅，掀起了一场政治风波。

这期《新生》发表的全部文稿，事先都经过国民党中央宣传部图书杂志审查委员会审查，并在该期印明“中宣部图书杂志审查委员会审查证第一五三六号”字样。在该刊出版发行后的第2天（5月5日），上海的日文报纸便故意耸人听闻，以头条新闻刊载消息，说《新生》周刊“侮辱天皇”。接着在外国侨民聚居的上海虹口监师路（现塘沽路）及虹口公园一带，有日本浪人举行示威游行，将北四川路上中国人所开商店的橱窗玻璃打碎多处。6月7日，上海日本领事亲自出面，以“侮辱天皇，妨碍邦交”为由，向上海市政府与南京政府提出抗议，并要求处罚《新生》周刊作者及编者等等。一贯对日本帝国主义卑躬屈节的南京国民政府奉命唯谨，立即训令上海市政府向日本领事馆赔礼道歉，并撤换了上海市公安局局长，取消图书杂志审查委员会，封闭《新生》周刊，对杜重远提起公诉。

6月10日，国民党政府竟又无耻地下了一道《敦睦邦交令》，规定“凡以文字图画或演说为反日宣传者，处以妨害邦交罪”，企图借以镇压一切抗日言论。6月24日，上海市公安局奉上海市政府命令，派人封闭了《新生》周刊社。接着由南京政府命令上海公共租界中国法院检查官对杜重远提起公诉。7月9日，江苏高等法院判决杜重远有期徒刑一年零两个月。至此，《新生》事件告一段落。[35]

《新生》周刊从1934年2月10日创刊，到1935年6月30日出至第2卷第23期后被迫最后停刊，前后发行73期，其中一卷50期，2卷只出了23期。

四、发行量最大的抗日小型报——《立报》

《立报》是第二次国内革命战争时期及抗战爆发前后影响最大的小型报，也是著名报人成舍我继《民生报》后创办的又一张著名的小型报。

成舍我早年本在北方办报，于1924年4月16日在北京创办了《世界晚报》。不久，又相继创办了《世界日报》（1925年2月10日创刊）、《世界画报》（1925年10月1日创刊）。在继续出版《世界日报》的同时，1927年4月18日，成舍我又到南京创办了《民生报》。《民生报》办了7年多后，1934年5月因揭露当时行政院长汪精卫部下彭学沛贪污舞弊等事，于是年7月初被汪精卫查封。成舍我也被捕入狱，在系狱40天后，于9月1日获释。

成舍我出狱后，又到上海办报。从1934年10月起，经过一年的筹备工作，于1935年9月20日在上海创刊了《立报》。该报初创时日出4开一张，后改出4开一张半。由成舍我、萧同兹、严谔声、吴中一等新闻界人士集资10万元兴办。成舍我任社长，严谔声任总经理。先后担任总编辑的有张友鸾、褚保衡、萨空了等，编辑有恽逸群、谢六逸、张恨水、包天笑、茅盾等。

《立报》前后办了9年零4个月时间，分为3个阶段：从1935年9月20日创刊到1937年“八一三”上海沦陷后、《立报》于1937年11月24日出版最后一期后停刊止，为上海时期。上海时期的《立报》一共办了“两年又六十六天”（《本报告别上海读者》，载1937年11月24日《立报》一版）。1938年4月1日，《立报》在香港复刊。当时成舍我在武汉。由萨空了主持了香港《立报》复刊事宜，并担任该报总编辑、经理及“发行人”。香港《立报》是由中共香港办事处廖承志、潘汉年等以中国共产党的名义投资三千元港币办起来的。它仍然坚持“小报大办”、“大报小型化”的特色，着重宣传民主抗日及中共党的主张。1938 年 9 月，萨空了等进步报人和共产党员相继离去，由吴范寰主持编辑工作，政治倾向渐趋保守。1941 年 12 月 8 日，日本偷袭珍珠港，日美之间爆发了“太平洋战争”，香港随之沦陷。同月，香港《立报》也被迫停刊。（萨空了《我与〈立报〉·创办香港〈立报〉》，载《萨空了文集》第 64 页。）1945 年 10 月 1 日，《立报》再度在上海复刊。社长：陆京士，发行人：严服周。由杜月笙任董事长。此时的《立报》已与成舍我不相干了。该报于 1949 年 4 月 30 日出版最后一期后停刊(《本报启事》，载 1949 年 4 月 30 日《立报》第一版)。

《立报》在上海、香港两地三度创刊、三度停刊，前后历时 13 年半，除去中间休刊时间，实际办了 9 年半。1988 年 1 月，台湾当局解除持续 37 年的“报禁”。1988 年 7 月 12 日，已是 91 岁高龄的成舍我又在台北创办了《台湾立报》。

《立报》取得重大成就主要是在抗战时的“上海时期”（1935 年 9 月—1937 年 11 月）。抗战时期的《立报》以“立场坚定，态度公正”为宗旨，以“对外争取国家独立、驱除敌寇，对内督促政治民主、严惩贪污”为言论方针。以宣传抗日救国，提倡政治民主，反映群众呼声而受到广大读者的欢迎，发刊不到半年，日销量即超过 10 万份；到 1937 年“八一三”淞沪战役最紧张时，日销量超过 20 万份大关，打破我国自有日报以来的最高纪录。从这种意义上说，《立报》又是一份规模很大的大型报。

成舍我在办《立报》的过程中，积累了许多宝贵的办报经验。归纳起来主要有以下几点：

（一）坚持“小报大办”及“大报小型化”的原则。也就是说，《立报》虽是小型报，但却是用办大报的方法来办它。在观念上，严格划分“小型报”与“小报”的界限。因此，成舍我后来写文章一直称《立报》是“小型报”，而忌讳人家称他的报是“小报”。因为“小报”格调卑下，地位低，往往被人卑视、看不起。成舍我说：“至于‘小报’，通常了解的意义，正即西方所指的‘蚊子报’（Mosquito Paper），不竞争新闻，不重视言论，它只以乱造无稽谣言，揭发个人阴私，为其首要任务，正如夏夜之蚊，到处嗡嗡，扰人清梦，惹人厌恶。这种报，当然不能与‘小型报’相提并论。”㊱基于这种认识，《立报》以新闻、言论、副刊三者并重。在“小报大办”的过程中，在具体编辑、写作及版面编排上，又采取以下方法：一是实行“改写与精编”的方针，即不论采用通讯社的稿件，还是转载其他报纸的新闻，《立报》都重新加工。精编，提炼，压缩；存精华，弃糟粕，突出重点。决不原封不动地转载别人的稿件，决不照抄照搬，决不“抓到篮子里就是菜”。有许多一般的稿件，经过《立报》的“加工”，往往变得观点鲜明，重点突出。除内容精炼外，篇幅也要缩减。它要求“每一篇文章每一条新闻，最好都不超过五百字。举凡一般大报所刊载冗长而又沉闷、特别像我们中国若干要人们又长又臭不知所云的演说，是绝对不允许在小型报内全文照登。小型报重视言论，竞争消息，广用图片。总之，除量的方面以外，质的方面，只有比大型报更优胜，更精美，亦即中国所谓‘以少许胜多许’”。㊲二是“集大报、小报之长来办《立报》”。一般来说，大报偏重于登载比较严肃的政治新闻，即所谓“硬新闻”，但往往失之于单调、呆板、不生动；而小报又偏重于登比较生动活泼、引人入胜的社会新闻，即“软新闻”，但又往往失之于黄色下流，或琐细。《立报》尽量集二者之长，弃二者之短。它既登经过精编的、严肃的政治新闻，以表明它的报格的高尚，表明它是一个正经报纸，干净报纸，非那些黄色小报可以比拟的；它又刊登生动的社会新闻，以迎合当时上海市民的口味，争取这一庞大的读者群，不断扩大销售量。

（二）重视副刊。《立报》初创时，只有4开4版一小张，但几乎1、2、3、4版每版都有一个副刊，篇幅几乎占全报的3/8。该报共有3个著名副刊，都由文化界名流主编，也各有不同的读者对象——它们是《言林》、《花果山》、《小茶馆》。《言林》由谢六逸主编，他当时是复旦大学新闻系系主任。“言林”即“言论之林”，有“多种言论”之意，与杂志《小说林》及《新闻报》副刊《快活林》有同样含义。它主要面向知识分子，侧重于文化教育界，以知识分子及教师、学生为主要读者对象。它刊登的文章，文短意长，别具一格，被人称为“言林体”。《言林》所载文章多为随笔、杂文及小品文之类，文章短小精悍，既诙谐风趣，又发人深思，并密切配合时事，针砭时弊，有很强的新闻性和战斗性。“言林体”的特色是：“文章虽短而意味深长，既有蜜也有刺”。1935—1937 年间，《言林》一直由谢六逸主编。《花果山》则由著名小说家张恨水主编。该刊趣味浓厚，主要读者对象为中产阶级、自由职业者及商界、实业界人士。张恨水编了半年多时间后，便和张友鸾等到南京办《南京人报》去了。《花果山》改由著名小说家、早年《时报》副刊《小时报》的主编包天笑编辑了半年多时间。《小茶馆》由张友鸾、萨空了主编。该刊则侧重于通俗性和趣味性，是供一般劳动阶级看的。“小茶馆”之名也具深意：江南各地，到处都有小茶馆，“那些劳农劳工，一天劳动以后，都到小茶馆里喝一杯茶，谈天说地，自得其乐。”（包天笑语）《小茶馆》就是迎合这种需要，为劳动阶级提供茗谈之资而设的。这些副刊都由办报的行家里手主编，各有风采，各具特色。

（三）讲究营销策略，注重经营管理。在营销策略及扩大发行方面，成舍我有他独到的见解：一是在报纸初创时期不登广告，全力以赴弄好版面，以争取读者。他认为：“报馆走向成功的三部曲：只有先以全力弄好版面，才可以争取读者，扩展发行；发行扩展，然后各种广告，自能不招而至。不幸多数的报馆创业者，总往往倒果为因，他们先运用各色各样的人事关系，去招揽广告，再运用种种不正当方法，贿赂报贩，减价倾销，而对一份报纸最基本的问题——言论、编辑、采访、排版，反粗制滥造不肯注意，这种做法，结果必十九归于失败。所以我特别指出：小型报篇幅极少，内容要精。在上海，以一张四开报，与（每）日出八大张、即等于日出十六张四开的申、新两报抢销路，一比十六，可想见制胜工作的艰巨。而此四开小型报，其每一方寸地位，应如何加倍宝贵，如果给付价极低、意义恶劣的‘五淋白浊’、‘花柳杨梅’等下流广告，占去一部分，对于读者，一定印象极坏。所以我坚决主张：不能日销 10 万份、不增加张数，也就不刊登广告”。半年后，《立报》销量果然超过 10 万份，广告客户源源而至，《立报》特另加刊半张或一张，以容纳广告，“广告价格和最高的《新闻报》广告价格标准相同。一年以后，投资者已分到股息红利”[38]。二是报价低廉。《立报》有一句口号：“少抽一枝烟，多看一份报”，它每日出版4开一张，只售银钱一分（按：《申报》、《新闻报》每日出版对开5大张半至10大张，售价4分半）；一块银元，可订4个月的报纸。这对上海市民及下层劳动人民很有诱惑力。与大报相比，不独价格低廉，而且便于携带和阅读。在经营管理方面，成舍我可说是“惨淡经营”、“挖空心思”。后来有不少老报人，提到成舍我，往往用四个字概括他——“刻薄起家”。如何“刻薄”，试举几例：1. 成舍我曾制订了一套严格的规章制度，奖罚分明。如果版面上出现了错字或掉了字，便要扣有关校对人员的工资，错一个字罚多少，掉一个字罚多少，都有明文规定。当然，做得好的有奖。对记者也是这样：对于报纸上的每条新闻，成舍我都认真通读，并树立几个“假想敌”，暗中与人竞争，经常把自己的报纸与别人的报纸相比较。同一事件，如果比别的报写得好的记者就给予奖励。如果漏掉了新闻，人家报道了，而自己没有，就立即追查原因，甚至处罚有关记者。比如有一次，他看到别家报纸上登了一条消息，说某地捕获了一只巨大的玳瑁，而《立报》则说是捕获了一只大乌龟。玳瑁虽也属于龟科，但毕竟与乌龟不是一码事。成舍我看到《立报》这条消息后，立即打电报给出差采访这条新闻的记者，严厉责问，用了8个字：“人皆玳瑁，我何独龟?!”后来这句话成为新闻界一大笑话。由此可以看出成舍我严肃认真、一丝不苟的精神。2. 为了提高工作效率，为了督促编辑人员勤奋工作，不躲懒，成舍我曾亲自设计了编辑部的座位。他自己专门设计定制了一张巨大的“半圆如月”的扇形编辑桌，总编辑坐在正中，以便照顾全局。其余编辑、校对人员则面对总编辑、环坐其周围(《立报》实行“编校合一”，编辑、校对同坐一桌)。这样，每个编辑的动作，总编辑都看得清清楚楚。老报人包天笑后来回忆时写过几首诗，其中有一句：“座环半月众星拱”，就是说的这种情形。[39]3.《立报》印刷厂排字房的字盘与排字方法，也与当时其他报纸完全不同。成舍我曾进行彻底改造，用“排字桌”，代替字架。每个排字者拥有一张写字台式的“排字桌”，“他们不须终日企立，更不须往返奔走，其方式正如一个编辑坐在写字台旁编稿相似”。与其他报馆相比，提高工效一倍。㊵

（四）办报要有不断开拓、进取的创新精神。成舍我将这种精神概括为“动”的精神。他要求全体报社同仁，无论是担任哪一项工作的，都要“以极大的限度，发挥‘动’的精神，换一句话说，每一分子在工作岗位上，皆能认真奋斗，自强不息”，不满足于已取得的成绩，永远前进。在整个版面上也要“都是这种‘动’的精神的充分表现”，从内容到版面编排要不断创新，要有鲜活气息，决不能使读者产生沉闷之感。“沉闷是报纸的毒瘤。要读者不沉闷，最好办法，正如游客观水，在‘逝者如斯，不舍昼夜’之下，再投进几块巨石，让他波澜壮阔，水花四射，动人心目。否则死水一湾，自将毫无兴趣，望望而去。”㊶

1937年“八一三”淞沪战役后，同年11月上海沦陷，《立报》于1937年11月24日停刊。1938年4月1日，成舍我在香港复刊《立报》，日出4开纸两张，成自任社长。该报仍保持其“三多”特色，即副刊多、专栏多、小品文多。同年6月间，成担任第一届国民参政会参政员。1940年2月，又继任第二届国民参政会参政员，同时与国民党CC派拉上了关系，报纸态度发生根本变化，参与《立报》编辑工作的共产党员和进步人士纷纷离去，《立报》遂一落千丈。1941年12月8日，珍珠港事件发生，太平洋战争爆发，日军突袭香港，《立报》于12月14日被迫停刊。其在港资产，全部毁于战火。

五、范长江与斯诺的西北采访活动

【范长江及其西北采访活动】 1935年7月，年仅25岁的范长江以天津《大公报》“旅行记者”的身份，开始了他西北采访活动的历程。7月14日，他从四川成都出发，经川西、赴陇东，越祁连山、沿河西走廊，绕贺兰山，跨内蒙古草原……足迹及于川、陕、青、甘、宁（夏）等地区，历时10个月，行程6 000余公里。沿途将所见所闻，撰写成“旅行通讯”，寄到天津，以“长江”笔名陆续在《大公报》上连载发表。这些通讯作品深刻揭露了西北地方的弊政，描述了西北人民啼饥号寒的悲惨生活景象，也第一次透露了红军二万五千里长征中一些真实情况。这些通讯发表后，在社会上引起了极大反响。1936 年 8 月，《大公报》馆将连载的“旅行通讯”辑成《中国的西北角》一书出版。该书在短短一年多时间里连续再版 9 次。[42]《中国的西北角》共收了五篇长篇通讯，1937 年 12 月第 9 版所载“墨卿”撰《七版代序》对范长江的采访历程及该书内容作了精练的概括：“（范长江）行程是南起成都，东至西安，西经西宁止于敦煌，北由宁夏而终于包头。在这包括五个省份的区域中，他曾经翻越了高达 5 000 公尺的大雪山，也曾横渡‘平沙万里绝人烟’的戈壁。足迹所至，除描述政治黑暗、经济破产、民间疾苦之外，对于历史、地理、宗教亦均有确当的论列，而对于汉、蒙、回、藏诸民族的生活常态及相互间之纠纷的如何解决，尤有发人深省的描写与批判。”“此外，作者有丰富的史地常识，差不多每到一处，总有一番时间的与空间的叙述，把那地方的自然环境先给人一个明确的概念。”

范长江的西北采访活动至 1936 年夏结束。他回到天津后，被《大公报》录用为正式记者。

1936 年秋冬之际，范长江正在内蒙古及绥远前线采访。“西安事变”发生后，他于 1937 年 2 月初从内蒙赶赴西安。经杨虎城介绍，范长江见到了周恩来，这是他见到的第一个共产党人。1937 年 2 月 6 日，范长江从西安乘车赴陕北肤施（延安）采访。在延安，毛泽东与他作了彻夜长谈，向他详细介绍了 10 年内战及江西革命根据地五次反“围剿”的经过，阐述中国现阶段革命的性质问题、民族矛盾和阶级矛盾的关系问题及中共的抗日民族统一战线政策等。范长江是当时从白区进入延安采访的第一个中国新闻记者。陕北之行也促使范长江思想发生了深刻的变化，当时他打算留在陕北，搜集材料撰写长篇著作，但毛泽东劝他立即回去，利用《大公报》在国民党统治区举足轻重的舆论地位，积极向全国人民广泛宣传中国共产党抗日民族统一战线的主张。根据毛泽东同志的建议，范长江立即离开延安，经西安乘飞机于 2 月 14 日晚赶回上海，目的是赶在国民党五届三中全会召开之前发表有关“西北的真相”。范长江回上海后的第一件大事是在上海版《大公报》上发表了《动荡中之西北大局》，第二件大事是在《国闻周报》上发表了《陕北之行》。在这两篇文章中，范长江最早报道了中国共产党和平解决西安事变问题的真相，第一次向人们介绍了中国共产党“对内主张和平统一，对外主张团结御侮、建立抗日民族统一战线的政治路线”，引起了民众广泛的注意。特别是《动荡中之西北大局》一文发表的时候，正是国民党五届三中全会在南京开幕的时候（1937 年 2 月 15 日）。当天下午，上海报纸到南京，报上范长江写的有关西安事变的情况和蒋介石在上午会上所讲西安事变的经过完全不一样。蒋介石大怒，把当时在南京的《大公报》总编辑张季鸾叫去大骂一顿。与此同时，范长江还对上海职工界、青年界、妇女界、工商业界、宗教界、文化界等方面作了几十次到百余次演讲及座谈等，其中心是宣传中共中央的抗日民族统一战线。毛泽东于此时（3 月 29 日）特从延安写给范长江一封亲笔信，信中说：“你的文章（指范长江在上海《大公报》上发表的文章——引者注），我们都看到了，深致谢意。”

范长江的西北采访活动奠定了他在新闻界的地位，使他一举成名，成为抗战前后及抗战时期最负盛名的一代名记者。

范长江（公元 1909—1970 年），原名范希天。1909 年 10 月出生于四川省内江县田家乡赵家坝村一个没落的地主家庭。童年时在家乡小学读书。1921 年，12 岁的范长江小学毕业，考进内江中学，开始接受新思想。后又转入离内江 90 多里的资中县城，在四川省立第六中学高中部继续学习，一直到 1926 年。1927 年初，17 岁的范长江为了投考黄埔军校，从内江到山城重庆。由于考期已过，他未能如愿，但却考进了中法大学重庆分校。当时中法大学总校在北平，重庆分校校长是吴玉章。范长江在这所学校里开始接受革命思想。1927 年六七月间，为寻找出路，范长江离开四川，坐船顺江而下，到了当时的革命中心武汉，入国民革命军第 20 军（军长贺龙）学生营当兵，不久随部参加南昌起义。起义失败后，流落汕头。1928 年上半年在国民革命军教导第 2 师军医院当看护兵，以后随军开拔到皖北一带。是年秋，入南京国民党中央党务学校（1929年6月改名为“中央政治学校”）第二期，肄业于该校乡村行政系二年级。在“政校”3年半时间里，曾加入国民党。1931年“九一八”事变发生；冬，因怒斥国民党不抵抗政策，愤而离开“中央政治学校”。为了另找出路，于1932年初到北平，开始过着艰苦的工读生活，前后约三四个月时间；是年下半年起，进北京大学哲学系学习。此后，于1933年初多次参加抗日救亡运动，如参加辽、吉、黑抗日义勇军后援会，赴热河等地劳军；发起组织北大学生长城抗战慰问团，赴长城各口劳军等。1933年下半年起，先后向北平的《北平晨报》、《世界日报》及天津的《益世报》、《大公报》投稿，内容多为文化、教育新闻。这是他从事新闻事业的开端。这年冬，着手研究“未来全面抗日战争和可能的第二次世界大战问题”，㊸并组织了一个“1936研究会”（因当时不少人估计第二次世界大战将于1936年爆发，故以为名）。

1934年12月，在《北平晨报》发表新闻通讯时，始用“长江”笔名，并逐步成为该报特约通讯员。在1934年中，除了做新闻记者为生活来源外，范长江“对于红军问题”“兴趣极大”，“主要做了两件事：一是系统研究苏区的土地问题，二是去南昌秘密阅读了不少关于苏区的小册子等。”㊹1934年夏、秋之交，正是国民党对江西中央革命根据地疯狂实行第五次“围剿”的时候，江西南昌成为“剿匪”大本营。范长江于此时通过在南昌行营做下级军官的同学（原中央政校同学）周裕猷的关系，到南昌“住了差不多三个月，想了解些江西如何大战的内幕”。㊺当时，他住在南昌一个小旅馆里，每天如饥似渴地阅读周裕猷给他提供的有关江西苏区油印的小册子、传单等，共阅读了一二百种、约一千六七百本这样的材料，其中有苏维埃中央政府和地方政府的文件，也有国民党中央党部和地方党部及各级军队的文件等㊻。此前，他第一次看到有关苏区的原始材料是天津《大公报》出版的《国闻周报》上所连载的《赤区土地问题》。这次的材料比以前看到的要丰富得多。回到北平后，继续新闻通讯员的生活。

1934年10月16日，江西中央红军撤离中央根据地，开始西征。这是当时的一个大问题。1935 年春，为了研究红军北上抗日后中国的动向，为了实现久已酝酿的西北、西南考察计划，[47]范长江受当时《大公报》"旅行写生记者"赵望云在河北农村旅行写生并发表一系列通讯这种方式的启发，[48]到天津找胡政之，提出到中国西南、西北去旅行考察，为《大公报》撰写通讯。范长江还提出：不要《大公报》的出差旅费和薪金，只要稿酬，这样对《大公报》来说没有什么经济负担；只要给一个证件、一个名义(《大公报》"旅行记者")，介绍一些地方旅馆和社会关系就行了。胡政之同意了范长江的要求。于是，范长江从 1935 年 5 月 1 日起，随四川工商团离津南下。第一站塘沽，再乘船到烟台，经青岛、上海，溯长江而上，赴重庆、成都，沿途写"旅行通信"。1935 年 5 月 10 日，《大公报》第一版"旅行通信"栏首载署名"长江"的"旅行通信（一）"——《塘沽码头》。以后逐日连载。一直到 6 月 27 日，"长江"的"旅行通信"才告一段落，停载一段时日。这次旅行，为范长江的西北之行做了准备。

1935 年 7 月，范长江从成都出发，开始了他的西北之行。前后历时 10 个月，到 1936 年夏结束。在此期间，从 1935 年 7 月 9 日起，《大公报》又开始继续连载"长江"："旅行通信十九"《成渝道上》等通讯。9 月 20 日第 4 版起，开始连载长篇通讯《成兰纪行》，一直到 1936 年 6 月 12 日载"长江"《祁连山北的旅行》(前此连载《祁连山南的旅行》一文达一个多月）止。这时，署名称谓也发生了变化，前称"旅行记者"，后署"特派员"。这些通讯发表后，在全国引起轰动。特别是在《陕甘形势片断·民间传闻的故事》、《成兰纪行·"苏先生"和"古江油"》等通讯中，都有对红军行踪的零星片断的描写，这是最早真实"透露"红军长征信息的文章。这些通讯旋辑为《中国的西北角》一书出版。

1936 年 8 月至 12 月，范长江赴内蒙古及绥远战地采访，写了《忆西蒙》及《百灵庙战后行》等长篇通讯。1936 年 12 月 12 日"西安事变"爆发后，范长江以一个新闻记者特有的敏感，预感到中国的政局将发生重大变化。为了弄清真相，他冒着生命危险，突破严密封锁，从绥远前线赶赴西安，并赴延安采访一周。从 1937

年1月起，至4月，他根据在陕北采访的材料，又写成《动荡中之西北大局》、《西北近影》（2月17日—28日在《大公报》连载）及《陕北之行》（4月在《大公报》发表）等长篇通讯。《动荡中的西北大局》在国内第一次披露了西安事变的真相；在《陕北之行》中，他首次打破国民党的新闻封锁，以极大的热情，向广大读者介绍了陕北革命根据地生气勃勃的面貌，介绍了中国共产党的著名领导人，宣传了中共抗日民族统一战线的主张。这些文章发表后，在全国产生了重大影响。不久，《忆西蒙》、《百灵庙战后行》、《西北近影》及《陕北之行》等文章辑入《塞上行》一书中。

1937年7月，抗日战争全面爆发后，范长江又到卢沟桥、保定等华北前线地方采访。后转赴察哈尔、山西等“西线”地方采访，写了《西线风云》等战地通讯，后收入《西线风云》一书中。同年10月赴上海，在淞沪前线采访。不久，战线西移，他又离沪，经南京到武汉，沿途写了不少战地通讯。1938年初至夏秋间，他一直在中原战场活动，参加淮北战役、台儿庄战役和徐州大会战。以后又到江西等地采访，写了许多战地通讯。

从1935年到1938年秋的3年多时间里，范长江的足迹踏遍了大半个中国。所写通讯，在数量上多达70万字。

1938年3月，在武汉汉口参与发起和组织“中国青年记者学会”（简称“青记”）。这是抗战时期在共产党领导下、在国统区建立的一个新闻界统一战线组织。9月，在武汉筹备组织“国际新闻社”（10月20日在长沙正式成立发稿）。1938年秋，范长江写了《抗战中的党派问题》一文，反对蒋介石提出的“一个政党、一个主义、一个领袖”的反动政治纲领，反对国民党一党专政。该文被总编辑张季鸾扣下不予发表。长江转而在韬奋当时在汉口创办的《抗战三日刊》上全文发表，引起张季鸾的震怒。与此同时，《大公报》总经理胡政之也从香港赶回武汉，也要长江必须放弃拥护共产党的主张，必须无条件服从蒋介石。在这种情况下，范长江毅然与《大公报》决裂，脱离《大公报》。

1938年10月25日，武汉沦陷，范长江转赴重庆，于1939年5月由周恩来介绍加入中国共产党。1941年初，到香港参加《华商报》创刊工作，于9月18日起，在上面发表了《祖国十年》的长篇述评式回忆录。1941年底，香港沦陷。范长江于1942年春转赴桂林，后经武汉、上海进入苏北解放区。从1942年秋至1946年夏，前后在新四军中工作近4年时间，先后担任新华社华中分社、华中总分社和《新华日报》（华中版）社长，兼任华中新闻专科学校校长等职。1946年5月赴南京，任中共代表团发言人。国、共谈判破裂后，于1946年11月撤回延安，担任延安新华社总社领导工作。后随毛泽东、周恩来同志转战陕北，负责宣传工作。

1949年全国解放后，先后任新华社总编辑、上海《解放日报》社长、新闻总署副署长、《人民日报》社长及政务院第二办公室副主任、国家科委副主任、全国科协副主席等职务。“文化大革命”中，于1970年10月23日在河南确山“五七”干校不幸逝世。主要著作有《中国的西北角》、《塞上行》、《通讯与论文》等，后俱收入沈谱编《范长江新闻文集》中。

【斯诺和《西行漫记》】 1936年7月初至10月中旬，著名的美国新闻记者斯诺访问了当时中共中央和中国工农红军总部所在地的陕北保安，前后历时3个多月。他是到陕甘宁革命根据地采访的第一个外国新闻记者。

1936年春，为了打破国民党的新闻封锁，为了报道中国工农红军的去向，宣传陕北革命根据地的情况以及中国共产党的抗日民族统一战线的主张，中共中央从陕北密电上海地下党组织，嘱咐他们邀请一位诚挚的西方记者和一位医生到苏区访问。想通过他的报道，向世界反映中国共产党、红军及苏区的事实真相。这样，经宋庆龄的介绍，急于探寻中国苏区奥秘的斯诺，就成了最佳人选。

1936年6月中旬，在中共地下党组织的秘密安排联系下，斯诺在美国医生马海德的陪同下，带着用隐显墨水写的介绍信、两架照相机、24个胶卷和足够的笔记本，到达西安。在西安通过“王牧师”（真名董健吾）与中共党组织联系后，斯诺走上了通往红区的道路。7月初，斯诺到达离西安最近的红色据点——安塞县白家坪。7月15日到保安，毛泽东非常重视他的采访活动，当天就接见了他，并同他第一次谈话。在以后的接连几天里，毛泽东搁下手头大堆报告和电报，取消一些会议，接受斯诺的采访，与他彻夜长谈。正如斯诺后来所说："毕竟我是一种媒介，他通过我，第一次得到了向世界发表谈话、更重要的是向全中国发表谈话的机会。他被剥夺了合法地向中国报界发表意见的可能，但是，他知道，他的看法一旦用英语发表出去，尽管国民党实行新闻检查，也会传回到大多数中国知识分子的耳朵里。"[49]从7月初到10月中旬的3个多月的时间里，斯诺在陕甘红区进行了广泛的采访活动。其间，从8月初到9月20号前后，他还到甘肃、宁夏红军前线部队采访过彭德怀、徐海东、左权、聂荣臻、程子华等红军领导人。9月下旬回到保安后，毛泽东又同他谈了十几个晚上，由吴亮平担任翻译。[50]毛泽东主要谈他自己的革命经历和长征的主要经过情况。1936年10月12日，斯诺怀着惜别的心情离开保安，踏上去西安的公路。10月25日回到北平。同年11月14日、21日，上海英文《密勒氏评论报》首先发表他采写的题为《与共产党领袖毛泽东的会见》的长篇报道和由他拍摄的毛泽东头戴缀有五角红星的八角军帽的照片。随后，在1937年一二月间，上海的英文报纸《大美晚报》（2月5日）、北京的英文刊物《民主》（1月），以及英国、美国的一些报纸也相继发表了斯诺写的关于陕北的报道。其中，美国的《生活》杂志发表了他在陕北红区拍摄的70余幅照片、美国的《亚洲》杂志发表了他采写的《来自红色中国的报告》等等。在这些报道的基础上，斯诺又用英文撰写了30万字的《红星照耀中国》（*Red Star over China*，直译应是《中国上空的红星》）一书，1937年10月首先由英国伦敦戈兰茨公司出版，两个月内再版4次，发行十几万册。1938年1月美国纽约兰登出版社又出版该书。斯诺对陕北红区的报道，特别是《红星照耀中国》一书，突破了国民党政府对红区整整10年的严密的新闻封锁，最早向全世界详细报道了中国共产党和红军的真实情况，在世界上引起了强烈震动。人们惊奇地发现："原来还另外有一个中国啊！"[51]

斯诺对陕北红区的报道很快被译为中文在国内流传。1937年3月在上海由王福时主持秘密出版发行了《外国记者西北印象记》一书，其中译载了斯诺关于陕北的13篇报道，并介绍了斯诺和毛泽东的多次谈话（该书还编译有其他著作）。1938 年 2 月，在日本占领上海后的租界“孤岛”，以胡愈之为首的上海进步文化、新闻界，自筹经费，以“复社”名义翻译出版了《红星照耀中国》一书。为了逃避检查及便于流传计，翻译者把书名译为《西行漫记》。该书出版后，多次再版。在国统区、革命根据地及港澳、东南亚一带广泛流传，影响巨大。

埃德加·斯诺（Edgar Snow，公元 1905—1972 年），1905 年 7 月 19 日出生于美国中部城市密苏里州堪萨斯城，并在这里度过了他的少年时期。1923—1927 年间，先后就读于堪萨斯城初级学院、密苏里大学新闻学院。

1928 年夏，斯诺远涉重洋来到上海。此后，他的生活经历共分两段时期：1928—1941 年间，斯诺在中国生活了 13 年；1941—1972 年间，斯诺先回到美国，后于 1959 年移居瑞士，直到在那里逝世。

1928 年夏，斯诺到上海时，由密苏里大学新闻学院院长威廉斯向上海英文周刊《密勒氏评论报》主编、《芝加哥论坛报》记者鲍威尔函介，成为《密勒氏评论报》的助理主编。不久，受鲍威尔派遣，斯诺乘坐火车，沿着中国当时的主要铁路（沪杭、沪宁、津浦、京沈、沈哈及京绥等线）旅行采访，以撰写有关介绍铁路沿线城镇见闻的文章。他写的报道《中国五大怪》（载《密勒氏评论报》1928 年 12 月 15 日），指出旱、涝、饥、虫及地震等天灾给中国人民带来了严重灾难；《拯救二十五万生灵》（载《密勒氏评论报》1929 年 7 月 4 日）则描述了萨拉齐镇（今内蒙古自治区土默特右旗）空前的旱灾造成数以万计人民的死亡，对中国人民的苦难深表同情；《中国人请走后门》（载《密勒氏评论报》1929 年 11 月 9 日）一文则激烈地抨击了“华人与狗不得入内”所代表的种族歧视，指出“那些采取侮辱中国人的荒唐做法的外国人，仍然是在继承他们前辈的衣钵，正是这些人在九十年前在中国建立起白人的特权地位”。斯诺从内蒙古回到上海后，曾代理《密勒氏评论报》的主编。在此期间，《密勒氏评论报》连续发表评论，谴责某些外国人歧视中国人民的行径，并因此而遭到报复。1930—1933

年初，斯诺继续在中国东南沿海、西南地区及东北地区和日本、越南、缅甸、印度等国采写旅行通讯及撰写评论；同时还担任美国《芝加哥论坛报》驻远东记者（1930 年 3 月）、美国统一报业协会驻远东旅游记者及驻北平代表（1930 年 7 月—1933 年）等职，为美国一些报刊撰稿。

1933 年 3 月，斯诺和妻子海伦·福斯特（即尼姆·威尔士）来到北平安家。不久，即开始为美国《星期六晚邮报》撰稿。9 月，斯诺的第一部著作《远东前线》在美国出版。书中揭露了当时日本帝国主义侵略中国的真相，评述了东北“九一八”事变、上海“一·二八”淞沪抗战等事件，以及“华北停战协定”、“满洲国”状况等。1934—1937 年，他一面在北平燕京大学新闻系任讲师，讲授“新闻特写”、“旅游通讯”等课程，一面担任美国《纽约太阳报》、英国《每日先驱报》特约记者。其间，1935 年北平“一二·九”运动爆发时，斯诺积极参与、热情支持学生的爱国运动，并上街为游行队伍拍摄了许多珍贵的照片及纪录影片，向外报道运动的详细情况。1933 年秋到 1935 年夏，斯诺在燕京大学任教期间，结识了不少燕京大学和其他大学的进步学生，并同他们有过广泛、深入的接触。他从这一代中国青年身上看到了中国的希望。当时燕京大学的黄华、陈翰伯，清华大学的姚依林和北京大学的黄敬等同志，都曾是斯诺北京盔甲厂十三号家中的常客。1936 年春，组织翻译、编辑、出版《活的中国》一书，向世界热情地介绍了鲁迅等 15 名中国左翼作家的作品。1936 年 6 月—10 月，斯诺经中共地下党的联系和介绍，他作为第一个考察红区的外国记者，从北平到陕北革命根据地实地采访，写下了轰动世界的《红星照耀中国》一书。

1939 年 9 月下旬，以“中国工业合作促进会”国际委员会代表和记者身份，第二次到陕北延安参观访问。毛泽东再次同他进行了重要谈话。

1941 年 1 月，皖南事变发生，斯诺从香港向美国报刊报道了事实真相。为此被国民党政府取消了他的记者特权。2 月，被迫离开中国，回到美国。

第二次世界大战期间，斯诺担任美国《星期六晚邮报》世界记者（1942年3月—1946年），曾到印度、缅甸、伊朗、伊拉克、前苏联和中国等地采访。

新中国成立后，由于当时美国政府对华采取敌视政策，遂使反共及迫害进步力量的麦卡锡主义猖獗一时。斯诺在美国处境困难。1959年移居瑞士。1960年他才以美国作家的身份取得签证，访问新中国，在中国呆了近5个月（1960年6月28日—11月15日）时间，回去后写了《大河彼岸》一书。此后，他于1964年和1970年又两次到中国。每次访问，他都搜集大量资料，或撰文，或著书，热情介绍新中国的建设成就。

1972年2月15日，斯诺因患癌症病逝于瑞士日内瓦郊区的一个小镇，享年67岁。毛泽东、周恩来、宋庆龄等分别致电吊唁。毛泽东在16日的唁电中高度评价他："斯诺先生是中国人民的朋友，他一生为增进中美两国人民之间的友谊进行了不懈的努力，作出了重要的贡献。他将永远活在中国人民的心中。"根据斯诺的遗愿，他的骨灰一半安葬在北京大学未名湖畔（他曾执教的燕京大学旧址），另一半则安葬在美国纽约州哈德森河畔他的旧居附近。

斯诺一生出版了11本书，包括《远东前线》（1933年9月出版）、《活的中国》（1936年7月出版）、《红星照耀中国》（即《西行漫记》，1937年出版）、《为亚洲而战》（1941年出版）、《人民在我们一边》（1944年出版）、《苏维埃力量的格局》（1945年出版）、《斯大林需要和平》（1957年出版）、《红色中国杂记》（1957年出版）、《复始之旅》（系斯诺自传，1959年出版）、《今日红色中国》（初版名《大河彼岸》，1962年出版）、《漫长的革命》（1972年出版）等，其中有部分专著收进了《斯诺文集》中。

第四节　新闻学研究及新闻教育事业的发展

一、新闻学研究的发展

【新闻学研究领域的不断拓宽】　这一时期的新闻学研究领域

有了新的开拓，无论是广度还是深度，都比前一时期有了较大幅度的发展。

新闻史学研究方面：蒋国珍的《中国新闻发达史》于1927年9月由上海世界书局出版，这是我国第一部新闻史学专著。1927年11月，戈公振的《中国报学史》由上海商务印书馆出版，这是当时最有价值最有影响的新闻史著作，为我国新闻史学研究奠定了基础（详见前章）。

新闻理论及业务的研究方面：1927—1934年间，新闻学者黄天鹏先后主编了好几个新闻学研究刊物，编写了20多种新闻学著作，编辑了6种重要的新闻学文集，对我国早期新闻学研究作出了较大贡献。1935—1937年间，新闻学者任白涛编著成《综合新闻学》，这是一部有关新闻学理论及业务的综合性论著。1933年9月，郭步陶的《编辑与评论》一书由上海商务印书馆出版，这是我国新闻评论学方面的第一本专著。该书编著者郭步陶原系《申报》馆编辑，他在1912年就进入《申报》馆，后因病辞职，旋转入《新闻报》馆，前后有近20年新闻工作的经历。1930年起，他又从新闻界转入新闻教育界，执教于复旦大学新闻系，担任编辑与评论的教学工作。在此期间，因教学需要编成《编辑与评论》一书，作为讲义的一部分。该书出版的时候，原《申报》总编辑张蕴和、当时复旦大学新闻系主任谢六逸、《新闻报》主编李浩然都曾为其作“序”，推崇备至。以后，郭步陶又写了《评论作法》、《时事评论作法》等新闻评论学专著。在有关新闻事业经营管理的研究方面，吴定九《新闻事业经营法》和刘觉民《报业管理概论》是两部比较重要的著作。我国报业素不讲求科学的经营管理，导致报业发展缓慢；办报之人往往缺乏“经济头脑”，新闻学界也多注重于新闻学原理的阐发而忽略对新闻事业经营管理的研讨。以上两书的出版，为中国新闻学研究填补了空白。吴定九《新闻事业经营法》是我国新闻史上第一部关于报业经营管理研究方面的专著，篇幅仅4万多字。作者吴定九，名吴鼎，字定九，上海嘉定人，早年留学日本；1919年回国后，兼职于邵飘萍主办的《京报》馆，对报馆建设及经营管理，多所擘划。1923年，吴氏辞去公职，专心致力于《京报》的经营管理工作。1926 年 4 月，邵飘萍被奉系军阀枪杀后，吴仍留《京报》馆，协助邵氏夫人汤修慧工作，直到 1930 年病逝于北京。刘觉民《报业管理概论》共分 10 章 42 节，近 16 万字，比较全面地探讨了报业管理科学化、企业化等方面的问题，是早期新闻事业管理学方面的力作。在新闻宣传学的研究方面，20 世纪 30 年代也开了端绪，出现了如：季达《宣传学与新闻记者》、梁士纯《实用宣传学》、沈颂芳《国际宣传知识》等最早一批专著。其中，《实用宣传学》一书有一定的理论深度。作者梁士纯早年留学于美国密苏里大学新闻学院；在 30 年代曾任燕京大学新闻系系主任，主持“燕大”新闻系工作；40 年代初曾赴纽约任中央社驻美记者。本书至今对研究宣传学、舆论学、大众传播学者，以及从事公共关系、新闻广告业者，仍有一定参考价值。沈颂芳的《国际宣传知识》对新闻媒介如何进行国际宣传（包括“平时”国际宣传、“战时”国际宣传）作了初步探讨。作者沈颂芳系上海《新闻报》记者，多年从事国际新闻的采访与编辑工作，有较丰富的经验。在 30 年代，与新闻事业有关的边缘学科也开始兴起，如袁殊编译的《新闻法制论》，搜集了不少有关新闻法研究方面的资料。此外，广告学的研究也开始起步，出现了一批概论性的小册子。

【黄天鹏及其早期新闻学研究活动】 黄天鹏（公元 1908—1982 年），我国现代著名的新闻学者，著名的新闻学书、刊编者。名鹏，字天鹏，以字行。别署天庐，又号逍遥居士，斋室名“天庐逍遥阁”。广东普宁马栅村人，生于 1908 年 3 月 19 日（光绪三十四年二月十七日）。1923 年，北京平民大学正式设立报学系，当时“平大”校长汪大燮特聘徐宝璜为该系系主任，黄天鹏即于此时就读于该系。1927 年 1 月，由黄天鹏主编的《新闻学刊》在北京创刊，这是我国最早的新闻学刊物，“为我国有新闻学专门杂志之始”（黄天鹏语）。该刊为季刊，由北京新闻学会出版，北京“新书林”发行。北京新闻学会系由北京平民大学出身的记者和由北京大学新闻学研究会出身的老记者们组成，于 1926 年秋开始筹备，经过半年时间，于 1927 年 1 月始获组成。同时创刊了《新闻学刊》。该刊于1928年岁暮休刊，两年中，前后共出8期。该刊休刊的主要原因是主编者黄天鹏“南游，遂停刊”。

在《新闻学刊》出版后不久，北京新闻学会又于1928年8月出版了《新闻周刊》，仍由黄天鹏主编，附北平《全民日报》发行，每周一次。黄天鹏主编3期后，由于他南下谋职，改由张一苇主编。

1928年底，黄天鹏离京南下到上海，由《申报》协理汪英宾之介绍而认识《申报》总主笔陈景韩。不久，该报主编要闻的潘公展从政出缺，黄天鹏被陈景韩聘进《申报》，主编要闻。与此同时，黄天鹏又将原北京《新闻学刊》改组扩大为《报学杂志》（月刊）在上海出版。该刊于1929年3月创刊，由原《商报》记者张静庐创办的光华书局发行。

《新闻学刊》、《新闻周刊》《报学杂志》3种刊物是我国最早一批新闻学研究的专门学术刊物，其水平和质量是较高的。以《新闻学刊》为例，为它撰稿的都是当时全国著名的新闻学专家及名记者，如徐宝璜、邵飘萍、胡政之、戈公振、黄天鹏、徐彬彬、鲍振青、顾红叶、王小隐、周孝庵等。他们的文章，代表了当时新闻学研究的最高水平。

1929年夏，黄天鹏辞去《申报》馆职务，适逢“太平洋学会”在日本东京开会，黄到日本参加会议。会后留日本东京读书，研究新闻学。1930年回国后，时汪英宾接办《时事新报》，邀黄氏担任报馆通信部主任，以函授方式训练该报通讯记者。同时，黄氏又应复旦大学新闻系系主任谢六逸之聘，担任该系教员，开设有关新闻学的必修课、选修课多种，并将自己多年收集的新闻学研究资料，包括新闻学书籍、新闻学刊物及旧报刊杂志等捐献出来，在该系成立“新闻学研究室”，黄氏任室主任。黄天鹏对复旦大学新闻系初期的建设作出了贡献。在此期间，他还曾兼任上海沪江大学等校新闻学教授职务。1931年7月间，吉林长春发生“万宝山事件”；8月，黄氏参加上海记者团赴东北采访。

从1929年至1931年间，黄天鹏曾将二三十年代散见于报纸、杂志及新闻学刊物上的有关新闻学重要论文，收集起来，编成了好几部新闻学论文集出版，其中包括《新闻学名论集》、《新闻学刊全集》、《报学丛刊》、《新闻学论文集》、《新闻学演讲集》等等。另外，他还撰写了十几种新闻学书出版，如《中国新闻事业》、《新闻文学概论》、《怎样做一个新闻记者》等等。20年代末至30年代初，我国新闻学研究尚处于筚路蓝缕的阶段，出版的新闻学书籍屈指可数。黄天鹏当时说："总计中国所有新闻学书廿余册中，我却编著了十几种。现在市上流通的，经过我手制的占了十分之八，在量上自然可观，而质上我是十二分的惭愧，没有什么有力的贡献。不过在沉寂的新闻界能够引起国人的注意和认识、而发生了研究的兴趣，这一点上我是引为自慰的。"[52]这是说的老实话。相比而言，黄天鹏编的论文集比他本人撰写的一些著作意义大得多，至今对新闻学的研究有重要参考价值。

抗战期间，黄天鹏曾任重庆《时事新报》经理。1939年5月4日，日机狂轰滥炸重庆市区，重庆各报损失惨重，当时10家报纸如《中央日报》、《时事新报》、《扫荡报》、《新蜀报》、《商务日报》、《大公报》、《新华日报》、《国民公报》、《新民报》、《西南日报》等从5月6日起，刊行联合版，黄天鹏被推为联合版经理。1941年，奉命筹办"中央出版事业管理处"。

抗战胜利后，黄定居南京，担任"中央印务局总管理处"处长。1947年被选为"国大"代表。1949年去台湾。在1960年、1966年、1978年的第3、4、6次"国民大会"上，均被选为主席团成员。并先后兼任台湾"中央大学"、"政治大学"、"师范大学"、"中国文化学院"、"政工干校"、"世界新闻专科学校"等大专院校新闻学教授。1982年3月24日，因心肌梗塞病逝于台北"三军总医院"，终年75岁。[53]

与徐宝璜、邵飘萍、任白涛、戈公振一样，黄天鹏也是我国早期披荆斩棘地开辟新闻学研究领域的拓荒者之一。他长期不辍地潜心钻研新闻学术，也是早期新闻学者中著作最丰的一人。早在1931年，黄天鹏就曾将其所编著的新闻学书编成"天庐新闻学丛书"一套，其中包括：《新闻学概要》、《天庐谈报》（附《报坛逸话》）、《新闻文学概论》、《新闻学刊全集》、《新闻学论文集》、

《报学丛刊》、《新闻纸研究》、《新闻记者外史》、《新闻学讲座》、《新闻文作法》（以上由上海光华书局发行）；《中国新闻事业》、《新闻学纲要》、《新闻学名论集》、《新闻学演讲集》、《新闻概论》、《新闻记者的故事》、《怎样做一个新闻记者》、《现代新闻学》、《小学壁报编辑法》（以上由上海联合书店发行）；《新闻事业》（上海大东书局发行）等。

二、新闻教育事业的发展

【“复旦”新闻系的创办与“燕大”新闻系的复系】 1929年秋，在南方，上海复旦大学正式成立新闻学系，谢六逸（公元1898—1945年）为第一任系主任。在北方，1927年停办的燕京大学新闻系，到1929年时便在美国著名学者、密苏里大学新闻学院院长威廉博士的支持下，得以恢复。这两个系后来发展成为我国南、北方办得最好的两个新闻系。

上海复旦大学新闻系的创办：1926年，上海复旦大学在“中国文学”科中，将原来就开设的“新闻学”专题讲座扩大充实，设立“新闻学组”，由著名修辞学专家陈望道主持其事。到了1929年秋，“新闻学组”从“中国文学”科中独立出来，正式改为“新闻学系”，第一任系主任由著名作家谢六逸担任（他主持该系前后达10年之久）。由于复旦大学校址位于沪北江湾，接近市中心，便于和市内新闻单位联系，所以，新闻系教师大半都是聘请市内报馆中著名的编辑、记者兼任，如戈公振、陈布雷，以及著名的报学书刊编辑黄天鹏等，早年都曾作过复旦新闻系的兼职教师。新闻系课程的设置和编排，贯彻“理论与实验（际）并重”的原则，全部课程就其性质分为5大类：1．“基础知识”；2．“专门知识”；3．“辅助知识”；4．“写作技能”；5．“实习与考察”。另外，为了深入开展新闻学的研究，以促进教学，还设立了“新闻学研究室”，由黄天鹏主持，可惜粗具规模时，“一·二八”战事便发生了，研究工作遂因此而中断。

1935年10月7日，为纪念复旦大学建校30周年（“复旦”于1905年成立）、复旦新闻系建系6周年，该系特地举办世界报纸展览会，共展出中国和世界各国著名报纸1 575份，以及各种印刷机器设备、新闻通讯器材等。该展览会以内容的丰富著称一时。会后，于1936年1月特出版了厚厚一本“报展纪念刊”——《报展》，许多名报人、名记者都在上面发表了文章，可谓极一时之选。[54]

【燕京大学新闻系的恢复和发展】 燕京大学新闻系成立于1924年，由美国密苏里大学新闻学院校友白瑞登（R. S. Bri ttan，也有人译作“布立登”、“白瑞亨”或“白瑞华”）和聂士芬（Vernou Nash，或译为“蓝序”）负责创办。初期规模很小。到1927年，由于经费困难，教授返美，新闻系不得不暂告停办。

1929年，燕京大学新闻系恢复招生。当时，由于威廉博士的倡导，[55]密苏里大学新闻学院和燕京大学新闻系建立合作关系：两校实行交换教授及交换研究生办法，并由“密大”替“燕大”新闻系募集一笔5年试办计划的基金，这就使“燕大”新闻系在1929—1934年的5年间，各方面都充实起来，成为国内著名的新闻教育机构。当时的负责人除白瑞登和聂士芬外，还有黄宪昭。1934年夏，试办期满，系务改由梁士纯主持。梁士纯以后，又由刘豁轩继任。到1935年夏季，“燕大”校务会议才正式通过确定新闻系为该校之一部。至此，新闻系才有了比较稳固的基础。

与其他学校相比，“燕大”新闻系教学内容的安排、课程设置，以及教学方法都有自己的特色，比较合理、科学。该系的教学原则是“理论与实际并重”，“而尤注重完整报人的培养”。教学内容侧重三个方面：1. 新闻学本身的研究；2. 基础知识的灌输；3. 从事报业应有技能的培养。当时实行学分制，在该系4年142个总学分中，以上第1项的学分约占25%，第2项约占55%，第3项约占20%。此外，对于学生职业道德的陶冶也极注重。在教学方法上，采取“集体学习”（课堂讲授）和“个别指导”（个别辅导）两种方式。在课程的设置上，分“主修”、“副修”、“选修”三类。“主修”的课程是关于新闻学方面的，经常开设的有：新闻学原理、中国报业史、报业问题、初级及高级采访与写作、初级及高级新闻编辑、报业管理，初级及高级社论研究、时事分析、宣传

24 卷第 2、第 3 期；以及冯志翔等编：《念兹集》、《在兹集》，全国政协湖南省常宁县委员会编：《萧同兹和中央通讯社》等书。

②后来，“中央日报”即以“1928 年 2 月 1 日”为其创刊纪念日。如 1978 年 2 月 1 日为该报创刊 50 周年纪念；1988 年 2 月 1 日为该报创刊 60 周年纪念，特出《六十年来的“中央日报”》特刊。

③参阅钱仲易：《抗战期间“中央日报”四社长》，载《报学杂志》半月刊第 1 卷第 3 期，1948 年 10 月 1 日出版。又，江苏古籍出版社、上海书店出版社合作，将 1928 年 2 月 1 日创刊于上海(“第一号”报头下署明：“本社设在上海望平街福州路九十五号”)、至 1949 年 4 月 24 日在南京中山路 39 号出版的“第七千五百零三号”“中央日报”全份影印出版（1994 年 9 月第 1 版)，按时间分订为 60 巨册(《“中央日报”·影印说明》)。

④参阅雷啸岑（前《和平日报》总主笔)：《从玩票到下海的新闻写作经历谈》，载台北《传记文学》第 26 卷第 6 期第 44 页。

⑤《鲁迅全集》第 4 卷第 297 页，人民文学出版社 1981 年版。

⑥《鲁迅全集》第 12 卷第 188 页，人民文学出版社 1987 年版。

⑦见鲁迅《两地书》。

⑧《太白》半月刊于 1934 年 9 月在上海创刊，陈望道主编。该刊主张用“比白话还要白”的大众语、用尖锐的富于战斗性的小品文去揭露和批判当时的黑暗现实。1935 年 9 月被迫停刊。

⑨鲁迅：《花边文学·序言》，(1935 年 12 月 29 日)，载《鲁迅全集》第 5 卷，人民文学出版社 1973 年版。

⑩“韬奋”笔名最早用于 1928 年 11 月 18 日出版的《生活》周刊第 4 卷第 1 期刊登的“小言论”《喂，阿二哥吃饭》一文。以后渐为读者熟悉，原名“恩润”反而鲜为人知了。韬奋曾对人说：“韬”为韬光养晦的“韬”，“奋”为奋斗不懈的“奋”，他要以此自励。

⑪韬奋：《经历》第（二）节，三联书店 1979 年版。

⑫韬奋：《经历》第（六）节，三联书店 1979 年版。

⑬韬奋：《我们的立场》，载《生活》周刊第 6 卷第 1 期。

⑭夏衍：《韬奋永生》，载《新闻记者》1984 年第 7 期。

⑮胡愈之：《伟大的爱国主义者韬奋》，载《向韬奋学习》，光华书店 1948 年版。

⑯参阅钱小柏、雷群明编著：《韬奋与出版》第 101 页，学林出版社 1983 年 6 月版。

⑰韬奋：《以往和现在》，载《生活》周刊第 8 卷第 30 期。

⑱攀龙书院是一所学堂，八角楼是一栋两层楼的普通砖房，当时，毛泽东和他的妻子贺子珍住楼上，朱德和他的妻子伍若兰住在楼下。

⑲参阅王行娟：《贺子珍的路》第105~108页，作家出版社1985年版。

⑳详见《中央苏区印刷业的开拓者毛铭新》一文，载《新文化史料》1988年第6期。

㉑《毛泽东新闻工作文选》第26页，新华出版社1984年版。

㉒参见严帆：《中央革命根据地新闻出版史》第80页，江西高校出版社1991年版。

㉓毛泽东在"二苏"大会上的报告，原载1934年1月出版的《苏维埃中国》一书。转引自严帆：《中央革命根据地新闻出版史》。

㉔参见曹丹辉：《伟大的历程》，载《红旗飘飘》第13辑；杨瑞广：《毛泽东、朱德与红色中华新闻社的创建》，载中共中央文献研究室编《文献与研究》1986年汇编本，人民出版社1988年版；刘云莱：《新华社史话》，新华出版社1988年版；王观澜《红中社的创建》、韩进《我党在根据地的第一个通讯社》、任质斌《回忆红中社》、向仲华《新华社的初创时期》等文，载何东君主编《历史的足迹——新华社70周年回忆文选》(1931—2001)，新华出版社2001年11月版。

㉕谢然之一度在瑞金担任《红色中华》报主编，被俘后投靠国民党，成为国民党新闻界重要人物。1949年后，先后在台湾任《新生报》社长及董事长、"中央日报"管理委员会委员、政治大学新闻系系主任、中国文化学院新闻系系主任、《香港时报》筹备委员等职。

㉖目前出版的一些党史著作及新闻史著作一致认为：《红色中华》从1931年12月11日创刊，到1934年10月3日中央红军开始长征时停刊，共出240期。——这一说法是不准确的。实际上，中央红军主力长征后，《红色中华》还在瑞金一带继续出版了4个多月，共24期，直至1935年1月21日的264期才最后被迫停刊。

㉗参阅凌步机：《红军长征后中央苏区的〈红色中华〉报》，原载《中共党史资料》第19辑，中共党史资料出版社1986年版。

㉘转见湖南人民出版社出版的《红军日报》影印合订本《校编前言》。

㉙转引自马荫良：《报纸革新要抓'头'和'尾'——回忆一九三一年〈申报〉的改革》，载上海《新闻记者》1987年第1期。

㉚同注㉙。

㉛详见黄炎培：《八十年来》，文史资料出版社1982年版。

㉜见《纪念史量才先生——先生之生平》一文，载1935年《申报

年鉴》。

㉝详情见沈醉：《杨杏佛、史量才被暗杀经过》，载沈醉：《军统内幕》，文史资料出版社1984年版。

㉞史量才遇害详情见1934年12月25日出版的《申报月刊》特刊“追悼史量才先生特辑”。

㉟严长衍：《〈新生周刊〉事件》，载台北《传记文学》第16卷第4期第34页。

㊱成舍我：《“小型报”的远景——想起十年前手创的立报》（上）。

㊲同注㊱。

㊳以上两段话均见成舍我：《从上海到香港——想起十年前手创的立报》（下）。

㊴包天笑：《记上海立报》，载《钏影楼回忆录续编》第36页，香港大华出版社1973年版。

㊵同注㊳。

㊶同注㊳。

㊷《中国的西北角》由天津《大公报》馆出版，于1936年8月出第一版，9月再版，10月出第3版。在短短两个月内连出3版。到1937年12月出到第9版。

㊸见范长江：《我的自述》（1969年1月），载沈谱编：《范长江新闻文集》下卷第1111页，中国新闻出版社1989年版。

㊹同注㊸。

㊺见范长江：《祖国十年》（15），载《华商报》1941年10月15日。

㊻参见范长江：《祖国十年》（16），载《华商报》1941年10月17日。

㊼范长江当时已敏锐地看到中国西部、包括西北、西南是将来抗日战争的大后方，故对西南、西北地区情况尤为重视。

㊽1935年春，画家赵望云应《大公报》之聘，与该报记者杨汝泉旅行塞上，实地写生，共作画百幅，“每幅均有杨君说明”，先后刊登于《大公报》。后出《赵望云塞上写生集》一册（见《大公报》1935年5月16日第13版）。

㊾斯诺：《复始之旅》，载《斯诺文集》（一）第192页，新华出版社1984年版。

㊿详见吴黎平：《毛泽东一九三六年同斯诺的谈话》，人民出版社1979年版。吴亮平（1908—1986年），浙江奉化人，笔名吴黎平，为中国共产党最早马列主义著作编译工作者之一。1925年赴前苏联学习。同年加入中国共产主义青年团，1927年加入中国共产党。1929年回国后，曾从事马克思主义著

作翻译工作。1932 年到中央革命根据地后，任中央工农民主政府中央执行委员兼国民经济部长。1934 年随中央红军长征，任红三军团政治部宣传部长、中央纵队秘书长。1936 年，吴亮平代表中共中央接待了美国进步记者斯诺到苏区采访，并担任毛泽东同斯诺谈话的翻译。斯诺在这些采访和谈话的基础上写成了著名的《西行漫记》，并对吴亮平的工作给予高度评价。对吴亮平的马列主义编译工作，毛泽东也曾有过很高评价，称赞他“功盖群儒”，“其功劳不下于大禹治水”。抗战爆发后，任中共中央宣传部副部长，抚顺市委书记、安东地委书记。新中国成立后，历任中共中央华东局企业管理委员会副书记、化工部副部长等职。1986 年 10 月 3 日在北京病逝。

㉛［美］杰克·贝尔登：《中国震撼世界·序》，北京出版社 1980 年版。

㉜引自黄天鹏：《新闻讲话》，载黄天鹏编：《新闻学演讲集》第 183～186 页，上海现代书局 1931 年版。

㉝以上参阅黄天鹏：《新闻教育二十五年的回顾》，载台北《新闻教育与我》一书第 38 页；黄天鹏：《一个新闻记者的自述》，载黄天鹏：《怎样做一个新闻记者》第 99 页；台北《传记文学》第 41 卷第 3 期第 142 页《民国人物小传》栏载“黄天鹏”传。

㉞谢六逸：《上海复旦大学新闻系概况》，载《报展》专刊。

㉟华尔特·威廉（公元 1864—1935 年）博士是美国新闻教育事业的开山祖，出生于 1864 年 7 月 2 日。1908 年，他首创密苏里大学新闻学院，并任第一任院长。到 1930 年，威廉又被选为密苏里大学校长。1935 年 7 月 1 日辞去“密大”校长之职，专任新闻学院院长；同年 7 月 29 日在美逝世，终年 71 岁。威廉氏生前曾于 1920 年、1931 年两度来华访问。1929 年北京燕京大学新闻系的正式成立，也是他一手促成的。后来，我国有不少从事新闻教育事业的人士，都曾肄业于密苏里大学新闻学院；我国早期不少大学新闻学系的课程设置，也以“密大”新闻学院为蓝本。这都与早年威廉氏的来访有很大关系。

㊱以上参阅青山：《燕京大学新闻系过去及现在》，载《报学杂志》第 1 卷第 2 期。

第四章

抗日战争时期的新闻事业

1936年12月“西安事变”以后，从1937年2月中旬到9月下旬，中国共产党和国民党就两党合作抗日问题，先后在西安、杭州、庐山、南京等地进行了多次谈判。9月中下旬，国、共两党举行第6次谈判。9月22日，国民党“中央社”发表由中共中央起草的《中国共产党为公布国共合作宣言》，次日，蒋介石发表谈话，承认中国共产党的合法地位。至此，国、共第二次合作宣告建立，抗日民族统一战线正式形成；我国的主要矛盾，由国内的阶级矛盾转化为全中国人民与日本帝国主义的民族矛盾，国内阶级矛盾已降到次要地位。

1937年“七七”卢沟桥事变后，日本帝国主义大肆疯狂进攻中国，由北向南、由沿海到内地，全面推行其侵略计划，各地纷纷沦陷：1937年7月底，北平、天津沦陷；11月9日，上海、太原分别沦陷；12月13日，日寇占领南京。1938年10月21日，日寇占领广州；25日，武汉失守……这样，在全国范围内形成了大面积的沦陷区。

抗日战争时期的新闻事业主要可分为三种类型地区的新闻

事业：

一是抗日民主根据地的新闻事业，这基本上是中国共产党的新闻事业，主要以延安为中心。当时以陕北延安为中心的陕甘宁边区革命根据地和其他抗日民主根据地如华北、华中、华南等地，都创办了大量的报纸和刊物。这时，新华通讯社不断发展、壮大，人民广播事业也开始建立。到 1942 年，中国共产党进行全党整风，延安《解放日报》在整风运动中改版。在整风运动和改版的推动下，全国各抗日民主根据地的新闻事业也都进行了新闻改革，从而使党的新闻事业在党性、群众性、组织性、战斗性诸方面大大加强，新闻队伍的素质明显提高，同时也促进了无产阶级新闻理论的大发展。

二是国民党统治区的新闻事业，其中包括国民党的新闻事业、共产党在国统区创办的报刊、进步力量及抗日团体创办的报刊和中间势力创办的报刊等。全面抗战初期，上海地区成为国统区新闻事业的中心，出版了不少宣传抗日救亡的报刊。1937 年 11 月、12 月间，上海、南京相继沦陷后，武汉一度成为国民党军、政中心，也成了国统区新闻事业的中心。1938 年 10 月底，武汉也失守，重庆便成为国民党政府的战时“陪都”，也成为国统区新闻事业的中心，原沿海城市如上海、北京、天津及其他大城市如南京、武汉等地出版的报纸，大批向重庆迁移。重庆报业最盛时达 22 家。此外，在这一时期，桂林和香港也一度成为国统区报刊及新闻事业的重要基地。

三是沦陷区的新闻事业。日本侵略者和它扶植的伪政权在沦陷区的新闻事业主要集中在北平、天津、上海、南京等大城市。他们在这些大城市曾创办了大量的报刊及广播电台，进行战争叫嚣和奴化宣传，为他们侵略和灭亡中国的政策服务。在沦陷区，中国爱国的、进步的新闻工作者和有关人士，在险恶的环境下，冒着生命危险，也出版了一批抗日报刊。特别是上海“孤岛”时期，进步的新闻工作者与日伪进行了英勇不屈的斗争，表现了崇高的爱国主义精神和民族气节。

第一节 抗日民主根据地的新闻事业

一、陕甘宁边区首府——延安地区的新闻事业

【延安时期初期报刊的创办和发展】 1936年12月底，“西安事变”和平解决。1937年1月，中共中央领导机关由保安县城迁驻延安。此后，延安成为中国共产党领导的陕甘宁抗日民主根据地的首府，也是当时革命新闻事业的中心。

延安地区的报刊、通讯社、广播电台在宣传抗日战争时期党的路线、方针、政策，传播马列主义、毛泽东思想，指导、反映陕甘宁边区及敌后各个抗日民主根据地的抗战及建设成就等方面，发挥了重大作用。初期有中共中央机关刊物《解放》周刊、陕甘宁边区政府机关报《新中华报》和陕甘宁边区党委机关刊物《团结》等。1939—1940年，又增办了一批重要报刊，有《共产党人》、《八路军军政杂志》、《中国青年》、《中国妇女》、《中国工人》、《中国文化》、《边区群众报》等。另外，新华社还出版专门登载新闻电讯稿的《今日新闻》、中共中央宣传部出版了《文摘》、八路军政治部宣传部出版了《前线画报》等。

《解放》于1937年4月24日创刊，是16开铅印杂志，初为周刊，后改为半月刊。由中共中央党报委员会主办，以“解放周刊社”名义出版。以后还用“解放周刊社”名义出版了“抗日战争丛书”和“马列丛书”。主要负责人为张闻天，主编吴亮平。该刊创刊后，积极宣传中国共产党的抗日民族统一战线，并把争取民主作为自己的宣传中心。第12期发表了毛泽东的《反对日本进攻的方针、办法和前途》，对指导抗战起了重要作用。毛泽东的《论持久战》、刘少奇的《论共产党员的修养》等重要论文也曾在该刊发表。《解放》还发行到国民党统治区，曾在上海、西安、汉口设立分销处，翻印发行。1941年8月31日出至134期后停刊。

1937年1月29日，《红色中华》报改名《新中华报》在延安首次出版，社址在延安城内（后来迁到延安城东的清凉山）。初期

仍为中华苏维埃中央政府机关报。全面抗战爆发后，1937年9月6日，陕甘宁边区政府正式宣告成立，《新中华报》改为陕甘宁边区政府的机关报。期号续前，版面仍是4开4版，刊期由3日刊改为5日刊，在印刷上由瓦窑堡时期的油印改为铅印。1939年2月7日，改组为中共中央机关报兼陕甘宁边区政府机关报，又改为3日刊。直到1941年5月15日停刊、16日改组为《解放日报》。《新中华报》主要在陕甘宁边区和抗日民主根据地内发行。它积极宣传抗战、团结、进步，反对投降、分裂、倒退；发表了大量社论和中共中央一系列通电、文件等；对中共领导下的抗日武装八路军、新四军的战绩和边区的政治、经济、军事、文化、教育等方面的成就，也作了比较系统的报道和评论。另外，毛泽东的重要文章《和中央社、〈扫荡报〉、〈新民报〉三记者的谈话》、《必须强调团结和进步》、《相持阶段中的形势与任务》、《新民主主义的宪政》，朱德的《扩张百团大战的伟大胜利》和彭德怀谈百团大战意义的文章等，都曾在该报发表。1941年元月间，国民党发动第二次反共高潮，《新中华报》发表了抗议通电，并报道了"皖南事变"的真相，阐明中国共产党的政策。在组织形式上，《红色中华》报改名为《新中华报》以后，仍和新华社"报、社一家"，仍是两块牌子、一个机构，一班人马。社长由临时中央政府西北办事处主席博古兼任，由向仲华、廖承志具体主持实际工作。1939年初，党中央决定将新华社与《新中华报》分开，使各自成为独立的机构。从此，结束了"报、社一家"的历史，新华社和《新中华报》同在中共中央党报委员会的统一领导下开展工作。1941年2月6日，《新中华报》发表社论《纪念本报新刊两周年》，文章指出："本报自一九三九年二月七日新刊至今，已经两周年了"，在两年的时间里，"对陕甘宁边区模范的政治、经济、军事、文化、教育等各方面生活作了有系统的反映"，"真正发挥了舆论指导的神圣职责"。1941年2月22日，《新中华报》举办了全国报纸、杂志展览会，展品达1 000多种，至3月5日闭幕。这是根据地最早、也是惟一一次报展。1941年5月15日，《新中华报》停刊；次日改组为《解放日报》出版。

《共产党人》月刊创刊于1939年10月20日，是中共中央出版的以党的建设为中心的党内刊物。由洛甫（张闻天）主编，李维汉负责出版工作。毛泽东亲自为它写了发刊词——《〈共产党人〉发刊词》。他在这篇文章中系统而又深刻地总结了中国共产党在过去18年中的宝贵经验，概括为统一战线、武装斗争和党的建设三条，并指出：这是中国共产党领导全国人民战胜敌人的三大法宝。这是毛泽东第一次提出这一著名的观点。该刊出到1941年8月停刊，共出19期。

《八路军军政杂志》创刊于1939年1月15日，月刊，24开本。由八路军总政治部出版，肖向荣主编。毛泽东写了《〈八路军军政杂志〉发刊词》，他指出："抗战是长期的与残酷的，发扬八路军的成绩，纠正八路军的缺点，首先对于提高八路军的抗战力量是迫切需要的"，"同时也为了供给抗战友军与抗战人民关于八路军抗战经验的参考材料"。该刊到1942年3月停刊，共出39期。

《中国青年》创刊于1939年4月16日，半月刊，由当时全国青年联合会延安办事处宣传部主办。以帮助青年学习为主要内容。第2期发表了毛泽东为纪念五四运动20周年写的论文《五四运动》，第3期刊载了毛泽东的讲演《青年运动的方向》。该刊出至1941年3月出版的第3卷第5期休刊，共出29期。

《中国妇女》创刊于1939年6月1日，月刊。由中共中央妇女运动委员会主办，延安中国妇女社编辑出版。初创时为16开本，后改为32开本。1941年3月出至第2卷第10期停刊。

《中国工人》创刊于1940年2月7日，由中共中央职工运动委员会主办。毛泽东为它写了《〈中国工人〉发刊词》，提出了希望和要求。他指出："《中国工人》应该成为教育工人、训练工人干部的学校，读《中国工人》的人就是这个学校里的学生。工人中间应该教育出大批的干部，他们应该有知识，有能力，不务空名，会干实事。没有一大批这样的干部，工人阶级要求得解放是不可能的"；"工人阶级应该欢迎革命的知识分子帮助自己，决不可拒绝他们的帮助。因为没有他们的帮助，自己就不能进步，革命也不能成功"。对于报刊的文风也作了指示，他说："我希望这个报纸好好地办下去，多载些生动的文字，切忌死板、老套，令人看不懂，没味道，不起劲。”他还说：“一个报纸既已办起来，就要当做一件事办，一定要把它办好。这不但是办的人的责任，也是看的人的责任。看的人提出意见，写短信短文寄去，表示欢喜什么，不欢喜什么，这是很重要的，这样才能使这个报办得好。”论述了党的报刊要走群众路线，要依靠群众来办的基本原则。

《中国文化》创刊于1940年2月15日，是陕甘宁边区文化协会的机关刊物。毛泽东在创刊号上发表了重要论著《新民主主义论》。在这篇文章中，毛泽东指出：“科学的态度是‘实事求是’，‘自以为是’和‘好为人师’那样狂妄的态度是决不能解决问题的”；“真理只有一个，而究竟谁发现了真理，不依靠主观的夸张，而依靠客观的实践。只有千百万人民的革命实践，才是检验真理的尺度。我想，这可以算作《中国文化》出版的态度”。这一指示是我们办好党报和人民新闻事业的一个根本原则，至今仍有其现实意义。该刊出到1941年8月20日的第3卷第2、3期合刊时停刊。

《边区群众报》创刊于1940年3月25日，也是陕甘宁边区文化协会主办的。这是一份以农村基层干部和农民为主要对象的通俗小报。4开4版，周报；初为石印、油印，后改为铅印。由胡绩伟主编。到1941年成了中共中央西北局的机关报。1940年3月25日，毛泽东在为《边区群众报》题写报头时，就殷切指示：“报纸要办得让识字的农民能看懂，不识字的农民能听懂，要用农民喜闻乐见的形式。”该报创刊后，毛泽东又赞扬说：“我喜欢看这个报。它登的都是群众中来的东西。”读者也称赞它“念着顺口，听着顺耳”，颇受群众欢迎。该报一直出到1949年5月20日改名为《群众日报》。

【《解放日报》的创办和新华社的发展】 《解放日报》的创办：从1941年开始，以延安为中心的陕甘宁边区和各敌后抗日根据地进入了一个极端艰难困苦的时期。一方面，日本帝国主义集中了侵华的大部分兵力，对华北、华中敌后抗日根据地实行极为残酷、疯狂的大“扫荡”，另一方面，国民党顽固派掀起第二次反共高潮，并用大量兵力包围、进攻八路军、新四军，封锁解放区。在日、伪、顽的夹击下，延安及各敌后抗日根据地经济发生严重困难，物资匮乏。此外，鉴于“皖南事变”后，党在国统区出版的《新华日报》受到国民党当局越来越严重的迫害，该报宣传党的路线、方针、政策及主张受到很大的限制。而延安的党中央机关报《新中华报》又是每周只出两期的4开4版小型报，时效性和篇幅已不能适应形势发展的需要。在这样的情况下，为了加强和改进党的新闻宣传工作，中共中央决定将延安《新中华报》和《今日新闻》（一种专门刊载新华社电讯的小报）合并，改出大型的《解放日报》。同时，将《中国青年》、《中国妇女》、《中国工人》等刊物停刊，以便集中人力物力，办好《解放日报》。《解放》周刊及《共产党人》月刊在《解放日报》出版后不久也停刊了。

《解放日报》是在革命根据地出版的第一个大型的、每日出版的中共中央机关报，也是抗日战争时期及解放战争初期革命根据地贡献最大、影响最大的报纸。该报于1941年5月16日在延安创刊。初期每天出对开半张（两版），从9月16日出版的第124号起，“扩充篇幅”，每天出对开一大张（4版）。1942年8月起，兼中共中央西北局机关报。一直出到1947年3月27日第2130期、由于党中央撤离延安而停刊，前后出版了5年10个月零11天。报社社址一直在延安城东、濒临延河的清凉山上。清凉山是抗战时期中共中央新闻出版机关所在地。除《解放日报》外，新华社、延安新华广播电台广播科，以及中央党报委员会出版科、中央出版局、中央出版发行部和中央印刷厂等都设在这里。

中共中央对创办《解放日报》是极为重视的。创刊前一天（5月15日），毛泽东为中共中央书记处起草了创办《解放日报》的通知，对《解放日报》以及新华社、延安新华广播电台的工作作了部署和安排。通知全文如下：

> 五月十六日起，将延安《新中华报》、《每日新闻》合并，出版《解放日报》，新华通讯社事业亦加改进，统归一个委员会管理。一切党的政策，将经过《解放日报》与新华社向全国宣达。《解放日报》的社论，将由中央同志及重要干部执

笔。各地应注意接收延安的广播。重要文章除报纸、刊物上转载外，应作为党内、学校内、机关部队内的讨论与教育材料，并推广收报机，使各地都能接收，以广宣传，是为至要。①

《解放日报》报名由毛泽东题写，发刊词也由他亲自撰写。《解放日报》创刊后，毛泽东经常亲自指导《解放日报》的工作，并为它撰写和修改重要的社论、评论、新闻稿和文章。《解放日报》的第一任社长是博古（秦邦宪），第一任总编辑是杨松（吴绍镒）。1942 年 11 月 23 日，杨松（公元 1907—1942 年）因患肺病而逝世，②后由陆定一担任总编辑。1945 年 8 月，陆定一调任中央宣传部长后，由余光生（1907—1978 年）担任总编辑、艾思奇任副总编辑兼副刊部主任。1946 年 2 月，博古作为中共代表之一，到重庆参加同国民党的谈判。4 月 8 日由重庆返回延安途中，因飞机失事，与王若飞等同机遇难。他死后，由廖承志继任社长。这些社长和主编们为办好这张报纸作出了重要贡献。

《解放日报》创刊不久，就爆发了苏、德战争。该报曾以大量篇幅报道苏、德战争的情况，同时发表了不少评论，对国际形势作了科学的分析。但初期的《解放日报》也存在过多刊载国际新闻、脱离根据地实际、脱离群众的倾向。1942 年，从延安地区开始，全党的整风运动逐步开展起来。在整风运动中，在中共中央的指导下，从 1942 年 4 月 1 日起《解放日报》实行改版，其内容由以刊载国际新闻为主，改为以报道抗日民主根据地新闻为主。与此同时，为了宣传无产阶级的办报思想，《解放日报》还发表了许多阐述新闻工作的社论和文章，对党报的性质和作用、全党办报的思想、新闻工作的党性原则、无产阶级唯物主义新闻观和资产阶级唯心主义新闻观的区别，以及文风等问题，作了比较系统的论述，初步奠定了中国无产阶级新闻学理论的基础。

新华社的发展：抗战开始后，新华社发稿范围逐渐扩大，中共中央宣言、通电、声明、决议等及《解放》周刊和《新中华报》的评论，都经新华社向外传播。当时各抗日根据地被敌人封锁，党中央的方针、政策及有关指示的及时传播、各根据地情况和信息的交流，在很大程度上都要依靠新华社。每天的发稿量，由原来的一两千字，增加到四五千字。在抄收电讯方面，除抄收国民党中央社、日本同盟社的电讯外，增加抄收海通社、路透社、塔斯社及美国国际社等大通讯社的新闻电讯，消息来源更为广泛。编辑部还把收到的国外电讯译成中文，编成参考资料，以《每日电讯》等名称油印出来，供中央领导及各机关参阅，每期发行约400份。1938年底，原刊载电讯的油印刊物《每日电讯》改名为《今日新闻》(四开两版）继续出版。1940年3月10日起，改油印为铅印，内容除刊载中外通讯社电讯外，还刊载新华社发的电讯新闻。至1941年3月31日停刊。到1942年12月1日正式改名《参考消息》恢复出版，由油印改为铅印。当天出版的"第一号"为16开一页纸，稿件竖排，分上下两栏。此后，先后为16开或8开版式。(新华通讯史编写组：《新华通讯社史》第一卷第193页，新华出版社，2010年出版。)《参考消息》由新华社、《解放日报》社合编，直至1947年3月，党中央撤出延安时才休刊。1948年8月，新华社迁至河北平山县西柏坡，《参考消息》复刊。1949年3月，新华社迁至北平，《参考消息》也从同年3月底起在北平出版。从1957年3月1日起，《参考消息》改为日出4开一张的报纸型出版，仍为内部发行。此前的《参考消息》一直都是以书刊版式出版（或8开两页，或16开7至8页），内部发行。1985年1月1日起，《参考消息》在国内公民中公开发行，成为当代中国发行量最大的报纸之一。(参阅"哈佛燕京图书馆文献丛刊第三种"：《参考消息：1944.6—1945.11》影印本1—4册，广西师范大学出版社，2006年出版。)

1939年初，新华社与《新中华报》分开，单独建立机构，此后有了长足的发展。当时"报"、"社"分开，各自分别成立编辑部，同在中央党报委员会的统一领导下开展工作。新华社社长由向仲华担任。由于业务的发展，向仲华向毛主席报告新华社人员不够。毛主席批准由中央组织部调了一批人员到新华社，③搞外电翻译工作。1939年6月，新华社进一步调整、扩充组织机构，分设编辑科（科长由向仲华兼任)、通讯科、译电科（负责中、外文译电）、油印科（负责油印《今日新闻》），使新华社的组织略具雏形。1940年12月30日，新华社创办的口语广播电台开播，这就是著名的“延安新华广播电台”。该台作为新华社的一个组成部分，同新华社的文字广播相结合，向国内外传播抗日民主根据地军民斗争的实况，宣传中国共产党的各项方针、政策和主张。除总社不断扩大外，新华社还在华北、晋绥、晋察冀、山东、华中各抗日民主根据地相继建立分社。各地新华分社的社长往往由该地方党报的社长或总编辑兼任，各地新华分社的记者往往也是地方党报的记者。这样就基本形成了以延安总社为中心的新闻通讯网络。到1942年底，新华社已有5个分社组织，较大的分社已发展成总分社。到抗战胜利时，新华社除总社外，在各个抗日根据地已建立了9个总分社和40多个分社。总社人员由几十人发展到124人。1944年9月1日开始，新华社又建立英文广播部，部主任由副社长吴文焘兼任，燕京大学教员、英国人林迈可担任顾问。这是新华社历史上正式对外报道的开端，标志着新华社的报道由主要面向根据地、开始转为面向全国和世界，并与国民党中央社及外国通讯社相抗衡。

抗日战争时期，新华社社址最初在延安城内及清凉山，后来搬到杨家岭。1941年5月，新华社《今日电讯》和《新中华报》合并，改出《解放日报》，这时，新华社又由杨家岭迁回清凉山，和《解放日报》在一起，直到1947年3月撤出延安为止。在人事上，1941年底，向仲华调离新华社，便由解放日报社社长博古兼任新华社社长，吴文焘任副社长。从1941年12月至1946年4月，博古兼任新华社社长达4年又4个月时间，他为新华社的发展作出了很大贡献。1946年4月博古遇难后，从7月起，新华社社长由廖承志担任，同时他又是《解放日报》社长④。

【延安新华广播电台的创办】 1940年底，“延安新华广播电台”建成并开播，这是我国无产阶级广播事业及人民广播事业的开端，标志着中国共产党的新闻事业迈入了一个新的阶段。从此，中国共产党的新闻事业中，不但有了报纸、通讯社，有了文字广播，“而且有了自己的无线电国语广播”——这种新型的现代化的宣传工具。

中国共产党的领导人毛泽东、周恩来十分重视发展无产阶级及人民的广播事业。早在1937年抗日战争爆发前夕，毛泽东就提出要在延安创办无线电广播电台，以打破国民党与日寇对根据地的新闻封锁，让全国各地人民群众听到中国共产党的声音，扩大党的影响。当时在国统区工作的同志设法在香港买到一部广播发射机，但在辗转运往延安的途中，被国民党当局无理扣留。因而筹建广播电台的计划搁浅。到了1940年3月，周恩来从莫斯科治病返回延安时，克服重重困难，从前苏联带回一部广播发射机。中共中央为此发出了关于建立广播电台的指示，并成立了筹建广播电台的领导机构——“广播委员会”，由周恩来亲自担任主任。周恩来到重庆工作后，又由朱德主持筹建工作。广播委员会成员有中央军委三局（通讯局）局长王诤和新华社社长向仲华等。中央军委三局从有关部门抽调了30多人组成九分队，具体负责电台的施工和安装。当时延安的无线电器材十分缺乏，有关设备也没有，条件十分艰苦，困难重重。九分队的同志依靠党的领导和集体的智慧，终于把发射机和有关设备安装起来：要发电，没有动力，他们就将一部破旧的汽车头改装成发动机，用它带动发电机发电；有了发电机，但没有汽油，他们就自己动手烧木炭，用木炭生产煤气，用煤气代替汽油作燃料；发射没有铁塔，就用几根大木杆子连接起来，竖立在山顶上，用来代替铁塔，架上天线，保证无线电波传送出去。当时，为防止日寇的轰炸及敌人特务的破坏，电台的发射机房和播音室设在距延安清凉山编辑部20公里外的偏僻小山村——王皮湾附近的山上。机房就设在半山腰新凿的两孔石窑洞内，这两孔窑洞是由一二十个民工用了两三个月时间、日夜不停一锤锤打出来的。播音室则设在村里一孔土窑洞里。

1940年12月30日，延安新华广播电台首次开播，呼号为“XNCR”。由于该台当时是新华社的一个组成部分，广播稿件便由设在清凉山的新华社广播科提供。播出时间为每天上、下午各一次，每次一小时左右。主要内容有中共中央文件、《新中华报》社论、《解放》周刊重要论文、国内外新闻等。另外，还有播唱抗日进步歌曲的文艺节目。延安台开播后，山东抗日根据地《大众日报》最早于1941年1月16日（第217期）报道了这一消息，并提醒读者注意："陕甘宁边区政府为推进新闻事业、供给正确报道起见，特制备播音机器一座，并已于上月30日起，开始向外广播，其广播时间为每日19时至21时（即每晚7时至晚9时），呼号为XNCR，波长28米。我山东各军政机关，民众团体，备有收音机者，可赶快按时收听，借以搜罗一切正确真实之新闻材料，并可粉碎敌伪投降派所进行之欺瞒国人之一切虚妄宣传也。"

中共中央和毛泽东同志对延安台非常重视。1941年5月25日，中共中央在《关于统一各根据地内对外宣传的指示》中，要求"各地应经常接收延安新华社的广播，没有收音机的应不惜代价设立之"。同一天，中宣部还就延安台的广播内容及方式作了《关于电台广播的指示》，并强调"电台广播是各抗日根据地目前对外宣传最有力的武器"。同年6月20日，中宣部在《关于党的宣传鼓动工作提纲》中再次指出："在现代无线电事业发展的情形下，以及在中国交通工具困难的情形下，发展通讯社的事业、无线电广播事业，是非常重要的。应当在党的统一的宣传政策之下，改进现有通讯社及广播事业的工作。"⑤

延安台的广播曾引起国民党有关当局的极大恐慌。国民党中宣部曾密令其"中央广播事业管理处"，"每日指定专员收听，逐日具报"，并设电台"就近干扰"，甚至企图侦测台址、策划派遣特务进行破坏。

延安台自1940年底开播后，尚处于试播阶段。由于设备简陋，发射机和其他器件经常出故障，所以时播时停，断断续续地在王皮湾村坚持了两年时间。到了1943年春天，因大型电子管被烧坏，一时又得不到补充，不得不暂停广播。直至1945年9月5日才恢复播音，播音室和机房则设在王皮湾东南约6公里处的盐店子。

二、各敌后抗日根据地的新闻事业

抗战爆发后，1937年8月，根据国、共两党谈判的协议，中国共产党领导的工农红军主力改编为"国民革命军第八路军"（简称“八路军”），9 月改称“第十八集团军”。同年 10 月，又将湘、闽、粤、赣、浙、鄂、豫、皖等南方八省的红军游击队改编为“国民革命军陆军新编第四军”（简称“新四军”，不包括广东琼崖红军游击队）。中国共产党领导的八路军、新四军一成立，就进军华北、华中等日寇占领区，开辟敌后战场，开展敌后的抗日游击战争，创建和发展新的敌后抗日根据地。

抗日战争时期，中国共产党相继建立了华北、华中、华南等敌后抗日根据地，曾在这些地区创办了大量的报刊。1937—1939 年间，华北、华中抗日民主根据地就创办了近 700 种报刊。这些报刊都是由中国共产党在根据地的各级党组织及其领导的政府、军队及群众团体创办的。大多数是油印小报，少数是铅印或石印的。1939 年后，各敌后抗日根据地对报刊进行整顿，集中人力、物力创办根据地分局党委机关报。这样，报刊数量虽然减少，但质量有了显著的提高，布局也更为合理。

【华北敌后抗日根据地的重要报纸】 华北敌后抗日根据地主要包括 4 个解放区，即晋察冀边区、晋冀鲁豫边区、山东抗日根据地、晋绥边区。华北敌后抗日根据地的重要报纸主要有晋察冀根据地的《晋察冀日报》、晋冀鲁豫根据地的《新华日报》华北版、晋绥抗日根据地的《抗战日报》（后改为《晋绥日报》）、山东抗日根据地的《大众日报》等等。

《晋察冀日报》：该报是中共中央晋察冀分局机关报。初名《抗敌报》，于 1937 年 12 月 11 日创刊于当时晋察冀抗日根据地的中心——河北省阜平县城。该报 4 开 4 版，3 日刊；初为油印，从第 13 期起改为石印。发行量仅千余份。由晋察冀军区政治部宣传部主办，是敌后抗日根据地出版的最早的报纸。从 1938 年 8 月 16 日出版的第 63 期起，改为铅印，并由 3 日刊改为隔日刊，成为晋察冀边区党委的机关报。《抗敌报》第一任社长是晋察冀军区政治部主任舒同。1938 年 4 月后，由邓拓继任社长。1940 年 11 月 7 日，《抗敌报》出至第 457 号时，改名为《晋察冀日报》，并实行全面的革新，改为日刊。由邓拓任社长兼总编辑。在当时的战争环境下，报社社址几经迁徙。抗战胜利后，于 1945 年 9 月 12 日迁到张家口市出版；从1817期起，扩大为对开报纸。后因国民党发动内战，该报又迁回阜平县农村出版。1948年6月14日终刊，共出版2 845期（当日序号误排为“2854”）。发行量最高达5万份，是晋察冀根据地报刊中出版时间最早、影响最大的报纸。该报在敌寇残酷的“围攻”、“扫荡”中，在严峻险恶的战斗环境里，无论形势多么紧张，一直坚持出报。在邓拓同志的带领下，报社全体成员一手拿枪、一手拿笔，行军到一个地方马上就抓紧时间、分秒必争编印报纸。在山区游击战争环境中办报，一方面要同敌寇的清剿合围、扫荡蚕食、袭扰破坏作斗争，另一方面又要克服交通不便、物质条件极差等困难。当时，《晋察冀日报》曾流传邓拓同志“八头骡子办报”的佳话。《晋察冀日报》前后办了10年6个月零3天的时间，为晋察冀抗日根据地的创建、发展和巩固作出了重要贡献。同时，在邓拓的主持下，报社还于1944年5月出版了《毛泽东选集》(共5卷，约50万字)，这是我国革命出版史上出版的第一部毛泽东著作选集。《晋察冀日报》停刊后，便与晋冀鲁豫的《人民日报》（1946年5月15日在河北邯郸创刊）合并，改组为《人民日报》华北版。该报是中共中央华北局机关报，于1948年6月15日在河北平山县西柏坡创办。1949年3月迁至北平（今北京)，同年8月起改为中共中央机关报，以迄于今。

《新华日报》华北版：该报是中共中央北方局的机关报，1939年1月1日创刊于晋东南的山西省沁县后沟村。铅印，4开4版，隔日刊。是当时敌后根据地中第一个铅印出版的报纸。发行量达3万份。1943年，中共中央北方局撤销，成立中共中央太行分局，该报同年10月1日改为《新华日报》太行版，成为中共中央太行分局机关报。《新华日报》华北版初创时的部分编辑和印刷工人是从武汉《新华日报》调来的。何云任首任社长兼总编辑，继任者为陈克寒。何云（公元1907—1942年)，原名朱士乔，浙江上虞人，1932年加入中国共产党，1938年初参与筹备出版汉口《新华日报》，任国际版编辑。同年11月赴晋东南筹办《新华日报》华北版，后还兼任新华社华北分社负责人及中国青年新闻读者学会北方办事处主任，为发展华北根据地党的新闻事业作出了贡献。1942

年5月28日，在一次反“扫荡”战斗中，被日寇枪杀，时年仅36岁。

《抗战日报》：该报是中共晋西区党委机关报，1940年9月18日创刊于晋西北的山西省兴县。4开4版，3日刊，铅印出版，是晋绥边区第一张铅印报纸。1942年元旦起，改为隔日刊；同年8月，成为中共中央晋绥分局机关报。1944年9月18日起改为日报。直至1949年5月1日终刊，共出2 171期。《抗战日报》的创办人及总编辑为赵石宾（公元1914—1942年）。其后，任社长、总编辑的有廖井丹、郝德青、周文、常芝青等。

《大众日报》：该报于1939年1月1日在山东沂水县王庄创刊。前期为中共中央山东分局机关报。1945年冬，中共中央华东局成立后，又成为华东局机关报。该报初创时为油印，后改铅印；刊期由3日刊改为日刊，版面由4开改为对开。抗日战争时期及解放战争时期，报社社址多次迁移，先后在沂蒙山区的沂南、莒南、临沂、日照、临朐等县的村、镇出版。首任社长刘导生，第一任总编辑是匡亚明。以后，匡亚明、陈沂先后担任社长。1949年4月由农村迁到济南出版至今。

【华中敌后抗日根据地的重要报纸】 华中抗日根据地包括江苏、安徽、湖北大部分，以及河南、浙江、湖南的小部分。华中敌后抗日根据地的重要报纸主要有新四军军部办的《抗敌报》、新四军四师办的《拂晓报》、中共中央华中局办的机关报《江淮日报》、盐阜地区党委办的《盐阜报》、《盐阜大众》报，以及鄂豫边区党委办的《七七报》、新四军第五师办的《挺进报》等。

《抗敌报》：该报于1938年5月1日创刊于皖南，是新四军军部机关报。由新四军政治部主办，朱镜我主持。经常撰稿者有朱镜我、李一氓、薛暮桥、聂绀弩、黄源、林淡秋等。新四军领导人项英、陈毅、袁国平也曾在该报发表文章。该报初为油印的4开4版报、5日刊，1938年冬改为铅印。以新四军战士为主要读者对象，文章简短活泼，主要文艺副刊有“文艺”、“战士园地”及“抗敌剧场”等。编排新颖，印刷也很清晰。1941年1月皖南事变发生后被迫停刊。

《拂晓报》：该报于1938年9月30日创刊于河南确山县竹沟镇，是新四军第四师的机关报。油印，4开4版。开始为不定期出版，后改为3日刊。创办人和领导者是新四军第四师师长彭雪枫(公元1906—1944年)。《拂晓报》的发刊词即由他撰写。《拂晓报》虽是油印小报，却以刻印精美而闻名。它不但字迹工整、清晰，而且常有套版与插图，可与铅印报纸媲美。曾寄到重庆、延安、莫斯科、纽约等地展览，受到读者的交口称赞。后部队奉中央军委命令离开河南，转战到淮北地区。1943年元旦起，《拂晓报》与《人民报》合并，报名依旧，成为中共淮北区党委机关报。同年5月起，改为铅印。另出《拂晓报》部队版在军内发行。

《七七报》：该报于1939年7月7日创刊于湖北省京山县养马畈，是中共鄂豫边区党委机关报。油印，4开4版一张，两三天出一期。1941年元旦起，改为铅印。抗战胜利后成为中共中原局机关报，迁大悟县孙家湾出版。1946年1月14日起，改名《七七日报》；至6月24日，因国民党军队进攻中原解放区而停刊。前后出版536期。

《江淮日报》：该报于1940年12月2日在华中抗日根据地的苏北盐城县创刊。该报先出4开两版，1941年6月1日改版出对开4版，是苏北根据地的第一张日报。初创时为中共中央中原局机关报；次年5月，中共中央中原局和东南局合并成立华中局，该报成为华中局机关报。该报社长由中共中央华中局书记刘少奇（胡服）兼任，副社长兼总编辑王阑西。该报在刘少奇、陈毅的亲自领导下，在宣传抗战和根据地建设中，发挥了党报的组织作用。特别是对“皖南事变”的详细报道，及时揭露了国民党反动派的反共投降阴谋。最初发行4 000份，后增至1.5万份；除华中根据地外，还秘密发行至日伪占领区。由于日寇和国民党军队的夹击，办报条件十分困难，终于在1941年7月22日停刊。

《盐阜大众》报：该报于1943年4月25日在江苏盐城创刊，是中共盐城区委及苏北五地委机关报。该报是一张以农村基层干部和农民为主要读者对象的通俗报纸。初为8开4版一小张，半月刊；后改为4开1张，先后为半月刊、旬刊、周刊、3日刊。第一任社长王阑西。主编先后由赵平生、秦加林担任。注重通俗化、大众化和密切联系群众，力求做到“初识字的人看得懂，不识字的人能听懂”。所载文章篇幅短小简洁，版面编排图文并茂、生动活泼。此外，该报尤其注重培养工农通讯员和记者，后成为名记者、作家的钱毅、陈登科都曾是该报的编辑和记者。1947 年初，国民党军队向苏北解放区发动进攻，《盐阜大众》报转移到淮安、涟东一带，改为《苏北日报》继续在敌占区出版。

【华南等抗日根据地的报刊】 华南抗日根据地是由中国共产党领导下的广东人民抗日游击队东江纵队和琼崖纵队开辟的。东江纵队主要活跃在广九路两侧和珠江三角洲一带，直接威胁敌寇占领的香港、广州等重要城市；琼崖纵队则活跃在海南岛上。

在华南抗日民主根据地，广东东江抗日根据地曾办有《新百姓报》，后改名《东江民报》。广东人民抗日游击队东江纵队办有机关报《前进报》。

在海南岛，中共琼崖特委办有《抗日新闻》。

此外，在我国东北地区，中共地下党和抗日联军各军部都有自己的小报，如中共满洲省委办的《满洲红旗》（后改名《东北人民报》）和抗日联军办的不定期小报《人民革命军报》、《青年义勇军报》等等。

三、延安《解放日报》在整风运动中的改革及我国无产阶级新闻理论的大发展

【《解放日报》的改版及改革】 1942 年春天起，中国共产党在全党范围内展开了一次整风运动。这次整风运动的主要任务是整顿三风，即反对主观主义以整顿学风，反对宗派主义以整顿党风，反对党八股以整顿文风。其核心任务是反对主观主义，其目的是为了从思想上清算中国共产党成立 20 多年来党内历次“左”、右倾错误路线及其流毒，在全党范围内进行一次马列主义的教育运动。

《解放日报》在整风运动中发挥了巨大作用，它本身也在整风运动中受到整顿和改革。最著名的是 1942 年 4 月 1 日的改版，以及以后的新闻改革，在中共党报史上产生了深远影响。

1942年2月初，毛泽东同志先后在中共中央党校开学典礼上作了《整顿党的作风》（2月1日）、在干部会上作了《反对党八股》（2月8日）的重要报告。这标志着整风运动在延安正式开展起来。2月11日，《解放日报》发表社论，题为《宣布党八股的死刑》；2月13日又登载社论《展开宣传工作上的新阵容》。新闻工作的整顿和改革也随着整风运动逐步开展起来。

根据党的整风精神，1942年3月16日，中共中央宣传部作出了《为改造党报的通知》(《解放日报》于4月1日登载)，要求各地根据整风精神来检查和改造报纸。《通知》是党报改革纲领性文件，一共有甲、乙、丙、丁、戊五条，阐明了一系列极其重要的党报理论。归纳起来如下：1.“全党办报”的思想。《通知》指出：“报纸是党的宣传鼓动工作最有力的工具，每天与数十万群众联系并影响他们，因此，把报纸办好，是党的一个中心工作，各地方党部应当对自己的报纸加以极大注意，尤应根据毛泽东同志整顿三风的号召，来检查和改造报纸。”2. 对党报的内容、版面和主要任务作了规定：“报纸的主要任务就是要宣传党的政策，贯彻党的政策，反映党的工作，反映群众生活，要这样做，才是名副其实的党报，如果报纸只是、或者以极大篇幅为国内外通讯社登载消息，那么这样的报纸是党性不强，不过为别人的通讯社充当义务的宣传员而已，这样的报纸是不能完成党的任务的。”党报“要把党的政策，党的工作，抗日战争，当地群众运动和生活，经常在党报上反映，并须登在显著的重要地位”。3. 要大力加强党报编辑部的工作。“要使各地的党报成为真正的党报，就必须加强编辑部的工作，各地高级党的领导机关，必须亲自注意报纸的编辑工作，要使党报编辑部与党的领导机关的政治生活联成一气”。4.“在党报上可以允许各种不同的观点的论争，可以容许一切非党人士站在善意的立场上对我们各方面工作的批评或建议的言论发表。”此外，《通知》还就党报的战斗性、正确的自我批评及通俗化等问题作了指示。

《通知》发出后，从《解放日报》到各新闻单位，从延安到各抗日根据地，掀起了整风和检查批判党八股的热潮。

《解放日报》走在新闻界整风改革的前列。1942 年 3 月 31 日，毛泽东和解放日报社社长博古在杨家岭中共中央办公厅召集各方面人士 70 多人开会座谈，就《解放日报》改版征求各方面的意见。毛泽东最后讲了话，他指出："为了纠正这些不良作风，我们提出了整顿三风。但要达此目的，非有集体的行动、整齐的步调，不能成功。"因此，"利用《解放日报》，应当是各机关经常的业务之一。经过报纸把一个部门的经验传播出去，就可推动其他部门工作的改造。我们今天来整顿三风，必须好好利用报纸"。这种利用报纸来推动工作开展的方法，成为党报的重要经验和传统。另外，鉴于当时延安《解放日报》的《文艺》副刊和墙报《轻骑队》在整风运动开始后出现的问题，⑥毛泽东在讲话中还谈了批评的立场、态度问题。整风运动开始后不久，《解放日报》的《文艺》副刊便刊登了王实味的《野百合花》（载《解放日报》1942 年 3 月 13 日、23 日）等杂文，散布绝对平均主义的错误观点，并采用了冷嘲热讽的手法。国统区的国民党特务刊物如获至宝，全文转载，大批翻印，再加渲染，从而在国内外产生了不良影响。此外，当时延安曾出现过一个以刊登批评性稿件出名的墙报——《轻骑队》，它的批评往往主观片面、冷嘲热讽，产生了削弱团结、涣散斗志的消极作用。毛泽东针对《解放日报》副刊《文艺》、《轻骑队》的错误倾向，指出：这是"从不正确的立场说话的，这就是绝对平均的观念和冷嘲暗箭的办法"。"批评应该是严正的尖锐的，但又应该是诚恳的、坦白的、与人为善的。只有这种批评态度，才对团结有利。冷嘲暗箭则是一种销蚀剂，是对团结不利的"⑦。

1942 年 4 月 1 日，《解放日报》实行改版。这一天，它登载了中共中央宣传部《为改造党报的通知》全文，同时发表了改版社论《致读者》。社论首先论述了党报的党性、群众性、战斗性及组织（指导）性原则，接着依照以上标准，检查了该报创刊 10 个月来存在的问题："我们以最大的篇幅供给了国际新闻，而对于全国人民和各抗日根据地的生活、奋斗，缺乏系统的记载；我们孤立登载着中央的决议指示，领导同志的论文，而没有加以发挥和阐明，对于政策和决议的执行情形、经验检讨则毫无反映；我们以巨大的篇幅登载枯燥乏味的论文和译文，而不能以生动活泼通俗易解的文字解释迫切的问题，对于敌对思想缺乏应有的批评”；“对于边区中所进行的各种巨大的群众运动，我们至多只记载了一些论断，而没有能够全面地反映，更谈不上推动与倡导”。因此，要实行“彻底的改革。改革的目的，就是要使《解放日报》能够成为真正战斗的党的机关报”。当天《解放日报》的版面以全新的形态呈现在读者面前：第一版是各解放区的要闻版，第二版是陕甘宁边区版，第三版才是国际新闻版，第4版仍是副刊和各种专论版。而在此之前，《解放日报》第一、二版则长篇累牍登载国际新闻，第三版主要登国内新闻，第四版才是陕甘宁边区新闻和副刊。这样的版面编排，把报纸的主要篇幅用来刊登国内外通讯社的消息、刊登过量的国际新闻，脱离了解放区斗争的实际，脱离党的中心工作的实际，实质上是受党八股和王明教条主义及“左”倾错误路线影响的表现。改革后的版面，把解放区的新闻报道提到了首位，整风运动的宣传成了当时的一个宣传中心。与此同时，为了加强报社的领导，4月间，中央派陆定一同志参加改版工作，并负责主编《解放日报》的《学习》专刊。8月8日，正式任命陆定一为总编辑，并决定他和博古参加中央政治局会议，使报社领导能及时了解党中央的决策，密切配合宣传党的工作。

延安《解放日报》改版后，《新华日报》华北版、《抗战日报》等也在整风检查工作的基础上，纷纷进行了类似《解放日报》的改版，面貌为之一新，加强了报纸与革命根据地的斗争实际、与人民群众的联系。各地党委也普遍加强了对报纸的领导。重庆《新华日报》虽然在国民党势力的重重包围下出版，也进行了整风学习，并作了改进报纸工作的努力。1942年5月23日，它发表社论《敬告本报读者——请予本报以全面批评》，宣称要在读者的帮助下，“使本报得以肃清主观主义、教条主义与党八股的残余”。经过内部学习和读者的帮助，于9月18日正式改版。当天发表重要社论《为本报革新敬告读者》，认真改进新闻编辑及版面编排，特设《边鉴》专栏，以加强向国统区人民及时报道边区的改革和建设情况；创设综合性的《新华副刊》，向读者介绍社会科学和自然科学知识；9 月 19 日还出版副刊《团结》周刊，作为共产党员及先进分子学习的园地。同时，进一步改善国际新闻的报道，建立了编、译、评一套完整、健全的国际新闻报道的班子，如：国际新闻评论的主要作者有章汉夫、乔冠华、石西民、熊复、张友渔、吴敏等，国际新闻的编辑有毕朔望、范剑涯、钟颖等，从事资料工作的有戈宝权、曹若铭、朱世纶等。改版后的《新华日报》想尽办法满足读者的需要，把各阶层的群众团结在党的周围。

改版后的《解放日报》积极配合党的中心工作，进行宣传报道：一是加强了整风运动的宣传，集中力量报道整风运动开展的情况，发表了大量带指导性的文章和社论，仅在 1942 年 4 月后到年底这一段时间里，就发表整风社论 100 多篇。同时，还办了专刊，辟了专栏宣传整风运动，如：1942 年 4 月 1 日起，就创办《党的生活》专栏，专登整风文件；5 月 13 日起，创办《学习》专刊，专门登载有分量的理论文章（至 1943 年 1 月 16 日停刊，共出 24 期）。同年 4 月 9 日至 11 月 23 日，又在报纸第二版开辟《一得书》杂文专栏，专门登载谢觉哉写的短小精悍、生动活泼的杂文和小品文，前后计 70 多篇，深受广大干部、群众的欢迎。二是加强了大生产运动的宣传和军事宣传。1943 年前后，大生产运动兴起。《解放日报》用很多篇幅宣传党的“自力更生、奋发图强”，“自己动手、丰衣足食”等方针；宣传大生产运动中的先进典型，推广他们的经验。先后发表大生产运动的消息和通讯 3 000 多篇。同时，对军事宣传也大大加强，出现了不少反映部队生活和刻画战士及民兵英雄形象的通讯和报告文学。1944 年 3 月 3 日，《解放日报》发表了中央军委总政治部宣传部根据党中央指示写的《苏联的军事宣传与我们的军事宣传》的长篇文章，一方面总结了前苏联卫国战争中军事宣传的成功经验，另一方面又找出了我们在军事宣传方面存在的问题，并提出改进军事宣传的重要意见。三是积极进行反对国民党顽固派企图发动第三次反共高潮的宣传。1943 年春，国民党顽固派掀起了第三次反共高潮。这年 3 月，蒋介石署名出版《中国之命运》一书（实由陶希圣撰写），鼓吹中国的法西斯主义，公开反对共产主义和自由主义者，并暗示在两年内要消灭共产党；

5月，又密令胡宗南部准备进犯解放区。为了制止国民党掀起的第三次反共高潮，《解放日报》发表大量文章，义正辞严地批判《中国之命运》一书，揭露国民党顽固派的内战阴谋及其破坏团结抗战的行径。由于《解放日报》的强大舆论攻势，终于使国民党这次反共高潮还没有发展成大规模的武装进攻就被制止了。

【我国无产阶级党报理论及新闻理论的大发展】 在解放区新闻战线的整风改革中，在反对主观主义、宗派主义和党八股的同时，《解放日报》发表了一系列关于新闻工作的文件、社论和理论文章，如：

《宣布党八股的死刑》（1942年2月11日）

《展开宣传工作上的新阵容》（1942年2月13日）

《为改造党报的通知》（1942年4月1日）

《致读者》（1942年4月1日）

《毛泽东在〈解放日报〉改版座谈会上的讲话》（1942年4月2日）

《报纸与新的文风》（1942年8月4日）

《纪念九一记者节》（1942年9月1日）

《中共西北中央局关于〈解放日报〉工作问题的决定》（1942年9月14日）

《党与党报》（1942年9月22日）

《给党报的记者和通讯员》（1942年11月17日）

胡乔木：《报纸是人民的教科书》（1943年1月26日）

《政治与技术——党报工作中的一个重要问题》（1943年6月10日）

陆定一：《我们对于新闻学的基本观点》（1943年9月1日）

《本报创刊六周年》（1944年1月11日）

《本报创刊一千期》（1944年2月16日）

总政宣传部：《苏联的军事宣传与我们的军事宣传》（1944年3月3日）

《言论“自由”以后》（1944年9月22日）

《新闻必须完全真实》（1945年3月23日）

《提高一步》（1945 年 5 月 16 日）

《从五个 W 说起》（1945 年 12 月 13 日）

胡乔木：《人人要学会写新闻》（1946 年 9 月 1 日）

胡乔木：《短些，再短些！》（1946 年 9 月 27 日），等等。

总括起来看，以上文件及文章所涉及的内容和范围，共分两大方面：一是在无产阶级党报理论方面，对党报的性质、特征、任务，党与党报的关系及党对党报的领导，党报的工作方针及编辑方针和编排原则，党报的群众路线，党报的文风等重大问题进行了研究，进一步丰富了马列主义的党报理论，为建立具有中国特色的无产阶级党报理论奠定了基础；二是用马克思主义的立场、观点和方法，对新闻学的基本问题进行了初步的探讨。

在党报理论方面，主要有如下一些重要观点：

（一）确立了“全党办报”的思想。“全党办报”思想又包括以下几个方面的内容：一是党的领导机关及各级党委，必须充分重视并善于利用报纸来宣传贯彻党的路线、方针、政策，更好地为党的中心工作服务。1942 年底，《解放日报》改版前夕，毛泽东在改版座谈会讲话中就号召：“我们今天来整顿三风，必须好好利用报纸。”“利用《解放日报》，应当是各机关经常的业务之一。经过报纸把一个部门的经验传播出去，就可推动其他部门工作的改造。”二是每个党的干部、每个党员，必须切实关心党报、重视党报，经常阅读、研究和讨论党报，自觉为党报写通讯、写文章，帮助党报的发行，承担自己对党报应有的责任。《中共西北中央局关于〈解放日报〉工作问题的决定》特别指示：“西北中央局特责成各级党部在党内进行关于党报的教育工作，使每个党员认识对党报漠不关心的态度乃是党性不好的一种具体表现。而经常看报，帮助党报的发行及组织党报的通讯工作，则是每个党员所应当努力的责任。”三是报社工作人员要有坚定的党性原则。《解放日报》为了配合以上的西北局关于《解放日报》“决定”的贯彻执行，也曾发表过一篇题为《党与党报》的重要社论。社论首先对列宁“报纸是集体宣传者和集体组织者”这一名言中的“集体”一词进行分析，指出：如果把这个“集体”看做是报馆同人，“那么，报纸就不成其为党报，而成为报馆几个工作人员的报纸”，就会不顾党的意志和影响，而依照报馆同人或工作人员个人的意见和兴趣办报，“那就一定党性不强，一定闹独立性，出乱子”。社论明确指出，这个“集体”“是指整个党的组织而言的”，“报纸是党的喉舌，是这一个巨大集体的喉舌。在党报工作的同志，只是整个党的组织的一部分，一切要依照党的意志办事，一言一行，一字一句，都要顾到党的影响”，“必须时时警惕，看重自己的责任”。这就从根本上把“党报”与“同仁报纸”区别开来。1944 年 2 月 16 日，《解放日报》发表社论《本报创刊一千期》，总结了该报改版之后一年又十个月以来的经验，强调指出：“我们的重要经验，一言以蔽之，就是‘全党办报’四个字。”这是最早在党报上明确地提出“全党办报”的口号，对以后党报的发展产生了深远的影响。

（二）重申了党报的性质、特征和任务。《解放日报》改版第一天就发表《致读者》的社论，重申党报的特征是：党性、群众性、战斗性、组织性。1944 年秋，博古在《党报记者要注意些什么问题》的讲话中进一步指出：党报是党的耳目喉舌，“作（为）党的喉舌，党每天经过报纸向群众讲话，没有别的工具能如报纸这样更紧密地和群众联系；另方面党报又是党的眼睛、耳朵，经过它了解下面的情形”。“我们要成为党的喉舌，必须要贯彻党性、群众性、组织性、战斗性”⑧。

（三）加强新闻工作者的党性修养，确立“人民公仆”的思想，批判“无冕之王”的观点。1942 年 11 月 17 日，《解放日报》发表专文《给党报的记者和通讯员》，着重批判了资产阶级新闻学关于“无冕之王”的观点。文章指出，在资本主义社会中，新闻记者在名义上是自由的，实际上并不自由，“他的自由绝对不能超出他们雇佣者所容许的范围，是受到严格限制的”。文章用鲜明的“人民公仆”的观点和名实不副的“无冕之王”的观点对立起来，告诫党报工作人员说：“我们党报的记者通讯员，决不能像资产阶级报纸的记者通讯员那样，自称为‘无冕之王’。我们老老实实自称为公仆，我们是党和人民这个大集体的公仆。我们不是依照个人兴趣和个人利益或少数人的利益办事，我们老老实实为党为人民办事。”在欧美资本主义社会有新闻记者是“无冕之王”的说法，并把新闻工作与国王、上院、下院并列为“第四种权力”。这种观念曾在某种程度上起了促使新闻工作者不畏权势、不受政治压力干扰、敢于监督政府的积极作用。但对无产阶级的新闻工作者来说，如果把自己当成超越于党和人民之上的“无冕之王”，那就有害无益了。

（四）坚持“政治第一、技术第二”的原则，反对“技术第一、政治第二”的观点。1943 年 6 月 10 日，《解放日报》发表社论《政治与技术》，批判了“技术第一，政治第二”的错误观点，同时又对“政治”与“技术”的关系作了辩证的阐述：“技术”的作用和可贵，就在于好的技术能把正确的政治内容完善地表达出来；坏的技术就做不到这点，甚至会起相反的副作用。但是一些人过分夸大技术的作用，或者把技术神秘化，使它和政治对立起来，并得出“技术第一，政治第二”的结论，那就是错误的了。

（五）反对党八股，树立生动活泼的马列主义文风。《解放日报》发表的毛泽东的《反对党八股》一文，曾系统列举了党八股、即洋八股的八大罪状，并指出：“‘离开中国特点来谈马克思主义，只是抽象的空洞的马克思主义。’这就是说，必须反对空谈马克思主义；在中国生活的共产党员，必须联系中国的革命实际来研究马克思主义。”“洋八股必须废止，空洞抽象的调头必须少唱，教条主义必须休息，而代之以新鲜活泼的、为中国老百姓所喜闻乐见的中国作风和中国气派。”1942 年 8 月 4 日，《解放日报》又刊载社论《报纸和新的文风》，对如何改进报纸文风作了进一步的探索。

（六）发扬党报的三大作风。1945 年 5 月 16 日是《解放日报》创刊五周年。该报在当日发表的社论《提高一步》中指出：毛泽东同志在“七大”的报告《论联合政府》中说：“以马克思列宁主义的理论思想武装起来的中国共产党，在中国人民中产生了新的工作作风，这主要就是理论和实践相结合的作风，和人民群众紧密地联系在一起的作风以及自我批评的作风。”“毛主席说的，是全党的作风问题，但同时也就是我们报纸的作风问题”，“正是我们今后应该努力的目标”。

在延安新闻界整风学习基本上告一段落后，1943 年 9 月 1 日，《解放日报》第 4 版《新闻通讯》专栏⑨第 6 期发表陆定一写的《我们对于新闻学的基本观点》一文，用辩证唯物主义的观点、方法，阐述了无产阶级有关新闻学的基本观点，也批判了资产阶级唯心主义的新闻观点。文章主要谈了两个问题：一是“新闻的本源”。对“新闻”定义作了比较科学的界定：“唯物论者认为，新闻的本源乃是物质的东西，乃是事实，就是人类在与自然斗争中和在社会斗争中所发生的事实。因此，新闻的定义，就是新近发生的事实的报道。”“新闻的本源是事实，新闻是事实的报道，事实是第一性的，新闻是第二性的，事实在先，新闻（报道）在后。这是唯物论者的观点。”“因此，唯物主义的新闻工作者，必须尊重事实，无论在采访中，在编辑中，都要力求尊重客观的事实。”同时批判了资产阶级唯心主义的“性质说”等新闻观点。二是“新闻如何能真实”。该文既基本肯定了资产阶级新闻学中新闻必须具备“五要素”，即时间、地点、人名、事实的过程与结果的观点；又指出仅仅有“五要素”是不够的，仍然不能保证新闻的真实性，还必须把尊重事实与革命立场结合起来，密切联系群众，联系实际，才能得到真实的新闻。以后，就新闻真实性问题，《解放日报》又发表了《新闻必须真实》（1945 年 3 月 23 日）、《从五个 W 说起》（1945 年 12 月 13 日）等重要社论，进一步强调这一原则，指出：“新闻必须有五个‘W’（When——时间，Where——地点，Who——人物，What——事情，Why——为什么），犹如人的头脸必须有耳、目、口、鼻一样。缺少了一件，就会不成样子。”另外，新闻报道还必须“具体确切”，不能“抽象笼统”。

四、中外记者采访抗日民主根据地

【采访抗日根据地的外国记者群】 抗战全面爆发前后，在斯诺西北采访活动的感召下，不少外国进步新闻记者纷纷到苏区和抗日根据地采访，著名的有斯诺夫人海伦·斯诺，以及贝特兰、卡尔逊、福尔曼、斯坦因、爱泼斯坦、史沫特莱、斯特朗、贝尔登等人，从而形成了一股巨大的“中国红区热”。

这些外国记者离开苏区和各抗日根据地后，写下了许多通讯报道和著作，及时、详细地向世界介绍了中国共产党的政治路线和主张，报道了革命根据地的情况。如海伦·斯诺的《续西行漫记》、贝特兰的《华北前线》、卡尔逊的《中国的双星》、福尔曼的《来自红色中国的报道》、斯坦因的《红色中国的挑战》、爱泼斯坦的《中国未完成的革命》、斯特朗的《中国人征服中国》、贝尔登的《中国震撼世界》等等。这些著作后来都被陆续译成中文出版。

抗战时期，采访抗日民主根据地的最为著名的外国记者有史沫特莱、斯特朗和汉斯·希伯等。

艾格妮丝·史沫特莱（公元1892—1950年）是美国进步女作家、新闻记者。1892年出生于美国密苏里州北部贫困的农业区。父亲是一个穷苦的矿工，常常失业；母亲为儿女所拖累，劳碌一生，以为人洗衣来维持生计，由于贫困，不到40岁便死去。史沫特莱从小就生活在饥寒交迫的生活环境里，在美国西部一些村镇的窝棚和矿工帐篷中度过自己的童年。劳动人民的苦难经历、旧日西部强烈的个人奋斗精神，对以后的史沫特莱影响很大，“阶级意识贯穿了她整个一生”（爱泼斯坦语）。由于生活所迫，她从12岁起，就当过女佣、烟厂工人和书报推销员，并在忍饥挨饿的环境下，经过勤奋不懈的努力而自学成才。1917—1920年，她迁居美国东部城市纽约，开始为报刊撰稿。1921年，史沫特莱离美赴欧，来到德国柏林。在德国的8年中，她一面教授英语和美国研究等课，一面攻读印度史博士学位。1927年写成自传体小说《大地的女儿》，后被译为多种文字，广为流传。

1928年底，史沫特莱通过一位德国共产党人的介绍，以德国《法兰克福日报》特派记者和英国《曼彻斯特卫报》特派记者的身份，途经前苏联来到中国。由东北、华北而到上海，开始她在苦难中国12年之久的新闻记者生涯。从此，她深刻地了解中国、认识中国，进而愈来愈热爱中国，关切、支持中国人民的革命事业。

1929年12月27日，史沫特莱与鲁迅见面，从此结下深厚的友谊，一直到1936年10月19日鲁迅逝世。他们之间的交往前后有7年时间。

1936年12月，她到西安报道西安事变。

1937年3月1日，史沫特莱采访延安，会见仰慕已久的中共领导人毛泽东、朱德、周恩来、任弼时等，访问工农红军将领贺龙、彭德怀和妇女领袖人物邓颖超、康克清等，把众所关注的延安真实情况，不断报告给世界各地的读者。1937年9月从延安动身往西安。

1938年1月，她离开山西抗日前线，前往武汉采访。1938年10月武汉沦陷后，到新四军中采访，直到1940年。

1940年初，史沫特莱来到国民党的统治中心——重庆。9月，因病取道香港返回美国就医。这时，她一面勤奋写作朱德传记《伟大的道路》，一面利用一切机会，为中国革命作宣传。为此，她曾受到麦卡锡主义者的迫害。

1949年10月新中国成立后，史沫特莱感到由衷的高兴。她决定返回中国，在前往伦敦等待签证时，于1950年5月4日因胃溃疡而住院接受手术。5月6日逝世。1951年5月，她的骨灰葬在北京八宝山烈士公墓。

安娜·路易斯·斯特朗（公元1885—1970年），1885年11月24日出生于美国内布拉斯加州一个叫弗伦德的边疆小镇。家庭环境优裕。父亲是公理会牧师，对社会改革有强烈兴趣；母亲受过高等教育，对人权和种族平等有坚定信念。斯特朗毕业于奥柏林大学。1908年在芝加哥大学获博士学位，并开始从事社会活动。1919年，西雅图爆发了大罢工，斯特朗积极投身于这场斗争，并成为一家影响很大的工会报纸的编辑。1921年后，她旅居前苏联近30年，一直把莫斯科作为常住之地，创办和主编前苏联第一家英文报《莫斯科新闻》，撰写了大量文章，从不同角度报道前苏联情况。直至1949年被前苏联有关当局指控为“间谍”而被捕并被驱逐回美国；1955年，莫斯科给她恢复了名誉。

斯特朗一生中曾先后6次到中国旅行、采访。1925年，她第一次来到中国。在广州，她报道了孙中山领导的民主革命运动和中国人民的反帝运动——省港大罢工。1927年，她第二次到中国，由上海经汉口，深入湖南农村，报道了毛泽东领导的农民革命运动。10 年后的 1937 年，斯特朗又回到中国采访。当时，抗日烽火燃遍了中国大地，她经香港到达武汉。1937 年末，她到山西南部的八路军总部进行采访，报道了八路军进行的敌后抗日游击战争。

1940 年末，斯特朗又到重庆采访。在重庆，他采访了蒋介石，也采访了周恩来。

1946 年，斯特朗第 5 次到中国，采访了解放区，最后到达延安，并在那里度过冬天。在她采访毛泽东的时候，毛泽东阐述了他的“帝国主义和一切反动派都是纸老虎”的著名论断。

1958 年 8 月，她第 6 次来到中国，并在北京定居下来，时年 72 岁。

1970 年 3 月 29 日在北京病逝，享年 84 岁。

汉斯·希伯（公元 1897—1941 年），是德国籍反法西斯著名作家、记者。曾担任德国共产党中央委员。1897 年出生于克拉科夫（原属奥地利，第一次世界大战后属波兰）。青年时期在德国上过大学，在莱比锡及斯图加特等地参加过德国工人运动。1925—1927 年间的大革命时期，他第一次来到中国，曾在北伐军总政治部编译处工作，并为上海的《中国周刊》等刊物、报纸撰稿。1932 年再次来到中国，在上海定居，和《大美晚报》的编辑巴林博士（英国人）一起，发起了上海第一个国际“马列主义学习小组”，其成员有美国作家及记者史沫特莱、美国医生马海德、新西兰作家路易·艾黎等。同时，他还常用“亚细亚人”为笔名，在美国有影响的《太平洋杂志》、英国的《曼彻斯特卫报》等报刊上发表关于远东和中国问题的报道和评论。

中国全面抗战爆发后，他积极支持中国人民的抗日战争，除了在《太平洋杂志》上发表《中国正越战越强》等有影响的长篇政论文章外，还筹募医药用品，冒险送到新四军中。

1938 年春，他从武汉转往延安，采访了毛泽东主席。1939 年初，采访皖南泾县云岭新四军军部，见到周恩来和叶挺军长。1941 年“皖南事变”发生后，于当年 5 月与夫人秋迪一起到苏北新四军中采访，会见了陈毅和粟裕。在苏北解放区完成了 8 万字的书稿——《中国团结抗战中的八路军和新四军》。同年 9 月从苏北进入山东沂蒙山区抗日根据地，采访报道敌后八路军的抗日斗争。这是他的第6次来华采访。1941年10月30日，希伯所随部队与日寇遭遇于沂南县大青山，他在激战中壮烈牺牲。1942年10月，新华社报道："国际友人德籍名记者希伯同志，于去秋由华中来鲁，采访山东敌后各种抗战动态，适逢十一月敌对鲁中大扫荡，希伯同志随军坚持沂蒙山区游击战争，不幸于12月与敌大队在山巷遭遇，激战中壮烈牺牲，时年43岁。山东各界，经数月之筹备，已于日前举行追悼会，此间《大众日报》亦专文追悼，以志哀思。"⑩

【"中外记者西北参观团"采访延安】 1944年夏，"中外记者西北参观团"访问延安，是革命根据地继斯诺、史沫特莱等采访后，又一次规模最大、影响最大的中外记者采访活动。

抗战爆发后，特别是1938年10月武汉失守以后，在日寇的诱降政策下，国民党政府将其重点由抗日逐渐转移到反共上。在军事上，采取消极抗日、保存实力、积极反共的政策。从1939年起，到1943年秋，5年中发动了3次大规模的反共高潮，动员大批的军队进攻陕甘宁边区及各解放区。与此同时，还一方面对陕甘宁边区实行严密的经济封锁，一方面又实行严密的新闻封锁。在重庆及国统区，国民党政府对有关延安真实情况的报道和作品，一律严厉查禁，不准流传；对在华外国记者有关解放区的报道和评论，或责令重写，或不准发稿，严重的甚至吊销护照。这些做法引起了驻重庆的外国记者们的强烈不满。

到了1944年，国际反法西斯战争取得了重大进展。美国盟军反攻日军，曾设想在我国沿海登陆。当时在沿海敌占区坚持抗战的，只有共产党所领导的八路军、新四军和广大民兵。美军要登陆，只能依靠共产党军队的接应。因此，当时的美国总统罗斯福很想了解中共军队的实力、中共势力所及区域人口、中共对抗日战争的贡献如何、国共冲突等方面的情况。1944年春，在罗斯福的再三要求下，蒋介石不得不答应允许一批中外记者采访延安。

对中外记者采访延安，国民党政府作了一系列严密的策划：一方面由军令部、中宣部、外交部、军委办公厅拟定了《外籍记者请发采访证审定办法》，经蒋介石批准后，严格规定了审核手续和确定外籍记者的名单。另一方面，又由中宣部国际宣传处拟定《招待外记者赴延安参观计划》。《计划》中提出了一系列措施：一是由外事局选派“引导人员”，“实际似应在中统局或军统局人员中选用”，“必须深悉奸党内幕及有充分政治修养及经验者”，必须是“深知外国记者心理而能运用者”。二是由中宣部长邀集外国记者训话，“打预防针”，嘱其进入共产党区域中应注意各点，“不使外记者受其诱惑”。三是在采访日程安排上，要增加参观西安青年劳动营，以及绥远、宁夏等国民党统治区，务使外国记者们的注意力不集中于“中共党区域”云云。

在国民党政府的重重阻挠下，“中外记者西北参观团”终于组成，共计21人。其中，外籍记者6人：斯坦因（美联社、英国《曼彻斯特导报》、美国《基督教科学箴言报》记者）、爱泼斯坦（美国《时代》杂志、《纽约时报》、《同盟劳工新闻》记者）、福尔曼（美国合众社、伦敦《泰晤士报》记者）、武道（路透社、《多兰多明星周刊》、《巴尔的摩太阳报》记者）、夏南汉神甫（美国《天主教信号杂志》、《中国通讯》记者）、普金科（塔斯社记者）；中国记者9人：孔昭恺（《大公报》记者）、张文伯（《中央日报》记者）、谢爽秋（《扫荡报》记者，中共地下党员）、周本渊（《国民公报》记者）、赵炳琅（《时事新报》记者）、赵超构（《新民报》主笔）、金东平（《商务日报》记者名义，实为军统特务）、徐兆镛（中央社记者）、杨嘉勇（中央社记者名义，实为中统特务）。国民党有关当局为了加强对记者团的控制，特派国民党外事局副局长谢葆樵、新闻局副局长邓友德为正副团长，增派国民党中宣部国际宣传处负责人魏景蒙和他的助手陶启湘、张湘生及国民党中央组织部的杨西崑等4人为“陪同人员”。

5月18日，“中外记者西北参观团”由重庆出发，首途飞宝鸡，辗转到西安。本来从西安经过洛川，即可直达延安。但国民党当局却不让记者团走直路，偏要他们坐5天汽车、绕一个大圈子，渡过黄河，先到山西去参观阎锡山的“变法”和“新政”。以访阎来冲淡专访延安的印象和影响。然后再折回陕西，于5月30日才进入陕甘宁边区，参观了八路军359旅的军事训练和生产建设。6

月9日，记者团抵达延安。6月10日，第十八集团军总司令朱德举行招待会欢迎记者团。6月12日，毛泽东主席接见记者团，同记者们进行了3个多钟头的谈话，分别答复了各报记者的提问。谈话结束后，设宴款待。晚餐后，毛泽东还陪同记者们观看了延安平剧院的演出。从6月13日开始，记者团陆续参观采访了许多工厂、机关、学校、部队、医院、托儿所等单位，采访了延安劳动模范吴满有和文艺界著名人士萧三、丁玲、艾青、柯仲平、萧军、陈学昭、陈波儿等人物，也参加了群众庆祝大会、秧歌大会、文艺界座谈会等活动。记者团从6月9日抵达延安，到7月12日清晨告别延安回重庆，正式采访延安的时间整整1个月。

中外记者们回到重庆后，纷纷把采访的材料撰成专文发表，写成书出版。从7月底开始，重庆各报陆续发表访问延安见闻，除《中央日报》、《商务日报》个别记者作了歪曲、攻击性报道外，大多数记者的报道都比较客观、忠实。如《新民报》主笔赵超构写的长篇通讯《延安一月》在该报上整版连载达1个多月，后汇集成书出版，深受读者欢迎，产生了很大影响。外国记者中，美国记者福尔曼写出了《中国边区的报告》一书出版，斯坦因在英国《时事新闻报》上发表了《毛泽东朱德会见记》；爱泼斯坦在印度《政治家日报》上发表了《我所看到的陕甘宁边区》，他还写了20多篇出色的通讯，分别发表在《纽约时报》等美、英著名大报刊上。中外记者对延安客观、真实而又生动的报道，对解放区由衷的赞美，打破了国民党的重重封锁，“把蒋介石的封锁窗纸扎了一个窟窿”（张香山、孙铭语）。“全世界对中国的看法却因此改观，中共的前进反映了（国民党）中央政府的无能与落后。”（曾虚白语）

中外记者（特别是外国记者）纷纷撰文写书，使国民党当局十分恼恨，认为他们是在替共产党作宣传，大骂他们是“助桀为虐的记者群”⑪。所以以后对外国记者赴延安采访的控制越来越严。在第二批申请赴延安采访的外国记者中，只批准了美国《时代》周刊记者白修德和美国《纽约时报》记者艾金森。艾金森于1944年9月17日到延安采访，回美国后在《纽约时报》发表了一系列报道。白修德则于1944年10月26日出发到延安采访，后来写了《中国的风雷》一书，忠实地报道了解放区的情况。以后，第三批申请的外国记者无一获准。

中外记者团采访延安意义重大，正如毛泽东1945年4月在《论联合政府》一文中所说："在国民党统治区，在国外，由于国民党政府的封锁政策，很多人被蒙住了眼睛。在一九四四年中外新闻记者参观团来到中国解放区之前，那里的许多人对于解放区几乎是什么也不知道的。国民党政府非常害怕解放区的真实情况泄露出去，所以在一九四四年的一次新闻记者团回去之后，立即将大门堵上，不许一个新闻记者再来解放区。"⑫

1946年1月，国、共两党通过谈判，签订了《关于停止国内军事冲突的协议》，又在北平设立了"军事调处执行部"。为了便于联络，特地开辟了北平、延安间的定期航班。于是，外国记者们才又重获赴延安采访的机会，记者人数也大大增加，有时甚至把班机变成了记者专机。到这时，国民党对延安的新闻封锁政策才宣告破产。

第二节　国民党统治区的新闻事业

一、抗战初期上海、武汉等地的新闻事业

【上海】 抗战初期，上海地区出版的抗日救亡报刊有：《抗战》（后改名为《抵抗》）、《救亡日报》、《文化战线》、《战时妇女》、《救亡周刊》、《战时联合旬刊》等等。其中较为著名的是《救亡日报》。

《救亡日报》于1937年8月24日创刊，是上海市文化协会的机关报。属文化界统一战线的报纸，名义上由国共合作创办。上海文化界救亡协会是抗战初期在中国共产党领导下成立的一个抗日民族统一战线的群众组织，一些国民党人也参加了这个协会。因此，在由30多人组成的报纸编辑委员会中，既有共产党员及文化界、新闻界、社会科学界进步的知名人士，也有国民党人，如郭沫若、茅盾、胡愈之、夏衍、邹韬奋、长江、巴金、王任叔、阿英、汪馥

泉、邵宗汉、金仲华、柯灵、胡仲持、陈子展、夏丐尊、章乃器、张天翼、傅东华、郑振铎、萨空了、谢六逸、顾执中、郑伯奇、樊仲云、曾虚白、叶灵凤、鲁少飞等都是该报编委。由刚从日本回国不久的郭沫若担任社长，夏衍任总编辑。开办费由国共双方各出500元，全社工作人员不过十来个人。该报创刊之时，正是沪战最激烈的时候。它每天出版4开4版一张，日销1 000份以上，最多时能销3 500多份。1937年11月21日，上海沦陷。第二天，包括《救亡日报》在内，全上海的中文报纸，如《申报》、《大公报》、《立报》以及各种大报小报全部停刊。《救亡日报》在上海停刊后，旋迁广州出版。整个来看，《救亡日报》先后经历三个时期：上海时期，从1937年8月24日创刊，至11月22日出到第86号停刊；广州时期，从1938年1月1日复刊，至10月21日停刊；桂林时期，从1939年1月10日复刊，到1941年2月28日被国民党有关当局勒令停刊。抗战胜利后，于1945年10月10日一度改名《建国日报》在上海复刊，同月24日被迫停刊，仅出12天。

继1937年11月21日上海沦陷之后，12月，南京也沦陷了。

【武汉】 上海、南京相继沦陷后，武汉一度成为国民党军政中心，也成为当时国统区新闻事业的中心。除原有的《武汉日报》、《武汉时报》、《武汉快报》、《壮报》等地方报纸及1934年5月从南昌迁到汉口出版的《扫荡报》外，著名的《大公报》也在天津沦陷后创刊了汉口版。《大公报》汉口版从1937年9月18日创刊，到次年10月中旬迁往重庆，历时一年又一个月。上海《申报》也一度出汉口版，不久停刊。邹韬奋主编的《全面抗战》三日刊也在这里创办（详情见前）。中国共产党的公开机关报《群众》周刊和《新华日报》于1937年12月和1938年1月先后在汉口创刊。1938年3月，在周恩来的关心及指导下，由范长江发起组织的“中国青年新闻记者学会”（简称“青记”）也在汉口正式成立。

《群众》周刊和《新华日报》早在南京时就开始筹备。1937年8月间，第二次国共合作建立后，党中央就派以周恩来为首的中共中央代表团驻南京。同时在南京傅厚冈66号（今南京梅园新村）设立八路军南京办事处。10月，在周恩来、秦邦宪、叶剑英等人的直接领导下，潘汉年、章汉夫、吴敏（杨放之）、徐迈进等人即着手在南京筹备出版《解放》周刊和《新华日报》，准备租赁报馆房屋，置办设备器材，办理出版登记手续。正在筹备时，由于战局日趋紧张，南京即将不保。在这种情况下，中共中央决定将《解放》周刊和《新华日报》迁往武汉出版。

《群众》周刊于1937年12月11日在汉口创刊，是抗战初期中共在国统区公开出版的刊物，由中共中央长江局领导，署名编辑兼发行人为潘梓年，实际主持者为许涤新。内容上以宣传中共抗日救国十大纲领及中共全面抗战路线为宗旨。1938年10月因日军进犯武汉而被迫停刊。同年12月在重庆复刊，经常刊载介绍马列主义的译著和论文。1943年1月改为半月刊。抗战胜利后，于1946年6月3日迁至上海出版，旋恢复为周刊，直至1947年3月2日出至第14卷第9期被迫停刊。1947年1月曾创办香港版，开展对海外的宣传工作，并以伪装封面在国统区发行，直至1949年10月20日出至第143期停刊。

《新华日报》晚于《群众》周刊一个月，于1938年1月11日在汉口创刊。它是抗战时期和解放战争初期，中国共产党在国统区公开发行的惟一的一份大型机关报。社址开始在汉口府西一路（今民意一路大陆里口）149号。后因报纸营业扩大，于8月1日迁到府东五路150号。在武汉沦陷前夕，于10月21日又迁到五族街54号，编辑部则设在与五族街相邻的界限路44号。10月25日出至第287号停刊。《新华日报》在武汉前后出版了9个多月的时间。从1938年1月11日在武汉创刊，直至1947年2月28日在重庆被国民党政府封闭，《新华日报》前后发行了3231号，连续出版9年零49天。

武汉时期的《新华日报》起初由潘梓年任社长兼总经理。1938年5月熊瑾玎来汉后，改由他任总经理。华岗任总编辑，章汉夫任编辑部主任。报社人员筹办初期时有30余人，创刊后增加到60余人。从版面内容看，《新华日报》在汉口出版9个多月时间里，大力宣传中共中央抗日民族统一战线及“团结抗战、持久抗战”的战略方针，介绍毛泽东等游击战争的理论；揭露日寇侵华阴谋和罪行；及时报道中国军队的抗日战绩（包括对台儿庄战役的报道）。特别是在反映八路军、新四军驰骋敌后的英勇斗争方面，作出了很大成绩，产生了巨大影响。发行量达一万二三千份。此外，应该指出的是，《新华日报》出版之时，正是王明右倾机会主义路线在党内发生的时候。1937 年 12 月下旬，王明作为中共代表团成员到达武汉，担任中共中央长江局书记，并兼《新华日报》董事长。这样，他的错误思想不能不对《新华日报》带来影响。《新华日报》在初创时的 1 月份，就发表了好几篇重要社论，在若干重大问题上反映了王明的右倾机会主义观点，如：在 1 月 12 日社论《团结救国》一文中，提出了“一切为着抗日民族统一战线，一切经过抗日民族统一战线”的错误口号；在 1 月 26 日社论《关于游击战争》中，又贬低游击战的意义，说，“游击队及游击战争本身，却不能进行有决定意义的战斗。欲争取抗战的胜利，只有正规战争才能歼灭敌人，赶走日寇”；在 1 月 29 日社论《建立新的军队》中，又提出：“建立新的军队的目的，是要建立真正的统一指挥、统一编制、统一组织、统一武装、统一待遇、统一补给、统一政治工作和统一作战计划的国防军。”以上这些观点，轻视和低估了我党领导的人民抗日武装力量及游击战争的战略地位，放弃了党在统一战线中的领导权，是十分错误的。到了八九月间，武汉战局吃紧，《新华日报》又违背党中央号召武汉的学生、青年及革命知识分子赶紧回到家乡、农村开展游击战争的指示，发表不少社论，鼓吹“保卫大武汉”、“把武汉变成牢不可破的马德里”。毛泽东同志后来批评说：“中国的马德里在什么地方，看什么地方具备马德里的条件。”《新华日报》的这些社论，给党的工作带来了较大损失。但对这种影响也不能看得过于严重，因报纸的大量工作多是在周恩来、秦邦宪、董必武等人直接领导下做的，报社许多同志也对王明路线的错误进行了不同程度的抵制。因此，不能因为王明的错误而否定了武汉时期的《新华日报》。

1938 年 10 月，武汉军事形势紧急，周恩来、董必武、秦邦宪、何凯丰等长江局领导人决定《新华日报》的人员及设备分批迁移，开辟新的阵地：一部分人留汉，一部分人往重庆西撤，一部分人往西安转移。由于作了充分准备，1938 年 10 月 25 日凌晨，日军侵入武汉市郊，《新华日报》也在当天出到第 287 号停刊；10 月 26 日，重庆《新华日报》便马上接上出版第 288 号。⑬

“中国青年新闻记者学会”（简称“青记”）也于 1938 年 3 月在汉口正式成立，这是抗战时期及解放战争初期著名的全国性新闻记者组织。它是在“中国青年记者协会”的基础上办起来的。“中国青年记者协会”是在中国共产党的影响和领导下，由范长江、夏衍等人发起，于 1937 年 11 月 8 日晚 7 时在上海的南京饭店宣告成立。会上通过了由范长江草拟的《简章》，推选范长江、恽逸群、杨潮、袁殊、朱明为总干事，夏衍、邵宗汉为候补干事。当时正是上海沦陷之时，该协会还未来得及开展活动，就迁到武汉，于 1938 年 1 月 1 日成立武汉分会。同年 3 月 15 日，该协会在汉口开会，决定改名为“中国青年新闻记者学会”（简称“青记”）。3 月 30 日，该会在汉口青年会二楼礼堂举行第一次全国代表大会。“青记”的主要发起人和负责人有陈同生（农菲）、范长江、孟秋江、金仲华、恽逸群等。它是党领导下的新闻界统一战线组织，邵力子、王芸生、于右任、叶楚伧、邹韬奋、郭沫若、张季鸾、潘梓年等为名誉理事；范长江、钟期森、徐迈进为常务理事。除总会外，还在广州、香港、桂林、成都、重庆、延安、兰州等地设有分会，会员曾发展到 1 000 多人。中国共产党通过参加这个组织的中共党员广泛地开展了统一战线的工作，在团结广大进步新闻工作者争取民主、争取新闻自由和进行抗战宣传方面做了大量工作。抗战初期，出入各战区采访的战地记者中，大多为“青记”会员。如 1938 年春，范长江与陆诒等奔赴徐州前线，采访台儿庄战役、徐州战役，采写了大量的战地通讯发表；他们突围回武汉后，又辑成《徐州突围》通讯集出版。中国青年新闻记者学会还组织进步新闻记者学习和研究新闻业务，出版过会刊《新闻记者》，该刊于 1938 年 4 月 1 日在汉口创刊，前后出版 3 年，发表了不少探讨新闻工作经验、研究新闻学术的文章；开办过“记者之家”，安置、资助从各地流亡到武汉的记者。1938 年 9 月，在周恩来的指导下，范长江以“青记”骨干为基础，又在汉口成立了合作社性质的通讯社——“国际新闻社”（简称“国新社”）；同年10月20日在长沙建社对外发稿，11月在桂林正式成立总社。武汉失守后，中国青年新闻记者学会向长沙、桂林撤退。1939年5月，“青记”总会迁到重庆。1941年4月，“青记”总会及其国统区各分会和“国新社”均被国民党当局查封，其延安及各抗日根据地分会则一直坚持活动到全国解放。

抗战初期，在武汉的国民党新闻事业中，影响较大的是《扫荡报》和《武汉日报》。《扫荡报》在抗战初期一度积极宣传抗日，1938年10月迁至重庆出版。《武汉日报》则是国民党湖北省党部的机关报，也是国民党在华中地区的最大一家机关报。该报于1929年6月10日在汉口创刊，注重新闻报道、发行和广告。1934年以后业务逐渐发展，发行及于南京、上海、北平、天津等大城市，最高发行数达2万份。抗战时期先后由王亚明、宋漱石担任社长。武汉沦陷后，该报一部分设备和人员西迁宜昌，于1938年12月1日出刊《武汉日报》宜昌版；1940年11月1日再迁至恩施出版。一部分西迁入黔，也于1938年12月1日改名为《贵阳中央日报》出版。与此同时，《武汉日报》还在沦陷区的湖北黄冈发行过敌后版。

二、战时重庆的新闻事业

【盛极一时的重庆报业】 1938年10月25日，武汉失守。国民党“中央党部”及军政机关纷纷从武汉西迁重庆。重庆成为国民党政府的战时“陪都”，也成为国统区新闻事业的中心。沿海城市如上海、北京、天津以及其他大城市如南京、武汉出版的报刊，大批向重庆迁移。其中，南京的《新民报》、上海的《时事新报》是最早迁渝出版的报纸。其后，武汉的进步报刊如《新华日报》、《群众》周刊、《全民抗战》等也迁到重庆。国民党的《中央日报》、中央广播电台、中央通讯社、《扫荡报》等新闻单位也先后从南京、武汉、长沙等地迁到重庆。另外，天津的《大公报》、《益世报》，北京的《世界日报》等也都相继在重庆复刊。加上原有的《新蜀报》、《西南日报》、《商务日报》、《国民公报》等，重庆报业最盛时达22家，它们是《中央日报》、《大公报》、《时事新报》、《扫荡报》、《新华日报》、《新民报》、《新蜀报》、《国民公报》、《西南日报》、《济川公报》、《大江日报》、《商务日报》、《武汉时报》、《群报》、《崇实报》、《南京晚报》、《大陆晚报》、《四川晚报》、《大汉晚报》、《新蜀夜报》、《壮报》、《武汉晚报》等。之后，又有从昆明迁来的《益世报》（于1940年3月24日在重庆复刊）、从汉口迁来的英文《自由西报》、从北平迁来的《世界日报》（于1945年5月1日在重庆复刊）等等。

全面抗战爆发后，外地报纸最早迁到重庆出版的是南京的《新民报》和上海的《时事新报》。《新民报》于1929年9月9日在南京创刊，是由几位四川籍的年轻记者陈铭德、吴竹似、刘正华等创办的。他们当时都在国民党中央社工作，因不满于官方通讯社的束缚、追求新闻自由而办起了这张规模很小的"同人报"。社长陈铭德。报名以"作育新民"相标榜，并含有继承和发扬同盟会时代《民报》精神的用意。开办时，社址在南京洪武街。1930年迁至估衣廊，1935年再迁至新街口。在篇幅上，起初每日出4开一张，1930年改出对开一张，1936年改为对开两张。初期经济不能自给，只好接受四川军阀刘湘的资助。从1931年"九一八"事变发生、到1932年"一·二八"淞沪抗战爆发，《新民报》及时报道日寇侵华消息，反映全国人民抗日救国的各种活动，特别是详尽报道各地学生到南京强烈要求国民党抗日的请愿活动，在当时产生了很大影响，报纸发行激增到1万多份。到1936年，发行量达2万份左右，经济上基本自给自足。这时，陈铭德特约请邓季惺正式参加报社工作，让她担任副经理职务，负责报社经营管理工作。邓上任后，在财务会计和发行、广告及印刷业务等方面建立了一系列管理制度，使《新民报》逐步走上企业化经营的道路。1937年7月1日，《新民报》由个人经营改组为股份有限公司。同年11月初，战火逼近南京；11月27日，在南京陷落前16天、出版最后一张报后，西迁重庆。1938年1月15日，《新民报》在重庆复刊，这是抗战时期由战地西迁到重庆的第一张报纸。《新民报》在重庆出版后不久，刘湘即病死于汉口（1938 年 1 月 23 日）。从此，《新民报》结束对四川军阀的依靠，乃转向四川的民族资产阶级靠拢，与四川工商界有了经济上、政治上的联系，版面内容自然反映民族资产阶级的要求。与此同时，迁到重庆后的《新民报》对其版面编辑及读者对象作了新的设计：版面由对开两张的大报形式，改为4 开一张的小报形式；充分吸取上海《立报》和南京《南京人报》版面的特点，新闻和评论以短小精悍取胜；版面编排以生动活泼见长，有较多的花边新闻；读者对象由原来以小市民为主，改为以工教人员为主。内容上，侧重于“社会新闻”（“社会新闻”版由张友鸾主编），并根据抗战开始后文化人和学校大量迁往四川这一情况，特在新闻版辟《艺文坛》、《学府风光》专栏。同时，加强副刊编辑，注重故事、掌故、小说等内容的刊登，聘请张恨水、张慧剑等担任副刊《最后关头》的主编工作。不久，赵超构也参加《新民报》工作。人称为《新民报》“三张”（张恨水、张友鸾、张慧剑）“一赵”（赵超构）的会师，编辑阵容很强。

1941 年 11 月 1 日，重庆《新民报》开始增出晚刊，后来发行量最多时达 4 万份，超出日刊 3 倍。1943 年 6 月 18 日，《新民报》又创刊了成都版晚刊；1945 年 2 月 1 日，又增出成都版日刊。到抗战后期，《新民报》重庆、成都两地 4 报一天的总发行数最高时达到 10 万份，是大后方发行量最大的一家报纸。报社最初在重庆开办时，职工只有八九十人，到 1942 年已增加到 200 人。到抗战胜利时，重庆、成都两社共有职工 300 多人。⑭

《时事新报》在抗战爆发后，于 1937 年 11 月 26 日在上海停刊。旋迁到重庆，于 1938 年 4 月 27 日复刊。该报当时是孔祥熙财团的报纸，代表金融界说话，发行人张万里。初期编务由黄天鹏、黄宪昭主持。以后因内部发生纷争，主编经常易人。抗战胜利后，于 1945 年 9 月 27 日迁回上海复刊。重庆版则继续发行至 1948 年 12 月 4 日停刊。

《大公报》于 1938 年 10 月中旬由汉口迁到重庆。12 月 1 日正式创刊重庆版。此后，该报在渝出版凡 7 年多时间，是当时重庆发行量最大的一家报纸。重庆版《大公报》总编辑是王芸生，当时的重要社论多由他执笔。抗战时期的《大公报》坚持抗战救国、反对妥协投降的立场，积极宣传抗日，发表了大量控诉日本帝国主义屠杀中国人民的罪行的文章和大量的战地通讯，富有民族正义感。同时，也大力宣传以国民党政府为中心的“国家中心论”。此外，在为蒋介石“小骂大帮忙”的过程中，也发表过一些揭露国民党政府腐败、黑暗的文章。1938 年 12 月 8 日，汉口版《大公报》就曾发表张季鸾写的《最低调的和战论》社评，影响很大。当时汪精卫、周佛海等亲日派在汉口组织了一个所谓的“低调俱乐部”，散布“战必亡”的悲观论调，企图瓦解人心，向日寇妥协投降。张季鸾针对此事写了这篇著名的社评。文章写得悲壮感人，对于打击投降派，驳斥和谣，坚持抗战，起了积极作用。1941 年 5 月 15 日，鉴于《大公报》在中国新闻界的突出成就，美国密苏里大学新闻学院特赠与《大公报》荣誉奖章，这是中国现代新闻史上获此殊荣的第一份报纸。为此，重庆新闻界于当天举行隆重庆典，张季鸾亲撰社论《本社同人的声明》，强调“文人论政”的传统。同年 9 月 6 日，张季鸾在重庆病故。同年 12 月 22 日，王芸生在国民党五届九中全会通过《修明政治案》时，特地发表《拥护修明政治案》社评，揭露国民党要人们的腐败行径，引发了有名的“飞机洋狗事件”。1942 年 2 月 2 日，《大公报》重庆版又发表王芸生执笔写的《看重庆，念中原!》社评，揭露重庆国民党政府当局无视河南灾区惨况，不顾人民死活，依然过着歌舞升平的生活。社论发表后，引起强烈反响，报纸因此而被当局勒令停刊 3 日。1945 年 8 月 15 日，该报在当天第 2 版首载通栏特大字号标题的消息《日本投降矣!》8 月 16 日第二版载社评《日本投降了》，文章一开头就援引杜甫《闻官军收河南河北》诗，接着写道：“日本投降了！抗战结束了！在八年苦战之余，得见这胜利的伟大日子到来，我们真是欢欣，真是感激，在笑靥上淌下泪来!”1945 年 8 月 29 日第 2 版首载消息《毛泽东昨抵渝》，接载“社评”《毛泽东先生来了!》，文章最后写道：“说来有趣，中国传统的小说戏剧，内容演述无穷无尽的离合悲欢，最后结果一定是一幕大团圆。以悲剧始，以喜剧终，这可说是中国文学艺术的嗜好。有人以为艺术可以不拘一格，但中国人有他的传统偏爱，我们宁愿如此。现在毛泽东先生来到重庆，他与蒋主席有十九年的阔别，经长期内争，八年抗战，多少离合悲欢，今于国家大胜利之日，一旦重新握手，真是一幕空前的大团圆！认真的演这幕大团圆的喜剧吧，要知道这是中国人民所最嗜好的！”抗战胜利后，天津《大公报》于1945年12月1日复刊，重庆版《大公报》直至1952年8月4日终刊。

此外，国民党党报《中央日报》于1938年9月1日由长沙迁到重庆复刊，直至1945年9月10日迁回南京，在重庆前后出版7年时间，先后担任社长的有程沧波、何浩若、陈博生、陶百川、胡健中等5人，陈德征、陶希圣等先后为总主笔，詹辱生、陈训抒等先后任总编辑。抗战初期，《中央日报》表现出积极的抗日倾向，随后极力宣传国民党的反共政策。1945年9月10日，其总社迁回南京，重庆版则继续发行至1949年11月18日停刊。

国民党的军报《扫荡报》于1938年10月1日由武汉迁到重庆复刊。以后曾出桂林分版（1938年12月25日创刊）、昆明分版（1943年10月1日创刊）。1944年9月成立有限公司，实行报社企业化经营，由何应钦任理事长，张治中、陈诚任副理事长，黄少谷任总经理兼总社社长。抗战胜利后，迁回南京，改名为《和平日报》，于1945年11月12日复刊。此后曾先后创办汉口版、上海版、广州版、沈阳版、台湾版、兰州版。到1949年时，各地分版相继停刊。总社于当年4月23日迁到台湾，7月1日又恢复《扫荡报》名，出到1950年7月7日停刊。

1939年5月3日、4日，日寇飞机接连对重庆实行狂轰滥炸，全城一片瓦砾。报社比较集中的上半城的新街口（《中央日报》、《时事新报》所在地）、铁板街（中央社）、武库街（《国民公报》、《新华日报》），以及下半城一带（《大公报》、《新蜀报》、《商务日报》等报所在地）均被炸，致使各报房屋倒塌，水电断绝，损失惨重。鉴于这种困难状况，重庆的10家大报为了集中人力、物力、财力，决定不问党派，不分立场，共出联合版。参加的报纸有《中央日报》、《时事新报》、《扫荡报》、《新蜀报》、《商务日报》、《大公报》、《新华日报》、《国民公报》、《新民报》、《西南日报》

10家。并组成联合委员会主持其事，由《中央日报》的程沧波、《扫荡报》的丁文安、《大公报》的曹谷水、《时事新报》的崔唯吾、《新蜀报》的周钦岳、《新华日报》的潘梓年、《国民公报》的康心如、《商务日报》的高允斌、《新民报》的陈铭德、《西南日报》的汪观云等担任委员，由程沧波任主任委员、王芸生为编撰委员会主任委员、黄天鹏任经理委员会主任委员、崔唯吾任迁移委员会主任委员。5月6日，《重庆各报联合版》创刊，直至8月12日停刊，共出99号。初为日出对开半张两版，后出对开一张4版。在《时事新报》的防空洞中编排印刷。8月13日，各报自行恢复出版。《重庆各报联合版》是我国新闻史上有报纸联合版之始。以后，由于特殊原因，“联合版”这种形式曾先后在各地多次出现。⑮

1943年2月15日，国民党政府在重庆颁布《新闻记者法》(见《中央日报》1943年2月16日第3版)，遭到广大报界的反对。该法共计31条，其中第四条第一款为“背叛中华民国”者，“不得给予新闻记者证书”或“撤销其证书”。1944年8月19日，社会部、内政部又公布《新闻记者法施行细则》，其中对“背叛中华民国”者作了解释，指被“国民政府通缉”的人。

抗战时期，重庆及各“大后方”城市的新闻事业是在极其困难的条件下创办的。当时，物资条件极为艰难，各报馆设备非常简陋。由于大型印刷机器及有关设备、器材无法迁移，各大报的印刷均由战前的使用高速轮转机倒退为使用平板机。又由于相关设备缺乏，各报往往因陋就简，发挥创造精神，如缺乏铸字设备，就用木刻字代替；没有柴油发动机，遇到停电，就用人工轮流手摇机器，每台每小时大约能印1 200多张；土纸印报，用铜版照片困难，就改用木刻雕版印刷图片；洗版没有汽油，就用硷水。最困难的是纸张和油墨。战前，各报所用纸张大都依赖进口，多购自芬兰、瑞典或加拿大等国，油墨也多由进口。抗战开始，海运中断，沿海及内陆运输线也均被日军封锁，进口纸张、油墨来源断绝，故各报印报纸张只得采用粗糙的土纸。这些土纸都是就地取材，以稻草、芦苇、竹子、破布、废纸等作原料，用手工操作生产的。质地粗糙，毫无韧性，颜色有红、黄、蓝、绿、灰色等等不一，主要以土黄色为主。油墨也改用土制，往往用“佛青”颜料调“生油”自制。土纸加上土油墨，印出来的报纸自然模糊不清，“比之战前情况，几乎倒退了一个世纪”。⑯报纸的发行量也低，据统计，1944 年全国报纸总计约 1 100 种，每日发行量仅约 250 万份，平均每张约 2 000多份。最高的报纸发行额为 6 万份，但能达到 1 万份的已非常之少。此外，由于水路、陆路交通不便，也给报纸的外埠发行带来极大困难，有时当天的报纸，外地读者往往得个把月后才能收到。

【在斗争中坚持出版的《新华日报》】 由武汉迁重庆的《新华日报》于 1938 年 10 月 26 日复刊，直至 1947 年 2 月 28 日被国民党当局封闭。该报在重庆出版了 8 年多时间，成为插在国民党统治区心脏的一把尖刀，也是国统区人民心中的灯塔。

重庆时期的《新华日报》一直是在以周恩来同志为首的中共南方局的直接领导下开展工作的。它始终坚持以抗日统一战线时期、中国共产党同国民党顽固派斗争时采用的“有理、有利、有节”的原则为指导思想，做到既敢于斗争，又善于斗争，取得了很大的成就。

在重庆 8 年多的时间里，国民党当局曾对《新华日报》设置重重障碍，从物质条件、出版发行到言论、新闻各方面来限制报纸的活动。《新华日报》则针锋相对，运用各种方式进行斗争。

在发行上，国民党有关当局曾对《新华日报》采用一种毒辣的办法，即“准你办报，不让你出版”。他们通过控制报贩和邮局，阻止《新华日报》发行，迫使《新华日报》只得自己雇请报差送报。《新华日报》有自己的发行队伍，它曾雇请了 100 多名报差，其中大多数是穷苦人家的孩子，因此叫他们为“报童”。这些报童每天为《新华日报》挨家挨户送报，为《新华日报》的发行作出了贡献。

在物资条件方面，《新华日报》遇到的最大困难是纸张问题。没有纸，报纸是办不下去的。当时大片国土沦陷，国民党政府偏处西南一隅，经济凋敝，重庆的纸张供应十分紧张。国民党顽固派更是采用一切手段，用推、拖、扣、压等办法，多方刁难，想用断绝纸张供应来扼杀中共党报在国统区的发行。针对国民党当局的行径，《新华日报》进行了各种形式的合法与非法的斗争。一方面向国民党有关当局提出：既然《新华日报》是经过登记的合法报纸，那么就不能歧视它，就应该公开地分配、供应纸张。同时在重庆报业联合会上，揭露国民党顽固派企图扼杀《新华日报》的阴谋，争取报界同业的支持，迫使国民党当局不得不分配一定数量的纸张给《新华日报》。另一方面，到市场上零星购买一些纸张，到外地产纸地收购一些纸张，基本保证了报纸的发行。后来，《新华日报》社还在重庆附近的梁山和岳池，以及华蓥山下的丁家坪等地办起了小型纸厂，进一步扩大了报纸纸源。这样不仅保证了《新华日报》自身的用纸，有时当别的报纸发生"纸荒"时，还能济人之急，帮人家渡过难关，改善和密切了同其他报社的合作关系。所以，抗战期间，《新华日报》虽然使用的也是手工制作的土纸，但纸质好，印字醒目清晰，是战时重庆印刷质量最好的报纸。当时，党的南方局与周恩来同志对《新华日报》提出了一个战斗口号，要求《新华日报》"编得好、印得清、出得早、销得多"。报社全体工作人员常常以此口号鞭策和勉励自己。

在言论、新闻方面，《新华日报》始终在同国民党的新闻检查制度作斗争。他们坚持"有理、有利、有节"的原则，把合法斗争和非法斗争结合起来、把原则的坚定性和策略的灵活性结合起来，取得了"反检"斗争的一个又一个的胜利。特别是在重大原则问题上，《新华日报》不妥协，不退让，针锋相对，必要时甚至冒不惜停刊的危险，全力突破国民党的新闻检查和阻挠、破坏，突破国民党的新闻封锁，直接、广泛地向国统区人民群众宣传中国共产党的主张，扩大党的影响。例如：1939年9月16日，毛泽东主席在延安对中央社、《扫荡报》、《新民报》的记者发表了重要讲话，揭露国民党顽固派加紧反共投降活动、造成时局危机，严正声明共产党对顽固派的反共摩擦的态度是："人不犯我，我不犯人；人若犯我，我必犯人。"并重申"坚持抗战、反对投降"，"坚持团结、反对分裂"，"坚持进步、反对倒退"的原则立场。为了及时向国统区人民指出时局危机，揭露顽固派蓄意制造摩擦、反共投降的阴谋，周恩来指示《新华日报》采取“拒检”（即“拒不送检”）的办法刊载毛主席的这篇重要讲话，并在编辑、发行上作了相应的周密部署。9月19日，《新华日报》在显著的位置刊载了这一重要文献。报纸提前出版，一大清早就送到了读者手中，使国民党新闻检查机关措手不及。1941年1月上旬，“皖南事变”发生，《新华日报》在1月11日晚上得到这一消息，第二天就把这一国民党军队袭击新四军的严重事件在报纸上首次透露。1月17日，国民党军事委员会发布通令与谈话，反而颠倒是非，反咬一口污蔑新四军“叛变”，宣布取消新四军番号，继续向新四军进攻。与此同时，国民党有关当局还胁迫重庆所有报纸都刊登这一通令和谈话。《中央日报》、《扫荡报》等报纸还配发了社论。《新华日报》的同志则在当晚躲开坐镇报社的新闻检查人员的监视，在18日出版的报纸上发表了周恩来为“皖南事变”写的两个题词：“为江南死国难者志哀！”“千古奇冤，江南一叶；同室操戈，相煎何急!?”向国统区人民透露了“皖南事变”的事实真相，揭穿了国民党顽固派妄图一手掩尽天下人耳目的阴谋。除“拒检”外，《新华日报》还常常采用“暴检”的办法(“暴”为“暴露”、“曝光”之意)，来揭露国民党新闻检查制度的罪恶。它经常采用的方法是在报纸上开大小“天窗”。所谓“开天窗”是在被检查人员删去内容的报纸版面上留下空白，有若房屋的“天窗”，或在空白版面上排上“此段遵检”、“被删”、“被略”等字样，以示抗议。国民党新闻检查机构是不允许这样作的，他们要求报纸在被删去的地方补上其允许刊登的内容，不得留下空白。《新华日报》最大的一次“天窗”是在1940年1月6日第一版整个上半版社论地位留下大片空白，只登载“抗战第一！胜利第一！”几个大号字，下附说明：“本日两次社论：(一)《论冬季出击的胜利》(代论)、(二)《起来！扑灭汉奸!》，均奉令免登，来不及写第三次稿。故本日无社论，尚希读者原谅是幸！”这也是《新华日报》迁重庆后第一次用“开天窗”办法揭露、抗议国民党的新闻检查制度。

《新华日报》反对国民党新闻检查的斗争前后持续了近8年时

间，直到1945年10月1日国民党被迫废除新闻检查为止。

此外，《新华日报》能在国民党统治的中心站稳脚跟、坚持出版，是和中共党组织出色的统战工作分不开的。当时重庆有大小报纸20多家，在周恩来和南方局及中共四川省委的精心安排下，其中不少报纸都有中共党员参加工作，如《大公报》有徐盈、彭子冈、杨刚，《时事新报》有张友渔、陈瀚伯，《新蜀报》有萨空了，《商务日报》有杨培新、徐淡庐，《益世报》有任涟如、程途、黄友凡、朱可辛等，《新民报》有张先畴、张鸣正。甚至国民党的喉舌《中央日报》、中央社及军报《扫荡报》，也有中共党员打了进去，隐蔽下来，且数量不少。如《扫荡报》中就有谢爽秋、谢挺宇、李哲愚、周致国等5人，谢爽秋还从外勤记者升任为采访部主任。中共党员、名记者刘尊棋则曾任中央社记者、塔斯社记者，抗战时期又主持美国驻重庆大使馆新闻处中文部的工作。这些人一方面积极影响所在的报社，另一方面暗中向《新华日报》提供信息和情报，支持《新华日报》的工作。

1947年2月28日清晨，国民党当局出动2 000多军警，包围重庆《新华日报》社，报纸被迫停刊。在党中央和毛主席的关怀下，3月9日，报社全体工作人员130多人分乘3架飞机撤回延安。

三、桂林、昆明等大后方城市的新闻事业

抗战时期，除重庆外，桂林也成为大后方进步报刊的聚集地，被人们称为抗战时期的“文化城”。所谓“文化城”时期是指1938年10月武汉沦陷以后到1944年9月桂林大撤退以前这一段时期。

桂林当时是广西省的省会，也是国民党桂系军阀统治的中心。桂系与蒋介石之间有很深的矛盾。抗战爆发后，周恩来曾多次对桂系领导人李宗仁、白崇禧作统战工作，传达了中共中央愿与桂系团结抗战的愿望。所以，桂系也愿意容纳一部分进步的文化人到广西开展抗日救亡活动。[17]这样，在1938年底至1939年初，当上海、武汉、广州等城市沦陷后，这些城市大量的进步文化人便撤退到桂

林，开始在桂林创办报纸，开设书店、出版社和印刷厂，顿使桂林的报纸杂志及图书出版出现空前的繁荣，成为西南一带革命文化的中心。除原有的《广西日报》等报纸外，《救亡日报》从上海、广州迁到桂林，《力报》从长沙迁来，《大公报》、《国民公论》和《扫荡报》则从武汉迁来，《新华日报》在桂林设立了营业处，抗战时著名的通讯社“国际新闻社”也在桂林成立，生活、读书、新知书店等进步出版社也都迁到桂林。

据统计，抗战时期在桂林出版发行的日报有《救亡日报》、《新华日报》(桂林分馆)、《大公报》、《力报》、《广西日报》、《扫荡报》6家，晚报有《广西晚报》、《桂林晚报》、《自由晚报》、《大公晚报》4家。另外还有小报《民众报》、《小春秋》、《辛报》等。⑱

【《救亡日报》】 《救亡日报》于1937年8月24日在上海创刊，社址在南京东路大陆商场6楼。日出4开4版铅印报纸一张，报名为郭沫若题写。该报名义上是“上海文化界救亡协会”的机关报，实际上是在中国共产党领导下办的一张文化界统一战线报纸。创办时，经国、共两党协商，由双方派遣人员，并共同提供经费。后期，国民党方面人员陆续退出，报纸编辑工作在中共党组织的领导下进行。《救亡日报》初创时，由郭沫若任社长；国、共双方各派一名总编辑，中共方面由夏衍任总编辑、阿英（钱杏邨）任编辑主任，国民党方面由樊仲云任总编辑、汪馥泉为编辑主任，周寒梅负责经理业务。其余记者及工作人员绝大部分由郭沫若、夏衍安排决定。专业记者有林林、周钢鸣、彭启一，及姚潜修、叶文津、郁风等。该报出至1937年11月22日因上海沦陷而停刊，计在沪出版86号。1938年1月1日，《救亡日报》迁到广州复刊，社长郭沫若，总编辑夏衍。社址在广州长寿东路50号。报纸版面仍为4开一张。这年4月，周恩来经穗赴港，夏衍特向他请示办报方针。周恩来指示：“这张报纸是以郭沫若为社长的上海文化界救亡协会的机关报，这一点就规定了你们的办报方针。办成国民党的报纸一样当然不行。办得像《新华日报》一样也不合适。办成《中央日报》一样，人家不要看；办成《新华日报》一样，有些人就不敢看了。总的方针是宣传抗日、团结、进步，但要办出独特的风格来，办出一份左、中、右三方面的人都要看、都喜欢看的报纸。”要“讲人民大众想讲的话，讲国民党不肯讲的，讲《新华日报》不便讲的”。⑲这是《救亡日报》的办报方针，也是它的独特风格。1938 年 10 月 21 日广州沦陷时停刊。在广州出版了 9 个月又 21 天，连沪版一起计，共 368 号。1939 年 1 月 1 日，《救亡日报》由广州迁到桂林复刊，社址在桂林太平路 12 号。社长仍为郭沫若，总编仍是夏衍，先后参加编辑工作的有廖沫沙、孙师毅、林林、华嘉、陈紫秋、谢加因、高灏和高汾等。在桂林时期的《救亡日报》，比在上海、广州时期有了很大改进。在夏衍的主持下，该报广泛听取各方面的意见，并实行一种“每日评报”的制度，从版面编排到新闻内容，以及文风，都请大家提意见，不断改进。发行量从开始的 2 000 份，增加到 1 万多份。在广西及西南地区影响最大的报纸，除重庆《新华日报》外，就要数桂林的《救亡日报》了。1941 年初，“皖南事变”发生后，由于国民党中统特务组织的迫害，《救亡日报》于 2 月 28 日出版终刊号后被迫停刊。在桂林共出版两年 1 个月 19 天。抗战胜利后，在夏衍的主持下，《救亡日报》改名《建国日报》于 1945 年 10 月 10 日在上海复刊，同月 22 日即被国民党市党部下令查封，仅出版 12 天。

【《新华日报》桂林版、《国民公论》及《力报》】 《新华日报》是中国共产党在抗日战争时期在国统区公开出版的党的机关报。1938 年 1 月 11 日在汉口创刊，在广州设有分馆。同年 10 月，汉口、广州相继沦陷。汉口《新华日报》迁重庆出版。广州分馆工作人员则溯西江而上迁到桂林，于 1938 年 12 月在桂林设立《新华日报》桂林分馆，馆址在桂西路（今解放西路）26 号，属八路军桂林办事处领导。邝达芳、沈毅然、张尔华等先后主持分馆的工作。自同年 12 月 7 日起，由重庆《新华日报》总馆将该报纸型航寄桂林翻印，发行至广西、广东、湖南等省份。直至 1940 年 4 月 8 日为国民党顽固派所阻，被迫停止翻印。航空版翻印停止后，桂林分馆仍继续接收订户，照常营业，千方百计把报纸送到读者手里。1944 年秋，桂林实行紧急疏散时，它才最后停止工作。

《国民公论》是1938年9月11日在武汉创刊的，是“救国会”的言论机关，1939年1月1日迁桂林出版，由胡愈之主持。1941年2月停刊，共出5卷49期，是当时影响较大的综合性时事政治刊物。该刊先后发表了毛泽东的《第二次帝国主义战争讲演提纲》、周恩来的《中日战争之政略与战略问题——一个报告大纲》、叶剑英的《从抗战经验谈到当前战局》等文章及不少宣传中共抗日民族统一战线政策及坚持持久战的文章。

《力报》是一家民营报纸，以“中间偏左”的姿态出现。1940年3月10日正式创刊，日出对开一张，社址在桂林东郊社公岩。由张稚琴任总经理，张是安徽无为县人，上海光华大学学生，曾作过张治中的秘书，《力报》就是张稚琴在张治中的支持下办起来的。实际上，张稚琴并不过问报社事情。先后担任总编辑的有欧阳敏讷、冯英子等，经理高士林。进步人士如冯英子、邵荃麟、储安平、杨东莼、宋云彬、傅彬然等均为该报写过社评及专论。其副刊《新垦地》先后由聂绀弩、葛琴、彭燕郊、王西彦等人主编。其中邵荃麟、聂绀弩、葛琴等人都是中共地下党员，由此可以看出《力报》当时的政治面貌。

【《大公报》桂林版】 抗战时期的《大公报》变化十分复杂。《大公报》原一直在天津出版，1936年4月1日又创刊上海版。抗战爆发及天津沦陷后，天津版于1937年8月5日宣告停刊，工作人员一部分由胡政之带领，加强上海版的编辑力量；一部分由张季鸾带领，赴武汉，于1937年9月18日创刊汉口版。1938年10月18日，汉口版西迁重庆，于12月1日复刊重庆版；上海版则迁移到香港，于1938年8月13日（上海抗战一周年纪念日）创刊香港版。香港版由胡政之直接领导，总编辑徐铸成，经理金城夫。1941年3月15日，在胡政之的亲自筹划下，《大公报》又创刊桂林版，馆址在桂林东郊星子岩，日出对开一大张。初期桂林版《大公报》由重庆《大公报》总管理处领导、王文彬为发行人兼副经理、蒋荫恩任编辑主任。1941年12月太平洋战争爆发后，香港《大公报》人员也撤到桂林，桂林版编辑力量大大加强，由原香港版《大公报》总编辑徐铸成任桂林版《大公报》总编辑、金诚夫任经理。1942年4月1日又出《大公晚报》，4开一张，由杨历樵等负责。1944年6月，桂林实行第一次大疏散，《大公晚报》于6月27日停刊，《大公报》则延至9月12日停刊。

【《广西日报》、《扫荡报》桂林版及《小春秋》】　《广西日报》是广西省政府的机关报、桂系喉舌，它的前身是南宁《民国日报》。1936年10月，广西省会由南宁迁桂林，《民国日报》遂改名《广西日报》出版。社长先后由韦永成、韦赟唐等担任。艾青、芦狄、韩北屏等曾参与副刊编辑工作。太平洋战争后，俞颂华、金仲华、傅彬然等先后任总主笔。先后有一些进步的文化界人士及中共地下党员参与编辑工作，使报纸一度起了积极作用。直至1945年1月27日停刊。

《扫荡报》是国民党军事委员会的机关报，于1932年6月23日正式创刊于江西南昌。1934年5月迁汉口出版。1938年10月下旬汉口沦陷前后，一部分人员迁至重庆，一部分撤到桂林。《扫荡报》桂林版于1938年12月15日发刊。初期发表过一些宣传抗战的文章，以后随着形势的发展，以反共宣传为主要任务。《小春秋》则是《扫荡报》的外围小报，于1941年12月1日创刊，3天出一期，4开一张，以刊登社会新闻及小文章为主，内容反动。这两份报纸都出至1944年桂林疏散时停刊。

【国际新闻社】　战时桂林的通讯社有国际新闻社（简称“国新社”）、中央通讯社桂林分社、西南新闻社、战时新闻社和中国工商新闻社等数家。其中，“国新社”影响最大。

“国新社”是抗战时期在中国共产党领导下创办起来的一家进步的通讯社。它最早肇源于上海。1937年全面抗战爆发后，在中国共产党的领导下，上海文化界成立了一个较广泛的抗日民族统一战线组织——上海文化界救亡协会。协会内又设立了一个由胡愈之主持的“国际宣传委员会”，以加强对外宣传工作。与此同时，胡愈之亲自筹划创办了一个专门编发有关抗战消息的通讯社，其英文名称为“China Information Service”，而中文名称却叫“国际新闻供应社”（简称“国新社”）。国民党中央宣传部国际新闻处董显光、曾虚白等也曾参与其事。1937年11月上海沦陷后，先后撤退到香港的原上海“国新社”负责人郑森禹、王纪元、恽逸群、胡仲持又在香港恢复了“国新社”，向海外华侨报刊发稿。社址在九龙弥敦道46号。1938年9月，在周恩来的指导下，范长江等以“中国青年记者协会”（1938年3月30日成立于汉口）的骨干分子为基础，采取合作社的形式，又在武汉筹备成立“国际新闻社”，并开始向当时在武汉的国民党中央宣传部国际宣传处供稿。不久，武汉形势危急；10月22日，“国新社”改在长沙正式成立总社。由刘尊棋以中央社战地记者身份兼任社长，范长江任副社长，邵宗汉任秘书长。11月12日，长沙大火，“国新社”又不得不从长沙撤退到桂林。11月21日，桂林、香港两社合并，以桂林为总社、香港为分社，开始正式对国内外发稿，成为全国性的通讯社。社址在环湖北路（今榕湖北路）20号。这时的社长由范长江担任，副社长由刘尊棋、孟秋江等担任，总编辑黄药眠；由桂林八路军办事处主任李克农直接领导，社内有中共地下党的支部组织。发稿对象主要是当时大后方的报纸、刊物和海外华侨报纸。1939年初至1940年夏是“国新社”的全盛时期，桂林总社与香港分社及新设的重庆分社成犄角之势，分工合作：桂林总社和重庆办事处负责国统区的新闻报道工作，香港分社则面向海外，负责国际宣传任务。1941年初，“皖南事变”发生。一部分社员撤往香港和敌后抗日根据地，仅留孟秋江等少数人在桂林坚持工作。5月，桂林、重庆两社在国民党迫害下，被迫关闭。“国新社”总社在桂林前后有两年半时间。香港“国新社”则在恽逸群等的主持下，坚持到太平洋战争爆发后才停止活动。1945年抗战胜利后，1946年初，“国新社”在上海、香港两地恢复工作。上海“国新社”由孟秋江负责，社员有黎澍、郑森禹、刘尊棋、金仲华、冯宾符、任重、唐海、陆诒等；香港分社由高天负责，社员有萨空了、刘思慕、狄超白、张铁生、千家驹、陈此生等，社址在香港坚道20号底层。1949年大陆解放后，“国新社”完成了它的历史使命，于4月间停止活动。

1944年9月初，日军直逼桂林，桂林实行大撤退。这时，各种报纸、杂志相继停刊。

除重庆、桂林外，抗战前期，昆明、香港等地也曾是新闻业比较集中的地区。昆明在当时是与国外联系的重要陆、空门户。几所著名大学，如北京大学、清华大学与南开大学也迁到昆明，组成“西南联大”，使昆明也成为抗战初期的文化、政治中心之一。迁到这里出版的报纸主要有南京的《朝报》、天津的《益世报》等。原有的云南省政府的机关报《云南日报》继续出版。新创的报纸有昆明《中央日报》等。

抗战前期的香港地区，由于其特殊的政治、地理环境，也一度成为进步新闻事业的一块重要阵地。1941 年 4 月 8 日，中国共产党领导下的《华商报》在香港创刊。当时，国民党顽固派发动第二次反共高潮，重庆、桂林一大批进步的文化界、新闻界人士撤退到香港，该报就是在廖承志的主持下，由邹韬奋、茅盾、范长江、夏衍、乔冠华、金仲华、胡仲持 7 人筹办起来的。该报日出对开一大张，每日下午 5 点出报，属晚刊性质，社址在荷李活道 102 号，报名是集孙中山手迹拼成的。由廖承志的表妹夫邓文钊与其兄邓文田分任总经理和副总经理。范长江也是副总经理，主持日常工作；胡仲持担任主编，廖沫沙担任编辑主任。夏衍主持社论及文艺版，后由张友渔主持社论版。茅盾、乔冠华、金仲华、胡绳等都曾参与编辑工作。1941 年 12 月太平洋战争爆发，《华商报》于 12 月 12 日主动停刊，只出版了 8 个月，共出版 249 号。抗日战争结束后，1946 年 1 月 4 日才得以复刊，改为早报，重出“新第一号”，社址在香港干诺道中 123 号。直至 1949 年 10 月 15 日即广州解放翌日宣告终刊，又出版了 3 年 9 个月时间。前后共计 4 年又 5 个月时间，共出版 1353 号。[20]

1941 年 5 月 17 日，邹韬奋在香港复刊《大众生活》周刊，由邹韬奋、金仲华、沈雁冰、夏衍、胡绳、沈志远、千家驹等组成编委会，邹韬奋任主编。同年 12 月 6 日出到新 30 号之后不再出版。韬奋旋离香港到广东东江游击队，以后转到新四军苏北根据地。

中国民主政团同盟的机关报《光明报》、中华职业教育社的机关刊物《国讯》等进步报刊也曾相继在香港出版。其中，《光明报》于 1941 年 9 月 18 日在香港创刊，由梁漱溟任社长，萨空了任总经理、俞颂华任总编辑、羊枣任国际新闻编辑。1941 年 12 月太平洋战争爆发后，该报于12月14日停刊。1946年8月和1948年3月曾先后两度在香港复刊。

此外，1938年8月1日，著名华侨领袖人物胡文虎在香港创办《星岛日报》，延请著名国际问题专家金仲华担任总编辑，杨潮（羊枣）为军事评论员，积极宣传抗日，笔锋犀利，生动活泼，赢得国内外读者的赞誉，一度成为一张著名的进步报纸。

第三节 沦陷区的新闻事业

一、沦陷区敌伪新闻事业

沦陷区敌伪新闻事业是指日军占领区由日本侵略者和他扶植的伪政权所出版的报刊、创办的通讯社和广播电台。沦陷区主要在东北、华北、华中和华南等地区。东北以长春、沈阳为中心，华北以北平、天津为中心，华中以上海、南京为中心，华南以广州为中心。在这些地区，日寇及伪政权、汉奸组织曾创办了大量报刊、通讯社和广播电台。

【东北地区】 东北地区是日本帝国主义最早占领的地方。1932年3月1日，在日本关东军的一手操纵下，伪“满洲国”宣布成立，设伪都于长春。为了加强对新闻出版事业的统制，1934年（“康德”元年）3月，伪“满洲国”颁布《出版法》。1936年（“康德”三年）4月，伪“满洲国”又成立了“弘报协会”。1940年12月间，该会改名为“国务院弘报处”，成为控制新闻出版事业及思想文化的重要机构。1941年，伪“满洲国”又颁布“弘报三法”，即《通讯社法》（共23条）、《新闻（报纸）社法》（共37条）、《记者法》（共15条）等一系列法律，并成立“满洲国通讯社”，出版中文的《康德新闻》、日文的《满洲新闻》和《满洲日日新闻》（二者后来合并成日文的《满洲日报》出版）。日寇和伪满政权一方面严密控制新闻出版事业，严禁抗日报刊的出版发行和关内抗日报刊输入东北，另一方面又创办报刊，宣传奴化思想和殖民政策。

东北地区最有名的日人办的报纸是《盛京时报》。该报于1906年10月18日（清光绪三十二年九月初一日）在辽宁奉天（沈阳）创刊，馆设“奉天大东门内龙王庙后身”，是日本人在中国东北出版的第一张中文报纸。当时正值日、俄战争刚结束不久，日本帝国主义正得势于中国东北，气焰嚣张，不可一世。该报由中岛真雄所办，主笔菊池真二。1926年改由股份公司经营，中岛脱离报社，由佐原笃介主持。1932年7月，佐原病死，由谷保藏接任，受到日本官方的支持和南满铁路株式会社的资助。创刊时，日出一大张四版，并附送“附张”一张两版，是日本军国主义政府在我国东北的主要喉舌，对中国发生的许多重大事件都有报道。直至1944年9月14日终刊，历时38年之久。

中岛真雄是日本人在华办报最多、时间最长的一个。他曾“首创《顺天时报》于北京，寻发刊《满洲日报》于营口。今又创设《盛京时报》于奉天，发行于丙午季秋之朔”（日本驻奉天总领事荻原守一《祝词》，载《盛京时报》1906年10月18日创刊号）。他早年在北京创办《顺天时报》，于1901年12月12日创刊，至1930年3月27日发行至第9285号后停刊，在北京地区活跃了近30年。该报最初由“东亚同文会”的中岛真雄经营起步。1905年后便转让给日本驻华公使馆，进入日本外交部的保护伞之下。《龚德柏回忆录》对《顺天时报》评述云：“最讨厌而最有销路的报纸，则为日人所办之《顺天时报》。这报当然敢登载一切不利于中国与政府要人的消息，政府对他们毫无办法。”早年的周作人也对《顺天时报》极为痛恨，其《谈虎集》中就曾收录有《日本浪人与顺天时报》、《再是顺天时报》等文，对其新闻报道中的偏见及歪曲事实极为愤慨。

1937年全面抗战爆发后，日伪报刊在沦陷区大肆泛滥。据统计，到1940年，日伪在我国19个省的大中城市约有报纸139种。[21]出版最多的时候达六七百种（东北地区尚未计算在内），其中稍具规模的大约有200多种，较大的杂志有100多种；各种汉奸组织主办的主要报刊也有200种左右。这些报刊主要集中在华北的北平、天津，华中的上海、南京，华南的广州、香港等大城市。

【华北地区】 北平：北平的日伪报纸主要有《新民报》、《武德报》、《实报》、《华北日报》、《晨报》、《华北新报》、《新北平报》、《全民报》、《新兴报》等。其中，最重要的有《新民报》、《实报》、《晨报》等。《新民报》创刊于1938年1月1日，是日伪组织"新民会"在北平创办的大型报纸，日出对开两张。它是劫夺成舍我的《世界日报》办起来的。抗战爆发后，《世界日报》被日寇没收。初由汉奸魏诚斋主办，不及一年改名《新民报》，作为"新民会"的机关报。社长兼主笔是日本人武田南阳。该报竭力鼓吹他们所谓的"新民主义"，鼓吹"和平反共"、"建立东南亚新秩序"等论调，进行奴化中国人民的宣传。直至1944年4月30日停刊。[22]

《实报》原是我国北方著名小型报。该报于1928年10月4日创刊于北平。社址最初在宣武门内嘎哩胡同，次年移至和平门内新簾子胡同；1930年秋，添置机器设备，自行印刷，遂迁至宣武门外大街。日出4开4版一张，人称"小实报"。社长管翼贤。该报以下层市民为主要读者对象，内容以登载社会新闻为主；采取"小报大办"的方针，对大量的稿件实行精编、浓缩，版面编排也生动活泼。后又辟《畅观》专栏，聘请名记者撰稿，深受读者欢迎。发行量最高时曾达10多万份，居华北各报之首。该报初创时，拥护南京国民党政府。"九一八"事变后，发表过一些抗日言论。曾举办过为抗日战士募捐药品、钢盔等活动。北平沦陷后，管翼贤沦为汉奸，《实报》也随之成为日伪宣传工具。直至1944年4月30日停刊。管翼贤（公元1899—1951年），湖北蕲春县蕲州镇人。早年曾留学日本，在东京法政大学政治经济科毕业。20年代初任天津《益世报》驻京记者、神州通讯社记者，是当时北京新闻界的活跃人物。1928年10月间，在北京创办《实报》和时闻通讯社，自任社长。"七七"卢沟桥事变后，迁居济南继续办报。济南沦陷前夕，他又把报社迁到汉口。旋携眷避居香港。后通过日本同盟通讯社驻北京记者佐佐木的关系，征得日军报道部和华北敌伪政权的同意，管遂由港返回北京。管在日军报道部的支持下，将已被人占据的《实报》资产全部追回，继续出版，为日军侵华作宣传。

并投靠大汉奸王荫泰，于1940年出任伪华北政务委员会情报局长、《华北新报》、《武德报》理事长兼社长等伪职。同时，在日本华北军报道部办的“中华新闻学院”任教务主任兼新闻学总论教授，曾纂辑《新闻学集成》八大册作为教材，于1943年3月1日出版，由日伪“中华新闻学院”印行。抗战胜利后，被国民党军统局逮捕，以汉奸罪被判处无期徒刑。新中国成立后，人民法院重新审理，判处死刑，于1951年5月将其处决。

北京《晨报》原是“五四”时期著名报纸。1937年“七七事变”后一度停刊。1939年6月改组复刊，也成为附逆报纸之一。社长宗威之。复刊后的《晨报》极力鼓吹“中日停战，实现东亚全面和平”。读者多为政界和知识界人物。其他日伪报纸，如：《华北日报》创刊于1929年元旦，原是国民党中宣部直接创办的党报，后被日寇“劫收”，成为敌伪报纸。《武德报》则是日本“北支派遣军报道部”及伪“治安总署”的机关报，后发展成为出版许多敌伪报刊的垄断组织。1944年春，日寇因面临种种困难而压缩其新闻事业，便停办《新民报》、《庸报》、《实报》等报，而集中力量创办《华北新报》。《华北新报》创刊于1944年5月1日。

天津：天津的日伪报纸主要有《庸报》。此外还有《东亚晨报》、《救国日报》、《新天津报》等。《庸报》原是华北地区有影响的大型日报，1926年6月由董显光创办，是当时天津的仅次于《大公报》、《益世报》的第3大报。1937年7月30日天津沦陷后，日本军部派同盟社大矢信彦接管该报，使其成为“北支派遣军”机关报。1944年5月，改名为《天津华北新报》继续出版，并改由伪华北政务委员会情报局领导，成为汉奸报纸《华北新报》的地方版。直至1945年8月日本投降后停刊。《东亚晨报》创刊于1937年9月，社长郑知侬。

【华中地区】　上海：上海的日伪报纸主要有《新申报》、《中华日报》、《平报》、《国民新闻》、《新中国报》等。《新申报》系日文《大陆新报》的中文版，创刊于1937年10月1日，是上海地区最早出版的日伪报纸。社长为日本人坂尾与市。日出对开一张半，内容以刊登日本军部言论、消息为主，是日军指挥部直接创办的大型日报。直至1949年8月日本无条件投降后停刊。《中华日报》原于1934年4月11日创刊，反映国民党中汪精卫集团的政治倾向。到1937年11月29日便停刊了。1939年7月10日又重新出版。1940年3月汪伪政府正式成立后，该报成为汪伪南京国民政府的机关报，由汪伪政府宣传部主持。社长由林柏生兼，代理社长许力求。日出一张半，详载汪精卫及伪中央大员的言论及伪国民党中央、国民政府的施政方针。社论多由汪精卫亲自撰写，或由其秘书代拟。日本投降后，该报于1945年8月21日终刊。《平报》创刊于1940年9月1日。该报是在原抗战前出版的《文汇报》的基础上办起来。由日伪财政部长周佛海主办，该报是他继南京《中报》后创办的又一家报纸。社长罗君强、副社长金雄白。[23]不久，罗辞《平报》社长职，专办南京《中报》，金转为正社长。1945年7月1日，《平报》自动停刊。日本投降后，金雄白即将《平报》全部设备交给吴绍澍接收。吴即在原址办一《正言报》，后为国民党当局封闭。《国民新闻》创刊于1940年3月22日，由伪江苏省长、大汉奸李士群主办。代理社长黄敬斋，日出一张、多刊电讯及译著。《新中国报》于1940年11月7日创刊，社长初为严辉光，后为袁殊。日出一张，侧重报道日寇侵华的“大东亚圣战”消息及江苏省的“反共清乡”新闻，还有时局人物、社评及社会特写等，1945年8月16日停刊。此外，上海地区具有悠久历史的著名大报《申报》、《新闻报》也为汉奸把持。1937年11月12日日军占领上海后，《申报》因拒绝日军的检查而于12月14日停刊。1938年10月10日，《申报》“挂洋旗”、假外国人名义复刊。太平洋战争爆发后，日军进占公共租界，“孤岛”沦陷，《申报》被迫再度停刊。1942年2月14日，日寇又勒令《申报》复刊，并指派大汉奸陈彬龢任社长兼总编辑。此后，《申报》遂成为日伪的宣传工具，直到1945年抗战胜利后才告结束。《新闻报》在日军占领上海后，卑躬屈膝地接受日军的检查，得以继续出版。1942年，日寇也对《新闻报》实行“改组”，使之成为日伪的宣传工具，由吴蕴斋任社长兼董事长。

南京：南京的日伪报纸主要有《民国日报》、《新南京报》、《南京晚报》、《中报》和《京报》等。《民国日报》的前身是《南京新报》，1938年8月改名《民国日报》，后是汪伪政府宣传部直属报纸之一，社长秦墨哂，多载伪政府的消息。《南京晚报》于1939年1月创刊，社长曹见微。《中报》于1940年3月30日在南京与汪伪“国民政府”同一天开张，周佛海为董事长，罗君强为社长，金雄白为副社长。1945年8月日本投降后，《中报》被《中央日报》接收。《京报》于1940年8月创刊，社长葛伟昶，继为李六爻。

【华南地区】 华南地区的日伪报纸主要集中在广州、香港两地。广州的敌伪报纸主要有《中山日报》、《迅报》、《民声报》等。其中，《中山日报》创刊于1940年1月，社长陈伯起，后为林汝衡。该报日出一张半，积极宣传汪伪“和平运动”。《迅报》是日本南支派遣军司令部机关报，由唐泽信夫任社长。《迅报》最初除办华文版外，还办了日文版。其日文版后来独立出来，改出日文的《南支新闻》。太平洋战争前夕，《迅报》还出了晚刊。《迅报》一直办到日本投降为止，前后历时7年之久。香港出版的敌伪报纸则有《南华日报》（汪精卫于1930年创刊），社长邝启东；《天演日报》等。另外，还有《香岛日报》、《大光报》及《东亚晚报》、《华侨日报》等。

【日伪的通讯社及广播事业】 在沦陷区，日伪除办报外，为了进一步控制新闻来源，还办了不少的通讯社。抗战时期，日本同盟社的华文部几乎成为沦陷区敌伪报纸惟一新闻来源。汪精卫投敌之后，该部又改成汪伪组织的“中华通讯社”。1940年3月30日，汪伪“国民政府”在南京正式成立。伪宣传部为谋“宣传国策，统一全国新闻通讯事业”，特于是年5月1日将汪伪组织在上海设立的“中华通讯社”和原“维新”政府所属的“中华联合通讯社”合并为“中华电讯社”，作为全国新闻通讯事业的最高统制机关，隶属于伪宣传部之下。“中华电讯社”除在南京设立总社外，还先后在东京、香港、上海、广州、武汉、杭州等地设立分社。该社理事长由汪伪政府宣传部长林柏生自兼。

在沦陷区，日伪还大办广播，作为鼓吹“大东亚共荣圈”、“东亚圣战”的重要喉舌。

在东北地区，早在1925年7月，日本帝国主义就在中国东北建立了大连广播电台——“大连放送局”。该台由“关东州递信局”管辖，呼号为JQOK，发射电力500瓦。这是日本帝国主义在中国设立的第一座广播电台，也是我国东北境内第一座广播电台。1931年“九一八”事变后，日寇先后攫夺了中国东北的沈阳、哈尔滨两座广播电台，组成沈阳广播电台；在日军的控制下，于1931年10月26日开始播音。1932年3月，伪“满洲国”在长春正式宣告成立；日伪把长春改称“新京”，作为伪满“国都”。同年10月，日本关东军司令部由沈阳迁到长春。当时主管通信、广播事务的关东军特殊通信部也迁至长春。该部便在其管辖的“新京电话局”内设立演播室，以“奉天放送局新京演奏所”的名义开始播音。在此基础上，又于1933年4月成立“新京放送局”，由关东军司令部直接控制；9月起，移交伪满交通部“电信电话株式会社（股份有限公司）”（简称“满洲电电”）接管。1937年“七七事变”后，“新京放送局”改为“新京中央放送局”。1941年太平洋战争爆发后，又改称为“新京放送总局”，后一直是伪满广播事业的中心。抗战时期，日伪在东北全境共有4座“中央”放送局，即新京（长春）、奉天（沈阳）、大连、哈尔滨放送局。除“中央”放送局之外，各地还有次级放送局，这样就形成了以长春为中心向四方发射的广播网。到1944年，日伪在东北的广播电台增加到25座。

在华北地区，1937年“七七”卢沟桥事变之后，北平、天津、太原、青岛等地的广播电台相继沦入日军之手。在日本广播协会的直接插手下，各地电台先后恢复播音。1938年1月1日，以大汉奸王克敏为首的“中华民国临时政府”在北平宣告成立；同日，伪“北平中央广播电台”开始播音。1940年3月，日本政府将王克敏的“中华民国临时政府”并入南京汪精卫“国民政府”，原“临时政府”改为“华北政务委员会”；7月，汉奸组织“华北政务委员会”控制下的伪“华北广播协会”成立。该会管辖下的广播电台有 8 座，分布于北平、天津、济南、青岛、石家庄、唐山、太原、徐州等地，总发射电力为 100 千瓦，其中以北平“中央广播电台”为华北地区日伪广播事业中心。此外，日寇在我国建立的另一个傀儡组织——伪“蒙疆联合自治政府”（1939 年 9 月 1 日正式成立，定张家口为“首都”），也下设有伪“蒙疆广播协会”，控制绥远、察南、晋北等地广播事业，先后在张家口、大同、呼和浩特、包头等城市办起了广播电台。

在华中地区，在上海，1937 年 11 月上海沦陷后，日本侵略军接管了国民党在上海的两座广播电台，利用其设备建立起日伪“大上海广播电台”，成为日军军事当局的喉舌。1938 年 3 月，日伪“上海市广播无线电台监督处”成立，并宣称“取代原国民党中央广播事业指导委员会的全部职权”，强令上海各电台向该处申请登记。太平洋战争爆发后，日军占领上海租界地区，一律封闭民营广播电台，并接收了美国人办的广播电台。至此，上海的广播电台几乎都成了日伪的宣传工具。在南京，1937 年 12 月 13 日南京沦陷后，日军就设立了“南京广播电台”。1941 年 2 月，汪伪政权在南京建立伪“中国广播事业建设协会”，又将其“南京广播电台”改称“中央广播电台”。与此同时，拟定了广播电台组织章程和广播无线电台计划，企图“统一”沦陷区的广播事业。“中国广播事业建设协会”控制下的广播电台除南京伪“中央台”外，还有上海、汉口、杭州、苏州、蚌埠等地的广播电台。汪伪政权规定：在其统治区内，除日伪电台外，“民间不得再有广播电台”。

在抗战期间，日伪在中国境内先后建立起来的广播电台大约有五六十座。㉔

二、沦陷区爱国的、进步的新闻事业

【天津等地出版的抗日报刊】 抗战时期，中国共产党员和一些爱国志士曾在某些沦陷区创办了一些抗日报刊，同日伪展开艰苦卓绝的斗争。如天津地区在 1937 年 7 月 30 日沦陷后不久，便出现了 20 多种小型抗日报刊，如《高仲明纪事》报、《炼铁工》、《抗战》、《匡时》、《中心月刊》、《前哨》月刊、《火线上》、《突击》、

《后方》等。这些报刊大部分是由爱国知识分子主办的，大多数是油印的，只有个别的如《匡时》等是铅印的。由于日寇的残酷迫害，这些报刊存在的时间都不太长，但其顽强不屈的抗日精神是十分可贵的。当时这些报刊是在极其艰难的环境下出版的，物质条件极差，既无正规编辑记者，又无厂房设备和印刷条件，还得时时提防日伪的查抄。以《高仲明纪事》报为例，该报系秘密出版发行的油印小报，由爱国的职业报人们编辑，从 1937 年创刊，直至 1939 年停刊，共出 700 余期。每期发行达 6 000 余份，在天津地区普遍流传，曾先后遭到敌伪三次查抄。《炼铁工》则由粗通文墨的工人编辑，流传于天津的大小工厂。此外，1938 年间，在苏州附近一小镇上，还出版过一份名为《青白报》的抗日小型报。

【上海“孤岛”时期的报界】 “孤岛”指 1937 年 11 月 12 日国民党军队从淞沪撤退、日军占领上海起，到 1941 年 12 月 8 日珍珠港事件爆发这段时期的上海租界。“孤岛”时期前后历时 4 年又一个月。1937 年 11 月中旬日军攻进上海，占领华人区，而苏州河以南的英美公共租界和法租界暂时还是英、美、法的势力范围，未被日军占领。租界内居住着 300 多万中国人和外国人。当时上海四周已沦于敌手，上海的华人区也被日寇占领，只有上海租界仍在英、美、法等国的手中，如同茫茫大海中的一座“孤岛”，故有此称。

日军占领上海后，从 1937 年 12 月 15 日起，由日军报道部对租界华文报纸实施新闻检查。中国人原在租界出版的 30 种抗日报刊或停刊、或迁移，如《救亡日报》、《民报》、《时事新报》、《立报》、《神州日报》等报均于 11 月下旬停刊；《申报》、《大公报》等报出至南京沦陷（1937 年 12 月 13 日）后，因不愿接受日方检查而于 12 月 14 日同时停刊。继续出版的，只剩《新闻报》、《时报》及三家晚报：《大美晚报》（中文版）、《华美晚报》和《大晚报》。

上海沦陷后的第二年，即 1938 年，上海租界停刊了一段时间的原有报纸纷纷复刊，新报纸也相继创刊。这些报纸利用沦陷区大城市中租界的特殊条件，利用英、美、法等帝国主义国家和日本之间的矛盾，名义上聘请外国人担任发行人，在外国注册，打着“英商”、“美商”的招牌复刊或创刊，以逃避日寇的新闻检查。这种做法，人们管它叫“挂洋旗”。到1938年冬，上海租界这类“洋旗报”已有十六七家，它们是：《申报》（挂名英商经营）、《新闻报》（美商）、《文汇报》（英商）、《每日译报》（英商）、《导报》（美商）、《大美报》（美商）、《中美日报》（美商）、《华美晨报》（美商）、《大美晚报》（美商）、《大晚报》（英商）、《文汇晚报》（英商）、《新闻夜报》（美商）、《大英夜报》（英商）、《循环报》（英商）、《华美晚报》（美商）、《国际夜报》（英商）等。

“孤岛”时期上海的抗日报刊大致可分为四类：一是由中国共产党领导、共产党员主持的报刊，如《每日译报》、《导报》、《华美》周刊、《文献》、《上海周报》等；二是由进步及爱国人士主办的报刊，如《文汇报》、《华美晨报》、《大美报》等；三是原上海出版的商业化、企业化大报，如《申报》、《新闻报》、《时报》等；四是由国民党主办的《中美日报》、《大英夜报》、《正言报》、《循环报》等。其中，比较重要的有《每日译报》、《文汇报》、《申报》、《新闻报》等。

《每日译报》：《每日译报》的前身是《译报》。《译报》于1937年12月9日创刊，每日出4开一张。由夏衍主持。当时上海已经沦陷，租界的各种报纸差不多都停刊了。中共上海地下党组织为了报道有关抗战消息，便办了这份专门刊载译文的小报。报上刊登的新闻及言论，均译自英、美、法等国通讯社和上海租界出版的外文报纸。主编者精心选择材料，揭露日军暴行，报道抗战形势，宣传中共统一战线政策和抗战主张。该报深受读者欢迎，日发行数曾达两万份。但到12月20日即被日军通过租界当局下令取缔，仅出12期。《译报》停刊后，于1938年1月21日改名《每日译报》复刊，聘请英商“中华大学图书公司”主持人裴士和鲍纳分别担任发行人兼总编、经理。实际负责编务的是中共上海市文化工作委员会负责人梅益及王任叔、林淡秋、杨帆等。《每日译报》起初也是4开小型日报。内容与《译报》相同。出版一个月后，从2月

20日起，开始改革版面，充实内容，除刊登外报的译文外，还刊登自己采编的新闻。5月1日起，扩充为4开一张半；6月1日起，又扩大为4开两张。到6月28日，改为日出对开一大张，并附副刊4开一小张。这时，《每日译报》除刊登翻译的外报文章外，还有自己的“特讯”、“专电”，经常报道有关共产党和八路军、新四军的抗战消息，及时反映抗战前线的战况。同时还刊登中国共产党的有关文件和负责人的文章、讲话等。这些都是当时上海沦陷区人民极难看到的。到1939年夏，日伪组织与租界的帝国主义势力相勾结，先用金钱收买了英籍发行人裴士和鲍纳；5月18日，又以《每日译报》刊登的有关重要新闻未经送审为借口，迫令其停刊。

《导报》：《导报》于1938年4月2日创刊，与《每日译报》一样，也是中共领导下创办的抗日报刊。该报也挂名英商中华大学图书公司发行，刘述笙、恽逸群先后任主编；打着“洋商”招牌，积极宣传抗日救国，揭露日伪暴行。后不断遭到日伪的迫害。1939年6月17日，又遭汪伪武装特务袭击，被迫于7月1日停刊。

《文汇报》：《文汇报》是中国现代著名报纸，它创刊于1938年1月25日，是由曾任沪宁、沪杭铁路局高级职员（两局财务稽核）的严宝礼与几个铁路局职员集资7 000元创办起来的。为避免日寇的新闻检查，特用高薪雇请英国人克明担任名义上的董事长兼发行人及总主笔。实际负责报馆经营工作的是经理严宝礼，总编辑胡惠生。该报日出对开4版一大张，馆址在上海福州路436号，编辑部和印刷所在爱多亚路（今延安东路）大同坊。当时《大公报》刚迁到外地出版，其留在上海的印刷设备及印刷工人均闲置不用；《文汇报》就租赁《大公报》原有设备、雇请原有工人，代排代印出版。到了2月份，《大公报》负责人胡政之以李子宽、费彝民等人名义，向《文汇报》投资1万元（实际在代印《文汇报》的劳务费及《文汇报》垫付的白报纸费项目下扣除）。2月20日左右，胡政之又委派前《大公报》著名记者（1929—1935年间）、当时正为《文汇报》撰写社论的徐铸成担任《文汇报》主笔。徐氏成为报馆编辑的实际负责人，全面主持该报编辑、言论工作。同时，报馆还成立了社论委员会，成员有徐铸成、费彝民、李秋生、储玉坤和魏友棐。《文汇报》创刊后，积极宣传抗战，义正辞严地鞭挞汉奸丑类，揭露伪“上海大道市政府”的罪行；及时报道中国军、民奋勇抵抗日本侵略军的斗争，如对台儿庄战役的连续报道、对各地游击战争的报道；拥护中共抗日民族统一战线，积极宣传国共合作，一致对敌。与此同时，《文汇报》十分重视对中国共产党领导下的八路军、新四军的报道，宣扬他们的战绩；热情介绍八路军、新四军，以及抗日根据地延安的情况。其中比较重要的文章有维青的《平型关一役兴奋的回忆》（载1938年2月7日《文汇报》的《文会》副刊）、项君的《关于八路军的话》（载1938年1月28日《文会》副刊）、李英声的《中国红军十年史》（从1938年2月2日起在《文会》副刊连载4天）、美懿（即梅益，中共上海市地下文委负责人）翻译的美国著名女记者史沫特莱写的长篇报告文学《中国红军行进》（从1938年2月11日《文汇报》副刊《世纪风》创刊号起连载）、《八路军中之新中国妇女》、《西北从军记》等，以及《今日之延安》（1938年10月4日）、《陕北来鸿》、《从云阳到延安》等。1938年2月11日，《文汇报》的副刊《世纪风》创刊，由左翼作家柯灵（高季琳）主编，得到中共地下党文委和进步文化界的大力支持，不少中共党员及进步作家都是《世纪风》的作者，使之成为“孤岛”时期的文学堡垒。1938年5月，《文汇报》发行量突破5万大关，为当时“孤岛”各报之冠。随着发行量的不断扩大、新闻版面及广告的增加，从1938年11月起，《文汇报》篇幅由初期日出对开一大张，扩大为日出三大张半至四大张。1938年12月1日，《文汇晚刊》创刊，它是一张4开两版的报纸，每天出版，由李秋生主编。1939年5月18日，《文汇报》在当天报纸出版后，接到租界英国驻上海领事馆勒令其停刊两星期的通知，只得停刊。《文汇晚刊》和《每日译报》也同时被勒令停刊两星期。此后，三报都未复刊。抗战期间，《文汇报》总共发行476号、《文汇晚刊》发行164号。前后出版了1年零2个月时间。

《文汇报》被迫停刊以后，受汪伪收买的克明企图以文汇出版公司董事长的资格、以落水汉奸文人为班底，重组编辑部，复刊《文汇报》。徐铸成、严宝礼等“宁为玉碎，不为瓦全”，坚持爱国初衷，挫败了克明攫夺《文汇报》的阴谋，使《文汇报》长期停刊，不为日伪所利用。直至抗战胜利后，《文汇报》才于1945年8月18日复刊。此后出到1947年5月24日，因支持学生运动而被国民党淞沪警备司令部勒令停刊。在解放战争时期又出版了1年零8个月时间。[25]

《申报》：1937年12月15日，《申报》因不接受日军检查而停刊。以后，《申报》也假托外国人名义出版。由美商哥伦比亚出版公司承办，聘请美国人安德森为董事长、阿乐满为总经理，在美国特拉维亚州注册，于1938年10月10日复刊。此后一直出到1941年12月8日停刊。在3年多的时间里，《申报》利用一切机会和方法，宣传抗日救国，揭露日寇阴谋和暴行，打击汪逆敌伪，鼓励抗战，因而遭到敌伪的嫉恨和迫害。特别是从1940年7月到1941年12月的一年半中，敌伪多次向《申报》馆投掷炸弹、手榴弹。《申报》记者、编辑多人遭暗杀和绑架。1940年7月1日，当时的南京汉奸政府发表通缉令，列名83人，其中，《申报》占10多人，如马荫良、潘公弼、唐鸣时、金华亭（后被敌伪暗杀）、伍特公、瞿绍伊（后被刺伤，只得脱离《申报》）、胡仲持、马崇淦、张叔通、张一萍、黄寄萍、赵君豪等，都被列在日伪的“黑名单”上。[26]1941年12月8日，日本突然袭击美国海军基地珍珠港，太平洋战争爆发。上海租界“孤岛”也随着太平洋的汹涌波涛而沉沦了。从此，上海成了日寇的一统天下，《申报》于12月8日、即太平洋战争爆发的当天被迫停刊。几天后，于12月15日起，在日军陆军报道部的控制下出版。从1942年12月8日起，《申报》又被日军海军报道部控制，由大汉奸陈彬龢任社长兼总编辑，直至1945年抗战胜利才告结束。日伪把持《申报》前后达4年多时间。

《新闻报》：《新闻报》也于1938年9月1日请回原主持者福开森出任监督、美国人包克（一译作“卜德”）为总经理，以美商“太平洋公司”承租名义出版，回到了抗战宣传战线中来。太平洋战争爆发后，《新闻报》同《申报》一样，也一度被迫停刊。不久，在日寇的胁迫下，于1942年2月14日复刊，完全由日军报道部所控制，直至抗战胜利为止。

【“孤岛”时期上海报人的奋斗】　上海孤岛时期的“洋旗报”及爱国的进步报刊是在极其艰难、险恶的环境下出版发行的。日伪对租界那些“伸张民族大义、宣传抗日救国”的报纸，恨之切骨，但又无法取缔，于是采取威胁恫吓、武装袭击、暗杀等恐怖手段，疯狂迫害、摧残抗日报刊和报人。爱国的进步报人则针锋相对，同敌伪进行了殊死的搏斗，表现了不屈不挠的斗争精神和崇高的民族气节。他们用鲜血和生命，在中国新闻史上写下了悲壮的一页。

以《文汇报》为例。该报1938年1月25日创刊后，就不遗余力地揭露、抨击汉奸丑行，揭发伪“上海大道市政府”的种种罪恶。如该报2月3日、5日曾用很大篇幅专门揭露日伪暴行。2月8日又特刊社论《告若干上海人》，对上海地区几个意欲投敌的工商界要人提出严正警告；要他们悬崖勒马，不要当遗臭万年的汉奸。翌日（9日），《文汇报》馆就收到日本特务及汉奸组织以所谓“正义团”名义写来的恐吓信，扬言“倘再有反日情绪”，将杀害报馆人员。10日下午6时许，日伪又指使暴徒向报馆投掷手榴弹，当场炸伤工作人员两名。12日，报馆再次收到日伪寄来的匿名恐吓信，当天就针锋相对地刊出《写在本报遭暴徒袭击之后》的社论，予以反击，痛斥日伪的卑劣行径。3月1日下午3时许，报馆又收到日伪组织指使一水果店学徒送来的一箱注射了毒液的水果和用纸盒盛装的一只已经腐烂的人手臂。日伪还附一封匿名信，内称：“文汇社长：此乃抗日者之手腕，送与阁下。希望阁下更改笔调，免尝同样之滋味。”3月22日、27日，日伪指使暴徒，又多次袭击报馆。面对敌伪的暴行，《文汇报》仍一秉“伸张民族大义，宣传抗日救国”的初衷。

1939—1941年间，日伪对上海进步报界的迫害、摧残更加残酷，“孤岛”地区的新闻界被笼罩在白色恐怖之中。1939年5月，大汉奸头子汪精卫潜来上海，大肆推行所谓“和平运动”。他的这一系列卖国投降活动，受到“孤岛”进步舆论界的一致谴责。与此同时，汪精卫还从日本政府拨给他的300万元活动经费中，拿出100万元，筹建臭名昭著的日伪特务机关——伪“国民党中央执行委员会特务工作总指挥部”（简称“特工总部”。至1940年9月5日才正式确认）。因该部设在沪西极司菲而路76号，故又称“76号”。由大汉奸丁默邨为主任（1940年3月后由李士群任主任）。“特工总部”成立后，日伪组织的活动更加猖獗，凶杀事件层出不穷，暗杀、绑架几乎无日无之。迫害抗日爱国报人更是这伙暴徒的主要任务之一。

从1938年下半年开始，“特工总部76号”先后袭击了《导报》、《中美日报》、《大美晚报》、《大晚报》、《申报》等报馆。其中，1939年6月17日，《导报》馆首遭汪伪暴徒的袭击；7月22日晚，这伙暴徒又袭击了《中美日报》和《大晚报》。《申报》曾连续四次被炸，《大美晚报》的印刷所和《大晚报》的排字房也被暴徒捣毁。1940年4月28日，《大美报》也遭暴徒袭击。为了防卫，许多报馆只好在门前堆起沙袋，拉上铁丝网，装上铁栅门。有的报馆，如《申报》还雇请租界巡捕作门卫。为防不测，《申报》馆职工都搬进报馆去住，过了一年半（1940年7月至1941年12月间）的“无刑拘禁”生活。

在疯狂袭击报馆的同时，日伪特务还一次又一次残暴杀害爱国报人。1938年6月17日下午，“76号”的特务闯入《申报》编委瞿绍伊家中，向他开枪，击中臀部，后经抢救得免于难。此后，1939年8月30日，《大美晚报》副刊编辑朱惺公在上班途中被日伪特务暗杀；1940年7月17日，《大美晚报》中文版主持人张似旭在静安寺路起士林咖啡馆被敌伪暗杀；1940年7月21日，大光通讯社社长邵虚白被枪杀；1940年9月19日，《大美晚报》国际版编辑程振璋被暗杀；1941年2月3日清晨，《申报》记者金华亭被暗杀；1941年夏某日下午，《大美晚报》广告部主任李骏英被暗杀。另外，《译报》主笔钱纳水、编辑唐焕栋，《新闻报》编辑倪澜深等遭绑架；民治新闻专科学校校长、《新闻报》记者顾执中于1940年7月1日下午遭枪击，被打中颈部，经抢救脱险。以上被暗杀和迫害的报人中，朱惺公死得最为壮烈。[27]

朱惺公名松庐，笔名惺公，江苏丹阳吕城人。1938年2月1日始入上海《大美晚报》馆，主编该报中文版副刊《夜光》。当时正是日军占领上海不久，朱惺公常在报上发表短评或杂感，“每日挥其如椽之笔，发扬正义，拥护抗战，尤其是对于一般奸伪冷讽热嘲，不共戴天”。㉘1939 年夏，敌伪特工总部屡次投函恫吓，朱氏屹不为动，斥责奸伪益力。到 6 月中旬，他又接到敌伪“特工总部”的恐吓信，信中谓《夜光》版如再发表反汪文字，即将派员对其按“国法宣判死刑”。朱氏阅信后，当即写了一篇题为《将被“国法”宣判“死刑”者之自供——复所谓“中国国民党铲共救国特工总指挥部”书》，以气贯长虹的气概，怒斥汪伪投降卖国的卑劣行径，并表明自己早将生死置之度外、誓与汉奸走狗斗争到底的决心。该文洋洋洒洒 2 000 多字，全文刊登在中文版《大美晚报》6 月 20 日的《夜光》副刊版。㉙1939 年 8 月 30 日下午 4 时，朱惺公在从家中步行到报馆上班的途中，被汪伪特务枪杀身亡。时年仅 39 岁。

1940 年 7 月 1 日，汪伪“国民政府”在《中华日报》等汉奸报纸上又公布一份通缉 83 人的黑名单，其中有 43 人是报界人士，他们是：

《申报》的马荫良、潘公弼、唐鸣时、金华亭（后被敌伪刺死）、伍特公、瞿绍伊、胡仲持、马崇淦、张叔通、张一萍、赵君豪、黄寄萍（共 12 人）。

《新闻报》的汪仲韦、顾执中（后被敌伪刺伤）、倪澜深、王人路、徐耻痕、潘竞民、蒋剑侯（共 7 人）。

《中美日报》的骆美中、倪家剑、王锦铨、胡传厚（共 4 人）。

《神州日报》的蒋光堂、盛世强、徐怀沙、戴湘云（共 4 人）。

《大美晚报》的张似旭（后被敌伪刺死）、张志韩、刘祖澄、程振章（后被敌伪刺死）、朱一熊（共 5 人）。

《大美报》的吴中一、高季琳、郭志萍（共 3 人）。

《大晚报》的汪倜然、金摩云、朱曼萍（共 3 人）。

《大英晚报》的周思南（一人）。

《文汇报》的钱弗公、王善琦（共 2 人）。

“中央社”的冯有真、陈维俭（共 2 人）等㉚。

1940 年 7 月 14 日，南京伪“国民政府”训令上海市伪市长驱逐7名西方新闻记者，限期出境。这7人是：英文《大美晚报》总编辑兼波士顿《基督教科学箴言报》驻上海通讯员高尔特、英文《大美晚报》社长史蒂、《申报》发行人柯乐满、英文《密勒氏评论报》主笔鲍威尔、中文《华美晚报》发行人密尔士、中文《大英夜报》发行人兼总编辑斐士及无线电广播播音员奥尔考脱等。

1941年12月8日，日军突袭美国海军基地珍珠港，向英、美宣战，发动了太平洋战争。这时，英、美、法等国在上海的租界也全部被日军占领，“孤岛”最后沦陷。“孤岛”上的“洋旗报”也相继被迫停刊。在日寇的胁迫下，只有《申报》和《新闻报》先后复刊，成为日伪的宣传工具。《申报》在1941年12月8日被迫停刊；几天后，又于12月15日复刊。从1941年12月15日到1942年12月8日的一年时间里，《申报》都是在日军陆军报道部部长秋山邦雄的直接控制下出版的。1942年12月8日至1945年8月的两年多时间里，《申报》又被日军海军报道部控制、由陈彬龢主持。1945年8月间，陈彬龢在中国抗战胜利、日寇投降之际，逃往日本，后病死于东京郊区一家精神病院。《新闻报》在太平洋战争爆发时，也同《申报》同时停刊。后也在日寇的胁迫下，于1942年2月14日复刊，完全由日军报道部控制，直至1945年8月抗战胜利为止。

注　释

①见《毛泽东新闻工作文选》第54页及《中国共产党新闻工作文件汇编》上册第97页。两种版本，标点略有差异。

②杨松逝世消息载《解放日报》1942年11月23日第一版，《杨松同志传略》载《解放日报》1942年11月25日第一版。

③参见向仲华：《回忆新华社的创建》，载《新闻业务》1957年5月号。

④参阅刘云莱：《新华社史话》，新闻出版社1988年版。

⑤以上中共中央文件均见中国社科院新闻研究所编：《中国共产党新闻工作文件汇编》上册，新华出版社1980年版。

⑥《解放日报》最早的副刊是《文艺》专刊，由丁玲任主编，编辑有刘

雪苇、陈企霞和黎辛等。编辑业务由“文艺栏”负责。“文艺栏”由社长博古与总编辑直接领导。《文艺》第二任主编为舒群（1942年3月15日接替丁玲），编辑有陈企霞、刘雪苇、黎辛、马加等。“1942年4月，《解放日报》为增强党性进行改版，把原来占半版6 000字版面的文艺等专刊，改为以文艺为主的综合性副刊，报纸的第四版改为整版副刊，是我国新闻历史上的首创大型副刊，由原来文艺栏的舒群、陈企霞与黎辛三人编辑”（黎辛《延安〈解放日报〉副刊部的负责人与编辑》，载《新文学史料》2000年第2期第120页）。1943年3、4月间，第四版改由时任中央文委秘书长、中宣部文艺科长的艾思奇担任第三任主编。编辑部阵容强大，一般保持10人左右。第四任主编为刘祖春（1945年8月上任），直至1947年报纸停刊。《解放日报》的《文艺》副刊创刊于1941年9月16日，是当时集中力量办好《解放日报》的重要举措之一。出版之后，对加强文艺宣传起过很好的作用。但整风运动刚开始，由于对运动的意义认识不全面，从1942年3月9日起，《文艺》副刊连续发表一些有错误倾向的文章，其中影响最大的是3月13日、23日连载发表王实味的《野百合花》。这篇文章用冷嘲暗箭的手法攻击延安的社会生活、用绝对平均主义思想挑拨领导和群众的矛盾。它原出现于延安中央研究院的墙报上，后公开发表在党报上，更扩散了它的影响。因此，在《解放日报》改版座谈会上受到毛泽东的批评。此事后来在对王实味的处理上很不恰当，但思想批评却是十分必要和有积极意义的。

⑦见《在本报改版座谈会上，毛泽东同志号召整顿三风要利用报纸，批判绝对平均观念和冷嘲暗箭办法》，载《解放日报》1942年4月2日。关于《轻骑队》墙报创刊情况及《野百合花》发表经过，可参阅宋金寿《延安整风前后的〈轻骑队〉墙报》、黄昌勇《〈野百合花〉的前前后后》两文，载《新文学史料》2000年第3期。

⑧中国社科院新闻研究所编：《中国共产党新闻工作文件汇编》下册，第203页，新华出版社1980年版。

⑨在整风运动中，为了探讨新闻写作及如何办好党报等问题，《解放日报》特辟副刊《新闻通讯》专栏。由《解放日报》通讯采访部和中国青年记者学会延安分会合编。第一期于1942年10月28日登出。这是解放区报纸最早的新闻学研究专刊之一。

⑩引自穆欣：《一九三七年至一九四五年新闻界大事纪要》，载张静庐辑注《中国现代出版史料》丁编。

⑪详见曾虚白：《曾虚白自传》上集，第309页，台北联经出版事业公司1988年版。

⑫见《毛泽东选集》第955页，人民出版社1969年版。

⑬参阅《党的喉舌、抗战号角——武汉时期的〈新华日报〉》，华中师范大学出版社1989年1月版。

⑭参阅陈铭德、邓季惺：《〈新民报〉二十年》，载全国政协《文史资料选辑》第63辑，1979年版；陈铭德、邓季惺：《抗战前后的〈新民报〉》，载政协北京市委编《文史资料选编》第33辑，北京出版社1988年版。

⑮详见陈涤群：《新闻纸联合版汇志》，载《报学杂志》半月刊第一卷第3期，1948年10月1日出版。

⑯转引自赖光临：《七十年中国报业史》第159页，台北"中央日报社"1981年版。

⑰参阅夏衍：《白头记者话当年》第23页，重庆出版社1986年版。

⑱参见加因：《充满着朝气的桂林出版界》，载《救亡日报》1939年3月22日第2版。

⑲转见夏衍：《巨星永放光芒》，载《周恩来总理八十诞辰纪念诗文选》第74页。

⑳参阅南方日报、广东《华商报》史学会合编《华商报史话》，广东人民出版社1991年10月出版。

㉑彭革成：《抗战期中敌我新闻动态》，载《战地记者》第2卷第6、7、8期合刊。

㉒参阅《新民报社史》，北京《新民报》社清算事务所，1944年10月版。

㉓金雄白为上海老记者，后曾在香港以"朱子家"笔名发表《汪政权的开场和收场》，后辑为《汪政权始末记》一书出版，颇多重要史料。

㉔赵玉明：《中国现代广播简史》第54页。

㉕参阅《文汇报》报史研究室编：《文汇报大事记》、《文汇报史略》二书，文汇出版社1988年版。

㉖见程其恒编著：《战时中国报业》"上海"部分，桂林铭真出版社1944年版。

㉗以上参阅1947年8月7日《申报》第9版《自由谈》专栏载"因"：《纪念华亭——殉难报人介绍之一》；8月12日《申报》第9版《自由谈》专栏载：《朱惺公之死》；8月13日《申报》载沈业儒：《张似旭、李骏英之殉职》等文及赵君豪：《上海报人的奋斗》一书，重庆尔雅书店1944年10月版。

㉘"因"：《朱惺公之死》，载《申报》1947年8月12日第9版《自由

谈》专栏。

㉙该文又见《战时记者》杂志第2卷第5期所载：《朱惺公骂贼文》及台北《传记文学》月刊第45卷所载杨继高：《朱惺公遗书》。

㉚参见程其恒编著：《战时中国报业》“上海”部分，桂林铭真出版社1944年版。

第五章

解放战争时期的新闻事业

人民解放战争时期又称“第三次国内革命战争时期”。这一时期从1945年8月日寇投降、抗战胜利起，到1949年10月新中国成立止，前后有4年多的时间。人民解放战争时期的新闻事业经历的时间虽然不长，但却是我国新闻事业史上一个大转折、大变革的时期。

与抗日战争时期的形势相比，这一时期政治背景上的最大特点是：抗日战争结束，中、日民族矛盾基本解决，中国国内阶级矛盾又上升为主要矛盾。具体说，即国民党与共产党的矛盾又上升为主要矛盾。新闻战线的形势也随着政治形势的急剧变化而相应地发生了很大变化。

抗战胜利后，国民党政府企图撇开中国共产党，单方面接受日寇的投降。他们按照盟军最高统帅部的规定，将全国划分为15个受降区，由国民党各战区司令长官担任受降主官。与此同时，国民党政府还派出大批军政官员到沦陷区“接收”。这些接收大员一到沦陷区，就利用职权，大肆抢夺汽车、房子、各种物资以及黄金白银等贵重物品，被沦陷区人民群众讥之为“三阳（洋）开泰”、

“五子登科”。①此外，敌伪新闻事业也是他们“接收”的重点内容之一。1945年9月，国民党政府公布《管理收复区报纸、通讯社、杂志、电影、广播事业暂行办法》。不久，日伪在沦陷区大城市创办的一些重要报纸几乎都被国民党“接收”、“接管”。许多日伪报纸的房产、印刷设备及物资等被用来创办国民党的机关报。或改头换面，予以“改组”，成为他们的喉舌。与此同时，国民党的“党营”新闻单位也迅速从西南地区向江、浙沿海大城市如南京、上海等地“复员”。到1946年5月国民党还都南京，他们在短时期内又重新建立了以南京为中心的反动新闻事业网。此后，国民党党营新闻事业又得到了急剧的膨胀和扩张。

战后的1946年、1947年间，我国报业一度有了飞跃的发展。根据“国民政府内政部”1946年1月调查统计，“全国报纸已办登记者共984家”，“销数估计约200万份”。又据“国民政府内政部”1947年办理全国报纸换发登记证统计，截至1947年8月底，“全国已登记换照之报纸总数增至1 781家之多。其中上海一市有96家；南京市有87家；天津68家；北平59家。在各省之中，广东省有报纸137家；湖南省126家；湖北省119家；福建省114家；江苏省102家”。“在不到一年中，全国报社比前一年增加率达百分之八十一，可谓惊人。”②

据初步统计，解放战争期间，在报业方面，国民党党营报业分四个系统：一是由国民党中央直接主办或控制者，共有23家。其中以“中央日报”为核心和骨干。各地以“中央日报”为名称出版的分版则有南京、上海、重庆、贵阳、昆明、桂林、长沙、福州、厦门、海口、沈阳、长春12家，南京为其总社。此外，在北平办有《华北日报》、在天津办有《民国日报》、在汉口办有《武汉日报》、在成都办有《中兴日报》、在西康办有《国民日报》、在广州办有《中山日报》、在西安办有《西京日报》、在南昌办有《民国日报》，外加北平的英文《时事日报》，中、英文报纸总共有21家。另外，《武汉日报》有宜昌版，《中山日报》有梅县版，故实际有23家。每日总发行量约45万份。其中，《中央日报》平均日销7万份③。二是由各地国民党地方党部主办者，包括各省省党部及各县县党部主办者。其中各省省党部办的报纸有27家，每日总发行量约14万份。三是军队系统的报纸。这类报纸的骨干是由国民党中央军事委员会政治部主办的《扫荡报》。抗战胜利后，《扫荡报》从重庆迁回南京，于1945年11月12日，即孙中山诞辰之日改名为《和平日报》发刊。后陆续设上海、重庆、武汉、兰州、广州、沈阳、台北、海口8个分版。连南京总社一起算，《和平日报》共计9家。总社社长为黄少谷。到1949年，除南京总社外，各地分版停刊。总社于1949年4月23日，即南京解放时停刊。其工作人员经上海撤到台湾，合并原台湾分社后继续出版。同年7月1日又恢复《扫荡报》名称，直至1950年7月7日终刊。此外，各地出版的《党军日报》、《黄埔日报》、《阵中日报》也属于军报系统。四是由国民党强行投资、加入"官股"而控制的商业化、企业化大报。例如由潘公展主持的《申报》、由程沧波主持的《新闻报》等。另外，还有由胡健中主持的上海《东南日报》、吴绍澍主持的《正言报》，以及袁雍主持的汉口《华中日报》等，估计日销量40万份左右。

在通讯事业方面，抗战胜利后，重庆中央通讯社立即派遣大批人员，分头赴各地"接收"敌伪通讯社。如原沦陷区的日本"同盟社"、伪"中华通讯社"、伪"中央电讯社"、伪"满洲国通讯社"等日伪通讯社的财产、设备及业务，便悉为中央社所"接收"。1946年4月，中央社由重庆迁回南京，并大兴土木，大肆扩充。到1948年已发展到全盛时期，规模庞大。

在广播事业方面，抗战时期，国民党的广播电台有11座，总电力为145千瓦。抗战胜利后，"中央广播事业管理处"（简称"中广处"）马上派员，随同国民党各省市政府接收当地的敌伪广播事业。战时，沦陷区敌伪广播电台主要由三个机构管理：一是设在南京的伪"中国广播协会"，主要管辖南京、上海、杭州、苏州、汉口、长沙、广州、厦门等地的敌伪广播事业，"中央台"设在南京；二是设在北平的伪"华北广播协会"，主要管辖北平、天津、济南、青岛、保定、开封、太原、石家庄、运城、徐州、唐山、张家口、大同、归绥、包头等地的敌伪广播事业，"中央台"

设在北平；三是设在长春的伪“满洲国广播协会”，主要管辖东北四省如长春、沈阳、锦州、抚顺、安东、鞍山、承德、营口、本溪等处的敌伪广播事业，“中央台”设在长春。“中广处”便按这华中、华北、东北三大地区，派遣接收专员，分赴各地接收敌伪广播电台。据统计，到 1946 年 7 月底止，“中广处”在全国各地接收的敌伪电台共 33 座，大小广播机 67 部，总电力为 274 千瓦④。加上原有设备，解放战争时期，国民党的广播电台猛增至 41 座，中、短波发射机多达 81 部，总电力增至 550 千瓦，建立起庞大的广播网。

解放战争时期，解放区人民的、革命的新闻事业的发展形势同军事形势一样，呈现一个倒马鞍形，经历了“发展——收缩——再发展”的过程。

日本投降后，八路军、新四军根据延安总部的指示和命令，大举向敌占区进军，解放区迅速扩大。解放区的新闻事业也随之有了很大的发展。1945 年 9 月 14 日，当时正在重庆谈判的毛泽东同志急电党中央并转华中解放区负责人，指示他们“尽快去上海等地办报”。电报云：“（一）上海《新华日报》及南京、武汉、香港等地以群众面目出版的日报，必须尽速出版。根据国民党法令，可以先出版后登记。早出一天好一天，愈晚愈吃亏。（二）华中可去上海等地公开活动的，如范长江、钱俊瑞、阿英、梅雨（梅益）等，要多去、快去。除日报外，其他报纸、杂志、通讯社、书店、印刷所、戏剧、电影、学校、工厂等方面无不需要。”“必须下决心用最大力量经营之。”⑤这时，新解放区也创办了一批报刊，如中共中央东北局创刊了《东北日报》、中共中央华中局创刊了《新华日报》华中版、中共晋冀鲁豫边区中央局创刊了《人民日报》、中共中央中原局创刊了《七七日报》等。与此同时，老解放区原有的报刊，有的扩大发行地区，增加发行量；有的扩版，增加篇幅；有的缩短了刊期，增强了时效性。

不久，蒋介石集团发动全面内战。从 1946 年 6 月至 1947 年 6、7 月间的一年多时间里，人民解放军处于战略防御阶段。战争主要在解放区进行，国民党军队暂时侵占了一部分解放区，解放区的新闻事业有所收缩。

1947 年 7 月后，人民解放战争由战略防御转入战略反攻阶段。解放区向全国范围扩展。中国共产党和人民的新闻事业也空前、迅速地发展壮大起来，并终于取得了独占的统治地位。而国民党的新闻事业则逐渐被消灭，残余逃到台湾。

第一节　国民党统治区的新闻事业

一、国民党新闻事业的扩张及由盛而衰

国民党在日本宣布投降不久，抢先空运一批接收人员到原沦陷区的一些大城市，接收了全部敌伪报刊、通讯社、广播电台及其他新闻事业。国民党新闻事业的核心和骨干，如《中央日报》、中央社、中央广播电台及《扫荡报》（旋改名《和平日报》）等又得到进一步的扩张。

【《中央日报》与马星野】　抗战胜利后，重庆的《中央日报》照常发行。上海版的《中央日报》则于 1945 年 8 月 30 日正式出版，社长冯有真。同年 9 月 10 日，南京《中央日报》也复刊，社址仍在南京新街口原址，社长由当时国民党中宣部新闻处处长马星野担任。1946 年 5 月 5 日，国民党政府从重庆“还都”南京，重庆版《中央日报》仍然出版，称为“陪都《中央日报》”。而南京《中央日报》则为该报总社。1948 年 11 月，在南京解放前夕，马星野将《中央日报》总社仓皇迁至台湾，于 1949 年 3 月 12 日在台北正式发行。

马星野（公元 1909—1991 年），名伟，笔名星野，浙江温州平阳人。1909 年 10 月 26 日（清宣统元年九月十三日）出生于平阳县一个书香之家。4 岁即入平阳县之高等小学读书。1922 年夏，高小毕业；同年秋，升读“浙江省立第十中学”。在中学 4 年中，与国文教员朱自清过从甚密。1926 年夏，中学毕业；秋，考入厦门大学预科，后升读文学院（院长林语堂）。1927 年春，“厦大”发生学潮，全校罢课，遂离闽返浙。1927 年 5 月，国民党中央常

委会创办“中央党务学校”。马星野前往报考，被录取为该校第一期学员，于1928年6月毕业，旋任《党军日报》主编。1928年8月，国民党政府将北京清华学校改为“国立清华大学”，命罗家伦北上任该校校长。马星野随罗赴京任校长室秘书，并助编《清华校刊》，在清华过着半工半读的生活。1929年6月，南京“中央党务学校”改名为“中央政治学校”。马星野又由北京回到南京“政校”，主编《中央政治学校校刊》。1931年8月，与同班同学刘觉民一起，被公费派遣到美国留学。抵美后，考入密苏里大学新闻学院新闻系3年级就读。1933年冬，获“密大”新闻学学士学位。1934年5月离美返国。前后在“密大”学习两年半。

1934年7月13日，以“星野”为笔名，在《申报》副刊《自由谈》发表《南行小记》；7月17日起，在《自由谈》上又连载发表《我来自东》的长篇通讯（7月17日—7月31日）。同年撰《蒋介石先生会见记》，载于1934年2月18日出版的《国闻周报》第12卷第6期。同年9月，“中央政校”设立新闻系（系主任由该校教务主任程天放兼任），马星野回到母校担任新闻系讲师，讲授“新闻学概论”、“新闻史”等课程。1935年起，正式出任该系系主任。以后主持“中央政校”新闻系教学工作凡14年。

抗战爆发后，“中央政校”于1938年7月由南京西迁重庆，以巴县南温泉为校址。马星野于此时创刊了《新闻学季刊》。1941年3月，“中国新闻学会”成立于重庆，马为发起人之一。同年，由于受密苏里新闻学院创办人威廉博士1908年手撰《报人信条》（8条）的影响，马星野也亲手起草了《中国新闻记者信条》（12条）。1942年，“中央政校”教育长张道藩调任国民党中宣部部长，任马为中宣部新闻事业处处长（1942—1945年）。

1945年8月，抗战胜利。11月，马星野继胡健中之后，任南京《中央日报》社“复员”后首任社长，聘王新命为总编辑、陶希圣为总主笔。他主持社务期间，扩大报纸篇幅，增出晚报，面向社会，推动报社企业化。同时在版面上进行改革，力求“报纸杂志化”，注重副刊。在此期间，他还在中央大学、中央政治大学（1947年4月由中央政治学校与中央干部学校合并而成）任教，专门讲授新闻学课程，并兼“政大”新闻系系主任。1947 年 5 月 31 日，《中央日报》改组为有限公司，由陈立夫任首任董事长，马星野任常委董事兼社长，黎世芬任总经理。1948 年 3 月，马星野出席在瑞士日内瓦举行的联合国新闻自由会议，代表中国新闻界参加制定《世界新闻自由宪章》。会后顺道考察瑞士、法国、英国、美国等欧美各国新闻事业。5 月，返回南京；同年创办《报学》半月刊。1949 年 3 月 12 日，主持创刊《中央日报》台北版。该报发行序号仍与南京版相衔接。

1952 年 8 月，马星野卸除“中央日报”社长职务，由萧自诚继任。马星野离职原因系“中央日报”上有一天将“伟大的蒋总统”印成“伟小的蒋总统”。这一由“手民误植”造成的错误，终使马星野及总编辑同时“黯然下台”。⑥

1959 年 7 月起，任台湾驻巴拿马“大使”，直至 1964 年 11 月奉调回台。同年 12 月 21 日，继曾虚白之后任“中央通讯社”社长。1972 年 6 月，转任“中央社”管理委员会主任委员及“中国新闻学会”理事长。1973 年 4 月，“中央社”改组为“股份有限公司”，担任第一任董事长。1984 年 4 月 19 日，“于服务新闻界 50 年之际”，飞返母校，亲自接受密苏里大学校长艾莫尔·埃列授予之“杰出新闻事业终生服务最高荣誉奖”。1985 年 7 月从“中央社”退休。1991 年 3 月 11 日在台北病逝。终年 83 岁。马星野长期从事新闻教育事业及新闻事业，一直是台湾新闻界、新闻学界重要人物之一。遗著有《新闻学概论》、《新闻事业史》等讲义及《新闻自由论》、《新闻与时代》等书。

【“中央社”与曾虚白】“中央社”从创办起，直到抗战时期及解放战争时期，其社长一职一直由萧同兹担任。

抗战胜利后，中央社立即派遣大批人员，分赴各地“接收”敌伪通讯社。如原沦陷区的日本同盟社及敌伪的“中央电讯社”、“中华通讯社”、“满洲国通讯社”等通讯社的财产、设备及业务，悉归中央社所“接收”。另外，还恢复了国内的各个分社。中央社总社也于 1946 年 4 月由重庆迁返南京；并大肆扩充，于 1947 年在南京和平门外燕子矶附近的吉祥村购地 120 亩，建起功率强大的发射电台。5月动工，冬天建成，开始对欧美广播。从1948年1月起，又鸠工在南京中山东路上乘庵兴建七层楼大厦作为总社办公大娄。至此，反革命通讯事业恶性膨胀，“其时国内分社及办事处，计有52个单位，国外计有25个单位。全社员工共计2 653人”（曾虚白主编《中国新闻史》第582页），其规模相当庞大。这是中央社的所谓“鼎盛”时期和“黄金”时代。

1949年1月，当南京中山东路上乘庵中央社大厦行将竣工之际，正是中国人民解放军以摧枯拉朽、锐不可挡之势兵临南京城下之时。2月，中央社总社来不及搬进“新居”，便仓皇迁往广州。4月23日，南京解放。10月中旬，该社又由广州迁重庆；11月又由重庆迁成都，12月再由成都迁往台北。辗转流徙，其状狼狈不堪。到这时，全社员工由1948年的2 653人，锐减至160多人，受到了致命的打击。

1950年10月2日，“中央社”再次实行“改组”，在台北成立“管理委员会”。担任社长一职达18年零5个月的萧同兹退休，改任“管理委员会”主任委员。由曾虚白继任第二任社长，总编辑为陈训抒。从1950年10月起，到1964年12月21日退休，曾虚白担任“中央社”社长职务达14年多时间。曾虚白退休后，由当时奉调回台的原驻巴拿马“大使”、老报人马星野出任第3任社长。马星野之后历任社长有魏景蒙、潘焕昆、黄天才等。

曾虚白（公元1895—1994年），原名焘，字煦伯，后“采同音，根据庄子‘虚室生白’句，自选笔名为虚白”，遂以笔名行世。⑦他曾任“国民党军事委员会第五部国际宣传处”处长（1937—1947年）、“中央通讯社”社长（1950—1964年）、政治大学新闻研究所所长、“中国新闻学会”会长等职，是台湾新闻界领导人之一。他于1895年4月19日（清光绪二十一年、乙未三月二十五日）出生于“江苏省常熟县城内西山塘泾岸”一个“名门望族”之家。⑧其父曾孟朴，笔名“东亚病夫”，研究法国文学，曾译雨果《九三年》；著有《孽海花》、《鲁男子》二书，其中，《孽海花》为清末“四大谴责小说”之一。1905年，举家迁往上海。次年入三育小学，毕业后转往南洋中学。民国元年考入上海圣约翰大学中学部，毕业后升大学部。1918年大学毕业，任教于上海青年会附属小学。1919年冬，赴北京应外交官考试，落榜，旋任职于全国烟酒公卖局。1921年冬，任天津直隶交涉公署英文科长。

1926年6月间，董显光创《庸报》于天津，曾虚白应邀任该报驻汉口记者，从此投身于新闻界。1928年，离津返沪，协助其父经营“真美善”书店，并主编《真美善》杂志。1931年任教于南京金陵大学文理学院，并兼中文系主任。同年6月，上海名报人张竹平请曾虚白协助筹办一家晚报。1932年1月21日，上海《大晚报》创刊，曾虚白任总经理兼总主笔。该报自组发行网，不数月，日发行量达5万份，创当时上海晚报发行最高纪录。

1937年8月，淞沪抗战爆发，曾虚白辞去《大晚报》本、兼各职，决意投身军旅。随即前往南京，任职于国民党军事委员会第五部国际宣传处，任处长，协助第五部部长董显光工作。此后，曾虚白长期主持国民党的对外宣传工作。

1943年，曾虚白又兼任中央政治学校新闻学院副院长。1946年5月，国民党政府还都南京，“国际宣传处”也迁回南京。1947年5月，“国际宣传处”奉命裁撤，另由“行政院成立新闻局”，局长董显光，副局长曾虚白、邓友德。1949年11月，“中国广播公司”改组，曾虚白任副总经理。1950年10月任“中央社”社长直至1964年退休。1954年7月任台湾政治大学新闻研究所首任所长。1965年任“中国新闻学会”会长。1975年设置“曾虚白先生新闻事业奖基金”。1994年1月5日，因患败血症病逝于台北，虚龄整100岁。遗著有《中国新闻史》（由其主编）、《谈天下事》、《民意原理》、《曾虚白自传》、《抗战宣传追忆记》、《晨曦漫步》等。其中，《中国新闻史》一书出版于1966年4月，是集中台湾新闻史学界的力量共同完成的，参加撰写的专家、学者有曾虚白、朱传誉、阎沁恒等10人，由曾虚白主编。全书共分17章30节、70多万字，并有200多幅插图，对报刊史、通讯事业史、广播电视史、新闻教育史、华侨报业史等都有论列，是一部大型的中国新闻事业通史。该书在台湾新闻学界颇具影响，曾多次再版。

【“中央台”的变化】 抗战胜利后，重庆“中广处”也派出大批“接收”人员，分赴各地，“接收”了30多座敌伪台，连同“后方”的11座台，共有40余座台了。1946年5月，“中央台”随国民党政府迁回南京。这时的“中央台”，腐化堕落的风气有增无减。据当时熟悉内情的人说：“中央台”“合理进步不多见，腐化恶习布满庭”，人称“养老院”；当时派到各地的“接收大员”纷纷乘机大发横财；“左一批右一批派到英美各国去考察广播事业的工程师，在太平洋彼岸兜了一圈，长得胖胖的，带了美金返回；可是对于我国广播事业的发展，仍旧毫无建树。从美国运来的机器，开箱后居然发现全是鱼肝油精，可是报上去的却是一纸发票……掌理经济的人，为存放巨款至私人银行，竟以介绍舍亲至该行服务为交换条件。银行经理把算盘一敲，结论是存入之款所得息金和囤货盈利足供一人薪金而有余”（“麦克疯”语）。当时，南京房荒严重，“中央台”大兴土木，建造高级西式楼房，供高级职员使用。科长、工程师以上官员，“每人可得一幢”。这就是国民党“中广处”和“中央台”在抗战胜利后的情况。到临解放前夕，“中央台”已濒临崩溃的边缘。

国民党的所谓“党营”、“官办”广播电台，除“中广处”所属台外，还有两大系统：一类属于交通部所管辖；一类属于各省、市地方政府所管辖。

1948年冬，“中央台”开始将部分设备拆迁台湾。1949年4月改在台北播音。

【国民党在上海的报纸】　1945年8月抗战胜利后，国民党当局对历史悠久的《申报》极为重视。急忙派中委、CC头目潘公展为指导员兼总主笔、立法委员陈训抒为总经理兼总编辑，“接管”《申报》。这样，《申报》又于1945年11月22日复刊。1946年5月，国民党强行投资《申报》，加入所谓“官股”，实际是用不值钱的法币“劫收”《申报》的产权，并组织新的官商合办的董事会，由杜月笙任董事长，史咏赓任副董事长，潘公展为社长兼总主笔、陈训抒为总经理兼总编辑，陈景韩为发行人。这样，《申报》便成了名副其实的国民党官报了。

与《申报》的情况相同，当时上海的另一家老牌大报《新闻报》也被国民党“劫收”了。《新闻报》在日军进占上海时、在大多数报纸为抗议日寇的新闻检查而纷纷停刊时，独《新闻报》委曲求全，苟且偷生，为了顾全营业，而卑躬屈膝地接受日寇的检查。太平洋战争爆发后，也与《申报》一样沦为日伪的宣传工具。抗战胜利后，也被国民党当局加入所谓“官股”，由钱新之任董事长，程沧波为社长兼言论部总主笔，詹文浒为总经理，赵敏恒任总编辑，吕光为经理（后兼发行人）。

1949年5月27日，上海解放，被国民党把持了3年多时间的《申报》停刊了。申报馆终于成为国家财产，回到人民手中。报社原有机器设备被利用来办《解放日报》（1949年5月28日创刊出版）。至此，《申报》结束了它77年的悠久历史。《新闻报》也与《申报》同时停刊，同年6月改组出版《新闻日报》，直至1960年5月31日停刊。

此外，抗战胜利不久，国民党一些重要报纸也纷纷迁到上海出版，如原在安徽屯溪出版的《中央日报》分版迁到上海，变成了上海分版，于1945年8月30日正式出版，社长冯有真、总编胡传厚。南京政府国防部于1946年1月1日也在上海正式出版《和平日报》上海版，社长万枚子、总编王卓球。国民党第三战区顾祝同系统的报纸《前线日报》也从安徽屯溪迁到上海，于同年9月1日正式出版。⑨《东南日报》也迁到上海出版。《东南日报》的前身是国民党浙江省党部机关报——杭州《民国日报》。该报创刊于1927年3月。1934年6月16日起改为《东南日报》，并成立“《东南日报》股份有限公司”，由陈果夫任董事长、胡健中任社长、严北溟任总主笔，总编辑先后为刘湘女、杜绍文等。行销江、浙及闽北、皖南、赣东一带，影响很大，是当时我国东南地区著名大报。1937年11月杭州沦陷前夕，报社一部分人员和设备迁到浙江金华县，于11月19日出版金华版。杭州版则于12月22日停刊。1942年5月，金华撤退前夕，该报又改出浙江丽水版和福建南平版。1944年，丽水版又迁至浙江云和县。抗战胜利后，云和版于1945年10月迁回杭州出版，由许绍棣任社长、刘湘女为副社长。南平版则迁到上海，在陈立夫、陈果夫的支持下，于1946年6月16日出版《东南日报》上海版。并成立总管理处，改杭州版为分社。上海总社仍由胡健中任总经理兼社长，总主笔胡秋原，总编辑杜绍文，总经理刘子润。1949年5月间，随着上海、杭州的相继解放，《东南日报》上海版、杭州版均停刊。

二、共产党在国统区创办的报刊及其斗争

抗战胜利后，中国共产党在国统区创办的报刊，除重庆《新华日报》、《群众》周刊继续出版外，又先后在上海创办了《文萃》周刊、《消息》半月刊，在北平出版了《解放》报（3日刊）。以后，《群众》周刊又迁到上海出版。全面内战爆发后，到1947年3月，这些报刊几乎全部被迫停刊。

【重庆《新华日报》与《大公报》的论战】　抗战胜利后，蒋介石一面与中国共产党进行和平谈判，一面调兵遣将、磨刀霍霍准备内战。因此，呼吁和平民主、反对内战独裁，揭露蒋介石发动内战的阴谋，是当时舆论斗争的中心内容。重庆《新华日报》主要围绕以上内容，积极组织宣传报道。

解放战争前期，《新华日报》还同当时拥护国民党政府的《大公报》展开过几次激烈的论战。抗战胜利后，中国的大部分铁路交通线都在解放区军民的控制和包围之中。1945年10月间，国民党提出所谓“恢复交通的办法”，企图在“恢复交通”的口实下，利用交通线分割解放区，并把数百万军队用火车运往东北、华北、华东、华中等地，进攻解放区、抢占大城市。10月25日，重庆《大公报》为配合国民党所提出的“恢复交通的办法”，特发表题为《为交通着急!》的社评，指责八路军、新四军切断津浦路，“破坏交通”，措辞恶毒。过了几天，重庆《扫荡报》也刊出社论《有什么理由破坏交通?》与《大公报》一唱一和，攻击中共。同年10月间，国、共重庆谈判之后，蒋介石自食其言，并未按照《会谈纪要》（简称《双十协定》）的精神行事，仍然多方面向解放区发动进攻。解放军坚决予以反击，打退了国民党军队的多次进攻。在这种形势下，重庆《大公报》又于1945年11月20日发表题为《质中共》的社评，把内战的责任一古脑儿全推到共产党的

头上，并主张要中共交出军队(“希望共产党放下军队”)、交出解放区民主政权(“放下特殊的局部政权”)给蒋介石。次日（21日)，重庆《新华日报》立即发表题为《与大公报论国是》的社论，予以反击，针对《大公报》的错误论点作了详尽的批驳，点出它“借大公之名，掩大私之实；借人民之名，掩权贵之实”的本质。同时指出：“在若干次要的问题上批评当局，因而建筑了自己的地位的大公报，在一切首要的问题上却不能不拥护当局。这正是大公报的基本立场。”这就深刻揭示了《大公报》为国民党政权“小骂大帮忙”的特征。与此同时，延安《解放日报》也以《驳〈大公报〉》为题，著论痛加驳斥。

1945年11月1日，上海《大公报》复刊。1946年4月16日，上海《大公报》发表了《可耻的长春之战!》的社评。当时在东北地区，在前苏联军队撤出去后，国民党政府又把抢夺胜利果实的手伸向了东北。国、共两军争夺长春的战事开始。《可耻的长春之战!》完全站在国民党政府的立场，摭拾国民党特务散布的无耻谣言，攻击共产党和东北联军的“进攻战术，常是用徒手的老百姓打先锋，以机枪迫（击）炮在后面督战。徒手的先锋队成堆成群地倒了，消耗了对方的火力之后，才正式作战。请问这是什么战术？残忍到极点，也可耻到极点”。4月17日，重庆版《大公报》居然再次转载了这篇社评。4月18日，重庆《新华日报》针锋相对，发表题为《可耻的大公报社论》的重要社论，痛斥《大公报》的那篇社评。《新华日报》的这篇社论指出：“重庆和上海的大公报，前、昨两天，登载了题目叫做《可耻的长春之战》的社论。这是大公报一篇可耻的社论。我们读了，实在为大公报惜”。“这样来替顽固派开脱罪名，并替顽固派帮凶，真是可耻极了!”

1946年5月，国民党政府“还都”南京后，中共中央南方局也东迁南京。《新华日报》总社也随之迁到上海，并将原在重庆出版的《新华日报》改组成中共四川省委机关报，继续出版，先后由傅钟、张友渔任社长，熊复任总编辑、于刚任经理。当时，中共中央拟将《新华日报》在沪、宁、渝三地出版。南京、上海两版的筹备工作基本完成后，国民党当局极力阻挠，终使两版的出版计划未能实现。重庆版《新华日报》也于1947年2月28日被国民党当局查封。《新华日报》沪、渝两地的318名工作人员全部撤回到延安和其他解放区。

【在上海出版的《文萃》、《群众》周刊与在北平出版的《解放》报】 上海是我国近现代新闻事业的中心，历来为“兵家必争之地”。1945年8月抗战胜利后，当时正在重庆同蒋介石进行和平谈判的毛泽东，便于9月14日向华东解放区负责人发出“尽快去上海等地办报”的电报指示。不久，中国共产党就在上海创刊了好几家报刊。

《文萃》是解放战争时期中国共产党在国统区出版的时事政治刊物。它于1945年10月9日在上海创刊，系周刊，16开本。由孟秋江、黎澍、陈子涛先后担任主编。该刊初期为集纳式文摘性刊物，主要选载重庆、成都、昆明等地进步报刊上的文章，也转载延安《解放日报》和重庆《新华日报》的文章。从1946年5月起，逐渐改变文摘刊物的性质，自行组稿。郭沫若、茅盾、田汉、马叙伦、宦乡、胡绳（公孙求之）、姚溱（丁静）等都曾为该刊撰稿。该刊原由中共中央南方局领导。1947年3月起，改由中共中央上海局文委领导。同年春，由于中共代表团被迫离沪，该刊转为秘密出版。并从第2卷第23期起，由原16开本改为32开本的《文萃丛刊》形式发行。为防止国民党有关当局的迫害，《文萃丛刊》每期都改换封面。1947年7月，《文萃丛刊》第10期准备发行时，负责编辑、发行的陈子涛、骆何民、吴承德三同志被捕，刊物也被迫停刊。陈、骆、吴在狱中坚贞不屈，在上海解放前夕，英勇牺牲，史称“《文萃》三烈士”。

陈子涛（公元1921—1948年），字家禧，广西玉林县人，新闻记者。抗战期间在桂林《广西日报》社工作，后去成都任《华西晚报》编辑。1946年6月来到上海，参加《文萃》周刊编辑工作。1947年3月加入中国共产党。《文萃》转入地下出版后，他是其主要编辑。在险恶的环境下，常常每天工作12小时以上。1947年7月23日，被国民党特务逮捕，敌人对他连续刑讯23天，用尽酷刑，但他毫不屈服。不久被押往苏州，后又转至南京宪兵司令部，于1948年12月27日被活埋于南京。

骆何民（公元1911—1948年），又名骆何敏，江苏江都人。1927年参加共青团，后转为中共党员。他曾因从事革命活动，四次被捕，抗战爆发后才获释。1938年到湖南，先后在长沙《国民日报》、《阵中日报》、《开明日报》工作。1940年12月在《开明日报》工作时，又一次被捕。次年7月自耒阳监狱越狱逃出。旋往桂林，写作《新闻工作入门》一书。1942年改名钟尚文，到福建工作。1945年7月，在福州因“羊枣案”再次被捕入狱，至1946年9月因病保释出狱。同年冬到上海，参加《文萃》编辑工作，同时主动承担了筹建地下印刷厂的任务。不久，他办起了一家名为“友益印刷厂”的小印刷厂，自任经理，承印过《文萃》及党的其他宣传品，1948年7月与陈子涛一起被捕，也于1948年12月27日晚10时被国民党特务活埋于南京。[10]

吴承德（公元1919—1949年），又名二南，江苏苏州人。1938年在长沙参加基督教青年会抗日军人服务部工作。1940年在桂林国际新闻社工作，“皖南事变”后随社去香港。1942年春返桂林从事出版工作。1944年赴昆明。1945年冬到上海任《文萃》周刊社经理，负责发行工作。《文萃》的纸张及出版经费大部分是他设法筹措的。1947年春，《文萃丛刊》转入地下出版后，他与其他同志一直负责秘密发行工作。1947年6月入党。7月21日，去印刷厂取刊物时被国民党特务逮捕。在陈子涛、骆何民牺牲后不久，他也于1949年5月9日在宁波惨遭敌人杀害。

《群众》周刊于1937年12月11日在汉口创刊。1938年10月武汉沦陷时，被迫停刊。同年12月在重庆复刊，并由周刊改为半月刊。1946年后迁到上海出版；从同年6月3日出版的第11卷第5期起，又恢复为周刊。该刊每期24页，内容主要刊载中共中央及中共驻南京代表团的文件、谈话，转载《解放日报》和新华社的重要言论，报道解放区的成就和斗争。1947年3月2日，《群众》周刊出了最后一期后被迫停刊，前后计出14卷9期。在上海的《群众》停刊之前，为了让海外和国统区人民能听到党的声音，以及开展对外宣传工作，1947年1月又在香港创办了《群众》周刊香港版。该刊曾以伪装封面在国统区发行，直到1949年10月20日出至143期才自动停刊。

此外，解放战争前期，中国共产党组织还以种种名义在上海出版了几份报纸，如《时代日报》、《联合日报》、《建国日报》晚刊等。《时代日报》创刊于1945年8月16日。初创时名为《新生活报》，9月1日起改名《时代日报》。前期为4开一张小型报，1947年2月改出8开两张。该报借前苏联商人名义发行，总编辑姜椿芳，编辑有林淡秋、陆诒等，多为中共党员或进步文化人士。出至1948年6月3日被国民党有关当局查封。《联合日报》创刊于1945年9月21日，以美国新闻处名义发行，实由中共上海地下党组织领导。社长刘尊棋，总编冯宾符，经理王纪华。出至11月30日被迫停刊。1946年4月15日又改为《联合日报》晚刊重新出版，改由中共代表团驻沪办事处直接领导，金仲华为社委会主任，陈翰伯为总编辑，王纪华为经理，刘尊棋为社务委员。出至1947年5月25日被国民党有关当局勒令停刊。《建国日报》于1945年10月10日创刊，4开4版。其前身是《救亡日报》。《建国日报》仍由夏衍主编。但仅出版15期，到10月24日即被查封。

北平的《解放》报是随着“北平军事调处执行部”的成立而创办的。1946年初，由国、共、美（美国）三方代表组成的“北平军事调处执行部”成立后，中国共产党便于1946年2月22日在北平创办了一个公开发行的机关报《解放》报，并同时成立了新华社北平分社。《解放》报社址设在宣武门外方壶斋9号，发行部则设在三道栅栏41号。该报是继重庆《新华日报》之后、在中共中央直接领导下创办于国统区的第二家党报。原计划先短时期出版3日刊、2日刊，然后再过渡到正式出版《北平解放日报》。所以，该报刚出版时为3天一期，每期出4开小型报一张。自第27期起改为双日刊。该报由叶剑英、李克农率领的中共代表团直接领导，总编辑钱俊瑞。其内容主要刊登新华社的评论、消息、通讯和《解放日报》、《新华日报》的重要社论，以及读者来信等。深受读者欢迎，每期发行数曾达5万份，几乎超过了当时华北地区国统区销量最大的《大公报》。1946年4月3日凌晨，国民党军警、特务以“检查户口”为名，逮捕了报社和新华社北平分社的29名工作人员，企图迫使《解放》停刊。中共代表团为此提出强烈抗议，才使被捕人员得以获释。延至5月29日，国民党发动全面内战的前夜被查封。前后计出版37期，其中，3日刊26期，双日刊11期。

三、在国统区出版的进步报刊

在国统区，中国共产党除直接创办报刊与国民党进行斗争外，还领导和支持进步的新闻及文化出版工作者办报，发挥进步民主报刊的作用。

【上海《文汇报》的复刊及一些进步时事政治刊物的创办】 抗战胜利后，《文汇报》于1945年8月18日在上海复刊。该报于1938年1月25日在上海“孤岛”（租界）创刊。至1939年5月18日被日伪胁迫租界当局勒令停刊。1945年8月日寇投降后，当时留在上海的原《文汇报》创办人严宝礼准备立即复刊该报。他急电在重庆《大公报》编辑部工作的徐铸成，请其回沪与他再度合作。徐答复说已接受筹备复刊《大公报》上海版的任务，故不能应命。严宝礼于是邀请储玉坤主持编务。在日本宣布无条件投降的第二天（8月18日）复刊《文汇报》，社址设在新闸路小沙渡路（今西康路）一家印刷厂内。由于人员缺乏，物资条件困难，仅日出8开2版报纸一张，以“号外”形式发行，不列入正式刊号。一直出到9月5日，共出号外19天。9月6日起，报纸改版，日出对开4版一大张。报社迁到圆明园路，报纸由中央日报印刷厂承印。从复刊到1945年底，《文汇报》出版的4个多月里，由于当时该报主编者的亲国民党色彩，这一阶段的《文汇报》站在国民党的立场，脱离广大人民群众，把国民党政府在美帝国主义支持下发动内战，向解放区进攻说成是由于“中共挑衅行为，使国内不能和平”。颠倒是非，混淆黑白，报纸销数不断下跌，广告客户随之减少。鉴于这种情况，严宝礼和当时担任上海《大公报》总编辑的徐铸成商议改进措施，决定邀请《前线日报》总编辑宦乡来主持编辑工作。中共上海地下市委也派陈虞孙到报社，和宦乡一起，担任撰写言论的副总主笔。从1946年元旦起，《文汇报》以崭新的面貌呈现在读者面前。4月底，抗战时期《文汇报》编辑部负责人徐铸成又回到报社，担任总主笔。在此前后，报社又陆续进了一大批进步的理论和新闻工作者，其中不少是中共党员。原担任总主笔的储玉坤辞去《文汇报》工作，转到了《申报》。

1946年5月以后，《文汇报》在徐铸成以及宦乡、陈虞孙、柯灵等主持下，报纸面目又焕然一新。该报对学生反内战游行、“下关事件”、“羊枣事件”、“李、闻事件”、通货膨胀，以及美国水兵打死人力车夫臧大咬子等事件，都进行了报道，对国民党当局的暴行及美军暴行都进行了抨击。1947年5月24日，《文汇报》在出版最后一期后，被国民党政府的淞沪警备司令部勒令停刊。解放战争时期的《文汇报》从1945年8月复刊，到1947年5月被查封，共出版了1年零9个多月的时间。

这一时期，在中共上海党组织的支持下，上海地区的一批进步人士还创办了好几家时事政治刊物，如《民主》、《周报》、《消息》、《展望》等。

《民主》周刊于1945年4月13日创刊，主编郑振铎。出版一年半后，于1946年10月31日被勒令停刊，共出54期。

《周报》于1945年9月8日创刊，是一份周刊性的杂志，名义上由马叙伦主编，实际由唐弢、柯灵创办和主编。撰稿人有茅盾、郭沫若、夏衍、吴晗、李平心、郑振铎、叶圣陶、宦乡、楼适夷等。出版不到1年，于1946年8月24日被国民党勒令停刊，共出50期。

《消息》系半周刊，创刊于1946年4月7日，由姚溱（宋明志）、方行（丁北成）发起和主持。但仅出一个半月，至5月23日即被查封，共出14期。

《展望》周刊于1948年5月1日创刊，其前身为中华职业教育社主办的《生活》周刊和《国讯》杂志。《生活》周刊创刊于1925年10月11日，到1933年12月16日被国民党当局查封。《生活》周刊之外，中华职业教育社又在1931年12月23日另行创刊了《国讯》杂志。《国讯》初创时名《救国通讯》，1934年元月改为本名。初为旬刊，后改为半月刊、周刊。由黄炎培任发行人。抗战时期迁到重庆出版，同时创刊香港版。重庆版在 1944 年 11 月至 1946 年 4 月间，由著名的新闻记者和新闻学者俞颂华主编。1948 年 4 月 9 日出版第 457 期后被国民党当局勒令停刊。《国讯》被封后，仅过了 21 天，中华职业教育社又用其剩余资金创刊《展望》周刊。该刊社长是俞寰澄，副社长黄炎培、陈仁炳。公开地址在南京，实际在上海出版。编辑人员基本上是《国讯》旧班底。每期发行量高达 53 000 余份，深受读者欢迎。到 1949 年 3 月 19 日出至第 3 卷第 18 期时，被国民党当局查封。1949 年 5 月 28 日，上海解放；6 月 1 日，《展望》得到上海市人民政府的批准又复刊了，直至 1961 年停刊。前后共出版 600 期。

【南京《新民报》、《南京人报》的复刊】 抗战胜利后，《新民报》于 1946 年元旦起在南京复刊。

《新民报》是我国现代著名民营报纸，于 1929 年 9 月 9 日在南京创刊，由陈铭德、刘正华、吴竹似等人联合创办。抗战爆发后，于 1937 年 11 月 27 日在南京出版最后一期后，迁往重庆。于 1938 年 1 月 15 日开始在重庆复刊。重庆版除日刊外，又于 1941 年 11 月 1 日增出晚刊。1943 年和 1944 年又先后在成都出版晚刊和日刊。抗战结束后，《新民报》除重庆、成都两社 4 版继续经营（由罗承烈负责）外，又兵分三路组织复刊工作：邓季惺、赵超构负责南京版的复刊和上海版的创办；张恨水等去北平筹办北平版；陈铭德则将新民报总管理处由重庆迁回南京，综理一切。这样，《新民报》在 1946 年时，先后在南京出版日、晚刊，在上海出版晚刊，在北平出版日刊，若加上重庆、成都的两社 4 报，总共计 5 社 8 报，形成了著名的“新民报系”和“报团”。其中南京版晚刊于 1946 年元旦发刊、日刊于同年 10 月 10 日复刊，总经理邓季惺、总编辑曹仲英；上海版晚刊于 1946 年 5 月 1 日创刊，总经理仍为邓季惺、总主笔赵超构、总编辑程大千；北平版日刊于 1946 年 4 月 4 日创刊，主持人为张恨水。

1947 年 2 月 20 日，上海的《新民报晚刊》因副刊刊登将国民党党歌改为《冥（民）国国歌》的讽刺诗，被罚停刊一天；同年

5月25日，该报又被国民党当局以“破坏社会秩序，意图颠覆政府”的罪名，与《文汇报》、《联合晚报》同时查封。同年7月，上海《新民报晚刊》复刊。1948年7月8日，南京版也被国民党政府内政部勒令“永久停刊”。⑪其他分版也先后遭到国民党当局的干涉和迫害，不少记者被捕和被迫流亡。成都版于1949年底被查封。全国解放后，南京版、成都版一度复刊，两社旋于1950年4月结束。重庆版于1952年1月停刊。北平版于1952年4月由北京市人民委员会收购。只有上海版于1952年底、经过社会主义改造，成为人民的报纸；1958年，该报更名为《新民晚报》继续出版至今，成为我国新闻史上历史最久的晚报。

《南京人报》于1946年4月8日在南京复刊。

《南京人报》也是一张著名的民营小型报纸，1936年4月8日创刊于南京。创办人张恨水、张友鸾分任正、副社长。张友鸾还兼总编辑及经理，张恨水兼编副刊“南华经”。日出4开4版一张。在内容上，积极主张抗日，注重社会新闻；在版面上，讲求编排技巧，编得生动活泼。所载文章短小精悍，深受中下层市民的欢迎。1937年11月27日南京沦陷前夕停刊。抗战胜利后于1946年4月8日在南京复刊，张友鸾任总经理、郑时学（拾风）任总编辑。至1949年2月2日，该报因国民党特务捣毁其编辑部而被迫停刊。南京解放后，于1949年7月7日复刊，到1952年4月最后停刊。

【重庆《民主报》】 重庆《民主报》于1946年2月1日创刊，到1947年3月1日被迫停刊，前后存在1年多时间。该报是“中国民主同盟”的机关报，发行人张澜、社长罗隆基、总编辑马哲民、编辑部负责人叶丁易。该报版面初期日出4开一张，到1946年8月1日扩大为对开一大张。

《民主报》是在抗战胜利后，民主运动高涨之际诞生的。该报在发刊词中宣布，它是“一切民主信徒的共同工具”，“愿努力担负起代表民主信徒意见这个责任。”创刊号头版在显著地位刊登了民主同盟代表要求释放张学良、杨虎城的消息。第3版副刊《民主之家》还刊登了茅盾写的《祝民主》一文，对《民主报》提出了六点希望：一、不做调和派，二、明辨真假民主，三、开办读者信箱，四、文字语体浅近，五、少登大人先生官样文章，六、副刊不怕曲高和寡。这些意见，以后成为《民主报》的办报原则。《民主报》创刊初期连续发表了保障人权、要求民主的社论，如《人权保障，必须兑现》、《扩大保障人民自由权运动》等。此后不久，又对国民党政府实行的警管区制度进行抨击。在《警管区！特务团！》这篇社论中尖锐指出："表面是警管区，实质是特务团"；将"中统、军统两统特务编为警员，这样，每个人的自由、安全，甚至生存都操于警察之手"。《民主报》还针对国统区官僚资本横行、民不聊生的状况，发表《打倒官僚资本》的社论，受到民族资本家和广大群众的欢迎，成为重庆轰动一时的热门话题。1946 年 2 月 10 日，国民党特务制造了"校场口事件"。《民主报》当天即发"号外"，揭露特务暴行；第 2 天，又接着发表社论《民主的耻辱》。1946 年六七月间，国民党政府撕毁政协决议，一面大肆向解放区进攻，另一方面又在国统区残酷镇压民主运动。7 月中旬，西南联大教授李公朴、闻一多先后被特务暗杀，《民主报》接连几天连续报道血案真相，同时发表一系列社论，抗议特务暴行。

在与国民党的斗争中、在民主运动中，《民主报》与《新华日报》紧密配合，互相支持，发挥了很大作用。同时，也被国民党当局视为眼中钉，不择手段地加以迫害。1947 年 2 月，混进《民主报》内部的特务借口工资问题，捣毁报馆全部印刷设备，打伤排字工人，报纸遂被迫停刊。

四、战后香港出版的报刊

抗战胜利后，由于香港地区的特殊地位和有较多的新闻自由，加上通讯及印刷设备先进，第二次世界大战以后，香港再度成为我国华南地区报业中心，并迎来了它的黄金时期。从 1945 年至 1950 年间，香港共有 155 家报刊注册，其中许多报刊在战前即已出名，战后复刊后，其特色与影响一如既往，如英文《南华早报》最早复刊，《香岛日报》也恢复原名《星岛日报》继续出版。著名大报《华侨日报》，以及《成报》、《工商日报》等私人企业性质的报纸也在香港恢复出版。

《南华早报》创刊于1903年11月7日，是香港早期三大著名英文日报(《德臣西报》、《孖剌西报》、《南华早报》）之一。在战前，《南华早报》为港英政府宣传服务，日销量5 000多份，成为香港销数最多和影响较大的英文日报。太平洋战争爆发后停刊。战后复刊，发行量达9 000份，仍是香港影响最大的英文日报。一直办到现在，是香港创办时间最久的英文大报。

《星岛日报》系永安堂药店老板胡文虎于1938年8月1日在香港创刊的。同年11月1日又增出《星岛晚报》。《星岛日报》是星系报团的重要报纸。1941年冬太平洋战争爆发后，该报为日寇掠夺，改名《香岛日报》出版。1945年秋日寇投降后，恢复《星岛日报》（包括晚报）原名复刊。一直出版至今，仍是香港影响较大的报纸。《星岛日报》从日本投降之后复刊，到1949年间，它总的立场是拥护国民党政府的。

《华侨日报》创刊于1925年6月5日，创办人是早年曾任职于英文《南华早报》的岑维休。1941年冬，日军攻陷香港，岑维休避居异地。在日军的统治下，《华侨日报》被迫由何建章出面继续出版。战后，有些国民党官员企图派遣人员主持该报编务，遭到岑维休的拒绝。以后，《华侨日报》长期由岑维休担任董事长兼总经理，何建章任总编辑。《华侨日报》发展至今，已成为香港地区张数多、销数多、广告多、盈利多的著名中文报纸。

《工商日报》创刊于1925年7月8日，由侨商洪兴锦、黄德光等集资创办。1930年起，由香港名人何东接办。他自任董事长，由他的中文秘书胡秩五以经理名义掌管报馆事务。1941年12月25日香港沦陷，《工商日报》于沦陷前一天（24日）停刊。抗战胜利后，该报于1946年2月5日复刊；同月15日，《工商晚报》也复刊。董事长仍是何东，总经理胡秩五，总编辑龙实秀。解放战争时期，《工商日报》的基本倾向是拥护国民党的。直至1984年11月30日出版最后一期后停刊。

《成报》创刊于1939年5月1日，由何文法、何文台、汪玉亭等合资创办。香港沦陷时停刊。抗战胜利后，于1945年10月复刊，是港地战后复刊最早的报纸。以后一度成为香港销量最大的报纸。

除以上著名报纸复刊外，这一时期，中国共产党、民主人士及进步人士也在香港创刊和复刊了一批报刊，如《正报》、《华商报》、《人民报》、《群众》，以及《光明报》、《大公报》、《文汇报》等。

抗战胜利后，中国共产党在香港创办最早的报纸是《正报》和《华商报》。这两份报纸都是在中共中央南方局在上海复刊《新华日报》、《救亡日报》的计划搁浅后才创办起来的。抗战胜利后的1945年9月，中共中央南方局和周恩来同志即派徐迈进和夏衍回上海，分别筹备复刊《新华日报》和《救亡日报》。但由于国民党的种种阻挠，《新华日报》的复刊一直未能实现；《救亡日报》改名《建国日报》，于10月10日复刊，只出版了15天，即遭国民党市党部查禁。于是，党中央南方局就决定派章汉夫、胡绳、乔冠华、龚澎、林默涵、廖沫沙、邵荃麟等同志到香港，会同广东区党委派出的饶彰风、杨奇等同志，在香港重新建立新的宣传据点。在这种情况下才创刊了《正报》和复刊了《华商报》。

《正报》创刊于1945年11月13日，它是由当时中共广东区委宣传部部长饶彰风主持、抽调东江纵队《前进报》骨干6人，经过数月筹备后创办起来的，是战后党在香港创办的第一张报纸。初期是4开4版的3日刊，后改为两日刊。1946年7月21日出至第110期时改为8开版面的旬刊。1946年10月19日再改为周刊。1948年11月13日自动休刊。前后历时整整3年。该报日发行8 000份左右，最高时达2万多份，对海外华侨影响很大。前期社长兼总编辑为杨奇，后期为黄文俞。

《华商报》于1941年4月8日创刊于香港，系对开晚报，由廖承志主持筹办。到1941年12月13日因太平洋战争爆发而自动停刊。日本投降后，于1946年1月4日复刊，改为日报。《华商报》是一张由中国共产党领导的统一战线的报纸。复刊初期由饶彰风代表党组织直接领导该报工作。董事长和督印人仍是邓文钊，总经理萨空了，总编辑刘思慕，副总编辑先后由邵宗汉、廖沫沙、杜埃等担任。1947年春，中共中央香港分局正式成立，并设“报纸工作委员会”，由章汉夫任书记。从这时起，《华商报》归“报委”领导。中共中央香港分局书记方方也常为报纸撰稿。《华商报》当时工作人员（包括印刷工人）有70余人，是香港、也是华南地区进步报纸的中坚。《华商报》于1949年10月15日停刊，全部工作人员转到广州创办《南方日报》。后期《华商报》一共发行了3年零9个月的时间。前后相加，一共办了4年零5个半月。

《人民报》创刊于1946年3月1日，是中国农工民主党的机关报，4开4版。社长李伯球，总主笔黄药眠。4月1日出满30期后迁广州继续出版，改为8开版3日刊。后又改为周刊、半月刊出版，直至1946年8月底被国民党当局封闭。前后出版不到半年时间。

《光明报》是中国民主政团同盟（简称“民盟”）中央的机关报。先后三次在香港出版。第一次创刊的时间是1941年9月18日，报社社长梁漱溟，总经理萨空了，总编辑由曾任上海《申报月刊》和新加坡《星洲日报》总编辑的俞颂华担任。太平洋战争爆发后，于同年12月14日宣告停刊。第二次复刊是在1946年8月间，由萨空了、陆诒负责，出版旬刊22期，因故于1947年7月停刊。1948年3月1日再度复刊，为半月刊，共出36期后停刊。

《大公报》香港版创刊于1938年8月13日（用以纪念上海“八一三”抗战1周年）。日出两大张8版。太平洋战争爆发后，于1941年12月13日停刊。抗战胜利后，《大公报》上海版、天津版于1945年11月1日、12月1日相继复刊。香港版迟至1948年3月15日才复刊，由胡政之亲自主持，督印人费彝民。社址设在利源东街15号。每天出报两大张。香港版创刊不到一个月，胡政之因病回上海治疗，旋卒，报社由费彝民主持。1948年冬，解放战争大局已定，《大公报》三个版（天津、上海、香港）中，香港版首先转变态度，于1948年11月10日发表《和平无望》社评。该文一改平素拥蒋态度，蒿目时艰，深感忧虑；对蒋介石“加强军事，继续打下去”隐含不满。全国解放后，香港《大公报》一直由费彝民担任社长。他主持香港版《大公报》工作近40年，直至1988年5月18日在香港逝世，为香港新闻事业作出了很大贡献。

《文汇报》于 1938 年 1 月 25 日创刊于上海，1939 年 5 月 18 日被迫停刊。抗战胜利后于 1945 年 8 月 18 日复刊。后因支持学生运动，于 1947 年 5 月 24 日被国民党当局勒令停刊。以后，该报大部分记者、编辑和职工来到香港，于 1948 年 9 月 9 日在香港复刊《文汇报》。该报创刊的筹备工作是由徐铸成、严宝礼主持的。创刊后，由李济深任董事长，徐铸成任总主笔，马季良为总编辑、柯灵为副总编辑，严宝礼为总经理（实由徐铸成主持社务）。社址设在荷李活道。1949 年初，徐铸成应邀北上参加新政协会议，总经理改由张稚琴担任。

五、鼓吹“第三条路线”报刊的出现和分化

抗战胜利不久，在国统区出现了一些宣传“第三条路线”的报刊。这些报刊一般都由中国民主同盟的成员主持创办。

“中国民主同盟”的前身是 1939 年 10 月在重庆成立的“统一建国同志会”。该会是由当时重庆“国民参政会”中各中间党派和部分民主人士发起组织的，主要由三党三派组成，包括中国青年党、中国国家社会党、第三党及救国会、中华职业教育社、乡村建设派及无党派人士。该会于 1941 年 3 月 19 日在重庆改名为“中国民主政团同盟”；1944 年 9 月 19 日，又改名为“中国民主同盟”（简称“民盟”）。当时，人们把这一独立于国、共两党之外的政治力量，称为“第三种势力”。他们中的许多人，代表资产阶级和上层小资产阶级的思想倾向。他们一方面对国民党独裁专制的统治不满，另一方面又不愿实行中国共产党领导的人民民主专政，却主张在中国实行欧美式的资产阶级专政。这种主张则被称为“中间派路线”或“第三条路线”。

《观察》周刊是宣传“第三条路线”的代表性刊物，于 1946 年 9 月 1 日在上海创刊（社址：“上海牯岭路三十四号”）。其前身为 1945 年 11 月创刊至 1946 年 4 月停刊、由储安平及张稚琴在重庆创办的《客观》周刊（社址：“重庆临江路大井巷九号”，储安平主编，共出 17 期）。《观察》由储安平担任社长及主编，主要

撰稿人有张东荪、潘光旦、钱端升、胡先骕、傅雷、吴晗、费孝通等，他们都是一些资产阶级自由主义知识分子。《观察》周刊创刊时就宣称：该刊“大体上代表着一般自由思想分子”，“背后另无组织”，无党无派，是一个“发表政论”而不从事政治活动的刊物；对国内各政党不偏不袒，主张“民主”、“自由”、“进步”、“理性”（见“编者”：《我们的志趣和态度》，载《观察》第一卷第一期）。该刊对当时的政局、战局及经济、文化、社会生活等方面，进行广泛的评论，经常刊载一些不满国民党统治的言论、通讯，要求结束国民党独裁统治，实现民主宪政。但他们对中国共产党及共产主义运动也颇多微词，竟认为“就统治精神上说，共产党和法西斯党本无任何区别”，共产党的统治是“以暴易暴”，而对西方的民主、自由和资本主义制度推崇备至。此外，对当时反对美、蒋的学生运动采取同情态度。该刊在国统区知识分子中有很大影响。一般每期发行量为 5 万份，最高发行量曾达 10 万份。实际上蒋介石集团为了实行他的一党专政的独裁统治，是容不得“第三条路线”存在的。1947 年 10 月，国民党当局宣布“民盟”为“中共之附庸”，强行取缔。1948 年 12 月 24 日，《观察》也被国民党当局查禁，出至 5 卷 18 期。这就从反面教育了“第三条路线”者，说明“第三条路线”是行不通的，也进一步促使他们觉醒。《观察》被封后，储安平到了解放区。上海解放后，该刊曾于 1949 年 11 月 1 日复刊，改为半月刊，并迁至北京出版（“编辑部：北京交道口大街北吉祥胡同二号”），仅出到 1950 年 5 月 16 日便停刊了。前后共出版 6 卷 18 期。（1999 年 9 月，岳麓书社将《观察》（1~6 卷）全部影印出版。）储安平（公元 1909—1966 年），中国现代著名报人。江苏宜兴人。1928 年进入光华大学英文系读书，1932 年毕业。1933 年任南京《中央日报》副刊编辑。1936 年赴英国伦敦大学做研究工作，1938 年回国。1940 年前后，到湖南湘西辰谿蓝田国立师范学院教书，旋任辰谿《中国晨报》主笔。三四个月后，到重庆，先后任《中央日报》撰述、编辑，复旦大学教授，中央政治学校研究员。1945 年 11 月创办《客观》周刊。1946 年主编《观察》周刊、半月刊。全国解放后，历任国家出版总署专员、发行局副局长、新华书店总店副总经理。1954年任九三学社中央委员兼宣传部副部长。1957年任《光明日报》总编辑。1957年6月1日，在中共中央统战部召开的整风座谈会上，储安平作了《向毛主席、周总理提些意见》的发言（载《人民日报》、《光明日报》1957年6月2日），发表了“党天下”的错误言论，被划为右派分子。“文化大革命”开始后受到冲击，1966年9月中旬“失踪”⑫。

此外，鼓吹“第三条路线”的著名报刊还有由“民盟”中的右翼势力——“中国青年党”和“民主社会党”创办的《新中国日报》、《中华时报》及《再生》周刊。《新中国日报》于1938年在汉口创刊。汉口沦陷后，迁到四川成都，发行人是青年党党魁李璜，社长宋益清。抗战胜利后，仍然出版，销量约1万份。1946年2月，青年党又在上海创刊了《中华时报》，该报由青年党宣传部长左舜生主持，是青年党的机关报。这两张报纸表面上也要求民主、和平、统一，也以“第三种势力”面目出现，但实际上却依附于蒋介石集团，在重大原则问题上与国民党完全一致。以后，青年党堕落为国民党的附庸。此外，青年党还在广州办有《探海灯》（3日刊，胡国伟主编），在台湾办有《公论报》（1947年10月25日创刊，李万居任社长）等。《再生》周刊早在1931年10月即在北平创刊。抗战胜利后，则由“民主社会党”（简称“民社党”）在重庆复刊，后迁上海出版。⑬“民社党”成立于1946年8月14日，旋加入“民盟”。由张君劢和伍宪子分别任主席、副主席。该党成员主要是文教界高、中级知识分子。该党成立不久，即积极参加由国民党一党包办的制宪大会和新组成的国民政府（1946年11月间）。12月间，“民社党”即被“民盟”正式开除出盟。1948年，“民社党”又积极参加选举蒋介石为总统的“行宪”大会，为世人所唾弃。

六、战后的新闻教育事业

我国正规大学新闻教育事业起始于20世纪20年代。1920年，上海圣约翰大学设立“报学系”，这是我国大学中设立的第一个新闻学系。1921 年，福建厦门大学列“报学”为八科之一。1922 年，北平平民大学成立，设立新闻系，请徐宝璜担任系主任。1924 年燕京大学开办新闻系，以后发展成为我国北方最有名的新闻学系。1925 年南方大学成立报学系。1926 年，光华大学、国民大学、大夏大学等均设有报学专科。1927 年（一说 1929 年 9 月），复旦大学成立新闻学系。1935 年，国民党“中央政治学校”创办新闻系（1947 年改名“国立政治大学”新闻系）。抗战胜利后创办的“国立”社会教育学院新闻系和暨南大学新闻系。除正规大学设立的新闻学系外，早期著名的新闻专科学校有 1928 年冬由著名新闻记者顾执中在上海创办的民治新闻专科学校（1954 年停办）、1933 年 4 月由著名报人成舍我在北京创办的北平新闻专科学校（1937 年 8 月停办）。嗣后，又有“广州新闻记者联合会”设立的“新闻学专门学校”、“香港新闻函授学校”、周孝庵主办的“新闻大学函授科”等等。以上新闻系、科中，大学新闻学系均为四年学制、专科学校则均为两年制，函授学校时间最短，基本属进修性质。到了 1948 年前后，以上新闻系、科大部分先后停办，只有燕京大学新闻系、圣约翰大学新闻系、复旦大学新闻系、社会教育学院新闻系、暨南大学新闻系等系有一定规模，影响较大。战后新创办的大学新闻学系中，社会教育学院新闻系与暨南大学新闻系最为著名。“国立”社会教育学院新闻系于 1945 年 8 月创办于四川璧山。1946 年夏随学院迁到苏州。该系初创时由名记者、名报人俞颂华（1893 年 3 月 9 日—1947 年 10 月 11 日）担任系主任。俞逝世后，由马荫良继任。1951 年夏，该社会教育学院并入江苏“省立”教育学院后停办。

“国立”暨南大学新闻系则在 1946 年 8 月创办于上海真茹。首任系主任由著名华侨报人冯列山担任。一年多后的 1947 年 9 月，系主任改由名报人詹文浒继任。冯列山 1907 年生于福建福安，幼时在家乡读书。1924 年毕业于上海复旦大学。1932 年赴德国留学，1935 年在慕尼黑大学获新闻学博士学位。留欧 5 年间，曾任上海《申报》驻欧记者，并为《东方杂志》撰稿。1937 年回国后在《申报》任职。上海沦陷后，随《申报》迁香港，并任主笔。1938

年8月应聘前往新加坡出任新创刊的《星岛日报》主笔。1941年12月太平洋战争爆发后回到重庆，任复旦大学新闻系教授。1943年迁成都，在燕京大学新闻系任教兼在四川大学讲授新闻学。抗战胜利后，暨大从福建建阳迁回上海真茹，冯氏应聘主持该校新闻系一年多时间。1947年重返新加坡，进入《南洋商报》任职，直至1972年退休。詹文浒（公元1905—1973年），浙江诸暨人。早年毕业于光华大学，后留学美国。回国后曾任上海世界书局编译主任。1938年11月，在上海创办《中美日报》，并担任该报总编辑。太平洋战争爆发后，赴重庆任《中央日报》副社长。1943年被聘为中央政治学校新闻系主任。抗战胜利后回到上海，任上海著名大报《新闻报》总经理。1947年起兼任暨南大学新闻系主任。1951年以“现行反革命”罪遭逮捕，被判处20年有期徒刑。1973年病逝于青海都蘭劳改农场，终年68岁。暨大新闻系在詹文浒任系主任时，尤注重学生动手能力的培养，师资力量很强，所开课程也有特色，如由时任新闻报总经理的詹文浒先生亲自讲授“新闻学概论”及“报业经营管理”课，由时任上海《申报》采访课主任的吴嘉棠先生任“采访学”课，由邵鸿鑫先生任“英文新闻文选”课。由于詹、吴与新闻界关系密切，新闻系经常请名报人、名记者来校演讲，如1948年上学期就曾请王芸生讲《一个理想的报纸与报人》、赵敏恒讲《国内外大事分析》等专题讲座。1949年9月，暨大新闻系停办，学生并入复旦大学新闻系。1958年，暨南大学在广州市复办，1960年秋在中文系开设新闻专业。“文化大革命”期间该校停办，1978年9月复校时又设立新闻学系。目前本科生、研究生规模近1 400人，成为华南地区新闻学教学与研究的重镇。⑭

第二节　解放区的新闻事业

一、发展、收缩与再发展

解放战争时期，解放区新闻事业的发展经历了三个阶段，即内战爆发前阶段、全面内战阶段、人民解放军转入战略进攻阶段。

【内战爆发前阶段】 日寇投降以后，人民解放军乘胜向沦陷区进军，收复失地，解放区迅速扩大，解放区的新闻事业也随之有了很大的发展。在新解放区，很快创刊了一批报刊，如：中共中央东北局创刊了它的机关报《东北日报》，该报于1945年11月1日创刊于沈阳，前10期假托出版地址是山海关；中共中央华中局出版了《新华日报》华中版，该报于1945年12月9日创刊于江苏淮阴；中共晋冀鲁豫边区中央局创刊了《人民日报》，该报于1946年5月15日创刊于河北邯郸；中共中央中原局创刊了《七七日报》，该报原名《七七报》，1939年7月7日创刊于湖北京山县养马畈，后迁至湖北大悟县孙家湾，1946年1月14日改名《七七日报》出版。与此同时，老解放区原有报刊有的扩大发行地区，增加发行量；有的扩版增加篇幅，扩大信息量；有的缩短刊期，讲求时效性。如山东解放区的《大众日报》自1945年8月15日起，由3日刊改为日刊；中共中央晋察冀分局机关报《晋察冀日报》从山区迁到河北省张家口市后，从1945年9月12日起，由4开小报改为对开4版大报，有时出6版，成为晋察冀解放区第一张城市大报；晋绥边区的《抗战日报》于1946年7月1日改名为《晋绥日报》，并扩大发行范围。从内容上看，这一阶段解放区新闻事业主要是揭露国民党反动派发动内战的阴谋、呼吁争取和平、民主。

【内战全面爆发阶段】 1946年6月间，国民党军队开始对解放区全面进攻，内战全面爆发。战争初期，敌我双方力量对比，人民解放军暂时还处于劣势。为了消灭敌人的有生力量，不争一城一地的得失，我军主动撤离了一些城市和地方，致使许多报刊不得不停刊、转移或缩小篇幅，办报条件也更加恶劣。1946年6月间，国民党调动军队22万人首先进攻中原解放区。由于国民党军队占领了宣化店，使抗战时期坚持在鄂豫皖敌后出版了7年的《七七日报》于6月24日停刊。1946年10月11日，抗战胜利后晋察冀解放区新闻事业的中心——张家口市被国民党军队占领，原在这里出版的报纸和广播电台，也不得不停刊、停播或迁移。其中，著名的《晋察冀日报》又迁回河北阜平县山区农村出版，版面由对开一大张缩小为半张。山东解放区的《大众日报》也先后辗转于沂蒙山区的10多个村镇出版。在华中地区，我军9月撤出淮阴，《新华日报》华中版也随军撤出，后又曾两度随军转移，坚持到这年的12月26日停刊。1947年3月，国民党军队进犯延安；3月19日，中共中央和人民解放军总部撤出延安。清凉山上的《解放日报》社在3月13日即遭国民党飞机的轰炸；在炮火硝烟中，出版了最后一期（2117号）报纸。14日，在社长廖承志的带领下，报社人员全部撤离延安。15日，在副总编辑范长江的主持下，《解放日报》又在延安东北瓦窑堡附近的史家畔继续出版。日出8开两版，一直坚持到3月27日终刊。此后，党中央的声音就只能靠新华社和广播电台传达了。

【人民解放军进入战略反攻阶段】 1947年7月，人民解放军转入战略反攻阶段，解放区不断扩大，解放区的新闻事业再次得到恢复和发展。同时，随着解放战争的节节胜利，许多城市相继解放。这样，党的新闻事业的中心逐渐从乡村转移到城市，并开始探索在城市办报的经验。1947年11月18日，新解放的石家庄市创刊了《新石门日报》，该报为周六刊，4开4版，这是解放战争后期在中共领导下创办的第一份城市报纸。1948年元旦改名《石家庄日报》，成为石家庄市委机关报，社长、总编辑张春桥。1948年1月1日，中共中央中原局在郑州成立并出版《中原日报》，社长、总编辑陈克寒。华中局机关报《华中日报》也于此时复刊，中共内蒙古区委机关报《内蒙古日报》也在这时创刊。1948年4月，延安收复，原《边区群众报》改名为《群众日报》（1948年1月10日改名）迁回延安出版，不久搬到西安出版。1948年6月15日，原《晋察冀日报》和晋冀鲁豫《人民日报》合并，改组为中共中央华北局机关报《人民日报》在河北平山县出版。此外，新解放的洛阳、济南等城市也相继出版了报纸。

为了指导在城市办党报的工作，1948年8月15日，中共中央宣传部发出了《关于城市党报方针的指示》（以下简称《指示》），就城市党报的读者对象、消息报道及报纸副刊等问题，提出了原则性的意见。《指示》共三条：一、“虽然报纸读者是县、区干部，知识分子及工商业者，报纸要为他们服务，但我们的报，主要的是为工人和农民服务。……这里要反对两种倾向，一种倾向是忘记了我们主要是代表工农兵的，另一种倾向是拒绝为工商业者与知识分子服务，与他们格格不入”；二、“报纸的主要消息，应来自农村和工厂，其次来自市场、学校等其他地方”，“也要在市场、学校等中有通讯员、墙报等组织，报道那里的消息，并经过报纸的论文等给以指导……使工人、农民也能懂得市场和学校的情形，……也就是说，要教育工人农民（和我们的干部）如何做国家政权的领导者”；三、“副刊在城市是很重要的，必须办”。这些指示，对在城市如何办好党报有重要的指导意义。

与此同时，党中央负责同志对解放区新闻界发表了重要讲话。一是毛泽东在1948年4月2日《对〈晋绥日报〉编辑人员的谈话》，一是刘少奇在1948年10月2日《对华北记者团的谈话》。1948年三四月间，毛泽东和党中央一些干部，由陕北东渡黄河，前往晋察冀边区的河北平山县，途中经过晋绥地区，4月2日，毛泽东在晋西北兴县蔡家崖村接见《晋绥日报》的近20名编辑人员，发表了重要讲话。毛泽东在讲话中指出：“马克思列宁主义的基本原则，就是要使群众认识自己的利益，并且团结起来，为自己的利益奋斗。报纸的作用和力量，就在它能使党的纲领路线，方针政策，工作任务和工作方法，最迅速最广泛地同群众见面。”因此，“办好报纸，把报纸办得引人入胜，在报纸上正确地宣传党的方针政策，通过报纸加强党和群众的联系，这是党的工作中一项不可小看的、有重大原则意义的问题”。毛泽东强调办好报纸要“实行群众路线”，他说：“我们的报纸也要靠大家来办，靠全体人民群众来办，靠全党来办，而不能只靠少数人关起门来办。”第一次明确提出了全党办报、群众办报的无产阶级办报方针。毛泽东还要求报社工作人员深入群众、深入实际，向群众学习，“报社的同志应当轮流出去参加一个时期的群众工作，参加一个时期的土地改革工作，这是很必要的。在没有出去参加群众工作的时候，也应当多听多看关于群众运动的材料，并且下功夫研究这些材料”；“报纸工作人员为了教育群众，首先要向群众学习”。讲话最后对报纸文风也提出了要求："我们党所办的报纸，我们党所进行的一切宣传工作，都应当是生动的，鲜明的，尖锐的，毫不吞吞吐吐。这是我们革命无产阶级应有的战斗风格"，"用钝刀子割肉，是半天也割不出血来的"。1948年的九十月间，中共中央在当时党中央所在地河北平山县西柏坡村，召集华北《人民日报》社、新华社华北总分社的部分记者进行集中学习，通称"华北记者团"。10月2日，刘少奇对他们发表谈话，主要阐述了以下几个问题：一是强调了新闻工作的重要性，认为它是党"联系群众"、"领导人民"的"工具"和"手段"，"我们党要通过千百条线索和群众联系起来，而你们的工作、你们的事业，就是千百条线索中很重要的一条"；"千座桥，万条线，主要的一个就是报纸"。二是强调了新闻记者的修养和素质，包括："第一，要有正确的态度……要全心全意为人民服务"，"要采取忠实的态度，把人民的要求、困难、呼声、趋势、动态，真实地、全面地、精彩地反映出来"，"报道一定要真实，不要加油加醋，不要戴有色眼镜"；"第二，必须独立地做相当艰苦的工作"；"第三，要有马列主义理论修养"；"第四，要熟悉党的路线和政策"。

这两篇讲话，是中国共产党党报史上纲领性的重要文献。

二、"一身三任"的新华社

1947年3月19日，国民党军队占领延安，中共中央机关报《解放日报》于3月27日停刊。从此，新华社便肩负起通讯社、广播电台和党中央机关报的三大重任。

1947年3月17日，新华社总社最后一批人员撤离延安清凉山，转移到延安东北的瓦窑堡。在瓦窑堡仅仅工作了两星期，3月下旬，新华社又分成两部分、两摊子行动。小部分由副总编范长江担任队长，抽调部分同志组成一支精干的小分队（代号为"四大队"），于3月底从瓦窑堡出发，跟随毛主席、党中央转战陕北，负责收、发、编、印党中央所需要的各种信息和新闻，起着党中央耳目喉舌的作用。"四大队"人员起初有40多人，后来增加到107人。总社大队人马则在社长廖承志的带领下，也于3月下旬从瓦窑堡出发，东渡黄河，开始向太行山区转移。在新华社撤离瓦窑堡之前，晋冀鲁豫中央局就根据党中央的指示，从3月中旬开始，即陆续抽调新闻干部，集中到太行山区的河北涉县西戍、沙河村一带，筹建了新华社临时总社。3月28日至31日，瓦窑堡新华总社的口语广播和文字广播先后结束；4月1日，西戍村的临时总社就接上“陕北新华广播电台，XNCR”的呼号，继续广播。6月28日，社长廖承志带领的大队人马到达涉县西戍村一带，接替临时总社开展工作。至此，新华社总社历时3个多月、行程2 000多里的大转移胜利结束。

新华社总社迁到太行山西戍村的时候，正是刘伯承、邓小平率晋冀鲁豫野战军主力挥师南下，揭开人民解放军战略反攻序幕的时候。新华社及时播发了各路大军陆续转入战略进攻的消息，报道转入战略反攻后我军在各个战场取得的一个个胜利。通过这些军事报道、战役报道，达到宣扬胜利、鼓舞士气的目的。到1948年以后，随着解放区的不断扩大及许多城市的相继解放，新华社的宣传内容也开始由侧重战役战斗的报道，逐步发展到既重视战役战斗的报道，又重视对执行党的各项城市政策的宣传。与此同时，新华社还兼任党报的评论工作。当时，毛泽东主席为了指挥全国军民的革命斗争，有力地推动解放战争，曾亲自为新华社撰写社论和时评，或者亲自修改新华社的重要稿件。这些重要文章都是由跟随毛主席转战陕北的新华社工作队、即“四大队”的电务人员转发给太行总社，而由总社播发出去的。毛主席的许多重要指示和中央文件也是通过这种方式转发出去的。另外，“四大队”还利用一切机会和行军空隙，抄收国内外各重要通讯社的新闻及太行临时总社的广播，油印成资料，供毛主席、周恩来副主席及其他中央负责同志参考。

经过全国军民一年多的艰苦奋战，陕北及全国形势发生了根本的变化。1948年3月，毛主席、党中央决定离开陕北去华北。1948年4月，毛泽东、周恩来、任弼时等同志率领“中央纵队”到达河北平山县西柏坡村，与刘少奇、朱德等同志组成的“中央工作委员会”会合。由范长江率领的新华社“四大队”也随“中央纵队”于4月22日到达平山县。6月上旬，由廖承志率领的新华社总社200多人也从涉县迁到西柏坡村附近。新华社的两部分人马终于又汇合到一起。到1948年10月，新华社总社共有工作人员754名，其中，编辑部129人，电务人员215人，行政和印刷厂人员399人。⑮

1949年3月25日，新华社总社随党中央由河北平山县迁入北平新社址。先在城外西郊香山的北辛村、南辛村。9月，搬入国会街26号（今宣武门西街57号）办公，直至现在。

三、人民广播事业的发展

1945年8月中旬，延安新华广播电台在抗日战争的胜利声中恢复广播。

延安新华广播电台始终与新华社有密不可分的关系。延安台的文字编辑工作从1940年底该台开始播音、一直到1949年3月迁入北平以前，一直由新华社的有关部门负责。1945年8月延安台恢复广播后不久，新华社的编辑科于10月成立了“新华社编辑科口头广播组”，先后由杨述、张纪明任组长，直接为延安台提供广播稿件。1946年5月，“口头广播组”扩充为“新华社语言广播部”（简称“口播部”），部主任由温济泽担任。1948年7月，“口播部”又改组为“新华社广播管理部”，部长由新华社社长廖承志兼任。至于延安台的机务工作，则一直由中央军委三局负责领导。

1947年3月中旬，延安台随新华社从延安迁到瓦窑堡（现子长县）的好坪沟（位于延安东北180多里处），继续播音，于3月21日改名为“陕北新华广播电台”。此后，随着战局形势的发展，曾先后随新华社转移到河北省涉县、平山县境内播音。1947年3月，“陕北台”在涉县时，发射机房和播音室设在沙河村、编辑部设在西戌村，两地相隔5里许。1948年5月下旬，“陕北台”又随新华社总社一起由太行北上，并于5月23日开始在平山县播音。1949年3月25日，“陕北台”由平山县迁进北平西长安街播音，改名为“北平新华广播电台”，成为具有中央台性质的广播电台。同年6月5日，中共中央发出通知，决定将原新华社的“口播部”扩充为“中央广播事业管理处”，管理并领导全国的广播事业，由廖承志任处长，李强任副处长。从此，北平新华广播电台从新华社分离出来，成为独立的宣传机构。廖承志也从此离开新华社的领导岗位，(1946年7月—1949年3月任新华社社长)。1949年10月，中央广播事业管理处又扩充为“中央广播事业管理局”，局长李强。1949年12月5日，北平新华广播电台第一台正式定名为“中央人民广播电台”，第二台改名为“北京市人民广播电台”。

解放战争时期，解放区的广播电台中，除延安（陕北）新华广播电台外，著名的还有“张家口新华广播电台”、“邯郸新华广播电台”及“东北新华广播电台”等等。据统计，到1947年9月初，各解放区已有广播电台10座。其中，关内3座，即陕北台、晋察冀台和邯郸台；关外的东北地区有7座，即哈尔滨台、东北台、齐齐哈尔台、安东（丹东）台、牡丹江台、延吉台和临江台。逐步形成以延安（陕北）台为中心的人民广播事业的网络。“张家口新华广播电台”于1945年8月24日在刚刚解放的塞上古城——张家口开始试播，26日正式播音，呼号为XGNC。到1946年10月，由于国民党军队进犯张家口，该台转移到五台山附近、阜平县山区的栗园庄小山村，并改名为“晋察冀新华广播电台”，于1947年元旦恢复播音，直至1948年5月停播。“邯郸新华广播电台”于1946年9月1日在离邯郸二三百公里的河北涉县沙河村开播，呼号为XGHT，直到1949年3月23日停止播音，前后坚持播音达两年半时间。

四、《晋绥日报》与解放区反“客里空”运动的开展

解放战争时期，由《晋绥日报》发起的反“客里空”运动是当时解放区新闻界的一件大事。

《晋绥日报》是中共中央晋绥分局的机关报。原名《抗战日报》，于1940年9月18日在晋西北的山西兴县高家村创刊，是中共晋西区党委机关报，社长廖井丹、总编辑赵石宾。该报创刊时是3日刊，4开4版，小报形式。1942年元旦起，改为双日刊；1944年9月18日起，改为日刊。抗战胜利后，于1946年7月1日改名为《晋绥日报》，直至1949年5月1日终刊。该报前后有将近9年

的历史。

抗战胜利后，这张报纸在人民群众中的影响逐渐扩大。随着影响的扩大，在报纸上夸大成绩、隐瞒缺点、报喜不报忧的倾向也有所发展。解放战争开始后，随着解放区土地改革的深入进行，《晋绥日报》宣传报道中的这一类错误又有了进一步的发展。当时，由于办报人员（包括编辑、记者）在编辑、采写中缺乏严肃认真的态度，把不少严重歪曲事实真相，以至于完全撒谎、吹牛的稿子，也不加核实地登在报纸上，使报纸上出现了不少的不真实“新闻”，即失实新闻。这又主要表现在如下几方面：一是在典型报道中，凭空制造“英雄模范”，任意拔高。二是在工作作风上，表现在记者身上，是在采访时，道听途说，捕风捉影，写作上，添枝加叶；表现在编辑身上，是对下面的来稿，任意删改，搞所谓“合理补充”，“合理想象”，缺乏一种严肃认真的态度。由于出现了这些问题，解放区农民对报纸产生了不信任心理，从而使党报的信誉受到很大的损害。在这种情况下，1947 年 6 月间，由《晋绥日报》发起，在解放区开展了一个声势浩大的反“客里空”运动。

“客里空”现在早已成为新闻界的一个常用名词，人们往往借用它来泛指假新闻、浮夸作风，以及弄虚作假的人或作风。“客里空”原是一个文学典型人物，来源于前苏联的一个话剧剧本《前线》。“客里空”是《前线》中一个角色，是一个惯于弄虚作假、吹牛拍马的战地特派记者。“客里空”的俄文原意为“喜欢乱嚷嚷的人”。

《前线》是在卫国战争期间，由当时前苏联乌克兰剧作家科涅楚克（也译作“科尔内楚克”）写的一部三幕五场的话剧。这个剧本曾获斯大林文艺奖金。剧本在前苏联发表是在 1942 年 9 月。1944 年 5 月 19 日至 26 日，延安《解放日报》连载了由萧三翻译的《前线》中文译本。6 月 1 日，《解放日报》又发表《我们从科尔内楚克的〈前线〉里可以学些什么》的长篇社论（3 000 多字）。当时社论中还只在一处提到“客里空”，还未强调这个典型人物的现实意义（因整个《前线》剧本是讽刺、反对官僚主义作风的）。但此后过了 3 年，到 1947 年 6 月 15 日，《晋绥日报》特意刊载了

《前线》中有关描写“客里空”的部分，还在编者按语中指出：“编者、作者应更加警惕，并勇敢地严格地检讨与揭露自己不正确的采访、编写的思想作风，更希望我们每一个读者都起来认真、负责、大胆地‘揭发客里空’”。这是第一次在报纸上提出反“客里空”问题。到了6月25日、26日，《晋绥日报》又发表编辑部长篇文章《不真实新闻与“客里空”之揭露》。文章用读者来信反映和报社调查来的材料，公开检查自己报纸存在的问题，尖锐指出：“在我们编辑工作中存在极严重的缺点。首先就是处理新闻上不认真负责，不严肃慎重，缺乏反复研究的精神”，使“不少的‘客里空’或比‘客里空’更坏的新闻通讯被刊登在我们的报纸上。还有不少新闻通讯是被编辑改错了的，以致使真实新闻变成不完全真实的。这使我们的读者受了骗，使党报遭到很大的损失。”

《晋绥日报》的那篇编者按和这篇社论发表后，到了1947年8月28日和9月1日，新华社总社又先后发表了两篇重要社论《锻炼我们的立场与作风——学习〈晋绥日报〉检查工作》和《学习晋绥日报的自我批评》，号召解放区新闻界向《晋绥日报》学习，“均应普遍在公开的群众性的方式下，彻底检查自己的立场与作风，要由此开展一个普遍的学习运动。”这样就把反“客里空”运动迅速扩展到全解放区的新闻界。1947年11月9日，中共中央宣传部又发出《对反‘客里空’运动的指示》，指出：“由晋绥发动的反‘客里空’运动，是土改中一个重要收获。中央已号召将此种精神应用到各种工作中去，使我们的各种工作，都能有带有根本性质的某种改变”。

反“客里空”运动对于坚持新闻的真实性原则、对新闻界坚持开展批评和自我批评、对改进新闻工作者的思想作风和工作作风，起到了重大作用，对我国无产阶级新闻事业的发展，也产生了极其深远的影响。当然，今天看起来，这个运动本身也有某些错误。据一位资深的新闻学家、当年曾是《晋绥日报》编辑人员之一的老同志回忆：“反对客里空是完全必要的，当时的某些揭露也是必要的。反映事实真相和杜绝虚假报道是我们的新闻事业所遵循的根本原则之一，也是党性的一个方面。但是1947年《晋绥日报》那次反客里空运动，‘左’倾思潮已开始露头，对抗日时期的干部存有过多的否定倾向，特别在后期，对某些干部作了错误的处理，伤害了一些同志的积极性，这个历史教训是深刻的。”⑯

五、迎接中国新闻事业的新时代

1948年秋，人民解放战争进入夺取全国胜利的决定性阶段。从1948年9月12日开始，到1949年1月31日，辽沈、淮海、平津三大战役胜利结束，国民党赖以维持其反动统治的主要军事力量基本上被摧毁。国民党的新闻事业也遭到毁灭性打击，残余逃到台湾。

随着解放战争胜利地向全国推进，一些大中城市相继解放。1948年11月8日，中共中央作出《关于新解放城市中中外报刊通讯社处理办法的决定》（简称《决定》）。《决定》认为："我军现已解放许多大中城市，以后还要解放许多大中城市，这些城市中存在着大量的对城市人民生活有重大影响的报纸、刊物与通讯社，其中并有少数对国际宣传极有影响并与外交有关系的外国通讯社，外国人办的报纸、刊物，以及外国报纸刊物与通讯社派驻中国的记者。这些新闻宣传工具，绝大部分是反动派所掌握的，少数是中间性的，只有极少数是进步的。"《决定》又认为："报纸刊物与通讯社是一定的阶级、党派与社会团体进行阶级斗争的一种工具，不是生产事业，故对于私营报纸、刊物与通讯社，一般地不能采取对私营工商业同样的政策。"基于这样的认识，《决定》对新解放城市中旧有报纸、刊物及通讯社之处理办法，规定如下：

（一）对国民党政府及其地方政府系统机关报，及各反动党派（如青年党、民社党等）、反动军队等出版发行的报纸、刊物与通讯社，连同其一切设备与资财，一律由"军事管理委员会"予以接收。

（二）对反对帝国主义、反对国民党政府的民主党派及人民团体办的进步报纸、刊物与通讯社，予以保护，并令其依法向人民政府重新登记。

（三）对以私人名义或以社会团体名义经营，又曾进行系统反共宣传或有反动政治背景的报纸、刊物及通讯社，予以没收。如上海《申报》、《新闻报》，天津、北平两地出版的《益世报》均采用此种方法。

（四）对中间性质报纸、刊物与通讯社，不得没收，亦不禁止其出版，但亦不采取鼓励政策。

（五）对旧有新闻从业人员采取审慎的态度，甄别留用，并“采取争取、团结与改造的方针”。

（六）对外国人办的报纸、刊物，以及外国通讯社、外国记者，也作了规定：非经中央许可，不得在解放区发稿和出版发行。

此外，还宣布对已经政府登记许可出版的报纸、刊物与通讯社“实行事后审查制度”。

1948 年 11 月 20 日，中共中央又作出《对新解放城市的原广播电台及其人员的政策的决定》，其中规定：（一）对所有敌方政府、军队及党部所办广播电台，全部接收。（二）对民营广播电台，根据情况分别对待：有国民党背景的，一律没收；纯粹私人营业性质、靠商业广告及音乐娱乐以维持者，则在“军管会”管理下暂时准其继续营业，但必须转播新华台节目。（三）对原有广播从业人员中的旧广播员、旧编辑人员一般不能任用；旧技术人员，可分别加以甄别后录用。（四）外国资本及外国人经营的广播电台，一律令其停止广播。（五）新中国之广播事业，应归国家经营，禁止私人经营。⑰

此后，新解放的各大中城市均按照两个《决定》的规定实施。

到了 1949 年春，由于人民解放战争取得了全面胜利，各大中城市相继建立了一批中央一级的机关报和中共中央各局，以及各省、市委的报纸。如：原中共中央华北局机关报《人民日报》于 1949 年 3 月从平山迁北平出版，从 8 月起，根据中共中央决定改为中共中央机关报。同年 6 月 16 日，中国民主同盟机关报《光明日报》创刊（1953 年改为各民主党派联合机关报）。7 月 15 日，中华全国总工会机关报《工人日报》创刊。此外，中共中央中南局机关报《长江日报》于 1949 年 5 月 23 日创刊于武汉，中共中央华东局兼上海市委机关报《解放日报》于 1949 年 5 月 28 日创刊于上海，中共中央华南局机关报《南方日报》于1949年10月23日创刊于广州。其他各省报纸如《浙江日报》（1949年5月9日创刊）、《江西日报》（1949年6月创刊）、《河南日报》（1949年6月1日创刊）、《湖北日报》（1949年7月1日创刊）、《湖南日报》（1949年8月15日创刊）、《福建日报》（1949年8月25日创刊）、《甘肃日报》（1949年9月1日创刊）、《青海日报》（1949年10月20日创刊）、《广西日报》（1949年12月3日创刊）、《贵州日报》（1949年11月28日创刊）等报也相继创刊。与此同时，1949年3月25日，新华社迁至北平，随着新中国的诞生而成为国家通讯社。陕北新华广播电台也和新华社同时迁到北平，改名“北平新华广播电台”，并从新华社中独立出来，于1949年12月5日改为“中央人民广播电台”。新中国成立时，全国各地广播电台已达49座。[18]从此，报刊、通讯社和广播电台在全国范围内广泛建立起来，党和人民的新闻事业已初步形成规模。

1949年7月，解放区和国统区的新闻工作者胜利会师，成立了中华全国新闻工作者协会筹备会，实现了全国新闻工作者的革命大团结，并推举了14位人士，代表新闻界参加中国人民政治协商会议第一次全体会议。这14位代表包括了来自解放区和国统区、对新闻工作有过重大贡献和有广泛代表性的人士。他们是：胡乔木、金仲华、陈克寒、张磐石、邓拓、恽逸群、杨刚（女）、邵宗汉、徐迈进、刘尊棋、王芸生、赵超构、徐铸成、储安平。这些被推选出来的代表们代表整个新闻界出席了同年9月召开的中国人民政治协商会议，参加了建立新中国的工作。新政协第一次全体会议于1949年9月29日通过了《中国人民政治协商会议共同纲领》，这是一个具有宪法性质的文件。《共同纲领》共7章60条，其中“第五章　文化教育政策”中总第49条规定：“保护报道真实新闻的自由。禁止利用新闻以进行诽谤，破坏国家人民的利益和煽动世界战争。发展人民广播事业。发展人民出版事业，并注重出版有益于人民的通俗书报。”[19]这使新闻自由有了法律保障，也为新闻事业的发展指明了方向。

1949年10月1日，中华人民共和国宣告成立。中央人民政府在1949年12月成立了“新闻总署”和“出版总署”两大机构，统筹管理全国的新闻出版事业。[20]至此，中国新闻事业完成了一个划时代的巨变，进入了一个新的历史纪元。

注　　释

①“三阳（洋）开泰”指迷恋西洋、东洋货和要“现洋”（银元），“五子登科”指抢车子、房子、金子、条子（封条）、婊子（妓女）。

②见“内政部”公报。转引自曾虚白主编《中国新闻史》第453页，台北三民书局1966年初版、1989年第6版。

③参阅1947年度国民党“中央宣传部”工作报告。转见曾虚白主编：《中国新闻史》第460~464页。

④参阅曾虚白主编：《中国新闻史》第639~645页。

⑤《毛泽东新闻工作文选》第131页，新华出版社1984年版。

⑥见王康：《特写马星野》，载台北《中外杂志》1991年5月号。

⑦、⑧引文俱见曾虚白：《曾虚白自传》上集第一章第一节，台北联经出版事业公司1988年3月版。

⑨抗战开始后，国民党将全国分成10个战区，各战区均出版《阵中日报》。其中第三战区（辖苏南、皖南、赣东、赣北和浙、闽两省全境）的则称《前线日报》，于1938年10月在皖南屯溪创刊。抗战胜利后，该报迁到上海出版。

⑩参阅骆根清：《〈文萃〉社及三烈士殉难纪实》等文，载全国政协江苏省委编《江苏文史资料选辑》第9辑，江苏人民出版社1982年版。

⑪详见曾鼎：《新民报被封记详》，载《中国新闻》杂志第2卷第7期。

⑫参阅谢泳、程巢父主编《追寻储安平》，广州出版社1998年8月出版；谢泳编《储安平：一条河流般的忧郁》，中国青年出版社1999年1月出版；黄泓《追寻学者生命的痕迹——论储安平的新闻思想和新闻活动》，载《新闻爱好者》2001年第1期第15页。

⑬“中国民主社会党”前身是1934年10月在天津成立的“中国国家社会党”（简称“国社党”）。“国社党”的前身是1931年10月在北平成立的“再生社”（寓“民国再生”之意）。《再生》杂志即“再生社”的机关报。

⑭参阅葛思恩、俞湘文编《俞颂华文集》，商务印书馆1991年出版；马翼伦《国立暨南大学概况》，载《读书通讯》（半月刊）第158期第17页，

中国文化服务社 1948 年 6 月 10 日出版；储玉坤《今日之中国新闻教育》，载《读书通讯》（半月刊）第 138 期第 4 页，1947 年 8 月 10 日出版；王康《詹文浒死于青海劳改农场》，载台北《传记文学》第 58 卷第一期。

⑮参阅刘云莱：《新华社史话》第 99 页，新华出版社 1988 年版。

⑯引自甘惜分：《战友今日又相会》，载《新闻研究》1984 年第 3 期。

⑰以上两《决定》俱见中国社会科学院新闻研究所编：《中国共产党新闻工作文件汇编》上册第 189~196 页，新华出版社 1980 年版。

⑱见《中国广播电视事业统计资料（一）》，载《广播电视简明辞典》第 419 页，中国广播出版社 1989 年版。

⑲《中国人民政治协商会议共同纲领》，载《人民日报》1949 年 9 月 30 日版面。又见《新中国大事季刊》（创刊号，1949 年第 4 季；人民出版社 1950 年 11 月出版）等报刊。

⑳新闻总署署长胡乔木（中国共产党，时任新华社社长兼人民日报社社长），副署长范长江（中国共产党，原上海解放日报社社长）、萨空了（中国民主同盟，光明日报社秘书长）。出版总署署长胡愈之（中国民主同盟，《光明日报》总编辑）、副署长叶圣陶（原华北人民政府教育部教科书编审委员会主任）、周建人（中国民主促进会，原华北人民政府教育部教科书编审委员会副主任）。（载《新中国大事季刊》创刊号、1949 年第 4 季，人民出版社 1950 年 11 月出版）。1952 年，撤销“新闻总署”，报纸归党委宣传部门管理（参阅梁衡《新中国报业五十年》，载《新中国新闻传媒 50 年》，第 24 页，中国新闻年鉴社 2000 年 1 月出版）。1987 年 1 月，“国家新闻出版署”成立，直属国务院，各省、市、自治区的新闻出版局相继挂牌（参阅《中国大百科全书·新闻出版》卷第 541 页，中国大百科全书出版社 1990 年 12 月出版）。

再版后记

这部《中国新闻通史》自1995年出版第一版，后又多次再版，至今已整整10年了。其间，我于1997年从执教长达22年的母校武汉大学，调至广州暨南大学，屈指算来，又是8年光阴过去了。这些年来，我从北到南，出入各地各种图书馆，访报访刊，饱读旧报、旧刊，包括《察世俗》、《东西洋考》、《万国公报》、《香港船头货价纸》、《上海新报》、《述报》、《广报》、《新闻报》、《时报》，“横”、“竖”“三民报”等旧报（刊），《努力周报》、《现代评论》、《独立评论》、《论语》、《人间世》、《宇宙风》、《逸经》、《西风》、《万象》、《客观》、《观察》、《再生》等旧刊物，直至近年来陆续影印出版的《益世报》、《中央日报》等等，至如《申报》、《大公报》、《民国日报》等这些“大路货”就更不在话下了。这些旧报刊，有个别是通读，更多的是涉猎和泛览。念兹在兹，朝斯夕斯，青灯黄卷，寝馈其中（有些沉重的大部头影印本或原件合订本须搬到宅中细细阅读，故曰“寝馈其中”），焚膏继晷，孜孜矻矻，耗费了大量的时间和精力，做的都是时下聪明人不屑为之的笨功夫，傻办法。但有道是“操千曲而后晓声，观千剑而后识器”（刘勰《文心雕龙·知音》），爬罗剔抉，刮垢磨光，兀兀穷年，由于阅读了大量的旧报刊，有材料，有比较，有鉴别，这无疑为我的新闻史研究，打下了比较坚实的基础。

这部小史，之所以还有多次再版的价值，不外乎有以下几点特色：

一、它不是“公有制”条件下“集体经济”大协作、大生产、“大兵团”作战的产物，而是“私有经济”条件下个体生产的产物。因此，前后体例比较一致，严谨、平实，有较鲜明的个人特色，有自己的见解和观点。

二、资料丰富，旁征博引，尤其注释，下力尤深。读者当能体察作者的苦心。

三、追根溯源，探讨来龙去脉。可能是作者有“考据癖”吧，对新闻史上一些重要观点的最早提出，本书时有较精详的考证和追溯，力图找到它们的“娘家”及嬗变过程。

这次修订再版，由于时间关系，整体上没有做大的伤筋动骨的改动，只是校正了文字上的一些遗漏错讹，增补了一些比较重要的资料，供读者作进一步深入研究时参考。与此同时，将本书性质定位在新闻学专业研究生、考研者的参考用书以及新闻史专业年轻教师的教学参考用书上。

刘家林

2005年4月上浣于广州暨南大学羊城苑

三版后记

这部《中国新闻通史》经过再次修订后，改名为《中国新闻史》第三次出版。

这次修订，主要增补了自2005年再版以来作者本人及新闻史学界一些新的研究成果和一些新发掘的重要的史料。著述体例及框架结构保持不变。最近敝人拙作《新中国新闻传播60年长编》（上、下册，121万字，暨南大学出版社2010年10月版）已经出版。《长编》应是这部《中国新闻史》的接轨之作，把这两部书接续起来，就成了名副其实的《中国新闻通史》了。

希望这部史料扎实的《中国新闻史》能给读者的学习和研究提供些许的帮助。

刘家林

2011年8月中浣于广州暨南大学羊城苑

中国专门史文库

（第一辑）

中国政制史（修订版）
中国俸禄制度史（修订版）
中国家族制度史
中国民族史（上、下册）
汉民族发展史
中国科学技术史纲（修订版）
中国交通史
中国城市史
中国宗教史
中国佛教史
中国帮会史
中国新闻史
中国史学史
中国舞蹈发展史
中国旅游史
中国姓名史
中国丧葬史
中国书院史（增订版）
中国逻辑思想史
中国边疆经略史
中国文化生成史（上、下册）
中国认识论史
中国救荒史
中国私家藏书史（修订版）
中国婚姻史
中国社会福利史
中国法制史（上、下册）
中国土地制度史
中国相声史
中国通俗小说史
中国社会风俗史
中国古代造船史
中国话剧通史
中国火器通史
中国古代气象史稿
中国流民史（古代卷）
中国流民史（近代卷）
中国流民史（现代卷）
中国皇权史
中国性文化史
中国围棋文化史
中国禁忌史
中国乞丐史
中国甲骨学史
中国书法史
中国饮食史（上、下册）
中国典当史